सूर और उनका साहित्य

सूर और उनका साहित्य

हरबंशलाल शर्मा

लोकभारती प्रकाशन

लोकभारती प्रकाशन
पहली मंजिल, दरबारी बिल्डिंग, महात्मा गाँधी मार्ग
इलाहाबाद-211 001
वेबसाइट : www.lokbhartiprakashan.com
ईमेल : info@lokbhartiprakashan.com

शाखाएँ : 1-बी, नेताजी सुभाष मार्ग, दरियागंज
नयी दिल्ली-110 002
अशोक राजपथ, साइंस कॉलेज के सामने
पटना-800 006
36-ए, शेक्सपियर सरणी
कोलकाता-700 017

मूल्य : ₹ 600

प्रथम लोकभारती संस्करण : 2019

जे.के. आर्ट प्रेस
प्रयागराज द्वारा मुद्रित

SOOR AUR UNKA SAHITYA
by Harbansh Lal Sharma

ISBN : 978-93-89243-99-4

प्रथम संस्करण की

भूमिका

हिन्दी-जगत में सूर साहित्य सम्बन्धी अनेक ग्रन्थों के होते हुए, और पुस्तकों के लिखने के प्रयास के औचित्य पर दो शब्द अपेक्षित हैं। साहित्य के विस्तीर्ण क्षेत्र में व्यक्तिगत रुचि के अनुसार तो अनेक समस्याएँ होती ही हैं; किन्तु कुछ समस्याएँ ऐसी भी होती हैं, जिनका अनुभव साहित्य-सेवीमात्र को होता है। उनकी पूर्ति के प्रकार पृथक्-पृथक् हो सकते हैं। प्रत्येक लेखक साहित्य के मन्दिर में किसी प्रयोजन और साधना को लेकर प्रवेश करता है। प्रत्येक प्रवर्तन में प्रवृत्त व्यक्ति का कोई प्रयोजन और साधना में मानसिक प्रेरणा अवश्य निहित रहती [illegible] प्रस्तुत प्रवर्तन के मूल में कोई प्रेरणा अथवा प्रयोजन है, यह कहने की आवश्यकता [illegible] यह है कि श्रीमद्भागवत और सूरसागर का तुलनात्मक अध्ययन करते समय मुझे [illegible] प्रेरणाएँ मिलीं और सूर-सम्बन्धी उपलब्ध साहित्य के अवलोकन के उपरान्त कुछ आवश्यकताओं का भी अनुभव हुआ। गवेषणात्मक प्रबन्ध में तो विषय की परिमिति और शोध-कार्य का संयति के प्रतिबन्धों के कारण न तो प्रेरणाओं द्वारा प्रदर्शित मार्ग पर ही प्रवृत्त हुआ जा सकता है, और न ही आवश्यकताओं की पूर्ति पर विचार किया जा सकता है। इसलिए भक्त-कवि सूरदास पर एक स्वतन्त्र पुस्तक लिखने की बात मन में आई, किन्तु कहाँ तो विश्व-साहित्य-गगन के देदीप्यमान नक्षत्र सूर; और कहाँ भौतिक वासनाओं का सपिण्ड पतंगा मैं? सूर के साहित्य-महोदधि का सन्तरण मानसिक दुर्बलताओं को लिए हुए मुझ से कतिपय साधनों के संबल द्वारा कैसे संभव हो सकता है? फिर भी—

'तितीर्षुर्दुस्तरं मोहादुडुपेनास्मि सागरम्।'

उपलब्ध साहित्य-सामग्री के पतवारों के आधार पर यह दुःसाहस कर ही बैठा। यों तो सारे ही हिन्दी-साहित्य-सागर के मंथन की आज आवश्यकता है, फिर भी भक्ति-कालीन साहित्य के पुनर्विवेचन और खोज-सामग्री के आधार पर नवीन तथ्यों के प्रकाश में उसके पुनःपर्यवेक्षण की परम आवश्यकता है; क्योंकि इस युग के साहित्य में भारतीय संस्कृति और धर्म की युग-युगान्तर की परम्पराएँ निहित हैं। खेद की बात है कि ब्रज-भाषा के बहुत से कवि अभी अन्धकार में हैं। कहना न होगा कि ब्रज-भाषा के कवि जहाँ एक ओर धार्मिक दृष्टिकोण से शताब्दियों से चले आते हुए भक्ति-आन्दोलन का समन्वित रूप प्रस्तुत करते हैं, वहाँ साहित्यिक परम्पराओं का भी प्रतिनिधित्व करते हैं। शताब्दियों तक ब्रज-भाषा उत्तरी भारत की साहित्यिक भाषा रही है और अनेक प्राचीन परम्पराओं को इसमें प्रश्रय मिला है। खड़ी-बोली, जिसका साहित्यिक रूप ही आज हमारी राष्ट्र-भाषा के पद पर आसीन है, ब्रज-भाषा के राजत्व-काल में गँवारू समझी जाती थी।

महाकवि सूरदास जी का काव्य जहाँ एक ओर मंजी हुई साहित्यिक ब्रज-भाषा में शताब्दियों से चली आती हुई साहित्यिक परम्पराओं को नये साँचे में ढालकर प्रस्तुत करता है, वहाँ दूसरी ओर विभिन्न धार्मिक परम्पराओं का समन्वय भी उसमें है। उत्तर और दक्षिण भारत में युद्ध-काल से ही धार्मिक परम्पराएँ विभिन्न रूपों में पनप रही थीं, और राजनीतिक तथा सामाजिक

परिस्थितियों के अनुकूल उनमें बराबर परिवर्तन और संशोधन भी हो रहे थे। दसवीं शताब्दी से पूर्व उत्तरी और दक्षिणी परम्पराओं के समन्वय का कोई अवसर न आ सका था। वैष्णव सम्प्रदाय के विभिन्न आचार्यों के द्वारा ही यह समन्वय सम्भव हो सका। स्वामी शंकराचार्य जी से लेकर वल्लभाचार्य जी तक समन्वय की यह प्रक्रिया चलती रही, जो शास्त्रीय पक्ष तक ही सीमित न रह कर लौकिक पक्ष तक भी पहुँची। परन्तु इन आचार्यों की भाषा संस्कृत होने के कारण साधारण कोटि के मनुष्यों तक उनके विचारों की पहुँच सम्भव न थी। यही कारण था कि भक्त-सन्त जनता की भाषा में ही सर्वसाधारण के लिए एक सरल भक्ति-मार्ग निकाल रहे थे। यह सन्त-समाज, क्या दक्षिण में और क्या उत्तर में, एक ही भावना से अनुप्राणित था। हो सकता है कि आलवार भक्तों का प्रभाव भी महाराष्ट्र में से होता हुआ उत्तरी भारत में आया हो। इन सन्तों की वाणी में समन्वय का स्वर तो था, पर उसके साथ शास्त्रीय, साज का आधार नहीं था। इस कमी को वैष्णव सम्प्रदायों में दीक्षित सन्तों ने पूरा किया। उन्होंने एक ओर तो शास्त्रीय परम्पराओं को लोक-रुचि के साँचे में ढालकर प्रस्तुत किया और दूसरी ओर विभिन्न मत-मतान्तरों और सम्प्रदायों के अच्छे-अच्छे सिद्धान्तों का समावेश और समन्वय अपनी रचनाओं में किया। ऐसे सन्तों में महात्मा सूरदास अग्रगण्य हैं।

सूरदास जी के साहित्य का कई दृष्टिकोणों से अध्ययन हुआ है और विद्वानों ने उच्चकोटि की साहित्यिक सामग्री प्रस्तुत की है, परन्तु उसका यथासम्भव सर्वाङ्गीण विवेचन नहीं हुआ। इसी बात को दृष्टिकोण में रखकर मैंने यह प्रयास किया है और इस पुस्तक में सूर के जीवन-चरित्र से लेकर काव्य-पक्ष तक विचार किया है। मैं यह निःसंकोच स्वीकार करता हूँ कि सूर-साहित्य-विषयक सभी उपलब्ध सामग्री का मैंने उपयोग किया है। सूर-साहित्य की पृष्ठभूमि प्रस्तुत करते हुए मैंने पाठकों के समक्ष एक नया दृष्टिकोण रखा है। मेरा अपना विश्वास है कि भक्ति-युग के सर्वश्रेष्ठ कवि किन्हीं राजनीतिक परिस्थितियों के कारण भक्ति अथवा साहित्य के क्षेत्र में प्रवृत्त नहीं हुए थे और न ही सामाजिक चित्रण उनका ध्येय था। व्यक्तिगत साधना में लीन साधु को इन सब झमेलों से क्या लेना ? यह सत्य है कि एक विशेष सम्प्रदाय में दीक्षित होने के कारण उसकी परम्पराओं का निर्वाह सूर ने अपना कर्तव्य समझा, परन्तु क्या वे सोलह आने उसका निर्वाह कर सके ? इस प्रश्न का असंदिग्ध उत्तर खोज निकालने में हमें सन्देह है। भौतिकता से विरत हुए भक्त की तड़पन के साथ-साथ उनकी साधना में जीवन-मुक्त साधक की निर्मल उद्दाम आनन्दकेलि भी हैं। स्थूल रूप से इन दोनों प्रकार की भावनाओं को प्रस्तुत करने वाले उनके पदों में हमें शताब्दियों से चले आते हुए भक्ति आन्दोलन का समन्वित रूप स्पष्ट दीख पड़ता है। सूर-साहित्य के आधार का विवेचन करने के लिए मैंने भागवत के अतिरिक्त अन्य सभी वैष्णव सम्प्रदायों की भी छान-बीन की है, और सभी वैष्णव-सम्प्रदायों का तुलनात्मक विवरण प्रस्तुत किया है।

ग्यारह अध्यायों में विभक्त इस पुस्तक के अन्त में सूर-साहित्य की कुछ ज्ञातव्य बातों की ओर भी संकेत किया गया है। प्रथम अध्याय में सूर के जीवन-चरित पर विस्तार से विचार किया गया है और उनके जीवन से सम्बद्ध सभी उपलब्ध सामग्री के आधार पर निष्कर्ष निकाले गये हैं। इस सामग्री का विभाजन बाह्य और अन्तःसाक्ष्य के रूप में किया गया है। प्रथम कोटि में सूर के जीवन से सम्बद्ध वे घटनाएँ ली हैं, जिनका उल्लेख सम-सामयिक तथा परवर्ती प्राचीन लेखकों व कवियों ने अपनी कृतियों में किया है। इसके अन्तर्गत साम्प्रदायिक-

साहित्य, वार्ता-साहित्य, परवर्ती कवियों और भक्तों के उल्लेख तथा तत्कालीन इतिहास-ग्रन्थ आते हैं। हिन्दी साहित्य के इतिहास और सूर-विषयक आलोचनात्मक ग्रन्थ भी इसी कोटि में आते हैं। दूसरी कोटि में सूर के वे आत्म-विषयक कथन हैं, जो उनके पदों में यत्र-तत्र प्राप्त होते हैं, और जिनकी संगति खींच-तान कर विद्वानों ने उनके जीवन से लगाई है।

दूसरे अध्याय में सूर के साहित्य की मीमांसा की गयी है। इस सम्बन्ध में न तो वार्त्ता-साहित्य ही में, और न ही उनके सम-सामयिक इतिहास-ग्रन्थों में कोई विशेष उल्लेख है। इसलिए खोज-रिपोर्ट, इतिहास-ग्रन्थ एवं पुस्तकालयों में सुरक्षित उन पुस्तकों के आधार पर उनके साहित्य का निर्णय किया गया है, जो सूर के नाम से प्रचलित हैं। इन ग्रन्थों की प्रामाणिकता, अप्रामाणिकता तथा विषय-क्रम का विवेचन भी किया गया है। इस विषय में एक महत्वपूर्ण बात यह है कि सूरसागर के संग्रहात्मक और द्वादश-स्कंधात्मक संस्करण प्राप्त होते हैं। दोनों ही प्रकार के प्राप्त ग्रन्थों का तुलनात्मक विवेचन करते हुए वार्त्ता-साहित्य और साम्प्रदायिक परम्पराओं से उनकी संगति लगाने का प्रयत्न किया है।

तीसरे अध्याय में सूर-साहित्य की पृष्ठ-भूमि प्रस्तुत की है, जो भारत के मध्य युग का इतिहास है और जिसमें वह महान् व्यापक आन्दोलन अन्तर्हित है, जो भक्ति-आन्दोलन के नाम से प्रसिद्ध है। वास्तव में विभिन्न युगों के अभेद्य स्तरों के बीच से मन्द-मन्द किन्तु अव्याहत गति से बहती हुई, अनेक दिशाओं से उलटी-सीधी बहकर आने वाली विविध विचार-धाराओं को आत्मसात् करती हुई, भिन्न-भिन्न सम्प्रदायों की सिद्धान्त-सार-सुधा से प्राणियों के अन्तःकरण को तृप्त करती हुई, भारतीय साधना की मन्दाकिनी का आश्रय इस महाकवि का 'सागर' है। भक्ति-आन्दोलन का अध्ययन वैदिक काल से लेकर सूफियों के समय तक की विभिन्न साधनाओं का अध्ययन है। वैदिक काल से चली आती हुई भक्ति की वह अजस्रधारा—जो उपनिषदों, ब्राह्मण-ग्रन्थों, स्मृतियों और पुराणों के मार्ग से बहती हुई अपना रूप और मार्ग बदल चुकी थी, इस भक्ति-आन्दोलन के महाप्रवाह में विलीन हो गयी। बौद्धों और जैनों की भी वह धर्म-साधना, जो अहिंसा को परमधर्म मानकर चली थी और पीछे मायिक जंजालों में फँसकर अपने मूल स्वरूप को विस्मृत कर चुकी थी, इस भक्ति-आन्दोलन में सहायक बनी। दक्षिण के आलवार भक्तों की भक्ति-भावना, सच्चे हृदय की प्रतीक थी और लोक-गीतों तथा ग्रामीण भजनों में प्रस्फुटित होती हुई दक्षिण प्रान्त के दिग्गज आचार्यों के सिद्धान्तों का मूल कारण बन चुकी थी, इस भक्ति-आन्दोलन को प्रेरणा देने वाली हुई। नाथ-योगी सम्प्रदाय का भी इसमें अपना स्थान है। इन भारतीय सम्प्रदायों और मत-मतान्तरों के अतिरिक्त मुसलमानों; विशेषकर सूफियों की वह एकान्त साधना भी, जो ज्ञान और उपासना का समन्वय उपस्थित करती हुई सच्चे हृदय की प्रेरणा के रूप में दीख पड़ी, भारतीय धर्म-साधना को प्रभावित कर रही थी। इन विभिन्न प्रवाहों को आत्मसात् करता हुआ भक्ति का यह विपुल प्रवाह १६वीं शताब्दी तक इतना विशाल और अतलस्पर्शी हो गया कि सारा समाज उसमें आकण्ठ निमग्न हो गया। इन धार्मिक परिस्थितियों के अतिरिक्त सामाजिक और साहित्यिक परिस्थितियों पर भी इस अध्याय में प्रकाश डाला गया है।

चतुर्थ अध्याय में भक्ति-आन्दोलन में दक्षिण के योग और वैष्णव सम्प्रदाय के सिद्धान्तों का विवेचन हुआ है। वास्तव में ८वीं शताब्दी से १५वीं शताब्दी तक दक्षिण ही सुधार का केन्द्र रहा। वैष्णव, शैव आदि भक्तों ने भक्ति पर बल दिया और आचार्यों ने अपने-अपने दार्शनिक सिद्धान्तों का प्रतिपादन किया। राजनीतिक और सामाजिक परिवर्तनों के कारण धर्म की जो धारा दक्षिण

में पहुँच गई थी, वह अवसर पाकर फिर उत्तरी भारत की ओर बही और अनुकूल वातावरण पाकर एक अत्यन्त विशाल और विस्तृत प्रवाह में परिणत हो गई। चैतन्य महाप्रभु और वल्लभाचार्य ने इसमें विशेष योग दिया। चैतन्य ने भक्ति में भाव-पक्ष की प्रबलता पर ज़ोर दिया, और वल्लभाचार्य ने विधि-विधान और बाह्य रूप को विशेष प्रश्रय दिया। सूरदास जी पर चैतन्य का भी पर्याप्त प्रभाव लक्षित होता है। सहजिया, सखी और राधावल्लभीय आदि सम्प्रदाय इस युग में रागात्मिका भक्ति से प्रेरित होकर अपने सिद्धान्तों का प्रचार जनता में कर रहे थे; और साथ ही साथ सन्तों का एक वर्ग मनुष्य की सामान्य भाव-भूमि के आधार पर जाति-पाँति के बन्धनों से परे, साम्प्रदायिकता के आवरण को दूर फेंककर एक ही ईश्वर की निष्ठा का प्रतिपादन कर रहा था। इन सभी सम्प्रदायों का इस अध्याय में उल्लेख किया गया है। हमारे चरितनायक भक्त-प्रवर सूरदास इस भक्ति-पारावार में डूबती-उतराती जन-साधारण की नौका के कर्णधार कहे जा सकते हैं, जिन्होंने मत-मतान्तरों के झंझावात से डगमगाती हुई उस साधना-तरणि को प्रेमाभक्ति की पतवारों से ब्रजधाम के स्वर्णतट पर लाकर खड़ा कर दिया। संसार के संकीर्ण वातावरण में तड़पते हुए मानव को उन्होंने उस उच्च भाव-भूमि पर लाकर बैठा दिया, जहाँ एक ओर तो वह ऐहिकता की कलुषित दुर्गन्ध से मुक्त होकर ईर्ष्या-द्वेष, छल-कपट आदि से रहित उन्मुक्त वायु-मण्डल में साँस ले सका; और दूसरी ओर सांसारिक ताप से तप्त मनुष्य की दशा पर आँसू बहाता हुआ हाथ बढ़ाकर उसे ऊपर उठने में सहारा दे सका। इस प्रकार जनता की कुत्सित वृत्तियों का परिष्कार कर उन्हें कृष्ण-भक्ति की ओर उन्मुख कर सूर ने लोक-कल्याण का बड़ा भारी कार्य किया।

'पुराण-साहित्य और कृष्ण का विकास' शीर्षक पंचम अध्याय में पुराण-साहित्य के विश्लेषण के साथ वैदिक-साहित्य से पौराणिक युग तक के कृष्ण-विषयक उल्लेखों पर विचार किया गया है। हमारा अपना अनुमान है कि पुराणों की स्थिति चाहे किसी रूप में क्यों न हो; वैदिक काल में भी थी। अपनी इस मान्यता की पुष्टि में हमने वैदिक-साहित्य से प्रमाण भी उपस्थित किये हैं। यह बात अवश्य है कि जिस रूप में पुराण आज उपलब्ध हैं, उस रूप में प्राचीनकाल में न रहे होंगे। किन्तु पुराणों में जितने भी मुख्य तत्व दीख पड़ते हैं, उन सभी के सूत्र वैदिक-साहित्य में किसी न किसी रूप में मिल जाते हैं। अन्तर केवल इतना है कि वैदिक ग्रन्थों में उनका आभास मात्र है, और पुराणों में विकसित रूप। 'पुराण संहिता' शब्द से हमारे इस कथन की पुष्टि होती है। बात यह है कि जैसे-जैसे हमारे वाङ्मय का संकलन और सम्पादन होता गया, वैसे-वैसे ही पुराण-साहित्य विकसित होता गया और उसमें नवीन-नवीन कथाओं का समावेश, वंशों का वर्णन और सिद्धान्तों का संकलन होता गया। आगे चलकर जब कई धार्मिक सम्प्रदायों का जन्म हुआ तो उन्होंने पुराणों को अपने प्रचार का साधन बनाया। महाभारत के पश्चात् पुराण-लेखन-प्रवृत्ति ने और भी बल पकड़ा। इसमें सन्देह नहीं कि यह प्रवृत्ति मध्य युग के अन्त तक चलती रही। रूपक की प्रवृत्ति ने वास्तविकता को और भी अन्धकार में धकेल दिया और वह साधरण मनुष्यों की दृष्टि से ओझल हो गई। पुराणों के विषय-विवेचन के अनन्तर हमने कृष्ण के विकास पर विचार किया है कि—किस प्रकार भारत में उत्तरोत्तर विष्णु की भक्ति का विकास होता गया और उनका महत्व बढ़ता रहा तथा वासुदेव, कृष्ण, नारायण आदि विष्णु के ही अवतार माने जाने लगे। आगे चलकर तो 'कृष्णस्तु भगवान् स्वयम्' का विश्वास ही जम गया। इस विषय से वैदिक-साहित्य से पुराण-

साहित्य तक के कृष्ण विषयक उल्लेख विचारणीय हैं। उन उल्लेखों के आधार पर ही पाश्चात्य विद्वानों ने कृष्ण की ऐतिहासिकता में सन्देह करते हुए उन्हें भाव-जगत् का ही पात्र माना है। वैदिक-साहित्य से लेकर हिन्दी के भक्ति-कालीन साहित्य तक कृष्ण के जिन-जिन स्वरूपों की कल्पना होती गई, उनका ब्यौरेवार विवेचन करते हुए हमने उनका सम्बन्ध कृष्णभक्ति-साहित्य के चरितनायक, ब्रजवासी लीला-पुरुषोत्तम श्रीकृष्ण से जोड़ा है; जो प्रेमा-भक्ति के आलम्बन, गोप-गोपियों के सर्वस्व, राधावल्लभ और नटनागर हैं। वास्तव में इतिहास के विद्यार्थी के लिए गोपाल कृष्ण की खोज एक दुस्तर समस्या है, क्योंकि महाभारत तक में गोपाल कृष्ण की कथा के सूत्र संतोषजनक नहीं प्राप्त होते और जो कुछ हैं भी, उन्हें आधुनिक आलोचक प्रक्षिप्त ही मानते हैं। कृष्ण चरित-सम्बन्धी पुराणों में भी कुछ-एक में ही गोपाल कृष्ण की कथाएँ मिलती हैं—जिनमें हरिवंश, ब्रह्मवैवर्त्त और भागवत-पुराण ही विशेषतया उल्लेखनीय हैं। आधुनिक विद्वानों ने तो यह अनुमान लगाया है कि गोपालकृष्ण तथा बालकृष्ण वाली कथाओं का सम्बन्ध वासुदेव के साथ आभीरों द्वारा किया गया। पाश्चात्य विद्वानों ने आभीरों को बाहर से आई हुई जाति माना है। किन्तु उनका यह मत हमें मान्य नहीं, और उसके खण्डन में हमने अपने तर्क भी दिये हैं। कृष्ण और कृष्ण-भक्ति को ईसाईयत की देन बताना भी हमें वायु-विकार-जन्य प्रलाप से अधिक नहीं जँचता। कृष्ण-भक्ति का सबसे महत्वपूर्ण ग्रन्थ श्रीमद्भागवत है, जिसने दसवीं शताब्दी से कृष्ण-भक्ति-साहित्य को पूर्णतया प्रभावित किया है। इसलिये इस ग्रन्थ में जिस रूप में कृष्ण का चित्रण हुआ है, उसका विवेचन करना भी हमने उचित समझा और अन्त में बताया है कि सूर ने कृष्ण के किस रूप को अपना उपास्य माना है।

छठे अध्याय में श्रीमद्भागवत और सूरसागर का तुलनात्मक विवेचन प्रस्तुत किया गया है। इस विषय पर शोध-कार्य करते हुए मुझे विद्वानों से जो सुझाव प्राप्त हुए, उनका भी मैंने इस प्रकरण में समुचित समावेश किया है। जैसा कि आचार्य प्रवर डा० हजारीप्रसाद जी द्विवेदी ने सुझाव दिया था कि—किन्हीं दो लेखकों या ग्रन्थों की तुलना करने के लिए आवश्यक है कि उनके विषय के अतिरिक्त काल पर भी विचार किया जाय, इसलिये मैंने भागवत के स्वरूप-निर्धारण के साथ-साथ उसकी प्राचीनता पर भी विचार किया है। इसमें सन्देह नहीं कि श्रीमद्भागवत नाम के पुराण का अस्तित्व बहुत प्राचीन-काल में भी था; किन्तु आज जिस रूप से वह उपलब्ध है, वह अवश्य ही बाद का संस्करण है और यह एक ही कवि की कृति है। हमारा अनुमान है कि भागवत के रचयिता को ९वीं शताब्दी से आगे नहीं खींचा जा सकता। अन्तःसाक्ष्य के आधार पर यह भी अनुमान लगाया जा सकता है कि इस ग्रन्थ की रचना दक्षिण में ही हुई होगी। जहाँ तक श्रीमद्भागवत और सूरसागर की तुलना का प्रश्न है, वह केवल भक्ति-भावना के आधार पर ही टिक सकता है; क्योंकि—

१—दशम स्कन्ध के अतिरिक्त अन्य स्कन्धों में भागवतानुसरण की बात केवल दुहराई गई है, अनुसरण किया नहीं गया। दशम स्कन्ध में भी गेय पदों में सूर की दृष्टि भागवत की अपेक्षा भावना के अधिक विस्तृत प्राङ्गण में चौकड़ी भरती दीख पड़ती है।

२—भागवत में आये हुए पौराणिक और ऐतिहासिक आख्यानों की सूरसागर में पूर्ण उपेक्षा की गई है, कथाओं में पारस्परिक सम्बन्ध भी नहीं है और पद भरती के से प्रतीत होते हैं।

३—भागवत के दार्शनिक पक्ष को भी सूरसागर में प्रश्रय नहीं दिया गया है। स्तोत्रों और प्रवचनों के रूप में भागवत में दार्शनिक सिद्धान्तों की जैसी विस्तृत व्याख्या मिलती है, उसका लेशमात्र भी सूरसागर में नहीं। वस्तुतः 'विद्यावतां भागवते परीक्षा' वाली उक्ति भागवत के दार्शनिक पक्ष से ही चरितार्थ होती है।

४—जिस स्थान पर सूरसागर में 'भागवत' के वर्णन को ज्यों का त्यों अपनाने का प्रयास किया भी गया है, वहाँ उसमें शिथिलता आ गई है और वर्णन में अस्वाभाविकता-सी प्रतीत होती है। ऐसे प्रसङ्गों में कवि का कथन नीरस और कथापूर्ति हेतु किया हुआ प्रतीत होता है। ऐसे स्थलों में कहीं तो वर्णनात्मक शैली के दर्शन होते हैं और कहीं ऐसी अस्पष्ट समास-शैली मिलती है कि ज्ञात होता है, मानो कवि को कथाओं का भार बलात् ढोना पड़ रहा है।

सप्तम अध्याय में सूरदास के कृष्ण और गोपियों का स्वरूप दिखाया गया है। इस प्रकरण में हमने सूर के पात्रों को भागवताकार के पात्रों की तुलना में रख कर देखा है। यद्यपि सूरदास जी ने कृष्ण के मानव रूप को ही प्रधानता दी है; फिर भी वे उनके अतिप्राकृत, लोकातीत रूप के चित्रण का लोभ संवरण नहीं कर सके हैं। यह दूसरी बात है कि मानवीय रूप की स्वाभाविकता के कारण उनका अलौकिक रूप दब-सा गया है। कृष्ण का रूप, सौन्दर्य-वर्णन, उनकी क्रीड़ाओं और चेष्टाओं का विवेचन तथा विभिन्न संस्कारों, उत्सवों और समारम्भों का विवरण सूर की अपनी मौलिकता है, साथ ही साथ कृष्ण की अलौकिकता की छाप सूर की भक्ति-भावना को भूषित करती चलती है। गोपियों के चित्रण में भी सूर ने अपनी मौलिकता दिखाई है। सूर द्वारा गोपियों के चित्रण में एक विशेषता यह है कि किसी गोपी का व्यक्तित्व पृथक् से विकसित नहीं हो पाया है। सब का लक्ष्य राधा की दशा को प्राप्त करना ही रहा है। ऐसा करने से गोपियों के चरित्र के विकास को बड़ी ठेस पहुँची है। 'भ्रमर-गीत' में भी सूर ने गोपियों को सामूहिक रूप में ही लिया है। भागवत की भाँति उन्होंने उनमें अतिप्राकृत तत्व का आरोप नहीं किया। उनकी गोपियाँ ब्रज की भोली-भाली नारियाँ हैं, जिनमें सभी मानवीय दुर्बलताएँ हैं, और यही कारण है कि बसन्त और फाग के अवसर पर उनकी प्रगल्भता बहुत मात्रा में बढ़ जाती है। गोपियों के चित्रण में सूर पर चैतन्य-सम्प्रदाय का भी प्रभाव पड़ा है, परन्तु गौडीय वैष्णव आलंकारिकों की गोपियों से वे अलग रही हैं। इस प्रकरण में सूर की राधा पर विचार करते हुए हमने राधा के विकास पर भी प्रकाश डाला है; क्योंकि कृष्ण की भाँति राधा के विषय में भी पाश्चात्य विद्वानों ने अनेक कल्पनायें की हैं। कृष्ण के समान राधा का चरित्र भी अनेक वैष्णव और अवैष्णव सम्प्रदायों से प्रभावित हुआ है। राधा का विकास दिखाते हुए हमने यह निष्कर्ष निकाला है कि ब्रह्मवैवर्त्त पुराण की रचना से बहुत पहले राधा भाव-जगत् की वस्तु बन चुकी थी। सूर से पहले राधा का विवेचन करने वाले संस्कृत-ग्रन्थ ब्रह्मवैवर्त्त पुराण एवं गीत-गोविन्द हैं, तथा भाषा में विद्यापति और चण्डीदास ने राधा का वर्णन किया था। राधा के चित्रण में सूर अपने पूर्ववर्ती कवियों से कहाँ तक प्रभावित हुए तथा कहाँ तक उन्होंने अपना मौलिक चित्रण प्रस्तुत किया? इस पर भी हमने इस प्रकरण में विचार किया है। वास्तव में सूर की राधा में—विद्यापति, जयदेव, चण्डीदास और ब्रह्मवैवर्त्त की राधा की विशेषताओं का समन्वय तो हुआ ही है; साथ ही स्वाभाविक मनोवैज्ञानिकता के स्वर्णिम वर्ण से उन्होंने अपनी राधा को ऐसा रूप दिया है कि उनसे पहले के सभी चित्र फीके पड़ गये हैं। उनकी राधा के प्रेम में स्वाभाविक विकास है। उन्होंने कैशोर्य की संयत

चपलता और यौवन के उद्दाम सागर में डूबती हुई राधा का ही चित्रण नहीं किया, अपितु अपने भोलेपन से सबके मन को हरने वाली और सहज निर्बाध तरलता से मनमोहन श्याम का मन मोहने वाली 'बालिका राधा' का भी चित्रण किया है। यह सूर की अपनी देन है, निजी मौलिकता है। उनकी राधा में चाहे परकीया की तीव्र वेदना न हो, परन्तु स्वकीया की गम्भीर और स्वाभाविक उत्कंठा अवश्य है।

अष्टम अध्याय में सूर के दार्शनिक सिद्धान्तों का विवेचन किया गया है। यद्यपि सूरदास जी तत्वतः दार्शनिक नहीं थे, वे तो सन्त-भक्त और सिद्ध-कवि थे। उनका लक्ष्य दार्शनिक सिद्धान्तों का विवेचन नहीं था। भगवान् की भक्ति में विभोर हुए उनके हृदय की तन्त्री से जो राग स्वतः निर्गत हुए, उन्हीं का संकलन सूरसागर है। फिर भी हम इस ग्रन्थ को शताब्दियों से चली आती हुई धार्मिक परम्पराओं का आश्रय स्थल कह सकते हैं। इसलिये भक्ति-रस से लबालब भरा रहने पर भी इसमें सिद्धान्त-रत्नों की कमी नहीं है, किन्तु स्वतन्त्र रूप से इसमें दार्शनिक सिद्धान्तों की प्रतिष्ठा सिद्ध करना सम्भव नहीं। इसलिये सूर के दार्शनिक पक्ष को समझने के लिए जहाँ पिछले कई शताब्दियों के धार्मिक आन्दोलन का मन्थन आवश्यक है, वहाँ विभिन्न वैष्णव सम्प्रदायों के सिद्धान्तों का परिचय भी अपेक्षित है। वैष्णव सम्प्रदायों ने अपना आधार श्रीमद्भागवत को माना है, और वल्लभ सम्प्रदाय में तो उसे बहुत ही अधिक मान्यता मिली है। इसलिए इस प्रकरण में हमने भागवत के मुख्य दार्शनिक सिद्धान्तों का विवेचन करते हुए वल्लभाचार्य जी के दार्शनिक सिद्धान्तों का विवरण प्रस्तुत किया है। वैष्णव सम्प्रदाय के आचार्यों ने श्रीकृष्ण-लीलाओं को भी आध्यात्मिक रूप में लिया है और गोपी, गोप, राधा, मुरली आदि को प्रतीक रूप देने से स्वीकार किया है। चैतन्य महाप्रभु के शिष्यों ने तो वैष्णव सम्प्रदायों को शास्त्रीय रूप में बहुत योग दिया। इस प्रकरण में हमने कृष्ण लीलाओं के आध्यात्मिक पक्ष और प्रतीकार्थों पर विस्तार से विचार किया है; और फिर जीव, जगत्, संसार, माया, मोक्ष आदि के विषय में सूर की मान्यताओं का विवेचन किया है। इन सभी विषयों में सूर ने केवल अपनी मौलिकता ही नहीं, निर्भीकता भी दिखाई है। उन्होंने दार्शनिक सिद्धान्तों की कवायद नहीं की है। ब्रज-भूमि में प्रवेश करने से पहले चाहे उनका मन माया और अविद्या को कोसने में रमा हो, ब्रज के स्पर्श से तो मानो उन्हें परमधाम की प्राप्ति ही हो गयी थी, जहाँ पहुँचकर भगवान् की लीला-गान ही वे अपना कर्तव्य समझते रहे। जीवन्मुक्त भक्त को मोक्ष की विभिन्न कोटियों के पचड़े में पड़ने से क्या मतलब ? इसलिये सूरसागर में दार्शनिक सिद्धान्तों का क्रमिक विवेचन नहीं मिलता, किन्तु एक विशेष सम्प्रदाय में दीक्षित होने के कारण उसका प्रभाव अवश्य लक्षित होता है।

नवम अध्याय में सूर के भक्ति-पक्ष पर विचार किया गया है। पहले तो भक्ति का विकास दिखाते हुए उनकी व्याख्या की गई और वैदिक-काल से लेकर पौराणिक युग तक के भक्ति-सिद्धान्तों का विवेचन किया गया है।

श्रीमद्भागवत, शाण्डिल्य-भक्ति-सूत्र और नारद-भक्ति-सूत्र के अनुसार भक्ति का विवेचन करते हुए, सूर की भक्ति-साधना पर विस्तृत रूप से विचार करने के लिए हमने उसे पाँच शीर्षकों में विभाजित कर दिया है।

१—साधारण भक्ति-विवेचन,

२—वैराग्यपूर्ण-भक्ति,

३—वैधी-भक्ति,
४—प्रेमारूपा-भक्ति,
५—पुष्टिमार्गीय-भक्ति ।

सूर ने इस प्रपञ्चात्मक जगत् से छूटने का एकमात्र उपाय श्रीहरि-भक्ति ही माना है, जिसके बिना समस्त जीवन ही भार स्वरूप है । भक्ति-रहित जीवन अधार्मिक जीवन है । कलियुग के संतापकारी तापत्रय का शमन भक्त के कोमल हृदय से बहते हुए भगवद्-भक्तिरस के शीतल स्रोत से ही सम्भव है, जो केवल भौतिक संघर्ष-जन्य क्लान्ति को ही दूर नहीं करता, प्रत्युत मानसिक कालुष्य का प्रक्षालन कर हृदय को भी स्वच्छ करता है, और उसे उच्च भावों के ठहरने योग्य बनाता है । कर्म-काण्ड के जाल की जटिल उलझन में फँसी हुई जनता धर्म के लुब्धक ठेकेदार, पंडित, पुजारियों की बगुला-भक्ति का शिकार बन रही थी । तीर्थ, जप, व्रत आदि का व्यर्थ ढकोसला वास्तविकता पर आचरण डाल कर धर्म के मूलभूल तत्वों का अपहरण कर रहा था । तुलसी की तरह सूर ने भी अपने चारों ओर के संसार को आँख खोलकर देखा और ऐहिक लालसा की मृग-तृष्णा के पीछे भटकते हुए मानव-मन कुरंग को भगवद्भक्ति-सरिता के सरस कूल पर लाकर छोड़ दिया । भौतिक विषयों के दुष्परिणामों का उद्घाटन और प्रभु-प्रेम का प्रतिपादन उन्होंने इस खूबी के साथ किया कि लोग हरि-लीलागान में अनायास ही रत हो गये और भक्ति के बिना समस्त साधनों को बन्धन समझने लगे । ज्ञान और वैराग्य को भक्ति का साधक बनाकर उन्होंने भक्त के पद की प्रतिष्ठा की, तथा ज्ञान एवं योग द्वारा अगम्य तत्व को भी भक्ति के सरल मार्ग द्वारा गम्य बताया । भक्ति स्वतः पूर्ण है, वह साधन नहीं—साध्य है, व्यापार नहीं—लक्ष्य है, और उसकी प्राप्ति सब कामनाओं की इतिश्री है ।

सूर की भक्ति में शास्त्र-प्रतिपादित भक्ति के सभी प्रकार मिल जाते हैं, साथ ही साथ सामयिक प्रभाव और मौलिकता का भी उनकी भक्ति में पुट है । उनकी राधा, कृष्ण और गोपियों की श्रृंगारिक चेष्टाओं के पीछे भक्ति का वह रूप स्पष्ट झाँकता हुआ दिखाई देता है, जो समाज में प्रचलित लोक-गीतों और परम्पराओं में विद्यमान था । सूर की भक्ति अन्तःकरण को प्रेरणा और हृदय की अनुभूति थी, परन्तु भक्त होने के साथ-साथ वे कवि भी थे । यही कारण है कि उनकी भक्ति में कवि-सुलभ कल्पना का योग भी हो गया है । भक्ति और साहित्य के उन्मुक्त वायुमण्डल में सूर की कल्पना ने व्यावहारिक ज्ञान और अनुभव के पंख खोलकर इतनी ऊँची और लम्बी उड़ान भरी है कि दर्शकों को कभी-कभी तो यह आभास होता है कि वह किसी अन्य लोक की यात्रा कर रही है, परन्तु सत्य यह है कि इतने ऊंचे पर उड़ते हुए भी उसकी दृष्टि सदैव धरा पर ही लगी रही है ।

दसवें अध्याय में पुष्टि-सम्प्रदाय का विवेचन किया गया है और यह बताया गया है कि इसमें सूरदास जी की स्थिति क्या थी, और सूरसागर में पुष्टि-मार्ग के तत्वों का किस रूप में विवेचन हुआ है । इस प्रकरण में पुष्टि-सम्प्रदाय की ऐतिहासिकता पर विचार करके पुष्टि-मार्गीय भक्ति के सिद्धान्तों का विवरण प्रस्तुत किया है और वल्लभाचार्य जी के ग्रन्थों का भी विशेष रूप से आश्रय लिया गया है । इसके पश्चात् श्रीमद्भागवत में पुष्टि-तत्व की खोज करते हुए 'व्रत्रासुर-चतुःश्लोकी' पर विचार किया गया है, जो पुष्टि-मार्ग की सिद्धान्त-सूचिका कही जाती है । पुष्टि-मार्गीय सेवा के क्रम का उल्लेख करते हुए अन्त में 'सूरदास और पुष्टि-मार्ग' नामक शीर्षक से

हमने सूर की पुष्टि-मार्गीय भक्ति पर विस्तार से विचार किया है। सूर ने पुष्टि-मार्गीय तत्वों का बड़ा मनोवैज्ञानिक विश्लेषण किया है और कृष्ण-चरित में अत्यधिक अतिमानवता स्वभाव से ही निषेध कर पुष्टि-मार्गीय भक्ति को सर्वसाधारण के लिये सुगम बनाने का प्रयत्न किया है। इसलिये सूरदास न तो वैष्णव आलंकारिकों के बन्धन में बंधे, न ही उन्होंने भागवत का गुणगान किया; और न ही वल्लभाचार्य द्वारा प्रतिपादित पुष्टि-मार्ग का यथावत् विवेचन अपना कर्त्तव्य समझा। वे तो पुष्टि-सम्प्रदाय में दीक्षित होने पर भी साम्प्रदायिकता से बहुत दूर थे। उनका अपना अलग व्यक्तित्व है। उनका काव्य एक महान् सागर है, जिसमें अनेक प्रकार के रत्न छिपे हैं। मरजीवा बनकर कोई प्रयत्न करे, तो निकाल सकता है।

एकादश अध्याय में सूर-काव्य की आलोचना प्रस्तुत की गई है। पहले आलोचना के सामान्य रूप पर विचार करते हुए यूरोपीय और भारतीय काव्य-शास्त्र-परम्परा का संक्षिप्त इतिहास प्रस्तुत किया है। भक्त कवि सूरदास की आलोचना करते समय हमने इस बात का ध्यान रखा है कि उनके काव्य का आधार भाव है। भक्ति-भाव से प्रेरित होकर ही उनका हृदय काव्य-मय गीतों में अभिव्यक्त हुआ। उनके भाव-विधान का आधार मनोवैज्ञानिकता है, इसलिये आलोचना के नवीनतम सिद्धान्तों की कसौटी पर भी, जिसके अनुसार मनोविश्लेषण का बड़ा महत्व है, उनकी कविता खरी उतरती है; और भारतीय आलोचना पद्धति के अनुसार वे महान् कवि ठहरते हैं। उनकी कविता में पाश्चात्य समीक्षकों द्वारा प्रतिपादित रागात्मक तत्व, कल्पना तत्व, शैली-तत्व, तथा बुद्धि तत्व तथा भारतीय आचार्यों के भाषा, शैली, रस और अलंकार-विधान आदि तत्वों का समाहार बड़े ही कौशल के साथ हुआ है। कवि की गेय-पद शैली का विवेचन करते हुए हमने गेयपद शैली के विकास और महत्व पर भी विचार करना उचित समझा। हमारी दृष्टि से सूर ने भावमय गीत-शैली के शास्त्रीय परिष्कार में अपूर्व योग दिया है। गेयपद शैली के अतिरिक्त उनकी दृष्टि कूट-पदशैली और वर्णनात्मक शैली पर भी हमने प्रकाश डाला है तथा काव्य में अलंकार-योजना के स्वरूप निर्धारण कर सूर द्वारा प्रयुक्त अलंकारों का विवेचन किया है। वास्तव में सूर का वाग्वैदग्ध्य सहृदयता से समन्वित है और यही कारण है कि उनके काव्य में अलंकारों के घटाटोप के दर्शन नहीं होते। वे अपने रूप-चित्रण में सर्वत्र संवेदनशील दीख पड़ते हैं। किसी वस्तु के साक्षात्कार से जब कवि की सौन्दर्यानुभूति सजग हो उठती है, हृदय तल्लीन हो जाता है, तो उसकी कल्पना उस वस्तु के सौन्दर्य को अधिक हृदयग्राही और प्रभावोत्पादक बनाने के लिये अप्रस्तुत व्यवहार-योजना का समावेश करने लगती है, उस समय कवि की रचना में अलंकारों का स्वतः ही समावेश हो जाता है।

यद्यपि सूर के काव्य में राग-रागनियों का ही प्राधान्य है, तथापि परम्परा के अनुसार छन्दों का भी उन्होंने प्रयोग किया है। अलंकार-योजना और छन्दोविधान के पश्चात् हमने सूर की भाषा पर भी कुछ विचार किया है। उनके काव्य में हमें ब्रज-भाषा का परिनिष्ठित साहित्यिक रूप मिलता है, जिसको देखकर यह अनुमान लगाना असंगत न होगा कि सूर के समय से शताब्दियों पहले से ही ब्रज-भाषा काव्य की भाषा रही होगी। सूर ने उसे सुसंस्कृत बनाकर साहित्यिक रूप देने में ही योग दिया होगा। खेद का विषय है कि ब्रज-भाषा के विकास पर अभी तक हिन्दी के विद्वानों की दृष्टि नहीं पड़ी, और न ही इस विषय पर कोई प्राचीन पुस्तक उपलब्ध होती है। डा० दीनदयालु जी से ज्ञात हुआ कि शाहजहाँ के काल में 'सुन्दर' नामक किसी विद्वान् ने ब्रज-

भापा पर एक पुस्तक लिखी थी, किन्तु वह हमें अभी तक देखने को नहीं मिली। एक और पुस्तक ब्रज-भाषा के सम्बन्ध में प्राप्त है, जो सन् १६७६ में मिर्जा खाँ ने लिखी और जिसका सम्पादन सन् १६३५ ई० में जियाउद्दीन ने 'A Grammar of Brij Bhakha' के नाम से किया। यह विश्व-भारती से प्रकाशित भी हो चुकी है। इस पुस्तक का फारसी नाम 'तुहफतुए-हिन्द' है। इसका सर्वप्रथम हवाला सर विलियम जॉन्स ने सन् १७८४ में अपने लेख 'On the Musical Notes of the Hindus' में दिया था। इस पुस्तक की पाण्डुलिपि 'इण्डिया-ऑफिस' लन्दन में सुरक्षित है। यह कई दृष्टिकोणों से महत्वपूर्ण है। इसमें हिन्दी-साहित्य की कई शाखाओं पर विचार किया गया है। जब फारसी के प्रभाव से उर्दू-भापा फारसीमय होने लगी तो मिर्जा खाँ ने प्रचलित हिन्दी अथवा भाखा को इस पुस्तक के द्वारा मुसलमानों के अधिक निकट लाने का प्रयत्न किया और भाखा-साहित्य के अध्ययन का साधन प्रस्तुत किया। इस पुस्तक में दिये हुए शब्द-कोप में प्राय: बोलचाल के शब्दों की अधिकता है। भापा-विज्ञान की दृष्टि से यह पुस्तक बड़े महत्व की है; क्योंकि इसमें हिन्दी, अरबी और फारसी का तुलनात्मक उच्चारण भी दिया है।

ब्रजभाषा-व्याकरण की कसौटी पर सूर की भाखा खरी नहीं उतरती, क्योंकि उन्होंने केवल ब्रज-भाषा के ही शब्दों को नहीं तोड़ा-मरोड़ा, अपितु अन्य भाषाओं के शब्दों को भी अपने अनुकूल बनाने की चेष्टा की है। संस्कृत के तत्सम और तद्भव शब्दों से तो उनकी भापा का ढाँचा बनने में सहायता मिली है; अन्य देशी भाषाओं तथा फारसी आदि विदेशी भाषाओं का भी उसमें महत्वपूर्ण योग है। इस प्रकार चलती हुई ब्रज-भापा को व्यापक और प्रभावशाली बनाने का स्तुत्य कार्य सूर ने ही सबसे पहले किया। सूर की भापा पर विचार करते हुए हमने इस प्रकरण में सूर काव्य में प्रयुक्त तत्सम, अर्ध तत्सन, तद्भव और विदेशी शब्दों की सूची दी है; और साथ ही सूर-काव्य के उन मुहावरों और लोकोक्तियों की भी बानगी प्रस्तुत की है, जिनसे उनकी भापा की प्रौढ़ता और भाव-व्यंजकता में वृद्धि हुई है। वास्तव में लोक-प्रचलित उपमाओं, मुहावरों और लोकोक्तियों का आश्रय लेकर सूर ने अपनी भापा को अभीप्ट भावों की अभिव्यक्ति के लिये पूर्णतया उपयुक्त बना लिया था। इस प्रकार सूर के कला-पक्ष पर विचार करके उनके भाव-पक्ष पर भी हमने प्रकाश डालने का प्रयास किया है।

महाकवि सूर आचार्यों द्वारा गिनाये हुए ही भावों और अनुभावों में बँधकर नहीं चले, बल्कि अपनी कल्पना-शक्ति और अनुभूति के बल पर उन्होंने 'रससिद्धकवीश्वरा:' वाली उक्ति के अनुसार अनेक नवीन भावों, अनुभावों की कल्पना की है। साधारण-सी राधाकृष्ण की कथा में उन्होंने अपने भाव-रस का सम्मिश्रण कर कल्पना के दिव्य साँचे में ढाल उसे इतने सुन्दर रूप में जनता के सामने रखा है कि वह उनके आराध्य-युगल की दिव्य, सौन्दर्यमयी सफल प्रतिकृति प्रतीत होती है। जिनके हृदय में प्रेम की उत्ताल तरंगें उठती हैं, पर कोलाहल नहीं होता; आँखों में वियोग के काले मेघ उमड़ते हैं, पर गर्जन नहीं होता; भावों का जमघट होता है, परन्तु ओठों पर स्पन्दन नहीं होता; जहाँ आग्रह के साथ संकोच, औत्सुक्य के साथ संतोप, किशोर-चपलता के साथ यौवन की गम्भीरता, और साधना के साथ साध्य का असाध्य सामंजस्य है। वास्तव में सूर ने राधाकृष्ण की क्रीड़ाओं में अनेक भावों की कल्पना की है, जिससे उनका संयोग-वर्णन रीतिकालीन कवियों की भाँति गुलगुली गिलमों और गलीचों तक नहीं रह गया है, उसमें प्रकृति का अनन्त प्रसार है, सीमित संचारियों की कृत्रिम धारा के स्थान पर सरस हृदय का उन्मुक्त

भाव-वर्पण है। अनायास ही सूर के मुख से जो शृङ्गारमयी उक्तियाँ निकली हैं, उनमें काव्य-शास्त्र के अनेक लक्षणों का समन्वय हुआ है। सूर की रचना में नायिका-भेद के अनेक उदाहरण मिलते हैं, उनकी ओर भी हमने संकेत किया है।

सूर के संयोग-वर्णन के पश्चात् उनके वियोग-वर्णन की विशेषताओं का उल्लेख किया गया है। संयोग की भाँति वियोग वर्णन भी सूर ने वात्सल्य से ही प्रारम्भ किया है। सूर का वात्सल्य-वियोग—वात्सल्य-संयोग की ही भाँति—स्वाभाविक और मनोवैज्ञानिक है। पुत्र से वियुक्त होने पर माता-पिता की जो स्थिति होती है, उनके हृदय में जो भाव उठते हैं, तथा पुरानी बातों की स्मृति से जो अकुलाहट होती है, उन सभी का वर्णन हृदय के पारखी सूर ने बड़ी भावुकता से किया है। सूर के पद नंद और यशोदा के हृदय की गहरी व्यथा को सूचित करते हैं। वियोग पक्ष में विप्रलम्भ-शृंगार का वर्णन भी बेजोड़ है। सूरदास जी ने अपने वियोग वर्णन में जहाँ एक ओर काव्य-परम्परा का निर्वाह किया है, वहाँ दूसरी ओर साम्प्रदायिक दृष्टिकोण की भी स्वाभाविक अभिव्यक्ति की है। पुष्टि-सम्प्रदाय में संयोग-विप्रयोगात्मक रसिकेश्वर श्रीकृष्ण ही आराध्य हैं। भक्ति का शुद्ध रूप वियोगावस्था में ही निखरता है। इसलिए सच्चे भक्त सूर का वियोग-वर्णन उच्चकोटि का बन पड़ा है। साधारण रूप में संयोग की अपेक्षा वियोग शृंगार को साहित्यिकों ने अधिक उच्च स्थान दिया है; क्योंकि जहाँ संयोग में प्रिय-सान्निध्य से प्राप्त सुख हृदय की अनेक सात्विक वृत्तियों को तिरोहित किये रहता है, वहाँ वियोग उन्हें उद्बुद्ध करके भावों के प्रसार के लिए समस्त विश्व का क्षेत्र खोल देता है। संयोग में प्रेमी युगल एकान्त चाहते हैं। उन्हें किसी की सहानुभूति की आवश्यकता नहीं रहती, पर वियोग में उनकी आत्मा का प्रसार हो जाता है और वे प्राणीमात्र के साथ ही नहीं, जड़ पदार्थों के साथ भी तादात्म्य स्थापित करते हैं। वियोगी व्यक्ति अपनी स्थिति को भूलकर उस सामान्य भाव-भूमि पर आ जाता है, जहाँ से उसकी दृष्टि प्रत्येक छोटी-मोटी वस्तु की सत्ता पर पड़ती है। उसके हृदय की अनुभूति रेचन का साधन न मिलने के कारण घनीभूत और तीव्र होती चली जाती है। समस्त संसार में उसे उसका प्रिय व्यक्ति ही दीख पड़ता है। इसी कारण सहृदय कवियों ने संयोग की अपेक्षा वियोग को अधिक पसंद किया है। शृंगार रस के सिद्ध कवि अमरुक ने विरही को समस्त विश्व में उसकी प्रियतमा को ही व्याप्त दिखाकर वियोगावस्था में अनुभूत अद्वैत का प्रतिपादन किया है—

"सा सा सा सा जगति सकले कोयऽवमद्वैतवादः"

अपने वियोग-वर्णन में सूर ने प्रायः सभी सम्भव अन्तर्दशाओं को लिया है। भ्रमर-गीत में जो सूर की सर्वश्रेष्ठ रचना है, एक ओर तो विप्रलम्भ-शृंगार की उद्दाम सरिता का अबाध प्रवाह ब्रजनारियों के नयनाम्बु से पूरित होकर उमड़ता हुआ पाठक की मनोभूमि को आप्लावित करता चलता है, .ौर दूसरी ओर सगुण भक्ति का निर्झर ऊँची-नीची और समतल भाव-भूमि में योग-मार्ग की कठोर प्रस्तर-शिलाओं को तोड़ता और निर्गुण उपासना के घास-फूंस को आतम-सात् करता हुआ प्रवाहित होता है। गोपियों के भक्ति-भाव और विश्वास से पुष्ट सरस तर्कों की झञ्झा में उद्धव की निर्गुण साधना का शुष्क भुस कहीं का कहीं उड़ गया।

इस प्रकरण में वात्सल्य और शृंगार के अतिरिक्त सूर ने प्रसंगानुसार जिन अन्य रसों का समावेश अपने काव्य में किया है, उनकी बानगी भी हमने प्रस्तुत की है। अन्त में हमने सूर के प्रकृति-चित्रण पर विचार किया है। सूर के उपास्य कृष्ण ब्रज-भूमि में अवतरित हुए थे,

उनका व्यक्तित्व प्रकृति की ही गोद में विकसित हुआ और प्रकृति का उन्मुक्त क्षेत्र ही उनकी बाल-लीलाओं और किशोर-केलियों का रंगस्थल बना। इसलिए सूर ने प्रकृति के क्षेत्र में विचरण करने वाले गोपालकृष्ण को अपने काव्य का नायक बनाया है। सूर-साहित्य का विकास भी ब्रज-प्रकृति की छाया में ही होता है। यही कारण है कि उनके पात्रों की मनोदशाओं के वर्णन में प्रकृति के अनेक रूपों और व्यापारों का अनायास ही समावेश हो गया है। ब्रज-भूमि की मोदमयी गोद में खेलते हुए राधा और कृष्ण के हृदय में जो पारस्परिक स्नेह का अंकुर फूटा, उसे ब्रज की प्रकृति ने अपनी सरसता से पल्लवित और पुष्पित किया, फिर उससे जो आनन्दमय प्रेमभक्ति-सौरभ उड़ा, वह सांसारिक विषयों के कटु-रस में बहते हुए जनमन-मधुपों को प्रेरणा देकर सच्चे आनन्द रस का आस्वादन करा सका।

सूर के समय में प्रचलित सम्प्रदायों का सूर-साहित्य पर जो प्रभाव लक्षित होता है, उसका हमने परिशिष्ट में संक्षेप से विवेचन किया है। दूसरी बात, जिसका परिशिष्ट में संकेत है, यह है कि—सूरदास जी ने अपने काव्य में प्रत्यक्ष रूप से तो सामाजिक परिस्थितियों का वर्णन नहीं किया है, किन्तु अपने इष्टदेव के माध्यम से अपने समय के सभी प्रचलित संस्कारों, सामाजिक व्यवस्थाओं और मनोविनोद के साधनों का वर्णन किया है। ब्रज की संस्कृति का जितना अधिक पता हमें सूर साहित्य से चलता है, उतना और किसी ग्रन्थ से नहीं। सूर-साहित्य का कला-पक्ष और भाव-पक्ष;—दोनों ही दृष्टियों से हिन्दी के परवर्ती साहित्य पर पूरा-पूरा प्रभाव पड़ा है, इसकी ओर भी हमने परिशिष्ट में संकेत किया है।

इस प्रकार इस पुस्तक में सूर-साहित्य के अध्ययन को सर्वांगीण बनाने का प्रयत्न किया गया है और उन विषयों की ओर संकेत किया गया है, जो सूर-साहित्य के अध्ययन को अग्रसर करने में सहायक हो सकते हैं। इस प्रयास से मुझे कहाँ तक सफलता मिली है, इसका निर्णय मैं विज्ञ पाठकों पर छोड़ता हूँ।

सूर साहित्य के प्रायः सभी मर्मज्ञों के अध्ययन से मैंने लाभ उठाया है और स्थान-स्थान पर उनके मतों की समीक्षा भी की है। उन सभी विद्वानों के प्रति आभार प्रकट करना मैं अपना कर्तव्य समझता हूँ।

पुस्तक के अन्त में संस्करण-सहित मुख्य-मुख्य सहायक ग्रन्थों की सूची दी गई है और उसके अनन्तर नामानुक्रमणिका जोड़ दी गई है, जिससे पाठकों को संदर्भ खोजने में सुविधा हो। पुस्तक के प्रूफ-संशोधन का कार्य मेरे मित्र श्री देवर्षि सनाढ्य, एम० ए० तथा गोवर्द्धननाथ शुक्ल, एम० ए० द्वारा बड़ी सावधानी के साथ किया गया है—जिसके लिए मैं उनका हृदय से आभारी हूँ।

अन्त में मैं हिन्दी के लब्ध-प्रतिष्ठ विद्वानों और सूर-साहित्य के मर्मज्ञों से अपनी त्रुटियों के लिये क्षमा-याचना करता हूँ और उनके सुझावों के लिए प्रार्थी हूँ, जिससे अगले संस्करण में उनका अनुसरण किया जा सके।

—लेखक

द्वितीय संस्करण की भूमिका

'सूर और उनका साहित्य' पुनर्मुद्रित होकर आपके हाथों में है। थोड़े से ही समय में इसके प्रथम संस्करण का समाप्त होना इस बात का सूचक है कि विद्यार्थियों, अध्यापकों एवं हिन्दी साहित्य के अन्य प्रेमियों ने इसमें अपनी रुचि के अनुकूल सामग्री अवश्य पाई है। नागपुर विश्व-विद्यालय द्वारा इसका डी० लिट्० उपाधि के लिए स्वीकृत होना और उत्तर-प्रदेश की सरकार द्वारा पुरस्कृत होना तो आनुषङ्गिक ही है। मेरा विचार था कि दूसरे संस्करण को अधिक संशोधित और परिवर्धित रूप में प्रस्तुत किया जाए, किन्तु एक तो विभागीय कार्यों में अधिक व्यस्त रहने के कारण और दूसरे प्रकाशक महोदय की जल्दबाजी के कारण अभीष्ट परिवर्धन न हो सका। इधर प्रथम संस्करण के पूर्णतया समाप्त हो जाने से यह ग्रन्थ कुछ दिनों से अप्राप्य हो गया था और साहित्य-प्रेमियों की माँग बराबर आ रही थी, जिसकी उपेक्षा अधिक समय तक सम्भव न थी। अतः विवश होकर आंशिक परिवर्धन से ही संतोष करना पड़ा। इस संस्करण में सूर के भ्रमर-गीत पर कुछ विस्तार के साथ चर्चा की गई है और अन्त में 'सूर साहित्य और ब्रज-संस्कृति' शीर्षक एक परिशिष्ट और जोड़ दिया गया है। पिछले संस्करण में जो अशुद्धियाँ रह गई थीं, उन्हें यथाशक्ति दूर करने का प्रयत्न किया गया है। आकार-प्रकार, साज-सज्जा और मुद्रण के स्तर में भी सुधार किया गया है; जिसके लिए प्रकाशक महोदय धन्यवाद और बधाई के पात्र हैं। प्रूफ-संशोधन कार्य के लिए अपने सहयोगी श्री परमानन्द शास्त्री का भी आभारी हूँ। आशा है इस संशोधन और परिवर्धन के साथ यह पुस्तक पाठकों के लिए अधिक उपयोगी और रुचिकर सिद्ध होगी। विद्वज्जनों के सत्परामर्शों के लिए मैं उत्सुक हूँ। वे जो सुझाव देंगे, उन्हें अगले संस्करण में अवश्य कार्यान्वित किया जायेगा।

विजया दशमी, २०१५

हरबंशलाल शर्मा

तृतीय संस्करण की भूमिका

प्रस्तुत संस्करण में पुस्तक के परिमार्जन और संशोधन का भी अवसर नहीं मिला। महाकवि के सम्बन्ध में इधर अनेक तथ्य प्रकाश में आए हैं। कृष्ण-लीला की परम्परा भी विभिन्न प्रदेशों के लोक तथा शिष्ट साहित्य में मिली है। श्रीमद्भागवत के व्यापक प्रभाव पर मेरी एक पुस्तक 'भागवत-दर्शन' प्रकाशित भी हुई है। नवीन सामग्री का समावेश मैं इस संस्करण में करना चाहता था परन्तु ग्रन्थ के प्रेमियों ने इतना अवसर ही नहीं दिया। देश के कोने-कोने से प्रकाशक महोदय के पास ग्रन्थ की इतनी माँग थी कि उन्होंने उसका प्रकाशन ज्यों का त्यों ही प्रेस के देवताओं की कृपा पर छोड़ दिया। संस्करण पाठकों की सेवा में प्रस्तुत है। आशा है चतुर्थ संस्करण में परिमार्जन और संशोधन के साथ अन्य उपयोगी सामग्री का समावेश कर दिया जावेगा।

शिवरात्रिपर्व

सं० २०२१ वि०

हरबंशलाल शर्मा

चतुर्थ संस्करण की भूमिका

"सूर और उनका साहित्य" का यह चौथा संस्करण है; परन्तु खेद है कि समयाभाव के कारण कुछ आवश्यक संशोधन तथा परिवर्धन इस संस्करण में नहीं हो सके। इधर विद्वानों ने सूर साहित्य पर अनेक दृष्टियों से विचार किया है तथा आधुनिक परिवेश में भी सूर-साहित्य को आंकने का प्रयास किया गया है। सूर-साहित्य का विश्लेषण चाहे आधुनिक मनोविज्ञान के सिद्धान्तों के आधार पर किया जाय, चाहे सौन्दर्यशास्त्र के परिप्रेक्ष्य में—इस तथ्य को नहीं नकारा जा सकता कि सूर-साहित्य में वे शाश्वत तत्व निहित हैं, जो आलोचना के किन्हीं भी नवीनतम सिद्धान्तों की कसौटी पर खरे उतते हैं। कुछ तथाकथित नवीनतम सिद्धान्त तो ऐसे हैं जो केवल मान्यता की कोटि में ही आ सकते हैं और जिनकी आयु एक दशाब्द से अधिक नहीं होती। इधर इस प्रकार के पाश्चात्य सिद्धान्तों के आधार पर सूर का अध्ययन प्रस्तुत करते हुए किसी आलोचक ने सूर-साहित्य को दमित वासनाओं की अभिव्यक्ति कहा है तो किसी ने उसे निर्वैयक्तिक काव्य के रूप में देखा है। मेरी तो आज भी यही मान्यता है कि कवि की मानसिक अनुभूति ही कविता का रूप धारण करती है। सूर का काव्य भावना का काव्य है। इसलिए तद्भाव-भावित होकर ही आलोचक सूर के काव्य का सही विश्लेपण कर सकता है। सूर का काव्य भावों का उमड़ता हुआ ऐसा सागर है जिसमें रस की थाह पाना दुस्तर कार्य है। असल बात तो यह है कि सूर के भाव ही सान्द्रावास्था में रस की कोटि तक पहुँच जाते हैं। भावों का ऐसा तीव्र एवं व्यापक अभिव्यंजन जो रस के सारे शास्त्रीय अंगों से पुष्ट है सूर के अतिरिक्त और किसी कवि के काव्य में नहीं मिलता। जिस प्रकार उमड़ती हुई सरिता अपने कूल-नियमित सरल पथ में प्रवाहित होने में असमर्थ होकर नवीन-नवीन मार्ग खोज लेती है, उसी प्रकार अनुभूति और भावुकता के चरम विकास की स्थिति में कवि के कण्ठ से निकली हुई भाव-रस-धारा अनेक मार्ग बनाकर विस्तृत क्षेत्र में फैल जाती है। किसी एक मार्ग के अनुसन्धान से मूल स्रोत तक नहीं पहुँचा जा सकता। ठीक यही स्थिति सूर साहित्य की है। इसलिए वह अभी भी अनुसंधेय तथा गवेष्य है।

मार्गशीर्ष शुक्ल श्रीगणेश चतुर्थी २०२८ वि०
२१ नवम्बर सन् १९७१ ई०

हरबंशलाल शर्मा

विषयानुक्रमणिका

विषय | पृष्ठ संख्या

पंचम अध्याय

पुराण-साहित्य और कृष्ण का विकास

परिशिष्ट १

परिशिष्ट २

प्रथम अध्याय

सूर का जीवन-चरित

भौतिकता को अवहेलना की दृष्टि से देखने वाली आध्यात्मिकता-प्रधान भारतीय-संस्कृति के अग्रदूत अन्नत्य कवि एवं लेखकों की रचनाएँ यशोलिप्सा आदि ऐषणाओं से दूर रह कर स्वान्तःसुखाय ही प्रमाणित हों तो आश्चर्य ही क्या ? यह प्रवृत्ति उनकी निर्लिप्तता का भले ही डिण्डिम घोष से प्रतिपादन करे, किन्तु इसके कारण भारत के महान् कवियों और लेखकों का जीवन तमसावृत्त रहा है और इससे भारतीय साहित्य के क्रमिक अध्ययन करने के लिए अर्थ उत्सुक पाठक के निमित्त एक गहन समस्या प्रस्तुत होती रही है। फलस्वरूप अनेक पाश्चात्य विद्वान् अपने अनुसंधान के टिमटिमाते दीपक की धुंधली-सी आभा में हमारे उन महान् साहित्यकारों के जीवन की अस्पष्ट प्रतिच्छायामात्र देखकर कभी-कभी तो ऐसी उपहासास्पद अटकलें लगाते हैं, जिनसे अनेक-प्रकार की भ्रान्त धारणाएँ साहित्य-क्षेत्र में प्रसृत हो जाती हैं । ऐसे घोर प्रत्यक्षवादी महानुभाव, लिखित ऐतिहासिक तथ्यों के अभाव में, यदि राम और कृष्ण को भी काल्पनिक पात्र मानने का फ़तवा दे दें तो आश्चर्य नहीं होना चाहिये। स्वान्तः सुखायां वाली इस प्रवृत्ति-परम्परा के कारण आज हमें भास, कालिदास, भवभूति आदि कवियों के सम्बन्ध में प्रामाणिक ज्ञान बहुत कम प्राप्त है। हिन्दी-साहित्य ने भी यह प्रवृत्ति अपने पूर्वज संस्कृत-साहित्य से विरासत में पाई। 'काव्य यशसे' मानते हुए भी भारतीय कवि ने कीर्ति के पीछे दौड़ नहीं लगायी। उसका लक्ष्य था केवल भारती की उपासना कर उसकी वीणा के तारों में मुखरता भरना, जिनकी झङ्कार के माधुर्य में समस्त विश्व सराबोर हो जाय । यही कारण है कि एक ही नाम से अनेक कवियों की रचनाएँ आज हमें उपलब्ध होती हैं। हिन्दी के भक्ति-साहित्य को स्वर्ण-कालीन साहित्य का रूप देने वाले राम और कृष्ण की पावन-लीलाओं का जनता में प्रचार कर उसके संकट-विलोडित मानस में धैर्य और आशा की तरंगे तरंगित कर भक्ति-प्रवाह को अवाध गति से प्रवृत्त करने वाले हिन्दी के कवि-युगल के विषय में भी यही बात है। हम निश्चयपूर्वक नहीं कह सकते कि तुलसी का आविर्भाव कहाँ और कब हुआ ? अपने साधनामय जीवन के यापन में उन्हें क्या-क्या मधुर और कटु अनुभव हुए ? यही बात महाकवि सूरदास के विषय में भी हैं। केवल कतिपय प्रचलित जन-श्रुतियों एवं किम्वदन्तियों के आधार पर उनके जीवन के विषय में कुछ धारणायें बनाकर ही हमें उन्मनस्कता पूर्वक सन्तोष की साँस लेनी पड़ती है।

यद्यपि महाकवि सूरदास के विषय में अनेक ग्रन्थों का प्रणयन हो चुका है, पर्याप्त गवेषण भी हो चुकी है और हो रही है किन्तु खेद का विषय है कि उनके जीवन और साहित्य के विषय में इतने विभिन्न मत अस्तित्व में आ गये हैं, कि इस विषय से दृढ़तापूर्वक 'इदमित्थम्' कहना नितान्त दुष्कर प्रतीत होता है। उनके साहित्य के विषय में आगे के पृष्ठों में विचार किया जायगा, यहां मैं संक्षेप से सूर के जीवन-चरित के विषय में निवेदन कर रहा हूँ। इस सम्बन्ध में जो भी सामग्री उपलब्ध है, सभी का मैंने उपयोग किया है।

सचमुच सूरदास की जन्म-तिथि और जीवन-वृत्त के विषय में सन्देह के लिए बहुत स्थान है किन्तु उनके अस्तित्व में 'ननु-नच' करने की अणुमात्र भी गुञ्जाइश नहीं । कारण स्पष्ट है, उन्होंने एक ऐसे परिनिष्ठत सम्प्रदाय में दीक्षित होकर योग दिया था जिसका उल्लेख

तत्कालीन ऐतिहासिक ग्रन्थों में भी मिलता है। यद्यपि इस प्रश्न का निश्चयात्मक उत्तर देना कि क्या सूरदास का उल्लेख इन ऐतिहासिक ग्रन्थों में है, अति कठिन है, क्योंकि उन ग्रन्थों में सूरदास का जैसा उल्लेख है, वह अनेक भ्रमात्मक कल्पनाओं को भी जन्म देता है। पुष्टिमार्ग की मान्यताओं के अनुसार बल्लभाचार्य जी का जन्म बैशाख कृष्णा एकादशी रविवार संवत् १५३५ में और मृत्यु आषाढ़ शु० ३ संवत् १५८७ में हुई थी और उन्होंने गौ-घाट पर सूरदास जी को अपना शिष्य बनाया था।[1] इसी सम्प्रदाय की अन्य मान्यताओं के अनुसार सूरदास जी महाप्रभु से अवस्था में १० दिन छोटे थे और गोस्वामी विट्ठलनाथ जी सूर की मृत्यु के समय जीवित थे। विट्ठलनाथ जी का गोलोकवास सम्वत् १६४२ है, अतः सूरदास जी का समय अधिक से अधिक सम्वत् १५३५ से सं० १६४२ तक माना जा सकता है। उनके जीवन-चरित का निर्धारण करने में हमें उपलब्ध समसामयिक एवं परवर्ती सामग्री पर विचार करना होगा।

जीवन-सामग्री—

सूर के सम्बन्ध में प्राप्त सामग्री के दो रूप हो सकते हैं:—

(१) वाह्य-साक्ष्य के रूप में।

(२) अन्तः—साक्ष्य के रूप में।

वाह्य-साक्ष्य के रूप में अधिगत सामग्री भी दो प्रकार की है। प्रथम कोटि में सूर के जीवन से सम्बद्ध वे घटनायें आती हैं, जिनका उल्लेख समसामयिक तथा परवर्ती प्राचीन लेखकों व कवियों ने अपनी कृतियों में किया है। इसके अन्तर्गत, साम्प्रदायिक-साहित्य, वार्ता-साहित्य, परवर्ती कवियों तथा भक्तों द्वारा उल्लेख तथा तत्कालीन इतिहास-ग्रन्थ आते हैं। दूसरी कोटि में आधुनिक सामग्री आती है जो हिन्दी-साहित्य के इतिहास-ग्रन्थों तथा आलोचनात्मक प्रबन्धों में है।

जहाँ तक अन्तःसाक्ष्य के रूप में उपलब्ध सामग्री का प्रश्न है, उसके अन्तर्गत सूर के वे आत्मविषयक-कथन आते हैं, जो उनके पदों में यत्र-तत्र उपलब्ध होते हैं। निश्चित तिथियों के उल्लेख के अभाव के साथ-साथ ये कथन हमारे लिए अधिक सहायक नहीं हो सकते, क्योंकि दैन्य-भाव प्रेरित प्रायः सभी भक्त कवियों के आत्मप्रवञ्चना तथा आत्म-भर्त्सना सम्बन्धी पद एक से मिलते हैं, जिनके आधार पर उनके भौतिक जीवन की कल्पना करना उनके जीवन के आध्यात्मिक पक्ष पर आवरण डाल कर उनके प्रति घोर अन्याय करना होगा। अतः मेरे विचार से अन्तः साक्ष्य के रूप में केवल उन्हीं पदों को उपस्थित करना तर्क संगत एवं समीचीन होगा, जिनमें किसी प्रकार की इयत्ता हो। वह सत्य है कि कवि की रचनाओं के कौशेय आवरण से उसके जीवन की अनुभूतियाँ झाँकती हुई मिलती हैं किन्तु इस आधार पर सूर के पदों में से उनका जीवन-वृत्त खोज निकालने की धुन में इस गुरुतर सत्य की ओर से नेत्र-निमीलन नहीं कर लेना चाहिये कि सूर कवि से पहले भक्त थे और फिर कृष्ण के परम-धाम ब्रज में निवास करते हुए वे अपने लौकिक बन्धनों को विच्छिन्न कर अपने जीवन का स्वरूप ही बदल चुके थे।

वाह्य-साक्ष्य

वाह्य-साक्ष्य के रूप में अधिगत सामग्री में सबसे अधिक महत्वपूर्ण साम्प्रदायिक-साहित्य तथा वार्ता-साहित्य है, जिनमें सूर का उल्लेख हुआ है। वार्ता-साहित्य में (१) चौरासी

---

१ बल्लभ दिग्विजय

वैष्णवन की वार्ता, (२) निजी वार्ता तथा (३) श्री हरिराय जी कृत भाव-प्रकाश आते हैं। इनके अतिरिक्त सूर के जीवन पर प्रकाश डालने वाले सम्प्रदाय-सम्बन्धी निम्नलिखित ग्रंथ हैं :—

१—बल्लभ दिग्विजय,
२—संस्कृत-वार्ता-मणि-माला,
३—अष्ट-सखामृत,
४—सम्प्रदाय-कल्पद्रुम,
५—जमुनादास कृत धोल,
६—भाव संग्रह,
७—वैष्णवाह्निक-पद।

इस साम्प्रदायिक साहित्य के अतिरिक्त जिन समकालीन अथवा परवर्ती भक्तों के ग्रंथों में सूर का उल्लेख हुआ है वे ये हैं :—

१—भक्तमाल (नाभादास) तथा भक्तमाल की टीका (प्रियादास),
२—भक्त नाभावली (ध्रुवदास),
३—राम-रसिकावली (ठा० रघुराजसिंह),
४—भक्त-विनोद (कवि मियांसिंह),
५—नागर-समुच्चय (नागरीदास)।

जिन ऐतिहासिक ग्रन्थों में सूर अथवा उनके पिता का उल्लेख हुआ है, वे निम्नलिखित हैं :—

१—आयने अकबरी,
२—मुन्तखिब्-उल-तवारीख,
३—मुंशियात-अबुल फज़ल।

वाह्य-साक्ष्य के रूप में उपस्थित आधुनिक सामग्री इस प्रकार है :—

१—इतिहास ग्रन्थों के रूप में
(अ) खोज रिपोर्ट (काशी-नागरी-प्रचारिणी-सभा),
(आ) 'गारसें द तासी' का 'इस्त्वार दैं ला लितेरा', 'त्यूर ऐन्दुवे ऐन्दुस्तानी',
(इ) शिवसिंह सेंगर का 'शिवसिंह-सरोज',
(ई) सर जार्ज ग्रियर्सन का 'माडर्न वर्नाक्यूलर लिटरेचर आव हिन्दुस्तान',
(उ) मिश्र-बन्धुओं का 'मिश्र-बन्धु-विनोद',
(ऊ) आचार्य रामचन्द्र शुक्ल का 'हिन्दी-साहित्य का इतिहास',
(ए) डा० रामकुमार वर्मा का 'हिन्दी-साहित्य का आलोचनात्मक इतिहास',
(ऐ) डा० हजारी प्रसाद का 'हिन्दी-साहित्य'।

इनके अतिरिक्त अनेक अन्य छोटे-मोटे इतिहास-ग्रन्थ हैं, जिनमें परम्परा के अनुकूल सूर के जीवन-वृत्त का उल्लेख किया गया है।

सूत्र-रूप में आलोचना करने की जिस प्रवृत्ति की परम्परा अत्यन्त प्राचीन काल से "उपमाकालिदासस्य", "भारवेरर्थगौरवम्" आदि वाक्य के रूप में भारतीय-साहित्य में चली आ रही थी, वह सूर विषयक "सूर-सूर", "किधौं सूर को पद लग्यौ", "सूर-कविता सुनि कौन कवि, जो नहिं सिर चालन करे" आदि आलोचनात्मक उक्तियों के रूप में हिन्दी-साहित्य में भी निर्वाहित होती रही, किन्तु आधुनिक ढंग से 'भारतेन्दु' का लेख 'सूर-सागर' की भूमिका के रूप में उपलब्ध है। कविवर जगन्नाथदास 'रत्नाकर' ने भी इस कार्य में योग दिया उनके पश्चात्

सूर के विषय में अनेक आलोचनात्मक ग्रन्थ प्रणीत हुए, जिनमें से निम्नलिखित ग्रन्थ विशेष उल्लेखनीय हैं :—

१—भक्त-शिरोमणि महाकवि सूरदास (श्री नलिनी मोहन सान्याल),
२—सूरदास (डा० जनार्दन मिश्र),
३—सूर-साहित्य (डा० हजारीप्रसाद द्विवेदी),
४—सूर-साहित्य की भूमिका (डा० रामरतन भटनागर तथा श्री वाचस्पति त्रिपाठी),
५—सूरदास (आचार्य रामचन्द्र शुक्ल),
६—सूर-सौरभ (डा० मुन्शीराम शर्मा),
७—अष्टछाप और बल्लभ सम्प्रदाम (डा० दीनदयालु गुप्त),
८—सूरदास(डा० ब्रजेश्वर वर्मा),
९—सूर-निर्णय (प्रभुदयाल मीतल तथा द्वारिकादास परीख),
१०—महाकवि सूरदास (श्री नन्ददुलारे वाजपेयी)।

बाह्य-साक्ष्य के रूप में उपस्थित की जाने वाली जो सामग्री सम-सामयिक एवं परवर्ती रचनाओं के रूप में है, उसमें सबसे महत्वपूर्ण साम्प्रदायिक साहित्य है। भक्तों की रचनाओं में 'भक्तमाल' में सूर-विषयक एक ही पद प्राप्त है:—

उक्ति, चोज; अनुप्रास, वरन, अस्थिति अतिभारी।
वचन, प्रीति निर्वाह अर्थ, अद्भुत तुकधारी।
प्रतिबिम्बित दिवि दिष्टि हृदय में लीला भासी।
जनम करम गुनरूप सबै रसना परकासी।
विमल बुद्धि गुन और की, जो वह गुन श्रवननि धरै।
सूर-कवित सुनि कौन कवि जो नहिं सिर-चालन करै।[१]

इस पद में केवल सूरदास जी की जन्मान्धता तथा कवित्व-वैशिष्टय का ही उल्लेख है। नाभादास जी राम-भक्तों की परम्परा में आते हैं और उनके ग्रन्थ की रचना गोस्वामी विट्ठलनाथ जी के जेष्ठ पुत्र गिरधर जी के समय की बतलाई जाती है। नाभादास जी को आचार्य रामचन्द्र शुक्ल ने संवत् १६५७ में वर्तमान बतलाया है।[२] गिरधर जी का आचार्यत्व-काल भी संवत् १६४२ से संवत् १६७७ तक माना जाता है इस आधार पर 'भक्तमाल' की रचना लगभग सूरदास जी के समय की ठहरती है किन्तु 'भक्तमाल' में सूरदास नाम के अन्य कवियों का भी उल्लेख है और प्रियादासकृत 'भक्तमाल' की टीका में हमारे सूरदास के विषय में कोई टिप्पणी नहीं की गई है। हाँ, पद १२६ में, जिस अन्य सूरदास का उल्लेख हुआ है, उस पर प्रियादास की टिप्पणी अवश्य मिलती है। इस विवेचन से स्पष्ट है कि हमारे चरित-नायक सूरदास के जन्म के विषय में भक्तमाल से कोई सहायता नहीं मिलती, उल्टे कई सूरदासों की जीवन-घटनाओं का उल्लेख इस ग्रन्थ में होने के कारण सन्देह का ही पोषण होता है। ध्रुवदास कृत 'भक्त नामावली' में भी सूरदादस जी का अत्यन्त संक्षिप्त उल्लेख है, जिससे किसी निष्कर्ष पर पहुँचना टेढ़ी खीर है।

यद्यपि कृष्णगढ़ नरेश महाराज सामन्तसिंह उपनाम नागरीदास के 'नागर समुच्चय' में महात्मा सूरदास-विषयक पर्याप्त मसाला मिलता है किन्तु वह जनश्रुतियों पर ही आधारित प्रतीत होता है; अतएव उससे भी कोई विशेष सहायता नहीं मिलती। महाराज रघुराजसिंह ने अपनी 'राम रसिकावली' में सूर के विषय में विस्तार पूर्वक लिखते हुए उन्हें जन्मान्ध माना है। उनके

१ श्री भक्तमाल सटीक पृ० ५३९-४०
२ आचार्य रामचन्द्र शुक्ल कृत 'हिन्दी-साहित्य का इतिहास' पृ० १४७

अनुसार सूर उद्धव के अवतार थे तथा उनका विवाह भी हुआ था। सूर के कवित्व की प्रशंसा करते हुए उन्होंने अकबर और सूर की भेंट का भी उल्लेख किया है। कवि मियाँसिह ने अपने भक्त विनोद में सूरदास के जीवन-चरित्र पर विस्तृत प्रकाश डाला है और उनके पूर्व जन्म का उल्लेख करते हुए उन्हें कृष्ण का परम मित्र माना है। वे सूर का जन्म मथुरा प्रान्त में मानते थे। उनकी जन्मान्धता, कूप-पतन एवं बादशाह अकबर के साथ एक चमत्कारपूर्ण घटना का भी उन्होंने उल्लेख किया है। 'भक्त-विनोद' पर विचार करने से स्पष्ट हो जाता है कि लेखक ने प्रचलित जनश्रुतियों को ही एकत्र गुम्फित कर सूर की जीवन-वृत्त-मात्रा का सृजन करने का प्रयास किया है। कहने का अभिप्राय यह है कि समसामयिक एवं परवर्त्ती भक्तों की रचनायें सूर का जीवन-चरित निर्धारित करने में विशेष सहायक सिद्ध नहीं होतीं, क्योंकि प्रश्न तो इन कृतियों में सूर की जन्मतिथि अथवा काल का निश्चित उल्लेख ही नहीं हुआ, दूसरे सूर के सर्वांग-व्यवस्थित जीवन-चरित का भी इनमें अभाव ही है। इतना ही नहीं, इनमें वर्णित घटनाओं में इतना वैभिन्य है कि विचारशक्ति भूल-भुलैया में पड़ जाती है और वास्तविक तथ्य का उद्घाटन करने में असमर्थ रहती है। केवल दो बातों का संकेत सभी कृतियों में समान रूप से हुआ है—एक तो सूर को जन्मान्धता के विषय में और दूसरे उनकी कवित्वशक्ति के विषय में। राधा-कृष्ण गोस्वामी द्वारा प्रकाशित 'व्यास वाणी' में भी सूर के विषय में केवल इतना ही लिखा गया है कि 'सूर के बिना अब कौन कवि उस कोटि के पदों की रचना कर सकता है?'[1] भक्तों की रचनाओं में बाबा वेणीमाधवदास का 'गुसाईं-चरित' भी उल्लेखनीय है, जिसके एक पद में सूर और तुलसी की भेंट का वर्णन है और कुछ विशेष वर्णन उसमें नहीं मिलता। इस ग्रन्थ की अप्रामाणिकता सिद्ध हो चुकी है।

तत्कालीन ऐतिहासिक ग्रन्थों का आश्रय लेने पर भी हमें निराश ही होना पड़ता है। 'आइने अकबरी' में जिसका अनुवाद ब्लाकमैन ने किया है सूर के पिता 'रामदास' का उल्लेख है, जिसे अकबर की राज-सभा का एक गायक बताया गया है और उसके पुत्र सूरदास का अपने पिता के साथ अकबर की सभा में आने-जाने का उल्लेख किया गया है।[2] इसी प्रकार का उल्लेख 'मुन्तखिबुल-तवारीख' में भी प्राप्त होता है।[3]

'मुन्शियात अबुल फजल' अबुल फजल के पत्रों का एक संग्रह है, जिसका संकलन 'अब्दुल समद' नामक व्यक्ति ने सं० १६६३ में किया था। इसमें सूरदास के नाम लिखा गया एक पत्र है, जिसमें न तो किसी तिथि का ही उल्लेख है और न सूर की जीवन घटनाओं पर कोई प्रकाश ही डाला गया है।

वार्ता-साहित्य तथा अन्य साम्प्रदायिक साहित्य में सूरदास सम्बन्धी जो उल्लेख मिलते हैं, वे विशेष रूप में विचारणीय हैं, वार्ता साहित्य में गोस्वामी गोकुलनाथ जी कृत चौरासी वैष्णवन की वार्ता अधिक महत्वपूर्ण है, यद्यपि उसके रचनाकाल तथा रचयिता के सम्बन्ध में अभी तक संदेह है। विद्या-विभाग कांकरौली से सं० १९९८ में प्रकाशित 'प्राचीन-वार्ता-रहस्य' के द्वितीय भाग में इन वार्ताओं की प्रामाणिकता पर विचार किया गया है और वार्ता-साहित्य के तीन संस्करण माने गये हैं:—

१—संग्रहात्मक-वार्ता-साहित्य (सं० १६४५ से १६६० तक), जो गोकुलनाथ जी के कथा, प्रवचनों के रूप में प्राप्त होता है।

२—हरिराय जी द्वारा सम्पादित वार्ता-साहित्य (सं० १६९४ से सं० १७३५ तक)।

---

१ 'व्यास-वाणी' पृ० १२, १४ प्रकाशक—रामकृष्ण गोस्वामी

२ आइने-अकबरी भाग १ पृ० ६१२ संस्करण १८७३

३ मुन्तखिबुल-तवारीख भाग २ पृ० ३७

३—हरिराय जी द्वारा की गई व्याख्या और स्पष्टीकरण वाला वार्ता-साहित्य (सं० १७३५ से १७८० तक)।[1]

वार्ता-साहित्य की प्रामाणिकता में १२८ प्रसंगों वाली हस्तलिखित वार्ता-पुस्तक का उल्लेख किया जाता है, जो काँकरौली-सरस्वती-भण्डार के हस्तलिखित ग्रन्थों में सुरक्षित है और जिसके अन्त में इस प्रकार लिखा है—

"संवत् १७४६ वर्ष श्रावण सुदी ७ शुकरे पोथी लिखी छै, प्रति गोविन्ददास पोथी लख्यूं छै।"[2]

सूर-निर्णय में इस प्रमाण को उद्‌धृत किया गया है और वार्ता-साहित्य की प्रामाणिकता पर प्रकाश डाला गया है।[3]

'चौरासी वैष्णवन की वार्ता' में पुष्टि-सम्प्रदाय में दीक्षित होने के उपरान्त का ही सूर का जीवन-चरित उपलब्ध होता है, उनके जन्म-स्थान, माता-पिता आदि के विषय में कोई उल्लेख नहीं है। इसमें तो हमारे चरित-नायक सूर के दर्शन हमें उस समय होते हैं, जब वे मथुरा और आगरा के बीच गौ-घाट नामक स्थान पर रहा करते थे और जहाँ उन्हें बल्लभाचार्य जी के दर्शन हुए। 'चौरासी वैष्णवन की वार्ता' के अन्तर्गत सूरदास की वार्ता में प्रसंग १, २, ३, ४, ५ में सूरदास जी के जीवन पर प्रकाश डाला गया है। वार्ता के प्रारम्भ में ही यह लिखा गया है—

'अब श्री आचार्य जी महाप्रभून के सेवक सूरदास जी गौ-घाट पर रहते तिनकी वार्ता"

वार्ता के प्रारम्भ में कहा गया है कि एक बार महाप्रभु बल्लभाचार्य जी बहुत दिनों के पश्चात् अड़ैल से आगरा और मथुरा के बीच गौ-घाट पर पधारे। यहीं पर बहुत से सेवकों के साथ सूरदास जी रहा करते थे, जब उन्हें आचार्य जी के आगमन की आज्ञा मिली तो वे उनके दर्शनार्थ गये। उन्होंने सूर को भगवद्-यश-वर्णन करने का आदेश दिया। प्रभू के महत्व और अपने दैन्य को लक्ष्य करके अन्धे सूर ने "हौं हरि सब पतितन को नायक" तथा "प्रभु हौं सब सतितन कों टीको" पदों की मधुर ध्वनि के साथ अपनी वीणा के तारों में स्पन्दन भरा। ये पद भक्त की सामान्य भक्ति-भावना के द्योतक हैं। इस प्रकार की भवित-भावना से परिपूर्ण मिलते-जुलते पद प्रायः सभी भक्त कवियों की रचनाओं में उपलब्ध होते हैं। ये दैन्य-भाव के पद हैं। इन पदों से ऐसा आभास मिलता है कि उस समय तक सूरदास की भगवद्-भक्ति में दृढ़ता नहीं आ पाई थी। वे भक्ति-मानसरोवर के तट पर तो पहुँच चुके थे और उसकी तह में मुक्ताओं को टटोलने के लिए उत्सुक भी थे किन्तु कदाचित् किसी अनुभवी गोताखोर के निर्देश की अपेक्षा रखते थे और स्वयं उसके निमग्न होने में हिचकते थे। सम्भवतः इसीलिए महाप्रभु ने उनसे कहा—"सूर ह्वै कै ऐसे काहे को घिघियात, कछु भगवद् लीला वर्णन करि।"

आचार्य जी के सम्पर्क ने सूर के जीवन की धारा को परिवर्तित कर दिया। उन्होंने स्नानादि से निवृत्त होकर तत्काल ही महाप्रभू से गुरु-मन्त्र लिया और पुष्टि-मार्ग में दीक्षित होकर अपने समस्त दोषों का निवारण कर नवधा-भक्ति की प्राप्ति की। वे निर्द्वन्द्व होकर भक्ति-मानस में अवगाहन करने लगे, जिसके फलस्वरूप उन्हें वह दिव्य-दृष्टि प्राप्त हो गई, जिससे वे प्रभु की समस्त लीलाओं के दर्शन का आस्वाद पाने में समर्थ हुए। भागवत के दशम-स्कन्ध की सुबोधिनी के मंगलाचरण की प्रथम कारिका का पाठ कर तत्क्षण ही उनके भक्ति-रस-पूरित-कल-कण्ठ से गीत की मधुर धारा बह निकली:

"चकई री चलि चरन सरोवर जहाँ न प्रेम वियोग।"

---

१ प्राचीन वार्ता-साहित्य द्वितीय भाग, विद्या विभाग कांकरोली। संस्करण सं० १९५८

२ हस्तलिखित पुस्तक कांकरोली सरस्वती-भण्डार संख्या १००×१

३ सूर-निर्णय (द्वारिकादास) पुष्ठ १६ संस्करण २००६

सचमुच वे उस चरण-सरोवर पर पहुँच गये, जिससे निर्गत मन्दाकिनी आज भी अपने पूत-प्रवाह से समस्त विश्व को पवित्र कर रही है। जहाँ निःसार होकर भी संसार संसार है, बन्धन है पर बाधक नहीं, स्पन्दन है किन्तु हलचल नहीं, द्वन्द का अनुभव होता है किन्तु, निर्द्वन्द्वता के साथ। भक्त के हृदय-कपाट खुल गये किन्तु भगवान् वहाँ बन्द हो गये। कर्म के पाश टूट गये :

"भिद्यते हृदयग्रन्थिश्छिद्यन्ते सर्वसंशयाः ।
क्षीयन्ते चास्य कर्माणि तस्मिन् दृष्टे परावरे ॥"

महाप्रभु को भी विश्वास हो गया कि सूर अब वास्तव में 'सूर' हो गये, ऐसे सूर, जिनके जोड़ का कोई नहीं, जिनकी ज्योति शाश्वत है और इसका प्रमाण भी उन्हें उस समय मिल गया, जब सूरदास ने यह पद गाया:—

"ब्रज भयो महर के पूत,
जब यह बात सुनी।"

इसके अनन्तर आचार्य जी ने सूरदास जी के सब सेवकों और शिष्यों को साम्प्रदाय में दीक्षित कर लिया। फिर उन्होंने सूरदास जी को 'पुरुषोत्तम-सहस्रनाम' सुनाया, जिससे उन्हें सम्पूर्ण भागवत का स्फुरण हो गया और उन्होंने भागवत के प्रथम स्कन्ध से द्वादश स्कन्ध तक की कथा को पद-बद्ध करना प्रारम्भ किया। अब सूरदास परमभगवदीय हो गये और उन्होंने आचार्य जी के साथ ब्रजलोक में पदार्पण किया।

दूसरी वार्ता में महाप्रभु द्वारा सूरदास जी को यथावत् दीक्षित करने का संकेत है। श्री गोकुल के दर्शन-मात्र से ही उनके हृदय में भगवान् की बाललीला का स्फुरण हुआ और उन्होंने :

"सोभित कर नवनीत लिये,..................."

पद की रचना की। सूर की इस अलौकिक प्रतिभा से महाप्रभु बहुत प्रसन्न हुए। उनकी कीर्तन-शैली, संगीत एवं कवित्वशक्ति पर मुग्ध होकर महाप्रभु ने उन्हें श्रीनाथ जी के कीर्तन के उपयुक्त समझा। श्रीनाथ जी के दर्शन कर मानों सूर को भगवान् का साक्षात्कार हो गया। उन्हें सच्ची शान्ति की प्राप्ति हुई। अब भगवच्चरण का परित्याग कर वे भला कहाँ जायें? अब तक संसार के प्रलोभनों ने उन्हें बहुत नचाया :

"अब हौं नाच्यौ बहुत गुपाल।"

महाप्रभु को विश्वास हो गया कि अब वास्तव में सूरदास की 'सर्व अविद्या' नष्ट हो गई। सूरदास भी ब्रजवासियों के भाग्य पर ईर्ष्या करने लगे—

"कौन सुकृत इन ब्रजवासिन को ?"

सूरदास श्रीनाथ जी की सेवा में लग गये। महाप्रभु ने अपने सम्प्रदाय का स्वरूप, भगवान् की महात्म्य और ब्रज-भक्तों का स्नेह—सूरदास जी को सुनाया और तब से सूरदास जी कीर्तन के मण्डानकार्य में दत्तचित्त हो गये।

तीसरी वार्ता में सूरदास जी की अकबर से भेंट का उल्लेख है। इस वार्ता में सूरदास के वे पद दिये हुए हैं, जो उन्होंने अकबर के आगे गाये। यथा :

"मना रे! तू करि माधव से प्रीति।"
नाहिन रह्यौ मन में ठौर।"

अकबर के हृदय पर सूर की निर्भीकता और भक्ति-भावना का बड़ा गम्भीर प्रभाव पड़ा।

चौथी वार्ता में चौपड़ के खेल का वह रूपक दिया हुआ है, जो उन्होंने अपने साथियों को सुनाया था।

पाँचवीं वार्ता में उस समय की घटनाओं का उल्लेख है, जब सूरदार जी बीच-बीच में गोवर्धन से श्री गोकुल और श्री नवनीत-प्रिय जी के दर्शन के लिए आते थे। इनमें श्री गोसाईं जी के साथ उनके सम्पर्क का भी उल्लेख है। गुसाईं जी के संस्कृत के 'पालना' के आधार पर उनका बाल-विनोद 'आँगन में की डोलनि' वाला पद दिया हुआ है, यथा:

"गोपाल दुरे हैं माखन खात।"

और "कहाँ लगि बरनौं सुन्दरताई।"

आदि पद, जो सूर ने गाये थे, दिये हुए हैं।

छठे प्रसंग में सूरदास जी के अन्तिम समय का वर्णन है। अन्त समय में सूरदास जी नित्य लीला और कलात्मक लीला के स्थान पारसौली में आये और श्रीनाथ जी की ध्वजा को दण्डवत् कर ध्वजा की ओर मुख करके लेट गये, परन्तु उनके अन्तःकरण में महाप्रभु श्री विट्ठलनाथ जी के दर्शन की अभिलाषा बनी रही। गुसाईं जी के हृदय में प्रेरणा हुई और आरती आदि से निवृत्त होकर पारसोली पहुँच गये। उनके साक्षात्कार पर सूरदास ने "देखो देखो हरि जू को एक सुभाय।" पद गाया, जिसमें उनके भक्त-हृदय के दैन्य का उत्कर्ष है। अन्त समय में जब चतुर्भुजदास जी ने आचार्य महाप्रभु के यशोवर्णन के लिए कहा तो गुरु और गोविन्द में समान भाव रखने वाले भक्त प्रवर सूरदास ने "भरोसो दृढ़ इन चरणन केरो।" पद गाया और जब गोस्वामी जी ने उनसे उनकी चित्तवृत्ति के विषय में पूछा तो सूर ने "बलि बलि बलि हौं कुमरि राधिका नन्द सुवन जासों रति मानी।" पद गाया तथा जब किसी ने नेत्रवृत्ति के विषय में प्रश्न किया तो "खंजन नैन रूप रस माते।" पद गाया और इसके पश्चात् उन्होंने अपनी यह लीला समाप्त करदी।

यद्यपि इन वार्ता-प्रसंगों में 'सूरदास' जी के जीवन-चरित की कुछ झाँकियाँ अवश्य मिलती हैं तथापि वे उनके धार्मिक-विश्वास एवं भक्ति-भावना का ही विशेष परिचय देती हैं, तिथि-निर्णय करने में उपयोगी सिद्ध नहीं होती। हाँ, कुछ ऐतिहासिक तथ्य अवश्य प्रकाश में आते हैं, परन्तु वे तथ्य भी स्वतंत्र रूप से विशेष महत्व नहीं रखते क्योंकि उनमें केवल व्यक्तियों के सम्पर्क-मात्र का परिचय मिलता है। उदाहरणार्थ हम कह सकते हैं कि सूरदास जी की गो-घाट पर महाप्रभु बल्लभाचार्य जी से भेंट हुई, परन्तु वह कौनसा सन्-संवत था? उस समय सूर की आयु क्या थी? यह विचारणीय है। 'सूर' एवं अकबर की भेंट के समय का निर्धारण भी आवश्यक है। इसके अतिरिक्त यह निश्चित प्रतीत होता है कि सूरदास जी के वैकुण्ठवास के समय चतुर्भुजदास, कुम्भनदास, गोविन्दस्वामी और रामदास विद्यमान थे, एवं श्री गोस्वामी विट्ठलनाथ के जीवन-काल में ही सूर ने यह लीला समाप्त की थी। परन्तु इन सब घटनाओं से सूरदास जी के निश्चित काल-क्रम के निर्धारण में कोई विशेष सहायता नहीं मिलती।

वार्ता-साहित्य के ही अन्तर्गत निज-वार्ता श्री हरिराय जी की भाव-प्रकाश टीका भी सम्मिलित है। प्राचीन वार्ता-साहित्य में निज-वार्ता का उल्लेख है, जो श्री गोकुलनाथ जी द्वारा कथित है; इसमें सूरदास जी का उल्लेख इस प्रकार है—

"सो सूरदास जी जब श्री आचार्य जी महाप्रभून को प्राक्ट्य भयो है तब इनको जन्म भयो है। सो श्री आचार्य जी सों ये दस दिन छोटे हुते।"

भाव प्रकाश—हम पहले कह चुके हैं कि प्राचीन वार्ता-साहित्य में वार्ता-साहित्य के तीन संस्करण माने हैं। 'भाव प्रकाश' श्री हरिराय जी की टीका का नाम है और उनका समय सं० १६४७ से १७७२ तक है। सं० १७५२ की लिखी हुई 'भाव प्रकाश' की प्रति सम्प्रदाय में उपलब्ध

भी है। इससे प्रतीत होता है कि 'भाव प्रकाश' सूरदास जी से लगभग १०० वर्ष पश्चात् लिखी गई। इस वार्ता का सम्पादन हरिराय जी ने लीला-भावना वाली "चौरासी वैष्णवन की वार्ता" नाम से किया था। श्री द्वारिकादास पारीख ने इनकी एक हस्तलिखित प्रति गुजरात के सिद्धपुर पाटन में खोज द्वारा प्राप्त की है, उस प्रति का सम्पादन-काल संवत् १७५२ लिखा है। यदि उस संवत् को सत्य माना जाय तो हरिराय जी के समय में ही उसका सम्पादन सिद्ध होता है, क्योंकि हरिराय जी का देहावसान १२५ वर्ष की पूर्ण आयु प्राप्त कर संवत् १७७२ में हुआ था। गोस्वामी हरिराय जी गोस्वामी गोकुलनाथ जी के बड़े भाई के पौत्र थे और गोकुलनाथ जी के साथ रहा करते थे। वे संस्कृत के भी प्रकाण्ड विद्वान् थे, वार्ता-साहित्य का सम्पादन भी उन्होंने किया था तथा अनेक वार्ता-पुस्तकों की रचना भी की थी। 'भाव प्रकाश'-टीका में हरिराय जी ने गोकुलनाथ जी द्वारा कथित मूलवार्ता का ही विस्तृत विवेचन किया है। सूरदास जी की वार्ता में पहले तो श्री हरिराय जी ने सूरदास जी के लीला-स्वरूपों का वर्णन किया है और बताया है कि सूरदास जी ठाकुर जी के अष्ट सखाओं में से कृष्ण सखा हैं और स्वामिनी जी की सखियों में चम्पकलता सखी हैं। इसके अनन्तर ग्यारह वार्ता प्रसंगों में हरिराय जी सूरदास जी का जीवन-चरित विस्तार से लिखा है। इस भावना वाली टीका में हरिराय जी ने भक्तों के तीन-तीन जन्मों का परिचय दिया है। हरिराय जी के अनुसार सूरदास जी का जन्म दिल्ली के पास सीही ग्राम में, जो जन्मेजय के यज्ञ-स्थान के निकट है, एक निर्धन सारस्वत ब्राह्मण के यहाँ हुआ था। सूरदास जी सलपट-जन्मान्ध थे, और उनके नेत्रों के गड्ढे भी नहीं थे, केवल भौंहें थीं, वे अपने पिता के चौथे पुत्र थे। जन्मान्ध पुत्र की उत्पत्ति से निर्धन ब्राह्मण को बड़ा कष्ट हुआ और वह उसे आपत्ति के रूप में ही मानने लगा। ६ वर्ष की आयु में चूहे द्वारा ले जाई गईं दो मुहरों का पता बताने के कारण सूरदास जी के माता-पिता बड़े चमत्कृत हुए और पुत्र से प्रेम करने लगे। परन्तु इसलिए सूरदास जी की मुहर बताने की यही शर्त थी कि वे इसके पश्चात् घर नहीं रहेंगे, माता-पिता के आग्रह करने पर भी वे घर में नहीं रहे और वहाँ से चार कोस दूर एक तालाब के किनारे रहने लगे। वहाँ भी जब उन्होंने वहाँ एक ब्राह्मण जमींदार को उसकी खोई हुई गायें बताकर चमत्कृत कर दिया तो उस जमींदार ने उसी गाँव में तालाब के किनारे पीपल के वृक्ष के नीचे झोंपड़ी बना दी। सूरदास जी इसी झोंपड़ी में रहकर सगुन बताने लगे। कुछ ही दिनों में उनके सेवक हो गये। झोंपड़े के स्थान पर रहकर अच्छा घर बन गया। गाने-बजाने का सब प्रबन्ध हो गया और वस्त्र, द्रव्य आदि वैभव से वह स्थान पूर्ण हो गया। सूरदास जी वहाँ विरह के पद सेवकों को सुनाते थे। १८ वर्ष की आयु तक यह क्रम चलता रहा। एक दिन उन्हें विरक्ति हुई और अपना सब वैभव अपने माता-पिता को सौंप कर केवल एक वस्त्र एवं यष्टिका लेकर चल दिये। वहाँ से चलकर वे मथुरा में विश्राम-घाट पर यमुना के किनारे रहने लगे। उनकी प्रतिभा ने वहाँ भी उन्हें दूर-दूर तक प्रसिद्ध कर दिया। एक दिन महाप्रभु बल्लभाचार्य ब्रज से अड़ैल जाते हुए गौ-घाट पर रुके और यहीं उनसे सूरदास जी की भेंट हुई। यह सब वर्णन 'चौरासी वैष्णव की वार्ता' के अनुकूल है, केवल कोष्ठों में हरिराय जी ने विस्तार के साथ कुछ स्थलों को समझाया है। उसकी विशेष उल्लेखनीय बातें ये हैं :

१—बल्लभाचार्य जी का सूरदास जी को पुष्टि-सम्प्रदाय में यथावत् दीक्षित करना,

२—सूरदास जी द्वारा पुष्टिमार्ग का निरूपण,

३—चौपड़ के रूपक की व्याख्या,

४—अकबर और सूरदास की भेंट का विशेष वर्णन,

५—सूरदास जी के कुछ चमत्कार,

६—सूरदास जी के सवालाख कीर्तन-पदों का उल्लेख,
७—पारसोली चन्द्रसरोबर का परिचय,
८—अकबर बादशाह के पहले जन्म का उल्लेख,
९—सूरदास जी के चार नामों का उल्लेख,
(१) सूरदास, (२) सूरजदास, (३) सूरज, (४) सूरश्याम।

इसके अतिरिक्त 'भाव प्रकाश' में और भी सम्प्रदाय-सम्बन्धी व्याख्याएँ हैं।

वार्ता-साहित्य के अतिरिक्त और भी ऐसा साम्प्रदायिक साहित्य है, जिसमें सूरदास का उल्लेख मिलता है। उसके कुछ ग्रन्थ निम्नलिखित हैं:—

(१) बल्लभ दिग्विजय

इस ग्रन्थ की रचना गोस्वामी विट्ठलनाथ जी के छठे पुत्र श्री यदुनाथ जी ने सम्वत् १६५८ में की थी। बल्लभ-वंश-वृक्ष में यदुनाथ जी का जन्म सम्वत् १६१५ लिखा है अतः वे सूरदास जी के समसामयिक ठहरते हैं। सम्प्रदाय कल्पद्रुम में इसको यदुनाथ जी-कृत स्वीकार किया गया है तथा इस ग्रन्थ की पुष्पिका में इसके रचना-काल के विषय में निम्नलिखित कथन है—

"वसु-बाण-रसेन्द्वब्दे तपस्य सितिके रवौ।
चमत्कारिपूरे पूर्णो ग्रन्थोऽभूत सोमजातटे।"[1]

इसमें सूरदास जी का उल्लेख इस प्रकार है—

"ततोऽलर्कपुरे समागताः। तत्रावासे कृते,
ततो ब्रजसमागमने सारस्वतसूरदासोऽनुग्रहीत।[2]

अर्थात् आचार्यपाद इसके अनन्तर अलर्कपुर (अड़ैल) आये, वहाँ कुछ दिन निवास किया और फिर ब्रज-यात्रा में सारस्वत सूरदास पर अनुग्रह किया।

(२) संस्कृत-वार्ता-मणिमाला

यह भी सम्प्रदाय का एक महत्वपूर्ण ग्रन्थ है। इसके रचयिता श्रीनाथ भट्ट तैलंग ब्राह्मण थे। भट्टजी का समय संवत् १७७५ से १८३० तक का है। इस ग्रन्थ में वार्ताओं के १२५ प्रसंगों का उल्लेख है। इस ग्रन्थ की हस्तलिखित प्रतियाँ काँकरोली विद्या-विभाग में सुरक्षित हैं। इस ग्रन्थ की ५८वीं वार्ता सूरदास जी से सम्बन्ध रखती है। इसके अनुसार सूरदास जी प्राच्य ब्राह्मण थे और जन्मान्ध थे। महाप्रभु बल्लभाचार्य से अरिल्ल (अड़ैल) गाँव में उनकी भेंट हुई, उसी समय इनकी गणना, विद्वान् कवियों और उच्चकोटि के गायकों में थी। आचार्य जी ने इन्हें भगवल्लीला का उपदेश दिया, और इसके अनन्तर उन्होंने ब्रज-भाषा में काव्य-सागर की रचना की।

(३) अष्ट-सखामृत

इसके प्रणेता प्रणनाथ कवि हैं, जो वृन्दावन के निवासी थे। इसकी संवत् १७६७ की लिखी हुई एक प्रति बम्बई के एक मन्दिर में बताई जाती है।[3] इस ग्रन्थ में सूर के विषय में एक उल्लेख है, जिसका सारांश निम्नलिखित है—

(अ) सीही ग्राम के एक सारस्वत-ब्राह्मण-वंश में जन्म लेने वाले तथा आचार्य बल्लभ के प्रिय शिष्य सूरदास जी एक प्रख्यात भक्त थे।

---

१ बल्लभ दिग्विजय।

२ बल्लभ दिग्विजय पृ० ५०।

३ 'नवीन भारत' १९ मई सन् १९४८ में प्रकाशित 'लोक महाकवि सूरदास'

(आ) वे यद्यपि चर्मचक्षुहीन थे, तथापि उनके आन्तरिक नेत्र खुले हुए थे।

(इ) प्रतिदिन हरि-लीला-सम्बन्धी नवीन-नवीन पदों की रचना किया करते थे और सूरजदास कहलाते थे।[1]

(४) सम्प्रदाय-कल्पद्रुम

विट्ठलनाथ भट्ट ने संवत् १७२६ में इस ग्रन्थ की रचना की थी। इसमें महाप्रभु वल्लभाचार्य तथा श्री गोसाई जी की जीवन-घटनाओं का वर्णन है। इस ग्रन्थ की रचना उन्होंने कृष्णगढ़ के राजा मानसिंह के लिए की थी। किन्तु इस ग्रन्थ में उल्लिखित तिथियों की प्रामाणिकता में भी सन्देह है। हमारे चरित-नायक सूरदास के सम्बन्ध में इसमें यह पद मिलता है—

"सूरदास को सरन लै तीर्थराज प्रभु आय।
भू प्रदक्षिणा पूर्ण किय, ब्रह्म-भोग करवाय॥"[2]

(५) धौल

जमुनादास जी कृत यह ग्रन्थ गुजराती भाषा में है। इसके रचयिता जमुनादास जी हरिराय जी के सेवक थे। इन्होंने सूरदासजी का जीवन-चरित पद्य-बद्ध किया है, परन्तु वह हररिराय जी की 'भाव-प्रकाश' टीका पर ही पूर्णतया आधारित है और लेखकों ने स्वीकार भी किया है:—

"जमनादास, अधम ते वर्णन-शूं करे आ सुण्युं वदनजेः श्री हरिराय महाभूप जो !"

(६) भाव संग्रह

यह संग्रह द्वारिकेश जी का किया हुआ है, जिनका समय संवत् १७५१ से १८०० तक माना गया है। इसमें सूर-सम्बन्धी उल्लेख इस प्रकार हैं:—

"सो सूरदास जी श्री आचार्य जी महाप्रभून ते दस दिन छोटे हते। लीला में उनको स्वरूप कृष्ण-सखा, चम्पकलता सखी, श्री जी के वाक् को स्वरूप, गिरिराज के चन्द्रसरोवर द्वार के अधिकारी, स्वामी की छाप, सारस्वत ब्राह्मण, सीही ग्राम के वासी।"

(७) वैष्णवाह्निक-पद

इनके रचयिता श्री गोस्वामी गोपिकालंकार जी हैं, जो जतीपुरा के निवासी थे। इनका उपनाम मट्टू जी तथा जन्म संवत् १८७६ में बताया जाता है। उन्होंने सूरदास जी के जन्म के सम्बन्ध में लिखा है कि सूरदास जी संवत् १५३५ में बैसाख शुक्ल ५ में, जबकि षष्ठी आ गई थी, उत्पन्न हुए थे।[3]

अब हम सूर-सम्बन्धी आधुनिक सामग्री पर विचार करेंगे। हम पहले कह चुके हैं कि आधुनिक सामग्री के दो रूप हैं—(१) इतिहास ग्रन्थों में तथा (२) आलोचनात्मक प्रबन्धों में। इतिहास-ग्रन्थों का आधार खोज-रिपोर्ट तथा कुछ प्राचीन ग्रन्थ हैं। खोज-सम्बन्धी-कार्य करने वाली तीन संस्थाओं के नाम उल्लेखनीय हैं—(१) काशी की नगरी-प्रचारिणी-सभा, (२) ब्रज-साहित्य-मण्डल और (३) हिन्दी-विद्यापीठ। इन संस्थाओं द्वारा हुए सूर-सम्बन्धी अन्वेषणों में सूरदास जी

---

१ अष्ट सखामृत—

'श्री वल्लभ-प्रभु-लाड़िले, सीही सर जल जात।
... ...
'प्रान' जप्यो नहिं नाम हरि, ताके मुख में धूर,'

२ सम्प्रदाय-कल्पद्रुम पृ० ४२

३ प्रगटे भक्त शिरोमनिराय,
माधव शुकला पंचमि ऊपर छट्ट अधिक सुखदाय।

की रचनाओं पर तो काफी प्रकाश पड़ता है, किन्तु उनके जीवन पर नहीं। रचनाओं के विषय में हुए अन्वेषणों का उल्लेख हम दूसरे प्रकरण में करेंगे। जहाँ तक इतिहास ग्रन्थों का प्रश्न है, उनमें प्रारम्भिक ग्रन्थों में सूरदास के जीवन-सम्बन्धी आलोचनात्मक विवरण का अभाव ही है, केवल जनश्रुतियों अथवा प्राचीन अप्रामाणिक ग्रन्थों के आधार पर ही सूर-सम्बन्धी उल्लेख मिलते हैं। आचार्य रामचन्द्र शुक्ल का 'हिन्दी साहित्य का इतिहास', डा० रामकुमार वर्मा का 'हिन्दी-साहित्य का आलोचनात्मक इतिहास' तथा डा० हजारी प्रसाद द्विवेदी का 'हिन्दी-साहित्य' इस विषय में विशेष रूप से विचारणीय हैं। आचार्य शुक्ल ने अपने इतिहास में सूर के जीवन-वृत्त के सम्बन्ध में लिखा है।

१—"सारांश यह है कि हमें सूरदास का जो थोड़ा-सा परिचय 'चौरासी वैष्णवों की वार्ता' में मिलता है, उसी पर संतोष करना पड़ता है।"

२—"जीवन का कोई विशेष प्रामाणिक वृत्त न पाकर इधर कुछ लोगों ने सूर के समय के आसपास के किसी ऐतिहासिक लेख में जहाँ कहीं सूरदास नाम मिला है, वहीं का वृत्त प्रसिद्ध सूरदास पर घटाने का प्रयत्न किया है।"

शुक्ल जी ने सूरदास जी का आचार्य वल्लभ का शिष्य होना सं० १५८० में माना है तथा 'सूर की सारावली' को प्रामाणिक मानते हुए उसके लिखने के समय उनकी आयु ६७ वर्ष की मानी है।

साहित्य-लहरी के

"मुनि पुनि रसन के रस लेष।
दसन गौरी नन्द को लिखि सुभग संवत् पेष ॥"

वाले पद के आधार पर शुक्ल जी ने 'साहित्य-लहरी' की समाप्ति सम्वत् १६०७ में मानी है। सूर के जन्मकाल और मृत्युकाल के विषय में उन्होंने इस प्रकार लिखा है :

"यह तो मानना ही पड़ेगा कि साहित्य-क्रीड़ा का यह ग्रन्थ 'सूर-सागर' से छुट्टी पाकर ही संकलित किया होगा। उसके दो वर्ष पहले यदि 'सूर-सारावली' की रचना हुई तो कह सकते हैं कि सम्वत् १६०५ में सूरदास जी ६७ वर्ष के थे। अब यदि उसकी आयु ८० या ८५ वर्ष की मानें तो उनका जन्मकाल सम्वत् १५४० के लगभग तथा देहावसान संवत् १६२० के आसपास ही अनुमित होता है।[1]

"साहित्य-लहरी' के वंश परम्परा-विषयक अन्तिम पद के विषय में शुक्ल जी की सम्मति है।"

"हमारा अनुमान है कि 'साहित्य-लहरी' में यह पद पीछे किसी भाट के द्वारा जोड़ा गया है।"

'आइने-अकबरी' और 'मुन्शियात अबुलफ़ज़ल' में आये हुए सूर सम्बन्धी उल्लेखों के विषय में शुक्ल जी की सम्मति यह है :

"अकबर संवत् १६१३ में गद्दी पर बैठा। हमारे सूरदास संवत् १५८० के आसपास ही बल्लभाचार्य जी के शिष्य हो गये थे और उसके पहले भी विरक्ति साधु के रूप में गऊघाट पर रहा करते थे। इस दशा में संवत् १६१३ के बहुत बाद दरबारी नौकरी करने कैसे पहुँचे ? अतः आइने-अकबरी के सूरदास और सूरसागर के सूरदास एक ही व्यक्ति नहीं ठहरते।"[2]

'मुन्शियात अबुलफ़ज़ल' नामक पत्र-संग्रह के विषय में शुक्ल जी का मत है :

"इन शब्दों में एसी ध्वनि निकलती है कि ये (पत्र में उल्लिखित सूरदास) कोई ऐसे सन्त थे, जिनके अकबर के 'दीन-इलाही' में दीक्षित होने की सम्भावना अबुलफ़ज़ल समझता था।

१ हिन्दी साहित्य का इतिहास रामचन्द्र शुक्ल पृष्ठ १६१
२ " " " पृष्ठ १६२-६३

सम्भव है वे कबीर के अनुयायी कोई संत हों। अकबर का दो बार इलाहबाद जाना पाया जाता है, एक तो सम्वत् १६४० में, फिर संवत्१६६१ में। पहली यात्रा के समय का लिखा हुआ भी यदि इस पत्र को भी मानें तो भी हमारे सूर का गोलोकवास हो चुका था। यदि उन्हें तब तक जीवित भी मानें तो वे १०० वर्ष से ऊपर रहे होंगे। मृत्यु के इतने समीप आकर वे इन सब झमेलों में क्यों पड़ने जावेंगे या इनके 'दीन इलाही' में दीक्षित होने की आशा कैसे की जावेगी।"[१]

डा० रामकुमार वर्मा ने अपने 'हिन्दी-साहित्य के आलोचनात्मक इतिहास' में सूरजीवन-सम्बन्धी प्राप्त समस्त सामग्री का उल्लेख किया है, परन्तु उन्होंने न तो उसकी प्रामाणिकता और अप्रामाणिकता पर ही विचार किया है और न ही वे किसी निर्णय पर पहुँच सके हैं। उनके सारे निष्कर्ष सन्देहास्पद हैं। अंतःसाक्ष्य पर विचार करते हुए डाक्टर साहब लिखते हैं :

"यदि हम 'सूर-सारावली' और 'साहित्य-लहरी' का रचना-काल एक ही मानें (जैसा कि बहुत सम्भव है) क्योंकि दोनों पुस्तकें 'सूरसागर' के बाद में ही बनीं, तो संवत् १६०७ में सूरदास जी की आयु ६७ वर्ष की रही होगी अर्थात् उनका जन्म संवत् १५४० में हुआ होगा। जितना अन्तर 'सूर-सारावली' और 'साहित्य-लहरी' के रचना-काल में होगा, उतना ही अन्तर जन्म-संवत् में पड़ जायगा। किन्तु अनुमान से यह कहा जा सकता है कि दोनों के रचना-काल में अधिक अन्तर नहीं हो सकता। अतएव सूरदास के पदों के अनुसार उनका जन्म-संवत् १५४० अथवा उसके आसपास ठहरता है।"[२]

ब्राह्य-साक्ष्य का उल्लेख करते हुए डॉ० वर्मा ने 'मुन्शियात अबुलफजल' में संगृहीत सूरदास विषयक पत्र को विशेष महत्व दिया है तथा 'आइने अकबरी' एवं 'मुन्तखिब-उल तवारीख' वाले सूरदास से उसकी संगति लगाई है। इस सम्बन्ध में उन्होंने जोधपुर के कविराज मुरारिदान के कथन से 'चौरासी वार्त्ता' और 'आइने अकबरी' दोनों के मतों की पुष्टि की है और सूर की मृत्यु के सम्बन्ध में विवेचन करते हुए उन्होंने इस प्रकार लिखा है—"अतः संवत् १६४२ के श्रावण कृष्ण में सूरदास को अबुलफजल द्वारा यह पत्र लिखा गया। विट्ठलनाथ की मृत्यु संवत् १६४२ में हुई''' '''अतः इस प्रमाण से सूरदास की मृत्यु श्रावण सम्वत् १६४२ के बाद में हुई। अभी तक प्रमाणों से ज्ञात होता है कि सूरदास जी का जन्म संवत् १५४०, प्रसिद्धि संवत् १५८७ और मृत्यु सं० १६४२ है। इस प्रकार सूरदास ने १०२ वर्ष की आयु पाई।"[३]

डा० हजारीप्रसाद द्विवेदी ने अपने 'हिन्दी-साहित्य' में इस विषय का विशेष विवेचन नहीं किया है। उन्होंने वार्ता-साहित्य के आधार पर सूरदास जी के जन्म एवं अन्धत्व के विषय में लिखा है :

"प्रसिद्ध है कि कविवर सूरदास महाप्रभु बल्लभचार्य के शिष्य थे। साम्प्रदायिक जनुश्रुतियों के अनुसार वे बल्लभाचार्य से १० दिन छोटे थे।''''''''''चौरासी वैष्णवों की वार्ता' के अनुसार इनका जन्म रुनकता या रेणुका क्षेत्र में हुआ'''''''''श्री हरिराय जी के 'भाव प्रकाश' से पता चलता है कि सू दास जी दिल्ली के पास सीही ग्राम में सारस्वत् कुल में पैदा हुए। ये जन्म से ही अन्धे थे।"

आचार्य हजारीप्रसाद जी लिखते हैं :

"परन्तु सूरदास जी की प्राकृतिक शोभा और रूप-वर्णन को देखकर अधिकांश विद्वान् यह नहीं मानना चाहते कि वह जन्मान्ध थे। सूरदास के कुछ पदों से यह ध्वनि अवश्य मिलती है कि

१ हिन्दी साहित्य का इतिहास रामचन्द्र शुक्ल पृष्ठ १६३
२ हिन्दी-साहित्य का आलोचनात्मक इतिहास पृ० ७४०
३ " " " " पृ० ७४८

सूरदास जी अपने को जन्म का अन्धा और कर्म का अभागा कहते हैं। पर सब समय इसके अक्षरार्थ को ही प्रधान नहीं मानना चाहिए। यह मानसिक ग्लानि की अवस्था में कही हुई बात है, जिसमें अपनी हीनता को अतिरञ्जित करने की प्रवृत्ति काम करती रहती है।"

आगे डाक्टर साहब ने लिखा है—'चौरासी वैष्णवों की वार्ता' से स्पष्ट है कि महाप्रभु के तिरोधान के बहुत बाद तक सूरदास जी जीवित रहे। अनुमान किया जाता है कि सन् १५२३ ई० के आसपास वे बल्लभाचार्य के सम्पर्क में आये होंगे। महाप्रभु ने उन्हें श्रीनाथ जी के सामने कीर्तन करने का भार दिया। परन्तु जब कृष्णदास मन्दिर के अधिकारी नियुक्त हुए तो सूरदास को वहाँ से हटकर पारसोली ग्राम में चला जाना पड़ा था और वहीं उनकी मृत्यु भी हुई। उनकी मृत्यु के समय बल्लभाचार्य के सुपुत्र श्री गोस्वामी विट्ठलनाथ जी उपस्थित थे। विट्ठलनाथ जी की मृत्यु सन् १५८५ ई० में हुई थी, इसलिये सूरदास जी की मृत्यु इससे पहले ही हो गयी थी।"[1]

हिन्दी-साहित्य के इन तीनों ही प्रसिद्ध इतिहास-ग्रंथों में सूरदास जी का जन्म-काल सन्देहात्मक ही माना है। इसके अतिरिक्त जो पूर्ववर्ती विद्वानों के इतिहास-ग्रन्थ हैं, उनमें इतनी भी विवेचना नहीं है। इसलिए उनका उल्लेख अनावश्यक-सा ही प्रतीत होता है। इन इतिहास-ग्रन्थों के अतिरिक्त सूरदास जी के सम्बन्ध में सूर-साहित्य की भूमिका के रूप में अथवा स्वतन्त्र रूप में पर्याप्त विवेचन हुआ है। उस सामग्री का उल्लेख हम पहले ही कर चुके हैं। इस प्रकार का सबसे पहला लेख भारतेन्दु बाबू हरिश्चन्द्र का है, जो 'वेंकटेश्वर प्रेस', बम्बई से मुद्रित 'सूर-सागर' की भूमिका के रूप में लिखा गया है। भारतेन्दु जी ने अपनी लिखी 'चरितावली' तथा 'सूरशतक पूर्वार्द्ध' की भूमिका में भी सूर के जीवन-पक्ष पर कुछ प्रकाश डाला है। 'वेंकटेश्वर प्रेस' से प्रकाशित 'सूरसागर' के सम्पादक श्री राधाकृष्ण ने अपने समय तक की प्राप्त सभी सूर-जीवन-सम्बन्धी-सामग्री का संकलन इस ग्रन्थ में किया है। इसी सामग्री के आधार पर श्री राधाकृष्णदास ने प्रारम्भ में अपने विचार प्रकट किये हैं। अन्तःसाक्ष्य के बल पर उन्होंने सूरदास जी के समय का निरूपण किया है। बाबू राधाकृष्णदास ने सूरदास का जन्म-सम्वत् १५४० के लगभग और देहावसान सं० १६२० के लगभग माना है। अपने निष्कर्ष को वे इस प्रकार प्रमाणित करते हैं :

१—श्री बल्लभाचार्य जी का जन्म-सम्वत् १५३५ वैसाख कृष्ण एकादशी को और अन्तर्धान संवत् १५८७ आषाढ़ शुक्ल तृतीया को तथा श्री गोस्वामी विट्ठलनाथ जी का जन्म-संवत् १५७२ पौष कृष्ण ९ और अन्तर्धान संवत् १६४२ माघ कृष्ण सप्तमी को हुआ। जब इनका समय सम्वत् १५३५ से लेकर सम्वत् १६४२ के बीच १०७ वर्ष के भीतर ही निर्णीत होना चाहिए।

२—'सूर-सारावली' की रचना सूरदास जी ने लगभग ६७ वर्ष की आयु में की थी।

३—'साहित्य-लहरी' में 'सरस' सम्वत्सर का उल्लेख है। राधाकृष्ण जी ने इस संवत् पर विशेष विचार किया है और एक लीला को सरस-संवत्सर-लीला माना है। 'साहित्य-लहरी' के 'मुनि पुनि रसन के रस लेख' वाले पद से उन्होंने संवत् १६०७ लिया है और साहित्य-लहरी का संकलन भी लगभग ६७ वर्ष की आयु में माना है। इस गणना से १६०७ में से ६७ वर्ष निकाल देने से १५४० बनते हैं।

४—'सूरसागर' के देखने से विदित होता है कि उस समय श्री गोस्वामी हितहरिवंश जी और स्वामी हरिदास जी के पूरे अभ्युदय का समय था जैसा कि—"निस दिन स्याम सेऊँ मैं तोहिं" वाले पद से प्रकट होता है।[2]

---

१ हिन्दी-साहित्य (डा० हजारीप्रसाद द्विवेदी)

२ सूरसागर की भूमिका (वेंकटेश्वर प्रेस) सं० १९६४।

बाबू राधाकृष्णदास ने सूरदास-मदनमोहन' नामक एक और सूरदास का उल्लेख किया है। 'भारतेन्दु' जी ने अपने लेख में 'साहित्य-लहरी' के ११८ संख्या वाले पद को सूर-कृत मानकर उनके वंश का निर्णय किया है। उसी के आधार पर उन्होंने संवत् १९३५ में अपनी 'हरिश्चन्द्र-चन्द्रिका' में एक लेख छपवाया था, जिसमें उस पद पर विचार किया गया है। महामहोपाध्याय हरिप्रसाद शास्त्री जी ने अपने ऐतिहासिक-काव्यानुसन्धान के आधार पर 'बंगाल एशियाटिक सोसाइटी' द्वारा छापे गये विवरण में चन्द्र-वृक्ष दिया है, जिसमें सूरदास का भी नाम आया है और इसी सूरदास को हमारा चरितनायक सूर बताया है। मुन्शी देवीप्रसाद ने भी इसी परम्परा का अनुसरण किया है।[1]

सूरदास जी को जन्माध मानते हुए भारतेन्दु बाबू हरिश्चन्द्र ने अपनी चरितावली में लिखा है :—

"यह इस असार संसार को न देखने के लिये आँखें बन्द किये हुए थे।[2]"

मुन्शी 'देवीप्रसाद' जी ने 'आइने-अकबरी' और 'मुन्शियात अबुलफजल' की प्रामाणिकता में संदेह न करते हुए 'अकबर' की सभा के चार गायकों में सूरदास को भी माना है और उक्त ऐतिहासिक ग्रन्थों के आधार पर उनका जीवन-चरित निर्धारित किया है।

सूर-काव्य के अन्य जितने संकलन हुए हैं, सभी में सूरदास जी के जीवन के विषय में कुछ न कुछ प्रकाश डाला गया है, किन्तु किसी महत्वपूर्ण संकेत के अभाव के कारण सूर का जीवन-वृत्त फिर भी अस्पष्ट ही दीख पड़ता है। श्री महादेवप्रसाद जी द्वारा चरित 'साहित्य-लहरी-टीका' में भी, जो लहेरिया सराय से प्रकाशित हुई है, कोई विशेष बात नहीं, पुरानी बातों का ही पिष्ट-पेषण किया गया है। कतिपय जनश्रुतियों का भी सूर के जीवन-चरित से सामंजस्य स्थापित किया गया है और 'बिल्व-मंगल' वाली कहानी को सूर के जीवन से संगत करने का प्रयास किया है।

सूर के सम्बन्ध में आलोचनात्मक ढंग की सामग्री भी प्रचुर मात्रा में प्राप्त है। सूर-विषयक इस समस्त साहित्य में वार्ता-साहित्य की सामग्री तथा अन्तःसाक्ष्य के रूप में उपस्थित किये जाने वाले पदों के आधार पर ही आलोचकों ने अपने निर्णय दिये हैं। 'सूर-साहित्य' की भूमिका में श्री रामरतन भटनागर और श्री वाचस्पति त्रिपाठी में 'चौरासी वैष्णवों की वार्ता' को प्रामाणिक माना है तथा 'साहित्य-लहरी' के अन्तर्गत सूर के वंशवृक्ष-सम्बन्धी पद को प्रक्षिप्त। उक्त विद्वानों ने अपनी 'भूमिका' में सूर का जन्म-संवत् १५४० में ब्रज पदेश में माना है किन्तु उन्हें जन्मान्ध न मानते हुए उन्होंने लिखा है—"वृद्धावस्था के साथ वे कदाचित् नेत्रहीन भी हो गये।" सूरदास की मृत्यु के सम्बन्ध में उनका कथन है कि विट्ठलनाथ जी राज-भोग का नित्य-कर्म समाप्त करके सूरदास जी की मृत्यु-शय्या पर पहुँचे थे, राज-भोग का समय सवेरे प्रायः दस ग्यारह बजे तक है। अतः सूर का निधन दोपहर को हुआ होगा।[3]

सूर-विषयक दूसरा उल्लेखनीय ग्रन्थ पं० मुन्शीराम शर्मा का 'सूर-सौरभ' है। इस ग्रन्थ में शर्मा जी ने सूर के जीवन-पद पर पर्याप्त प्रकाश डाला है और कई क्रान्तिकारी मौलिक निष्कर्ष निकाले हैं। उन्होंने एक ओर तो 'सूर-सारावली', 'साहित्य-लहरी', 'सूरसागर' आदि सभी रचनाओं को प्रामाणिक माना है और दूसरी ओर सूर के सम्बन्ध में लिखे गये लेखों और प्रचलित जनुश्रुतियों

१ श्री महाराज सूरदास जी का जीवन-चरित (भारत-जीवन प्रेस, काशी) सं० १९६३।

२ चरितावली (भारतेंदु) सं० १९१७।

३ सूर-साहित्य की भूमिका (रामरतन भटनागर तथा वाचस्पति त्रिपाठी) संस्करण १९४५ है, पृ० १८-१९।

का समन्वय करने का प्रयास किया है, जिसके कारण कहीं-कहीं तो उनके मत से सूर-सम्बन्धी विशेष रूप से प्रामाणिक सामग्री भी अप्रामाणिक-सी हो गई है और कहीं-कहीं निराधार जनश्रुतियों को भी प्रामाणिकता में स्थान मिल गया है। शर्मा जी बल्लभाचार्य जी से मिलने के समय सूरदास की आयु ६७ वर्ष मानते हैं तथा उन्होंने 'साहित्य-लहरी' के "मुनि पुनि रसन के रस लेख" वाले पद से उसका रचना-काल सम्वत् १६२७ निर्धारित किया है। 'साहित्य-लहरी' के सूर-वंश वाले पद को प्रामाणिक मानकर सूरदास जी को महाकवि चन्दबरदाई का वंशज माना है और इस प्रकार भाट मानकर भी उन्हें ब्राह्मण सिद्ध किया है तथा उनके पिता का नाम रामदास बतलाया है, जो वैष्णव-भक्ति के अनुसार रामचन्द्र का ही परिवर्तित रूप है। उन्होंने सूर का जन्म-स्थान 'सीही' न मान कर 'गोपचल' माना है एवं सीही ग्राम के मदनमोहन सूरदास को अकबर का कृपापात्र और संडीले का अमीन माना है। सूर के अन्धत्व के विषय में शर्मा जी स्पष्ट नहीं हैं। वे केवल इतना ही मानते हैं कि सूरसागर की रचना करने से पहले ही वे अंधे हो गये थे। कूपपतन की जनश्रुति से शर्मा जी ने अध्यात्मिकता का सम्बन्ध भी जोड़ा है और सूर को प्रारम्भिक जीवन में गृहस्थ भी ठहराया है। इस प्रकार 'साहित्य-लहरी' के पद को प्रामाणिक अतएव सूर के जीवन पर चतुर्दिक आलोक-विकीर्ण करते वाला मानकर उन्होंने अन्तःसाक्ष्य और बाह्य-साक्ष्य से प्रमाण उपस्थित किये हैं और अन्त में सूर के जन्म-मरण के विषय में अपना क्रान्तिकर मत देते हुए वे लिखते हैं :

"सूर संवत् १५१५ के लगभग उत्पन्न हुई और संवत् १६२८ के आसपास तक जीवित रहे। अकबर से उनकी भेंट जीवन के अन्तिम समय में हुई होगी। सम्वत् १६२८ के पश्चात् उनके जीवित रहने का कोई प्रमाण नहीं मिलता।"[1] इतने पर भी सन्तुष्ट न होकर शर्मा जी ने ओरछा के प्रसिद्ध कवि 'व्यास जी' के पद को भी प्रस्तुत किया है।

सूरदास जी के जीवन, सम्प्रदाय और सिद्धान्तों के विषय में दूसरा महत्वपूर्ण ग्रन्थ डा० दीनदयालु गुप्त जी का "अष्टछाप और बल्लभ-सम्प्रदाय" है। उन्होंने वार्ता-साहित्य को ही विशेष रूप से प्रामाणिक माना है। वे सूरदास जी का जन्म-स्थान सीही ही मानते हैं, तथा उन्हें विवाहित स्वीकार नहीं करते। सूरदास के अन्धत्व का विवेचन करते हुए वे लिखते हैं :

"सूरदास ने अपनी रचनाओं में अपने अन्धे—निपट अंधे होने का तो कई स्थलों पर उल्लेख किया है, परन्तु यह नहीं कहा जा सकता कि वे जन्मान्ध थे अथवा अमुक अवस्था में अंधे हुए थे।"[2] अन्त में गुप्त जी इस निष्कर्ष पर पहुँचे हैं कि "यथार्थ में देखा जाय तो यह समस्या कोई महत्व की नहीं कि वे जन्मान्ध थे अथवा बाद में अन्धे हुए। इतना सबको मान्य है और इसके बाह्य और आन्तरिक प्रमाण भी हैं कि सूरदास अन्धे थे और अपनी रचना-काल की अवस्था में भी वे अन्धे थे।"[3] सूर-सम्बन्धी अन्य घटनाओं के विषय में भी उन्होंने वार्ता-साहित्य को ही प्रामाणिक माना है, कहीं-कहीं सन्-संवत् का हेर-फेर अवश्य हो गया है, जो अधिक महत्वपूर्ण नहीं है। सूरदास जी का जन्म-सम्वत् गुप्त जी ने सम्प्रदाय की प्रथा के अनुसार सम्वत् १५३५, शरणागति सम्वत् १५६५ या १५६६ तथा गोलोकवास संवत् १६३८-३९ में माना है। अपनी मान्यताओं के लिये उन्होंने प्रमाण भी उपस्थित किये हैं।

डा० ब्रजेश्वर वर्मा ने भी अपने 'सूरदास' नामक प्रबन्ध में सूर के जीवन-वृत्त पर प्रकाश डालते हुए तत्सम्बन्धी प्राप्त सामग्री का विश्लेषण किया है फिर भी वे किस निश्चित निर्णय पर नहीं पहुँच सके। वार्ता-साहित्य को पूर्णतया प्रामाणिक न मानते हुए वे लिखते हैं—"पर किसी

१ सूर सौरभ (पं० मुन्शीराम शर्मा) पृ० ८०

२ अष्ट छाप और बल्लभ सम्प्रदाय (डा० दीनदयालु गुप्त) पृ० २०१

३ वही पृ० २०३

अन्य प्रमाण के अभाव में इस जनश्रुति के आधार पर सूरदास की जन्म-तिथि वैशाख शुक्ल ५ सम्वत् १५३५ मानकर पूर्ण संतोष नहीं किया जा सकता। इस प्रश्न को भी अन्य प्रश्नों के साथ पुष्टि, खण्डन अथवा संशोधन के लिये ऐतिहासिक प्रमाणों की निरन्तर अपेक्षा बनी रहेगी।"[१] इसी प्रकार सूर के निधन-सम्वत् के विषय में भी वर्मा जी की उक्ति संदेहात्मक है। वे लिखते हैं :

"सूरदास शतायु होने के बाद सं० १६४० के लगभग गोलोकवासी हुए होंगे।"[२] जाति के विषय में वे लिखते हैं, "यदि वे ब्राह्मण होते तो अपने उपास्य देव के जन्मोत्सव पर दीन ब्राह्मण का भी रूप धारण कर सकते थे। अन्त में अन्य पुष्ट प्रमाणों के मिलने तक यही कहकर संतोष किया जा सकता है कि सूरदास कदाचित् ब्राह्मण नहीं थे, सम्भव है वे ढाढ़ी, जगा या ब्रह्म-भट्ट हों। यह भी सम्भव है कि ब्रह्म-भट्ट होने के नाते परम्परागत कविवंशज सूर सरस्वती-पुत्र और सारस्वत नाम से विख्यात हो गये हों, जो कालान्तर में सहज ही भक्तों द्वारा सारस्वत ब्राह्मण कर लिया गया।"[३]

सूरदास के माता-पिता, पारिवारिक जीवन और निवास-स्थान के विषय में भी वर्मा जी ने अपना कोई निश्चित मत नहीं दिया है। वार्ता-साहित्य के विवरणों पर यह लिख दिया है कि—

"उक्त विवरणों में जाति तथा जन्मान्ध-सम्बन्धी कथनों के अतिरिक्त और कोई ऐसी बात नहीं है, जिस पर सन्देह करने की आवश्यकता हो।"[४]

ढाढ़ी वाले दो पदों में ढाढ़िन के उल्लेख के कारण वर्मा जी ने लिखा है:—"इससे यह अनुमान किया जा सकता है कि सम्भव है कि सूरदास किसी समय वैवाहिक जीवन व्यतीत कर चुके हों। नहीं तो वे अपने उपास्य देव के जन्मोत्सव के अवसर पर अपने साथ डाढ़िन की कल्पना क्यों करते? परन्तु इस अनुमान को सूर के जीवन-वृत्त में किसी आग्रह के साथ सम्मिलित नहीं किया जा सकता।"[५]

डा० ब्रजेश्वर वर्मा सूरदास जी की दृष्टि-हीनता की सम्भावना वृद्धावस्था के निकट करते हैं और सूर के काव्य में वाह्य जगत् के यथार्थ एवं सूक्ष्म चित्रण को उनके जन्मान्ध होने की सम्भावना के खण्डन का आधार मानते हैं।

सूर के जीवन, ग्रन्थ, सिद्धान्त और काव्य की निर्णयात्मक समीक्षा के विषय में श्री द्वारिकादास परीख और प्रभुदयाल मीतल ने 'सूर-निर्णय' नामक ग्रन्थ में विद्वत्तापूर्वक अपने विचार प्रकट किये हैं और अनेक स्थलों पर नवीन सामग्री का उल्लेख किया है। श्री परीख पुष्टि-सम्प्रदाय में दीक्षित होने के साथ-साथ सम्प्रदाय-साहित्य में विशेष गति रखते हैं और पहुँच भी। यद्यपि उन्होंने सूरदास जी के जीवन के सम्बन्ध में वार्ता-साहित्य को ही महत्व दिया है, तथापि उन्होंने समग्र सामग्री का यथोचित उपयोग और विश्लेषण किया है। कदाचित् 'सूर-निर्णय' ही पहला ग्रन्थ है, जिसमें निर्णयात्मक रूप में सूर के विषय में कुछ व्यवस्था दी गई है। सूरदास के जन्म-स्थान के विषय में उन्होंने लिखा है :

"हम सूरदास का जन्म-स्थान दिल्ली के निकटवर्ती सीही ग्राम को मानने के लिए विवश हैं। हिन्दी के माननीय इतिहासकार भी अब इसी मत को मानने लगे हैं।"[६]

---

१ सूरदास (डा० ब्रजेश्वर वर्मा) पृ० ४६
२ " " " " ३
३ ,, ,, ,, ,, ६
४ " ,, ,, ,, १२
५ ,, ,, ,, ,, ११
६ सूर-निर्णय पृ० ५०

सूरदास जी की जन्म-तिथि 'सूर-निर्णय' में बैशाख शुक्ला पंचमी, संवत् १५३५ मंगलवार मानी गई है। उनकी वंश-परम्परा के विषय में 'सूर-निर्णय' के लेखक किसी निर्णय पर नहीं पहुंच पाए हैं, केवल हरिराय जी के 'भाव-प्रकाश' में वर्णित वंश-वृत्त से ही उन्होंने सन्तोष किया है। लेखक-युगल ने वार्ता-साहित्य के आधार पर सूरदास जी को निश्चित रूप से सारस्वत ब्राह्मण और जन्मांध माना है। सूरदास जी का शरणागति-काल सम्वत् १५७२, अकबर-मिलन सं० १६२३, तुलसी-भेंट सं० १६२६ और देहावसान सं० १६४० में निश्चित किया है।

उपर्युक्त विवेचन से स्पष्ट है कि अपनी कीर्ति-ज्योति से दिग्दगन्त को समुद्भासित करने वाले इस अन्धे कवि की जीवन की कहानी अन्धकार में ही तिरोहित है। न तो किसी ऐतिहासिक ग्रन्थ में और न कहीं अन्यत्र वाह्य-साक्ष्य के रूप में प्रस्तुत किये जाने वाले ग्रन्थों में ही इसका निश्चयात्मकता के साथ प्रतिपादन है। अन्तःसाक्ष्य के रूप में उपस्थित किये जाने वाले पदों में केवल दो पद ही ऐसे हैं, जिनमें काल-प्रमाण का उल्लेख है। यदि यह भी अप्रामाणिक सिद्ध हो जायें तो फिर केवल उन्हीं पदों का आश्रय लेने के लिए विवश होना पड़ेगा, जो भौतिक जीवन की अपेक्षा आध्यात्मिक जीवन की ओर भी विशेष संकेत करते हैं अथवा साधक की मानसिक दशा के ही सूचक हैं। हम पहले कह चुके हैं कि ऐसे पदों के आधार पर किसी कवि के जीवन की घटनाओं का अनुमान लगाना केवल असंगत ही नहीं, भक्त के हृदय में प्रतिष्ठित उपास्यदेव की अवहेलना और भक्त की भावना का घोर तिरस्कार भी है। गोस्वामी तुलसीदास के विनय के पदों को लेकर कितनी ऊट-पटांग कल्पनायें की गई हैं, यह ऐतिहासिक तथ्यों से प्रमाणित हो चुका है। इसके अतिरिक्त यह बात भी द्रष्टव्य है कि साधक साधनावस्था में जब मानसिक वेदना का अनुभव करता है तो उसके हृदय की भाव-धारा अनेक स्रोतों में फूट निकलती है। ऐसी स्थिति में कोई आलोचक किसी विशेष मापदण्ड को लेकर कवि के उन उद्‌गारों को अपने अनुमान की पुष्टि का आधार बना सकता है, किन्तु यह कवि की मधुर-भाव-धारा में कटुता उत्पन्न करने का प्रयास ही कहा जाना चाहिए। इसके अतिरिक्त किसी पद विशेष के विश्लेषण में सबसे आवश्यक बात यह है कि हमें उसके संदर्भ का ठीक ज्ञान हो। पूर्वापर-सम्बन्ध ज्ञान के बिना अर्थ का अनर्थ होने की सम्भावना ही रहती है।

आधुनिक आलोचकों ने अपने-अपने मत की पुष्टि में अन्तः-साक्ष्य का सहारा लिया है। यह अब परिपाटी भी हो गई है कि किसी कवि की जीवनवृत्त निर्धारित करने के लिये अन्तःसाक्ष्य और वाह्य-साक्ष्य का सामंजस्य हो। परन्तु यह प्रणाली उन कवियों के जीवनवृत्त के विषय में भ्रामिक हो सकती है, जिसके वाह्य-साक्ष्य प्रामाणिक न हों तथा जिनमें बहुत अधिक मात्रा में वैभिन्य हो। हमारे महाकवि के विषय में भी यही बात है। उनके नाम जाति, जन्मान्धत्व, सम्प्रदाय आदि के विषय में अपनी-अपनी धारणा के अनुकूल आलोचकों ने उनकी रचनाओं में से बहुत से पद खोज निकाले हैं, किन्तु मैं उन्हें पूर्णरूप से प्रामाणिक नहीं मानता। प्रथम तो—जैसा कि मैं निवेदन कर चुका हूँ—सूर और तुलसी जैसे महात्मा भक्ति के क्षेत्र में पहुँचकर स्वयं ही नाम, ग्राम, जाति आदि के आवरण छोड़ चुके थे, दूसरे भक्ति की साधना में कुछ ऐसी सर्व-सामान्य भूमिकाओं को पार करना पड़ता है, जो दैन्य, ग्लानि, नैराश्य आदि परक होने के कारण पार्थिव दृष्टिकोण से जीवन की झांकियाँ-सी प्रतीत होने लगती हैं। परन्तु इसके साथ-साथ हम इस तथ्य को भी नहीं भुला सकते कि साधक इसी पार्थिव शरीर से, इसी के संस्कारों से और इसी के सम्बन्ध से ब्रह्म-सम्बन्ध स्थापित करता है। भक्ति के आलौकिक क्षेत्र में भी वह इसी भौतिक शरीर को लिए हुए हैं और इसीलिए वह जीवन्मुक्त है। कवि का व्यक्तित्व, परोक्ष रूप से ही सही, उसकी रचनाओं

में सूक्ष्म रूप से आभासित होता ही है। किन्तु उस व्यक्तित्व का स्थूल भौतिकता से सम्बन्ध नहीं होता, जितना सूक्ष्म मानसिक प्रवृत्तियों से होता है। वह तो केवल अन्तर्द्वन्द्व की स्थिति का परिचायक होता है। जब हम संसार के स्थूल सम्बन्धों से उसका समन्वय करने लगते हैं तो मैं उसे साधक या कवि के प्रति अन्याय ही समझता हूँ।

'सर-सारावली', 'साहित्य-लहरी' और 'सूर-सागर'—तीनों ही रचनाओं से अन्तःसाक्ष्य उपस्थित कर महाकवि सूरदास के जीवन-वृत्त को निर्धारित करने की चेष्टा प्रायः सभी आधुनिक विद्वानों ने की है। आचार्य मुन्शीराम शर्मा 'सोम' ने अन्तःसाक्ष्य के ही आधार पर सूर के सम्पूर्ण जीवन-वृत्त की भित्ति उठाई है तथा बड़े परिश्रम एवं विश्वास के साथ युक्तियाँ दे-देकर अपने मत को प्रामाणिक करने का प्रयास किया है। इनकी युक्तियों को पढ़कर तो ऐसा प्रतीत होता है मानो सूरदास जी ने जान-बूझकर अपनी रचनाओं में अपने जीवन-वृत्त का अन्तर्हित कर रखा हो। डा० ब्रजेश्वर वर्मा ने परम्परा के अनुसार अन्तःसाक्ष्य के रूप में कुछ पद उपस्थित किये हैं, किन्तु वे आचार्य मुन्शीराम शर्मा 'सोम' की भाँति उन्हें निश्चयात्मक नहीं मानते। अन्य प्रमाणों के अभाव में ऐसे कथनों की ऐतिहासिक प्रामाणिकता में उन्होंने संदेह ही प्रकट किया है। 'सूर-निर्णय' में अन्तःसाक्ष्य के रूप में उपस्थित किए जाने वाले पदों में से कुछ को प्रामाणिक तथा कुछ को अप्रामाणिक माना है। 'साहित्य-लहरी' के "प्रथम ही प्रभु जागतें भे प्रगट अद्‌भुत रूप" वाले पद को अप्रामाणिक सिद्ध करने में उन्होंने सात युक्तियाँ प्रस्तुत की हैं।[1] डा० दीनदयालु गुप्त ने सूर का जीवन-वृत्त निर्धारित करने में अवश्य कहीं-कहीं सूर के पदों का सहारा लिया है परन्तु अधिकांश में उन्होंने वार्ता-साहित्य को ही प्रामाणिक माना है, और साहित्य-लहरी वाले पद के विषय में उन्होंने लिखा है:—"ज्ञात होता है कि यह पद सरदार कवि तथा भारतेन्दु हरिश्चन्द्र जी से पहले 'साहित्य-लहरी' के किसी टीकाकार तथा लिपिकार ने मिलाया था।"[2] स्वर्गीय पं० रामचन्द्र शुक्ल ने भी इस पद को सूरदास कृत नहीं माना है। मिश्र-बन्धुओं ने भी इस पद को प्रक्षिप्त ही माना है। हाँ, मुन्शी देवीप्रसाद तथा राधाकृष्णदास जी ने अवश्य इस पद को प्रामाणिक माना है। डा० रामकुमार वर्मा जी ने अपने आलोचनात्मक इतिहास में इन पदों के विषय में कोई निश्चयात्मक पद नहीं दिया है। निश्चित तिथि का निर्देश करने वाला साहित्य-लहरी का पद "मुनि पुनि रसन के रस लेष" वाला है। 'साहित्य-लहरी' को प्रामाणिक मानने वाले प्रायः सभी आचार्यों ने इस पद को प्रामाणिक माना है। केवल इसकी व्याख्या के विषय में ही उनका कुछ मत-वैभिन्य है, जिसका संकेत हम पहले कर आए हैं। 'सूर-सारावली' के "गुरु-प्रसाद होत यह दरसन सरसठ बरस प्रवीन" वाले पद के विषय में भी यह बात लागू होती है। सूरसागर के जिन पदों को अन्तःसाक्ष्य के रूप में प्रस्तुत किया जाता है उनकी संख्या बहुत है और सभी आलोचकों ने अपनी-अपनी धारणा के अनुकूल सूरसागर के पदों को छाँट लिया है। यदि किसी को उनका ब्राह्मण होना स्पष्ट नहीं है तो सूरदास जी के पदों में प्रयुक्त 'बांभन' पदों में उन्हें तिरस्कार की गंध आती है और ढाढ़ी वाले पद को मत की पुष्टि करते हुए प्रतीत होते हैं। इसी प्रकार जो उन्हें जन्मान्ध नहीं मानते, वे उनके रूप वर्णन वाले पदों को अपने मत की पुष्टि में उद्‌धृत करते हैं परन्तु इतना अवश्य है कि सूरदास जी के विनय के पद ही प्रायः आत्म-परक पद हैं, जिनके विषय में मैं पहले ही कह चुका हूँ कि सांसारिकता से ऊबे हुए भक्त के वे उद्‌गार पार्थिव-अंश की अपेक्षा मानसिक द्वन्द्व का ही अधिक प्रतिनिधित्व करते हैं।

१ सूर-निर्णय पृष्ठ ५, ६

२ अष्टछाप और बल्लभ सम्प्रदाय पृ० ६२

सूरदास जी का जीवन-वृत्त निर्धारित करने में हम वार्ता-साहित्य को भी प्रामाणिक मानते हैं। इसके दो कारण हैं। प्रथम तो सम्पूर्ण वार्ता-साहित्य में दिये हुए सूर-सम्बन्धी वृत्त की थोड़े-बहुत अन्तर के साथ अन्विति मिल जाती है; दूसरे कुछ सम-सामयिक रचनाओं को छोड़कर सूरदास जी का सर्वाधिक एवं सर्व प्रथम उल्लेख इसी वार्ता-साहित्य में है। यह हम पहले प्रतिपादन कर चुके हैं कि सूरदास के समकालीन ग्रन्थों में उनका वृत्त पर्याप्त मात्रा में है और न निश्चयात्मक रूप में। 'भक्त-माल' में तो केवल सूर-सम्बन्धी एक ही पद है। उसमें बिल्वमंगल, सूरदास, सूरजदास तथा सूरदास-मदनमोहन नामक अन्य कवियों का भी उल्लेख है। प्रियदास जी कृत 'भक्त-माल' की टीका में 'अष्टछापी सूरदास' का कोई विवरण नहीं है। हाँ, सूरदास-मदनमोहन के विषय में विस्तार के साथ लिखा है। वास्तव में ये सूरदास-मदनमोहन ही हमारे सूरदास के विषय में भ्रम उत्पन्न करते हैं। 'आईने-अकबरी' और 'मुन्तखिब-उल-तवारीख' में इन्हीं सूरदास मदन-मोहन का वृत्तान्त है। आज चक्षुहीन मात्र को सूरदास की पदवी से विभूषित करने की परम्परा चली आरही है और यह कहना अनुपयुक्त न होगा कि महाकवि सूरदास के जीवन-वृत्त के निर्धारण में यह परम्परा भी बड़ी बाधक रही है। उनके विषय में प्रचलित जन-श्रुतियों का आधार भी यही परम्परा है। 'बिल्वमंगल-सूरदास' के विषय में भक्तमाल में लिखा है।

"बिल्वमंगल जी कृष्ण के परम कृपा-पात्र तथा मंगलस्वरूप हैं। उन्होंने 'श्रीकृष्णकरुणामृत' ग्रन्थ लिखा। भगवान् ने एक बार इनको अपना हाथ पकड़ा कर अवलम्ब दिया और छुड़ा लिया; तब उन्होंने कहा कि भगवन्, आप हाथ से चले गये तो क्या हुआ, हृदय से आप जायें तब मानूँ। चिन्तामणि वेश्या के संग से इनकी लौकिक विषय से विरक्ति हुई और फिर इन्होंने ब्रज बालाओं की केलि का अद्‌भुत वर्णन किया।"[1]

सम्भवतः सूरदास की इसी अनेकता के कारण महाकवि सूरदास के वास्तविक नाम पर भी आज वाद-विवाद है। सूर के पदों में सूर, सूरदास, सूरज, सूरजदास और सूरश्याम ये पाँच नाम आते हैं। आचार्य मुन्शीराम शर्मा सभी नामों को महाकवि सूरदास के मानते हैं। 'सूर-निर्णय' के लेखकों ने 'अष्ट-सखामृत' के आधार पर उनका नाम 'सूरजदास' माना है।[2] 'साहित्य-लहरी' वाले पदों में उनका मूलनाम सूरजचन्द लिखा है। डा० मुन्शीराम जी ने तो सूर सुजान, सूरदास और सूरजदास आदि नामों को भी प्रामाणिक सिद्ध किया है।[3] हो सकता है पद-रचना में नाम का कुछ हेर-फेर हो गया हो किन्तु सूरदास जी का वास्तविक नाम 'सूरदास' ही था। वार्ता-साहित्य में उनको 'सूर' अथवा 'सूरदास' ही कहा गया है और यही नाम उनके जन्मान्धत्व का भी परि-चायक है, जो प्रायः परम्परा से जन्मान्ध को दिया जाता है। नामों की यह अनेकता भी कहीं-कहीं उनके साहित्य की प्रामाणिकता में भी बाधा उपस्थित करती है।

जन्म-स्थान

सूरदास जी की जन्म-भूमि के सम्बन्ध में चार स्थानों की प्रसिद्धि है—गोपाचल, मथुरा प्रान्त में कोई ग्राम, रुनकता तथा सीही। गोपाचल और गोपाद्रि ग्वालियर के पुराने नाम हैं। 'साहित्य-लहरी' के वंश-परिचय वाले पद में सूर के पिता का निवास-स्थान गोपाचल माना गया है। स्व० डा० पीताम्बरदत्त बड़थ्वाल ने ग्वालियर का नाम 'गोपाचल' सिद्ध किया है और इसे सूर

---

१ भक्त-माल, भक्ति-सुधा, स्वाद-तिलक रूप कला पृष्ठ ३७३

२ 'सूर-निर्णय' पृष्ठ ४९

३ 'सूर-सौरभ' भाग २ पृष्ठ ५०

की जन्म-भूमि माना है।[1] कवि मियाँसिह-कृत 'भक्त-विनोद' में सूर की जन्म-भूमि के विषय में लिखा है :—

"मथुरा प्रान्त बिप्र कर गेहा, भो उत्पम्न भक्त हरि नेहा।"

इस पद में किसी स्थान-विशेष का उल्लेख तो नहीं है परन्तु इसके कारण सूर के आलोचकों में पर्याप्त भ्रान्ति रही है। पं० रामचन्द्र शुक्ल ने अपने 'हिन्दी-साहित्य के इतिहास' (संस्करण संवत् १९९०, पृष्ठ ५५) में सूर का जन्म-स्थान रुनकता लिखा है। डा० श्यामसुन्दर दास ने भी अपने ग्रन्थ 'हिन्दी-भाषा और साहित्य' (संस्करण सम्वत् १९९४, पृष्ठ ३२२) में सूर की जन्म-भूमि रुनकता लिखी है। रुनकता को सूर का जन्म-स्थान मानने की भ्रांति का कारण सम्भवतः सूरदास जी का गौ-घाट पर रहना है। रुनकता आगरा से मथुरा जाने वाली सड़क पर एक छोटा-सा गाँव है। वहाँ से दो मील की दूरी पर यमुना के किनारे 'रेणुका जी' का स्थान और परशुराम जी का मन्दिर है। यहां से कुछ दूरी पर गौ-घाट है। यहां आसपास बहुत से खण्डहरों के चिन्ह हैं। वार्ता-साहित्य के अनुकूल सूर का जन्म-स्थान सीही है। 'चौरासी वैष्णवन की वार्ता', 'भाव प्रकाश' में श्री हरिराय जी ने सबसे पहले सूरदास जी के 'भाव-प्रकाश' की टीका की रचना सूरदास के लगभग १०० वर्ष पश्चात् हुई थी। उससे पहले कहीं वार्ता-साहित्य में सूरदास जी के लौकिक जीवन की ओर संकेत नहीं है। श्री हरिराय जी के समय तक महाकवि सूरदास जी की पर्याप्त प्रसिद्धि हो चुकी थी। सम्भवतः इसीलिए उन्होंने उनके सम्पूर्ण जीवन-वृत्त का लिखना आवश्यक समझा। हो सकता है कि उनको जो सूचनाएँ मिली हों, कुछ अतिरंजित अथवा भ्रान्तिपूर्ण हों; परन्तु अन्य पुष्ट ऐतिहासिक प्रमाणों के अभाव में इतने ही से संतोष करना पड़ता है। गोकुलनाथ जी के समकालीन प्राणनाथ कवि ने भी 'अष्ट-सखामृत' में सूर का जन्म-स्थान सीही माना है। सीही की स्थिति हरिराय जी ने अपने 'भाव-प्रकाश में इस प्रकार बताई है :

"दिल्ली के पास चार कोस उरे में एक सीही ग्राम है, जहाँ परीक्षत के बेटा जन्मेजय ने सर्पयज्ञ कियो है।"[2]

दिल्ली के आसपास इस सीही ग्राम का आज पता नहीं है। कहा जाता है कि जहाँ आज नई दिल्ली है, वहाँ के छोटे गाँव उठा दिये गये थे और वे दूसरे जिलों में जाकर आबाद हो गए। दिल्ली-मथुरा सड़क पर बल्लभगढ़ के निकट सीही नाम का एक ग्राम है। वहाँ यद्यपि सूर सम्बन्धी कोई स्मारक अब विद्यमान नहीं है, तथापि वहाँ के लोगों में यह अनुश्रुति प्रचलित है कि महाकवि सूरदास का जन्म उस सीही ग्राम में हुआ था। इसके साथ-साथ वहाँ यह भी कथा प्रचलित है कि जन्मेजय ने सर्पयज्ञ उसी स्थान पर किया था। इन दोनों अनुश्रुतियों से 'भाव प्रकाश' वाले सीही ग्राम की संगति तो ठीक बैठ जाती है परन्तु दूरी वाली बात का समाधान नहीं हो पाता। दिल्ली के अनेक बार बसने और उजड़ने के कारण भी दूरी में अन्तर आ सकता है, दूसरे दिल्ली से दिल्ली-राज्य की भी कल्पना की जा सकती है; तीसरे आज भी दिल्ली के निकटवर्ती ग्रामों की दूरी भ्रामक माप के रूप में प्रचलित है। लेखक का ग्राम दिल्ली से १६ मील की दूरी पर है किन्तु ग्रामवासी दिल्ली को वहाँ से ६–७ कोस ही बताते हैं। वर्तमान सीही को सूरदास जी का जन्म-स्थान मान लेने पर कवि मियाँसिह वाले मत की भी संगति बैठ जाती है। इसलिए सूरदास जी का जन्म-स्थान सीही ही ठहरता है।

---

१ 'सूरदास' (डा० पीताम्बरदत्त बड़थ्वाल) सम्पादक डा० भागीरथ मिश्र

२ 'चौरासी वैष्णवन की वार्ता' में अष्ठसखान की वार्ता पृष्ठ २

जन्म-तिथि

सूरदास जी की जन्म-तिथि के सम्बन्ध में भी वार्ता-साहित्य में कोई स्पष्ट उल्लेख नहीं है, वास्तव में 'चौरासी वैष्णवन की वार्ता' में सूर की कथा का आरम्भ उस समय से होता है, जब वे आगरा-मथुरा के बीच गौ-घाट पर रहते थे। गौ-घाट पर रहने से पहले की शृंखला हरिराय जी ने अपने 'भाव-प्रकाश' में मिलाई है। पहले लिखा जा चुका है कि पुष्टि-सम्प्रदाय की मान्यता के अनुकूल सूरदास जी श्री वल्लभाचार्य जी से आयु में १० दिन छोटे थे। आचार्य का जन्म-संवत् १५३५ को बैशाख कृष्णा १० उपरान्त ११ रविवार निश्चित है।[१] इसलिये सूरदास जी की जन्म-तिथि संवत् १५३५ की बैशाख सुदी ५ मंगलवार हुई। सम्प्रदाय के अन्य लेखों से भी इस तिथि की पुष्टि होती है। श्री बल्लभाचार्य जी के वंशज श्री गोपिकालङ्कार भट्ट जी महाराज ने भी सूर की जन्म-तिथि का एक पद में उल्लेख किया है :

"प्रगटे भक्त-शिरोमणि राय।
"माधव शुक्ला पञ्चमि ऊपर छट्ट अधिक सुखदाय ॥"

श्री द्वारिकेश जी के 'भाव-संग्रह' और श्री गोकुलनाथ जी की निज-वार्ता से भी इस तिथि की पुष्टि होती है। श्रीनाथ-द्वारे में सूरदास जी का जन्मोत्सव श्री वल्लभाचार्य जी के जन्मोत्सव से दस दिन पश्चात् मनाया भी जाता है।

हिन्दी के विद्वानों ने सूरदास जी का जन्म-संवत् प्रायः १५४० माना है और सभी इतिहासकारों ने इसी को दुहराया है। मिश्रबन्धुओं ने अनुमान से सूर का जन्म-संवत् १५४० लिखा था; फिर सभी विद्वानों ने उसी को मान्य समझा। आचार्य रामचन्द्र शुक्ल ने 'सूरसारावली' के

'गुरु परसाद होत यह दरसन सरसठ बरस प्रबीन'

वाले पद के आधार पर सूरदास जी का जन्म-संवत् १५४० के लगभग तथा निधन संवत् १६२० के आसपास अनुमित किया है।[२] सूर का जन्म-संवत् १५४० मानने वालों ने 'सूर-सारावली' और 'साहित्य-लहरी' की रचना लगभग साथ-साथ ही मानी है और क्योंकि साहित्य-लहरी का रचना-काल 'मुनि पुनि रसन के रस लेख' वाले पद से सम्वत् १६०७ ठहराया है, इसलिए सूर-सारावली की रचना भी लगभग इसी सम्वत् के समीप मान ली गई है। इस समय सूरदास जी की आयु ६७ वर्ष की थी, इसलिये उसका जन्म-सम्वत् १५४० अनुमित किया गया है। सूर-निर्णय के लेखकों ने अन्तः साक्ष्य के आधार पर सूरदास का जन्म-सम्वत् १५३५ ही निश्चित किया है। उन्होंने लिखा है, "वल्लभ-सम्प्रदाय की सेवा-प्रणाली के इतिहास की संगति से सूर-सारावली का रचना-काल सम्वत् १६०२ स्पष्ट होता है। उस समय सूर की आयु ६७ वर्ष की थी। १६०२ में से ६७ कम कर देने से १५३५ रहते हैं, अतः अन्तःसाक्ष्य से भी सूरदास जी का जन्म-सम्वत् १५३५ ही सिद्ध होता है।"[३]

बड़ौदा कालेज के संस्कृत के आचार्य श्री भट्ट जी ने महाप्रभु बल्लभाचार्य जी का जन्म-सम्वत् १५३० माना है। वे लिखते हैं—

"The evidence in support of the year 1473 A. D. is earlier and stronger and can easily out-weigh the evidence in support of 1479 A. D., which is decidedly later and weak."[४].

---

१ बल्लभ-दिग्विजय पृ० ७

२ हिन्दी-साहित्य का इतिहास (आचार्य शुक्ल) पृ० १६०-१६१

३ सूर-निर्णय पृ० ५३

४ *"The Birth date of Ballabhacharya, the Advocate of Suddhadvait Vedant" by Prof. Bhatt of Baroda College, From 9th All India Oriental Conference, Trivendrum P. 60.*

परन्तु अभी तक भट्ट जी का मत भी मान्य नहीं है क्योंकि उनकी युक्तियाँ तब तक अकाट्य नहीं मानी जा सकती, जब तक कि वे श्री बल्लभाचार्य जी के जीवन से सम्बद्ध घटनाओं को इस हेर-फेर के साथ सिद्ध न कर दें। श्री बल्लभाचार्य जी के विषय में अभी तक 'बल्लभ-दिग्विजय' ही प्रामाणिक है और उसमें उनका जन्म-सम्वत् १५३५ ही माना है,[1] इसलिए सूरदास की जन्म-तिथि बैशाख शुक्ल ५ मंगलवार सं० १५३५ ही ठहरती है।

जाति तथा वंश-परिचय—

सूरदास जी की जाति तथा वंश भी विवाद ग्रस्त है। जैसा कि पहले कहा जा चुका है, 'साहित्य-लहरी' का सूर का वंश-वृक्ष तथा तत्कालीन इतिहास-ग्रन्थ इस विषय को और भी उलझा देते हैं! साहित्य-लहरी का ११८वीं संख्या वाला पद सर्वप्रथम 'ब्रह्म-भट्ट-प्रकाश नामक ग्रन्थ में प्रकाशित हुआ था। सम्वत् १९३५ में भारतेन्दु जी ने अपनी 'हरिश्चन्द्रचन्द्रिका' के एक लेख में इस पद पर विचार करके सूर की वंश-परम्परा निश्चित की थी। उन्होंने सूर की वंशावली इस प्रकार निर्धारित की थी—

ब्रह्मराव
|
कुछ अज्ञात वंशधर
|
चन्द
|
राजा | गुणचन्द | ...... | ......
|
शीलचन्द
|
वीरचन्द
|
कुछ अज्ञात वंशधर
|
हरिचन्द
|
सूर के पिता
|
कृष्णचन्द | उदारचन्द | मूलचन्द | बुद्धचन्द | देवचन्द | प्रबोधचन्द | सूरजचन्द

इस वंश-वृक्ष की पुष्टि महामहोपाध्याय श्री हरिप्रसाद शास्त्री द्वारा भी की गई। उन्होंने अपनी राजपूताने की यात्रा में चन्द के वंश-वृक्ष का पता लगाया था, जो चन्द के वंशधरों की नागौरी शाखा के वर्तमान प्रतिनिधि 'नानूराम' से प्राप्त हुआ था। इस वंश-वृक्ष में भी सूरदास का नाम है और 'साहित्य-लहरी' के वंश-वृक्ष से बहुत साम्य रखता है। इस वंश-वृक्ष में सूरदास के पिता का नाम रामचन्द्र दिया हुआ है। शास्त्री जी की इस खोज से 'साहित्य-लहरी' के पद को प्रामाणिक मानने वालों को और भी बल मिला और उन्होंने सूर की वंशावली निर्धारित कर डाली आचार्य मुन्शीराम जी ने तो यहाँ तक लिख डाला, "पं० नानूराम भट्ट से प्राप्त हुई वंशावली के

---

२ बल्लभ दिग्विजय पृ० ७

आधार पर महामहोपाध्याय पं० हरप्रसाद शास्त्री ने सूर के पिता का नाम रामचन्द लिखा है, जो वैष्णव-भक्ति के अनुसार रामदास बन जाता है। आर्य जाति के लिए सच्ची वीरता के आदर्श मर्यादा पुरुषोत्तम रामचन्द्र जी हैं। सूर के पिना का नाम भी यही था।"[1]

तत्कालीन इतिहास-ग्रन्थों में सूरदास के पिता रामदास का उल्लेख होने से यह भ्रान्ति और भी दृढ़ हो गई। इसी को प्रमाणित करने के लिए आलोचकों ने अनेक तर्क दिये और डा० पीताम्बरदत्त बड़थ्वाल ने अपने 'सूरदास-जीवन-सामग्री' में इसको पूर्णरूप से पुष्ट करके सिद्ध करने की चेष्टा की।[2] डा० ग्रियर्सन ने भी यही भूल की और अकबर के गायक रामदास को ही अष्ट छापी सूरदास का पिता मान लिया।

सूरदास जी की जाति का निर्णय भी इसी पद के आधार पर हुआ है। चन्दवरदाई भाट थे और उन्हीं के वंशज होने के कारण सूर को भाट माना गया है। डा० ब्रजेश्वर वर्मा ने उन्हें ब्राह्मणेत्तर सिद्ध करने के लिए अन्तःसाक्ष्य का सहारा लिया है। आचार्य मुंशीराम शर्मा ने महाकवि 'चन्दवरदाई को भी ब्राह्मण सिद्ध करके सूर को भट्ट ब्राह्मण ही माना है।[3]

वास्तव में सूरदास जी न तो भट्ट ब्राह्मण थे और न ढाढ़ी या जगा जाति के थे। भट्ट ब्राह्मण होने का आधार 'साहित्य-लहरी' का पद है, जो आप्रामाणिक सिद्ध हो चुका है। जहां तक ढाढ़ी के पदों का प्रश्न है, वह आधार जाति-निर्णायक नहीं हो सकता क्योंकि " बल्लभ-सम्प्रदाय की सेवा-प्रणाली में राधाष्टमी के दिन ढाढ़ी बनने की प्रथा है। श्रीनाथ जी के सभी कीर्तनकार ढाढ़ी बनाकर आते थे और तत्सम्बन्धी पदों का गायन करते थे। कृष्णदास, नन्ददास तथा चतुर्भुजदास आदि सभी भक्तों ने इस प्रकार के पदों का प्रणयन किया है। यदि सभी पद जातिपरक मान लिये जावें तो वे सभी ढाढ़ी जाति के ठहरेंगे। 'सूर-निर्णय' में इस पक्ष पर विचार हुआ है। उसमें लिखा है—"ऐसे और भी कितने ही पद उपलब्ध हैं, जिनसे अन्य जातीय अष्ट छापी एवं दूसरे कवियों को ढाढ़ी जाति का कहना होगा, इसके अतिरिक्त इन पदों के कारण महाप्रभु बल्लभाचार्य की शरण में आने के बाद भी सूरदास को गृहस्थ एवं सपत्नीक भी मानना पड़ेगा, जोकि हास्यास्पद है।"[4] सरस्वती-पुत्र से 'सारस्वत' की कल्पना भी इसी प्रकार की कोड़ी है। इसलिए वार्ता-साहित्य ही अधिक प्रामाणिक है और उसके आधार पर हमें सूरदास जी को सारस्वत ब्राह्मण ही मानना चाहिए। इसकी पुष्टि इस बात से और भी हो जाती है कि दिल्ली के आसपास सारस्वत ब्राह्मण ही रहते हैं। वास्तव में सारस्वत नाम सरस्वती के कारण ही पड़ा है। कहा जाता है कि प्राचीन काल में सरस्वती नदी पाञ्चाल देश में वहती हुई गंगानदी में मिलती थी और उसके आस-पास के वास्तव्य सारस्वत ब्राह्मण ही कहलाते थे। यही कारण है कि आजकल भी पाञ्चाल में सारस्वत ब्राह्मणों का ही बाहुल्य है। वार्ता-साहित्य में सूर को सारस्वत ब्राह्मण ही लिखा है। हाँ, गोकुलनाथ-कृत "चौरासी वैष्णवन की वार्ता" में सूर की जाति का उल्लेख न होने के कारण कुछ सन्देह अवश्य होता है, जिसके निराकरण के हेतु सूर-निर्णय के लेखकों की यह युक्ति कि सूर पुष्टि-सम्प्रदाय में दीक्षित होने के पूर्व अपनी जाति का परित्याग कर चुके थे तथा बाल्यावस्था में ही घर से निकलने, अन्धे होने से, जाति मर्यादा पालन में असमर्थ होने एवं "जाति पाँति पूछै नहिं

१ सूर सौरभ पृ० २०

२ सूरदास-जीवन-सामग्री ले० डा० पीताम्बरदत्त बड़थ्वाल, सम्पादक डा० भागीरथ मिश्र (अवध पब्लिशिंग हाउस, लखनऊ)

३ सूर-सौरभ पृ० २२

४ सूर-निर्णय पृ० ५८

कोई, हरिको भजै सो हरि का होई" के सिद्धान्त का प्रचार करने वाले विरक्त सन्तों से प्रभावित होने के कारण जाति-बन्धन-विमुक्त हो चुके थे,[1] केवल हेत्वाभास-सी ही प्रतीत होती है। हमें तो यही तथ्य प्रतीत होता है कि गोकुलनाथ जी ने साधारण रूप से भक्तों के साम्प्रदायिक जीवन-वृत्त का ही संकलन 'चौरासी वैष्णवन की वार्ता' में किया है अतएव उन्होंने उनके सांगोपांग जीवन की घटनाओं का विवेचन करने की आवश्यकता नहीं समझी, जिसके कारण सूर की जाति का प्रश्न भी उनकी दृष्टि से दूर ही रहा, परन्तु हरिराय जी ने सम्पूर्ण-जीवन-वृत्त लिखने की भावना से प्रेरित होकर यथासम्भव समग्र जीवन-घटनाओं का उद्घाटन एवं उल्लेख किया है और प्रसंगवश अपने 'भाव-प्रकाश' में सूर की जाति के विषय में भी संकेत करना वे नहीं भूले हैं।

सूर के परिवार के विषय में अनेक भ्रामक कथन प्रचलित हैं, जिनका उद्गम 'साहित्य-लहरी' का वंश-वृक्ष वाला पद है, जिसके अप्रामाणिक सिद्ध होने पर वार्ता-साहित्य का ही आश्रय लेना होगा और हरिराय जी द्वारा 'भाव-प्रकाश' में उल्लिखित कथन पर ही संतोष करना पड़ेगा। किसी-किसी आलोचक ने सूर को विवाहित भी माना है, उदाहरणार्थ डा० ब्रजेश्वर वर्मा उनके गृहस्थ होने की कल्पना कर बैठे हैं। कुछ आलोचक इतने से सन्तुष्ट न होकर बिल्वमंगल की कहानी के सूत्र में महाकवि सूरदास को गूंथ कर उन्हें युवावस्था में प्रेम-पाश-बद्ध घोषित करने में भी नहीं हिचकते। तथ्य तो यह है कि भक्त शिरोमणि सूरदास न तो गृहस्थ ही थे और न ही कभी किसी कामिनी के कटाक्षों से आहत होकर वे प्रेम-पाश में आबद्ध हुए। यदि केवल सांसारिक विषयों के सूक्ष्म, यथार्थ एवं शृङ्गारिक वर्णन के कारण ही किसी व्यक्ति को गृहस्थ अथवा प्रणय-रसास्वादक करार दिया जा सकता है तो संसार की असारता के प्रबल प्रचारक महान् दार्शनिक शंकराचार्य को भी इस दोष से मुक्त नहीं माना जा सकता। संस्कृत-साहित्य से इस प्रकार के अनेक उदाहरण दिये जा सकते हैं। वस्तुतः भक्त अथवा साधक कवि की उक्तियाँ स्वान्तःसुखाय होते हुए भी सर्वभूत-हिताय होती हैं क्योंकि आत्मसाक्षात्कार के अथवा मुक्तहृदयत्व के कारण उसके 'स्व' का इतना विस्तार हो जाता है कि वह समस्त विश्व को अपनी सीमा में समेट लेता है, व्यष्टि समष्टि में लीन हो जाता है और वह इस प्रकार की वैराग्यपरक उक्तियाँ प्रस्तुत करता है, जो सर्वसाधारण के लिए पथ-प्रदर्शिका सिद्ध हों। इस प्रकार के कथन जहाँ एक ओर उसकी स्वयं की भक्ति को दृढ़ करते हैं, वहाँ दूसरी ओर जनसाधारण के कल्याण का भी वहन करते हैं। सूर के सम्बन्ध में कहा जाता है कि सीही ग्राम से जब वे चार कोस दूर एक गाँव में रहने लगे थे, वहाँ उनके पास यथेष्ठ वैभव, शिष्य, सेवक और गाने बजाने का प्रबन्ध हो गया था, जिसका उल्लेख हरिराय जी ने भी अपने 'भाव-प्रकाश' में किया है। भक्ति का उदय होने पर उन्हें उस जीवन से विरक्ति हुई और वे उसका पश्चाताप बहुत दिनों तक करते रहे। तीसरे, जैसा कि हम निवेदन कर चुके हैं, वे विरक्ति-परक-पद उनके दैन्य, विनय और शील को ही प्रकट करने वाले हैं। इसलिए उन पदों को आधार मानकर उनके जीवन के विषय में अन्यथा कल्पना करना समुचित नहीं।

अन्धत्व

वार्ता-साहित्य में सूरदास जी को न केवल साधारण जन्मान्ध ही माना है अपितु सलपट अन्ध भी, अर्थात् उनके चक्षु नाम मात्र को भी न थे बल्कि कुहर रूप में केवल चक्षु चिन्ह थे। आज भी इस प्रकार के अन्धे यत्र-तत्र दृग्गोचर हो जाते हैं। प्रचलित सूर-विषयक जन-श्रुतियों में भी सूर के अन्धत्व की बात दुहरायी गई है, किन्तु आज के अधिकांश आलोचक उनके विचित्र

---

1 सूर-निर्णय पृ० ६१

रूप-वर्णन, अंग-प्रत्यंग के सौन्दर्य का ब्यौरे के साथ संश्लिष्ट चित्रण एवं विभिन्न प्राकृतिक दृश्यों की अवतारणा को देखकर उन्हें जन्मान्ध मानने के लिए प्रस्तुत ही नहीं हैं। पं० मुंशीराम शर्मा उन्हें अवश्य जन्मान्ध मानते हुए लिखते हैं—

"यह तो साधारण मनुष्यों की बात हुई। सूर जैसे उच्चकोटि के सन्त की तो बात ही निराली है। वे भगवद्-भक्त थे, अघटित घटना घटा देनेवाले प्रभु के सच्चे भक्त के सामने विश्व के निगूढ़ रहस्य भी अनवगत नहीं रहते। साधारण कवि जिस वस्तु को नेत्र रहते हुए भी नहीं देख सकता उसे क्रान्तदर्शी व्यक्ति एवं महात्मा अनायास ही देख लेते हैं।"[1]

सूरसागर में से अनेक पद सूर के अन्धत्व के प्रतिपादन में प्रमाण स्वरूप प्रस्तुत किये जा सकते हैं, जैसे :

"राम-रस रीति नहिं बरनि आवै"
इहैं निज मन्त्र, यह ज्ञान, यह ध्यान है, दरस दम्पति भजन सार गाऊँ
इहै माँगौं बार-बार प्रभु, सूर के नयन ह्वै रहौ नरदेह पाऊँ।"[2]

तथा

कहावत ऐसे त्यागी दानि।
चारि पदारथ दिये सुदामहिं, अरु गुरु के सुत आनि।
रावन के दस मस्तक छेदे, सर गहि सारंग-पानि॥
लंका दई बिभीषन जन कों, पूरबली पहिचानि॥
विप्र सुदामा कियौ अजाची, प्रति पुरातन जानि।
'सूरदास' सों बहुत निठुरता, नैनानि हू की हानि॥[2]

अन्तिम पंक्ति स्पष्टतः सूर के अन्धत्व की सूचक है और 'बहुत निठुरता' तो जन्मान्धत्व को ही व्यञ्जित करती है। निम्नलिखित पद सूर के जन्माधत्व का स्पष्ट प्रतिपादन करता है—

किन तेरो गोविन्द नाम धरय्यौ।
सांदीपन के सुत तुम ल्याये, जब विद्या जाय पढ़्यो।
सुदामा की दालिद्र तुम काटी, तन्दुल भेंटि धरय्यौ।
द्रुपद-सुता की लाज तुम राखो, अम्बर दान करय्यौ॥
जब तुम भये लेवा देवा के दाता, हम सूं कछु न सरय्यौ।
'सूर' की बिरीयाँ निठुर होइ बैठे, जनम-अन्ध करय्यौ॥[2]

सूर की जन्मान्धता के विषय में उनके और भी दो पद द्रष्टव्य हैं :

हरि बिन संकट में को काको।
तुम बिन दीनदयाल कृपा-निधि नाम लेहु धौं काको॥
मंजारी-सुत चुवै अवा में, उनको बार न बांको।
निरभै भये पाण्डु-सुत डोलत, उनहिं नाहिं डर काको॥
धन्य भाग हैं पाण्डु सुतन के, जिनकौ रथ प्रभु हांको।
जरासंध जोरावर मारय्यौ, फारि कियौ दो फांको॥
द्रौपदि चीर गहेऊ दुस्सासन, खेंचत भुजबल थाको।
महाभारत भारहि के अण्डा, तोरय्यौ गज-कांधा को॥

१ सूर-सौरभ प्रथम अध्याय पृ० २४

२ सूर-निर्णय से उद्धृत

कोटि-कोटि तुम पतित उधारे, कहु हूँ कवन कहाँ कौ।
रहौ जात एक पतित जनम कौ, आँधरौ 'सूर' सदा कौ ॥[1]

तथा

नाथ मोहि अबकी बेर उबारौ।
तुम नाथन के नाथ सुवामी, दाता नाम तिहारौ ॥
करम-हीन जनम कौ आँधौ मोते कौन न कारौ।
तीन लोक के तुम प्रतिपालक, मैं तो दास तिहारौ ॥
तारी जाति कुजाति प्रभु जू, मो पर किरपा धारौ।
पतितन में इक नायक कहियै, नीचन में सरदारौ ॥
कोटि पापी इक पासंग मेरे, अजामिल कौन विचारौ।
धरम नाम सुन कै मेरौ, नरक कियौ हठ तारौ।
मोकौ ठोर नहीं अब कोऊ, अपनौ विरद संभारौ।
छुद्र पतित तुम सारे रमापति, अब न करौ जिय गारौ।
'सूरदास' साँचौ तब मानें, जो ह्वै मम निस्तारौ ॥

इन पदों से यह कल्पना की जा सकती है कि इनकी रचना के समय सूरदास नेत्र-विहीन हो गये हों, जन्म से अन्धे न हों—जैसा कि प्रायः आधुनिक आलोचकों ने माना भी है इस प्रकार रूप-वर्णन, रंगों एवं विभिन्न वस्तुओं के चित्रण करने वाले पदों की अन्विति तो बैठ सकती है किन्तु सूर की दिव्य आध्यात्मिक शक्ति की अवहेलना और उपेक्षा भी द्योतित होती होती है। यह अनिवार्य नहीं है कि सूर ने जिन वस्तुओं का चित्रण किया है उनका उपभोग भी किया हो या चर्मचक्षुओं से देखा भी हो। वास्तव में इस प्रकार का वर्णन, जिसमें अमूर्त-भावों के भी आन्तरिक-पक्ष का उद्‌घाटन किया गया हो, सान्त के प्रसार में झलकते हुए अनन्त का पूर्ण चित्र उपस्थित किया गया हो, मोहान्धकार को भेद कर शान्ति का शुभसन्देश लाने वाली विरक्ति-ऊषा की अरुण आभा का विकिरण हो जहाँ प्रवृत्ति और निवृत्ति का मधुर योग हो, विलास और साधना के विकास का सुन्दर विश्वास हो, स्वर्ग और वसुधा का समन्वय हो और मानवता में देवत्व की प्रतिष्ठा हो; केवल दिव्य-दृष्टि-सम्पन्न महात्मा ही कर सकते हैं। यह बात भी नहीं भूलनी चाहिये कि जन्मान्ध व्यक्तियों के अन्तःकरण के नेत्र उन्मीलित हो जाते हैं और वे अन्तर्जगत से ही वाह्य-जगत् का साक्षात्कार करने लगते हैं, आज भी ऐसे व्यक्ति देखे जाते हैं, जिनकी जन्मान्धता प्रत्यक्ष प्रमाणित है और जो अपनी क्रियाओं से चक्षुष्मान व्यक्तियों को भी आश्चर्य-चकित कर देते है। मैंने स्वयं इस प्रकार के एक दो व्यक्तियों को देखा है। फिर सूर तो सूर थे, भगवान का सान्निध्य प्राप्त कर चुके थे, प्रकाशमय आराध्य में विलीन होकर स्वयं तेजोमय हो चुके थे फिर उनके लिए संसार में कौन सी वस्तु अप्रकाशित रह जाती? वे भक्ति द्वारा उस साधना-स्थिति पर पहुँच चुके थे, जहाँ पहुँच कर भक्त के लिए समस्त ब्रह्माण्ड हस्तामलकवत् हो जाता है। पाश्चात्य भौतिकवाद एवं जड़वाद से प्रभावित होकर भारतीय ब्रह्म-ज्ञान के महत्व की छीछालेदर अनुचित एवं अस्पृहणीय है।

सूर के पदों के आधार पर उनके भौतिक जीवन और व्यक्तित्व का चित्र नहीं बनाया जा सकता। भौतिकता की दृष्टि से परस्पर विरोधी भावों को प्रकट करने वाले इन पदों के आधार

---

१ सूर-निर्णय से उद्‌धृत

पर जो चित्र बनेगा वह बड़ा ही विकृत, विकल और सामञ्जस्यहीन होगा। कुछ पदों के आधार पर सूर को एक आँख का भी सिद्ध किया जा सकता है। निम्नलिखित पदों पर विचार कीजिए—

१—अब हौं माया हाथ बिकानौ।
परवस भयो पसू ज्यों रजु बस भज्यो न श्रीपति रानौ।
× × ×
अपने ही अज्ञान तिमिर में बिसर्यौ परम ठिकानौ।
सूरदास की एक आँखि है, ताहू में कछु कानौ ॥[1]

२—दीनदयाल पतित पावन प्रभु विरद बुलावत कैसो।
कहा भयो गज, गनिका तारे, जो न तारो जन ऐसो ॥
× × ×
नेम, धर्म, व्रत, जप, तप, संजम, साधु, संग नहिं चीनौ।
दरस मलीन, दीन दुर्बल अति तिनकौ मैं दुखदीनौ ॥[2]

३—द्वै लोचन साबित नहिं तेऊ।
बिनु देखैं कल परति नहीं छिनु, एतेपर कीन्हीं यह टेऊ।
बार-बार छवि देख्यौइ चाहत, साथी निमिष मिले हैं येऊ।
ते तौ ओट करत छिनहीं छिनु, देखत ही भरि आवत द्वैऊ ॥
× × ×
कहा भई जौ-मिली स्याम सौं, तू जानै-जानै सब केऊ।
सूर स्याम कौ नाम स्रवन सुनि, दरसन नीकैं देत न बेऊ ॥[3]

इसलिए इतिहास-पुष्ट प्रमाणों के अभाव में सूर को जन्मान्ध ही स्वीकार करना पड़ता है।

वैराग तथा सम्प्रदाय-प्रवेश

हरिराय जी के 'भाव प्रकाश' के अनुसार केवल छः वर्ष की आयु में ही विरक्त होकर सूरदास अपना ग्राम छोड़कर चार कोस के अन्तर पर एक तालाब के तट पर पीपल के वृक्ष के नीचे रहने लगे थे। १८ वर्ष की आयु तक वे उस स्थान पर रहे और इसके पश्चात् मथुरा-आगरा के बीच गौ-घाट पर रहने लगे। इस प्रकार यदि सूर के आविर्भाव का संवत् १५३५ है तो उसमें १८ जोड़ने से १५५३ होते हैं जो उनके गौ-घाट पर आने का संवत् माना जा सकता है। गौ-घाट पर आने के बहुत दिन पश्चात् सूर का महाप्रभु से साक्षात्कार हुआ। इस समय का ठीक-ठीक निर्धारण अभी तक नहीं हो पाया। इसका निर्धारण करने के लिये "चौरासी वैष्णवन की वार्ता" और "वल्लभ दिग्विजय" का अवलम्ब लिया जा सकता है। 'चौरासी वैष्णवन की वर्ता' के अनुसार बल्लभाचार्य जी दक्षिण देश और काशी में मायावाद का खण्डन और भक्ति-मार्ग की स्थापना कर 'अड़ैल' से ब्रज को आये थे और उसी समय मार्ग में गौ-घाट पर ठहरे थे।[4] 'बल्लभ-दिग्विजय' से भी इसी कथन की पुष्टि होती है। उसके अनुसार अड़ैल से ब्रज जाते हुए महाप्रभु गौ-घाट पर रुके थे और जब वे वापस 'अड़ैल' पहुँचे तभी उनके ज्येष्ठ-पुत्र गोपीनाथ जी का जन्म हुआ था, जिसकी तिथि आश्विन कृष्ण द्वादशी सं० १५६८ मानी गई है। महाप्रभु का दक्षिण-देश में राजसभा वाला शास्त्रार्थ

१ सभा विनय ४७
२ वही प्र० स्कं० १२६
३ ,, दशम ११५०
४ अष्टछाप, कांकरोली, पृ० ११-१५

सं० १५६५में हुआ था। इस शास्त्रार्थ के अनन्तर ही आचार्य जी अड़ैल में आये थे। इस प्रकार सं० १५६७ या १५६८ में उन्होंने सूरको दीक्षा दी। इस घटना के पश्चात् सूर का जीवन-वृत्त हरिराय जी ने अपने 'भाव प्रकाश' में विस्तृत रूप में दिया है। श्री हरिराय जी कृत सूरदास की वार्ता, श्री प्रभुदयाल मीतल ने (अपने 'अग्रवाल-प्रेस' मथुरा से) अलग भी प्रकाशित करदी है, जिसमें सन्-संवत् अथवा तिथियों का उल्लेख नहीं है। अतः तत्तत् घटनाओं से सम्बद्ध तिथियों की निश्चयात्मकता के लिए अन्य साम्प्रदायिक ग्रन्थों का आश्रय लेना पड़ता है, जिनका उल्लेख हम पहले कर चुके हैं। इस विषय में सम्प्रदाय के दो महत्वपूर्ण ग्रन्थ "वल्लभ-दिग्विजय" और "सम्प्रदाय कल्पद्रुम" विशेष सहायक सिद्ध होते हैं। 'सूर-निर्णय' में सूर के शरणागति-काल के विषय में इन ग्रन्थों के आधार पर यह निश्चित किया गया है।

"श्री बल्लभाचार्य जी की प्रेरणा से पूर्णमल खत्री ने श्रीनाथ जी के मन्दिर के निर्माण का कार्य सं० १५५६ की वैसाख शुक्ला तृतीया को आरम्भ कर दिया था। द्रव्याभाव से यह निर्माण-कार्य बीच में ही रुक गया था। किन्तु तब तक मन्दिर का अधिकांश भाग बन चुका था, और इस स्थिति में था कि उस नवीन मन्दिर में श्री नाथ जी का स्वरूप स्थापित हो सके। सं० १५६४ में महाप्रभु वल्लभाचार्य ने इस मन्दिर में श्रीनाथ जी को विराजमान कर दिया था। जैसा कि 'वल्लभ-दिग्विजय' और 'सम्प्रदाय-कल्पद्रुम' से सिद्ध है। इस प्रकार द्रव्य की व्यवस्था होने पर मन्दिर के शिखर आदि वाह्य भाग की पूर्ति सं० १५७६ में हुई थी। इस निर्माण-पूर्ति के कारण ही 'श्रीनाथ जी की प्रागट्य-वार्ता' में सूरदास का शरणागति काल सं०१५७७ माना प्रतीत होता है।"

यदि सूर वास्तव में १५७७ में ही बल्लभ-सम्प्रदाय में सम्मिलित होते तब उनके द्वारा सं० १५७२ में गोस्वामी विट्ठलनाथ जी के प्राकट्य-अवसर पर गाया हुआ बधाई का पद किस प्रकार उपलब्ध होता? इस प्रकार अन्तः एवं वाह्य-साक्ष्य के आधार पर सूर का शरणागति-काल सं० १५७६ विक्रमी निश्चित होता है। आचार्य शुक्ल ने सूर का आचार्य बल्लभ का शिष्य होना संवत् १५८० के लगभग माना है।[1] इस कथन का कारण कदाचित् श्रीनाथ जी के मन्दिर का सं० १५७६ में पूर्ण होना है। इसी के आधार पर आचार्य मुन्शीराम शर्मा ने भी सूर का शरणागति-काल सं० १५८१ माना है।[2] 'सूरदास की वार्ता' से प्रकट होता है कि महाप्रभु से दीक्षा प्राप्त करने के अनन्तर सूर ने अपना सारा जीवन गोवर्धन में रहते हुए श्रीनाथ जी की सेवा में ही बिताया, परन्तु उनका स्थायी निवास गोवर्धन नहीं था अपितु उसके पास पारसोली ग्राम में चन्द्रसरोवर पर था। वहीं से वे प्रतिदिन श्रीनाथ जी की कीर्तन सेवा के लिए आते थे। वार्त्ता में आये हुए प्रसंगों से ज्ञात होता है कि वे एक बार मथुरा तथा अनेक बार नवनीतप्रिय जी के दर्शनार्थ गोकुल गये थे। उनके पूर्व श्रीनाथ जी का सेवा-भार बंगाली वैष्णवों के ऊपर था और कीर्तन-कार्य कुम्भनदास जी के अधीन। श्रीनाथ जी के कीर्तन और सेवा मन्डान का कार्य विशेष रूप से श्री विट्ठलनाथ जी के आने पर प्रारम्भ हुआ। महाप्रभु बल्लभाचार्य के जीवन-काल में उनके जो चार प्रमुख शिष्य श्रीनाथ जी का सेवा-कार्य तथा कीर्तन किया करते थे; वे कुम्भनदास, सूरदास, परमानन्ददास और कृष्णदास थे। कुम्भनदास जी संवत् १५५६, सूर और कृष्णदास सं० १५६७, और परमानन्द दास सम्वत् १५७७ में बल्लभाचार्य जी के शिष्य हुए। महाप्रभु ने वाराणसी के हनुमान-घाट पर गंगा के मध्य में आषाढ़ शुक्ला तृतीया सम्वत् १५८७ के मध्याह्न

---

१ हिन्दी साहित्य का इतिहास संस्करण सं० २००६ पृ० १६२

२ सूर-सौरभ पृ० ७२

के समय जल-समाधि ली, और उनके पश्चात् उनके ज्येष्ठ पुत्र गोपीनाथ जी पुष्टि-सम्प्रदाय के आचार्य हुए। किन्तु सं० १५९९ में असमय ही उनका देहान्त हो गया और विठ्ठलनाथ जी को सम्प्रदाय का कार्य-भार वहन करना पड़ा किन्तु विधि-पूर्वक आचार्यत्व उन्हें सं० १६०७ में मिला। उन्होंने कीर्तन-प्रणाली को एक व्यवस्थित और विस्तृत रूप दिया। श्रीनाथ जी के आठ समय की झांकियों के पृथक्-पृथक् कीर्तनकार नियुक्त किये गये और इस प्रकार अष्ट छाप की स्थापना हुई। इन अष्टछापी कीर्तनकारों में सूरदास, परमानन्दास, कुम्भनदास और कृष्णदास तो महाप्रभु बल्लभाचार्य के सेवक थे और छीतस्वामी, गोविन्द स्वामी, चतुर्भुजदास और नन्ददास गुसाईं जी के सेवक थे। पुष्टि-सम्प्रदाय की सेवा-प्रणाली का वर्णन हम अगले अध्याय में करेंगे। इस विवेचन से ज्ञात होता है कि सूरदास लगभग बत्तीस वर्ष की अवस्था में सम्प्रदाय में दीक्षित हुए तथा अन्तकाल तक सम्प्रदाय की सेवा करते रहे। उनके जीवन की घटनाओं का उल्लेख वार्ता-साहित्य में विशेष कर हरिराय जी के 'भाव-प्रकाश' में हुआ।

महात्मा सूरदास के विषय में इधर-उधर जाने की जो जन-श्रुतियाँ प्रचलित हैं उनकी प्रामाणिकता सन्देह के गर्भ में विलीन है। "सूरदास की वार्ता" प्रसंग ३ में उनकी अकबर बादशाह के साथ भेंट का उल्लेख मिलता है, जिसकी ओर हम पहले भी इंगित कर चुके हैं। अकबर सदृश उदार, सहिष्णु एवं कला-प्रेमी व्यक्ति की सूरदास जैसे महात्मा, भक्त एवं कवि के प्रति श्रद्धा होना स्वाभाविक है किन्तु सूरदास के हृदय में अपने उपास्य के अतिरिक्त अन्य किसी के लिए स्थान न था :

"प्रेम-गली अति साँकरी वामें दो न समायँ।"

"चौरासी-वैष्णवन की वार्ता" के अनुसार दिल्ली से आगरा जाते समय अकबर सूरदास जी से मिला था। किम्वदन्ती है कि अपनी सभा के प्रसिद्ध गायक तानसेन द्वारा सूरदास के एक पद का भाव-रस आस्वादन कर अकबर सूर से मिलने के लिए लालायित हो उठा और उनसे भेंट की। यह भेंट कब हुई ? इसका कोई निश्चित समाधान अभी तक नहीं हो पाया। डा० दीनदयालु गुप्त का अनुमान है कि 'अकबर सूर से सन् १५७५ ई० व सन् १५८२ ई० के बीच में मिला होगा।[1] गुप्त जी अपना मत इस प्रकार देते हैं—

"लेखक का अनुमान है कि अकबर या तो सन् १५७७ की अजमेर यात्रा से लौटकर मिला हो या सन् १५७९ को अजमेर यात्रा से फतहपुर सीकरी को लौटता हुआ रास्ते में मथुरा में उनसे मिला हो। सन् १५७९ में मिलना अधिक सङ्गत जँचता है क्योंकि अकबर ने उसी साल में धार्मिक आचार्यों की बहसें सुनी थीं और अपने दरबार में भी भिन्न-भिन्न मतों के महात्माओं को बुलाया था।"[2] सूर-निर्णय के लेखकों ने लिखा है—'हमारे अनुमान से सूरदास और अकबर का मिलन सम्वत् १६२३ (सन् १५६६) में मथुरा में हुआ था। साम्प्रदायिक इतिहास से ज्ञात होता है कि सम्वत् १६२३ की फाल्गुन कृष्णा सप्तमी को गोस्वामी विठ्ठलनाथ जी की अनुपस्थित में उनके ज्येष्ठ पुत्र श्री गिरधर जी श्रीनाथ जी के स्वरूप को गोवर्धन से मथुरा में ले गये थे। उस समय श्रीनाथ जी की सेवा के लिये सूरदास जी भी मथुरा गये थे। उस समय श्रीनाथ जी दो माह बाईस दिन पर्यन्त मथुरा में रहे थे और उस अवधि में सूरदास को भी उनकी कीर्तन-सेवा करते हुए मथुरा में रहना पड़ा था।"[3] डा० ब्रजेश्वर वर्मा ने इस

१ अष्ठ-छाप और बल्लभ-सम्प्रदाय पृष्ठ २१७

२ वही, पृष्ठ २१८

३ सूर-निर्णय पृष्ठ ९२

भेंट को सम्वत् १६३२ के पश्चात् माना है किन्तु उन्होंने किसी निश्चित् सन् या सम्वत् का उल्लेख नहीं किया है। इस सम्बन्ध में हमें डा० दीनदयालु गुप्त का ही मत अधिक समीचीन प्रतीत होता है। 'सूर-निर्णय' में जो समय बताया गया हैं, यह केवल साम्प्रदायिक साहित्य पर आधृत है किन्तु साम्प्रदायिक-साहित्य किसी एक भक्त की जीवनी के विषय में पूर्ण नहीं कहा जा सकता। उनके मत की भित्ति श्रीनाथ जी के स्वरूप के मथुरा में रहने के आधार पर आश्रित है किन्तु क्या यह सम्भव नहीं कि सूरदास उस समय के अतिरिक्त अवसरों पर मथुरा आते-जाते रहे हों ? इसके अतिरिक्त मुगलकालीन इतिहासों से सिद्ध होता है कि सम्वत् १६२३ तक अकबर की धार्मिक नीति इतनी उदार नहीं थी और न ही उसे तब तक राजनीतिक शान्ति उपलब्ध हुई थी। अकबर ने हिन्दुओं पर से तीर्थ यात्रा का कर सम्वत् १६२० में तथा जजिया सम्वत् १६२२ में उठाया। सम्वत् १६३२ तक उसने अपनी दृष्टि साम्राज्य-संगठन पर केन्द्रित रखी और उसी वर्ष उससे निवृत होकर फ़तहपुर सीकरी में 'इबादतखाना' बनवाया था। यहाँ पर प्रसिद्ध इतिहासकार विसेन्ट स्मिथ का मत भी उल्लेखनीय है—

For many years, he was zealous, tolerably orthodox Sunni Musalman willing to execute Shias and other heretics. Next he passed through a stage (1574-82 A. D.) in which he may be described sceptical rationalizing Muslim and finally rejecting Islam utterly he evolved an eclectic religion of his own with himself as its prophet. (1582, 1905 A. D.)[१]

राय-चौधरी ने अपनी पुस्तक 'दीन इलाही' तथा विंसेन्ट स्मिथ अपने इतिहास में अकबर द्वारा दीन-इलाही का प्रवर्तन सन् १५८२ अर्थात् सम्वत् १६३९ में माना है। ये तिथियाँ डा० दीनदयालु गुप्त के इस मत का समर्थन करती हैं कि अकबर सूरदास ने सन् १५७४ और १५८२ ई० के बीच में कभी मिला होगा। अकबर की अन्तिम अजमेर-यात्रा सन् १५७९ में हुई थी।[१] अकबर ने बल्लभ-सम्प्रदायवालों के लिये जो फर्मान जारी किये थे, वे भी सन् १५७७ और १५८१ के बीच के हैं। पहला फर्मान सन् १५७७ का और दूसरा सन् १५८१ का है।[२] जैसा कि पहले संकेत किया जा चुका है, गुप्त जी ने सूर-अकबर-मिलन सन्१५७६ ई० में माना है किन्तु अन्य प्रामाणिक प्रमाणों के अभाव में यही सम्वत् अन्तिम रूप से मान्य नहीं हो सकता। हाँ, इतना अवश्य है कि अकबर दिल्ली से आगरा लौटते हुए ही सूरदास से मिले होंगे, किन्तु अजमेर से लौटने की प्रत्येक यात्रा दिल्ली होकर ही होती थी। अकबर की यह अजमेर-यात्रा सन् १५७६ तक प्रतिवर्ष चलती रही थी। अतएव निश्चयात्मकता के साथ नहीं का जा सकता कि वे कब सूरदास से मिले ? यदि 'सूर-निर्णय' के अनुसार हम सूर-अकबर-भेंट की तिथि सं० १६२३ अर्थात् सन् १५६६ को मानें तो यह भी मानना पड़ेगा कि अकबर केवल इसी उद्देश्य से मथुरा गया होगा क्योंकि 'अकबर नामा' के अनुसार उसकी 'अजमेर-शरीफ़' की यात्रा सन् १५६८ से आरम्भ हुई और इसी यात्रा के समय वह अजमेर से दिल्ली होता हुआ आगरा लौटता था।[३] इन सब बातों से यही सिद्ध होता है कि वह सन् १५७४ और १५८२ के बीच ही सूर से मिला होगा।

---

१ *'Akbar, the Great Mogul'* (विंसेन्ट स्मिथ सन् १९१७ का संस्करण पृष्ठ ३८४)

२ Cambridge History of India Part IV Page 123

३ 'इम्पीरियल फर्मान' झबेरी पृ० ४१-४२

४ अकबर नामा भाग ३, पृ० ४०५

सूर और तुलसी की भेंट का उल्लेख भी कतिपय ग्रन्थों में हुआ है। 'मूल गुसाईं चरित' में लिखा है कि सं० १६१६ में श्री गोकुलनाथ जी की प्रेरणा से सूरदास जी तुलसीदास जी से चित्रकूट पर मिले।[1] इसके विरुद्ध 'प्राचीन-वार्ता रहस्य' में यह कथन है कि 'तुलसीदास' जी जब अपने भाई 'नन्ददास' से मिलने ब्रज में आये उस समय पारसोली ग्राम में उनकी सूरदास जी से भेंट हुई।[2] हमें वार्ता-साहित्य का कथन ही समीचीन जान पड़ा है, जिसका समर्थन, सूर-निर्णय' के लेखकों ने युक्ति पूर्वक किया है।

गोलोक-वास

सूर के गोलोक-वास के सम्बन्ध में भी अधिक मत-भेद है, जिसके कारण उनकी निधन-तिथि संवत् १६२० से १६४२ तक दोलायमान रही है। मिश्र बन्धुओं ने सूर का निधन संवत् १६२० माना है। आचार्य रामचन्द्र शुक्ल ने भी उनकी आयु ८०-८२ वर्ष तथा जन्म-संवत् १५४० मानकर संवत् १६२० में ही उनकी मृत्यु होने का अनुमान किया है। डा० रामकुमार वर्मा ने कोई निश्चित मत न देते हुए दबी जबान से संवत् १६४२ को उनका मृत्यु संवत् माना है। 'सूर-निर्णय' के लेखकों ने इस प्रश्न पर पर्याप्त-विचार किया है और अन्तः साक्ष्य तथा वाह्य-साक्ष्य के आधार पर संवत् १६४० पर्यन्त सूर की उपस्थिति सिद्ध की है, जो वस्तुतः युक्तियुक्त प्रतीत होता है। हम पहले बता चुके हैं कि ऐतिहासिक साक्ष्यों के अनुसार सूर और अकबर की भेंट सम्वत् १६३१ से पहले सम्भव नहीं और इस मिलन को प्रायः सभी ने स्वीकार किया है। अतएव सूरदास जी का गोलोकवास सम्वत् १६३१ के पश्चात् ही मानना चाहिये। कृष्णदास द्वारा रचित जो वसन्त-विषयक प्रसिद्ध पद है, उसमें सूरदास जी के साथ गोसाईं जी के सप्तम-पुत्र 'घनश्याम' का उल्लेख है, जिसका जन्म श्री वल्लभ-वंश वृक्ष के अनुसार संवत् १६२८ में हुआ। यदि वसन्तोत्सव के समय उनकी आयु ७ वर्ष की भी मानी जाय तो सूरदास जी के अस्तित्व का पता सम्वत् १६३५ तक चल जाता है। जैसा कि पहले कहा जा चुका है, वार्ता-साहित्य के अनुसार सूरदास जी के समय गोसाईं विट्ठलनाथ जी जीवित थे। श्री विट्ठलनाथ जी सम्वत् १६२८ विक्रमी से ही स्थायी रूप से गोकुल में रहने लगे थे और तभी नवनीत प्रिय जी के मन्दिर की स्थापना हुई थी, जिनके दर्शनों के लिए सूरदास जी कभी-कभी आया करते थे। गोसाईं श्री तिरोधान फाल्गुन कृष्णा सप्तमी सम्वत् १६४२ को हुआ। 'सम्प्रदाय-कल्पद्रुम' में उनका तिरोधान सम्वत् १६४४ फाल्गुन शुक्ला एकादशी बताया गया है। "दी इम्पीरियल फर्मान्स" में अनूदित और सम्पादित एक फर्मान सम्वत् १६५१ का है, जिसमें गोसाईं विट्ठलनाथ जी का भी नामोल्लेख है। इस आधार पर किसी आलोचक ने उनकी स्थिति सं० १६५१ तक मानी है। हमारे विचार से तो इस विषय में डा० दीनदयालु गुप्त का मत ही अधिक तर्कसंगत प्रतीत होता है। उन्होंने लिखा है—

"बहुधा देखा जाता है कि किसी व्यक्ति के मरने के बाद भी जब तक उसके उत्तराधिकारी के नाम उसकी सम्पत्ति के कागजों में दाखिल-खारिज नहीं होता, तब तक सरकारी कागज उसी के नाम जारी रहते हैं।"[3]

इस बात की पुष्टि इससे भी हो जाती कि शाहजहाँ के पश्चात् भी जो फर्मान इस सम्प्रदाय वालों के लिये जारी किये गये, उनमें भी विट्ठनाथ जी का नाम है, इसलिए ऐसे फर्मानों को तो

१ 'मूल गुसाईं चरित' पृ० २९-३०

२ प्रचीन वार्ता-रहस्य द्वि० भाग पृ० ३४४

३ अष्ट छाप और वल्लभ सम्प्रदाय भाग १ पृ० ७९

'नसल-दर-नसल' मानना चाहिए। वैसे साम्प्रदायिक साहित्य से भी यही सिद्ध होता है कि गोसाईं विट्ठलनाथ जी का तिरोधान सम्वत् १६४२ में ही हुआ क्योंकि इसके पश्चात् कोई ऐसा कार्य नहीं हुआ; जिस पर उनके व्यक्तित्व की छाप हो। इसलिए सूरदास जी का देहावसान 'पारसोली' में सं० १६४० के लगभग ही मानना अधिक समीचीन जान पड़ता है। 'चौरासी वैष्णवन की वार्ता' भावप्रकाशन में, सूरदास के अन्त समय के बारे में श्री हरिराय जी कहते हैं—

"जो प्रभून की यही रीति है, जो बैकुण्ठ में भूमि पर प्रकट होइवे की इच्छा करत हैं तब बैकुण्ठवासी जो भक्त हैं सो पहले भूमि पर प्रकट करते हैं। पाछे अपने भक्तन को या जगत सों तिरोधान होय ता पाछे बैकुण्ठ में लीला करत हैं। सो तैसे ही श्री आचार्य जी श्री गुसाईं श्री पूर्ण पुरुषोत्तम को प्राकट्य है, सो लीला सम्बन्धी वैष्णव प्रकट लिये, अब श्री आचार्य जी आप अन्तर्धान लीला किये और श्री गुसाईं जी को करनौ है। सो पहले भगवदीयन कूं नित्य लीला में स्थापन करि कै आपु पधारेंगे।"

द्वितीय अध्याय

सूरदास जी का साहित्य

ग्रन्थ-रचना

वार्ता-साहित्य अथवा सूर के सम-सामयिक इतिहास-ग्रन्थों में उनकी रचनाओं के सम्बन्ध में कोई उल्लेख नहीं मिलता। जैसा कि आगे पृष्ठों से विदित होगा, वार्ता-साहित्य में सूर के सहस्रावधि पदों अथवा असाक्षात् रूप से सवा लाख पदों की ओर संकेत अवश्य किया गया है, काशी-नागरी-प्रचारिणी सभा की खोज-रिपोर्ट, इतिहास-ग्रन्थ एवं पुस्तकालयों में सुरक्षित ग्रंथों के अनुसार सूर से सम्बद्ध २५ ग्रन्थ बताये जाते हैं, जिनमें बहुत से तो ऐसे हैं, जो प्रायः सूरसागर के अंश हैं और कुछ ऐसे हैं, जो केवल टेक के ही कारण सूरकृत माने हुए हैं। आज तक इस प्रकार के जिन ग्रंथों का पता चलता है, वे निम्नलिखित हैं:—

१ सूरसारावली
२ भागवत-भाष्य
३ सूर-रामायण
४ गोवर्धनलीला (सरस लीला)
५ भँवर-गीत
६ प्राणप्यारी
७ सूरसाठी
८ सूरदास के विनय आदि के स्फुट पद
९ एकादशी-महात्म्य
१० साहित्य-लहरी
११ दशम-स्कन्ध भाषा
१२ मान-लीला
१३ नागलीला
१४ दृष्टिकूट के पद
१५ सूर पचीसी
१६ नल दमयन्ती
१७ सूर-सागर
१८ सूर-सागर सार
१९ राधा-रस केलि-कौतूहल
२० दानलीला
२१ ब्याहलो
२२ सूरशतक
२३ सेवाफल
२४ हरिवंश टीका (संस्कृत)
२५ राम जन्म

इन ग्रन्थों में से कुछ प्रकाशित और कुछ अप्रकाशित भी हैं। ऐसा प्रतीत होता है कि सूरदास के पदों एवं उनके नाम से प्रचलित पदों के हस्तलिखित संग्रह कुछ महानुभावों के यहाँ सुरक्षित थे और जब अनुसंधान-कार्य प्रारम्भ हुआ तो वे हस्तलिखित प्रतियाँ सूर के नाम से अलग ग्रन्थ मान ली गईं। डा० दीनदयालु गुप्त ने केवल 'सूरसागर', 'सूर-सारावली' और 'साहित्य-लहरी' ही सूर के प्रामाणिक ग्रन्थ माने हैं, 'प्राणप्यारी' को उनकी संदिग्ध रचना माना है और 'नल-दमयन्ती', 'हरिवंश-टीका', रामजन्म' और 'एकादशी-महात्म्य' को अप्रामाणिक माना है।[1]

द्वारिकादास परीख और प्रभुदयाल मीतल ने अपने 'सूर-निर्णय में सूर की सात प्रामाणिक रचनायें मानी हैं—सूर-सारावली, साहित्य-लहरी, सूरसागर, सूरसाठी, सूर-पचीसी, सेवा फल और सूरदास के विनयादि के स्फुट पद। उन्होंने 'हरिवंश-टीका', एकादशी-महात्म्य, नल-दमयन्ती और रामजन्म को अप्रामाणिक तथा शेष ग्रन्थों को डा० गुप्त की भाँति सूरसागर के अन्तर्गत

---

1 अष्टछाप और बल्लभ-सम्प्रदाय प्रथम भाग पृष्ठ २६८

माना है।[1] वस्तुतः गोस्वामी हरिराय जी के समय तक सूर के सभी पदों का पुस्तक रूप में संकलन नहीं हुआ था अन्यथा हरिराय जी उन ग्रन्थों का उल्लेख अवश्य करते। उन्होंने तो सूर-सारावली, साहित्य-लहरी यहाँ तक कि सूरसागर का भी उल्लेख नहीं किया है। हाँ, पदों की बात को अवश्य दुहराया है।

आधुनिक आलोचकों ने सूर की तीन रचनायें—सूर-सारावली, साहित्य-लहरी और सूर-सागर ही प्रामाणिक मानी हैं। वार्ता-साहित्य में सूर-साहित्य के विषय में दो उक्तियाँ प्रसिद्ध हैं :

मूल चौरासी वार्ता में :

"सूरदास जी ने सहस्रावधि पद किये हैं ताकौ सागर कहिये सो जगत में प्रसिद्ध भये"

गोस्वामी हरिराय जी कृत सूरदास जी की वार्ता में :

"सो तब सूरदास जी मन में विचारे, जो मैं तो मन में सवा लाख कीर्तन प्रकट करिवे को संकलन कियो है। सो तामें तें लाख कीर्तन तौ प्रकट भये हैं सो भगवत् इच्छा तें पच्चीस हजार कीर्तन और प्रकट करने हैं।"[2]

इसी वार्ता के ६० वें पृष्ठ पर लिखा है—

"और सूरदास जी ने श्री ठाकुर जी के लक्षावधि-पद किये हैं।" यह एक लाख पदों वाली बात सूर-सारावली में भी लिखी है—

> कर्म-योग पुनि ज्ञान-उपासन सब ही भ्रम भरमायो।
> श्री बल्लभ गुरु तत्व सुनायौ लीला भेद बतायो ॥११०२॥
> ता दिन ते हरि लीला गाई एक लक्ष पद बन्द।
> ता को सार 'सूर-सारावलि' गावत अति आनन्द ॥११०३॥

इस सहस्रावधि एवं एक लक्ष पद-बन्द वाली उक्ति को लेकर आधुनिक आलोचकों ने बड़ी दूर की कौड़ी लगाने का प्रयत्न किया है। यद्यपि हरिराय जी ने स्पष्ट सवा लाख पदों का उल्लेख किया है किन्तु अब तक के अनुसन्धान के फलस्वरूप केवल ८, १० सहस्र पद ही प्राप्त हो सके हैं। डा० श्यामसुन्दरदास ने अपने ग्रन्थ 'हिन्दी-भाषा और साहित्य' में केवल ६ हजार पद माने हैं; 'शिवसिंह सरोज' में ६० हजार पद माने गये हैं। राधाकृष्णदास ने सूर सागर की भूमिका में सवालाख पद मानकर सहस्रावधि का अर्थ 'सहस्रों की अवधि' किया है, 'सहस्र है अवधि जिनकी' ऐसा नहीं। उदयपुर के मोतीलाल मेनारिया ने इस सहस्रावधि पद-संख्या को आधार मानकर अपने एक लेख में सूरसागर को एक हजार पदों की परिधि में समाप्त होने वाला ग्रन्थ बतलाया है। श्री द्वारकादास परीख और प्रभुदयाल मीतल ने अपने 'सूर-निर्णय' में सूर की रचना का परिमाण गणित से निर्धारित किया है और संख्या ६२३५० निश्चित की है तथा इनके अतिरिक्त और भी लीला-सम्बन्धी अनेक पद माने हैं। इन महानुभावों की आनुमानिक गणना के हिसाब से सूर के पदों की संख्या सवा लाख से भी कहीं अधिक पहुँचती है। हम उनकी गणना की प्रक्रिया से तो सहमत नहीं है किन्तु इतना अवश्य मानते हैं कि सूर जैसे सिद्ध कवि ने न जाने कितने पदों की रचना की होगी? आज 'सूरसागर' की जितनी प्रतियाँ हमें उपलब्ध होती हैं, उनकी पद-संख्या में महान् अन्तर है। नागरी-प्रचारिणी-सभा की खोज-रिपोर्ट में सम्वत् १७६८ की एक ऐसी प्रति का विवरण दिया गया है, जिसमें दशद-स्कन्ध का केवल एक ही पद है और द्वादशस्कन्ध के १७५४ पद। ऐसा प्रतीत होता है कि जैसे-जैसे पद प्राप्त

---

१ सूर निर्णय पृष्ठ १०५, १०६, १०७

२ सूरदास जी की वार्ता प्रसंग १० पृष्ठ ५५ [अग्रवाल प्रेस, मथुरा]

होते गये, उनको पुस्तकाकार में संकलित कर लिया गया। गोस्वामी हरिराय जी ने 'सूरदास जी की वार्ता' प्रसंग ३ के 'भाव-प्रकाश' में लिखा है—

"तामें ज्ञान-वैराग्य के न्यारे-न्यारे भक्ति-भेद, अनेक भगवत अवतार, सो इन सबन की लीला को वर्णन कियो है।"

आगे प्रसंग ४ की व्याख्या करते हुए वे लिखते हैं—

"पाछे देसाधिपति ने आगरे में आय कें सूरदास के पदन की तलास कीनी, जो कोऊ, 'सूरदास' जी के पद ल्यावें, तिनकूं रुपैया और मोहर देय, सो वे पद फारसी में लिखाय कें बांचें।"

इसी प्रकार वार्ता-प्रसंग १० में उल्लेख है—

"सूरदास जी, तुमने जो सवालाख कीर्तन को मनोरथ कियो है सो तो पूरन होइ चुको है, जो पच्चीस हजार कीर्तन मैंने पूरन करि दिये है तामें तुम अपने कीर्तन को चौपड़ा देखो"………… इत्यादि।"

वार्ता-साहित्य के इन उल्लेखों से ऐसा आभास मिलता है कि सूरदास जी के कीर्तन-पदों का संकलन उनके जीवन-काल में ही हो गया था, पर उनके समय की कोई प्रति उपलब्ध नहीं है। सूरदास जैसे सिद्ध कवि के लिए अपने भक्त-भाव-भरित दीर्घ जीवन-काल में सवा लाख पदों की रचना करना कोई असम्भव बात नहीं थी। इस कारण से हम सहज ही निम्नलिखित निष्कर्ष पर पहुंच सकते हैं।

१—सूर ने अवश्य सवालाख पदों की रचना की होगी।

२—छः वर्ष की ही अल्पायु में वे ग्रह-त्याग कर चार कोस की दूरी पर एक गांव में रहने लगे और वहाँ अपने भक्त एवं सेवकों को विरह के पद सुनाते थे। १८ वर्ष की आयु तक यही क्रम चलता रहा, इस दीर्घ काल में उन्होंने कितने ही पदों की रचना की होगी।

३—१८ वर्ष की अवस्था से ३१ वर्ष की आयु तक गौ-घाट पर रहे गान-विद्या में वे पारंगत थे जैसा कि वार्ता में लिखा भी है—

"सूरदास को कण्ठ बहुत सुन्दर हतो, सो गान-विद्या में चतुर और सगुन बताइबे में चतुर उहाँ सेवक बहुत भये, सो सूरदास जगत में प्रसिद्ध भये।"

इन तेरह वर्षों में सरस्वती-कण्ठाभरण आशु कवि सूर ने निःसन्देह अगणित पदों की रचना की होगी।

४—इसके पश्चात् सूर ने लगभग ७०–७२ वर्ष के साम्प्रदायिक जीवन में भगवान की लीला के विषय में इतने पद बनाकर गाये होंगे कि उनकी गणना करना अत्यन्त कठिन है। अपनी अप्रतिम प्रतिभा, कलित कल्पना एवं भाव-भरे अन्तःकरण से न जाने कितने छन्द, राग रागनियाँ और भावों की उद्भावना प्रज्ञाचक्षु, सूर ने की होगी। कालान्धकार की घोर कालिमा के स्तरों के नीचे सूर के न जाने कितने पद दब गये होंगे, जो आज अलभ्य हैं परन्तु उनकी उपलब्धि के अभाव में, उनकी संख्या के विषय में उन्मुक्त अनुमान लगाना अनुचित है। काल-रचना के विचार से सूर के पदों को हम तीन भागों में बाँट सकते हैं :

१—पुष्टि-सम्प्रदाय में दीक्षित होने से पहले के पद।

२—सम्प्रदाय में दीक्षित होने के पश्चात् श्री बल्लभाचार्य जी के जीवन-काल तक के पद।

३—गोस्वामी 'विठ्ठलनाथ' जी के समय के पद।

इनमें प्रथम दो काल तो ऐसे हैं, जिनमें सूर की रचनाओं के नियमति संग्रह का न तो कोई अवसर ही था और न साधन ही। गोस्वामी विठ्ठलनाथ जी के समय में जब श्रीकृष्ण के स्वरूप

वाहक जाने लगे तो नित्य-कीर्तन और वर्षोत्सव के पदों का संग्रह आवश्यक समझा गया। इसलिए वे कीर्तन संग्रह-रूप में प्रस्तुत किये गये; और उनका प्रचार विभिन्न स्थानों में हुआ। आज भी आचार्यों के घरों में—जीर्ण शीर्ण अवस्था में ही सही—वास्तविक रूप में पाये जाते हैं। कुछ समय पश्चात् ये संग्रह बोझिल होने के कारण 'नित्य-कीर्तन', 'वर्षोत्सव' और 'वसन्त धमार' शीर्षक तीन संग्रहों के रूप में परिणत हो गये। लेखक ने अपनी ब्रज-यात्रा में सहस्रों की संख्या में ये संग्रह देखे हैं। इस प्रकार के संग्रह-ग्रन्थ में ही मूल-रूप में सूरसागर के जनक हैं। सूरसागर के अतिरिक्त सागरों जैसे कृष्ण-सागर, परमानन्द सागर, नन्दसागर आदि का जन्म भी इन्हीं संग्रहों से हुआ। इससे हम इस निष्कर्ष पर पहुँचते हैं कि सूरदास जी के केवल वे ही पद प्राप्य हैं जो उक्त संग्रहों में दिये हैं और वे भी सारे पद नहीं मिलते क्योंकि जिन महानुभावों के अधिकार में वे हैं, वे उन्हें 'जैसे परम कृपन कर सोना'— गुप्त रखते हैं—पैतृक-सम्पत्ति के रूप में उसकी रक्षा कहते हैं। इस दिशा में पर्याप्त अन्वेषण करने की आवश्यकता है। इन्हीं पदों के संकलन आजकल विभिन्न ग्रन्थों के रूप में सूर के नाम से प्रचलित हैं। हम पहले कह चुके हैं कि इनमें केवल तीन संग्रह विशेष रूप से प्रसिद्ध हैं—सूर-सारावली, साहित्य-लहरी और सूरसागर। इन्हीं तीन ग्रन्थों पर हम संक्षेप में विचार करेंगे।

सूर-सारावली—

वेंकटेश्वर प्रेस, बम्बई और नवलकिशोर प्रेस, लखनऊ से प्रकाशित सूरसागर के संस्करणों के प्रारम्भ में यह ग्रन्थ छपा है। इस ग्रन्थ के नाम से तो ऐसा आभास होता है कि यह सूरसागर की भूमिका तथा सारांश के रूप में प्रस्तुत हुआ है, परन्तु वास्तव में न तो यह सूरसागर की भूमिका है और न उसका सारांश ही। इसमें कुल ११०७ पद हैं। ग्रन्थ के प्रारम्भ में लिखा है।

"अथ श्री सूरदास जी रचित सूर-सागर-सारावली तथा सवालाख पदों का सूचीपत्र"। ग्रन्थ का श्रीगणेश 'बन्दौं श्री हरिपदसुखदाई' से किया है, जबकि सूरसागर का प्रारम्भ भी कुछ शाब्दिक हेर-फेर के साथ इसी पद से हुआ है। सूरसागर का पद है—'चरण-कमल बन्दौं हरिराई।' कदाचित् मंगलाचरण का यह श्लोक प्रक्षिप्त है क्योंकि सूर-सारावली के प्रारम्भ में मंगलात्मक पद दूसरा है।

'अविगत आदि अनन्त अनूपम अलख पुरुष अविनाशी।'

और मंगलाचरण के प्रारम्भ में एक अर्धाली होली के रूपक की है :

'खेलत यह विधि हरि होरी हो होरी हो वेद-विदित यह बात।'

इस पद से प्रतीत होता है कि सूरदास जी ने इस संसार को होली के खेल का रूपक माना है, जिसमें लीला-पुरुष की अदभुत लीलायें निरन्तर चलती रहती हैं। सारावली के १६ वें पद में इसी रूपक का विस्तार दिया है :

आज्ञा करी नाथ चतुरानन करो सृष्टि-विस्तार।
होरी खेलन की विधि नीकी रचना रचे अपार॥

फिर आगे के पदों में उसी सृष्टि की रचना का स्वरूप सूरदास जी ने बताया है और ३५८-५६ वें पदों में इस रूपक को समाप्त किया है :

सुर अरु असुर रची हरि रचना सो जग प्रकटहि कीन्हीं।
क्रीड़ा करी बहुत नाना विधि निगम बात बहु चीन्हीं॥ पद सं० ३५८
यहि विधि होरी खेलत-खेलत बहुत भाँति सुख पायो।
धरि अवतार जगत में नाना भगतनि चरित दिखायो॥ पद सं० ३५६

इसके अनन्तर फिर वे लिखते हैं

अंश कला अवतार बहुत विधि राम कृष्ण अवतारी,
सदा बिहार करत ब्रज-मण्डल नन्द सदन सुखकारी।

सम्पूर्ण ग्रन्थ में होली के खेल का ही निर्देश किया गया है, किन्तु पद सं० १७, ३५, ३०६, ३५८, ७२६ और ११०० विशेष रूप से उल्लेखनीय हैं। १०४७ से १०८७ तक के पदों में बसन्त से प्रारम्भ करके ब्रज-निवासियों के होली खेलने का वर्णन है। इसी होली के रूपक में सृष्टि की उत्पत्ति का भी सुन्दर वर्णन है, जैसा कि आगे के अध्याय में प्रकट होगा। यह सृष्टि वर्णन श्रीमद्‌भागवत तथा अन्य पुराणों के आधार पर हुआ है। संक्षेप में सूरसारावली का सार इस प्रकार है :

क्रीड़ा करते-करते भगवान् की सृष्टि-रचना का विचार हुआ और उन्होंने अपने आप में से ही काल पुरुष की अवतारणा की जिसमें माया ने क्षोभ उत्पन्न किया और प्रकृति के सत्व, रजस्, तमस्, तीन गुण प्रादुर्भूत हुए : उन तीनों गुणों से पंचमहाभूत, पंचतन्मात्रा, चार अन्तः-करण और दस प्राणों की उत्पत्ति हुई। इस प्रकार २८ तत्वों का प्रादुर्भाव हुआ। तत्पश्चात् नारायण की नाभि से कमल और कमल से ब्रह्मा का उद्‌भव हुआ। ब्रह्मा ने १०० वर्ष पर्यन्त तप किया, जिसके फलस्वरूप उन्हें हरि के दर्शन हुए, फिर उन्होंने ब्रह्मा को सृष्टि रचना की आज्ञा दी और ब्रह्मा ने १४ लोक, बैकुण्ठ, पाताल की रचना होली के खेल के रूप में ही कर डाली। ब्रह्मा के दस पुत्र हुए, तब शतरूपा और स्वयंभू का जन्म हुआ। भगवान् ने पृथ्वी की रक्षा के लिए वराह अवतार धारण किया। कपिल रूप में सांख्य-शास्त्र का प्रवचन देवहूति को किया, ८ लोकपालों की उत्पत्ति की और ७ लोक, ९ खण्ड, ७ द्वीप, वन, उपवन, नदी, पर्वत, आदि का निर्माण किया। इसके पश्चात् ग्रन्थ में २४ अवतारों का वर्णन आता है, बीच-बीच में ध्रुव की कथा और हयग्रीव का वर्णन आ जाता है, हिरण्यकशिपु और प्रह्लाद की कथा भी आ जाती है। छन्द संख्या ३६० से कृष्णावतार की कथा प्रारम्भ होती है और कृष्ण से सम्बद्ध समस्त लीलाओं का उसमें समावेश है। छन्द संख्या ९३७ से ९६६ तक दृष्टिकूट पदों की सूची है और अन्त में लिखा है, "इति दृष्टिकूट सूचनिका सम्पूर्ण"। इसके बाद रासलीला का वर्णन है। इस लीला के आनन्द में विभोर कवि गुरु का स्मरण करता है, जिसकी कृपा से वह इस अनिर्वचनीय आनन्द का अधिकारी बना :

गुरु परसाद होत यह दरसन सरसठ बरस प्रवीन।
शिव विधान तप करेउ बहुत दिन तऊ पार नहि लीन्ह ॥१००२॥

पद संख्या-१०१३ से १०१७ तक में विविध राग-रागनियों के नाम गिनाये गये हैं। तत्पश्चात् बसन्त तथा होली के आनन्दोत्सवों का वर्णन है, जो १०८८ वें पद पर समाप्त होता है :

"यह विधि क्रीड़त गोकुल में हरि निज वृन्दावन धाम।
मधुवन और कुमुद-वन सुन्दर बहुलावन अभिराम ॥
नन्दग्राम संकेत खिदर-वन और काम वन-धाम।
लोह-वन माठ बेल-वन सुन्दर भद्र वृहद् वन-ग्राम ॥

इसके अनन्तर ६ पदों में कृष्ण-कथा के गायकों, श्रोताओं और वक्ताओं के नाम गिनाये हैं। तत्पश्चात् युगल स्वरूप के उस महान् आनन्द का उल्लेख है, जिसमें विचरण करते हुए कोटि-कल्प भी एक निमेश सदृश व्यतीत हो जाते हैं—अन्त में जिस प्रकार होली की ज्वाला

में सब कुछ भस्मसात् हो जाता है, उस प्रकार उसी आनन्द की समाप्ति भी संकर्षण के वदन से उत्पन्न हुई अग्नि से हो जाती है : सूरदास जी सारे वेदान्त के तत्व का संकेत करते हुए हरिलीला को सर्वोपरि बताते हैं :

कर्म-योग पुनि ज्ञान उपासन सब ही भ्रम भरमायो।
श्री बल्लभ गुरु तत्व सुनायो लीला भेद बतायो ॥
ता दिन ते हरि-लीला गाई एक लक्ष्य पद बन्द।
ताको सार सूर-सारावली गावत अति आनन्द ॥

अन्तिम ४ पदों में सारावली के पाठ के माहात्म्य का निर्देश किया गया है।

सूर-सारावली से प्रकट हो जाता है कि यह ग्रन्थ न तो सूरसागर की भूमिका ही है और न उसका सारांश ही। सूर कें आलोचकों ने इस ग्रन्थ की प्रामाणिकता पर विचार किया है। डा० दीनदयालु गुप्त ने इस सम्बन्ध में लिखा है :

"चार छः शब्दों को पकड़ कर, जो सम्भवतः अब तक के छपे सूरसागरों में नहीं मिलते इस ग्रन्थ को सूरकृत न कहना उचित नहीं है, प्रक्षिप्त शब्द और वाक्य सूर के सभी ग्रन्थों में हो सकते हैं। इसलिए यह रचना लेखक के विचार से सूरकृत ही है।"[1]

'सूर-निर्णय' के लेखकों ने 'सूर-सारावली' की प्रामाणिकता पर विस्तार-पूर्वक विचार किया है और वे इस निष्कर्ष पर पहुँचे हैं :

'(१) कथावस्तु, भाव, भाषा, शैली और रचना के दृष्टिकोण के विचार से यह सारावली निःसन्देह सूरदास की प्रामाणिक रचना है। इसमें प्राप्त आत्मकथन और कवि छापों से भी इसकी पुष्टि होती है।

(२) सारावली की रचना वि० सं० १६०२ में हुई है।

(३) सारावली का आधार पुरुषोत्तम-सहस्रनाम है।

(४) सारावली का दृष्टिकोण सैद्धान्तिक रहा है।

(५) विक्रम-संवत् १६०२ पर्यन्त सूरदास ने श्रीमद्भागवत के द्वादश-स्कंध के अतिरिक्त ब्रल्लभ-सम्प्रदाय की नित्य और वर्षोत्सव की सेवा के जिन पदों को गाया था, उन्हीं का यह सूचीपत्र अथवा सिद्धांतात्मक सार है। सृष्टि-रचना के लिए उसकी प्रारम्भिक 'विशिष्ट प्रस्तावना' और 'होरी-खेल की कल्पना' इस सिद्धान्तात्मक दृष्टि की पुष्टि करती है।

(६) द्वादश-स्कन्धात्मक भागवत के सार-रूप से इसमें प्रधानतः २४ अवतारों का वर्णन और नित्य एवं उत्सव की सेवाओं के पदों के सार-रूप से 'सरस-संवत्सर-लीला' की भावनाओं का वर्णन है। इस प्रकार 'सारावली' में 'कथावस्तु' को दो भागों में पृथक्-पृथक् बांटना भी 'ताकौ सार सूर-सारावली' वाले कथन की पुष्टि करता है।

इस प्रकार 'सारावली' सूरदास की एक स्वतन्त्र सैद्धान्तिक रचना है।[2]

आचार्य मुन्शीराम जी 'सूर-सारावली' की प्रामाणिकता पर विश्वास करते हैं, परन्तु डा० ब्रजेश्वर वर्मा ने अपने विस्तृत विवेचन में इस ग्रन्थ को अप्रामाणिक माना है और अन्त में लिखा है :

---

१ "अष्टछाप और बल्लभ सम्प्रदाय" पृ० २९०

२ सूर निर्णय पृष्ठ १४२, १४३

"उपर्युक्त विवेचन के निष्कर्ष-स्वरूप यह निस्संकोच कहा जा सकता है कि कथावस्तु, भाव, भाषा, शैली और रचना के दृष्टिकोण के विचार से 'सूर-सारावली' सूरदास की प्रामाणिक रचना नहीं जान पड़ती है। तथाकथित आत्मकथन और कवि-छापों से भी यही संकेत मिलता है।"[1]

डा० ब्रजेश्वर वर्मा ने अपने निष्कर्ष के विषय में अनेक युक्तियाँ प्रस्तुत की हैं।

वास्तव में 'सूर-सारावली' सूरदास जी की रचना है। इसके नाम के कारण ही कुछ आलोचकों को यह भ्रान्त धारणा हो गयी है कि यह 'सूरसागर' की भूमिका अथवा सारांश है। यदि सूक्ष्मता से अनुशीलन किया जाय तो यह प्रतीत होगा कि भागवत की कथा का निर्वाह 'सूरसागर' की अपेक्षा 'सूर-सारावली' में अधिक सावधानी के साथ हुआ है। 'सूरसागर' के तो बहुत से प्रसंगों का समावेश भी इस ग्रन्थ में नहीं है। भावात्मकता न होने के कारण 'सूरसारावली' की शैली में 'सूरसागर' की शैली से विभिन्नता आगई है। 'सूरसागर' को—विशेषतः द्वादश स्कन्धात्मक स्वरूप को—श्रीमद्भागवत के आधार पर रचित माना गया है और जिस प्रकार 'पुरुषोत्तम सहस्रनाम' को 'भागवत-सारसमुच्चय कहा गया है, उसी प्रकार 'सूर-सारावली' को 'सूरसागर-सार-समुच्चय' कहा जा सकता है। 'सूर-निर्णय' के लेखकों ने इस पक्ष पर विचार करते हुए अपना तर्क संगत मत दिया है।

'सारावली' के विषय से ही यह स्पष्ट है कि यह ग्रन्थ होली-गान के रूप में लिखा गया है। इसमें न तो कहीं 'सूरसागर' का ही उल्लेख है और न ही किसी ग्रन्थ के सारांश होने का संकेत है। यह तो एक स्वतन्त्र रचना है और इस प्रकार की रचनाओं की भक्त-कवियों में परिपाटी भी रही है। गोस्वामी तुलसीदास जी की रामचरित-मानसेतर रचनाओं को यदि उनके 'मानस' के साथ रखकर सार अथवा सारांश खोजने की मनोवृत्ति के चश्मे से देखा जाय तो उनमें से अनेक कृतियाँ 'मानस' के साररूप में दीख पड़ेंगी। कहने की आवश्यकता नहीं कि आलोचक ऐसी दृष्टि से साहित्य-जगत में अराजकता की सृष्टि होगी और अनेक कवि-कृतियाँ अप्रामाणिक सिद्ध हो जायेंगी। हम 'सूरसारावली' की प्रामाणिकता के सम्बन्ध में आचार्य मुन्शीराम शर्मा के मत से सहमत हैं और उसे उन्हीं के शब्दों में उद्धृत करते हैं:—

'अतः हमारी समझ में 'सारावली' एक 'वृहद्-होली' नाम का गीत है, जिसकी टेक है 'खेलत यह विधि हरि होरी हो, हरि होरी हो वेद विदित यह बात।' इसी एक गीत की ११०७ कड़ियाँ हैं, जो 'सारावली' के छन्दों के रूप में प्रकट की गई हैं।'[2]

यदि हमें 'सूर-सारावली' को 'सूरसागर' की भूमिका या अनुक्रमणिका मानें तो यह भी मानना पड़ेगा कि यह 'सूरसागर' के पश्चात् लिखी होगी, जो हास्यास्पद ही प्रतीत होता है। वास्तविक बात यह है कि 'सूर सारावली' सिद्धान्त रूप में लिखा हुआ पृथक् शैली में एक पृथक् ग्रन्थ है। सूरसागर की अनुक्रमणिका मानने का भ्रम 'एक लक्ष-पद-बन्द' वाले पद से भी हो जाता है किन्तु एक लक्ष पद-बन्द से एक अथवा सवालाख पदों की कल्पना भी निराधार ही प्रतीत होती है। श्री प्रभुदयाल मीतल ने अपने 'अष्ट-छाप-परिचय' में एक लक्ष का अर्थ एक लाख न करके एक लक्ष भगवान् अर्थात् लक्ष-आश्रय-स्वरूप श्रीकृष्ण किया है।[3] मीतल जी के इस तर्क से हम सहमत नहीं हैं क्योंकि इस पद के पूर्वापरसम्बन्ध से लक्ष शब्द संख्या-वाचक ही प्रतीत होता है, अतएव हमारी समझ में इस पद का निर्वाह दो प्रकार से हो सकता है:

१—'लक्ष-पद-बन्द' में लक्ष शब्द तो संख्या-वाचक है ही परन्तु 'बन्द' शब्द प्रत्येक पंक्ति

१ सूरदास डा० ब्रजेश्वर वर्मा पृ० १०५

२ सूर-सौरभ पृ० ४८८

३ अष्ट-छाप-परिचय (प्रभुदयाल मीतल) पृ० १४३

का सूचक है। इस प्रकार एक लाख पंक्तियाँ दस सहस्र पदों से भी कम में आ सकती हैं और ६७ वर्ष की अवस्था तक उन्होंने अवश्य इतने पदों की रचना कर ली होगी। कवि की भावी पद-निर्माण योजना का भी यह सूचक हो सकता है।

२—सम्भव है यह पद प्रक्षिप्त हों और बाद में ही किसी ने जोड़ दिया हो।

'सूर-सारावली' के विषय-वर्णन, शैली, भाव और कवि-छापों को देखकर निश्चय-सा हो जाता है कि इसके रचयिता हमारे अष्टछापी कवि सूरदास ही हैं। कथा के वैषम्य, शैली की विभिन्नता और विषयान्तरता को देखकर अन्य कवि की कल्पना युक्तिसंगत नहीं जान पड़ती। श्रीमद्भागवत में भी सृष्टि-क्रम कई प्रकार से बताया गया है और स्थान-स्थान पर विषयान्तरना भी दृष्टिगोचर होती है। पर श्रीमद्भागवत निश्चय रूप से एक ही व्यक्ति की रचना है। यों तो यदि 'सूरसागर' के प्रामाणिक पदों को भी तर्क-पूर्ण आलोचना को कसौटी पर कसने लगें तो पक्ष और विपक्ष में बहुत कुछ कहा सुना जा सकता है। अतएव 'सूर-सारावली' को सूर-रचित ही मानना न्याय-संगत होगा। सूरदास के पदों की रचना का क्रम उनके जीवन के अन्तिम क्षणों तक चलता रहा। सम्भव है ६७ वर्ष की अवस्था तक उन्होंने जितने पदों की रचना की हो, उनके सार-रूप में 'सूर-सारावली' की रचना हुई हो। कुछ आलोचक 'सूरसागर' के अन्त में युगल-उपासना के पदों को देखकर कहते हैं कि महाप्रभु बल्लभाचार्य ने युगल-रूप की उपासना का विशेष प्रचार नहीं किया था, इसलिए यह ग्रन्थ सूर-कृत नहीं हो सकता; किन्तु यह युक्ति भी असंगत है क्योंकि प्रथम तो यह कहना ही अयुक्त है कि बल्लभाचार्य जी युगल-मूर्ति के उपासक नहीं थे। दूसरे यदि इस युक्ति को स्वीकार कर भी लिया जाय तो 'सूर-सारावली' की रचना तो उनकी (आचार्य वल्लभ की) मृत्यु से लगभग १५ वर्ष पश्चात् हुई थी, जबकि पुष्टि सम्प्रदाय में सेवा के मण्डान की पूर्ण प्रक्रिया प्रारम्भ हो चुकी थी। इसलिए 'सूर-सारावली' की प्रामाणिकता में सन्देह के लिए कोई स्थान है ही नहीं।

सूर-सारावली की कोई हस्तलिखित प्रति अभी तक प्राप्त नहीं हो सकी है परन्तु बा० राधाकृष्णदास ने 'सूरसागर' के आरम्भ में उसको सबसे पहले छपवाया था। 'सूरसागर' की विभिन्न प्रतियों के विषय में हम आगे लिखेंगे। 'सारावली' के दो पदों को काल-परिमाण-सूचक मानकर उसके आधार पर आधुनिक आलोचकों ने अपनी कल्पनाएँ प्रस्तुत की हैं। वे दो पद ये हैं :

गुरु परसाद होत यह दरसन सरसठ बरस प्रवीन।
शिव-विधान-तप करेउँ बहुत विधि तऊ पार नहिं लीन्ह ॥ पद सं० १००२ ॥

तथा

सरस सम्वतसर लीला गावै युगल-चरन चितलावै।
गर्भवास बन्दीखाने में 'सूर' बहुरि नहिं आवै ॥ पद सं० ११०७ ॥

आचार्य मुन्शीराम शर्मा ने उक्त दोनों पदों का समन्वय कर सरसठ वर्ष की आयु में सूर का सम्प्रदाय-प्रवेश मानकर उस वर्ष को 'सरस सम्वत्सर' की कल्पना के आधार पर सम्वत् १५८१ माना है और उसी के हिसाब से उसमें से ६७ निकाल कर सूर का जन्म सम्वत् १५१५ के लगभग माना है।

शर्मा जी की यह कल्पना साम्प्रदायिक-साहित्य के उल्लेखों तथा ऐतिहासिक विवरणों के प्रतिकूल पड़ती है; अतः इसके मूल में कोरी कल्पना ही प्रतीत होती है। वास्तव में इन पदों का अपना विशेष महत्व है। एक ओर तो ये सूर की जन्म-तिथि के निश्चय करने में सहायक होते हैं और दूसरी ओर साम्प्रदायिक-विवेचन की दृष्टि से भी महत्वपूर्ण सिद्ध होते हैं। हम पहले कह आये

हैं कि अष्टछाप की स्थापना गोस्वामी विट्ठलनाथ जी द्वारा सम्वत् १६०२ में हुई थी। इसी वर्ष गोस्वामी जी ने सम्प्रदाय की सेवा-प्रणाली को व्यवस्थित एवं विस्तृत रूप दिया था। श्री वल्लभाचार्य जी के ज्येष्ठ पुत्र गोपीनाथ जी के निधन के उपरान्त विट्ठलनाथ जी ने ब्रज-यात्रा प्रारम्भ की और सम्वत् १६०२ में उन्होंने अष्टछाप की नींव डाली। वार्ता-साहित्य से ज्ञात होता है कि सूरदास जी गोस्वामी विट्ठलनाथ जी को श्रीकृष्ण का ही स्वरूप मानते थे और उनके प्रति ऐसी ही निष्ठा, भक्ति एवं श्रद्धा रखते थे। अपने अन्त समय में "भरोसो दृढ़ इन चरनन करो" वाले पद में सूर ने गो० विट्ठलनाथ जी के प्रति अपनी परम भक्ति को प्रकट किया है। हो सकता है कि ६७ वर्ष की अवस्था में सं० १६०२ में जो दर्शनवाली बात उन्होंने कही थी, वह भी गोस्वामी विट्ठलनाथ जी के प्रति हो। इस बात की पुष्टि उनके सेवा फलवाले "सेवा की यह अद्भुत रीति, श्री विट्ठलेश सों राखैं प्रीति" वाले पद से भी हो जाती है।

'सरस सम्वत्सर' वाले पद से काल-निर्णायक किसी विशेष सम्वत्सर की कल्पना भी असङ्गत ही प्रतीत होती है। हम आगे बतादेंगे[1] कि किसी प्रकार पुष्टि-मार्गीय सेवा-प्रणाली के अनुसार वर्षोत्सवों का क्रम रखा गया है और तदनुकूल भावनाओं का समावेश किया गया है। रसिकेश्वर भगवान् श्रीकृष्ण की नित्य-लीलाओं का बड़े विस्तार के साथ सम्प्रदाय में समावेश हुआ और यह सब कार्य श्री गोस्वामी विट्ठलनाथ जी ने ही किया था। सेवा का यह अद्भुत प्रकार सम्वत् १६०२ से सम्प्रदाय में प्रचलित हुआ और इसी सेवा-प्रणाली के आधार पर वर्ष भर की लीलाओं को दृष्टि में रखते हुए 'सरस सम्वत्सर' नामकरण किया गया। अतएव 'सरस सम्वत्सर' का अभिप्राय वर्ष भर की लीलाओं से है। संवत् १६१२ के पूर्व इस प्रकार की कोई सेवा-प्रणाली प्रचलित नहीं थी। इस सेवा का क्रम जन्माष्टमी से प्रारम्भ होता है, इसलिए सूर ने भी जन्माष्टमी से ही वर्णन प्रारम्भ किया है। सूर सारावली के वर्णन में वर्षोत्सव की सभी भावनाओं का क्रम लक्षित किया जा सकता है। अतः हम 'सूर-निर्णय' के इस कथन से पूर्णतया सहमत हैं कि—'सरसठ बरस प्रवीन' और 'सरस-सम्वत्सर लीला' दोनों कथन ऐतिह्य दृष्टि से एक दूसरे के सापेक्ष हैं और 'सरस-सम्वत्सर लीला' वाले कथन को स्पष्ट करने से सरसठ बरस प्रवीन वाला पद अपने आप स्पष्ट हो जाता है।

साहित्य-लहरी

यह ग्रन्थ सूरदास जी के उन पदों का संग्रह है, जिनको दृष्टिकूट कहा जाता है और जो रस, अलंकार और नायिका-भेद वाली रचना-शैली से सम्बद्ध है। इसमें ११८ पद हैं। पद-संख्या १०९-११८ में विशेष प्रकार के ऐतिहासिक संकेत हैं। इस ग्रन्थ की कोई प्राचीन हस्तलिखित प्रति तो नहीं मिलती, किन्तु नागरी-प्रचारिणी-सभा की रिपोर्ट में सूरदास जी के 'दृष्टिकूट सटीक' तथा 'सूरशतक' नाम की रचनाओं का उल्लेख है। इस ग्रन्थ की दो टीकाएँ भी प्रकाशित हो चुकी हैं। नवल किशोर प्रेस, लखनऊ, से 'सरदार' कवि की टीका दो भागों में प्रकाशित हो चुकी है, जिसके प्रथम भाग में ११८ तथा दूसरे में ६३ पद हैं। इस ग्रन्थ का नाम 'श्री सूरदास के दृष्टिकूट सटीक' है और इसके अन्त में लिखा है "इति श्री सुकवि सरदार कृता साहित्य-लहरी समाप्ता।"[2] इस ग्रन्थ की दूसरी टीका 'खड्ग विलास' प्रेस, बाँकीपुर से प्रकाशित हुई, जिसके संग्रह कर्ता भारतेन्दु हरिश्चन्द्र तथा प्रकाशक श्री बाबू रामदीनसिंह हैं। इन दोनों ही टीकाओं के अध्ययन से ज्ञात होता है कि सरदार कवि से पहले भी 'दृष्टिकूट पदों' पर कोई टीका थी, सरदार कवि ने अपनी ओर से

१ सूर सौरभ पृ० ७२

२ श्री सूरदास के दृष्टिकूट 'सटीक' नवल किशोर प्रेस सं० १९०४ वि०

भी कुछ नवीन अर्थ किये तथा साथ ही साथ कुछ दृष्टिकूट पदों को भी बढ़ाया है। अब विचारणीय प्रश्न यह कि 'साहित्य-लहरी' एक स्वतन्त्र रचना है अथवा 'सूरसागर' में आये हुए दृष्टिकूट पदों का संकलन मात्र ? अब तक 'सूरसागर' की जितनी प्रतियाँ उपलब्ध हुई हैं, उनमें 'साहित्य-लहरी' के कुछ पदों को छोड़कर सभी पद नहीं मिलते। हाँ, इतनी बात अवश्य है कि 'सूरसागर' में इस प्रकार के कुछ पद अवश्य हैं, जो 'साहित्य-लहरी' के दृष्टि-कूट पदों से विषय और शैली का साम्य रखते हैं। सुकवि 'सूरदास' की टीका से विदित होता है कि उन्होंने जिस टीका का आश्रय लिया था, उसमें पदों की संख्या कुछ कम थी और वे 'सूर के दृष्टि-कूट' पदों के नाम से प्रचलित थे। सूरदास जी का 'सूरशतक' नाम की कृति में भी प्रायः वे ही पद हैं, जो 'साहित्य-लहरी' में संगृहीत हैं। विद्या-विभाग, कांकरौली में 'सूर-सतक' की एक प्रति मौजूद है तथा नागरी प्रचारिणी सभा की खोज-रिपोर्ट में भी इसका उल्लेख हुआ है। कांकरौली-विद्या-विभाग में सूरदास जी के दृष्टि-कूट पदों की अन्य दो टीकाएँ हैं। उन सब बातों से ऐसा प्रतीत होता है कि सूरदास जी ने दृष्टिकूट-पदों की रचना स्वतन्त्र रूप से ही की थी और सम्भवतः उनका संकलन उनके जीवन काल में ही हो गया था किन्तु इतना अवश्य है कि 'साहित्य-लहरी' का जो रूप इस समय है, उसमें कुछ पद प्रक्षिप्त अवश्य हैं। इस ग्रन्थ के अधिकांश पदों में नायिका भेद, अलंकार आदि का विवेचन है। पहले १०४ पदों में तो उनके वर्ण्यविषयों का भी उल्लेख है तथा आगे के पदों में कहीं स्पष्ट तथा कहीं अस्पष्ट रूप में काव्यांगों का विवेचन होते हुए भी भक्ति-भावना का परमोत्कर्ष लक्षित होता है। 'साहित्य-लहरी' की प्रामाणिकता भी सूर के आधुनिक आलोचकों का प्रमुख आलोच्य-विषय रहा है और डा० ब्रजेश्वर वर्मा के अतिरिक्त सभी ने इसे सूरदास जी की प्रामाणिक रचना ठहराया है। इस विषय पर विचार करते हुए डा० दीनदयालु गुप्त लिखते हैं :

"साहित्य-लहरी सूरदास के दृष्टिकूट पदों का ग्रन्थ है, जिसका संकलन सूर के ही जीवन-काल में हो गया था। इसकी रचना के बाद भी सूर ने 'सूरसागर' में दृष्टिकूट पद लिखे और उनको छाँट कर लोगों ने बाद को मूल 'साहित्य-लहरी' में मिला दिया। यह ग्रन्थ यद्यपि 'सूरसागर' का अंश कहा जा सकता है फिर भी एक स्वतन्त्र ग्रन्थ है, जो अपनी निजी विशेषताएँ रखता है।"[1]

डा० गुप्त ने ११ वें पद को प्रक्षिप्त माना है और वहाँ तक कहा है कि सम्भवतः १०९वें पद के अनन्तर सभी पदों का समावेश 'साहित्य-लहरी' में बाद को हुआ है।

आचार्य मुन्शीराम शर्मा 'सोम' ने 'साहित्य-लहरी' को समग्रतः प्रामाणिक मानकर ११८वें पद के आधार पर अनेक कल्पनाएँ कर डाली हैं, जिनका उल्लेख हम पहले अध्याय में कर आये हैं। वास्तव में अब 'साहित्य-लहरी' के २१८वें पद की अप्रामाणिकता सर्वविदित हो चुकी है, अतः उसकी अप्रामाणिकता सिद्ध करने के लिए युक्तियों का उद्धरण करना पुनरुक्ति अथवा पिष्टपेषण होगा। हाँ, पद सं० १०६ अवश्य विचारणीय है, जो इस प्रकार है—

मुनि पुनि रसन के रस लेख।
दसन गौरीचन्द का लिखि सुबल सम्वत् पेख॥
नन्द-नन्दन मास छै ते हीन तृतीया वार।
नन्द-नन्दन जनम ते हैं बान सुख-आगार॥
तृतीय ऋक्ष सुकर्म जोग विचारि सूर नवीन।
नन्द-नन्दन-दास-हित साहित्य लहरी कीन॥

1 अष्ट छाप और वल्लभ सम्प्रदाय—भाग १ पृष्ठ २९४

इस पद में 'साहित्य-लहरी' के रचना-काल की ओर संकेत किया गया है। इसमें दो बातें विशेष रूप से उल्लेखनीय हैं : १—रचना काल, २—नन्द-नन्दनदास-हित। इन दोनों ही विषयों में विद्वानों में मत-भेद है। रसन का अर्थ आचार्य मुंशीराम शर्मा ने रसना के व्यापारों के आधार पर दो मानकर 'साहित्य-लहरी' का रचना-काल सं० १६२७ माना है किन्तु आचार्य रामचन्द्र शुक्ल ने 'पुनि' के स्थान पर सुनि (शून्य) मानकर संख्या १६०७ निर्धारित किया है। कुछ आचार्यों ने 'रसन' का अर्थ 'एक' (१) मानकर सं० १६१७ की कल्पना की है। डा० ब्रजेश्वर वर्मा ने लिखा है, "इस पद से एक और संख्या निकाली जा सकती हैं, यथा—मुनि= ७ पुनि (पुनः) मुनि=७, रसन के रस=६ दशन गौरी नन्दन को=१=१६७७", इसकी पुष्टि में वे आगे लिखते हैं :

यदि सूरदास के समय से इसे मिलाने का आग्रह न हो तो यह संख्या अर्थ-सुकरता के अधिक निकट है क्योंकि इसमें न तो 'पुनि' को छोड़ा गया है और न 'रसन के रस' को खण्डित किया गया है। ऐसा मानने से स्वतः 'साहित्य-लहरी' सूर की रचना नहीं ठहरती, परन्तु 'साहित्य-लहरी' का रचना-काल सं० १६०७ जितना प्राचीन भी नहीं माना जा सकता।"[1]

हमारी सम्मति में इसमें १६०७ का ही उल्लेख है क्योंकि 'सुनि' का हस्त लेख में 'पुनि' पढ़ा जाना असम्भव नहीं। "रसन के रस लेख' में तो भ्रान्ति के लिए स्थान ही नहीं, स्पष्ट ही लेखक को रसन के अर्थात् रसना के रस जो ६ होते हैं अभीष्ट हैं। यहाँ 'रसन' शब्द का प्रयोग काव्य के ९ रसों की व्यावृत्ति के प्रयोजन से ही किया गया है। इस प्रकार 'साहित्य-लहरी' का रचना-काल इस पद के द्वारा सम्वत् १६०७ ही द्योतित होता है। नन्द-नन्दनदास के भी दो अर्थ किये गये हैं—नन्दनदास-नन्द अर्थात् कृष्णदास अथवा स्वयं नन्ददास। यहाँ 'नन्ददास' अर्थ ही उपयुक्त प्रतीत होता है। "कृष्णदास' की कल्पना करने वालों ने भी सामान्यतः कृष्ण-भक्त तथा नन्ददास के पुत्र कृष्णदास को ही स्वीकार किया है तथा इस मान्यता की पुष्टि आख्यायिका और वार्ता से की है। जब नन्ददास जी बल्लभ-सम्प्रदाय में प्रविष्ट हुए, तब सूरदास जी ने उन्हें नन्द-नन्दनदास कहा था। 'भाव-प्रकाश' वाली वार्ता का आश्रय लेकर श्री द्वारकादास परीख तथा प्रभुदयाल मीतल ने यह सिद्ध किया है कि जब नन्ददास ने 'पुष्टि-मार्ग' में प्रवेश किया तब सर्व प्रथम वे सूरदास की संगति में ६ मास तक चन्द्र-सरोवर पर रहे थे और वह सम्वत् १६०७ के लगभग ही ठहरता है। नन्ददास ने स्वयं भी इस प्रकार के काव्यांगों का विवेचन करने वाले ग्रन्थों की रचना की थी। वास्तव में हिन्दी-साहित्य में रीति काव्य-प्रवाह के मूल स्रोत को प्रवृत्त करने वाले सर्वप्रथम कवि ये ही हैं क्योंकि कृपाराम की 'हित-तरंगिणी' का रचना-काल संदिग्ध है।

सूर की रचना (साहित्य-लहरी) के आधार पर उनकी भक्ति भावना को शृङ्गार के कर्दम से लाञ्छित और दूषित भी अनेक आलोचकों ने ठहराया है। केवल इस ग्रन्थ में ही नहीं, 'सूरसागर' में भी शृङ्गार के उन्मुक्त वर्णनों के अनेक उदाहरण उपलब्ध होते हैं किन्तु इस आधार पर भक्त शिरोमणि महाकवि सूरदास की रचना में भौतिक वासनाओं का आरोप उनके पवित्र-हृदय में छिद्रान्वेषण की चेष्टा करना ही कहा जायगा क्योंकि अपनी पवित्र भावना के बल पर सांसारिकता के धरातल से बहुत ऊँचे उठे हुए सूर ने अपने आराध्य की अनेक प्रणय-पूर्ण लीलाओं के मधुर गान का जो स्वर उठाया है, उसमें सरसता है किन्तु कर्दम नहीं; विह्वलता है किन्तु वासना नहीं; सौंदर्य रस-पान की आकुल पिपासा है किन्तु ऐंद्रिय लोलुपता नहीं। वाष्प की

१ 'सूरदास' डा० ब्रजेश्वर वर्मा पृष्ठ १२१

तरलता है किन्तु दृढ़ता के साथ; मुस्कान की मादकता है किन्तु चेतनता के साथ; अनुभूतियों की चपलता है किन्तु स्थिरता के साथ। कहां तक कहें, लौकिकता है परन्तु अलौकिकता के साथ। चैतन्य सम्प्रदाय की भांति पुष्टि सम्प्रदाय के भक्तों ने भी भक्ति को रस मानकर अनेक प्रकार से नायक-नायिकाओं का वर्णन किया है। इस विवेचन से हम इस निष्कर्ष पर पहुँचते हैं:—

१—यह पद सूर-रचित न हो किन्तु बाद में किसी ने उसके 'दृष्टि-कूट' पदों में जोड़ दिया हो क्योंकि इस प्रकार की पद-प्रक्षेप-प्रणाली सरदार कवि की टीका से भी सिद्ध होती है। इतना तो मानना ही पड़ेगा कि इस पद के पश्चात् आये हुए 'साहित्य-लहरी' के पद अवश्य ही बाद में जुड़े हुए हैं। इस पद को प्रक्षिप्त मानने के पक्ष में यह युक्ति भी प्रस्तुत की जा सकती है कि सूरदास ने अपनी रचनाओं में कहीं भी काल-संकेत नहीं किया है, केवल 'सूर-सारावली' में ६७ वर्ष की आयु का उल्लेख है। इसलिये अन्य युक्तियुक्त प्रमाणों के अभाव में हम इस पद को सूर-कृत मानने के लोभ को संवरण नहीं कर सकते।

२—यह पद सूर-कृत है और उन्होंने नन्ददास के लिये इन दृष्टि-कूट पदों की रचना की, इसका उद्देश्य उनकी उद्दामवासना को श्रीकृष्णार्पण कराना था। एक तीसरी कल्पना यह भी की जा सकती है कि सूरदास के दृष्टि-कूट पदों की व्याख्या किसी विद्वान ने 'साहित्य-लहरी' के नाम से भक्तों के हित के हेतु बाद में की हो किन्तु इस कल्पना को स्वीकार करने पर इस पद द्वारा प्रतिपादित समय की व्याख्या का स्वरूप बदलना पड़ेगा।

सूरसागर

सूरसागर सूरदास जी की महत्वपूर्ण प्रामाणिक रचना है। बहुत सम्भव है सूर के जीवन-काल में ही उसका किसी न किसी रूप में संकलन हो गया हो। हम पहले कह चुके हैं कि गोकुलनाथ जी कृत सूरदास की वार्ता में इस बात का संकेत है कि सूर ने सहस्रावधि पदों की रचना की, जिनका सागर सारे संसार में प्रसिद्ध हुआ। हरिराय जी ने अपने 'भाव-प्रकाश' में इसकी पुष्टि की है कि इस ग्रन्थ में ज्ञान-वैराग्य के पृथक्-पृथक् भक्ति-भेद, अनेक भगवद् अवतार और उन सबकी लीला का वर्णन है। 'सूरदास जी की वार्ता' (प्रसंग ४) में यह भी उल्लेख है कि अकबर बादशाह ने सूरदास के पदों का संकलन कराया था। इस प्रकार वार्ता-साहित्य के आधार पर यह कहा जा सकता है कि सूरदास जी के कीर्तन पदों का संग्रह उनके समय में ही हो चुका था परन्तु उनके समय की कोई प्रति अब उपलब्ध नहीं है। 'सूरसागर' की अनेक प्रतियाँ हमारे देखने में आयी हैं। मथुरा-निवासी पं० जवाहरलाल चतुर्वेदी ने 'पोद्दार-अभिनन्दन-ग्रन्थ' में अपने एक लेख में 'सूर-सागर' की प्रतियों का विवरण दिया है, जिसे हम नीचे उद्धृत करते हैं :

हस्तलिखित

जिन प्रतियों के स्थान का कोई पता नहीं चलता—

१—सूरसागर सं० १७३५ की प्रति।

२—सूरसागर सं० १८१६ की प्रति।[1]

जिन प्रतियों का उल्लेख बाबू राधाकृष्णदास ने किया है, वे ये हैं:—

१—सूरसागर (प्रथम-स्कंध से नवम स्कंध तक), प्रा० स्था० खंङ्ग विलास प्रेस, पटना।

२—सूरसागर (दशम-स्कन्ध पूर्वार्द्ध) भारतेन्दु बाबू हरिश्चन्द्र पुस्तकालय, काशी।

---

१ खोज-रिपोर्ट सन् १९०६

३—सूरसागर (दशम स्कन्ध उत्तरार्द्ध से द्वादश स्कन्ध तक) काशी राज्य—रामनगर की प्रति।

मिश्रबन्धुओं द्वारा उल्लिखित।

१—सूरसागर (पद संख्या १२ हजार) खत्री मुहल्ला लखनऊ, अहमदाबाद (गुजरात)

२—सूरसागर (संग्रहात्मक) प्रा० पं० केशवराम काशीराम शास्त्री, गुजरात वर्नाक्यूलर सोसाइटी, भद्रकाली।

अलीगढ़ (याज्ञिक पुस्तकालय)—

१—सूरसागर प्रथम स्कन्ध नं० २६७/२६

२—सूरसागर (सम्पूर्ण) नं० २६९/५४ सं० १८५४ की प्रति[1]।

३—सूरसागर (अपूर्ण) नं० ३७५/२६।

४—सूरसागर (अपूर्ण) नं० ४०१/२६ सं० १९०० की प्रति।

५—सूरसागर (अपूर्ण) नं० ४०२/ २६ सं० १९०० की प्रति।

६—सूरसागर (दशम अपूर्ण नं० ८१३/२६।

उज्जैन (मध्य भारत)—

१—सूरसागर; प्रा०—ओरियन्टल मैन्यूस्क्रिप्ट लायब्रेरी, उज्जैन।

उदयपुर (मेवाड़) सरस्वती भण्डार—

१—सूरसागर (सम्पूर्ण संग्रहात्मक) सं० १६९७ की प्रति।

२—सूरसागर (सम्पूर्ण संग्रहात्मक) सं० १७६३ की प्रति।

३—सूरसागर (सम्पूर्ण संग्रहात्मक)।

अन्य—

१—सूर पदावली (संक्षिप्त) सं० १७९० की प्रति।

२—सूर सारावली (संक्षिप्त) अन्तिम पद "ब्रज ते पावस पै न गई।"

कलकत्ता—

१—पूर्णचन्द नाहर।
सूरसागर (पूर्ण द्वादश स्कन्धात्मक)

२—हनुमान प्रसाद पोद्दार—"फर्म ताराचन्द घनश्यामदास"
सूरसागर (पूर्ण द्वादश-स्कन्धात्मक)सं० १८९६ की प्रति।

कांकरौली[2] (मेवाड़) 'सरस्वती भण्डार'—

१—सूरसागर (पूर्ण संग्रहात्मक) बन्ध सं० १

२—सूरसागर (पूर्ण संग्रहात्मक) बन्ध सं० ७ पुस्तक सं० ५

३—सूरसागर (पूर्ण संग्रहात्मक) बन्ध सं० २। ४९ पुस्तक सं० ५

४—सूरसागर (पूर्ण संग्रहात्मक) बन्ध सं० ४७ पुस्तक सं० ५

५—सूरसागर (पूर्ण संग्रहात्मक) बन्ध सं० ६६ पुस्तक सं० १

६—सूरसागर (पूर्ण संग्रहात्मक) बन्ध सं० ८१ पुस्तक सं० ५

७—सूरसागर (पूर्ण संग्रहात्मक) सं० १९१२ की प्रति

८—सूरसागर (दशम स्कन्ध) बन्ध सं० ४९ पुस्तक सं० ५

१ ये पुस्तकें अब नागरी प्रचारिणी सभा काशी में आ गई हैं।

२ यहाँ ब्रज-भाषा-साहित्य की हस्तलिखित पुस्तकों का बड़ा भारी और सुन्दर संग्रह है।

९—सूरसागर के पद (स्फुट) बन्ध सं० १०४ पुस्तक सं० ३

१०—सूरदास के पद (स्फुट) बन्ध सं० २५ पुस्तक सं० ४

कामवन (भरतपुर) "देवकीनन्दनाचार्य-पुस्तकालय"[1]

सूरसागर (पूर्ण संग्रहात्मक)

कालाकाँकर (अवध) राज्य-पुस्तकालय—

सूरसागर (पूर्ण द्वादश स्कन्धात्मक) सं० १८८९ की प्रति ।

काशी "नागरी प्रचारिणी सभा"—

१—'सूरसागर' (पूर्ण, द्वादश-स्कन्धात्मक) सं० १८८० की प्रति ।

२—'सूरसागर' (पूर्ण, द्वादश-स्कन्धात्मक) सं० १९०९ की प्रति सूबा साहिब वाली

३—सूरसागर (पूर्ण, द्वादश-स्कन्धात्मक) सं० १९१६ की प्रति ।

४—सूरसागर (पूर्ण, द्वादश-स्कन्धात्मक)

५—सूरसागर (पूर्ण, द्वादश-स्कन्धात्मक) बा० श्यामसुन्दरदास वाली प्रति ।

अन्य—

१—शाह केशवदास 'रईस' काशी—

सूरसागर (पूर्ण द्वादश-स्कन्धात्मक) सं० १७५३ की प्रति ।

२—जानीमल 'खजाञ्ची' काशी[2]

३—'रामकृष्णदास' काशी—

सूरसागर (पूर्ण, द्वादश-स्कन्धात्मक) सं० १९२६ की प्रति ।

४—गोकुलदास 'रईस'

सूरसागर (पूर्ण, द्वादश-स्कन्धात्मक)

५—पं० रघुनाथ राम, गायघाट काशी[3]

सूरसागर (पूर्ण, द्वादश-स्कन्धात्मक)

६—ला० रामरत्न 'छागरा' सगरा वाला, २५/२ लक्कड़ गली, काशी सूरसागर (पूर्ण, द्वादश-स्कन्धात्मक)

७—काशी-राज्य-पुस्तकालय, 'सरस्वती भण्डार', रामनगर (काशी)—

सूरसागर (पूर्ण दो खण्डों में, द्वादश स्कन्धात्मक)

किशनगढ़ (राजपूताना), राज्यपुस्तकालय, 'सरस्वती-भण्डार सूरसागर (पूर्ण, संग्रहात्मक)

कुचामन (राजपूताना), राज्य-पुस्तक-भण्डार—

सूरसागर (पूर्ण, संग्रहात्मक सं० १६७५ की प्रति)

कोटा (राजपूताना) राज्य-पुस्तकालय 'सरस्वती-भण्डार'

१—सूरसागर (पूर्ण, संग्रहात्मक) सं० १६७० की प्रति

---

१ कामवन के देवकी नन्दन पुस्तकालय में श्री सूरकृत 'गोवर्धन लीला' तथा प्रान-प्यारी (स्याम सगाई) भी है।

२ बा० राधाकृष्णदास ने स्वसम्पादित तथा 'वकटेश्वर प्रेस' बम्बई से मुद्रित सूरसागर की भूमिका में इसका नाम जानीमल खानचन्द लिखा है । दे०—वेंकटेश्वर प्रेस की प्रति संवत् १९५३ का संस्करण ।

३ यह प्रति बहुत सुन्दर तथा शुद्ध पाठ युक्त है, सभा ने अपना 'सूरसागर' सम्पादित कराते समय इसका प्रयोग नहीं किया है।

२—सूरसागर (पूर्ण-संग्रहात्मक)

खोज-रिपोर्ट[1] (रिसर्च) के अनुसार

१—खोज-रिपोर्ट सन् १९०१–४ तथा ६, (उत्तर प्रदेश द्वारा प्रकाशित)—

(क) 'सूरसागर' सं० १७९२ की प्रति।

(ख) 'सूरसागर' सं० १८५३ की प्रति।

(ग) 'सूरसागर' सं० १८६६ की प्रति।

(घ) 'सूरसागर' सं० १८७३ की प्रति।

२—खोज-रिपोर्ट सन् १९०९-१० तथा ११ पृष्ठ ७-८

सूरसागर

३—खोज-रिपोर्ट सन् १९०२—

'सूरसागर के पद' (स्फुट)

४—खोज-रिपोर्ट सन् १९०६-७-८

'सूरसागर' (पूर्ण, संग्रहात्मक) सं० १६९७ की प्रति

छतरपुर (बुन्देलखण्ड)—राज्य-पुस्तकालय

सूरसागर (पूर्ण, संग्रहात्मक)

जयपुर (राजपूताना) राज्य-पुस्तकालय

सूरसागर। (पूर्ण, दो खण्डों में, संग्रहात्मक) सं० १८५४ की प्रति

अन्य-स्थान—गिरधारी जी का मन्दिर, जयपुर,

सूरसागर (संग्रहात्मक)

जामनगर[2] (सौराष्ट्र), "बड़ी हवेली" (मन्दिर)

सूरसागर (संग्रहात्मक)

जूनागढ़[3] (सौराष्ट्र), "बड़ी हवेली" (मन्दिर)

सूरसागर (संग्रहात्मक)

जौनपुर (उत्तर प्रदेश) पं० गणेशबिहारी मिश्र (मिश्रबन्धु) के पास लखनऊ—

सूरसागर (पूर्ण, द्वादश स्कन्धात्मक) सं० १८५४ की प्रति।

झालरापाटन (राजपूताना) राज्य-पुस्तकालय—

१—सूरसागर (पूर्ण, संग्रहात्मक) सं० १६७८ की प्रति।

२—'सूरजी के पद' (स्फुट संग्रह)

दरियाबाद—(लखनऊ) रायराजेश्वर बलींसिंह पुस्तकालय—

सूरसागर (पूर्ण, द्वादश-स्कन्धात्मक), १८८२ की प्रति, लिपि 'फारसी'।

दतिया (बुन्देलखण्ड) राज्य-पुस्तकालय—

१—सूरसागर (पूर्ण, संग्रहात्मक) सं० १८०९ की प्रति।

२—सूरसागर (पूर्ण, संग्रहात्मक)

---

१ खोज-रिपोर्ट के अनुसार इन सूरसागरों का ठीक-ठीक पता न होने से सम्पादन में किसी ने इनका उपयोग नहीं किया है। इन खोज-रिपोर्टों में पद-संग्रह (खोज-रिपोर्ट सन् १९०२ तथा १९०६) श्री बल्लभाचार्य जी के 'उत्सव पद' (खो० रि० सन् १९०२) 'कीर्तन पद' (खो० रि० सन् १९०६) तथा इसी प्रकार 'ख्याल-टप्पा' (खो० रि० सन् १९०२) आदि संग्रह-ग्रन्थों में सूर के बहुत पद संग्रहीत हैं।

२, ३ जामनगर और जूनागढ़ (सौराष्ट्र) की इन हवेलियों में हिन्दी (ब्रज-भाषा) साहित्य का बहुत कुछ भण्डार है, जो दर्शनीय है।

दिल्ली प्रो० नगेन्द्र द्वारा प्राप्त—

सूरसागर (पूर्ण, द्वादश-स्कन्धात्मक) सं० १८७७ की प्रति।

नाथद्वारा[१] (मेवाड़) 'सरस्वती भण्डार', 'श्रीनाथ जी का मन्दिर'—

सूरसागर (पूर्ण, संग्रहात्मक) सं० १६५८ की प्रति

पुवयाँ (शाहजहाँपुर, उत्तर प्रदेश) पं० 'लालमणि पुस्तकालय'

'सूरदास' (पूर्ण, तीन खण्डों में द्वादश-स्कन्धात्मक)

पूना—दक्खिन कालेज पुस्तकालय—

सूर-पदावली (स्फुट)

प्रयाग

१—म्यूनिसिपल म्यूजियम (अजायबघर)—

१—सूरसागर (केवल दान के पद) बं० सं० २१८, पु० सं० ६५।

२—सूरसागर (रास के पद) बं० सं० २१६, पु० सं० ७४।

३—सूरसागर अपूर्ण, (पद-संख्या २०११) बं० सं० २१६, पु० सं० ८८

४—सूरसागर अपूर्ण, (पद संख्या २५१९) बं० सं० २१३, पु० सं० १७, सं० १७४३ की प्रति।

५—सूरदास के पद (छोटा संग्रह) बं० सं० २०८, पु० सं० ५।

६—सूर पदावली (खंडित प्रति) बं० सं० २१७, पु० सं० १३३।

७—सूरदास-भजनावली (नई प्रति) बं० सं० १८६, पु० सं० ३५।

८—सूर-तुलसी भजनावली (संग्रह) बं० सं० २१६, पु० सं० २०१

२—बिहारी जी का मन्दिर (निम्बार्क-पुस्तकालय) महाजनी टोला—

सूरसागर (संग्रहात्मक, खण्डित प्रति)

३—हिन्दी-साहित्य-सम्मेलन—

१—सूरसागर (पूर्ण, संग्रहात्मक) बं० सं २१६, पु० सं० ४७, सं० १८५० की प्रति।

२—सूरसागर (पूर्ण, संग्रहात्मक) बं० सं० २१६, पु० सं० ३, सं० १८३९ की प्रति।

३—सूरसागर के पद (संग्रह) बं० सं० १४६, पु० सं० २०८।

४—सूरदास के पद संग्रह, (फारसी लिपि) पु० सं० ८६१।

५—सूरदास के भजन संग्रह, (लिपि फारसी) पु० सं० ८५५।

बम्बई वेंकटेश्वर प्रेस

सूरसागर (पूर्ण, द्वादश स्कन्धात्मक) बा० राधाकृष्णदास, काशी की प्रति यत्र-तत्र उन्हीं के द्वारा संशोधित।

बरौली (भरतपुर स्टेट) पो० पहाड़ी, ठा० रामप्रसादसिंह

सूरसागर (पुस्तक-नाम 'भागवत सूरदास कृत', पूर्ण, संग्रहात्मक) सं० १७६८ की प्रति।

बाजपेयी का पुरवा (बहरायच) पो० सिसिया, शिवनारायण बाजपेयी—

सूरसागर (पूर्ण, द्वादश स्कन्धात्मक) सं० १८६६ की प्रति।

बिजावर (बुन्देलखण्ड) स्टेट-राज्य पुस्तकालय

सूरसागर (पूर्ण, संग्रहात्मक) सम्वत् १८७३

१ 'नाथ द्वारा' के 'सरस्वती-भण्डार' में हिन्दी (ब्रज-भाषा) साहित्य का अतुल भण्डार है, जो अभी तक देखने में नहीं आया है। यहाँ के पुराने अध्यक्ष स्व० श्री रामनाथ जी देवर्षि द्वारा सूरसागर की एक ही प्रति का उल्लेख आया है। वैसे यहाँ सूरसागर की बहुत सी प्रतियाँ हैं।

बीकानेर (राजपूताना) अनूप-संस्कृत लाइब्रेरी

१—सूरसागर (पूर्ण, संग्रहात्मक) सम्वत् १६८१ की प्रति, बुरहानपुर, दक्षिण वाली।

२—सूरसागर (पूर्ण, संग्रहात्मक) सम्वत् १६९५ की प्रति, पं० बेली जी की लिखी।

३—सूरसागर (पूर्ण, संग्रहात्मक) सं० १६९८ की प्रति, मथुरा (केशवदेव जी का मन्दिर मल्लपुरा) के वैद्य विष्णु भट्ट की लिखी।

४—सूरसागर (पूर्ण, संग्रहात्मक) सम्वत् १७७३ की लिखी।

५—सूरसागर (पूर्ण, संग्रहात्मक)

६—सूरसागर (पूर्ण, संग्रहात्मक)

७—सूरसागर (पूर्ण, संग्रहात्मक)

८—सूरसागर (पूर्ण, संग्रहात्मक)

९—सूरसागर (खण्डित, संग्रहात्मक)

१०—सूरसागर (खण्डित, संग्रहात्मक)

सूर-छत्तीसी (छोटा संग्रह)

सूर-पच्चीसी (छोटा संग्रह)

बूंदी (राजपूताना) राज्य पुस्तकालय, सरस्वती-भण्डार

सूरसागर की पोथी (पूर्ण संग्रहात्मक) सं० १६८१ की प्रति

बेसवाँ (अलीगढ़) ठा० मतंगध्वजप्रसादसिंह का पुस्तकालय

१—सूरसागर (प्रथम स्कन्ध से नवम स्कन्ध तक) सं० १८७६ की प्रति।

२—सूरसागर (दशम स्कन्ध से द्वादश स्कन्ध पर्यन्त) सं० १८७६ की प्रति।

भरतपुर स्टेट—राज्य पब्लिक लाइब्रेरी—

१—सूरसागर (पूर्ण, संग्रहात्मक)

२—सूर-पच्चीसी (छोटा-सा संग्रह)

भिनगा स्टेट (बहरायच) राज्य पुस्तकालय

सूरसागर (पूर्ण, द्वादश स्कन्धात्मक) पद संख्या २१२४।

मथुरा—

१—पं० नटवरलाल चतुर्वेदी, शीतला पाइसा, नई कोतवाली के पास

१—सूरसागर (पुस्तक नाम भागवत, सूरदास-कृत) पूर्ण संग्रहात्मक, सं० १६८८ की प्रति तथा कुछ अंश सं० १७४५ का लिखा पृथक्।

२—सूरसागर (पूर्ण, संग्रहात्मक) सं० १७४० की प्रति।

२—पं० गोपालशंकर नागर—बिहारीपुरा (सेठ भीखचन्द की गली)

सूरसागर (पूर्ण संग्रहात्मक) सं० १७५८ की प्रति।

३—जवाहरलाल चतुर्वेदी कुंआ वाली गली—

सूरसागर (पूर्ण, संग्रहात्मक) सं० १६४४ की प्रति (यह प्रति सबसे प्राचीन है)।

महावन (मथुरा) बा० कृष्ण जीवनलाल वकील,

१—सूरसागर (पुस्तक नाम 'भागवत-पद', पूर्ण, संग्रहात्मक) सं० १८१० की प्रति।

२—सूरसागर (खण्डित, स्कन्धात्मक, दशम स्कन्ध के अतिरिक्त प्रथम स्कन्ध से द्वादश स्कन्ध पर्यन्त) सं० १८६७ की प्रति।

३—सूर-पच्चीसी (स्फुट-पद)

मिर्जापुर (बहरायच) पो० बहरायच, विट्ठलदास महन्त—
सूरदास (पूर्ण, द्वादश स्कन्धात्मक) सं० १६०४ की प्रति।

रीवाँ (बुन्देलखण्ड) राज्य पुस्तकालय :—
१—सूरसागर (पूर्ण, संग्रहात्मक) सं० १७४० की प्रति।
२—सूरसागर (खण्डित प्रति)

रेवाड़ी (गुड़गाँवाँ) पं० रामस्वरूप शास्त्री, काव्यतीर्थ, संस्कृत-अध्यापक, अहीर हाई स्कूल
१—सूरसागर (पूर्ण, द्वादश स्कन्धात्मक)
२—रास-लीला (सूरदास-कृत)

लखनऊ १—ला० श्यामसुन्दरदास अग्रवाल मसकगंज—
१—सूरसागर (पूर्ण, द्वादश स्कन्धात्मक) सं० १८६६ की प्रति।
२—पं० बद्रीनाथ भट्ट बी० ए०, प्रो० लखनऊ यूनिवर्सिटी—
१—सूरसागर (पूर्ण, द्वादश स्कन्धात्मक)
२—सूरसागर (खण्डित प्रति, द्वादश स्कन्धात्मक)

अन्य :—
१—भ्रमर-गीत—सूरदास
२—रुक्मिणी-मंगल—सूरदास
३—सुदामा-चरित—सूरदास
३—पं० श्यामबिहारी मिश्र (मिश्रबन्धु)
सूरसागर-सार (स्फुट पदों का संग्रह)

लबेदपुर (बहरायच) बा० पदमबक्ससिंह
सूरदास (पूर्ण, द्वादश-स्कन्ध)

शेरगढ़ (मथुरा) बा० गोकुलप्रसाद सक्सेना,
सूरसागर (पुस्तक नाम—'सूरदास के पद', पूर्ण, संग्रहात्मक) सं० १६८२ की प्रति।

स्वामीदयाल का पुरवा (बहराइच) पो० सिसिया, पं० स्वामीनारायण वाजपेयी—
१—सूरसागर (पूर्ण, द्वादश स्कन्धात्मक) सं० १८६६ की प्रति।
२—भ्रमर-गीत, सूरदास (संग्रह) सं० १८६१ की प्रति।

अन्यत्र

भारत से बाहर अमरीका और यूरोप में भी 'सरसागर' की प्रतियाँ मिलती हैं; जैसे,

अमरीका हार्वर्ड-यूनिवर्सिटी-लाइब्रेरी—
सूरसागर (पूर्ण, संग्रहात्मक)

पेरिस (फ्रांस) "पेरिस लाइब्रेरी"—
१—सूरसागर-किताब (लिपि-फारसी, स्कन्धात्मक) सं० १७६६ की प्रति।

लन्दन "ब्रिटिश-म्यूजियम"
१—सूरसागर (कापी) पूर्ण, द्वादश स्कन्धात्मक, सं० १७८० की प्रति।
२—भँवर-गीत, (सूरदास) सं० १७६६ की प्रति, श्याम जू पाण्डे लिखित।

मुद्रित-प्रतियाँ

सूरसागर की मुद्रित प्रतियों के दो ही संस्करण—नवलकिशोर प्रेस, लखनऊ और वेंकटेश्वर प्रेस, बम्बई के कहे जाते हैं, मिलते भी यही हैं। कलकत्ता से भी एक छोटा-सा संग्रह—"सूर

संगीतकार" नाम से प्रकाशित हुआ था। रागकल्पद्रुम में भी, जो तीन भागों में कलकत्ता से प्रकाशित हुआ था, ब्रजभाषा के अनेक पद-रचयिताओं के पदों के साथ सूरदास जी के भी अधिकाधिक पद छपे हैं। परन्तु इन सब मुद्रित प्रतियों में नवलकिशोर प्रेस द्वारा प्रकाशित प्रतियाँ ही सबसे पुरानी हैं। नई खोज द्वारा 'सूर-सागर' की इससे भी पुरानी कुछ प्रतियाँ प्राप्त हुई हैं, जिनका विवरण निम्न प्रकार है :

आगरा—

१—सूरसागर, प्र० मु०—मतबअ ईजाद प्रेस (लीथो), सन् १८६७, तीसरी बार।

२—सूरसागर, प्र० मु०—मतबअ कृष्णलाल प्रेस, संग्रहात्मक (लीथो) सन् १८८२।

कलकत्ता—

१—सूर-संगीत-सार-प्र०-अरुणोदय, मु० बंगवासी प्रेस, सन् १६०२, विनय तथा बाल-लीला से लेकर भ्रमर-गीत तक के पदों का संक्षिप्त संग्रह।

२—राग-कल्पद्रुम, भाग १, २, ३, सं०—कृष्णानन्द रागसार; सं० नगेन्द्रनाथ वसु, प्र० बंगीय-साहित्य परिषद् कलकत्ता, मु० विश्वकोष प्रेस, कलकत्ता सम्वत् १६७१-७३।

काशी—

१—"सूरसागर-रत्न" [संग्रहात्मक पूर्ण, सं० रघुनाथ दास, मु० बनारस लाइट प्रेस, सन् १८६७ (लीथो)]

२—"सूरसागर", सं० 'रत्नाकर', प्र० नागरी-प्रचरिणी-सभा, काशी, मुद्रक—इण्डियन प्रेस, बनारस शाखा, सं० १६६४, आठों खण्डों में (अपूर्ण)।

३—"सूरसागर ऊपरवाला", पूर्ण, दो खण्डों में, प्र०—नागरी-प्रचारिणी-सभा काशी, मु०—हिन्दी टाइम टेबुल प्रेस, सं० २००५।

जयपुर (राजपूताना)

सूरसागर, पूर्ण, संग्रहात्मक, प्र० मतबअ ईजाद प्रेस (लीथो) सन् १८६५ ई०।

दिल्ली—

सूरसागर (पूर्ण, संग्रहात्मक), प्र० मतबअ इलाही प्रेस (लीथो) सन् १८६०।

मथुरा—सूरसागर, (पूर्ण, संग्रहात्मक, प्र० मुदैउल-उलूम प्रेस (लीथो) सन् १८६०।

बम्बई—

१—सूरसागर (पूर्ण, बड़ा आकार, द्वादश स्कन्धात्मक), सं०—बा० राधाकृष्णदास, काशी, प्र० वेंकटेश्वर प्रेस, सं० १६५३।

२—सूरसागर (पूर्ण, मझोला आकार, द्वादश स्कन्धात्मक) प्रकाशक वेंकटेश्वर प्रेस, सम्वत् १६६१।

लखनऊ[1]

१—सूरसागर (पूर्ण, संग्रहात्मक), प्र० नवलकिशोर प्रेस, सन् १८६४, प्रथम बार, (लीथो)।

२—'सूरसागर (पूर्ण, संग्रहात्मक), सं० पं० कालीचरन, प्रकाशक नवलकिशोर प्रेस, (टाइप में)।

---

१ नवलकिशोर प्रेस, लखनऊ से प्रकाशित सभी सूरसागर राम कल्पद्रुम नाम से प्रकाशित हुए हैं। सूरसागर प्रथम अयोध्या के महाराज श्री मानसिंह जी उपनाम 'द्विजदेव' के तत्वावधान तथा मुन्शी जमनाप्रसाद की देख-रेख में पं० कालीचरन द्वारा संशोधित होकर सं० १६२० में प्रकाशित हुआ था।

३—'सूरसागर (ऊपर वाला ही), सं० पं० रामरत्न बाजपेयी, प्र० नवलकिशोर प्रेस, सं० १८७४ (टाइप में) तथा आठवीं बार सं० १६०२ में।

इस तालिका में दो प्रकार की प्रतियों का उल्लेख है—१—संग्रहात्मक तथा २—द्वादश स्कन्धात्मक। दोनों संकलनों में पद-क्रम का भेद है। संगृहीत प्रतियों में प्रायः 'सूर-सारावली' नहीं दी गई है किन्तु नवलकिशोर प्रेस, लखनऊ से 'राग-कल्पद्रुम' के आधार पर मुद्रित हुए 'सूरसागर' की प्रति में सूर-सारावली भी है तथा इसके दो भाग हैं—

१—नित्य-कीर्तन के पद जिसमें भिन्न-भिन्न राग-रागनियों में प्रभु कीर्तन के पद हैं।

८—लीला के पद।

कीर्तन के पदों में सूरदास के पदों के साथ अष्टछापी कवियों के पद भी मिले हुए हैं। काशी नागरी-प्रचारिणी-सभा द्वारा प्रकाशित सूरदास से पहले वेंकटेश्वर प्रेस द्वारा मुद्रित द्वादश स्कन्धात्मक प्रति ही प्रमाणित मानी जाती थी। इस प्रति के प्रारम्भ में ही 'सूर-सारावली' दी गई है, 'सूरसागर' उसके पश्चात् प्रारम्भ होता है। लखनऊ वाली प्रति में विनय के पद 'मथुरा-लीला' तथा 'भ्रमर-गीत' से पहले आते हैं तथा बम्बई वाली प्रति में 'सूर-सारावली' के पश्चात् प्रथम-स्कन्ध से पहले हैं। इन सभी प्रकार की हस्तलिखित, मुद्रित, संग्रहीत द्वादश-स्कन्धात्मक प्रतियों के अवलोकन से हम निम्नलिखित निष्कर्ष पर पहुँचते हैं :

१—संग्रहात्मक प्रतियाँ द्वादश स्कन्धात्मक प्रतियों की अपेक्षा लगभग १०० वर्ष पुरानी हैं अर्थात् उनका संग्रह १०० वर्ष पूर्व हो चुका था।

२—संग्रहात्मक प्रतियों का पाठ द्वादश स्कन्धात्मक प्रतियों की अपेक्षा अधिक शुद्ध एवं ब्रज-भाषा-व्याकरण-सम्मत है।

३—संग्रहात्मक प्रतियों में पद-क्रम प्रायः पुष्टि-मार्गीय परम्परा पर अवलम्बित है।

४—इन प्रतियों में भागवत को "पद-भाषा करि गाय" के चरितार्थ करने का विषय नहीं बनाया गया है।

५—द्वादश-स्कन्धात्मक प्रतियों में पाठ-भेद और क्रम-भेद दोनों मिलते हैं।

इन कारणों से हम इस तथ्य पर पहुँचते हैं कि संग्रहात्मक प्रति द्वादश स्कन्धात्मक प्रति की अपेक्षा अधिक मान्य है। भागवत की तुलना में हम इस द्वादश स्कन्धात्मक प्रति को ही रख सकते हैं, संग्रहात्मक को नहीं। दोनों प्रतियों के विषय-क्रम तथा सम्प्रदाय में प्रचलित नित्यकीर्तन और वर्षोत्सव के क्रम को दृष्टिकोण में रखते हुए 'सूरसागर' का 'भागवत' के साथ तुलनात्मक अध्ययन समीचीन होगा। यद्यपि पं० जवाहरलाल चतुर्वेदी वाली हस्तलिखित संग्रहात्मक प्रति सबसे प्राचीन है क्योंकि वह सं० १६४४ की है[1] तथापि वह इतनी जीर्णशीर्ण है कि उसके विषय-क्रम का निर्धारण हो ही नहीं सकता, अतएव इस प्रयोजन के लिए हमें नाथद्वारे वाली सं० १६५८ वि० की प्रति का ही आश्रय लेना पड़ेगा। वास्तव में इन दोनों प्रतियों के क्रम में कोई अन्तर प्रतीत नहीं होता। इन संगृहीत प्रतियों का प्रारम्भ पद से होता है, जो सूरदास ने 'नन्दलाल की लीला' के रूप में महाप्रभु वल्लभाचार्य जी को सुनाया था।

'ब्रज भयौ महरि कैं पूत जब यह बात सुनी"।

सूरदास जी की वार्ता में लिखा है "सो सुनि कै श्री आचार्य जी बहौत प्रसन्न भये और जाने, जो अब लीला को अभ्यास भयो। सो तब श्री आचार्य जो आप श्रीमुख तें सूरदास सों आज्ञा किये—जो सूर कछु नन्दलाल की लीला गावो। तब सूरदास ने नन्द-महोत्सव को कीर्तन

१ यद्यपि श्री जवाहरलाल चतुर्वेदी ने सं० १६३६ को एक प्रति का और उल्लेख किया है किन्तु वह हमें अभी तक देखने को नहीं मिली।

बरनन करि कै गायो सो 'पद ब्रज भयौ'[1] इत्यादि ।" द्वादश स्कन्धात्मक प्रतियों में सबसे प्रामाणिक प्रति नागरी-प्रचारिणी-सभा काशी द्वारा प्रकाशित 'सूरसागर' की है, जो दो भागों में प्रकाशित हुई है । अतः द्वादश स्कन्धात्मक क्रम हम इसी प्रति में से देंगे, यद्यपि इस प्रति में अनेक स्थानों पर पाठ-भेद है और ब्रज-भाषा-व्याकरण के विशेषज्ञों का यह भी दावा है कि इसमें अनेक स्थानों पर पाठ अशुद्ध हैं । वस्तुतः नागरी-प्रचारणी-सभा का यह महान् कार्य स्तुत्य है । वर्षोत्सव तथा नित्य-कीर्तन का क्रम सम्प्रदाय की मुद्रित प्रतियों से लिया गया है, जो प्रायः सभी पुस्तकों में एक-सा मिलता है ।

'सूरसागर' की नाथद्वारे वाली सं० १६५८ की हस्तलिखित प्रति का क्रम इस प्रकार है—जन्म, पलना, ढाढ़ी (मास दिनों, अन्न-प्राशन, कर्ण-छेदन, नाम-करण, मृत्तिका-भक्षण आदि के पद भी आ गये हैं ।) बाल लीला, माखन-चोरी, गो-चरण, दान-लीला, गोवर्धन-लीला, रूप-वर्णन, गोपी-प्रेम, ध्यान-शोभा, मुरली-संवाद, ब्रज-ध्यान, मुरली-विरद, दूती-संवाद, यज्ञ-समय-वर्णन, बिहार, रास-क्रीड़ा, जलम-बिहार-बसन्त-क्रीड़ा, होरी, राधिका-शृंगार, खण्डिता, दूती-संवाद, गूढ़-भाव, मिलाप, अक्रूर-आगमन, मथुरा-गमन, मथुरा-प्रवेश, यशोदा-विलाप, दूती-संवाद, विरह-पुञ्ज, गोपी-तर्क, सुदामा-लीला, राम-जयन्ती, नृसिंह-जयन्ती, बामन-जयन्ती, विनय के पद ।

मुद्रित-सूरसागर (संग्रहात्मक) की प्रतियों में 'नवल किशोर' प्रेस, लखनऊ से प्रकाशित प्रति की अधिक मान्यता रही है । सन् १८६४ में प्रथम बार (लीथो) यह प्रति मुद्रित हुई थी । फिर सं० १८६४ में टाइप में इसकी प्रति छपी । उसका क्रम निम्नलिखित है :

सूर-सारावली	पृष्ठ १ से ५१ तक	राधाकृष्ण-प्रथम मिलन	
नित्य कीर्तन	,, ५२ से १५६ ,,	चकई भँवरा खेलना	२९९
राम-विलावल		गोवर्धन-लीला	३०६
जगाने के पद	,, १५७ से १५८ तक	गोचरणलीला	३३७
खण्डिता	,, १५८—१६४	कालिय-दमन	३४६
दधि-मन्थन	,, १६५—१६६	दावानल-पान-लीला	३६१
बाल-लीला	,, १६७—१८५	गोदोहन	३६४
ब्याह-खेल	,, १८६—१९१	भुजंगम-दर्शन-लीला	३६७
कुब्जा-मण्डल	,, १९२	व्रत-चर्या	
जमुना जी के पद		वस्त्र-हरण-लीला	३७०
माखन-चोरी	,, २००	पनघट-लीला	३७८
अघासुर-वध	,, २०९	दान-लीला	३८७
वत्स-हरण	,, २१०	अनुराग लीला	४२७
कालिय-दमन	,, २१३	मुरली के पद	४६५
दशम-प्रारम्भ	,, २२४	रास	५१५
बधाई	,, २२४	विनय	६०२
माटी-भक्षण	,, २५२	मथुरा-गमन	६३६
माखन-चोरी	,, २७७	भ्रमर-गीत	६७०
दामोदर-लीला	,, २८०		
वत्स-हरण	,, २९३		

१ गो० हरिरायजी कृत 'सूरदासजी की वार्ता' (अग्रवाल प्रेस, मथुरा) पृष्ठ १४

लखनऊ वाली प्रति के इस क्रम से स्पष्ट हो जाता है कि संग्रहात्मक प्रतियों के भी अनेक रूप बन गये होंगे। काशी-प्रचारिणी-सभा द्वारा प्रकाशित प्रति में विनय के पद प्रथम स्कन्ध में आते हैं, फिर २२३ पदों के पश्चात् भागवत-प्रसंग शीर्षक, फिर विनय के पद प्रारम्भ कर दिये गये हैं तथा २५० वें पद से प्रथम-स्कन्ध शीर्षक चला है। पद-समूहों के शीर्षक भी दिये गये हैं, जो इस प्रकार हैं :

प्रथम-स्कन्ध

विनय, मंगलाचरण, सगुणोपासना, भक्त-वत्सलता, माया-वर्णन, अविद्या-वर्णन, तृष्णा-वर्णन, नाम-महिमा, विनती, श्री भागवत प्रसंग, भागवत-वर्णन, श्री शुक-जन्म-कथा, श्री भागवत के श्रोता वक्ता, सूत-शौनक-संवाद, व्यास-अवतार, श्री भागवतअवतरण का कारण, नाम-माहात्म्य, विदुर के घर भगवान के द्वारा भोजन, भगवान कृष्ण-दुर्योधन-संवाद, द्रोपदी-सहाय्य, पाण्डव-राज्याभिषेक, युधिष्ठिर-प्रति भीष्मोपदेश, महाभारत में भगवान् की भक्तवत्सलता का प्रसंग, अर्जुन-दुर्योधन का कृष्ण-गृह-गमन, भीष्म-प्रति दुर्योधन-वचन, भीष्म-प्रतिज्ञा, अर्जुन के प्रति भगवान् के वचन, भगवान् का चक्र-धारण, अर्जुन और भीष्म का संवाद, भीष्म का देह-त्याग, भगवान का द्वारिका गमन, कुन्ती-विनय, राजा धृतराष्ट्र का वैराग्य तथा वन-गमन, हरि-वियोग, पाण्डव-राज्य त्याग, उत्तर-गमन, अर्जुन का द्वारिका जाना और शोक-समाचार लाना, गर्भ में परीक्षित की रक्षा और उनका जन्म, परीक्षित-कथा, मनःप्रबोध, चित्त बुद्धि-संवाद।

द्वितीय-स्कन्ध

नाम महिमा, अनन्य-भक्ति-महिमा, हरि-विमुख-निन्दा, सत्संग-महिमा, भक्ति-साधन वैराग्य-वर्णन, आत्म-ज्ञान, विराट्-रूप-वर्णन, आरती, नृप-विचार, श्री शुकदेव के प्रति परीक्षित वचन, श्री शुकदेव-वचन, श्री शुकदेव-कथित नारद-ब्रह्मा-संवाद, चतुर्विशति-अवतार-वर्णन, नारद के प्रति ब्रह्मा जी के वचन, ब्रह्मा की उप्पत्ति, चतुःश्लोक-श्रीमुख वाक्य।

तृतीय स्कन्ध

श्री शुक-वचन, उद्धव का पश्चात्ताप, मैत्रेय-विदुर-सम्वाद, विदुर-जन्म, सनकादिक-अवतार, रुद्र-उत्पत्ति, सप्तर्षि, दक्ष प्रजापति तथा स्वायंभूव मनु की उत्पत्ति, सुर-असुर-उत्पत्ति, वाराह-अवतार, जय विजय की कथा, कपिलदेव-अवतार तथा कर्दम का शरीर-त्याग, देवहूति-कपिल-संवाद, भक्ति-विषयक प्रश्नोत्तर, भगवान् का ध्यान, चतुर्विध भक्ति, हरि-विमुख की निन्दा, भक्त-महिमा।

चतुर्थ स्कन्ध

दत्तात्रेय अवतार, यज्ञ-पुरुष-अवतार, यज्ञ-पुरुष-अवतार (संक्षिप्त), पार्वती-विवाह, ध्रुव-कथा, संक्षिप्त-ध्रुव-कथा, पृथु-अवतार, पुरंजन-कथा।

पञ्चम स्कन्ध

ऋषभदेव-अवतार, जड़ भरत-कथा, जड़ भरत-रहूगण-सम्वाद।

षष्ठ स्कन्ध

परीक्षित-प्रश्न, श्री शुक-उत्तर, अजामिलोद्धार, श्री गुरु-महिमा, सदाचार-शिक्षा (नहुष की कथा), इन्द्र-अहिल्या-कथा।

सप्तम स्कन्ध

श्री नृसिंह अवतार, भगवान् का श्री शिव को साहाय्य प्रदान, नारद-जन्म-कथा।

अष्ठम स्कन्ध

गज-मोचन-अवतार, कूर्म-अवतार, सुन्दउपसुन्द-वध, बामन-अवतार, मत्स्य-अवतार।

नवम स्कन्ध

राजा पुरुरवा का वैराग्य, च्यवन-ऋषि की कथा, हलधर-विवाह, राजा अम्बरीष की कथा, सौभरिऋषि की कथा, श्री गङ्गा-आगमन, श्री गङ्गा-पादोदक-स्तुति, परशुराम-अवतार, रामावतार, बालकाण्ड, अयोध्या-काण्ड, अरण्य-काण्ड, किष्किन्धा काण्ड, सुन्दर-काण्ड, लंका-काण्ड।

दशम स्कन्ध (पूर्वार्द्ध)

पूतना-वध, श्रीधर-अंग-भंग, कागासुर-वध, शकटासुर-वध, तृणावर्त-वध, नामकरण, अन्न-प्राशन, वर्षगांठ, घुटुरुवों चलना, पाँवों चलना, बाल-छबि-वर्णन, कनछेदन, चन्द्र प्रस्ताव, कलेवा-वर्णन, क्रीडन, पाँडे-आगमन, शालिग्राम प्रसंग, प्रथम-माखन-चोरी, उलूख-बन्धन, यमलार्जुन-उद्धार की दूसरी कथा, गौ-दोहन, वृन्दावन प्रस्ताव, गोचारण, वकासुर-वध, अघासुर-वध, ब्रह्मा द्वारा बालक-वत्स-हरण, बालवत्स-हरण की दूसरी लीला, धेनुक-वध, कालीदह-जलपान, ब्रज प्रवेश-शोभा, कमल-पुष्प मँगाना, कालिय-दमन-लीला, दावानल-पान-लीला, प्रलम्ब-वध, मुरली-स्तुति, गोपिका वचन, श्री राधाकृष्ण-मिलाप, सुख-विलास, गृह-गमन, राधिका जी का यशोदा-गृह-गमन, राधा-गृह-गमन, राधिका का पुनरागमन, चीर-हरण-लीला, दूसरी चीर-हरण-लीला, यज्ञ-पत्नी-लीला, यज्ञ-पत्नी-वचन, गोवर्धन-पूजा तथा गोवर्धन-धारण, गिरिधारण-लीला, गोवर्धन की दूसरी लीला, गोपादि का वार्तालाप, देव-स्तुति तथा कृष्णाभिषेक, इन्द्र-शरणागमन, वरुण से नन्द को छुड़ाना, रास-पञ्चाध्यायी आरम्भ, श्रीकृष्ण-विवाह-वर्णन, श्रीकृष्ण का अन्तर्धान होना, गोपी-गीत, रास-नृत्य तथा जल-क्रीड़ा, विद्याधर-शाप-मोचन, वृन्दावन-बिहार, शंख-चूड़-वध श्रीकृष्ण-ज्योंनार, गोपी-वचन, मुरली के प्रति, मुरली-वचन गोपियों के प्रति, गोपी-वचन परस्पर, श्रीकृष्ण का ब्रजागमन, वृषभासुर-वध, केशी-वध, व्योमासुर-वध, पनघट-लीला, दान-लीला, ग्रीष्म-लीला, यमुना-गमन, युगल-समागम लघु-मान-लीला, नैन-समय के पद, आँख समय के पद, मान-लीला तथा दम्पती विहार, खण्डिता प्रकरण, राधा का मान, राधा जी का मध्यम मान, सुखमा-गृह-गमन, सुखमा के घर सखियों का आगमन, वृन्दा-गृह-गमन, वृन्दा के धाम से प्रमुदा के धाम-गमन, बड़ी मान-लीला, दूसरी गुरुमान-लीला, झूलना, वसन्त-लीला, अक्रूर-ब्रज-आगमन, गोपिकाओं की उद्विग्नता, यशोदा-वचन श्रीकृष्ण के प्रति, यशोदा के प्रति नन्द-वचन, परस्पर गोपिका-वचन, यशोदा-विलाप, कृष्ण-वचन नन्द के प्रति, अक्रूर द्वारा कृष्ण की स्तुति, अक्रूर-प्रत्यागमन, श्रीकृष्ण का मथुरा-आगमन, रजक-वध धनुष-भंग-लीला, कुवलया-वध, हस्ती-बंध (संक्षिप्त), श्रीकृष्ण के मल्लों के प्रति वचन वसुदेव दर्शन, यज्ञोपवीत-उत्सव, नन्द-विदाई, नन्द ब्रजागमन, सखी वचन, यशोदा विलाप, ब्रजवासी वचन, आगत ग्वाल वचन, गोपी वचन, ब्रज-दशा, परस्पर नन्द-यशोदा-वचन, पंथी-वचन देवकी के प्रति, गोपी-विरह-वर्णन, स्वप्न-दर्शन, चन्द्रोपालम्भ, उद्धव-ब्रज-आगमन, श्याम-रंग पर तर्क यशोदा जी का सन्देश, उद्धव-आगमन, भ्रमरगीत संक्षेप, उद्धव प्रत्यागमन, श्रीकृष्ण का अक्रूर-गृह-गमन।

दशम-स्कन्ध (उत्तरार्द्ध)

काल-यवन-दहन, द्वारिका-प्रवेश, द्वारिका-शोभा, रुक्मिणी-पत्रिका-प्राप्ति, रुक्मिणी-विवाह की दूसरी लीला, प्रद्युम्न-जन्म, जाम्बवती और सत्यभामा का विवाह, शतधन्वा का वध, पञ्च-

पटरानी-विवाह, भौमासुर-वध तथा कल्पवृक्ष-अनायन, रुक्मिणी-परीक्षा, प्रद्युम्न-विवाह, अनिरुद्ध-विवाह, नृग का उद्धार, श्री बलभद्र का ब्रज-आगमन, पौन्ड्रक-वध, सदुक्षिणा-वध, द्विविध-वध, सांव-विवाह, नारद-संशय, जरासन्ध-वध, राजाओं की प्रार्थना-पाण्डव-यज्ञ, शिशुपाल-गति, पाण्डव-सभा, दुर्योधन का क्रोध, शाल्व वध, दन्तवक्र-वध, सुदामा-चरित, संक्षिप्त सुदामा-चरित, पथिक के प्रति ब्रज-नारी-वाक्य, कुरुक्षेत्र में श्रीकृष्ण, यशोमती, गोपी-मिलन, श्रीकृष्ण का कुरुक्षेत्र आगमन, रुक्मिणी-प्रश्न, देवकी-पुत्र-आनयन, वेद-स्तुति, नारद-स्तुति, सुभद्रा-विवाह, जनक-श्रुत-देव और श्रीकृष्ण-मिलाप, भस्मासुर-वध, भृगु-परीक्षा, अर्जुन को निजरूप दिखाना तथा शंख-चूड़पुत्र-आनयन।

एकादश स्कन्ध

नारायण-अवतार, हंस-अवतार

द्वादश स्कन्ध

बुद्ध-अवतार-वर्णन, कल्कि-अवतार-वर्णन, राजा परीक्षित-हरि-पद प्राप्ति, जन्मेजय कथा—परिशिष्ट (१) परिशिष्ट (२)

इन दोनों भागों में दिये हुए पदों की संख्या ४९३६ है और दोनों परिशिष्टों में २०३+२७०=४७३ पद हैं। इस प्रकार कुल पदों की संख्या ५४०९ है। सम्पादक की दृष्टि से परिशिष्ट-गत पद संदिग्ध हैं।

वेंकटेश्वर प्रेस, बम्बई से सं० १९८० में प्रकाशित द्वादश स्कन्धात्मक 'सूरसागर' में ४०३२ पद बताये जाते हैं किन्तु यह संख्या निर्भ्रान्त नहीं कही जा सकती क्योंकि इस प्रति में कई स्थलों पर गणना में हेर-फेर हो गया है। कई पद गणना में सम्मिलत ही नहीं किये गये हैं और इसी प्रकार कई स्थानों पर बिना पदों के ही संख्या बढ़ा दी गई है, उदाहरणार्थ दशमस्कन्ध में ६००वें पद के पश्चात् १७७वें पृष्ठ के ८ पद संख्या में जोड़े ही नहीं गये हैं और फिर धनाश्री राग के ७३ पदों को जोड़कर संख्या ६७३ मान ली गई है। पृष्ठ २९९ पर पद संख्या ९८ के पश्चात् एक पद तथा पृष्ठ ३१० की पद संख्या १७०० के पश्चात् पृष्ठ ३४१ की पद संखया १ तक के लगभग ३०० पद मानकर संख्या में नहीं जोड़े गये। कहीं एक ही राग के अन्तर्गत आये हुए छन्दों को कई पद मानकर संख्या में जोड़ लिया गया है और कहीं सम्पूर्ण राग को एक ही पद गिन लिया गया है। अस्तु, पुष्टि सम्प्रदाय की सेवा प्रणाली के रूप में प्रचलित सेवाविधि के दो क्रम हैं—१—प्रातःकाल से शयन पर्यन्त की नित्य सेवा-विधि और २—वर्षोत्सव की सेवा-विधि। नित्य सेवा-विधि में वात्सल्य-भक्ति का उद्रेक परनिष्ठत है। इस सेवा के आठ समय निश्चित किये गये हैं; मंगला, शृंगार, ग्वाल, राजभोग, उत्थापन, भोग, संध्याकालीन आरती एवं शयन।

वर्षोत्सव की सेवा-विधि में श्रीकृष्ण के नित्य और अववार-लीलाओं के उत्सव, षड् ऋतुओं के उत्सव, लोक-व्यवहार और वैदिक पर्वों के उत्सव तथा अवतारों की जयन्तियाँ सम्मिलित हैं। नित्य और वर्षोत्सव दोनों प्रकार की सेवा विधियों के तीन अंग मुख्य हैं—शृंगार, भोग और राग। सूर का अधिकांश काव्य नित्य और वर्षोत्सव के कीर्तन-रूप में ही है।

वर्षोत्सव का क्रम :

जन्माष्टमी से—बधाई, छठी, पलना, ढाढी, दसौंधी, मास-दिना, अन्न-प्राशन, कर्णवेध, नामकरण, मृत्तिका-भक्षण, करवट, ऊखल, बाल-लीला (पूतना-वध, सकटासुर, वक, तृणावर्त, दावनल कालिय-दमन आदि), चन्द्रावली जू की बधाई, ललिता की बधाई, राधिका जी की बधाई, राधिका जी की ढाढी, राधिका जी की पलना, राधिका जी की बाल-लीला, बल नागरी, दान, साझी, नव-

विलास, देवी-पूजन, मुरली, करखा, दशहरा, रास, मान, पौढ़ना, धनतेरस, रूप चौदस, दिवार गाय-खिलाइबौ, कान जगायबौ, हठरी अन्नकूट, गोवर्धन-पूजा, भाई-दोज, इन्द्रमान भंग, गोचा देव-प्रबोधिनी याह, मान, मकर-संक्रांति; होरी और धमार, पाटोच्छव-संवत्सर, गनगौर, जमना की बधाई, शृङ्गार, ब्यारू चन्दन, नरसिंह चतुर्दशी, नाव के पद, गंगादशमी, स्नान यात्रा, यात्रा, मल्हार कसूमी, छट, घटा, चूनरी लहरियाँ, हिंडोरा पवित्रा, कूल्हे ।

पुष्टि-सम्प्रदाय में इस वर्षोत्सव के क्रम के साथ-साथ ही नित्य-कीर्तन का क्रम भी चल था । इसलिए सूर आदि आठों सखा नित्य कीर्तन के पदों की रचना किया करते थे । नित्य-कीर्तन का क्रम निम्नलिखित है :

वन्दना (महाप्रभु जी की, गोसाईं जी की, यमुना जी के पद, गंगा जी के पद), जगाइबे के पद, मंगला आरती, नहवाइबे के पद, खण्डिता ।।१।। बहार, व्रत-चर्या, हिलग(स्नान का प्रथम स्वरूप) दधि-मन्थन, शृङ्गार, पनघट ।।२।। ग्वाल, फल-फलादि के पद, गोदोहन के पद, धैय्या के पद, माखन चोरी, उलाहना, पालना ।।३।। भोजन बोलाइबो, शीतकाल के भोजन, ब्रज भक्तन के यहाँ भोजन, भोग सरावना, बीरी राजभोग ।।४।। छाक, कुञ्ज, मानकुञ्ज, उष्ण काल के पद, नाव के पद, खसखाने के पद, मानसागर उत्थापन ।।५।। भोग, गाय बुलाइबे के, आवनी के, मान के, ।।६।। आरती ।।७।। शृङ्गार उतारने के, साँझ समय भैया, मिस के पद, बयारू, दूध, बीरी, शयन-समय के मान छुटिवे के, मान मिलाइवे के, पोढ़वे के ।।८।।

इस आठों समय की नित्य-सेवा से क्रम का आधार लेकर अष्ट-छाप के कवियों ने अगणित पद रचे । पद-रचना का क्रम उनके जीवन-पर्यन्त चलता रहा, अतएव यह सहज ही अनुमान लगाया जा सकता है कि इन महात्माओं ने कितने विशाल साहित्य का सृजन किया होगा, जिसमें से बहुत कुछ नष्ट-भ्रष्ट हो गया होगा और कुछ प्राचीन हस्तलिखित पुस्तकों के रूप में सुरक्षित रहते हुए भी अप्राप्य है । साहित्य सृजन की यह गति-विधि केवल इन कवियों तक ही सीमित नहीं थी, अपितु प्रत्येक कवि के साथ आठ-आठ झालरिया भी रहते थे, जो 'टेक' उठाने का काम करते थे । वे स्वयं भी अच्छे कवि होते थे और सुन्दर पदों की रचना भी किया करते थे । अपने पदों में अपने प्रधान गायक की ही छाप लगा दिया करते थे । स्वयं सूरदास के आठ झालरिया थे, जो सूर के अंग कहलाते थे । उनके नाम इस प्रकार बताये जाते हैं :—तानसेन अलीखान, जगन्नाथ कविराय, हरिनारायण श्यामदास, मुरारिदास मुकुन्ददास, जयभगवान् और कृष्ण जीवन लक्ष्मीराम ।

इस व्यवस्था के कारण सूर के वास्तविक पदों को निकालना दुस्तर कार्य है और यथा रूप प्राप्त सामग्री पर हमें सन्तोष करना पड़ता है । वर्षोत्सव और नित्य-कीर्तन के पदक्रम के आधार पर दोनों प्रकार की प्रतियों (संग्रहात्मक और द्वादश स्कन्धात्मक) का अध्ययन करने पर हम इस निश्चय पर पहुँचते हैं :

१—वर्षोत्सव तथा नित्य-कीर्तन के कई महत्वपूर्ण अंगों पर सूरदास जी के पद किसी प्रति में या तो मिलते ही नहीं या एक-आध की ही संख्या में प्राप्त होते हैं, जिससे स्पष्ट होता है कि सूरदास जी का बहुत-सा साहित्य अतीत के अन्धकार में विलीन है ।

२—नित्य-कीर्तन और वर्षोत्सम के क्रम पूर्णरूपेण संग्रहात्मक अथवा द्वादशस्कन्धात्मक किसी प्रति में नहीं दीख पड़ते । संग्रहात्मक प्रतियों में यथाकथञ्चित् यदि वह क्रम मान भी लिया जाय तो द्वादशस्कन्धात्मक प्रतियों में तो उनकी संगति बैठती ही नहीं । ऐसा प्रतीत होता है कि दोनों ही प्रतियों का सङ्कलन सूरदास जी के बहुत दिन पश्चात हुआ होगा ।

संग्रहात्मक प्रतियों का सङ्कलन लीलापरक माना जा सकता है। लखनऊ वाली प्रति में तो 'सूर-सारावली' तथा नित्य-कीर्तन के पद भी दिये हैं किन्तु अन्य संग्रहात्मक प्रतियों में ये दोनों प्रकरण नहीं पाये जाते। स्थूल रूप में संग्रहात्मक प्रतियों के शीर्षक इस प्रकार हैं :

भगवान् कृष्ण की बधाई और उनकी बाल-लीला, ब्रज की अन्य लीलायें, मुरली, रास-लीला, मथुरा-गमन लीला, विरद पदावली, नृसिंह, वामन और राम की जयन्तियाँ एवं विनय के पद। लखनऊ वाली प्रति में विनय के पद मथुरा-गमन लीला से पहले दिये हैं। नृसिंह जयन्ती सप्तम स्कन्ध में वामन-जयन्ती अष्टम में तथा राम जयन्ती नवम स्कन्ध में दी है और लीला के पद दशम स्कन्ध पूर्वार्द्ध में दिये गये हैं। इस प्रकार संग्रहात्मक प्रतियों की तुलना में हम सप्तम, अष्ठम, नवम स्कन्ध के पद एवं दशम स्कन्ध पूर्वार्द्ध को रख सकते हैं। दोनों के तुलनात्मक अध्ययन से हम स्वतः इस निर्णय पर पहुँच जाते हैं कि इन द्वादशस्कन्धात्मक प्रतियों का संकलन संग्रहात्मक प्रतियों के पश्चात् ही हुआ होगा। अनुसंधान-क्रम में उपलब्ध हुई हस्तलिखित प्रतियाँ हमारे उक्त निर्णय को और भी दृढ़ कर देती हैं। परन्तु यह संकलन कब और किसने किया ? इस प्रश्न का उत्तर निश्चित रूप में नहीं मिलता।

———

तृतीय अध्याय

सूर-साहित्य की पृष्ठ-भूमि

महाकवि सूरदास के साहित्य-महोदधि का मन्थन वास्तव में अत्यन्त दुस्तर कार्य है। विभिन्न युगों के अभेद्य-स्तरों के बीच से मन्द-मन्द किन्तु अव्याहत गति से बहती हुई अनेक दिशाओं में उल्टी-सीधी बहकर आने वाली विविध विचार-धाराओं को आत्मसात् करती हुई, भिन्न-भिन्न संप्रदायों की सिद्धान्त-सार-सुधा से प्राणियों के अन्तःकरण को तृप्त करती हुई भारतीय-साधना की मन्दाकिनी ने इस 'सागर' को ऐसा लबालब भर दिया है कि उनमें मग्न होकर भी तह तक पहुँचना सरल कार्य नहीं है। 'सूर-साहित्य' की पृष्ठ-भूमि भारत के मध्यकालीन युग का इतिहास है, जिसमें वह महान् और व्यापक आन्दोलन अन्तर्हित है, जिसने ऐसी अनेक भावनाओं को जन्म दिया, जो एक ओर तो मानवता के क्षेत्र को विस्तृत करने वाली हैं तथा दूसरी ओर अनेक संकीर्णताओं को उत्पन्न करती हैं। इस आन्दोलन का समुचित रूप से व्यवस्थित इतिहास उपलब्ध न होने के कारण अनेक भ्रान्त धारणाओं का प्रचार होता रहा है। भारतीय इतिहास में तो यह 'मध्यकालीन' शब्द नया-सा ही है परन्तु यूरोपीय इतिहास में Medival Period सन् ४७६ से सन् १५५३ तक माना जाता है। इस काल में समाज में कुछ ऐसी प्रवृत्तियों का उदय हो गया था, जिनके कारण उत्तरोत्तर अन्धविश्वास का विकास और तथ्य-जिज्ञासा ह्रास होता गया। केवल यूरोप में ही नहीं, विश्व के समस्त देशों में—समस्त सम्प्रदायों और समाजों में—इस मनोवृत्ति का महान् प्रभाव पड़ा था, जिसने इतिहास का स्वरूप ही परिवर्तित कर दिया, फिर भारत इसका अपवाद कैसे रह जाता? भारतवर्ष के गुप्त-युग को इतिहाकारों ने स्वर्ण-युग का नाम दिया ही है किन्तु खेद है कि दूसरी एवं तीसरी शताब्दियों के उत्कर्ष के बहुत कम चिन्हावशेष आज प्राप्त हैं, जिससे अनेक यूरोपीय विद्वानों ने भ्रम-वश इस युग को "अन्धकार-युग" घोषित कर डाला। वस्तुतः यह नामकरण तर्कसंगत नहीं है, क्योंकि इस काल में धर्म, दर्शन, नीति और साहित्य-विषयक अनेक ग्रन्थों की रचना हुई तथा अनेक ऐसे सम्प्रदायों का प्रादुर्भाव हुआ, जिन्होंने परवर्ती भारतवर्ष को कई रूपों में प्रभावित किया। सन् ३२० में गुप्त-साम्राज्य की स्थापना के साथ भारतीय इतिहास में और भी अधिक स्फूर्ति का युग आया, संस्कृति-भाषा ने नई शक्ति प्राप्त की और समूचे देश में एक नवीन प्रकार की जातीयता की लहर दौड़ गई। जीवन के प्रत्येक क्षेत्र में ऐसी क्रान्ति हुई कि हमारे सोचने-विचारने, रहने-सहने, देखने-सुनने का ढंग ही बदल गया और ऐसा बदला कि आज भी उसका प्रभाव हमारे धर्म, दर्शन, समाज, आचार-विचार और रीति-रिवाज पर स्पष्ट लक्षित होता है। बहुत से पुराण और स्मृतियों की रचना भी सम्भवतः इसी युग में हुई थी।

छठी शताब्दी में भारत में उस युग का सूत्रपात हुआ, जिसे हम यूरोपिय ऐतिहासिकों की परिभाषा में 'मध्य-युग' कह सकते हैं। इस काल की धर्म साधना अनेक प्रभावों का समन्वित रूप कही जा सकती है। छठी शताब्दी से ११-१२वीं शताब्दी तक का साहित्य बड़ा व्यापक है परन्तु इसमें साम्प्रदायिकता की पूरी-पूरी छाप है। जहाँ एक ओर बौद्धों और जैनों का अपने-अपने अस्तित्व के लिए भरसक प्रयास है, वहाँ दूसरी ओर ऐसे तत्वों का भी अभाव नहीं, जिनका परिपाक अन्ततोगत्वा ध्वंसात्मक ही होता है। वैष्णव सम्प्रदाय में भी यत्र-तत्र

इस प्रवृत्ति का साक्षात्कार होता है। इस विविध-मत-मतान्तरों के झमेले में पड़ कर राजनीति की भी ऐसी दुर्दशा हुई कि उसका रूप तो विकृत हुआ ही, स्वतन्त्र रूप से पृथक् चला आता हुआ व्यक्तित्व भी समाप्त प्रायः हो गया और वह साम्प्रदायिकता के हाथों में खेलने लगी। इस काल में एक ऐसी परम्परा-सी चली, जिसका आधार वैदिक और अवैदिक भावनाओं के मूल में केन्द्रित हुआ, परन्तु जहाँ पर अवैदिक सम्प्रदायों में वृद्धि हुई वहाँ वेद को ही अन्तिम प्रमाण मानने वाले धर्म-मतों और दार्शनिक सम्प्रदायों की संख्या भी एक-दो ही नहीं रही मत-वैभिन्य तथा विश्वास-वैचित्य होते हुए भी विभिन्न सम्प्रदाय अपने आपको श्रुत-सम्मत मानते थे। जिस प्रकार अद्वैत, विशिष्टाद्वैत, द्वैत, शुद्धाद्वैत, अचिन्त्यभेदाभेद आदि अनेक परस्पर विरोधी मत श्रुति को ही अपनी आधार-शिला बतलाते हैं, उसी प्रकार, शैव, शाक्त पाशुपत, गाणपत्य, सौर आदि सम्प्रदाय भी भी अपने आपको वेद-विदित कहते हैं। दसवीं-ग्यारहवीं शताब्दी से लेकर सोलहवीं शताब्दी तक के युग को मध्यकालीन युग का उत्तरार्द्ध कहा जा सकता है। यह युग समन्वय की भावनाओं को लेकर चला। एक ओर तो सगुणधारा के भक्तकवियों ने विभिन्न वैष्णव-सम्प्रदायों के पारस्परिक वैमनस्य को दूर कर शैव, शाक्त आदि अन्य सम्प्रदायों से भी सम्बन्ध जोड़ा, दूसरी ओर सन्त कवियों ने अपनी अन्तःसाधना के बल पर मानव मात्र की शाश्वत् वृत्तियों का सपरिष्कार उद्रेक कर ऐहिकता की भर्त्सना की और निर्जीव हृदय में ऐसी चेतना भरी, जिससे निराशा के मेघ हट गये और आशा की सुनहली रश्मियों का आलोक बिखर गया। इन कवियों का व्यक्तित्व ही समन्वयात्मकता की आधार भूमि पर खड़ा था। अक्खड़ता की परिधि को छूता हुआ आत्मगौरव, दीनता के अङ्क में क्रीड़ा करती हुई नम्रता, संसार के कठोरतम संघर्ष से जूझने की प्रस्तरतुल्य दृढ़ता के साथ अपनी निरीहता पर नवनीत सम पिघलने वाली कोमलता सबका समन्वय वास्तव में आश्चर्य उत्पन्न करने वाला है। जनता के हृदय का वास्तविक प्रतिनिधित्व करने वाले इन कवियों ने उनके मनोभावों को ऊँचा उठाने में निःसन्देह भगीरथ प्रयत्न किया। तेरहवीं शताब्दी के अनन्तर इन सन्त भक्तों ने उत्तरी भारत में अपना प्रचार-कार्य प्रारम्भ किया और समाज की परिस्थितियों के अनुकूल १७ वीं शताब्दी तक विभिन्न प्रकार से समाज की सेवा करते रहे। हिन्दी साहित्य के इतिहास में इस काल को भक्ति-काल की संज्ञा दी है। पाश्चात्य विद्वानों ने इस युग को भक्ति का विशिष्ट युग माना है। डा० ग्रियर्सन ने इस आन्दोलन के विषय में लिखा है कि यह आन्दोलन बिजली की चमक के समान सारे भारत में फैल गया। डा० ग्रियर्सन ने इस आन्दोलन का सम्बन्ध मध्य युग के मर्नी ईसाइयों से लगाया है और उसे ईसाइयत की देन बताया है।[1] डा० ग्रियर्सन का यह कथन स्वाभाविक ही है, क्योंकि पाश्चात्य विद्वानों की प्रायः यह परम्परा रही है कि जो कुछ भी वे भारत में स्पृहणीय देखते हैं, उसका सम्बन्ध यूरोप से अवश्य जोड़ते हैं। इसे उनके अहम्मन्यता अथवा विकृत देश-भक्ति ही कहा जा सकता है, अस्तु इसमें सन्देह नहीं कि मध्य-युग के इतिहास में यह आन्दोलन बेजोड़ कहा जा सकता है। यह आन्दोलन उत्तरोत्तर जोर पकड़ता गया और पन्द्रहवीं सोलहवीं शताब्दी में यह प्रवाह सिमट कर ब्रजभूमि में प्रवाहित होने लगा तथा मानव मात्र के मन के मैल को काट कर अनिर्वचनीय आनन्द का प्रसार करने लगा। अतएव डा० ग्रियर्सन का यह कथन कि अकस्मात् विद्युत्-लेख के समान यह आन्दोलन देश के एक छोर से दूसरे छोर तक फैल गया, सत्य-सा ही है। ऐतिहासिक

1 Modern Hinduism and it's Debt to the Nestorions (ले० डा० ग्रियर्सन) Journal of Royal Asiatic Society में संगृहीत।

दृष्टि से इस युग को हम भारतीय संस्कृति की पराजय का युग भले ही मानलें परन्तु मानव-संस्कृति की दृष्टि से इसके महत्व की उपेक्षा नहीं कर सकते, क्योंकि इस युग में विभिन्न संस्कृतियों और धार्मिक साधनाओं का मानवता के धरातल पर समन्वय हुआ। इस विषय पर आचार्य क्षितिमोहन सेन की, 'भारतीय मध्य-युगीन-साधना', डी० सी० सेन का 'बंगभाषा और साहित्य' पाश्चात्य विद्वान् कर्न (Kern) का Mannual of Budhism तथा डा० ग्रियर्सन, कीथ आदि के लेख पठनीय हैं।

इस भक्ति-आन्दोलन के सूक्ष्म-अध्ययन से हमें वे सारे प्रभाव लक्षित हो जाते हैं, जो उसके मूल में हैं। गोस्वामी तुलसीदास जी तथा भक्तकवि सूरदास इस युग के सामञ्जस्यवादी प्रतिनिधि कवि माने जाते हैं। गो० तुलसीदास ने समाज के धरातल पर मानवता का उद्घाटन किया तो सूरदास ने व्यक्तिगत साधना को महत्व देकर मानव-हृदय के चिरन्तन समान भावों का स्पर्श किया। यही कारण है कि इस आन्दोलन की प्रेरणाओं का जितना स्फुट प्रतिबिम्ब तुलसी के काव्य में लक्षित होता है, उतना सूर की कृतियों में नहीं। पुष्टि-सम्प्रदाय के विवेचन में हम बतलायेंगे कि किस प्रकार इस सम्प्रदाय के आचार्यों ने लौकिक वासनाओं और ऐहिक ऐषणाओं को परब्रह्म-स्वरूप भगवान् श्रीकृष्ण में लगाकर उन्हें पवित्र बनाने का विधान रखा था। संसार में संघर्ष से दूर, कल-कल ध्वनि से कूलस्थ कुञ्जों को निनादित करने वाली कालिन्दी के सुरम्य तट पर, करीर के कुंजों में, मन्द पवन से आन्दोलित बल्लरियों के झुरमुटों में उठती हुई ध्वनि को सुनकर, कृष्ण और राधा की कलि-केलि का साक्षात्कार करते हुए अन्धे सूरदास केवल समाज को ही नहीं, अपने अस्तित्व को भी भूल जाते थे; स्वयं राधाकृष्णमय हो जाते थे; संसार में उन्हें अपने आराध्य युगल का ही रूप दीख पड़ता था। कबीर का 'फूटा कुम्भ जल जलहिं समाना' वाला वाक्य चरितार्थ हो गया। यही कारण है कि सूर के वाक्य में सामाजिक और राजनीतिक परिस्थितियों का प्रभाव उतना नहीं दीख पड़ता, जितना तुलसी के काव्य में। फिर भी उसका सर्वथा अभाव नहीं है। सूरदास जी के साहित्य का अध्ययन करने के लिये जहाँ हमें भक्ति-आन्दोलन की धार्मिक पृष्ठ-भूमि का ज्ञान अपेक्षित है, वहाँ तत्कालीन सामाजिक एवं राजनीतिक परिस्थितियों की जानकारी भी उपेक्षणीय नहीं। १५वीं और १६वीं शताब्दी में भक्ति का जो समन्वित रूप जनता के समक्ष प्रस्तुत हुआ, वह अनेक प्रभावों का फल कहा जा सकता है।

वैदिक काल से चली आती हुई भक्ति की यह अजस्र धारा, जो उपनिषदों, ब्राह्मण ग्रन्थों, स्मृतियों और पुराणों के मार्ग से बहती हुई अपना रूप और मार्ग बदल चुकी थी, इस भक्ति आन्दोलन के महाप्रवाह में विलीन हो गई। बौद्धों और जैनों की वह धर्मसाधना, जो अहिंसा को परमधर्म मानकर चली थी, मायिक जंजालों में फँसकर अपने मूलस्वरूप को विस्मृत कर चुकी थी। बौद्धों ने तो प्रतिहिंसा के रूप में हिंसा-वृत्ति को भी अपना लिया था। धर्म-साधना के इस विकृत-रूप का भी भक्ति-आन्दोलन पर विशेष प्रभाव पड़ा।

इसके अतिरिक्त सबसे अधिक प्रभाव इस आन्दोलन पर दक्षिण के उन आडवार भक्तों का पड़ा, जिनकी भक्ति-भावना सच्चे हृदय की प्रतीक थी और जो लोकगीतों और ग्रामीण भजनों में प्रस्फुटित होती हुई दक्षिण प्रान्त के दिग्गज आचार्यों के सम्प्रदायों के सिद्धान्तों का मूल कारण बनी। हम पहले कह चुके हैं कि शैव, शाक्त, पाशुपात, गाणपत्य, सौर आदि सम्प्रदाय भी अपने को वेद-विहित ही मानते थे और अपना मूल वेदों से ही सिद्ध करते थे। इन सम्प्रदायों का भी भक्ति-आन्दोलन पर पर्याप्त-प्रभाव पड़ा है। इन सबसे बढ़कर नाथ-योगी-सम्प्रदाय, जो अपने को शैव सिद्ध करता है और इस सम्प्रदाय के आदि प्रवर्तक आदिनाथ को शिव से अभिन्न मानकर उसका

सम्बन्ध ऋग्वेद से स्थापित करता है, इस भक्ति-आन्दोलन की पृष्ठ-भूमि में महत्वपूर्ण स्थान रखने वाला है। इन भारतीय सम्प्रदायों और मत-मतान्तरों के अतिरिक्त मुसलमानों—विशेषकर सूफियों की वह एकान्त प्रेम-साधना, जो ज्ञान और उपासना का समन्वय उपस्थित करती हुई सच्चे हृदय की प्रेरणा के रूप में हमारे सामने आई, भारतीय धर्म-साधना को प्रभावित कर रही थी। इन विभिन्न प्रवाहों को आत्मसात् करता हुआ भक्ति का वह विपुल प्रवाह १६वीं शताब्दी तक इतना विशाल और अतलेस्पर्शी हुआ कि इसमें सारा समाज आकण्ठ निमग्न हो गया।

वैष्णव-सम्प्रदायों का विवेचन तो हम अगले अध्याय में करेंगे, यहाँ हम संक्षेप से भक्ति-आन्दोलन की पृष्ठ-भूमि को प्रस्तुत करते हैं।

प्राचीन वैदिक वाङ्मय के अध्ययन से ज्ञात होता है कि हमारे पूर्वजों का जीवन अत्यन्त सरल और भक्ति-मार्ग सब प्रकार के आडम्बरों से शून्य था। उनका रहन-सहन बहुत सीधा-सादा था। ब्रह्म का कोई एक स्वरूप उनके सम्मुख नहीं था। प्राकृतिक शक्तियों के साक्षात्कार से उनमें कुछ आस्था हुई, और उन्होंने अपने भय को प्रेम का रूप दे दिया। हृदय की इसी रसात्मक अनुभूति को उन्होंने भक्ति का नाम दिया। उनकी पूजा भय और लोभ की प्रेरणा से न होकर प्रेम भावना से होती थी। कुछ असभ्य जातियों में यह पूजा आज भी भय और लोभ के कारण होती है और उन्हीं ग्राम-देवता, कुल-देवता आदि की कल्पना भी पाई जाती है। यहूदी जाति की एक शाखा का कुल-देवता यह्वा (Yehova) था, जिसे इसराइल के वंश वाले बलि चढ़ाया करते थे। हजरत मूसा ने इसी यह्वा देवता को सर्वशक्तिमान् और सर्वज्ञ माना, पर वेदों में हृदय-पक्ष को महत्व देकर सम्पूर्ण जगत् में कार्य करने वाली प्राकृतिक शक्तियों को देवरूप में ग्रहण किया गया। उस समय उपास्य देव का कोई एक स्वरूप नहीं था। एक ही ब्रह्म के अनेक रूप थे और इस ब्रह्मवाद अर्थात् Moneism की भावना का ही प्रसार था। लोभ और भय से उपासना करने वालों की भावना ऐकेश्वरवाद या मोनीथीइज्म (Monetheism) की थी। वैदिक काल में तो एक ही ब्रह्म के अग्नि, वायु, वरुण आदि नानारूप माने जा चुके थे। उपनिषदों में इसी भावना का विशेष रूप से विवरण मिलता है। 'सर्वं खल्विदं ब्रह्म', 'नेह नानास्ति किञ्चन', 'तत्वमसि' आदि वाक्य इसी भावना के द्योतक हैं। जिस प्रकार यहूदी जाति के यह्वा देवता ने ईश्वर का रूप धारण किया था, उसी प्रकार काबुल की प्राचीन खाल्दी (Chaldeans) जाति का मर्दुक नामक देवता एकेश्वर-भावना प्रतीक था। ऋग्वेद में हमें दोनों प्रकार की भावनाओं के संकेत मिलते हैं, परन्तु प्रधानता प्रेम-परक भावना की ही है। आगे चलकर इस भक्ति-भावना में यज्ञों का भी समावेश हो गया किन्तु इस भावना के साथ भक्ति का क्षेत्र कुछ संकुचित हुआ और उन सर्वव्यापक शक्तियों के अधिष्ठातृ-देवताओं की भावना नर-रूप में होने लगी। ऋग्वेद के 'पुरुष-सूक्त' में इस भावना की ओर भी संकेत है। ब्राह्मण ग्रन्थों में इस नराकार भावना अर्थात् Anthropomorphic को कुछ विस्तार मिला और परमेश्वर में सगुणत्व का आरोप हुआ। अब तक ब्रह्म की उपासना अन्न, प्राण, मन, ज्ञान और आनन्द रूपों से होती थी, जैसा कि तैत्तिरीय उपनिषद् की भृगुवल्ली में आया है, 'अन्नं ब्रह्मेति व्याजानात्", "प्राणः ब्रह्मेति व्याजानात्", मनो ब्रह्मेति व्याजानात्", "आनन्दो ब्रह्मेति व्याजानात्", अर्थात् भीतर और बाहर ब्रह्म की सत्ता को स्वीकार किया गया था। उपनिषद् काल में यज्ञों को प्रधानता देकर एक ओर तो हृदय-पक्ष को प्रबल किया गया है, और दूसरी ओर केवल बुद्धि और ज्ञान का विषय ब्रह्म को मानकर यज्ञादि विधानों से निवृत्ति बताई गई है। इस प्रकार उपनिषदों में हमें दोनों प्रकार के वाक्य मिलते हैं, जैसा कि इन वाक्यों से पता चलता है :

१—द्वेवा ब्रह्मणो रूपे मूर्तञ्चैवामूर्त्तञ्च, मर्त्यञ्चामृतञ्च, स्थितञ्च यच्च, सच्च त्यच्च।[1]

२—तदेजति तन्नेजति तद्दूरे तद्वन्तिके ।[2]

३—अणोरणीयान् महतो महीयान् ।[3]

उपनिषत्काल में एकेश्वरवाद की भावना का हमें आभास मिलता है, जैसा कि मैत्रायणी उपनिषद् में लिखा है—"त्वं ब्रह्मा त्वञ्च वै विष्णुः त्वं रुद्रस्त्वं प्रजापतिः । त्वमग्निर्वरुणो वायुस्त्वमिन्द्रस्त्वं निशाकरः ॥" इत्यादि । यह भावना पैगम्बरी एकेश्वरवाद की भावना से मिलती-जुलती है । उपनिषत्काल में ज्ञान और उपासना दोनों ही रूपों में सुधार हुआ और कर्म के साथ मन का योग किया गया । यज्ञ-विद्या को भी नई दिशा दी गई और ज्ञान-यज्ञ द्रव्य-यज्ञ से श्रेष्ठ माना गया । छान्दोग्योपनिषद् के अनुसार घोराङ्गिरस ऋषि ने देवकी-पुत्र कृष्ण को वह यज्ञ-विद्या बताई थी । इसका संकेत गीता में भी है :

श्रेयान् द्रव्यमयाद् यज्ञात् ज्ञानयज्ञात् परन्तप ।

यह सम्भवतः विच्छृङ्खल द्रव्य-यज्ञ-परम्परा के सुधार का प्रयास हो, क्योंकि लोक-मंगल की भावना का समावेश हमें यहीं से उपासना के साथ लगा मिलता है, उपास्य देव के स्वरूप कल्पित किये गये और लोक-कल्याण-पक्ष को लेकर उस सर्व-गुण-सम्पन्न देव के अनुकरण को महत्व दिया गया । महाभारत के शान्तिपर्व में नारायणीयोपाख्यान आया है, जिसमें इस धर्म का महत्व स्वीकार किया गया है । महाभारत-काल में नारायण का एक निश्चित रूप माना गया था । आगे चलकर यह भावना और भी दृढ़ हुई, विशेषकर सात्वत-सम्प्रदाय से इस भावना को विशेष बल मिला । महाभारत-काल से पूर्व हमें ऐसे प्रमाण नहीं मिलते, जिनके आधार पर यह समझा जा सके कि नारायण का कोई व्यवस्थित उपास्य रूप प्रचलित था । श्रीमद्भगवद्गीता में जो महाभारत ही का एक अंग है, इस कल्पना को सर्वप्रथम व्यवस्थित रूप दिया गया और भगवान् के उस स्वरूप में शक्ति, शील, सौंदर्य, ऐश्वर्य आदि सब का समन्वय किया गया । इस ग्रन्थ में केवल नारायण अथवा विष्णु के स्वरूप को कृष्ण रूप में मानकर उपास्य माना गया है । सम्भवतः इस भावना को बल पकड़ते हुए देखकर ब्रह्मा के अन्य रूपों को भी लेकर अनेक ग्रन्थ रचे गये, जो विभिन्न पुराणों के नाम से अभिहित किये गये हैं । इसी समय अवतार-भावना को प्रश्रय मिलने के कारण भगवान् के २४ अवतारों की कल्पना की गई तथा धार्मिक क्षेत्र में समन्वय के उद्देश्य से सभी पुराणों को एक ही व्यक्ति की रचना सिद्ध किया गया । निवृत्ति-मार्ग की व्याख्या बादरायण सूत्रों में समन्वयात्मक रूप से की गई । इन सब प्रयत्नों के किए जाने पर भी यज्ञों के विधान में अनेक बुराइयाँ आ गई थीं, पशु-बलि भी उनका एक आवश्यक अंग बन गया था, जिसकी प्रतिक्रिया के फलस्वरूप बौद्धमत और जैन-मत का सूत्रपात, प्रचार एवं विकास हुआ, जिसका मूल आधार अहिंसा की भावना रही । कुछ विद्वानों के मत हैं कि गीता आदिग्रन्थों का सम्पादन ही बौद्ध-मत की प्रतिक्रिया के कारण हुआ । कुछ भी सही, यह एक प्रत्यक्ष-तथ्य है कि पुराणोत्तर-काल भारतीय-भक्ति-साधना के क्षेत्र में घात-प्रतिघातों का—सांस्कृतिक संघर्ष का—युग रहा और बौद्ध एवं जैन-मत का इस पर बहुत अधिक प्रभाव पड़ा । ईसा-पूर्व छठी शताब्दी से लेकर ईसा की तीसरी शताब्दी तक भारतवर्ष में बौद्ध-मत का पूर्ण साम्राज्य

१ बृहदारण्यक ।

२ ईशावास्योपनिषद ।

३ श्वेताश्वेतरोपनिषद् ।

रहा; ब्राह्मण-धर्म ने पुनरुत्थान के लिये यथाशक्ति प्रयत्न किया किन्तु कोई विशेष सफलता न मिल सकी। गुप्त वंशीय सम्राटों की छत्र-छाया में ब्राह्मण-धर्म ने पुनः जोर मारा, वैदिक धर्म की प्रतिष्ठा हुई किन्तु इस समय तक इस धर्म के रीति-रिवाजों पर बौद्ध धर्म का पर्याप्त प्रभाव पड़ चुका था किन्तु यह कहना अनुपयुक्त न होगा कि वैदिक धर्म की जिन बुराइयों की प्रतिक्रिया में बौद्ध धर्म का प्रादुर्भाव हुआ था, उनमें से अनेक बुराइयाँ इस काल तक इस धर्म में भी प्रवेश कर चुकी थीं। ईसा की तीसरी शताब्दी से १५ वीं शताब्दी तक यह भक्ति-आन्दोलन प्रबल वेग से बढ़ता रहा, इसी को मध्यकालीन भक्ति-आन्दोलन कहा जाता है। इस युग का सर्वाधिक महत्वपूर्ण ग्रन्थ श्रीमद्भागवत है, जो अब तक भी वैष्णव-भक्ति-भावना पर अतुल प्रभाव डाल रहा है, अधिकांश पुराणों की रचना का समय भी ईसा पूर्व दूसरी शताब्दी से लेकर ईसा की छठी शताब्दी-पर्यन्त माना जाता है इसलिये इस युग को इतिहासकार 'पौराणिक युग' भी कहते हैं। इस युग में वैदिक धर्म के पुनरुद्धार का अथक प्रयास किया गया और बौद्ध तथा जैन-धर्म के प्रभाव में आकर प्राकृतिक वस्तुओं के प्रतीक देवताओं की सृष्टि हुई। तीर्थंकरों और बोधिसत्वों के अनुकरण पर भगवान् के विभिन्न अवतारों की कल्पना की गई तथा भिन्न-भिन्न देवताओं की मूर्तियों का निर्माण हुआ। इतना ही नहीं, इस उपासना-पद्धति में तान्त्रिक प्रणाली का भी समावेश हुआ और योगसाधना के भी कतिपय तत्व स्वीकार किये गये। भक्ति-सिद्धान्तों के निरूपण के लिये प्राकृत और पाली के स्थान में संस्कृत का आश्रय लिया गया; अनेक सम्प्रदायों का जन्म हुआ और सबने अपने काल्पनिक सिद्धान्तों के आधार पर उन मूल ग्रन्थों पर अनेक टीकाएँ लिखकर अपनी-अपनी मान्यताओं से उनका सामञ्जस्य स्थापित किया।

इन सम्प्रदायों में मुख्य रूप से चार-पाँच सम्प्रदाय उल्लेखनीय हैं :

१ अद्वैत—प्रवर्तक शंकराचार्य,
२ विशिष्टाद्वैत—प्रवर्तक रामानुजाचार्य,
३ द्वैत—प्रवर्तक मध्वाचार्य,
४ शुद्धाद्वैत—प्रवर्तक वल्लभाचार्य,
५ चिन्त्याचिन्त्य—प्रवर्तक (गौरङ्ग महाप्रभु)

ये सम्प्रदाय दक्षिणी आचार्यों की देन कहे जाते हैं। आगे हम इस बात की विवेचना करेंगे कि दक्षिण के आचार्यों ने उत्तरी भारत के भक्ति आन्दोलन में कितना और कैसा योग दिया ? इस विश्लेषण से हम इस निष्कर्ष पर पहुँचते हैं कि जो भक्ति-साधना से पहले सीधे-सादे स्तुति-गान और पशु-बलि से प्रारम्भ हुई थी, उसमें उत्तरोत्तर भेद की भावना दृढ़ होती गई और अभेद की भावना का ह्रास चलता रहा। इस विविधता का परिणाम यह हुआ कि अनेक प्रकार के वर्ग, फिर्के और सेक्ट (Sect) स्थापित हो गये तथा व्यक्ति धार्मिक बन्धनों में इतना जकड़ गया कि उसे स्वतन्त्रता पूर्वक जीवनयात्रा करने में भी प्रगति करना दूभर हो उठा। उसके सकल क्रिया-कलापों पर धर्म का अंकुश रहने लगा और शनैः शनैः अन्धविश्वासों के कारण दृष्टिकोण नितान्त संकुचित हो गया, जिससे पारस्परिक वैमनस्य, घृणा और द्वेषभाव ही बढ़े। राजनीति में भी धर्म को इतनी बुरी तरह उलझाया गया कि धर्म के नाम पर वह भयङ्कर नरसंहार के महापाप की भागिनी बनी, जिसके स्मरण मात्र से रोंगटे खड़े हो जाते हैं। विश्व के सभी देशों में 'जिहाद' (धर्मयुद्ध) को प्रोत्साहन मिला और धार्मिक अराजकता का ऐसा चक्र चला, जिसके नीचे निरपराध भोली-भाली जनता बुरी तरह पिस गई। आखिर हर एक वस्तु की कोई सीमा होती है, समय ने पलटा खाया, जनता अन्धविश्वास के वातावरण से तथाकथित धार्मिक भावनओं से—ऊब उठी।

कुछ बेधड़क साधु-सन्त समाज के उद्धार के लिए मैदान में आये। यह ध्यान रखने की बात कि इन सन्तों में से अधिकांश उन नीची कही जाने वाली जातियों में से थे, जो समाज की रक्त-संचारक-धमनियाँ कही जा सकती हैं और जिनकी त्यागमयी सेवाओं के आधार पर समाज का साँस कायम है। परिवर्तन की लहर दक्षिण से ही उठी थी और देखते ही देखते मध्यभारत में होकर आती हुई उत्तरी भारत में भी फैल गई। इस भावना से प्रेरित सन्त-महात्माओं ने अपनी अटपटी सधुक्कड़ी वाणी में अपने अनुभव जनता के सामने रखे। यद्यपि ये सन्त बड़े निर्भीक और उच्चकोटि के भक्त थे, तथापि सिद्धान्तों के लिए परम्परा का सहारा इन्हें भी लेना पड़ा। एक ओर तो बुद्ध धर्म के ध्वंसावशेष पर अपना आधार जमाने वाले अनेक पंथ एवं हिन्दू धर्म के विभिन्न सम्प्रदाय अपनी-अपनी लय और तान के अनुसार राग अलाप रहे थे, दूसरी ओर प्रेम मार्गी सूफी कवियों ने भारतीय भक्ति साधना के क्षेत्र में अपनी पीयूषवर्षिणी वाणी से वह तान छेड़ी, जिसके सरस-सीकरों ने नीरस मानव मानसाम्बुज में मकरंद का मृदु वर्षण किया। कबीर आदि अनेक कवियों ने विभिन्न मतों की कुरीतियों का भण्डाफोड़ कर एक सामान्य भक्तिमार्ग प्रशस्त करके एकता स्थापित करने का प्रयत्न किया था, किन्तु उनकी अटपटी वाणी में उपदेशों की भरमार, कटु आलोचना के विस्तार और तीक्ष्ण व्यंगों की बौछार का कोई पारावार न था, अतएव उसका उपदेश अधिकांश जनता पर प्रभाव न डाल सका। प्रेममार्गी कवियों ने किसी धर्म की कुरीतियों का उद्घाटन न करते हुए कटु-वातावरण को सर्वदैव दूर रखने का प्रयास किया और अपनी धार्मिक-साधना को देश, काल एवं समाज की आवश्यकता के अनुसार हिन्दुओं की भक्ति-साधना के साँचे में ढालकर ऐसा रूप दिया, जिसकी उपेक्षा न तो हिन्दू ही कर सकते थे और न मुसलमान ही। उस साधना-प्रतिमा में प्रेम-प्राणों की प्रतिष्ठा कर उन्होंने उसे मानव-मात्र का उपास्य बना दिया। हम पहले कह चुके हैं भक्ति-काल के पौराणिक युग में श्रीमद्भागवत एक ऐसा ग्रन्थ रचा गया था, जिसमें गीता की भाँति साधना की विभिन्नताओं को दूर कर तत्कालीन प्रचलित वैदिक साधनाओं का सुन्दर समन्वय करके एक सर्वोपयोगी पथ प्रशस्त करने का परमपुनीत कार्य किया गया है। यही कारण है कि सभी वैदिक सम्प्रदायों ने भागवत को मान्यता दी और उसके आधार पर अपनी-अपनी भक्ति भावनाओं का प्रसार किया। इन सम्प्रदायों में अनेक सच्चे भक्त दीक्षित हुए, जिन्होंने भागवत की मान्यता को स्वीकार करते हुए तत्कालीन भक्ति-साधनाओं का समन्वय किया। इन भक्तों ने मानवता के समान धरातल पर खड़े होकर भक्ति-गद्गद-स्वर से चर-अचर में स्पन्दन भरने वाले जो दिव्य गीत गाए थे, वे भक्ति-साहित्य के नाम से प्रख्यात हैं। पन्द्रहवीं, सोलहवीं और सत्रहवीं शताब्दियों में समस्त देश में इन्हीं गीतों की ध्वनि गूँजती रही, जिसकी प्रतिध्वनि अब भी एकाग्रचित्त होने पर सुन पड़ती है। यही इस भक्ति-आन्दोलन का उत्कर्ष था। अकबर के राज्य-काल में यह आन्दोलन विशेष रूप से पनपा। उसने सब धर्मों के सिद्धान्तों का सार लेकर 'दीनइलाही' मत चलाया और धार्मिक-सामंजस्य उपस्थित करने का प्रयत्न किया। यद्यपि इस कार्य में उसे सफलता नहीं मिली, तथापि उसकी उदारता सहिष्णुता और सत्य-जिज्ञासा की यह भावना सराहनीय है। उपर्युक्त विवेचन से सिद्ध है कि भक्ति आन्दोलन का अध्ययन वैदिक-काल से लेकर सूफियों तक की विभिन्न धर्म-साधनाओं का अध्ययन है, इसलिए इन सभी साधनाओं का थोड़ा बहुत परिचय प्राप्त करना इस आन्दोलन को समझाने में सहायक होगा।

बौद्ध मत

गौतम बुद्ध के मुख्य रूप से चार सिद्धान्त थे जिन्हें "चत्वारि आर्य-सत्यानि" कहा गया है अर्थात् दुःख, दुःख-समुदाय, दुख-निरोध और दुख-निरोध-मार्ग।

हमारा जीवन दुखमय है, उसमें आनन्द की इच्छा करना ही दुख का कारण है, अतएव उसके त्याग से ही दुःख की निवृत्ति हो सकती है और उसका त्याग सरल जीवन करने से ही संभव है। तीसरे सिद्धान्त के अनुसार प्राप्त अवस्था को 'निर्वाण' कहते हैं। गौतम बुद्ध ने अपना मत अपने अनुभवों के आधार पर खड़ा किया, जिनमें आदर्श नैतिक जीवन का संचार था, व्यावहारिकता की उपेक्षा न की गई थी और वैदिक धर्म की हिंसावृत्ति की प्रतिक्रिया का सन्निधान था। उन्होंने अपने सीधे-सादे मार्ग में दार्शनिक गुत्थियाँ नहीं रखी थीं पर उनके शिष्यों में से एक ने धर्म के दार्शनिक पक्ष पर बहुत बल दिया और दूसरे ने व्यावहारिक-पक्ष पर। ये दोनों संप्रदाय 'महायान' और 'हीनयान के नाम से विख्यात हुए। 'हीनयान' में नैतिक प्रवृत्ति वाले लोग थे, पर 'महायान' का विस्तार बहुत था, जो सभी वर्गों के 'विभिन्न लोगों को लेकर आसानी से चल सकता था। यह शाखा वैदिक-धर्म से प्रभावित होने के कारण बुद्ध के अनेक अवतारों में विश्वास रखने लगी और इसमें मन्त्र-तन्त्र आदि का भी समावेश हो गया। इसी महायान शाखा में से केवल मन्त्र-तन्त्रों को लेकर चलने वाली मन्त्रयान-शाखा भी चली। इन मन्त्रयानी साधकों में से कुछ ने अनेक हठयोग की क्रियाओं से प्रभावित होकर 'वज्रयान' शाखा का आरम्भ किया। इसी वज्रयान-शाखा के प्रचारकों में 'चौरासी सिद्धों' का भी नाम आता है। यहाँ पहुँचकर बौद्ध धर्म का स्वरूप इतना परिवर्तित हो गया कि पहचानने में भी कठिनाई पड़ने लगी; शून्य का स्थान 'प्रज्ञा' ने ले लिया और करुणा का 'उपाय' ने और इस प्रकार 'प्रज्ञोपाय' द्वारा ही उन्होंने निर्वाण की उपलब्धि बताई। प्रज्ञा और उपाय के मिलन की अवस्था को उन्होंने 'युगनद्ध' का नाम दिया। आगे चलकर प्रज्ञा स्त्री का प्रतीक बनी और उपाय पुरुष का तथा दोनों का मिलन महासुख का कारण माना जाने लगा। 'युगनद्ध शब्द का पारिभाषिक अर्थ स्पष्ट करने के लिये स्त्री-पुरुष की मिलन-दशा की अनेक अश्लील मूर्तियाँ गढ़ी जाने लगीं और इस सम्प्रदाय में धर्म के नाम पर व्यभिचार का ताण्डव नृत्य होने लगा। साम्प्रदायिक संकीर्णता में पड़कर महान् से महान् धर्म की भी कितनी दुर्दशा हो जाती है, यह बौद्ध-धर्म की कहानी से स्पष्ट है। हठयोगियों के प्रभाव से इस शाखा में 'हठयोग' के भी कुछ पारिभाषिक शब्दों का समावेश हो गया, जैसे इड़ा, शुषुम्ना, पिंगला आदि। इन चौरासी वज्रयानी सिद्धों में से कुछ सफल साधक भी हुए हैं, जो अपनी साधना के सच्चे स्वरूप को सहज-साधना के नाम से पुकारते थे; अतएव उन्होंने सहजयानी नामक एक और शाखा को जन्म दिया। इन सिद्धों का अपना विशाल साहित्य है, जिनमें अनेक साधनाओं का विस्तृत विवरण मिलता है। इस बौद्ध धर्म के साथ ही साथ जैन धर्म की भी उत्पत्ति हुई। यद्यपि बौद्ध धर्म की भाँति जैन धर्म न तो व्यापक ही था और न ही उसमें इतनी व्यावहारिकता थी तथापि इस धर्म से भी यह भक्ति आन्दोलन बहुत कुछ प्रभावित हुआ। जैन लोग भी अपने धर्म को वैदिक-धर्म जैसा ही प्राचीन मानते हैं। हिन्दू-धर्म के नारायण की भाँति वे ऋषभदेव को अपना पुरुष-पुराण मानते हैं, परन्तु इस धर्म का क्रमबद्ध इतिहास चौबीसवें तीर्थङ्कर महावीर स्वामी से ही मिलता है। ऐसा प्रतीत होता है कि उन्होंने भी वैदिक कर्म-काण्ड के विरोध में अपने अहिंसात्मक धर्म को खड़ा किया था। उनके उपदेशों में व्यावहारिकता की अपेक्षा आदर्शवादिता ही अधिक है। उन्होंने संयम-शील कठोर-जीवन पर विशेष बल दिया। इन्होंने जीव को तो शुद्ध रूप माना है और कर्म को आवरण, जिसको उन्होंने पुद्गल का नाम दिया है। इसमें कर्म को प्रधानता दी है और पुद्गल को हटाकर सच्ची स्थिति प्राप्त करना ही जीव का लक्षण बताया है। सृष्टि को इन्होंने अनादि माना है तथा उसका नियन्ता कर्म को ही माना है। तीर्थङ्करों की मूर्तिपूजा का प्रचार इस मत में बहुत दिनों से है। शृङ्गारादि के विषय को लेकर इसके दो मत हुए एक श्वेताम्बर और दूसरा दिगम्बर।

इनके धर्म-सिद्धान्तों की चर्चा और उनका अर्थवाद चौबीस पुराणों में विस्तार के साथ कहा गया है। कुछ लोगों की धारणा है कि हिन्दू-धर्म में मूर्ति-पूजा का समावेश और अवतार-भावना का श्रीगणेश इसी मत के प्रभाव से हुआ है। नवीं-दशवीं शताब्दी तक जैन धर्म में भी अनेक वाह्याचारों का समावेश हो गया था और हिन्दू तथा बौद्ध पद्धतियों से बहुत कुछ प्रभावित हो गया था। बौद्ध धर्म की भाँति जैन धर्मावलम्बियों ने भी अपने धर्म में सुधार की चेष्टा की, परन्तु वह व्यर्थ रही।

नाथ योगी सम्प्रदाय

बौद्धों के सिद्ध-सम्प्रदाय से मिलता-जुलता एक और नाथ योगी सम्प्रदाय बहुत दिनों से भारत में चला आ रहा था। इसके अनुयायी भी अपना उद्‌गम वेदों से सिद्ध करते हैं। डब्लू ब्रिग्स (W. Briggs) ने इस सम्प्रदाय पर कुछ प्रकाश डाला है।[1] इस सम्प्रदाय में व्रत, तपश्चर्या, योग-साधन आदि पर विशेष बल दिया गया है। गौतम बुद्ध के समय में भी इस प्रकार के कुछ योगियों का उल्लेख मिलता है। सिकन्दर भी इस सम्प्रदाय के एक योगी को अपने साथ ले गया था। पतंजलि ने तो ईसा से पहले दूसरी शताब्दी में ही 'योग-दर्शन' नामक एक व्यवस्थित ग्रन्थ लिख दिया था। ये लोग अपने आपको शैव सम्प्रदाय से सम्बद्ध मानते हैं और शिव को ही इस सम्प्रदाय का आदि संस्थापक मानते हैं। नाथों की परम्परा मछन्दरनाथ से मिलती है, जिनके शिष्य गोरखनाथ जी हुए। गुरु गोरखनाथ ने ही कनफटे योगियों की परम्परा चलाई और इस सम्प्रदाय में हठयोग को प्रधानता दी। समस्त भारतवर्ष में पर्यटन कर उन्होंने स्थान-स्थान पर अपने सम्प्रदाय की गद्दियाँ स्थापित कीं। आज भी भारत में इस प्रकार की बारह गद्‌दियाँ विख्यात हैं। जहाँ तक इनके साहित्य का प्रश्न है, 'गोरखनाथ जी की बानियों' के अतिरिक्त अभी तक कोई भी रचना प्रकाश में नहीं आई। इनका समय ८वीं, ९वीं शताब्दी के लगभग रहा होगा। इस सम्प्रदाय का प्रधान प्रसार-क्षेत्र नैपाल, उत्तरी भारत, आसाम तथा महाराष्ट्र रहा है। गोरखनाथ के सिद्धान्त योग-दर्शन के सिद्धान्तों के समकक्ष रखे जा सकते हैं। उनका कथन है कि यदि इस शरीर के नौ द्वारों को बन्द करके वायु के आने-जाने का मार्ग रोक लिया जाय तो उसका व्यापार ६४ सन्धियों में होने लगेगा, जिससे काया-कल्प होगा। जब साधना के द्वारा ब्रह्मरन्ध्र को जगा दिया जाता है तो अनाहत नाद सुनाई देता है जो सबका सार है। गोरखनाथ के सिद्धान्तों में आत्म चिन्तन, साधना आदि का भी समावेश है। हमारे भक्ति आन्दोलन पर भी इनका पर्याप्त प्रभाव पड़ा है। 'गोरखनाथ' द्वारा बताई हुई निर्गुण निराकार की उपासना सूफियों के प्रेम का आधार पाकर लोकप्रिय बन गई और कबीर आदि सन्त-कवियों पर तो इसका प्रभाव स्पष्ट लक्षित होता ही है। इसका विवेचन हम आगे करेंगे।

सूफी-सम्प्रदाय

हम पहले बता चुके हैं कि संवत् ८०० से लेकर सम्वत् १४०० तक का काल भारतवर्ष के इतिहास में सामाजिक और धार्मिक क्रान्ति का युग था। ८वीं शताब्दी से ही भारतवासियों का मुसलमानों से सम्पर्क हो चला था। इस्लाम धर्म के प्रवर्त्तक हजरत मुहम्मद साहब ने अरब वालों के भेद-भाव को दूर करके उन्हें एक सूत्र में बाँधने का प्रयत्न किया था। वे पूरे ऐकेश्वरवादी थे और ईश्वर की पूर्णता और न्यायशीलता में पूर्ण विश्वास रखते थे। कोई समस्या सामने उपस्थित होने पर वे खुदा की इबादत करने के लिए बैठ जाते थे और उससे दुआयें माँगते थे। खुदा का

1 "Gorakh Nath and the Kanfata Yogies." (an article by W. Briggs published in Religious life of India Series.

साक्षात्कार कर वे भाव-विभोर होकर लेट जाते और गद्गद् कण्ठ से अनेक वाक्य उनके मुख से स्वयमेव निःसृत हो जाते थे। इन वाक्यों का संग्रह ही 'कुरान-शरीफ' है। जिसमें धर्म के विषय में एक स्थान पर लिखा है—'धर्म की असलियत यही है कि ईश्वर ने जो अच्छाई का रास्ता निश्चित किया है उसका ठीक-ठीक अनुसरण किया जाय"[१]। मौलाना अब्दुल-कलाम आजाद का कथन है कि "कुरान शरीफ मत-भेदों को महत्व नहीं देती"[२]। स्वयं कुरान शरीफ में लिखा है, "मत-भेदों के पीछे न पड़कर नेकी की राहों में एक दूसरे से आगे निकलने का प्रयत्न करना चाहिए"[३] इस्लाम धर्म के अनुसार कुछ साधनाएँ निश्चित की गई हैं; जैसे—हकीकत=(ज्ञानमार्ग), तरीकत=(भक्ति-मार्ग), शरीयत=(कर्म-मार्ग)। सूफी लोग अपनी साधना को मारफत कहते थे और इसे (Spiritual Love) आत्मिक प्रेम की संज्ञा देते थे। चारों खलीफाओं अर्थात् अबूबकर, उमर, उसमान और अली के जमाने में सूफियों का कोई विरोध नहीं हुआ। उमय्या खानदान से अब्बासी खानदान तक यह सम्प्रदाय, बसरा, बगदाद, सीरिया, मिश्र और स्पेन तक फैल गया था। 'सूफी' शब्द की व्युत्पत्ति के सम्बन्ध में अभी विद्वानों में मतैक्य नहीं है। कोई इसे ग्रीक शब्द 'सोफी' से, कोई सफ यानी कतार के आधार पर, कोई 'सफा' अर्थात् सफाई के आधार पर, कोई सुफ्फा' यानी 'मदीना' के सामने बने हुए चबूतरे से, कोई 'सूफ' यानी ऊन से निकला बताते हैं। सूफी मजहब हिन्दुस्तान में उमय्या खानदान के जमाने में ही आ गया था। लेकिन इसका असली प्रचार 'अबुलहसन-हुज-हुज्जरी' की लिखी हुई 'कश्फुन महतूब' नामक पुस्तक के द्वारा हुआ। इसके पश्चात् अन्य कितने ही प्रसिद्ध सूफी हुए जैसे—बाबा फखरुद्दीन, सूफी सैय्यद मुहम्मद बन्दा-निब्राज इत्यादि। इन सूफियों के भी चार फिर्के थे—चिश्तिया, सुहरर्वादिया, कादरिया और नक्शबन्दिया। इन चारों में कोई खास विरोध नहीं है। सूफी-सम्प्रदाय ने भारतीय भक्ति साधना को बहुत प्रभावित किया है: इन लोगों में कट्टरता या धर्मान्धिता न थी, आचरण की विशुद्धता, पारस्परिक सहानुभूति, ईश्वर में श्रद्धा, विश्व-प्रेम आदि इनके सम्प्रदाय की विशेषताएँ थीं। भारतीय साधना के लिए इन सूफियों की मुख्य देन है 'प्रेम-साधना'। इन्होंने हमारी भक्ति में माधुर्य-भाव को पूर्णतया भर दिया। बसरा में रहने वाली राबिया नाम की एक दासी अपने आपको परमेश्वर की पत्नी मानती थी। इसी सम्प्रदाय में जून-नून और मन्सूरुल-हल्लाज जैसे फकीर हुए, जो प्रेम-मदिरा में मस्त होकर हंसते-हँसते प्रभु के प्रेम के लिए प्राण तक उत्सर्ग कर गये। यह सूफी सम्प्रदाय नाथयोगी सम्प्रदाय से प्रभावित हुआ था और उन्होंने अपने यहाँ चार पदों की कल्पना की थी। आलमे नासूत (भौतिक जगत्), आलमे मलकूत (चित्त-जगत्), आलमे-जबरूद (आनन्दमय जगत्) और आलमे लाहूत (सत्य जगत्)। एक और भी आलम इन्होंने माना था, जिसे ये आलमे हाहूत (रहस्यपूर्ण-जगत्) कहते थे। अपनी सिद्धावस्था को ये कभी 'बका', कभी 'फना' कहते थे। आगे चलकर इस सम्प्रदाय के कुछ सन्तों ने हिन्दी में ही रचनाएँ कीं और भारतवर्ष की कहानियों के द्वारा अपनी प्रेम-पीर को प्रकट किया।

इन सूफियों ने भी मध्यकालीन भक्ति-आन्दोलन पर गहरा प्रभाव डाला है। चौदहवीं-पन्द्रहवीं शताब्दियों में भक्ति-साधना का जो स्वरूप बना, उसमें इन सभी सम्प्रदायों का प्रभाव स्पष्ट रूप से लक्षित होता है। दक्षिण में तामिल प्रान्त में ऐसे भक्त प्रायः दूसरी शताब्दी से अपनी प्रेम-पीर प्रकट कर रहे थे। वे भक्त 'आडवार' नाम से प्रसिद्ध थे तथा अपने गीतों और

१ कुरान शरीफ, सूरा ३ आयत १८।

२ तर्जुमा-उल-कुरान (मौ० आजाद) सैयद जहीरुल-हसन द्वारा अनूदित, का कुरान और धार्मिक मत-भेद शीर्षक लेख।

३ कुरान-शरीफ, सूरा ५, आयत ४८।

भजनों के द्वारा अपनी भक्ति-भावना को प्रकट किया करते थे। उनके इस प्रकार भक्ति-परक भजनों का एक संग्रह तामिल 'प्रबन्धम्' नाम से प्रसिद्ध है। सम्भवतः दक्षिण के सभी वैष्णव-आचार्य इसी 'प्रबन्धम्' से प्रभावित थे और उन आचार्यों के सम्प्रदायों का आचरण-पक्ष प्रायः इसी 'प्रबन्धम्' से प्रभावित है। काश्मीर में भी इसी प्रकार के भक्तों का एक सम्प्रदाय मिलता है, जो 'प्रत्यभिज्ञा' मत का मानने वाला था। प्रत्यभिज्ञा मत के अनुसार ज्ञान और भक्ति दोनों का समन्वय ही श्रेयस्कर है। ऐसे ही भक्तों का एक सम्प्रदाय मध्यदेश में भी था, जो 'बारकरी' सम्प्रदाय के नाम से प्रसिद्ध था और जिसमें सन्त ज्ञानेश्वर का नाम उल्लेखनीय है। बंगाल में भी एक 'सहजिया' सम्प्रदाय प्रचलित था, जिसमें 'चण्डीदास' का नाम उल्लेखनीय है। इस सहजिया सम्प्रदाय में भी प्रेम-पक्ष पर विशेष बल दिया गया है। इस सम्प्रदाय में परकीया प्रेम को महत्व दिया है। यह सहज सम्प्रदाय बौद्धों की सहजयान शाखा के समकक्ष रखा जा सकता है। जैसे उसमें प्रज्ञा और उपाय का "युगनद्ध" रूप सामने रखा गया था, उसी प्रकार इन्होंने राधा और कृष्ण का युगल-रूप सामने रखा। राधा-कृष्ण की लीला का स्वरूप वास्तव में इसी सम्प्रदाय में विशिष्ट रूप से मिलता है। धीरे-धीरे इस सम्प्रदाय वालों ने मानवीय प्रेम को भी दिव्यता प्रदान की और कहा कि मानव प्रेम अपनी सर्वोत्कृष्ट और शुद्ध दशा में ईश्वरीय प्रेम बन जाता है। इस सहजिया और सूफी सम्प्रदाय के योग से एक और सम्प्रदाय का जन्म हुआ, जो 'बाउल' सम्प्रदाय के नाम से प्रचलित हुआ, जिसमें मानव प्रेम को ही प्रधानता दी गई। इस प्रकार दूसरी सदी से चौदहवीं सदी तक भारतवर्ष में भक्ति ने अनेक रूप धारण किए और बहुत से सम्प्रदाय तथा मत-मतान्तर प्रचलित हुए। अन्त में इन सभी का समन्वय राम और कृष्ण की भक्ति के रूप में हुआ। राम और कृष्ण को उपास्य मानकर चलने वाले बहुत से भक्त हुए, जिनमें तुलसीदास और सूरदास का नाम उल्लेखनीय है। ये दोनों महात्मा अपने युग के प्रतिनिधि थे और किसी प्रकार के संघर्ष में न पड़कर इन्होंने अपने युग का सन्देश जनता के सम्मुख प्रस्तुत किया। हम अगले प्रकरण में बतलाएँगे कि किस प्रकार इस भक्ति-आन्दोलन में दक्षिण के आचार्यों ने योग दिया और भक्ति का एक समन्वित रूप जनता के समक्ष प्रस्तुत किया। सैद्धान्तिक रूप में तो उन दाक्षिणात्य आचार्यों ने अपने अलग-अलग सम्प्रदाय चलाये किन्तु व्यवहार-पक्ष में भक्ति को ही सर्वोपरि रखा। बात यह थी कि भक्ति सम्बन्धी शास्त्रों का प्रणयन तो अवश्य राजनीतिक परिस्थितियों के कारण दक्षिण में हुआ किन्तु उनका प्रचार और प्रसार उत्तरी भारत में ही सम्भव था, क्योंकि उन ग्रन्थों के नायक अवतारों की जन्म और विचरण भूमि—जिनके कण-कण में उनके कार्य-कलापों का सम्बन्ध था—उत्तरी भारत में ही थी। सौभाग्यवश इन आचार्यों को ऐसे शिष्य भी मिल गये, जिन्हें वाणी का अमर वरदान प्राप्त था और जो उनके उपदेशामृत को जन साधारण की वाणी में ही जनता तक पहुँचा सकते थे। सूर और तुलसी उन भक्ति-मणि-मालाओं के सुमेरु कहे जा सकते हैं। हमारे चरित-नायक सूर दाक्षिणात्य दिग्गज पन्ति वल्लभाचार्य द्वारा संस्थापित पुष्टि-सम्प्रदाय में दीक्षित थे। राजनीतिक परिस्थितियाँ यद्यपि अनुकूल हो चली थीं फिर भी अभी तक क्षितिज मेघाडम्बरों से शून्य नहीं था। वल्लभाचार्य के ग्रन्थों में यत्र-तत्र उन परिस्थितियों का संकेत भी मिलता है। उस समय के जो इतिहास-ग्रन्थ हैं, उनसे हमें तत्कालीन परिस्थितियों का परिज्ञान नहीं हो पाता क्योंकि उनके विवरण न तो शृंखलाबद्ध ही कहे जा सकते हैं और न सर्वाङ्गीण ही। आधुनिक इतिहास लेखकों ने इन्हीं के आधार पर कुछ विवरण प्रस्तुत किए हैं। डा० ईश्वरी प्रसाद की History of Medieval of India तथा स्मिथ की Cambridge History of India इस विषय में

विशेष उल्लेखनीय हैं। Asiatic Society of Bengal Journal Vol. I. 1935 के चौथे लेख में सन् १२०० से १५५० तक की परिस्थितियों पर प्रकाश डाला गया है, इसका सम्पादन श्री मो० अशरफ ने Life and Conditions of the People of Hindustan (1200. 1550 A. D.)— (Mainly based on Islamic Sources) इस नाम से किया है। परन्तु इस ग्रन्थ में तुलनात्मक विवेचन न होने के कारण हमारी दृष्टि से यह अधिक उपयोगी नहीं है और भी जितने पाश्चात्य विद्वानों ने इस विषय पर ग्रन्थ लिखे हैं, उन्होंने देश की आर्थिक, सामाजिक और धार्मिक परिस्थितियों का विस्तृत परिचय नहीं दिया है। उस समय के भक्तों और कवियों की रचनाओं में भी तत्कालीन परिस्थितियों के संकेत हमें मिल जाते हैं। भक्ति आन्दोलन की पृष्ठ-भूमि प्रस्तुत करने के लिए यह विषय बड़ा महत्वपूर्ण है किन्तु विस्तार-भय से हम इतनी चर्चा यहाँ न उठायेंगे, हमारा विचार है कि इस विषय पर एक पृथक् ही ग्रन्थ लिखा जाय।

हिन्दी-साहित्य के इतिहास-ग्रन्थों में परम्परा के अनुसार राजनीतिक अराजकता, सामाजिक दुर्व्यवस्था और धार्मिक अत्याचारों को ही भक्ति-आन्दोलन का मूल कारण माना है जैसा कि आचार्य शुक्ल ने लिखा है :

"देश में मुसलमानों का राज्य प्रतिष्ठित हो जाने पर हिन्दू जनता के हृदय में गौरव, गर्व और उत्साह के लिए वह स्थान न रह गया। उनके सामने ही उनके देव-मन्दिर गिराये जाते थे, देव-मूर्तियां तोड़ी जाती थीं और पूज्य-पुरुषों का अपमान होता था और वे कुछ भी नहीं कर सकते थे। ऐसी दशा में अपनी वीरता के गीत न तो गा ही सकते और न लज्जित हुए बिना सुन ही सकते थे। आगे चलकर जब मुस्लिम साम्राज्य दूर तक स्थापित हो गया तो तब परस्पर लड़ने वाले स्वतन्त्र राज्य भी न रह गये। इतने भारी राजनीतिक उलट फेर के पीछे हिन्दू जन-समुदाय पर बहुत दिनों तक उदासी-सी छाई रही। अपने पौरुष से हताश जाति के लिए भगवान् की शक्ति और करुणा की ओर ध्यान ले जाने के अतिरिक्त दूसरा मार्ग ही क्या था ?"[१]

डा० ईश्वरीप्रसाद ने सुल्तान काल की हिन्दू जनता की आर्थिक, सामाजिक, राजनीतिक और धार्मिक दशा का वर्णन इस प्रकार प्रस्तुत किया है—

"इस्लाम धर्म का प्रचार भारतवर्ष में उनके सरल सिद्धान्तों के कारण नहीं अपितु इसलिए हुआ कि वह एक राजशक्ति का धर्म था, जिसका प्रचार विजित प्रजा में बलात् कृपाण और दण्ड के आधार पर किया जाता था। स्वार्थ-सिद्धि एवं राज सभा में उच्च-पद प्राप्त करने के लोभ में लोग अपने धर्म को त्याग कर इस्लाम को स्वीकार कर लेते थे, किन्तु पद-प्राप्त-प्रलोभन एवं राज्य की ओर से आर्थिक पुरस्कार उस वर्ग के प्रति हिन्दुओं के हृदय में कसकती हुई बैर भावना को दबाने में कभी सफल नहीं हुए, जिसने उनके स्वातन्त्र्य का अपहरण किया था और उनके धर्म को घृणा की भावना से देखता था। धार्मिक एवं राजनीतिक दोनों ही दृष्टियों से हिन्दू सताये जा रहे थे और हिन्दुओं की ओर से भी प्रबल विरोध था। मूर्तियों को तोड़ना सब प्रकार के विरुद्ध विश्वासों का हनन और काफिरों (हिन्दुओं) को इस्लाम में दीक्षित करना आदि कार्य आदर्श इस्लाम राज्य के कर्तव्य समझे जाते थे। सिकन्दर लोदी के राज्य-काल में तो हिन्दुओं पर अत्याचार करने का एक आन्दोलन-सा ही चल गया था। राज्य की ओर से गैर-मुस्लिम प्रजा पर बड़े प्रतिबन्ध थे, उसे बलपूर्वक मुसलमान बनाना तो सामान्य बात थी। उसे एक प्रकार का कर,

१ आचार्य शुक्लकृत हिन्दी-साहित्य का इतिहास पृष्ठ ६०

जो 'जजिया' कहलाता था, देना पड़ता था। यद्यपि कुरान में इस प्रकार की जबरदस्ती का विधान नहीं है। मुसलमान राज्यों में शाही लोगों में विलासिता का दौर था। राज्य के उच्चपद मुसलमानों के लिए सुरक्षित थे, योग्यता की पूछ नहीं थी, बादशाह की इच्छा ही कानून था। सुलतान की कृपादृष्टि से जिन्हें सम्पत्ति और अधिकार प्राप्त थे उनमें विलासिता और दुर्व्यसन घर कर गये थे, जिसके कारण ईसा की १४वीं शताब्दी के अन्त में मुसलमानों में शक्ति और स्फूर्ति की अवनति होने लगी। हिन्दू लोग निर्धनता, दीनता और कठिनाई का जीवन व्यतीत करते थे। उनकी आय उनके कुटुम्ब के लिए मुश्किल से ही काफी होती थी। विजित प्रजा के जीवन-यापन का स्तर बहुत निम्नकोटि का था और राजकीय-कर का भार उसी को प्रधानतया वहन करना पड़ता था। ऐसी बुरी स्थिति में उन्हें अपनी राजनितिक प्रतिभा के परिष्कार का अवसर भी कभी न मिल सका।"[१]

हम पहले लिख चुके हैं कि सूरदास जी का काल सं० १५३५ से सं० १६४० तक था। इस दीर्घकाल में दिल्ली साम्राज्य में परिवर्तन हुए। दिल्ली की गद्दी पर कई मुसलमान बादशाह बैठे और उन्होंने अपनी-अपनी व्यवस्था चलाई। १०० वर्ष से ऊपर के इस समय में लोदी, सूरी और मुगलवंशी बादशाहों का आधिपत्य दिल्ली पर रहा तथा ब्रज-प्रदेश दिल्ली और आगरे के मातहत रहा। केम्ब्रिज हिस्ट्री आफ इण्डिया के अनुसार इन बादशाहों का समय-निर्धारण इस प्रकार है—

१—बहलोल लोदी	सन् १४५१ ई० से	१४८७ ई० तक
२—सिकन्दर लोदी	१४८९	१५१७
३—इब्राहीम लोदी	१५१७	१५२६
४—बाबर	१५२६	१५३०
५—हुमायूं	१५३०	१५३९
६—शेरशाह सूरी	१५३९	१५४५
७—इस्लाम शाह	१५४५	१५५४
८—मुहम्मद आदिलशाह तथा ९—सिकन्दर शाह	१५५४	१५५५
१०—हुमायूं (पुनः)	१५५५	१५५६
११—अकबर	१५५६	१६०५

इतिहास के अनुशीलन से ज्ञात होता है कि खिलजी वंश से पूर्व स्थिति चाहे जैसी रही हो, परन्तु खिलजी वंश का देश पर आधिपत्य होने के पश्चात् राजनीतिक भावनाओं में क्रान्तिकारी परिवर्तन हुए। इस वंश का संस्थापक जलालुद्दीन खिलजी स्वयं अत्यन्त कोमल हृदय का व्यक्ति था। अलाउद्दीन ने तो अपने राजत्व का आदर्श ही बदल दिया था। उसने मुल्ला और मौलवियों के प्रभाव से राजनीति को दूर कर अपना धर्म-निरपेक्ष दृष्टिकोण घोषित किया। राजनीतिक विद्रोह को दबाने में अथवा उसके कारणों को ही दूर करने के लिये उसने अवश्य ही कठोर नीति का आश्रय लिया किन्तु उसके मूल में कोई धार्मिक भावना न थी। राजनीतिक अपराध करने पर हिन्दू और मुसलमान दोनों ही समान रूप से उसके कोप के भाजन बनते थे। इस्लाम धर्म की ओर भी कोई रूरियायत करने की गुन्जाइश उसकी नीति में नहीं थी। यह सत्य है कि उसके उत्तराधिकारियों की नीति ऐसी नहीं रही, किन्तु बीच-बीच में कोई-कोई सुल्तान अवश्य ही धार्मिक सहिष्णुता और उदारता का परिचय देते थे। मुहम्मद तुगलक के राज्य-काल में भी

१ हिस्ट्री आफ मैडीवियल इण्डिया (डा० ईश्वरी प्रसाद) पृष्ठ ४६५-४७१

अलाउद्दीन की धर्मनिरपेक्ष नीति का अनुसरण किया गया। तैमूर के आक्रमण से फैली अराजकता के कारण शासन-सूत्र दृढ़ न रह सका और ऐसे तत्वों का उदय हुआ, जिनसे सामाजिक संगठन में भी बड़ा ही अस्तव्यस्तता का प्रादुर्भाव हुआ। सैयद और लोदी वंश के राज्य-काल में भी (एक-दो शासकों के अतिरिक्त) शासकों के शासन का जैसा विवरण इतिहासों में मिलता है, उससे उनकी धार्मिक कट्टरता का ही आभास मिलता है, जिसके कारण अन्य मतावलम्बियों को अनेक कष्ट सहन करने पड़े; किन्तु इस तथ्य को समस्त इतिहासकार एक स्वर से स्वीकार करते हैं कि अकबर के समय तक परिस्थिति बहुत कुछ परिवर्तित हो चुकी थी। शेरशाह सूरी हिन्दुओं की पाठशालाओं और मन्दिरों को भी वक्फ देता था और हिन्दू-विद्वानों को भी वजीफे दिये जाते थे।[१]

अकबर उदार प्रकृति का सम्राट् था। सत्य की उसे प्रबल जिज्ञासा थी। विभिन्न मतों के आचार्यों के वाद-विवाद सुनकर उसकी यह धारणा बन गयी थी कि सभी धर्मों में अच्छी-अच्छी बातें हैं, केवल अपनी धर्मान्धता के कारण मनुष्य इस भेद के मूल में स्थित अभेदता को देख नहीं पाता। उसने अपने समय में प्रचलित समस्त धार्मिक भावनाओं का समन्वय करने का प्रयत्न किया, बौद्धिक आधार पर अपनी प्रजा में धार्मिक एकता पर जोर दिया और कट्टर मुसलमानों द्वारा घोर विरोध किये जाने पर तथा मुल्लाओं द्वारा इसलाम-धर्म से च्युत होने का फतवा पाकर भी वह अपनी नीति पर अटल रहा। अपनी धार्मिक भावनाओं को मूर्तिमान् रूप देने के लिए ही उसने 'दीन-इलाही' धर्म चलाया[२]। राजपूत राजकुमारियों से विवाह करने के पश्चात् उसकी नीति उदार होती चली गयी थी। हिन्दुओं पर से 'तीर्थयात्रा का कर' और जजिया भी उसने उठा लिया था। कभी-कभी वह माथे पर तिलक लगा कर सूर्य की उपासना करता था और कभी-कभी तुलादान भी।[३]

सामाजिक-स्थिति

अकबर से पूर्व अनेक सुलतानों के शासन में हिन्दू जनता को मुसलमानों की अपेक्षा राजनीतिक और धार्मिक अधिकार प्राप्त थे, यह हम ऊपर संकेत कर आये हैं। सामाजिक अधिकारों का भी हिन्दू लोग स्वतन्त्रता से उपयोग नहीं कर सकते थे। उनकी स्थिति डावाँ-डोल थी फिर भी आत्म-गौरव का उनमें बिलकुल लोप न हो गया था, परन्तु विलासिता का भी अभाव न था। साधारण जनता की आर्थिक स्थिति अच्छी न थी, गरीब लोगों को कठिन परिश्रम करके भी पेटभर अन्न जुटाना दूभर था किन्तु उच्च घराने के लोगों में आभूषण, बनाव-ठनाव और ऐश्वर्य-प्रदर्शन का प्रचलन था। मुखों पर केशर-मिश्रित-अंगराग और शीतलता के लिए शरीर पर केशर मिले उबटन का प्रयोग किया जाता था। हाथों में कंगन, गले में मोतियों की मालायें, कानों में रत्नजटित बालियाँ और केशों में पुष्प धारण करने की प्रथा थी।[४] वर्ण-व्यवस्था उतनी संगठित न रह गयी थी। आध्यात्मिक एवं मानसिक शक्ति की प्रतिनिधि ब्राह्मण जाति में अनेक दुर्गुण आ गये थे, क्षत्रियों में वंश-विभाजन और भेद बढ़ते जा रहे थे। जातीयता की भावना का ...५ हो गया था और व्यक्तिगत संकुचित मान-अपमान के प्रश्न पर जूझने की भावना बढ़ती जा रही थी। धोबी, मोची, जुलाहे आदि अस्पृश्य समझे जाते थे। ये लोग गाँव के भीतर नहीं रह सकते थे, अपितु

१ हिस्ट्री आफ मैडीवियल इण्डिया (डा० ईश्वरीप्रसाद)

२ देखिये "अकबर दी ग्रेट मुगल" पृष्ठ १८२

३ डा० ईश्वरीप्रसाद

४ दे० मध्यकालीन भारत की सामाजिक अवस्था पृ० ४३

बाहर झोंपड़े डाल कर रहते थे। हाड़ी, चाण्डाल और डोम जातियों की दशा इससे भी बुरी थी, वे अत्यन्त घृणित समझे जाते थे।[1] हिन्दू लोग रक्षा-बन्धन, दीवाली, होली आदि त्यौहार मनाते थे किन्तु उनके ये पर्व शासक-वर्ग की सहानुभूति न होने के कारण निरापद नहीं थे। अमीर खुसरो की रचनाओं में उस काल की सामाजिक प्रवृत्तियों का सुन्दर चित्रण हुआ है, जिससे प्रतीत होता है लोगों में पारस्परिक ईर्ष्या-द्वेष बढ़ रहा था, दण्ड-विधान कठोर था और अविश्वास के साथ आशंका ने हृदय में स्थान बना लिया था।

अकबर के समय में हिन्दू और मुसलमान जातियों के बीच की खाई को कम करने का प्रयास किया गया। दोनों के अधिकार समान कर दिए गए, हिन्दुओं को भी राज्य में ऊँचे पद और सम्मान प्राप्त हुए। अनुचित करों को हटा देने और राज्य की नौकरियों का द्वार खोल देने से उनकी आर्थिक स्थिति भी सुधरी किन्तु सामाजिक जीवन की शताब्दियों से चली आने वाली शिथिलता का एकबार भी दूर होना कठिन था, फिर भी उसमें पर्याप्त स्फूर्ति का संचरण हुआ। परस्पर भेद-भावना, वैमनस्य आदि चलते रहे। आर्थिक स्थिति में सुधार होने से विलासिता भी बढ़ी। मदिरा, अफीम आदि मादक वस्तुओं का सेवन बढ़ रहा था। अकबर स्वयं मदिरा का प्रयोग करता था और उसके दो पुत्र अत्यधिक शराब पीने के कारण मर गये थे। अभिप्राय यह है कि सामाजिक स्थिति में सुधार होने से लोगों को कुछ राहत मिली और ललित कलाओं की ओर उनकी प्रवृत्ति हुई।

देश की सामाजिक स्थिति का ज्ञान तत्कालीन भक्त कवियों की रचनाओं के अवलोकन से प्राप्त होता है। सन्तों की वाणियों में यद्यपि निरपेक्षभाव से कहे हुए विरक्तिपरक भावों का ही बाहुल्य है फिर भी उनके पदों में सामाजिक परिस्थितियों से खिन्न अन्तरात्मा की पुकार स्पष्ट लक्षित है। कबीर ने हिन्दू मुसलमान दोनों को ही उनकी आचरण-हीनता के लिए फटकारा है। सन्तों की वाणियों में उनके आन्तरिक उद्‌गारों का निर्भीकतापूर्वक व्यक्तीकरण हुआ है। गोस्वामी तुलसीदास जी के काव्यों में तो तत्कालीन दुर्व्यवस्था का ऐसा संश्लिष्ट चित्रण है कि पाठक तल्लीन होकर मानो उनके सम-सामयिक समाज में शरीर विचरण करने लगता है। यह स्मरणीय बात है कि इन सन्त कवियों का उद्‌देश्य किसी शक्ति अथवा व्यक्ति-विशेष पर कोई आक्षेप करने का नहीं था, इसलिए ऐतिहासिकता की दृष्टि से इनके काव्य से विशेष सहायता नहीं मिल सकती। इसके अतिरिक्त इन महात्माओं की रचनाओं की 'स्वान्तः सुखाय' तथा आत्म-परिष्कार-मूलक होने के कारण उनके आधार पर किसी निष्कर्ष पर पहुँचना कठिन है। महाप्रभु वल्लभाचार्य जी सैद्धान्तिक रूप से ब्राह्मवाद अथवा शुद्धाद्वैतवाद की प्रतिष्ठा करने वाले थे किन्तु उन्होंने अपने मत का जो व्यावहारिक रूप रखा था, वह पर्याप्त मात्रा में तत्कालीन राजनीतिक और सामाजिक परिस्थितियों का प्रतिफल प्रतीत होता है। इस मत के व्यावहारिक रूप पुष्टि-सम्प्रदाय का उद्‌देश्य जहाँ एक ओर भक्त की वासना का समुचित परिष्कार कर उसे कृष्णाभिमुख करना और फिर साधना का ब्रह्म से सम्बन्ध स्थापित करना था, वहाँ दूसरी ओर राजसी ठाट-बाट और विलासिता की सारी सामग्री का केन्द्र कृष्ण को मानकर मानव-मानस की वासना-वीचियों को मोड़ देना भी था। स्वयं वल्लभाचार्य जी ने उत्तरी भारत की राजनीतिक और सामाजिक उथल-पुथल को देखा था। अकबर के राज्य की व्यवस्था तथा उसकी उदारता, धार्मिक सहिष्णुता, वदान्यता, साहित्य एवं कला-प्रियता का साक्षात्कार वे नहीं कर सके थे। यही कारण है कि उनके ग्रन्थों में तत्कालीन शासन की कटु आलोचना मिलती

---

१ दे० मध्यकालीन भारत की सामाजिक अवस्था पृ० ४७-४८

है। उनका 'षोडश-ग्रन्थ' उनके हृदय की इस भावना का पूर्णतया परिचायक है। 'कृष्णाश्रय' ग्रन्थ में तत्कालीन परिस्थिति का चित्रण करते हुए वे लिखते हैं:—

"म्लेच्छाक्रान्तेषु देशेषु पापैकनिलयेषु च।
सत्पीडाव्यग्रलोकेषु कृष्ण एव गतिर्मम॥
गंगादितीर्थवर्येषु दुष्टैरेवावृतेष्विह।
तिरोहिताधिदैवेषु, कृष्ण एव गतिर्मम॥
अपरिज्ञाननष्टेषु मन्त्रेष्वव्रतयोगिषु।
तिरोहितार्थवेदेषु कृष्ण एव गतिर्मम॥"[1]

अर्थात् सब प्रदेश प्रधान रूप से पाप मात्र के निवास-स्थान हो गये हैं, सज्जन कष्टों से संतप्त है, गंगा आदि पवित्र तीर्थ स्थान भी दुष्टों से ही आवृत हैं; अधिष्ठातृदेवता तिरोहित हो गये हैं और स्वार्थ-सिद्धि एवं प्रलोभन-वश सज्जन भी पाप का अनुसरण कर रहे हैं। ऐसी स्थिति में केवल कृष्ण ही मेरा गति है।[1]

वल्लभाचार्य जी के ग्रन्थों का विवेचन हम अगले अध्याय में करेंगे। जिस प्रकार आचार्य वल्लभ ने तत्कालीन परिस्थितियों का निराशापूर्ण चित्र खींचा है, उसी प्रकार अन्य भक्त कवियों ने भी अपनी कृतियों में हृदय के उद्‌गार प्रकट किये हैं, श्री 'उमर मुहम्मद अशरफ' द्वारा सम्पादित पुस्तक "Life and conditions of the people of Hindustan" में लिखा है।

The more important poetic activity was, however, shown in composing devotional religious songs (the Bhakti-songs), which are an extremely valuable source for the study of social conditions. Their tone in general is gloomy and their criticism of social life some what unbalanced, but they disclose a wealth of informations and reveal the deep emotions, which moved the people of that age, there are rich collections of these songs from all parts of Hindustan."[2]

इससे तो हम यही निष्कर्ष निकालते हैं कि अकबर के समय से पूर्व भारतवर्ष की सामाजिक दशा सन्तोषजनक नहीं थी परन्तु यह तथ्य भी स्मरणीय है कि हिन्दू-समाज में व्याप्त यह असन्तोष की भावना केवल विदेशी सत्ता की परषता के कारण ही नहीं थी अपितु उसके आन्तरिक संगठन में भी ऐसी कुरीतियाँ घर कर गई थीं कि उसका सारा कलेवर ही जर्जर हो गया था। रोग शारीरिक ही नहीं, मानसिक भी था, जिसका उपचार सर्वप्रथम अपेक्षणीय था। पारस्परिक वैमनस्य, साम्प्रदायिक कट्टरता, जाति-भेद और छुआ-छूत का भूत हिन्दुओं के सिर पर बुरी तरह खेल रहा था, जिसका सम्बन्ध मुसलमानी शासन सत्ता से औचित्य-अनौचित्य की ओर से आँखें मूंदकर ही जोड़ा जा सकता है। मध्यकालीन सभी सन्तों और महात्माओं ने इन कुप्रथाओं को दूर से ही संकेत नहीं, उठा-उठा क समाज के सामने रखा था। पुष्टि-सम्प्रदाय से दीक्षित होने से पूर्व की सूरदास जी की रचनाओं में भी इन परम्परागत बातों का उल्लेख मिलता है। नारी-निन्दा तो इन सन्तों को मानो गुरु-मन्त्र के रूप में ही मिली थी, जो स्पष्ट ही संसार के मिथ्यात्व का प्रचार करने वाले

१ आचार्य वल्लभकृत षोडश ग्रन्थान्तर्गत "कृष्णाश्रय" के श्लोक २, ३, ५

२ "Life and Conditions of the people of Hindustan" from the Journal of the "Asiatic Society of Bengal" Letters Vol. I, 1935 issued 20th Dec. 1935, Page 119.

शंकर के दर्शन की देन थी; किन्तु आश्चर्य है कि नारी की निन्दा में अनेक दोहों और पदों का प्रणयन करने वाले, उसे संसार-सागर-सन्तरण के समय कण्ठ में बंधी हुई शिला समझने वाले ये साधक स्वयं नारी भावना की अवहेलना नहीं कर सके और प्रायः नारीरूप में ही भगवान को अपने प्रेम का पुष्पोहार समर्पित करते रहे। गोस्वामी तुलसीदास जी ने भी अपने 'मानस' के बाल-काण्ड में तत्कालीन समाज का चित्र चित्रित किया है। सम्भव है कि मुसलमानी दुर्व्यवस्था और अत्याचारों के कारण ये भावनाएँ और भी दृढ़ हो गई हों। मुसलमानों का मजहब स्वयं भी निवृत्ति-परक था, इससे सन्तों की वैराग्य-भावना को और भी प्रोत्साहन मिला। कदाचित् इसी कारण से मध्ययुग के मनुष्य में व्यक्तिवादिता का प्राधान्य रहा। समाज की सांस्कृतिक और साहित्यिक प्रगति में बाधा डालकर इस व्यक्तिवाद ने उसका बहुत अहित किया। मध्ययुग के भक्ति-आन्दोलन को तत्कालीन सामाजिक व्यवस्था के साथ रखकर देखने से हमें बहुत-सी गुत्थियाँ उलझी हुई दीख पड़ती हैं। शान्तिप्रिय व्यक्ति ऐसे समाज को दूर से ही प्रणाम कर यदि कोलाहल की इस अवनी को त्याग कर क्षितिज के 'उस पार' जाना चाहें तो क्या आश्चर्य? आँखें मूंद लेने पर भी जब हमारे कवि सूरदास को संसार के कोलाहल ने नं छोड़ा, तो वे संसार को त्याग कर विरक्त हो गये और स्थायी रूप से लीलामय भगवान् कृष्ण के ब्रजधाम में रहकर व्यक्तिगत-साधना में आत्मविभोर हो गये। फिर जीवन-पर्यन्त वे ब्रज से न निकले, निकले तो उस गोलोक की तैयारी करके, जिसकी प्रतिच्छाया स्वयं ब्रज और वृन्दावन है। सूरदास जी ने दार्शनिक सिद्धान्तों और भक्ति का विवेचन करते समय हम सूर के उन विचारों का उल्लेख करेंगे, जो संसार के प्रति उनकी घृणा के स्पष्ट परिचायक हैं।

साहित्यिक-परिस्थितियाँ

सूर-साहित्य की पृष्ठ-भूमि पर विचार करते समय हमें उन साहित्यिक-परम्पराओं को भी दृष्टि में रखना चाहिए, जो सूर को अपने से पहले साहित्यकारों से नमूने के रूप में उपलब्ध हुई थीं किन्तु खेद है कि उन साहित्यिक परम्पराओं के विषय में हिन्दी के साहित्यकारों ने बहुत कम छान-बीन की है। सूरदास जी के सूर-सागर के विषय में आचार्य पं० रामचन्द्र शुक्ल लिखते हैं:—

"भिन्न-भिन्न लीलाओं के प्रसंग लेकर इस सच्चे रस-मग्न कवि ने अत्यन्त मधुर और मनोहर पदों की झड़ी-सी बाँध दी है। इन पदों के सम्बन्ध में ध्यान देने की सबसे पहली बात यह है कि चलती हुई ब्रजभाषा में सबसे पहली साहित्यिक रचना होने पर भी यह इतनी सुडौल और परिमार्जित है। यह रचना इतनी प्रबल और काव्याङ्गपूर्ण है कि आगे होने वाले कवियों की शृंगार और वात्सल्य की उक्तियाँ सूर की जूँठी-सी जान पड़ती हैं। अतः 'सूर-सागर' किसी चली आती हुई गीत परम्परा का, चाहे वह मौखिक ही रहा हो, पूर्ण विकास-सा प्रतीत होता है।"[1] मौखिक गीतों को प्रधानता देते हुए आचार्य शुक्ल ने कहा है, "देश की काव्यधारा के मूल प्राकृतिक स्वरूप का परिचय हमें चिरकाल से चले आते हुए इन्हीं गीतों से मिल सकता है।" आगे चलकर मैथिल कवि विद्यापति की पदावली से सूर के गीतों का सम्बन्ध स्थापित करते हुए शुक्ल जी ने लिखा है: "सूर के शृंगारिक पदों की रचना बहुत कुछ विद्यापति की पद्धति पर हुई है। यही नहीं, कुछ पदों के तो भाव भी बिल्कुल मिलते हैं। 'सूरसागर' में जगह-जगह दृष्टिकूट वाले पद मिलते हैं। यह भी विद्यापति का अनुकरण है।"[2]

गेय पदों वाली यह साहित्यिक-पद्धति अपभ्रंश-काल से ही चली आ रही थी, जो मैथिल कोकिल विद्यापति की पदावली में देशभाषा के रूप में प्रस्फुटित हुई थीं। इधर सन्तों ने भी इस

१ हिन्दी साहित्य का इतिहास (आ० रामचन्द्र शुक्ल) संख्या २००९ पृ० १६५

२ हिन्दी-साहित्य का इतिहास (आ० रामचन्द्र शुक्ल) सं० २००९ पृ० १३५

परम्परा को अपनाकर अनेक पदों की रचना की। यदि अमीर-खुसरो की रचनाओं को प्रामाणिक मानें—जिसके सम्बन्ध में अभी सन्देह है—तो भाषा में इस शैली को अपनाने वाला सर्वप्रथम कवि खुसरो ही माना जायगा। मानव हृदय की मधुरतम भावनाओं की व्यंजना करने में गीत-शैली सर्वोत्कृष्ट है और ब्रजभाषा अपने माधुर्य एवं कोमलता के लिए प्रसिद्ध है ही। अतएव ब्रजभाषा में यह शैली जितनी फबती है, उतनी खड़ी बोली में नहीं। शताब्दियों तक ब्रजभापा उत्तरी भारत की एकछत्र साहित्यिक-भाषा रही और उसमें असंख्य पदों की रचना हुई जिनका प्रभाव आज भी स्त्रियों में प्रचलित खड़ी बोली के गीतों में पाया जाता है। यह गीत परम्परा—मौखिक रूप में ही सही—हमारे साहित्यिक जीवन में बड़ी महत्वपूर्ण है, क्योंकि इसमें समाज के सांस्कृतिक स्तर का पूर्णतया स्पष्ट प्रतिबिम्ब मिलता है। इन घरेलू गीतों के द्वारा हमें भक्ति के सामान्य विकास का परिचय भी सहज ही प्राप्त हो सकता है। हम आगे बतायेंगे कि किस प्रकार 'सहजिया' और 'बाउल' सम्प्रदाय की भक्ति-भावना का सम्बन्ध उस प्रान्त में प्रचलित लोक गीतों से लगाया जा सकता है। सूरदास जी ने भी राधा-कृष्ण की प्रेम-लीलाओं के जो गीत अपने कोकिल-कण्ठ से गाये, वे इसी परम्परा के आधार पर खड़े हैं। संगीत के आचार्य 'ध्रुवपद' की उत्पत्ति का अनुसन्धान करते-करते बारहवीं शताब्दी तक पहुँच गये हैं। प्रसिद्ध गायक बैजू बाबरा एक ऐतिहासिक व्यक्ति था, जिसकी ख्याति तानसेन से भी पहले हो चुकी थी, उनके पद आज भी प्रायः गाये जाते हैं। इन सब बातों से ज्ञात होता है कि गेय-पद-परम्परा भारतवर्ष में अत्यन्त प्राचीन है। हम यह पहले कह चुके हैं कि यह परम्परा-अपभ्रंश-काल से ही चली आ रही है। बौद्ध-सिद्धों और नाथों के अनेक गेयपद आज भी उपलब्ध हैं। महाराष्ट्र में ज्ञानेश्वर और मुक्ताबाई के भक्ति विषयक पद, जिनकी रचना हिन्दी में हुई थी आज भी गाये जाते हैं। नामदेव ने तो हिन्दी और मराठी दोनों ही भाषाओं में पद लिखे थे।

इस गेय-पद-शैली के साथ-साथ लीला-गान-परम्परा का भी पर्याप्त प्रचलन पाया जाता है। यह अवश्य ही कहा जा सकता है कि महाप्रभु वल्लभाचार्य के पुष्टि सम्प्रदाय की स्थापना से इस परम्परा में नवीन चेतना और स्फूर्ति का स्पन्दन हुआ परन्तु वह माननीय नहीं जँचता कि उनसे पहले लीला-गान की परम्परा प्रचलित ही नहीं थी। इस विषय पर प्रकाश डालते हुए आचार्य हजारीप्रसाद जी द्विवेदी अपने 'हिन्दी-साहित्य' में लिखते हैं :

"बारहवीं शताब्दी के कवि जयदेव के संस्कृत पद, बौद्ध साधकों के गान और चण्डीदास तथा विद्यापति के पद इस बात के सबूत हैं कि भगवान के अवतार को लक्ष्य बनाकर लीला-गान करने वाले भक्तों में सूरदास से पहले के तीन भक्तों की चर्चा प्रायः की जाती है—विदिशा के संस्कृत-कवि जयदेव, बंगाल के चण्डीदास और मिथिला के विद्यापति।"[1]

इसमें सन्देह नहीं कि लीला-गान-परम्परा बहुत प्राचीनकाल से चली आ रही थी। सम्भव है, प्राचीन परम्परा भागवत की लीला-परम्परा से भिन्न हो, जैसा कि डा० हजारीप्रसाद जी ने लिखा है :

"सम्भतः दसवीं-ग्यारहवीं शताब्दी में भागवत-परम्परा से भिन्न भी कोई लीला-गान की शास्त्रीय परम्परा थी। जयदेव का 'गीत-गोविन्द' पूर्णरूप से भागवत-परम्परा का गीत नहीं है; उसमें राधा प्रमुख गोपी है, जो भागवत में अपरिचित है, फिर 'गीत-गोविन्द' का रास 'बसन्त रास' है जबकि भागवत का 'शरद-रास'।"[2] पश्चिमी भारत में लीला-गान का प्रचार बतलाते हुए द्विवेदी जी ने क्षेमेन्द्र के 'दशावतार-चरित' और चन्द के 'दशम' का उलेख किया है।

---

१ हिन्दी-साहित्य (आ० हजारीप्रसाद द्विवेदी) पृ० ९६

२ वही, पृ० १९७

'सूर-साहित्य' के अध्ययन से हम सहज ही यह अनुमान लगा सकते हैं कि सूरदास जी के साहित्य पर पूर्व प्रचलित परम्पराओं का कितना प्रभाव पड़ा। हम पहले बता चुके हैं कि सूर उच्चकोटि के भक्त थे और एक परिनिष्ठित सम्प्रदाय में दीक्षित थे। सम्प्रदाय में दीक्षित होने से पहले के पदों में उन परम्पराओं का कितना प्रभाव लक्षित होता है, उतना उनके साम्प्रदायिक साहित्य पर नहीं। उनके विनय के पदों में भी केवल सामाजिक परिस्थितियों की ही झाँकी मिलती है; राजनीतिक उलझनों से सूर का कोई सरोकार प्रतीत नहीं होता। उनके विनय के पदों में समाज का जो चित्रण हुआ है, उसमें परम्परागत विचारों का ही बाहुल्य है, जो प्रायः सभी सन्त एवं भक्त कवियों की रचनाओं में समान रूप से उपलब्ध होते हैं। ऐसा ज्ञात होता है कि समाज की विषम परिस्थितियों से ऊब कर सन्त और भक्त महात्मा उसे आध्यात्मिक मार्ग की ओर उन्मुख करने के लिये दीर्घ-काल से सतत प्रयत्नशील थे। प्रेममार्गी कवियों के अतिरिक्त इस युग के सभी कवियों ने सामाजिक और राजनीतिक परिस्थितियों से असन्तोष ही प्रकट किया है। 'जायसी' ने शेरशाह के राज्य का अवश्य रुचिकर वर्णन संक्षेप में किया है। यद्यपि शेरशाह के समय में परिस्थितियाँ बहुत कुछ परिवर्तित हो गई थीं तथापि जायसी के वर्णन को पूर्णरूपेण निष्पक्ष नहीं कहा जा सकता। तत्कालीन मुस्लिम इतिहासकारों के लेखों से भी परिस्थितियों का यथार्थ एवं विशद वर्णन नहीं मिलता। सूरदास के साहित्य में धार्मिक अराजकता अथवा अत्याचार का कोई संकेत नहीं मिलता, केवल सामाजिक दुर्व्यवस्था का ही कुछ विवरण मिलता है। कुछ आलोचकों ने उनके पदों में विशेष परिस्थितियों के चित्रण के अनुमान लगाये हैं, परन्तु वह सब 'दूर की सूझ' ही जान पड़ती हैं। 'सूर का चौपड़' वाला पद सामाजिक परिस्थिति का निर्देशक बताया जाता है और सम-सामयिक ऐतिहासिक विवरणों के अनुसार उस काल में यह खेल समाज में खूब प्रचलित भी था किन्तु सूर का उद्देश्य तो चौपड़ के रूपक द्वारा जन-साधारण को सचेत करना ही प्रतीत होता है, सामाजिक चित्रण करना नहीं।

सम्प्रदाय में दीक्षित होने के पश्चात् का जो सूर का साहित्य है, उसमें सामाजिक अथवा राजनीतिक चित्रण खोजना तो आकाश-पुष्पों के प्रति लालायित होना ही कहा जा सकता है। उस साहित्य में ब्रजवासियों के आनन्द, उत्सव आदि का जो चित्रण उन्होंने किया है, उसे सामाजिक परिस्थितियों का प्रतीक माना जाय तो वह युग सतयुग से भी उत्कृष्ट ठहरेगा परन्तु इस प्रकार की अटकल लगाने से पूर्व यदि पुष्टिमार्ग के सिद्धान्तों पर दृष्टि-प्रक्षेप कर लिया जाय—जिसके अनुसार गोप, राधा, कृष्ण, वृन्दावन आदि सब, इस लोक से नहीं, गोलोक से सम्बन्ध रखने वाली बातें हैं—तो ज्ञात होगा कि सूर के ये वर्णन इस भौतिक जगत् से सम्बन्ध ही नहीं रखते। विषय की दृष्टि से सूरदास जी में जहाँ एक ओर पूर्ण मौलिकता है, वहाँ दूसरी ओर वे परम्परा और सम्प्रदाय दोनों से ही प्रभावित भी हैं। इस विषय में लीला-गान-परम्परा का उल्लेख हम पहले कर ही चुके हैं। उत्सवों, पर्वों आदि का वर्णन भी परम्पराओं और लोकगीतों पर आधारित कहा जा सकता है। पौराणिक कथाओं और प्रसंगों का उल्लेख तथा विवरण भी किसी पुराण के आधार पर नहीं कहा जा सकता। हम आगे प्रकरण में बतायेंगे कि पुष्टि-सम्प्रदाय में भागवत की मान्यता होने पर भी अन्य पुराण भी आदर की दृष्टि से देखे जाते हैं। सूर ने कवि होने के नाते पुराणों की कथाओं को आवश्यक परिवर्तन और परिवर्धन के साथ ग्रहण किया है, फिर भी उन पर साम्प्रदायिक प्रथाओं का ही विशेष प्रभाव कहा जा सकता है, यह हम आगे बतायेंगे।

सूरदास जी के सम्बन्ध में यह भी विचारणीय है कि यद्यपि वे पुष्टि-सम्प्रदाय में दीक्षित थे और जीवन-पर्यन्त सम्प्रदाय की सेवा-प्रणाली में ही लगे रहे, फिर भी यह नहीं कहा जा सकता कि उनके ऊपर सम-सामयिक अन्य वैष्णव-सम्प्रदायों का प्रभाव बिल्कुल नहीं पड़ा था। जहाँ एक ओर उनके साहित्य में हमें 'नाथ' सिद्ध आदि सम्प्रदायों के संकेतों के साथ-साथ सन्तों की वाणियों में प्रचलित पारिभाषिक शब्दावली तथा दार्शनिक सिद्धान्तों के उल्लेख मिलते हैं, वहाँ दूसरी ओर अन्य वैष्णव सम्प्रदायों का प्रभाव भी स्पष्ट लक्षित होता है। सूर की भक्ति-भावना का विवेचन करते हुए हम देखेंगे कि वैष्णव आचार्यों के आगमन के पूर्व ब्रज-भूमि में शिव-भक्ति का प्रचार था और स्वयं सूरदास भी अपने सम्प्रदाय में दीक्षित होने से पूर्व यदि शैव नहीं थे तो शिव-भक्ति के प्रभाव से शून्य भी नहीं थे। अतएव सूर-साहित्य के अध्येता के लिये सूर के समकालीन वैष्णव-सम्प्रदायों के सिद्धान्तों का थोड़ा-सा ज्ञान आवश्यक है। अगले प्रकरण में वैष्णव-सम्प्रदायों का विवेचन करते हुए हम यह भी बतायेंगे कि दक्षिण का भक्ति आन्दोलन में कहाँ तक योग है।

चतुर्थ अध्याय

भक्ति-आन्दोलन में दक्षिण का योग और वैष्णव-सम्प्रदाय

हर्षवर्धन की मृत्यु से राजनीतिक, सामाजिक, धार्मिक एवं साहित्यिक सभी दृष्टिकोणों से हिन्दुत्व को बड़ा धक्का लगा। हिन्दू-साम्राज्य छिन्न-भिन्न होकर छोटे-छोटे राज्यों में विभाजित हो गया जिनमें पारस्परिक द्वेष, कलह और ईर्ष्या की भावना ने जन्म लिया; समाज का स्तर गिरने लगा और धार्मिक-संस्थाओं के लिए कोई आश्रय न रह गया। एक राज्य-भाषा न होने के कारण साहित्य की उन्नति रुक गई; साहित्य, संगीत और कला के लिए प्रोत्साहन का नाम-निशान भी न रहा। उत्तरी भारत, जो अब तक धर्म, कला, साहित्य, नीति, दर्शन आदि का केन्द्र बना हुआ था, अव्यवस्थित राजनीति के कारण छिन्न-भिन्न होने लगा। हम पहले लिख चुके हैं कि गुप्त वंश का युग भारतीय इतिहास में स्वर्ण-युग कहा जाता है और उससे पहले के काल को पाश्चात्य लेखकों ने अन्धकार-युग का नाम दिया है। तीसरी शताब्दी के प्रारम्भ से, जबकि शुङ्ग कण्व, और सातवाहनों का पतन हुआ, राजनीतिक परिस्थितियाँ अव्यवस्थित हो गई थीं। इन वंशों के राजाओं के समय में ब्राह्मण-धर्म का पुनरुत्थान हुआ था किन्तु उसके अनन्तर विदेशी आक्रमणों का आरम्भ हुआ। पुराणों में आभीर, गर्दभिल्ल, शक, यवन, वाल्हीक आदि अनेक राजवंशों के वर्णन मिलते हैं। कदाचित् किसी प्रकार की व्यवस्था न होने के कारण ही पाश्चात्य ऐतिहासिकों ने इस युग का नामकरण 'अन्धकार-युग' किया हो। चौथी शताब्दी के प्रारम्भ में गुप्त-वंशीय राजाओं ने भारतवर्ष में अपनी विजय-पताका फहराई और देश में सुख-शान्ति की स्थापना कर राष्ट्रीय जीवन को प्रत्येक दृष्टि से विकास की ओर अग्रसर किया। इस युग में बौद्ध एवं जैन धर्म का ह्रास प्रारम्भ हो गया था था और शैव शाक्त, वैष्णव आदि सम्प्रदाय पनपे। महाभारत, रामायण, पुराण आदि धार्मिक ग्रन्थों का पुनः सम्पादन हुआ, षड्दर्शन व्यवस्थित हुए, पाञ्चरात्र शैवागम और तन्त्र-साहित्य का सृजन हुआ, काव्य और कला के क्षेत्र में उन्नति हुई तथा ज्योतिष, ज्ञान, आयुर्वेद आदि वैज्ञानिक विषयों में नूतन अनुसंधान किये गये।

हर्षवर्धन के निधन के पश्चात् पुनः ह्रास का युग आया। राजनीतिक संघर्ष की विभीषिका से त्रस्त धर्म, कला एवं काव्य को फिर एक बार दक्षिण में आश्रय प्राप्त हुआ। पौराणिक कथाओं के आधार पर कहा जाता है कि अगस्त्य ऋषि ने विन्ध्य पर्वत को पार कर दक्षिण में आर्य-संस्कृति का प्रचार किया। यह बात अस्वीकार नहीं की जा सकती कि द्राविड़ों ने आर्य-संस्कृति और साहित्य के विकास में पर्याप्त योग दिया है। पाण्ड्य, चोल, केरल और पल्लव वंशीय राजाओं ने दूर दक्षिण में, एवं आन्ध्र तथा चालुक्य वंशीय राजाओं ने दक्षिण में भारतीय सभ्यता, संस्कृति और साहित्य की उन्नति में पूरा-पूरा हाथ बटाया था। अशोक की मृत्यु के पश्चात् दक्षिण का बहुत सा प्रदेश आन्ध्रवंशी राजाओं के हाथ में आ गया था और उन्होंने

ईसा पूर्व २२५ से सन् २२५ ई० तक के समय में इस दिशा में जो योग दिया, वह स्मरणीय है। इस वंश के शासकों से पहले सातवाहन शासक भी इस -क्षेत्र में प्रशंसनीय कार्य कर चुके थे। आन्ध्रों के पश्चात् क्रमशः वकाटक और चालुक्य राज-वंशों का दक्षिण पर आधिपत्य हुआ। आन्ध्रवंशीय राजा हाल की महाराष्ट्री भाषा में लिखी हुई सप्तशती अत्यन्त प्रसिद्ध साहित्यिक कृतियों में से है। 'वृहत्कथा' की रचना हाल के ही मन्त्री ने की थी। इस प्रकार जब उत्तर भारत की स्थिति विदेशी आक्रमणों से छिन्न-भिन्न हो रही थी, उस समय भी दक्षिण भारत में साहित्य और संस्कृति का अभ्युदय हो रहा था। पाणिनि के व्याकरण में 'चोल' और 'पाण्ड्य' तथा कौटिल्य के 'अर्थशास्त्र' में 'पाण्ड्य-मुक्ता' का उल्लेख इस तथ्य का सूचक है कि ईसा से शताब्दियों पूर्व दक्षिण के राज्य व्यवस्थित रूप में संस्कृति और साहित्य में योग दे रहे थे। अशोक ने दक्षिण में बौद्ध-धर्म के प्रचार की पूरी-पूरी व्यवस्था की थी किन्तु छटी शताब्दी के आते-आते वह तीव्र गति से ह्रासोन्मुख हो चुका था। जैन-धर्म अवश्य किसी न किसी रूप में प्रचलित रहा किन्तु नवीं शताब्दी तक हिन्दू-धर्म की इतनी अभिवृद्धि हुई कि जैन और बौद्ध दोनों ही धर्म पिछड़ गये।

धार्मिक दृष्टिकोण से हम कह सकते हैं कि आठवीं शताब्दी से लेकर पन्द्रहवीं शताब्दी तक दक्षिण ही सुधार का केन्द्र रहा है। वैष्णव और शैव सभी भक्तों ने भक्ति पर बल दिया तथा आचार्यों ने अपने-अपने दार्शनिक सिद्धान्तों का प्रतिपादन किया। उत्तरी भारत से राज-नीतिक और सामाजिक परिवर्तनों के कारण धर्म की जो धारा दक्षिण में पहुँच गई थी, वह फिर अवसर पाकर उत्तरी भारत में पहुंची और अनुकूल वातावरण पाकर एक अत्यन्त विशाल और विस्तृत प्रवाह में परिणत हो गई। इसी तथ्य की ओर भागवतकार ने भी संकेत किया है—

"उत्पन्ना द्रविड़े साहं वृद्धिं कर्णाटके गता।
क्वचित्क्वचिन्महाराष्ट्रे गुर्जरे जीर्णतां गता॥
तत्र घोरकलेर्योगात् पाखण्डैः खण्डिताङ्का।
दुर्बलाहं चिरं याता पुत्राभ्यां सह मन्दताम्॥
वृन्दावनं पुनः प्राप्य नवीनेव सुरूपिणी।
जाताहं युवती सम्यक् श्रेष्ठरूपा तु साम्प्रतम्॥"[1]

अर्थात् मेरा जन्म द्रविण देश में हुआ, कर्नाटक में और कभी-कभी महाराष्ट्र में पालन-पोषण हुआ, गुजरात में जीर्णता को प्राप्त हुई, वहाँ परे पाखण्डों ने मुझे विकृतांग बना दिया और मैं दुर्बलता को प्राप्त होकर पुत्रों सहित मन्दता को प्राप्त हो वृन्दावन में आई, जहाँ मैंने सुन्दर रूप प्राप्त किया, मैं युवती हुई और अब उत्कृष्ट रूप वाली हो गई।

बात यह है कि दक्षिण में अभी तक हिन्दुत्व का बोल-बाला था। बौद्ध और जैन-धर्म निराश्रित हो चुके थे। उत्तरी भारत में जहाँ एक ओर हिन्दू राजाओं की शक्ति छिन्न-भिन्न हो रही थी, वहाँ दूसरी ओर एक अन्य विदेशी धर्म (इस्लाम धर्म) से उसका मुकाबला था। दक्षिण में चोल और विजय-नगर के राजा अभी शक्ति-सम्पन्न थे। ईसा की पहली शताब्दी में तो शैव, वैष्णव, बौद्ध, जैन आदि सभी मत समानान्तर रूप से चलते रहे परन्तु अब निश्चित रूप से हिन्दू-धर्म का आधिपत्य पुनः स्थापित हो गया था।[2]

---

१ श्रीमद्भागवत महात्म्य अध्याय १ श्लोक ४८, ४९, ५०

२ देखिये The coming of the Brahmanism to the South of India J. R. A. S. 1912 (Govindacharya) तथा **'South Indian History'** (S. K. Iyangar),

चौथी शताब्दी में जब गुप्त-वंश के राजाओं का आधिपत्य उत्तरी भारतवर्ष में हुआ, तो दक्षिण में भी ब्राह्मण-धर्म को प्रोत्साहन मिला। ब्राह्मण-धर्म के आचार्य केरल राज्य में जाकर बसे, किन्तु सातवीं शताब्दी तक, जैसा कि ह्वेनसांग के लेखों से विदित होता है, बौद्ध और जैन-धर्म अच्छी स्थिति में थे परन्तु शैव-धर्म जोर पकड़ रहा था। पल्लव-वंश के राजाओं के द्वारा शैव-धर्म को पर्याप्त प्रोत्साहन मिला। हर्ष-वर्द्धन ने तो हिन्दू और बौद्ध धर्म, दोनों ही को समान रूप से प्रोत्साहित किया परन्तु पुलकेशिन् द्वितीय ने अश्वमेघ यज्ञ किया और ब्राह्मण-धर्म के पुनरुत्थान में पूर्ण योग दिया। इन दिनों दक्षिण में पल्लववंशीय नरसिंह वर्मा ने पौराणिक धर्म का प्रचार किया। महामल्लपुरम् के मन्दिर इसी काल में बने। सातवीं और आठवीं शताब्दियों में दक्षिण के चालुक्य और पल्लव-वंशीय राजाओं ने हिन्दू-धर्म की उन्नति में पूरा-पूरा योग दिया परन्तु पारस्परिक कलह से दोनों वंशों की जड़ें कमजोर हो गईं, जिसके कारण चोल और राष्ट्रकूट-वंशीय राजाओं ने अपना आधिपत्य जमा लिया।[1]

दक्षिण में आठवीं शताब्दी राजनीतिक व धार्मिक उथल-पुथल की शताब्दी कही जाती है। भक्ति-आन्दोलन का मूल यहीं से प्रारम्भ होता है। शैव और वैष्णव धर्म के आचार्यों ने मिलकर बौद्ध तथा जैन धर्म का कड़ा विरोध किया। इन नास्तिक धर्मों की तुलना में उन्होंने भगवान की सत्ता, उदारता और दयार्द्रता का प्रचार किया। वास्तव में ये प्रचारक आचार्य न होकर सन्त थे और उनके उपदेशों का माध्यम तद्देशीय भाषा थी। इसमें सन्देह नहीं कि हिन्दू धर्म का जो स्वरूप इस समय स्थिर हुआ, उनका बहुत कुछ श्रेय बौद्ध धर्म और जैन धर्म ही है। जैसा कि डा० ताराचन्द ने "Influence of Islam or Indian Culture" में लिखा है:—

"For they took over from Budhism its devotionalism, its sense of the transitoriness of the world, its conception of human-worthlessness, its suppression of desires and asceticism as also its ritual, the worship of idols and stupas or lingams, temples, pligrimages, fasts and monastic rules and its idea of spiritual equality of all castes; from Jainism they took its ethical tone and its respect for animal life.

The assimilation of these ideas into Pawanic theology and the pervasion of the whole with warm human feelings was the achievement of the saintly hymn-makers of Tamil-land. The celebrated 'Adiyars' (The Saiva Saints) and the 'Alwars' (Vaisnava Saints), who flourished between the 7th and the 12th centuries."[2]

कहने की आवश्यकता नहीं कि सिद्धान्त रूप से तो सभी वैष्णव-सम्प्रदायों ने अपना सम्बन्ध वेदों से लगाया और थोड़े बहुत अन्तर के साथ योग-दर्शन की समान रूप से व्याख्या की परन्तु भक्ति का वह स्वरूप, जो उत्तरी भारत में प्रचलित विभिन्न सम्प्रदायों में दीख पड़ा उसके मूल में इन्हीं शैव तथा वैष्णव भक्तों की भक्ति-भावना थी। इन भक्त सन्तों के पद-संग्रह आज भी बहुत उच्च कोटि के माने जाते हैं। शैव-भक्ति-साहित्य को तन्जौर-निवासी नम्बियानदार ने चोलवंशीय राजा कुलशेखर (९८५-१०१३ A. D.) के समय में ग्यारह भागों में 'तिरुमुरारि' नाम से संकलित किया। इन ग्यारह भागों में से पहले तीन तो 'तिरुज्ञान' नाम से सम्बन्धमूर्तिस्वामी

1 "Historical sketches of Daccan" book II and III (K. V. Subrahmanya Aiyer).

2 Influence of Islam on Indian culture by Dr. Tara Chand P. 86-87.

के संग्रह हैं, दूसरे तीन तिरुनाऊकरसू के और सातवाँ सुन्दर का। ये सात संग्रह 'देवाराम' नाम से प्रचलित हैं, जिनमें ईश्वर की प्रार्थना की गई है और जो धार्मिक कृत्यों के अवसर पर वेदों के समान पढ़े जाते हैं। आठवाँ संग्रह "माणिक्कवासहर" का 'तिरुवाचकम्' है जो उपनिषदों के समकक्ष माना जाता है। नवम 'तिरुइसेय्या' नाम से छोटे-छोटे कवियों के पदों का संग्रह है। दसवें भाग में 'तिरुमूलर' के पद हैं और ग्यारहवे में 'नक्किरार' तथा 'नम्बियानदार' आदि के पद संगृहीत हैं। ये ग्यारह संकलन तथा 'प्रिय पुराण' इन शैव भक्तों का धार्मिक-साहित्य है।

शैव-भक्तों की भांति वैष्णव-भक्तों के भी संग्रह हैं जिनका संकलन दसवीं शताब्दी में 'नाथमुनि' ने संभवतः 'नम्मालवार' के सम्पादकत्व में किया। यह संग्रह 'प्रबन्धम्' के नाम से प्रसिद्ध है और वेदवत् ही मान्य है। इन 'आलवार' भक्तों की संख्या बारह मानी जाती है, जिनमें चार पल्लव, तीन चोल, एक चेर और चार पाण्ड्य देश के कहे जाते हैं। इनके गीतों में उच्च-कोटि की भक्ति-भावना निहित है और इनकी जीवनचर्या से प्रतीत होता है कि ये उच्च-कोटि के साधक भक्त थे, इनमें से कुछ तो अवतार रूप से माने जाते हैं। इनके पदों में वही भाव निहित हैं, जो आगे चलकर 'पुष्टि-सम्प्रदाय' और 'चैतन्य-सम्प्रदाय' की भक्ति-भावना के प्रेरक हुए। Kings Bury और Phillips ने इन पदों का अंग्रेजी अनुवाद भी किया है। डा० पोप इन गीतों के विषय में लिखते हैं—

The fact of these songs—full of living faith and devotion—was great and instantaneous. South India needed a 'Personal God', an assurance of immortality and a call to prayer. These it found in Manikk vashar composition.[1]

शैव और वैष्णव संतों के गीतों में भावों और विचारों का तो कोई अन्तर नहीं है केवल प्रथक्-प्रथक् शिव और विष्णु को प्राधान्य दिया गया है। एक ओर प्रधान अन्तर यह है कि विष्णु भगवान् तो गीता के इस वचन के अनुकूल :

यदा यदा हि धर्मस्य ग्लानिर्भवति भारत !
अभ्युत्थानमधर्मस्य तदात्मानं सृजाम्यहम्।।

बार-बार जन्म लेते हैं परन्तु शिव इस प्रकार नहीं करते। इन वैष्णव-भक्तों ने ओर ईश्वर का सम्बन्ध स्त्री-पुरुष के मधुर सम्बन्ध के समान माना है। गोविन्दाचार्य ने अपनी "The Devine Wisdom of Dravidian Society" नामक पुस्तक में इन भक्तों के गीतों का अनुवाद किया है। 'अन्दाल' नामक की भक्तिन एक स्थान पर कहती है—"I shal wed, if at all, none other than the Supreme Lord"—

इन भक्तों के गीतों में हृदय की रागात्मिका वृत्ति से प्रेरित मानव मात्र के हृदय को स्पर्श करने वाले वे भाव थे, जिनके प्रवाह में सारा समाज बह गया और बुद्ध तथा जैन-धर्म के लिए जन-साधारण में कोई श्रद्धा न रह गई।

इन भक्त सन्तों के गीत स्वाभाविक और स्वच्छन्द भाव-धारा के प्रतीक मात्र थे। हृदय-मुक्ति की उस चरम सीमा पर पहुंच कर जहां उपासक और उपास्य एक हो जाते हैं, विश्वास संशय पर विजय पा लेता है, भावना बुद्धि के व्यापार को कुण्ठित कर समस्त वृत्तियों को आत्मसात् कर लेती है, इन भक्त कवियों ने प्रेमा भक्ति के वे गीत गाये जिनकी मधुर धारा में तर्क, शास्त्र-ज्ञान, अविश्वास आदि के भाव विलीन हो गये और समस्त प्रदेश रससिक्त हो गया। उसके मानस से

1 Pope op. cit. page 36.

निकले हुए इन निर्मल भाव मौक्तियों को अपने कण्ठ का आभरण बना कर श्रोतागण कृतकृत्य होने लगे और आनन्द का ऐसा पारावार उमड़ा जिसमें ऐहिक लालसाओं समुद्‌भूत संताप सन्तोष की सुखद शीतलता में परिणत हो गया। परन्तु परवर्त्ती विद्वान् आचार्यों ने उन कोमल भावों में तर्क का पुट लगाकर तथा शास्त्रीय नियमों के साँचे में ढाल कर सिद्धान्तों की प्रतिष्ठा की और श्रुतिस्मृतियों से उनका सूत्र जोड़ कर अनेक सम्प्रदायों के रूप में प्रगति दी। यही कारण है कि हिन्दू-शास्त्रों पर अनेक टीकायें लिखी गईं और प्रत्येक टीकाकार ने अपने सम्प्रदाय की मान्यताओं के अनुकूल उनका अर्थ किया। वस्तुतः समस्त वैष्णव-सम्प्रदायों के मूल में इन सन्तों के गीत की भाव-धारा ही रस उँडेलती दीख पड़ती है। हम पहले अध्याय मे कह आये हैं कि इन भक्तों की गीत परम्परा, भाव रूप में ही सही, मध्यभारत और महाराष्ट्र को अपनी ध्वनि से गुञ्जित करती हुई उत्तरी भारत की ओर प्रवृत्त हुई और आचार्यों ने उन विचारों को व्यवस्थित रूप में ढालकर प्रचार-कार्य प्रारम्भ किया। सबसे पहले आचार्य शङ्कर हुए।

विभिन्न-वैष्णव सम्प्रदाय

शंकराचार्य

यद्यपि आचार्य शंकर के जीवन एवं सिद्धान्तों से सम्बन्धित पर्याप्त सामग्री अधिगत है तथापि उनके काल के विषय में अभी तक कोई सर्वमान्य निर्णय नहीं हो पाया। श्री कृष्ण स्वामी अय्यर ने 'Shanker and His Times' में भाष्याचार्य ने अपनी पुस्तक 'Age of Shankar' में तथा आनन्दगिरि ने 'शंकर-त्रिजय' में उनके जीवन तथा समय पर प्रकाश डाला है। उनका जन्म सं० ८४५ तथा निधन सं० ८७७ से माना जाता है; पर तिलक जी इस मत से सहमत न होते हुए उनका समय उक्त तिथि से एक शताब्दी पूर्व मानते हैं।[१] शंकर का जन्म मलाबार प्रदेश में मलाबार नदी के किनारे कलादि नामक एक छोटे से ग्राम में हुआ था। इनके पिता का नाम शिवगुरु था, नम्बूद्री ब्राह्मण थे और माता का नाम था आर्याम्बा। ये अभी बालक ही थे कि इनके पिता का देहावसान हो गया और इनकी शिक्षा-दीक्षा का पूरा भार इनकी माता पर ही पड़ा। शंकर अलौकिक-प्रतिभा-संपन्न बालक थे, संसार की असारता से प्रभावित होकर अल्पायु में ही ये संन्यासी हो गये और नर्मदा के तट पर विचरण करने वाले गोविन्द योगी के शिष्य बने जो स्वयं आचार्य गौड़पाद के शिष्य थे। उन्होंने शंकर की विद्या, त्याग-भावना और अपूर्व प्रतिभा से प्रभावित होकर उन्हें परमहंस की उपाधि दी और तत्पश्चात् शंकर ने अपने सिद्धान्तों का प्रचार करने के लिए देश-यात्रा प्रारम्भ की। उनके जीवन-चरित्र के लेखक आनन्दगिरि ने शंकर की दिग्विजय का पूर्ण विवरण दिया है। दिग्वजय के पश्चात् वे कई बार अपनी जन्मभूमि में भी आये थे और वहाँ अनेक सुधारों का श्रीगणेश किया था। उन्होंने स्थान-स्थान पर मठों की स्थापना की और स्त्रियों के अतिरिक्त सब जाति के लोगों को संन्यास दिया। वास्तव में आचार्य शंकर पहले आचार्य थे जिन्होंने जाति-पाँति की संकीर्ण परिधि को हटाने का प्रथम प्रयास किया, सामाजिक विषमता दूर की और बौद्ध मत के समर्थक आचार्यों को पराजित किया। उनके मनुष्य-पंचक का अनुवाद करते हुए श्री कृष्णस्वामी अय्यर उनके विचारों को इस प्रकार व्यक्त करते हैं—

"He, who has learned to look on Phenomena in this light monistic is my true Guru, be he a Chandal or a twice-born. This is my Conviction."

१ देखिए तिलक कृत गीत-रहस्य का परिशिष्ट प्रकरण

शंकर के इन विचारों का कट्टर ब्राह्मणों ने घोर विरोध किया किन्तु वे लक्ष्य-भ्रष्ट न हुए, भारतीय संस्कृति के इतिहास में शंकर के प्रादुर्भाव को एक चमत्कार ही समझना चाहिए। परम्परागत दोषों को दूर कर समाज को नवीन आलोक दिखाने का सराहनीय कार्य शंकर ने किया और अपनी अपूर्व प्रतिभा के प्रभाव से चतुर्दिक प्रचलित बौद्ध एवं जैन मत का खण्डन कर अपने मत की स्थापना की। वैदिक धर्म की रक्षा के लिए स्थान-स्थान पर समस्त भारत में मठ बनवाये और श्रुति-स्मृति विहित वैदिक धर्म का पुनरुत्थान करके निवृत्ति मार्ग के वैदिक संन्यास-धर्म को कलिकाल में पुनर्जन्म दिया। उनके विचारों का प्रभाव देश के सभी प्रान्तों और भाषाओं में बड़े वेग से प्रवाहित हुआ, जिसमें छोटे-मोटे मत-मतान्तर डूबते-उतराते हुए अन्त में विलीन हो गये। इस विषय में डा० ताराचन्द का कथन उल्लेखनीय है—

"Sankra's career is the great watershed in the history of Sanskrit Learning. Behind him lies the world of ancient ideas, half reconciled systems, profound but scattered thoughts, rival Philosophies. struggling for ascendancy, the changing pantheon and theologies in a fluid condition, a living culture almost anarchic in its cxuberance; before him the medieval world of set ideas. fixed systems, scholastic ingenuity, accretion not growth, explanation not invention, commentaries not Philosophies, a stereotyped uniformity. The living stream of culture abandons the ancient bed of Sanskrit and flows through new channels—Tamil, Telugu and Canarese in the South; Hindi, Bengali, Marathi and Urdu in the North but the abandonment is never quite complete, an increasingly thinning will continue to linger in the old beds."[1]

शंकर के पश्चात् जितने आचार्य हुए, वे मूलरूप से शंकर के ही सिद्धान्तों को लेकर चले या तो उन्होंने शंकर के सिद्धान्तों में कोई सुधार प्रस्तुत किया अथवा उनसे विरोध प्रकट किया। इसलिए परवर्ती समस्त वैष्णव-सम्प्रदायों पर शंकर का व्यापक प्रभाव कहा जा सकता है। शंकर का कथन था कि वास्तव में श्रुति-कथित सिद्धान्तों में कोई विरोध नहीं है, केवल उनकी व्याख्या में अन्तर हो सकता है। वैदिक धर्म के उन्होंने दो स्वाभाविक विभाग 'ज्ञान और आचरण' बताए। पहले विभाग में तो ब्रह्म का स्वरूप-निर्णय कर उसका सम्बन्ध जीव और प्रकृति से लगाया जाता है और दूसरे अर्थात् आचरण-पक्ष में इस पर विचार होता है कि संसार में मनुष्य को किस प्रकार आचरण करना चाहिए। सिद्धान्त रूप से शंकराचार्य जी ने अद्वैतवाद की स्थापना की। उसके अनुसार समस्त संसार, जो मनुष्य को चर्मचक्षुओं द्वारा दीख पड़ता है असत्य है, सब में एक ही शुद्ध और परम ब्रह्म का अस्तित्व है और उसी की माया से भेद की प्रतीति होती है। वस्तुतः जीवात्मा परब्रह्म का ही स्वरूप है। जब तक इस अभेद का अनुभव नहीं होता तब तक मुक्ति असम्भव है! एक शुद्ध, बुद्ध, नित्य मुक्त परब्रह्म के अतिरिक्त विश्व में कोई वस्तु स्वतन्त्र नहीं। माया मानवीय दृष्टि में भ्रम उत्पन्न करती है, जो मिथ्या है। शंकर के अद्वैतवाद का महावाक्य "सर्वं खल्विदं ब्रह्म" है। उन्होंने ब्रह्म को निर्विशेष माना है। दृश्य का निषेध करके निषेध की सीमा में जो अनुच्छिष्ट और शिष्ट रहता है, वही अखण्ड चिन्मात्र, एक रस, अद्वितीय ब्रह्म है। उसका निरूपण विधानात्मक शब्दों में नहीं हो सकता, वह केवल स्थूल नहीं है, अणु नहीं है, दीर्घ नहीं है, शब्द-स्पर्श वाला नहीं है, अदृश्य है, अलक्ष्य है, अलक्षण है, अग्राह्य है। इन्हीं शब्दों के द्वारा

1 Influence of Islam on Hindu culture (Dr. Tara Chand) P.96-97.

उसका संकेत किया जा सकता है। परमार्थ दृष्टि से वे ब्रह्म की सगुणता स्वीकार नहीं करते और कहते हैं कि श्रुतियों में जहाँ सगुण ब्रह्म का वर्णन आया है, वह केवल व्यावहारिक दृष्टि से उपासना की सिद्ध के लिए है। अतः ब्रह्म का वास्तविक रूप निर्गुण ही है।

शङ्कर सम्प्रदाय का आचरण-सिद्धान्त भी बड़े महत्व का है। उसके अनुसार स्मृति-ग्रन्थों में निरूपित आचार-व्यवहार भी अत्यन्त महत्वपूर्ण हैं क्योंकि उसके बिना न तो चित्तशुद्धि ही सम्भव है और न ही ब्रह्मात्मैक्य-ज्ञान प्राप्त करने की योग्यता ही प्राप्त हो सकती है। अतएव शंकराचार्य जी के सिद्धान्त के इस पक्ष (आचारण पक्ष) के अनुसार कर्म करना भी अनिवार्य है किन्तु अन्त में कर्म को भी त्याग कर संन्यास लेना पड़ेगा क्योंकि सब वासनाओं और कर्मों के छूटे बिना ब्रह्म-ज्ञान सम्भव ही नहीं है। इसी को शंकर मत के अनुसार निवृत्ति-मार्ग कहा गया है। इसी को संन्यास-निष्ठा या ज्ञान-निष्ठा भी कहते हैं। शंकराचार्य जी ने अपने मत के दोनों ही पक्षों की संगति उपनिषदों, ब्रह्मसूत्र और गीता से लगाई है और उक्त ग्रन्थों को ज्ञान तथा कर्म का समुच्चय करने वाला ही बताया है। यद्यपि शङ्कर से पहले भी इन ग्रन्थों पर संन्यास-मार्ग का विवेचन करने वाले भाष्य लिखे गये थे, परन्तु उनकी तिथि निर्णय करना कठिन कार्य है, 'गीता' का 'पैशाच' भाष्य हनुमान जी कृत प्रसिद्ध है। वास्तव में यह भाष्य भागवत के टीकाकार हनुमान पण्डित का है, पवन-सुत हनुमान का नहीं। आगे चलकर कुछ आचार्यों ने शङ्कर का ही अनुसरण किया।

तर्क-सम्मत और समयापेक्षित होते हुए भी शङ्कर के इस मत को पूर्ण नहीं कहा जा सकता था, क्योंकि इसके दोनों पक्षों में पूर्ण समन्वय का अभाव था। एक ओर तो ब्रह्म की अद्वैतता को उस अमूर्त स्थिति तक पहुँचा दिया था कि सामान्य व्यक्ति उसकी प्रक्रिया से चौंधिया जाय (यह आदर्शवाद की सीमा थी) और दूसरी ओर संसार के महत्व को स्वीकार करके भी उसको निःसारता और मिथ्यात्व के प्रतिपादन द्वारा साधारण मानव-धर्म की भी ओर से मनुष्य को बिमुख कर दिया। संन्यास को आवश्यक बता कर समाज-धर्म की भी उपेक्षा की गई। फिर भी इसका बड़ा गहरा प्रभाव समाज पर पड़ा। 'अडियार' और 'आलवार' भक्तों की रागात्मिका भक्ति-भावना के ऊपर धर्म का यह बौद्धिक विश्लेषण विजय प्राप्त न कर सका और समय पाकर उस भावना का स्रोत तर्क के इन प्रस्तरों को भेद कर निर्झरिणी के रूप में फूट निकला, जिसको आधार मानकर वैष्णव और शैवाचार्यों ने अपने सम्प्रदायों का प्रचार किया, परन्तु इसका यह अभिप्राय नहीं है कि भक्तों की परम्परा समाप्त हो गई। अब एक ओर तो भक्त और सन्त अपनी अटपटी बानी में अपने हृदय के उद्‌गार गीतों में प्रस्फुटित करते रहे, दूसरी ओर विद्वान् आचार्य अपने सिद्धान्तों का प्रतिपादन करने लगे। हम पहले संकेत कर चुके हैं कि इन सभी सम्प्रदायों का उद्‌देश्य एक ओर तो बौद्ध मत और जैन मत को नीचा दिखाना था दूसरी ओर अपने-अपने सम्प्रदाय की उपयोगिता सिद्ध कर उसका जनता में प्रचार करना।

रामानुजाचार्य

वैष्णवाचार्यों . सबसे पहले नाथमुनि हुए, जो श्रीरङ्गम् में दशवीं शताब्दी में विद्यमान थे। उनके पौत्र और उत्तराधिकारी यामुन-मुनि रामानुजाचार्य के गुरु थे। यामुनाचार्य शंकर के मिथ्यात्ववाद को भक्ति का विरोधी समझते थे। इसलिए उन्होंने अपने प्रिय शिष्य रामानुज शङ्कर के सिद्धान्त का खण्डन करने का उपदेश दिया। रामानुजाचार्य का जन्म मद्रास के समीप त्रिपुटी नामक स्थान पर सन् १०१६ में हुआ और मृत्यु श्रीरङ्गम् में सन् ११३७ में। उनके

पिता का नाम केशव और माता का नाम कान्तिमती था । उनके प्रारम्भिक गुरु यादवप्रकाश शांकर मत के अनुयायी थे और काञ्चीवरम् में रहते थे । अद्वैतवाद के विषय में उनका अपने गुरु से मत-भेद था, अतएव इन्हें वहाँ से हटना पड़ा फिर इन्होंने 'प्रबन्धम्' के गीतों का यथावत् अध्ययन किया । इसके अनन्तर वे यामुनाचार्य जी के शिष्य हुए और उन्होंने श्रीरङ्गम् में अपने सम्प्रदाय की स्थापना की । यामुनाचार्य की मृत्यु के पश्चात् ये उनके उत्तराधिकारी हुए और इन्होंने अपने भक्ति विषयक सिद्धान्तों पर अनेक ग्रन्थों का प्रणयन किया । उत्तरी भारत के तीर्थ-स्थानों की यात्रा करते हुए वे काशी भी गये थे । प्रसिद्ध है कि तत्कालीन चोलराज कुल्लोटुङ्ग प्रथम (१०६५ ई०) ने इन पर पर्याप्त अत्याचार किये क्योंकि वह इनको शैव-धर्म में दीक्षित करना चाहता था, इसलिए उस राज्य को त्यागकर इन्हें यादव वंशीय होयसल राजाओं की शरण में आना पड़ा । वहाँ इन्होंने तत्कालीन राजा विट्ठलदेव को अपने सम्प्रदाय में दीक्षित किया । यह घटना सं० १०६८ ई० की है, रामानुजाचार्य के निम्नलिखित ग्रन्थ प्रसिद्ध हैं:—

वेदान्तसार, वेदान्त-संग्रह, वेदान्त-दीप तथा ब्रह्म-सूत्र और भागवद्गीता के भाष्य । इस प्रकार अपने सम्प्रदाय को शास्त्र-सम्मत सिद्ध करने के लिये इन्होंने 'प्रस्थान-त्रयी' (उपनिषद्, ब्रह्म-सूत्र तथा गीता) पर भाष्य लिखे, उन्होंने शङ्कर के माया, मिथ्यात्ववाद दोनों को झूठा सिद्ध किया और बताया कि यद्यपि जीव, जगत और ईश्वर ये तीनों तत्व भिन्न-भिन्न हैं तथापि जीव (चिद्) और जगत् (अचित्) ये दोनों एक ही ईश्वर के शरीर हैं अतएव चिदचिद्विशिष्ट ईश्वर एक ही है और फिर ईश्वर-शरीर के इस सूक्ष्म चित्-अचित् से ही स्थूलचित् और स्थूल अचित् (क्रमशः अनेक जीव और जगत्) की उत्पत्ति हुई । यह मत तत्व-ज्ञान की दृष्टि से तो विशिष्टाद्वैत कहलाया, परन्तु आचरण की दृष्टि से इसमें भक्ति का ही प्राधान्य रहा । इसमें कर्म-निष्ठा को स्वतन्त्र न मानकर ज्ञान-निष्ठा की उत्पादयित्री माना गया है । इस प्रकार रामानुजाचार्य ने शङ्करमत के 'अद्वैत-ज्ञान' के स्थान पर 'विशिष्टाद्वैत' और 'संन्यास' के स्थान पर भक्ति की प्रतिष्ठा कर दोनों में भेद किया । परन्तु आचार-दृष्टि से भक्ति को ही अन्तिम निष्ठा अंगीकार किया, जिससे वर्णाश्रम-विहित सांसारिक कर्म भी गौण हो गये । तात्विक रूप से इन्होंने चित् और ईश्वर को आधार मानकर अपने मत का प्रतिपादन किया और उसकी पुष्टि उपनिषदों द्वारा की । ईश्वर को इन्होंने सर्वोपरि माना; जो सर्वगुण सम्पन्न, अनुपम, अद्वितीय और महान् है; वही सबका स्वामी है; विश्वात्म स्वरूप है; उसको 'पुरुषोत्तम' कहा गया है; वह दोषों और त्रुटियों से रहित है और अपनी इच्छाओं को पूरा करने लिये उसकी अनन्त शक्ति है । उत्पत्ति, पालन और संहार करने की शक्ति उसी में है; उसकी सृष्टि का अभिप्राय एक स्थिति से दूसरी स्थिति का परिवर्तन है तथा कर्म और क्रिया उसी की चेष्टाएँ हैं । सर्वप्रथम ईश्वर एकाकी था फिर उसी से प्रकृति और जीव की उत्पत्ति हुई । यद्यपि प्रकृति और जीव दोनों सत्य हैं, फिर भी उनकी सत्ता उसी पर निर्भर है । प्रत्येक कल्प के अन्त में प्रलय होती है और सब कुछ उसी में विलीन हो जाता है, केवल तमस अवशिष्ट रहता है । यही ब्रह्म का शरीर है किन्तु यह इतना सूक्ष्म होता है कि इसकी सत्ता अलग कल्पित नहीं की जा सकती, इसीलिये यह एक है; फिर वह अपने आपको अनेक में परिवर्तित कर लेता है और इस नामरूपात्मक जगत् की सृष्टि होती है । इस प्रकार सृष्टि का हेतु वही है । किन्तु उस हेतु का विकास ही कार्य रूप-सृष्टि है । उपासना और ध्यान के लिये उसके पाँच रूप माने जाते है :

(१) परब्रह्म—यह परब्रह्म स्वरूप वैकुण्ठ में रहता है। वैकुण्ठ अनेक प्रकार की विलास-सामग्रियों से सुसज्जित है। 'श्री', 'भू', और 'लीला' नाम की स्वर्गीय स्त्रियाँ उसकी सेवा करती हैं। यह शंख, चक्र, गदा और पद्म से सुशोभित है। अनन्त, गरुड़, विश्वक्सेन आदि मुक्त आत्माएँ उसके साथ विहार करती हैं।

(२) व्यूह—इस स्वरूप में परब्रह्म के चार स्वरूप हो जाते हैं—वासुदेव, संकर्षण, प्रद्युम्न अनिरुद्ध।

(३) विभव—यह स्वरूप भगवान् के मत्स्य, कच्छप आदि दस अवतारों से सम्बन्ध रखता है।

(४) अन्तर्यामी—इस स्वरूप से यह योगियों के हृदय में प्रवेश करता है और घट-घट में वास करने वाला है।

(५) अर्चा—इस स्वरूप में उपासकों द्वारा इसकी अनेक मूर्तियों की कल्पना की जाती है। कुछ आचार्यों ने 'व्यूह' में 'वासुदेव' के अतिरिक्त शेष तीन रूपों की कल्पना की है। शंकर ने तो आत्मा की पृथक् सत्ता स्वीकार नहीं की है, परन्तु रामानुजाचार्य ने आत्मा का अनेकत्व स्वीकार करके उनको तीन कोटियों में विभाजित किया है, १—बद्ध, २—मुक्त, ३—नित्य। बद्ध आत्माओं की अनेक कोटियाँ हैं, जो ब्रह्मदेव से लेकर कृमि-कीटों और वनस्पतियों तक फैली है। मनुष्य जातीय बद्ध-जीवात्माओं के भी दो भेद हैं :

(१) आनन्द के इच्छुक और (२) मुमुक्षु। आनन्द के इच्छुक प्राणियों में कुछ तो भौतिक आनन्द को ही अपना लक्ष्य बनाकर उसी की प्राप्ति के हेतु द्रव्यादि-संग्रह में तत्पर रहते हैं और कुछ दिव्य आनन्द की खोज में तीर्थ-यात्रा, यज्ञ, पुण्य, जप, व्रत आदि का आश्रय लेते हैं। मुमुक्षु आत्माओं में से कुछ 'केवली' कहलाते हैं जो अपनी आत्माओं को सांसारिक दोषों से रहित कर लेते हैं और कुछ नित्य-आनन्द की खोज में रहते हैं, वे भी भक्त कहलाते हैं। भक्ति के लिये कर्म-योग और ज्ञान योग दोनों ही अपेक्षित हैं। कर्म-योग में यज्ञ, तपस्या, तीर्थयात्रा आदि वेद-विहित सभी कर्म आ जाते हैं, आत्मा की शुद्धि हो जाती है और ज्ञानयोग की प्राप्ति होती है, जिसके कारण जीवात्मा अपने आपको प्रकृति से भिन्न समझता है। यही ज्ञान-योग भक्ति का हेतु है। यह नियम आदि अस्टांग योग भी भक्ति-योग में अपेक्षित हैं। समर्पण भक्ति का सर्वश्रेष्ठ अंग है; इसे प्रपत्ति कहा गया है; प्रपत्ति के अधिकारी शूद्र भी हो सकते हैं। भक्ति के इन साधनों के अतिरिक्त 'अर्थ पञ्चक' में 'आचार्याभिमान योग' नामक एक और साधन है जिसके अनुसार शिष्य सब कुछ गुरु को अर्पण कर देता है। भक्ति के अनेक प्रकारों का विधान किया गया है। रामानुजाचार्य ने अपने सम्प्रदाय के सिद्धान्तों में उपनिषद्, ब्रह्म-सूत्र, पुराण आदि सभी का आधार ग्रहण किया और सृष्टि का क्रम सांख्य-शास्त्र के अनुसार स्वीकार किया। वास्तव में उनका यह वैष्णव सम्प्रदाय 'पांचरात्र' के वासुदेव-सम्प्रदाय से मिलता-जुलता है जिसमें नारायण और विष्णु के तत्वों का समावेश हो गया है और नारायण को विशेष महत्व मिला। इस सम्प्रदाय के उपदेशों में यह ध्यान रखने के योग्य बात है कि न तो कहीं गोपालकृष्ण का ही नाम आया है और न ही राम को कोई महत्वपूर्ण स्थान मिला है। भगवान् के जिन स्वरूपों का वर्णन भगवद्गीता में हुआ है, उन्हीं का उन्होंने विशेष रूप से उल्लेख किया है। ऐसा प्रतीत होता है कि उन्होंने परम्परागत भक्ति को ब्राह्मण धर्म के साँचे में ढालने का प्रयत्न किया। सबसे बड़े महत्व की बात

यह है कि उन्होंने अपना भक्ति-मार्ग शूद्रों के लिये भी उन्मुक्त कर दिया। आगे चलकर स्वामी रामानन्द, नामदेव और तुकाराम ने इस पक्ष पर विशेष बल दिया। जहाँ तक प्रपत्ति का प्रश्न है, उसके सम्बन्ध में यह भी अनुमान लगाया जाता है कि यह ईसाइयत की देन है, परन्तु यह बहुत दूर की सूझ ही प्रतीत होती है। 'रामानुज' के सम्प्रदाय का नाम 'श्री सम्प्रदाय है। 'श्री सम्प्रदाय' में निश्चित दिनों में शूद्रों को भी मन्दिर प्रवेश का अधिकार दे दिया गया है और कुछ शूद्र इस सम्प्रदाय में दीक्षित भी थे।

रामानुजाचार्य के सिद्धान्तों के अध्ययन से हम इस निष्कर्ष पर पहुँचते हैं कि भक्तिमार्ग के परिनिष्ठित स्वरूप की स्थापना सबसे पहले रामानुजाचार्य ने ही की और भक्ति के इस स्वरूप ने उत्तर-भारत के भक्ति-आन्दोलन को पूर्णतया प्रभावित किया। रामानुज सम्प्रदाय के अनुयायियों की संख्या उत्तरी भारत में इतनी नहीं है जितनी दक्षिण भारत में। आगे वैष्णव-मत ने जितने भी प्रचारक हुए सभी शंकर के 'मायामिथ्यात्व' के सिद्धान्त का खण्डन कर भक्ति की स्थापना की; परन्तु सिद्धान्त रूप से रामानुजाचार्य का मत एक प्रकार से शंकर के मत से समझौता ही था, क्योंकि अन्ततोगत्वा कर्म-आचरण से चित्त-शुद्धि होने के पश्चात् ज्ञान की प्राप्ति होने पर संन्यास ग्रहण कर ब्रह्म-चिन्तन में लगा रहना (शंकर) या प्रेम-पूर्वक वासुदेव-भक्ति में तत्पर रहना और ईश्वर के प्रति सर्वस्व समर्पण करना (रामानुज) दोनों ही बातें कर्म-योग की दृष्टि से एक हैं, और ये दोनों ही मार्ग निवृत्ति-विषयक कहे जा सकते हैं। इसलिये आगे के आचार्यों ने विशिष्टाद्वैत को भी अद्वैत का ही एक सुधार समझा।

मध्वाचार्य

माया को किसी रूप में मिथ्या मानकर चलने वाले सम्प्रदायों का खण्डन कर भगवद्-भक्ति को ही सच्चा मोक्ष-साधन बतलाने वाले इस रामानुज-सम्प्रदाय के पश्चात् एक तीसरा सम्प्रदाय निकला, जिसको 'द्वैत-सम्प्रदाय' कहते हैं। इसके प्रवर्तक मध्वाचार्य थे। आचार्य मध्व का जीवन-चरित 'माधव-विजय' में, जिसका सम्पादन त्रिविक्रम के पुत्र नारायण द्वारा हुआ था, विस्तार से लिखा है। इसके अनुसार राजपीठ नामक नगर में मध्यगेह भट्ट के यहाँ इनका जन्म हुआ। इनका जन्म-नाम वासुदेव था और ये अच्युतप्रकाशचार्य के शिष्य थे। दीक्षित होने के पश्चात् ये बदरिकाश्रम में गये और वहाँ से राम तथा वेदव्यास की मूर्तियाँ लाये। संन्यास ग्रहण करने पर इनका नाम 'अनन्दतीर्थ' हुआ। सम्प्रदाय के अनुसार इनका समय संवत् १०४० से १११९ तक माना जाता है परन्तु भण्डारकर सम्प्रदाय के इस कथन को नहीं मानते; उनके अनुसार मध्वाचार्य का समय वि० सं० १२५४ से १३३३ तक था।[1] अपने इस कथन की संगति उन्होंने आचार्य मध्व के 'महाभारत-तात्पर्य' से भी लगाई है और शिला-लेखों के भी प्रमाण दिये हैं। मध्वाचार्य ने शंकर के अद्वैत और रामानुज के विशिष्टाद्वैत के विरोध में अपने मत की स्थापना की और भागवत पुराण को अपने मत का आधार बनाया। उन्होंने ईश्वर, जीव और प्रकृति के पाँच-पाँच भेदों पर विशेष रूप से विचार किया—(१) ब्रह्म और जीवात्मा, (२) ब्रह्म और जड़-जगत्, (३) जीवात्मा और जड़-जगत्, (४) एक जीवात्मा और दूसरी जीवात्मा, (५) एक जड़-पदार्थ और दूसरा जड़-पदार्थ। सृष्टि की रचना के विषय में उन्होंने वैशेषिक शास्त्र को आधार माना। ब्रह्म को उन्होंने असंख्य गुणों का आधार माना है और उसके कार्य-विधान को आठ श्रेणियों में विभाजित किया है:—उत्पत्ति, पालन, लय, नियन्त्रण, आवरण, बोन्धन, बन्धन तथा मोक्ष। ब्रह्म

---

1 Vaishnavism and Shavism (R. G. Bhandarkar) 1929. P. 82, 83.

को उन्होंने पूर्णतया स्वतन्त्र तथा जीवात्मा और प्रकृति से भिन्न माना है। वह विभिन्न अवतार धारण करता है, जिनमें उनके सभी गुणों का आवरण होता है। लक्ष्मी उससे भिन्न है किन्तु उसकी आश्रिता है और उसी के इंगित पर उसके कार्य, विधान का सम्पादन करती है। इसी लक्ष्मी के अनेक रूप हैं, जैसे श्री, भू, ह्री, दक्षिणा, सीता, सत्या रुक्मिणी आदि। ये प्रवृत्तियों को चेतन और अचेतन दो प्रकार की मानते हैं। जीवों की संख्या उन्होंने अनन्त मानी हैं, जो तीन वर्गों में विभाजित हैं :

१—मुक्ति-योग, २—नित्य-संसारी, ३—तमो-योग। जब जीव मुक्त भी हो जाता है तो भी जीव-जीव में तथा ईश्वर और जीव में पार्थक्य बना ही रहता है। इन्होंने मुक्ति के चार भेद माने हैं— १—कर्म-क्षय, २—उत्क्रान्ति का लय, ३—अर्चिरादि-मार्ग तथा ४—भोग। मुक्ति-योग को वे चार प्रकार का मानते हैं— १—सालोक्य, सामीप्य, ३—सारूप्य तथा ४—सायुज्य। कर्म-क्षय नाम की मुक्ति में संचित पाप-पुण्य का तो क्षय हो जाता है परन्तु प्रारब्ध कर्म बने ही रहते हैं। जब प्रारब्ध कर्म का भी क्षय हो जाता है तो जीव ब्रह्म-नाड़ी का सुषुम्ना के सहारे उत्क्रमण करता है और उसे पार करने पर अपने जीवन को भूल जाता है। उसके हृदय का द्वार खुल जाता है और हृदय-स्थित भगवान् ब्रह्म-द्वार से निकल कर उसे और ऊपर ले जाते हैं। तब वैकुण्ठ लोक में पहुँचकर जीव को भगवान् के 'तुर्य' रूप का साक्षात्कार होता है। वही उत्क्रमण-लय मोक्ष की अवस्था है। 'अर्चिरादि मार्ग मुक्ति' उन ज्ञानी भक्तों के लिए है, जिनके प्रारब्ध-कर्म का क्षय नहीं हुआ हो और जो सुषुम्ना की पास की नाड़ी के द्वारा ऊर्ध्व-गमन करते हैं तथा अर्चिरादि लोकों में पहुँचते हैं; फिर वहाँ से वायु-लोक होते हुए ब्रह्म-लोक में पहुँच जाते हैं। भोग-मुक्ति में जब ज्ञानी-भक्त के प्रारब्ध-कर्मों का क्षय हो जाता है तो वे श्वेतद्वीप में पहुँच जाते हैं, जहाँ उन्हें नारायण का दर्शन होता है, जिनकी आज्ञा से वे फिर पृथ्वी पर आकर परमानन्द का उपभोग करते हैं।

इस जगत् को उन्होंने प्रपंच माना है क्योंकि यह पाँच प्रकार के भेदों से युक्त है। परमात्मा के समान ही जगत् को भी वे सत्य मानते हैं और उसके पाँचों भेदों को भी। मुक्ति-प्राप्ति के लिए जीव को उन पाँचों का ज्ञान प्राप्त करना नितान्त आवश्यक है। पदार्थों की संख्या उन्होंने दस मानी है— द्रव्य, गुण, कर्म, सामान्य, विशिष्ट, विशेष, अंशी, शक्ति, सादृश्य तथा अभाव। द्रव्य पदार्थ बीस माने हैं—परमात्मा, लक्ष्मी, जीव, आकाश, प्रकृति, गुणत्रय, महत्तत्व, अहंकार, बुद्धि, मन, इन्द्रिय, तन्मात्रा, भूत, ब्रह्माणु, अविद्या, वर्ण, अन्धकार वासना, काल और प्रतिबिम्ब। अन्य पदार्थों का भी विस्तृत, विवेचन करते हुए उन्होंने शक्ति-पदार्थ पर विशेष बल दिया है और उसके चार भेद किये हैं—(१) अचिन्त्य-शक्ति, (२) आधेय शक्ति, (३) सहज शक्ति, (४) पद-शक्ति। इनमें अचिन्त्य शक्ति विशेष महत्व रखती है क्योंकि इसकी पूर्णता ईश्वर में है। भगवान् की इस अचिन्त्य-शक्ति का नाम ही ऐश्वर्य है और ईश्वर में विरुद्ध-धर्मत्व का भी यही कारण है। आधेय शक्ति आरोपित शक्ति का नाम है। जब किसी मूर्ति में देव-शक्ति का आह्वान किया जाता है और उसमें प्राण-प्रतिष्ठा की जाती है, वह आधेय-शक्ति कहलाती है। सहज-शक्ति पदार्थों के स्वभाव और प्रकृति के अनुसार नित्य और अनित्य दो प्रकार की होती है। पद और पदार्थ के सम्बन्ध को पृथक् करने वाली शक्ति पद-शक्ति होती है।

इस मत के मानने वाले अधिकतर कनाड़ी जिलों, बम्बई प्रांत, मैसूर और पश्चिमी घाट में पाये जाते हैं। उत्तरी भारत में उनकी संख्या अधिक नहीं हैं। भारत में इस मत के ग्यारह मठ हैं, जिनमें से ८ दक्षिण में है और ३ शेष भारत में।

आनन्दतीर्थ ने ३७ ग्रन्थों का प्रणयन किया। उन्होंने अपने मत की पुष्टि में पांचरात्र-संहिताओं का आधार भी ग्रहण किया है। इस सम्प्रदाय की उल्लेखनीय बात यह है कि इसमें व्यूह तथा वासदेव आदि का स्थान नहीं है। परमात्मा को विष्णु नाम से अभिहित किया गया है। राम और कृष्ण की उपासना भी विहित है, परन्तु गोपालकृष्ण, गोप अथवा राधा का कहीं उल्लेख नहीं है। इससे हम इस निष्कर्ष पर पहुँचते हैं कि पुराने वासदेव धर्म और भागवत धर्म के स्थान पर इन्होंने नवीन वैष्णव-धर्म को जन्म दिया और पाँचरात्र को भी अधिक महत्व नहीं दिया। चैतन्य तथा मध्व उपदेशों के समाज में भक्ति भावना का प्रचार हुआ और उत्तरी भारत में भी इसकी लहर फैली। अब तक व्यवस्थित रूप से इस भक्ति-सम्प्रदाय का प्रचार उत्तरी भारत में नहीं हुआ था क्योंकि रामानुजाचार्य और मध्वाचार्य ने दक्षिण को ही अपने प्रचार का केन्द्र बनाया था। उत्तर-भारत में भक्ति का प्रचार करने वाले आचार्यों को दो श्रेणियों में रखा जा सकता है—१—संस्कृत के माध्यम से प्रचार करने वाले और २—देश-भाषा के माध्यम से प्रचार करने वाले। संस्कृत के माध्यम से प्रचार करने वालों में सर्वप्रथम नाम निम्बार्काचार्य का है।

निम्बार्काचार्य

निम्बार्काचार्य के समय का भी अभी तक कोई निश्चय नहीं हो सका है। भण्डारकर ने हस्तलिखित पुस्तकों के आधार पर इनके समय का निर्धारण किया है और उनका निधन सन् ११६२ में माना है।[1] परन्तु आगे चलकर इस तिथि के विषय में भी संदेह प्रकट किया है। यदि उन्हें उक्त समय में ही प्रादुर्भूत माना जाय तो वे 'रामानुजाचार्य' के लगभग समकालीन ठहरते हैं, वे जाति के तैलङ्ग ब्राह्मण थे और इनका जन्म वैल्लरी जिले में निम्ब अथवा निम्बपुर ग्राम में हुआ था। इनका जन्म वैसाख शुक्ला तृतीया को माना जाता है। इनके पिता का नाम जगन्नाथ और माता का नाम सरस्वती था। इनके मतावलम्बी इन्हें विष्णु के सुदर्शन-चक्र का अवतार मानते हैं। इसकी पुष्टि में एक कथा भी प्रचलित है कि उन्होंने नीम वृक्ष पर सुदर्शन-चक्र का आह्वान किया था, जिससे उसे सूर्य समझ कर उन साधकों ने भी जो सूर्यास्त होने पर भोजन नहीं करते थे भोजन कर लिया। कहा जाता है कि तभी से इनका नाम निम्बार्क या निम्बादित्य हुआ। इससे पहले इनका नाम नियमानन्द था। इन्होंने जिस मत का प्रचार किया, उसे भेदाभेद अथवा द्वैताद्वैत कहते हैं। कुछ विद्वानों का कथन है कि भेदाभेदवादी श्री भास्कराचार्य दोनों एक ही व्यक्ति थे किन्तु जैसा कि गोपीनाथ कविराज ने लिखा है, ये दोनों आचार्य पृथक्-पृथक् व्यक्ति थे,[2] निम्बार्क के प्रपत्ति के सिद्धान्त पर विशेष बल दिया। इनके सम्प्रदाय को सनक सम्प्रदाय भी कहते हैं। यद्यपि ये दक्षिणात्य थे तथापि अधिकतर वृन्दावन में ही रहे। जैसा कि हम पहले कह आये हैं; कि ये सर्वप्रथम आचार्य थे, जिन्होंने उत्तरी भारत में राधाकृष्ण की भक्ति को महत्व दिया। इनके अनुयायियों की संख्या उत्तरी भारत में—विशेषकर बंगाल और व्रज में—अधिक है। इनके अनुयायी दो श्रेणियों में विभक्त हो गये—संन्यासी और गृहस्थी। इनके दो ग्रन्थ प्रसिद्ध हैं—(१) वेदान्त-पारिजात-सौरभ और (२) दशश्लोकी। एक २५ श्लोकों का स्तोत्र भी, जिसका नाम 'सविशेष निर्विशेष श्री कृष्ण स्तवराज' है, निम्बार्क द्वारा रचित बताया जाता है। 'वेदान्त-पारिजात सौरभ' ब्रह्म-सूत्रों की संक्षिप्त व्याख्या है। इस सम्प्रदाय का साहित्य बहुत अधिक नहीं है। निम्बार्क के उत्तराधिकारी श्रीनिवास ने 'वेदान्त-पारिजात' पर भाष्य लिखा और निम्बार्क से ३२वें आचार्य

1 Vaishnavism and Shavism (R. G. Bhandarkar) Page 88.

२ 'उत्तरा' अगहन, बंगाली सं० १३३२ (गोपीनाथ कविराज)

हरिव्यासदेव ने 'दश श्लोकी' पर। इस सम्प्रदाय के १३ वें आचार्य देवाचार्य ने 'सिद्धान्त जाह्नवी' नामक ग्रंथ लिखा, जिस पर उनके शिष्य सुन्दर भट्ट ने एक टीका लिखी। इस सम्प्रदाय के ३०वें गुरु केशव काश्मीरी ने 'ब्रह्म-सूत्र' पर भाष्य लिखा।

निम्बार्काचार्य की 'दशश्लोकी' में उनके सिद्धान्तों का विवेचन हुआ और जैसा कि ऊपर लिखा जा चुका है, हरिव्यासदेव ने उस पर टीका लिखी है तथा सिद्धान्तों का विस्तृत विवेचन किया है। इन दस श्लोकों का सारांश निम्नलिखित है :

१—जीवात्मा ज्ञान-स्वरूप है परन्तु हरि पर आश्रित है। वह अणुरूप है, विभिन्न शरीरों में पृथक्-पृथक् है, अनन्यविशिष्ट और ज्ञानी है।

२—यह जीवात्मा अनादि माया से बद्ध रहता है और तीन गुणों से संयुक्त रहता है। ईश्वर की कृपा से ही उसे अपनी प्रकृति का ज्ञान होता है।

३—अचेतन पदार्थ तीन प्रकार के माने हैं—अप्राकृत, प्राकृत तथा काल। प्रकृति से उत्पन्न पदार्थों के प्रायः तीन रंग— रक्त, श्वेत तथा कृष्ण होते हैं।

४—मैं कृष्ण का ध्यान करता हूँ, जो व्यूह अवयवों वाला है और सर्वश्रेष्ठ है। सब दोषों से रहित कल्याणकारी और सर्व-गुण-सम्पन्न है।

५—मैं वृषभानु की कन्या राधिका का ध्यान करता हूँ, जो कृष्ण के वामाङ्ग में सुशोभित है, हजारों सखियों से परिसेवित हैं और सब कामनाओं को पूर्ण करने वाली हैं।

६—अज्ञानान्धकार से मुक्ति पाने के लिए प्राणियों को निरन्तर परब्रह्म की उपासना करनी चाहिये। नारद सच्चे ज्ञानी और सत्य के अन्वेषक थे। उन्हें यह ज्ञान सदानन्द आदि ने दिया था।

७—श्रुति-स्मृतियों के अनुसार सब आत्माओं का मूल स्रोत ब्रह्म है, अतएव ब्रह्म सत्य है। जो वेदों को जानते हैं, उनका भी यही सिद्धान्त है। स्मृति और सूत्रों के अनुकूल जो उसके तीन रूप बताए गए हैं, वे भी सत्य हैं।

८—कृष्ण के चरणारविन्दों को छोड़कर और कोई गति नहीं है। ब्रह्मा, शिव आदि भी उनकी वन्दना करते हैं। भक्तों की इच्छा से वे कृष्ण भक्तों के ध्यान के योग्य के स्वरूप धारण करते हैं। उनकी शक्ति अचिन्त्य और अप्रमेय है।

९—उसकी कृपा का बड़ा महत्व है। दैन्य आदि भाव उसकी कृपा से ही उत्पन्न होते हैं और उसी से प्रेम रूप भक्ति की प्राप्ति होती है। भक्त द्वारा की गई अनन्य भक्ति द्वारा ही उसकी कृपा प्राप्त हो सकती है। यह भक्ति दो प्रकार की होती है। १—परा, जो श्रेष्ठ है ; २—साधना रूपा।

१०—भक्तों के लिए पाँच पदार्थ जानने आवश्यक हैं, उपास्य का रूप; उपासक का रूप, कृपाफल, भक्ति-फल तथा फल-प्राप्ति के विरोधी।

निम्बार्क-सम्प्रदाय का यही सार है, इसमें ब्रह्म, जीव तथा प्रकृति का विवेचन हुआ है। इन्हीं सार-सिद्धान्तों की व्याख्या हरि व्यास देव जी ने की है। ऐसा प्रतीत होता है कि इन सिद्धान्तों का मूल आधार रामानुज के ही सिद्धान्त हैं क्योंकि इनमें शरणागति अर्थात् प्रपत्ति को विशेष महत्व दिया गया है। इसकी विशेषता यह है कि प्रपत्ति के साथ-साथ परमात्मा की कृपा तथा उसके प्रति प्रेम का प्राधान्य है। निम्बार्क की साधना-भक्ति में रामानुज सम्प्रदाय के सभी योग आ जाते हैं; अन्तर केवल इतना है कि रामानुजाचार्य ने तो भक्ति को उपनिषदों में विहित उपासना की कोटि में रखा है और उसके मौलिक रूप को बदल दिया है, जबकि 'निम्बार्क' ने भक्ति की मूल भावना को सुरक्षित रखा है। रामानुजाचार्य के सिद्धान्तों से निम्बार्काचार्य के मत

में सबसे महान् अन्तर यह है कि रामानुजाचार्य ने तो अपनी भक्ति को नारायण, लक्ष्मी, भू और लीला तक ही सीमित रखा, जबकि निम्बार्क ने कृष्ण और सखियों द्वारा परिवेष्टित राधा को ही प्रधान्ता दी। इस प्रकार उत्तरी भारत में राधा-कृष्ण की भक्ति का शास्त्रीय ढंग से प्रतिपादन निम्बार्क ने किया। बंगाल और ब्रजभूमि में इसका विशेष प्रचार हुआ।

विष्णुस्वामी-सम्प्रदाय

पूर्वोक्त चार दाक्षिणात्य आचार्यों के अतिरिक्त विष्णुस्वामी का नाम भी उल्लेलनीय है। इनके सम्प्रदाय का नाम, शुद्धाद्वैत' बताया जाता है, जिसे 'रुद्र-सम्प्रदाय' भी कहते हैं। इस सम्प्रदाय का कोई ऐतिहासिक विवरण नहीं मिलता। विष्णुस्वामी नाम के भी कई आचार्य हुए हैं। 'पद्म-पुराण' और 'भविष्य-पुराण' में रुद्र-सम्प्रदाय के प्रवर्त्तक विष्णुस्वामी का उल्लेख है।[१] 'सम्प्रदाय प्रदीप' में लिखा है कि वल्लभाचार्य के समय तक विष्णु-सम्प्रदाय के ७०० आचार्य हो चुके थे। यदि इस कथन को सत्य माना जाय तो विष्णुस्वामी का समय बहुत प्राचीन ठहरता है; परन्तु अन्य पुष्ट प्रमाणों के अभाव में यह कथन मान्य नहीं हो सकता। श्रीधर स्वामी ने 'श्रीमद्-भागवत' की टीका में विष्णुस्वामी का उल्लेख किया है। श्रीधर स्वामी का कथन १४वीं शताब्दी निश्चित है। इसलिये विष्णुस्वामी का समय १४वीं शताब्दी से पहले ही मानना चाहिये। भण्डारकर ने इस विषय में नाभा जी के 'भक्तमाल' का उल्लेख किया है, जिसके अनुसार विष्णुस्वामी के उत्तराधिकारी, ज्ञानदेव, नामदेव, त्रिलोचन और वल्लभ हुए हैं। इस उल्लेख के आधार पर वि· स्वामी का समय १३वीं शताब्दो के मध्य में ठहरता है। 'गौडीय दशम खण्ड' के लेख में एक अन्य विष्णु स्वामी का उल्लेख है, जिनका जन्म सन् ८३० लिखा है और जो काञ्चीनगर में रहते थे।[२] डा० दीनदयालु गुप्त ने एक लेख के आधार पर लिखा है।

"रायबहादुर श्री अमरनाथ राय जी का इस विषय पर 'भण्डारकर रिसर्च इन्स्टीट्यूट-एनल्स' में एक लेख है, जिसमें कहा गया है कि माधवाचार्य और श्री सायणाचार्य के गुरु श्री विद्याशंकर थे और विद्याशंकर का ही दूसरा नाम 'विष्णुस्वामी' था।"[३]

इस प्रकार विष्णुस्वामी के विषय में कुछ कहना कठिन है। 'वल्लभ-सम्प्रदाय' की मान्यता के अनुसार वल्लभाचार्य विष्णुस्वामी की परम्परा में ही थे और विष्णुस्वामी ने जिस भक्ति-मार्ग का प्रचार किया था, उसमें मुक्ति की अपेक्षा भक्ति की महत्ता का प्रतिपादन किया गया है। इस सम्प्रदाय के आचार्य बिल्वमंगल के समय में भक्ति का विशेष प्रचार हुआ, जिन के मार्ग के आधार पर वल्लभाचार्य जी ने अपने मत को प्रतिष्ठित किया। इस सम्प्रदाय के सिद्धान्त के विषय में भण्डारकर लिखते हैं :

"The Vedantic theory of Vishnusuamin, which is the same as that of Vallabh, is as follows. The one primeval soul was not joyful, because he was alone (BU. I. 4, 3) and desiring to be many, he himself became the inanimate world, the individual soul, and the inward controlling soul. These sprang from him like sparks from a burning fire and are his parts (MU. II. I.). By his own inscrutable power he rendered the properties of intelligence and joy, imperceptible in the first, and his joy alone in the second, while the third has all the attributes, perceptible in it."[४]

---

१ वैंष्णव धर्म···संक्षिप्त इतिहास पृ० २३५

२ 'गौडीय दशम खण्ड' पृ० ६२४—२६

३ अष्टछाप और वल्लभ-सम्प्रदाय भाग १ पृ० ४२

४ Vaishnavism and Shavism (R. G. Bhandarkar Page 110.

अथात् सव प्रथम एक ही ब्रह्म था, उसकी इच्छा हुई 'एकोऽहं बहुस्याम्' और वह अचेतन जगत् में परिवर्तित हो गया, जिसका नियन्ता वह स्वयं था। जगत के सब जीव उससे इस प्रकार उत्पन्न हुए, जिस प्रकार प्रज्वलित अग्नि से स्फुलिंग। अपनी अनन्त शक्ति के द्वारा उसने अदृश्य बुद्धि और आनन्द को उत्पन्न किया और फिर केवल आनन्द को और अन्त में उसके सब गुण प्रकट हुए। ब्रह्म के शुद्ध स्वरूप में दृश्य आनन्द व्याप्त है।

वल्लभाचार्य

राधा और कृष्ण को आधार मानकर भक्ति का प्रचार करने वाले निम्बार्क आचार्य का उल्लेख पहले हो चुका है। उत्तरी भारत में राधाकृष्ण की भक्ति का प्रचार करने वाले दो आचार्य हुए—वल्लभाचार्य और चैतन्य महाप्रभु। वास्तव में भक्ति-आन्दोलन को इन्हीं दो आचार्यों से विशेष शक्ति प्राप्त हुई। ये दोनों ही आचार्य निम्बार्क की भक्ति-परम्परा के अन्तर्गत आते हैं। इन्होंने भी प्राय: संस्कृति के माध्यम से ही अपने मत का प्रचार किया था। देशी भाषाओं में जिन सम्प्रदायों ने उत्तरी भारत में अपने सिद्धान्तों का प्रचार किया, उनका उल्लेख हम आगे करेंगे। वल्लभाचार्य का जीवन चरित 'वल्लभदिग्विजय' में दिया हुआ है। इनका जन्म गोदावरी-तट पर काकरबाड़ ग्राम में लक्ष्मण भट्ट नामक एक तैलंग ब्राह्मण के यहाँ हुआ था। इनकी माता का नाम इल्लमागारू था। वल्लभ के जन्म के विषय में एक कथा प्रसिद्ध है। लक्ष्मण भट्ट अपनी पत्नी सहित काशी में रहने लगे थे, वहीं पर उनकी पत्नी ने गर्भ धारण किया। राजनीतिक परि-स्थितियों के कारण जब काशी में कुछ अराजकता फैली, तब लक्ष्मण भट्ट अपनी पत्नी और कुछ साथियों के साथ वहाँ से चल दिए। जब वे मध्यप्रदेश के रायपुर जिले में चम्पारण्य नामक वन में होकर जा रहे थे, तब उनकी पत्नी को प्रसव-पीड़ा हुई। वे वहीं रुक गये और उनके साथी आगे बढ़ गये। उनकी पत्नी ने एक शमी वृक्ष के नीचे सात मास के शिशु को जन्म दिया, जो जन्म के के समय संज्ञाहीन था। मृतक समझकर वे उसे पत्तों से ढककर आगे चल दिये, परन्तु 'चौड़ा' नगर में पहुँच कर उन्हें ज्ञात हुआ कि काशी की स्थिति अब ठीक है, अतएव वे लौट पड़े और लौटते समय बच्चे को जीवित पाया। 'वल्मभदिग्विजय में वल्लभ का जन्म वैसाख कृष्णा एकादशी, रविवार सं० १५३५ और तिरोधान ज्येष्ठ १०, सं० १५८७ में माना है।

कहा जाता है कि वल्लभाचार्य जी ने १० वर्ष की आयु में ही वेद, वेदांग, दर्शन, पुराणों का अध्ययन कर लिया था। सं० १५४५ में अपने पिता के निधन के पश्चात् उन्होंने अपनी यात्रायें आरम्भ कीं और अपनी माता को उनके पितृ-गृह 'विद्यानगर' पहुँचा दिया। 'वल्लभ-दिग्विजय' में उनकी यात्राओं का विस्तृत वर्णन है। सर्वप्रथम यात्रा उन्होंने केवल १२ वर्ष की आयु में, सम्वत् १५४६ में की। इस यात्रा में वे दक्षिण भी गये और वैष्णव आचार्यों के सिद्धान्तों का सम्यक् अध्ययन किया। विद्यानगर का शास्त्रार्थ भी इसी यात्रा में हुआ और ब्रज की यात्रा भी उन्होंने की जहाँ संवत् १५५० श्रावण शुक्ला एकादशी को गोकुल के ठकुरानी घाट पर श्रीमद्भागवत् का साप्ताहिक परायण भी उन्होंने किया था। उनकी दूसरी यात्रा सं० १५५४ में प्रारम्भ होकर सं० १५५८ में पूरी हुई। इस यात्रा में वे गोवर्द्धन भी गये और सम्वत् १५५६ में जब श्रीनाथ जी के स्वरूप का प्राकट्य हुआ; तो उनके मन्दिर की स्थापना की। इस यात्रा से लौटकर सं० १५५८ की आषाढ़ कृष्णा पंचमी को उन्होंने मधुमंगल नामक ब्राह्मण की कन्या महालक्ष्मी से अपना विवाह किया। उनकी तीसरी यात्रा सम्वत् १५५८ से १५६६ तक चली। इसी यात्रा में उनकी प्रेरणा से गोवर्द्धन पर्वत पर पूरनमल खत्री ने श्रीनाथ जी का मन्दिर बनवाया और वे सम्वत् १५६५ में विद्यानगर के प्रसिद्ध शास्त्रार्थ में विजयी हुए, जिसके उपलक्ष में राजा कृष्णदेवराय ने इनका

कनकाभिषेक किया। इस यात्रा के पश्चात् ही उन्होंने अपना द्विरागमन किया और प्रयाग के दूसरी ओर यमुना के किनारे पर अडैल नामक गाम में रहने लगे। इनके दो पुत्र हुए—गोपीनाथ जी आर विट्ठलनाथ जी।

अपनी तीन यात्राओं में उन्होंने अपने मत का प्रचार किया। उनका दार्शनिक सिद्धान्त 'शुद्धाद्वैत' कहलाता है और उनके मत का आचरण-पत्र 'पुष्टि-सम्प्रदाय'। हमारे चरितनायक सूरदास इसी सम्प्रदाय में दीक्षित थे। इनके सिद्धान्तों का पूर्ण विवेचन यथा स्थान आगे किया जायेगा।

वल्लभाचार्य ने अपनी भक्ति में प्रपत्ति को विशेष स्थान दिया और गोपालकृष्ण की लीलाओं को अलौकिकता प्रदान की। लीला को वल्लभ ने बहुत उच्च स्थान दिया तथा बतलाया कि लीला पुरुषोत्तम श्रीकृष्ण भगवान् राधिका के साथ जिस लोक में विहार करते हैं, वह विष्णु और नारायण के वैकुण्ठ से भी ऊँचा है और उसे गोलोक कहते हैं। भगवान् की लीलाओं में भाग लेना ही जीवन का सबसे बड़ा उद्देश्य है। इसका विस्तृत विवेचन हम आगे करेंगे।

चैतन्य-सम्प्रदाय

वल्लभाचार्य के भक्ति-मार्ग से राधा और कृष्ण के युगल रूप का इतना महत्व नहीं है, जितना चैतन्य-सम्प्रदाय में है। वल्लभाचार्य ने तो भक्ति के विधि-विधान और ब्राह्मण पर विशेष बल दिया, जब कि चैतन्य का भाव-पक्ष प्रबल रहा। वे राधा-कृष्ण का कीर्तन करते-करते मूर्च्छित हो जाते थे। भावात्मक कीर्तन के द्वारा ही वे जनता के हृदय को आकृष्ट करने में समर्थ हुए। चैतन्य महाप्रभु वल्लभाचार्य के ही समकालीन थे। 'Cultural Heritage of India' के अनुसार उनका जन्म सन् १४८५ में बंगाल के नवद्वीप स्थान में फाल्गुन शुक्ला पूर्णिमा को हुआ था। इनका जन्म का नाम विश्वम्भर था, इनके पिता का नाम जगन्नाथ मिश्र और माता का शचीदेवी था। जगन्नाथ मिश्र पूर्वी बंगाल में सिलहट में रहते थे और बाद को नदिया चले गये थे। इनके दो पुत्र थे। पहले विष्णुरूप, जो चैतन्य के इतिहास में नित्यानन्द के नाम से प्रसिद्ध हैं और दूसरे विश्वम्भर। विश्वम्भर को ही लोग बाद में कृष्ण चैतन्य कहने लगे थे। उनके अनुयायी उन्हें कृष्ण का अवतार मानते हैं। वे गौरांग और गौरचन्द के नाम से भी प्रसिद्ध हैं। चैतन्य महाप्रभु का जीवनवृत्त कई ग्रन्थों में कुछ भेद के साथ उपलब्ध होता है। भण्डारकर ने अपने प्रसिद्ध ग्रन्थ "Vaishnavism and Shaivism" में चैतन्य का जीवन-वृत्त इस प्रकार दिया है :

"२२ वर्ष की अवस्था में उन्होंने लक्ष्मीदेवी से विवाह किया और गृहस्थी जीवन व्यतीत करने लगे। कुछ समय बाद पूर्वी बंगाल में पर्यटन करने के लिए निकल पड़े। माँगना और गाना ही उनका व्यवसाय था, जिससे उन्होंने पर्याप्त धन एकत्र कर लिया। उनकी अनुपस्थिति में उनकी पत्नी का देहान्त हो गया और घर लौट कर उन्होंने दूसरा विवाह कर लिया। २३ वर्ष की अवस्था में वे पिण्डदान के लिए गया गये। वहाँ से लौट कर उन्होंने अपना कार्य प्रारम्भ किया। धार्मिक रीति-रिवाजों और कर्म-काण्ड के आडम्बर के विरोध में हरि के प्रति प्रेम और विश्वास का उपदेश दिया। जाति-पाँति का इन्होंने भी खण्डन किया। कहा जाता है कि उनसे पहले अद्वैताचार्य ने भी इस प्रकार की भक्ति का प्रचार किया था। चैतन्य के भाई नित्यानन्द ने भी उन्हें भक्ति के प्रचार में योग दिया। शनैः शनैः उनके मत का प्रचार बढ़ता चला गया। उस समय बंगाल में शाक्तों का बड़ा जोर था और लोग काली तथा मनसा देवी की उपासना करते थे। वे चैतन्य के बड़े विरोधी थे और उनका उपहास भी किया करते थे और उन्हें तंग भी, किन्तु धीरे-धीरे उनके कीर्तन का प्रचार बढ़ता गया। सन् १५१० में चैतन्य संन्यासी हुए और

उन्होंने 'केशव भारती' से दीक्षा ली। संन्यासी होने के अनन्तर वे जगन्नाथ जी गये और फिर ६ वर्ष तक देश का भ्रमण किया। इसी यात्रा में उन्होंने कुछ शास्त्रार्थ भी किये, फिर पुरी में आकर रहने लगे, जहाँ सन् १५३३ में उनकी मृत्यु हुई।''

चैतन्य के विषय में लक्ष्य करने की बात यह है कि अन्य आचार्यों की भाँति अपने सम्प्रदाय को व्यवस्थिति रूप देने का प्रयास उन्होंने नहीं किया और न 'प्रस्थानत्रयी' पर कोई भाष्य ही लिखा। वे उच्च कोटि के भावुक भक्त थे। उनके जीवन की घटनाओं का उल्लेख 'चैतन्य-चरितामृत' में मिलता है। श्री प्रभुदत्त ब्रह्मचारी ने 'श्री चैतन्य-चरितावली' पाँच खण्डों में लिखी है, जो गीता प्रेस, गोरखपुर से प्रकाशित हुई है। इसमें चैतन्य के जीवन पर पर्याप्त प्रकाश डाला है।

भगवान के प्रेम-महोदधि में निमग्न रहने के कारण किसी ग्रन्थ आदि की रचना के लिए महाप्रभु के पास समय ही नहीं था। कृष्ण की भक्ति और कीर्तन के महत्व के प्रतिपादन उनके निम्नलिखित ८ श्लोक मिलते हैं:—

चेतोदर्पणमार्जनं भवमहादावाग्निनिर्वापणम्,
श्रेयःकैरवचन्द्रिकावितरणं विद्या-वधू-जीवनम्।
आनन्दाम्बुधि-वर्द्धनं प्रतिपदं पूर्णमृतास्वादनं,
सर्वात्मस्नपनं परं विजयते श्रीकृष्ण संकीर्तनम्॥ १॥

जो चित्तरूपी दर्पण के मैल को मार्जन करने वाला है, संसाररूपी महादावाग्नि को शान्त करने वाला है, प्राणियों को मङ्गलदायिनी कैरवचद्रिका का वितरण करने वाला है, जो विद्यारूपी बधू का जीवन स्वरूप है और जो आनन्द-समुद्र को प्रतिदिन बढ़ाने वाला है, उस श्रीकृष्ण संकीर्तन की जय हो।

नाम्नामकारि बहुधा निजसर्वशक्ति—
स्तत्रार्पितानियमितः स्मरणेन कालः।
एतादृशी तव कृपा भगवान् ममापि
दुर्दैवमीदृशमिहाजनि नानुरागः ॥२॥

नाथ, तुम्हारी कृपा में कोई कसर नहीं और मेरे दुर्भाग्य में कुछ संदेह नहीं। तुमने अपने समस्त नामों में पूर्ण शक्ति भरदी है, काल-पत्र आदि का कोई नियम अथवा प्रतिबन्ध नहीं। यह तो मेरा ही दुर्भाग्य है कि तुम्हारे इन मधुर नामों से मेरे हृदय में अनुराग उत्पन्न नहीं होता।

तृणादपि सुनीचेन तरोरपि सहिष्णुना।
अमानिना मानदेन कार्तनीयः सदा हरिः ॥३॥

अर्थात् भागवत बनने वाले को चाहिये कि तृण से भी अधिक नम्र और वृक्ष से भी अधिक सहिष्णु बन कर स्वयं मान की इच्छा न कर दूसरों का मान करता हुआ हरि का कीर्तन करे।

न धनं न जनं न सुन्दरीं
कवितां वा जगदीश कामये।
मम जन्मनि जन्मनीश्वरे
भवताद्भक्तिरहैतुकी त्वयि ॥४॥

हे प्रभो, धन, जन, सुन्दरी, कविता कुछ नहीं चाहता, बस प्रत्येक जन्म में मेरी तुम में निष्काम भक्ति रहे।

अयि नंदतनूज किंकरं पतितं मां विषमे भवाम्बुधौ।
कृपया तव पादपकजस्थितधूलीसदृशं विचिंतय ॥५॥

हे नन्दसुत, विषम संसार में पड़े हुए मुझ सेवक को कृपा करके अपने चरण कमलों पर पड़ी हुई धूलि के समान समझो।

नयनं गलदश्रु धारया वदनं गद्-गद् रुद्धया गिरा।
पुलकैर्निचितं वपुः कदा तव नाम ग्रहणे भविष्यति ॥६॥

हे प्रभो, तुम्हारे नाम का कीर्तन करते समय मैं किस शुभ क्षण में इस स्थिति को प्राप्त करूँगा कि मेरे नयन अश्रुधारा से, मुख गद्-गद् वाणी से तथा शरीर पुलक से व्याप्त होगा।

युगायितं निमेषेण चक्षुषा प्रवृषायितम्।
शून्यायितं जगत् सर्वं गोविन्दविरहेण मे ॥७॥

प्रभु के विरह में मेरे पल युगों के समान, आँखें वर्षा के समान तथा विश्व शून्यवत् हो गया है।

आश्लिष्य वा पादरतां पिनष्टु मा—
मदर्शनान्मर्महतां करोतु वा।
यथा तथा वा विदधातु लम्पटो
मत्प्राणनाथस्तु स एव नापरः ॥८॥

हे सखि, वह धोखेबाज कृष्ण उनके चरणों में रत रहने वाली मुझ (दासी) को हृदय से लगाएँ या चाहे विरह से मर्माहत कर दें, जो कुछ जी में आये करें, मेरे प्राणनाथ तो वही हैं और कोई नहीं।[1]

महाप्रभु के शिष्यों ने उनके सम्प्रदाय का यथावत् प्रचार किया। श्री नित्यानन्द अद्वैताचार्य ने बंगाल में तथा उनके अन्य ६ शिष्यों ने वृन्दावन में महाप्रभु के सिद्धान्तों की धूम मचा दी। महाप्रभु के इन ६ शिष्यों में रूप गोस्वामी, सनातन गोस्वामी और जीव गोस्वामी विशेष रूप से उल्लेखनीय हैं। नाभादास ने अपने 'भक्तमाल' में इन तीनों का वर्णन इस प्रकार किया है—

बेला भजन सुपक्व कषायन कबहूँ लागी।
वृन्दावन दृढ़ वास जुगल चरननि अनुरागी॥
पोथी लेखन पान अघट अक्षर चित दीनौ॥
सद्ग्रन्थन को सार सवै हस्तामलक कीनौ॥
सन्देह-ग्रन्थ-छेदन समर्थ, रस-रास-उपासक पद्म-धीर।
श्री रूप सनातन भक्ति-जल श्रीजीव गुसाईं सर गंभीर॥[2]

इन गोस्वामियों ने कई महत्वपूर्ण ग्रन्थों की रचना की। रूप गोस्वामी के 'भक्ति-रसामृतसिंधु', 'उज्ज्वल नीलमणि' तथा 'लघुभागवतामृत'; सनातन गोस्वामी के 'श्रीमद्भागवत दशम स्कन्ध की टीका' तथा 'वृहद् भागवतामृत' और जीव गोस्वामी जी के 'दशम भागवत की टीका', 'षट्-सन्दर्भ' तथा 'गोपाल-चम्पू' ग्रन्थ प्रसिद्ध हैं। चैतन्य-सम्प्रदाय के साहित्य का प्रचार सन् १६०० के लगभग श्रीनिवासाचार्य जी द्वारा हुआ। १८ वीं शताब्दी में इस सम्प्रदाय के आचार्य बलदेव विद्याभूषण ने ब्रह्म-सूत्र पर 'गोविन्द भाष्य' लिखा। तभी से इस सम्प्रदाय की गणना अन्य परिनिष्ठित वैष्णव सम्प्रदायों में होने लगी।

---

१ श्री चैतन्य-चरितावली भाग ५ पृष्ठ २५७, २६५
२ भक्त-माल, भक्ति-सुधा-स्वाद-तिलक, रूपकला छन्द ९३ पृ० ६१६

इस सम्प्रदाय के मतानुसार कृष्ण ही परम तत्व हैं, जो अनन्त शक्ति से युक्त और अनादि हैं। उपासना-भेद से उसके अलग-अलग नाम हो गये हैं, उसकी शक्ति अचिन्त्य है। उसकी शक्ति का प्राकट्य होने पर उसे भगवान् कहते हैं अन्यथा वह ब्रह्म कहलाता है। जब उसकी कुछ शक्ति प्रकट और कुछ अप्रकट होती है तब वह परमात्मा कहलाता है। इस परम तत्व का भगवान् स्वरूप ही भक्ति का आलम्बन है। 'लघुभागवतामृत' में परब्रह्म के रूप का विस्तार से विवेचन है परन्तु उसका आधार श्रीमद्भागवत है, जैसा कि अगले अध्याय में प्रकट होगा। 'लघुभागवतामृत' में परब्रह्म के तीन रूप माने हैं : (१) स्वयं रूप, (२) तदेकात्म-रूप तथा (२) आवेशरूप। इन तीनों रूपों में कृष्ण ही स्वयं रूप हैं। उनके भी तीन रूप हैं—(१) द्वारका रूप, (२) मथुरा रूप, (३) ब्रज-लीला-रूप। ये तीनों रूप उत्तरोत्तर श्रेष्ठ हैं। तदेकात्मकरूप में वह अपनी अभिव्यक्ति दो रूप में कराता है—(१) विलास रूप में और (२) स्वांश रूप में। लीला विशेष के लिए उनकी जो अभिव्यक्ति होती है, वही विलास रूप है, परन्तु जब वे अपना अंश किसी रूप में प्रकट करते हैं वही 'स्वांश' रूप कहलाता है और जब वे कुछ कलाओं के साथ विशिष्ट जीवों में प्रकट होते हैं, तब उनका 'आवेश रूप' कहलाता है। भगवान् के अवतार भी तीन प्रकार के माने गये हैं, पुरुषावतार, गुणावतार और लीलावतार। परम श्रीकृष्ण का आदि पुरुषावतार वासुदेव कहलाता है, जो तीन प्रकार का माना गया है— संकर्षण, अनिरुद्ध और प्रद्युम्न । ये पुरुषावतार ही सृष्टि के कारण हैं। गुणावतार रूप में वह विष्णु, ब्रह्म और रुद्र का रूप धारण करता है। लीलावतार में परब्रह्म का तदेकात्मरूप और आवेशरूप प्रकट होता है।

भगवान् की तीन शक्तियाँ मानी गई हैं, अन्तरंग-शक्ति, बहिरंग और तटस्थ-शक्ति। भगवान् की अन्तरंग-शक्ति ही स्वरूप-शक्ति है, जिसे एल्हिनी-शक्ति भी कहते हैं। सत्-चित्-आनन्द इसी का सामूहिक रूप है। बहिरंग शक्ति माया कहलाती है, जिससे जड़ प्रकृति का उद्भव होता है। यह माया भी दो प्रकार की होती है—१—द्रव्य माया और २—गुण-माया। द्रव्य-माया जगत् का उपादान कारण होती है और गुण-माया निमित्त कारण। इस बहिरंग शक्ति और अन्तरंग-शक्ति के मध्य की एक तटस्थ-शक्ति है, जो जीवों की उत्पत्ति का हेतु है। चैतन्य महाप्रभु के सम्प्रदाय में जीव को अणुरूप और नित्य माना है। भगवान् का पूर्णतम स्वरूप गोलोक में रहता है, जिसको चैतन्य-सम्प्रदाय में वृन्दावन-धाम और गोकुल कहते हैं।

जीव जड़ माया से मुक्त रहता है और उससे छुटकारा पाने पर भी उसे सायुज्य कैवल्य मुक्ति की प्राप्ति होती है। यह मुक्ति भक्ति के द्वारा ही सम्भव है। वह भक्ति दो प्रकार की है—वैधी और रागानुगा। भक्ति का विस्तृत विवेचन हम आगे करेंगे।

चैतन्य-सम्प्रदाय में कृष्ण-चैतन्य, नित्यानन्द और अद्वैतानन्द तीन प्रभु माने हैं। नित्यानन्द के अनुगामी नदिया में और अद्वैतानन्द के शान्तिपुर में निवास करते हैं। चैतन्य-सम्प्रदाय के मंदिर मथुरा, वृन्दावन तथा बंगाल में; नदिया, अम्बिका और अग्रद्वीप में हैं। अन्य स्थानों पर भी इनके मन्दिर मिलते हैं। आगे चलकर इस सम्प्रदाय के और भी कई सम्प्रदाय हुए।

सूर के सम-सामयिक अन्य सम्प्रदाय

जैसा कि हम पहले कह चुके हैं। दक्षिण के आचार्यों के प्रभाव से राधा-कृष्ण की भक्ति को आधार मानकर कुछ ऐसे सम्प्रदायों का भी जन्म हुआ, जो केवल रागात्मिका भक्ति से प्रेरित

होकर अपनी भावना का प्रचार जनता में कर रहे थे। इनमें से कुछ तो युगल रूप की उपासना को प्रधानता देते थे और कुछ केवल राधा की भक्ति-भावना से अनुप्राणित थे। बंगाल में तो शक्ति की उपासना का पहले से ही प्रचार था और सहजिया-सम्प्रदाय में शक्ति की उपासना का विकृत रूप भी हो चला था। हम पहले प्रकरण में बतला चुके हैं कि इस विकृत उपासना के मूल कारणों में बौद्ध धर्म का प्रभाव भी एक कारण था। इसका वर्णन हम आगे भी करेंगे। यहाँ तो केवल इतना ही कहना पर्याप्त होगा कि उपासना का वह विकृत रूप ब्रज-भूमि में भी प्रचलित हो गया था। डा० भण्डारकर ने अपने 'वैष्णविज्म एण्ड शैविज्म' ग्रन्थ में राधा-विषयक उपासना के इस विकृत रूप की ओर संकेत किया है। वे लिखते हैं:—

The worship of Radha, more prominently even than that of Krisna, has given rise to a sect, the members of which assume the garb of women with all their ordinary manners and affect to be subject even to their monthly sickness. Their appearance and acts are so disgusting that they do not show themselves very much in public, and their number is small. Their goal is the realisation of the position of female companions and attendants of Radha, and hence probably they assume the name of Sakhi-bhavas (Literally, the condition of companions). They deserve notice here only to show that, when the female element is idolised and made the object of special worship, such disgusting corruptions must ensue. The worship of Durga in the form of Tripura-Sundari has led to the same result.[1]

इन सम्प्रदायों में हरिदासी-सम्प्रदाय, जिसे सखी-सम्प्रदाय भी कहते हैं, तथा राधा-वल्लभी-सम्प्रदाय विशेष रूप से उल्लेखनीय हैं। सखी-सम्प्रदाय के प्रवर्त्तक स्वामी हरिदास जी और राधावल्लभी-सम्प्रदाय के प्रवर्त्तक स्वामी हितहरिवंश जी थे।

सखी-सम्प्रदाय :

स्वामी हरिदास जी ने सखी-भाव से राधाकृष्ण की 'युगल-उपासना' का प्रचार किया। 'भक्तमाल' में 'हरिदास' जी का उल्लेख इस प्रकार हुआ है—

आसधीर उद्योतकर रसिक छाप 'हरिदास' की।
जुगल नाम सों नेम जपत नित कुञ्ज बिहारी॥
अवलोकत रहे केलि सखी सुख को अधिकारी॥
गान-कला गन्धर्व स्याम स्यामा को तोषैं।
उत्तम भोग लगाय मोर मरकट तिमि पोषैं॥
तपति द्वार ठाढ़े रहें दर्शन आसा जासु की।
आसधीर उद्योत कर, रसिक छाप हरिदास की॥[२]

इस पद से यह ज्ञात होता है कि स्वामी हरिदास जी की छाप 'रसिक' थी। उन्होंने आसधीर का नाम प्रकाशित किया। ये सखी-भाव से राधा-कृष्ण की उपासना किया करते थे, गान-विद्या-निष्णात थे और उनकी पर्याप्त प्रसिद्धि भी थी। अकबर के दरबार का प्रसिद्ध गायक तानसेन

1 Vaishnavism and Shaivism Page 122-23.

२ भक्तमाल, भक्ति सुधा स्वाद पृष्ठ ६०७

इन्हीं का शिष्य था। तानसेन से सम्बद्ध इनकी अनेक कथायें आजकल भी प्रचलित हैं। हरिदास जी ने व्यवस्थित रूप से किसी सम्प्रदाय की स्थापना नहीं की। पाश्चात्य विद्वानों ने हरिदास जी के विषय में जो लिखा है, वह प्रामाणिक नहीं माना जा सकता, क्योंकि इस नाम के कई महात्मा हो चुके हैं और उन्होंने किसी हरिदास का सम्बन्ध सखी-सम्प्रदाय के स्वामी हरिदास से जोड़ दिया है। इस विषय में प्रो० विल्सन के Essays on the Religions of Hindustan, तथा ग्राउज का Muttra Memoir विशेष रूप से उल्लेखनीय हैं। प्रायः लेखकों ने 'भक्तमाल' के उक्त पद के आधार पर 'आसधीर को स्वामी हरिदास जी का पिता माना है, परन्तु सहचारी शरण ने, जो १८ वीं शताब्दी के अन्तिम चरण में विद्यमान थे, इस सम्प्रदाय के सिद्धान्तों की व्याख्या और आचार्यों के जीवनवृत्त का वर्णन करते हुए हरिदास को आसधीर की ही शिष्य-परम्परा में माना है। हरिदास जी ने ही सखी-सम्प्रदाय को पोषित किया था। सहचरी शरण की 'सरस-मंजावली' और 'ललित प्रकाश' दो पुस्तकें प्राप्त हैं। स्वामी हरिदास जी के पद 'हरिदास जी की बानी' के नाम से प्रसिद्ध हैं। सैद्धान्तिक रूप से यह मत निम्बार्क-मत के अन्तर्गत ही आता है। हरिदास जी के अन्य दो ग्रन्थ भी प्रसिद्ध हैं—(१) साधारण सिद्धान्त और (२) रास के पद। इस सम्प्रदाय की विशेष उल्लेखनीय बात यह है कि इसमें भक्ति भावना पर ही विशेष बल दिया गया है। स्वामी हरिदास जी उच्च कोटि के गायक थे। उन्हें सरस्वती का वरद हस्त प्राप्त था। उनकी प्रतिभा अपूर्व थी। ऐसे भावुक भक्त के लिए सिद्धान्तों का प्रतिपादन दुरूह कार्य था। सम्प्रदाय में प्रसिद्ध है कि स्वामी हरिदास जी अलीगढ़ जिले के हरिदासपुर ग्राम के रहने वाले थे। आज भी इनकी गद्दी ब्रज में चली आ रही है। वृन्दावन में श्री बाँकेबिहारी जी का मन्दिर हरिदास जी के समय का ही बना हुआ है।

राधावल्लभी-सम्प्रदाय

युगल-उपासना का दूसरा उल्लेखनीय सम्प्रदाय राधावल्लभी-सम्प्रदाय कहा जा सकता है, जिसके प्रवर्त्तक गोस्वामी हितहरिवंश थे। इनके जन्म-संवत् के विषय में मत-भेद है। 'मिश्र-बन्धुओं' ने इनका जन्म-संवत् १५३० (सन् १४७३) में माना है। डा० हजारीप्रसाद द्विवेदी ने इनके जन्म-काल की मान्यताओं के विषय में विचार करते हुए लिखा है—

"इस सम्प्रदाय के भक्त पं० गोपाल प्रसाद शर्मा ने इनका जन्म-संवत् १५३० में माना है, परन्तु ओरछा-नरेश महाराज मधुकरशाह के राजगुरु हरिराम जी व्यास ने संवत् १६२२ (अर्थात् सन् १२६५ ई०) के लगभग उनसे दीक्षा ली थी। इस बात को ध्यान में रखकर आचार्य रामचन्द्र शुक्ल ने इनका जन्म इसके पश्चात् समझा है। शुक्ल जी के अनुसार यह समय संवत् १५५९ अर्थात् सन् १५०२ ई० में होना चाहिये।"[१]

इस सम्वत् की पुष्टि भगवन्मुदित नामक भक्त द्वारा लिखित 'हितहरिवंश चरित' से भी हो जाती है। उसमें हितहरिवंश जी के जन्म-सम्वत् का उल्लेख इस प्रकार है—

"पन्द्रह सौ उनसठ सम्वतसर वैशाखी सुदि ग्यार सोमवार।
तहँ प्रगटे हरिवंश हित, रसिक-मुकुट-मणि भाल॥"[२]

हित-हरिवंश जी का जन्म सहारनपुर जिले के देवबन्द ग्राम में हुआ था; इनके पिता का नाम श्री व्यास था। किम्बदन्ती है कि पहले ये मध्व-सम्प्रदाय के अनुयायी थे परन्तु जब राधा ने

---

१ हिन्दी साहित्य : आचार्य हजारीप्रसाद द्विवेदी पृष्ठ १९५-१९६
२ हित हरिवंश-चरित (भगवन्तमुदित भक्त मालवीय पुस्तकालय, अलीगढ़)

इन्हें स्वप्न में दर्शन दिये तो उनके उपासक हो गये और उन्होंने वृन्दावन में एक मन्दिर का निर्माण कराया। नाभादास जी के 'भक्तमाल' में इनका उल्लेख है, जिससे हितहरिवंश के सिद्धान्तों पर पर्याप्त प्रकाश पड़ता है। भक्तमाल का पद इस प्रकार है :

"श्री हरिवंश गुसाईं भजन की रीति सकृत को जानि है ?
श्री राधाचरण प्रधान हृदय अति सुदृढ़ उपासी।
कुन्ज केलि दम्पति तहां की करत खवासी।
सर्वसु महाप्रसाद प्रसिद्धता के अधिकारी।
विधि-निषेध नहि दास अनन्य उत्कट-व्रतधारी।
श्री 'व्यास' सुवन पथ अनुसरै सोई भलै पहिचानि है।
श्री हरिवंश-गुसाईं भजन की रीति सकृत को जानि है ?"

श्री प्रियादास जी का पद यह है :

"श्री हितु जू की रति कोऊ लाखनि में एक जाने।
राधाई प्रधान माने पाछे कृष्ण ध्याइये।
निपट विकट भाव, होतन स्वभाव ऐसो।
उनकी ही कृपा दृष्टि नैकु क्यों हूँ पाइये।
विधि औ' निषेध छेद और, प्रान-प्यारे हिये।
जिये निजदास निस-दिन वहै गाइये।
सुखद चरित सब रसिक विचित्र नीके।
जानत प्रसिद्ध कहा कहिकें सुनाइये।"[1]

इन दोनों पदों से हित-हरिवंश जी की विचारधारा का पता चलता है। उन्होंने कृष्ण की अपेक्षा राधा की भक्ति को विशेष महत्व दिया है, पर राधा को उन्होंने उस रूप में नहीं माना है, जिसमें बङ्गाल के कुछ वैष्णव-सम्प्रदायों ने अङ्गीकार किया है। नाभादास जी ने अपने पद में स्पष्ट किया है कि दम्पति-कुन्ज-केलि-महत्व साधारण व्यक्ति की बुद्धि से परे हैं, क्योंकि जब तक हमारी बुद्धि विधि-निषेध-परक होगी, लौकिक वासनाओं से ऊपर नहीं उठ सकती। यह लीला तो अनन्य भक्ति द्वारा ही हृदयंगम हो सकती है। हित-हरिवंश ने अपने सम्प्रदाय में दूषित मानसिक वृत्तियों के परिष्कार का ही योग बताया है। इस योग की प्राप्ति 'श्रीमद्भगवद्गीता' के शब्दों में अभ्यास अथवा वैराग्य से ही सम्भव है। 'भक्तमाल' के पद में 'खवासी' शब्द का प्रयोग विशेष महत्वपूर्ण है। इस सम्प्रदाय में राधा कृष्ण-प्रेम के संयोग पक्ष को ही लिया है और युगल-मूर्ति की कुन्ज-लीलाओं के आनन्द को 'परम-रस-माधुरी-भाव' कहा है। यों तो इस मधुर भाव की उपासना का चैतन्य-सम्प्रदाय तथा वल्लभ-सम्प्रदाय में पूर्ण-विवेचन हुआ है, फिर भी राधावल्लभी सम्प्रदाय की भावना में एक मधुर आकर्षण है। इस सम्प्रदाय की भक्ति-पद्धति से प्रतीत होता है कि यह भक्ति-भावना अन्य वैष्णव-सम्प्रदायों की भक्ति-भावना से स्वतन्त्र है। इस सम्प्रदाय का अनन्य दास भाव, कुन्ज-केलि, सम्पत्ति का खवासी अर्थात् दासीभाव, विधि निषेध का त्याग तथा राधिका जी को इष्ट-देवी के रूप में मानना ही विशेषताएँ हैं। श्रीकृष्ण इस सम्प्रदाय के इष्टदेव नहीं हैं, केवल राधिका के अनुषंग के कारण उपास्य हैं। स्वयं उनके लिए राधा की सखियाँ और दासियाँ भी अनुनय विनय के पात्र हैं। इस सम्प्रदाय से 'स्वकीया' अथवा 'परकीया' को कोई स्थान नहीं मिला

१ भक्तमाल-भक्ति सुधा-स्वाद तिलक रूपकला पृष्ठ ६०५।

है। डा० हजारीप्रसाद द्विवेदी अपने 'हिन्दी-साहित्य' में इस सम्प्रदाय के सिद्धान्तों के विषय में लिखते हैं :

'निगमागम से अगोचर, सच्चिदानन्द, घन-विग्रह श्री राधाकृष्ण नित्य-किशोर युगलरूप से 'श्री वृन्दावन' में ऐसी प्रेम-क्रीड़ा किया करते हैं, जो स्वकीया और परकीया भाव से असंप्रज्ञात है; और यथासमय स्वेच्छा से ये युगल 'ब्रजेन्द्रनन्दन' और 'श्री वृषभानुनन्दिनी' नाम से ब्रज में प्रकट होकर अपनी रहस्य लीला से निज-रसिक-जनों को आनन्द प्लावित किया करते हैं। तब श्रीकृष्ण जी विषय और राधिका सहित सब गोपियाँ आश्रय होती हैं। इसी श्रुति-गोचर ब्रजलीला की उपासना तथा गान अन्य समस्त रसिकों ने किया।"[1]

वैष्णव सम्प्रदायों के इस विवेचन से हम इस निष्कर्ष पर पहुँचते हैं कि इनमें भक्ति की भावना उत्तरोत्तर बढ़ती गई, भक्ति के रागात्मक पक्ष को विशेष बल मिलता गया और शास्त्रीय पक्ष का ह्रास होता गया। प्रपत्ति अर्थात् शरणागति और समर्पण की भावना को विशेष महत्व मिला, परन्तु भक्ति-आन्दोलन की पृष्ठ भूमि के लिए केवल इन वैष्णव सम्प्रदायों का ज्ञान अपर्याप्त ही समझना चाहिये। हम पहले कह आये हैं कि दक्षिण में वैष्णव और शैव दोनों प्रकार के भक्तों की परम्परा समानान्तर-सी चल रही थी। जिस प्रकार विष्णु-विषयक भक्ति-भावना को लेकर अनेक वैष्णव आचार्य उठ खड़े हुए, उसी प्रकार शैव-भक्ति-भावना को लेकर अनेक शैव सम्प्रदाय चले, जिसका उल्लेख हम पहले कर चुके हैं। इन शैव-सम्प्रदायों में पाशुपत-सम्प्रदाय विशेष महत्वपूर्ण है। इस सम्प्रदाय के मूल में तीन सिद्धान्त हैं—(१) पति अर्थात् स्वामी, (२) पशु अर्थात् जीवात्मा तथा (३) पाश अर्थात् बन्धन। इस सम्प्रदाय के चार पाद स्वीकार किये गये हैं—विद्या, क्रिया, योग और चर्चा। इस पाशुपत सम्प्रदाय के पश्चात् शैव सम्प्रदाय का विकास हुआ, जिसके सिद्धान्त पाशुपत-सम्प्रदाय के सिद्धान्तों से सरल थे। इस सम्प्रदाय के पोषकों में सम्भुदेव और श्री कण्ठशिवाचार्य विशेष रूप से उल्लेखनीय हैं। शैव-सम्प्रदायों के अन्तर्गत ही कपाल और कालामुख सम्प्रदाय आते हैं, जिनमें ऐसी अमानवीय क्रियाओं का समावेश हुआ कि जन-साधारण में शिव-भक्ति के प्रति उदासीनता के भाव जगने लगे। जिस समय दक्षिण में ये सम्प्रदाय पनप रहे थे, उसी समय उत्तर में काश्मीरी शैव सम्प्रदाय का आगमन हुआ। यह सम्प्रदाय घृणित क्रियाओं का आश्रय लेकर नहीं चला था, इसलिए यह श्रेष्ठ और तर्क-सम्मत कहा जा सकता है। इस सम्प्रदाय के मूल प्रवर्तक तो असुगुप्त माने जाते हैं, किन्तु आगे चलकर यह दो भागों में विभाजित हो गया—(१) स्पन्द शास्त्र, जिसकी स्थापना कल्लट ने की और (२) प्रत्यभिज्ञा-मत, जिसका प्रणयन सोमानन्द ने किया। शङ्कर के अद्वैत-वाद के समानान्तर इन्होंने ईश्वरद्वयवाद प्रचार किया और मुक्ति के लिए ज्ञान एवं भक्ति दोनों का उचित सामंजस्य आवश्यक बताया।

शिव-भक्ति को आधार मानकर अन्य कई सम्प्रदाय प्रचलित हुए। इनमें लिङ्गायत शाक्त और गाणपत्य सम्प्रदाय इसी भक्ति की ही देन है। गाणपत्य सम्प्रदाय के छः वर्ग माने जाते हैं।

प्राचीन धार्मिक सम्प्रदायों में 'स्कन्द' और 'सौर' सम्प्रदाय भी उल्लेखनीय हैं। स्कन्द अथवा कार्तिकेय शिव के ही पुत्र माने जाते हैं। पतंजलि के समय से स्कन्द की पूजा का विधान मिलता है। पतंजलि ने स्वयं स्कन्द, शिव और विशाख मूर्तियों का उल्लेख किया है। इसी प्रकार प्राचीन समय में सूर्य की भी देवरूप में उपासना की जाती थी और आज भी उसे वैदिक देवता स्वीकार किया जाता है। वेद में सूर्योपासना के मन्त्र भी प्राप्त होते हैं। प्राचीन शिलालेखों और

१ हिन्दी-साहित्य डा० हजारीप्रसाद द्विवेदी पृष्ठ १६८।

ऐतिहासिक विवरणों से भी सूर्य की उपासना के प्रचार की पुष्टि होती है। तीसरी शताब्दी में सूर्योपासना एक दूसरे ही रूप में भारत में प्रविष्ट हुई, जो ईरान से आई थी। इस सम्प्रदाय का विस्तृत विवेचन भण्डारकर ने अपने Vaishnavism and Shaivism में किया है[1]।

इन सम्प्रदायों के अतिरिक्त अन्य सम्प्रदाय भी प्रचलित थे। हम पहले लिख चुके हैं कि बौद्धमत सहजयान के रूप में अपने स्वरूप को बिल्कुल बदल चुका था, जिसकी बहुत-सी बातें वैष्णवों ने भी अपना ली थीं। वैष्णवों के एक ऐसे ही सम्प्रदाय का नाम 'सहजिया सम्प्रदाय' था जिसका उल्लेख हम आगे करेंगे।

इन सम्प्रदायों के अतिरिक्त उत्तरी भारत में बौद्धों, जैनों और नाथों की अनेक शाखायें थीं, जो समयानुसार अपने स्वरूप में परिवर्तन करती हुई जनता में अपने मत का प्रचार कर रही थीं। इन साम्प्रदायिक मत-मतान्तरों के प्रचारकों के अतिरिक्त देश में एक ऐसा भी वर्ग था, जो मनुष्य की सामान्य भाव-भूमि के आधार पर जाति-पाँति के भेद-भाव से परे, साम्प्रदायिकता के आवरण को दूर फेंक कर एक ईश्वर की निष्ठा का प्रतिपादन कर रहा था। ऐसे सन्त महात्मा देश के प्रत्येक भाग में वर्तमान थे। उत्तरी भारत में कबीर, नानक, दादू और दक्षिणी भारत के नामदेव, तुकाराम, एकनाथ आदि इसी परम्परा के अन्तर्गत आते हैं। यद्यपि इन महात्माओं के सिद्धान्त स्वतन्त्र थे और सामाजिक-विषमताजन्य थे, फिर भी समाज में प्रचार के लिए प्रथा के अनुसार किसी शास्त्रीय पण्डित को गुरु बनाना उन्हें आवश्यक था। इनकी भक्ति-भावना में बाह्य आडम्बर के लिए स्थान नहीं था और न ये जाति-पाँति में विश्वास ही रखते थे। हृदय की शुद्धि, आचरण की उच्चता और ईश्वरीय-प्रेम विह्वलता को ही प्रधानता देने वाले ये मस्त-मौला सन्त जनता की भाषा में ही अपने सिद्धान्तों का प्रचार करते थे। इन्होंने अपने-अपने पन्थों में तत्कालीन प्रचलित धार्मिक भावनाओं का समन्वय किया। हेय का त्याग और आदेय का आदान इनकी सरल प्रकृति का प्रमाण है। कबीर-पंथ में हमको तत्कालीन प्रचलित सभी धाराओं का परिष्कृत और समन्वित रूप मिलता है। इसी प्रकार नामदेव और तुकाराम ने भी भक्ति का एक समन्वित रूप जनता के समक्ष प्रस्तुत किया। नामदेव ने पंढरपुर के आस-पास अपने मत का प्रचार किया। पंढरपुर में बिठोवा जी का मन्दिर है। विठोवा और पंढरपुर दोनों का ही नाम शिव और विष्णु की भक्ति का समन्वयात्मक रूप उपस्थित करते हैं। कहा जाता है कि संस्कृत नाम विष्णु कन्नड़ी भाषा में बिट्ठु हो जाता है। इसी प्रकार भण्डारकर ने यह भी सिद्ध किया है कि पंढरपुर का यह नाम इसलिए पड़ा कि इसे पाण्डुरम ने बसाया था और सम्भवतः इसका पहला नाम पाण्डुरंगपुर था। हेमचन्द्र के अनुसार पाण्डुरम् रुद्र अथवा शिव को कहते हैं। पण्ढरपुर में आज भी एक शिव का मन्दिर है और यात्री बिठोवा जी के दर्शन से पूर्व शिव के ही दर्शन करते हैं।

नामदेव ने अपनी भक्ति का प्रचार छोटी जाति के लोगों में विशेष रूप से किया। उनके विषय में अनेक कहानियाँ प्रचलित हैं। नामदेव के गुरु खेचर मूर्ति-पूजा के घोर विरोधी थे। नामदेव ने कहा है कि व्रत, उपवास, तपस्या आदि व्यर्थ हैं, तीर्थ-यात्रा भी बेकार हैं; केवल हृदय को शुद्ध रखना और हरि का नाम जपना ही श्रेयष्कर है। योग, यज्ञ, वैराग्य आदि हरि के चरणों की प्रीति के सम्मुख निरर्थक हैं। नामदेव ने सब जाति और वर्ग के लोगों को शिक्षा दी, यहाँ तक कि मुसलमान भी उनके शिष्य थे। नामदेव की जन्म-तिथि के विषय में मतभेद है। भण्डारकर ने उनका जन्म सन् १२७० में माना है।[2]

---

1 See, 'Vaishnavism and Shaivisn' by R. G. Bhandarkar, Pages 215—221.

२ "देखिये वैष्णविज्म एण्ड शैविज्म" पृष्ठ १२७

महाराष्ट्र की इसी परम्परा में तुकाराम हुए, जो शिवाजी के समकालीन थे। भण्डारकर ने तुकाराम का जन्म सन् १६०८ में माना है। तुकाराम ने लगभग ५००० से ८००० तक अभंग लिखे, जिनमें धर्म की विभिन्न समस्याओं पर विचार किया गया है। उनकी विचार-परम्परा कबीर की विचारधारा से मेल खाती है। तुकाराम निराकार परमात्मा के उपासक थे। उन्होंने कबीर की भाँति हिन्दू और मुसलमान दोनों में एकता की भावना उत्पन्न करने के लिये प्रयत्न किया।

हम पहले कह आये हैं कि ये सन्त गुरु में विश्वास रखते थे और सौभाग्यवश इन्हें गुरु भी समन्वयवादी ही मिले। इस प्रकार के आचार्यों में स्वामी रामानन्द जी का नाम विशेष रूप से उल्लेखनीय है। एक ओर तो वे रामानुजाचार्य आदि की आचार्य-परम्परा में आते हैं और दूसरी ओर कबीर आदि सन्तों की परम्परा में। उत्तर और दक्षिण की भक्ति-पद्धति का समन्वय रामानन्द का महान् कार्य है जैसा कि डा० ताराचन्द ने लिखा है :—

"Rama Nand was the bridge between the Bhakti-movements of south and the north."

रामानन्द जी की जन्म-तिथि का प्रश्न भी विवादास्पद है। भण्डारकर और ग्रियर्सन ने उनका जन्म सन् १२९९ में माना है और ये दोनों ही महानुभाव उन्हें रामानुजाचार्य से चतुर्थ आचार्य मानते हैं। डा० ताराचन्द ने रामानन्द को रामानुज की परम्परा में २२ वाँ आचार्य मानकर इनकी उत्पत्ति १४ वीं शताब्दी के अन्त में मानी है। उनके मृत्यु-सम्वत् के विषय में भी इसी प्रकार मतभेद है। भण्डारकर ने इनका देहावसान सन् १४११ में लिखा है। स्वामी रामानन्द को रामभक्ति का सर्वप्रथम आचार्य माना जाता है। उनके शिष्य दो कोटि के थे—एक तो सुधारवादी और दूसरे प्राचीन भक्ति-परम्परा के भक्त। सुधारवादियों में कबीर का नाम विशेष उल्लेखनीय है।

हम पहले संकेत कर चुके हैं कि यह भक्ति-आन्दोलन केवल भारतीय धर्म-विश्वासों तक ही सीमित नहीं था; विदेशी धर्म—विशेषकर ईसाई और मुसलमान धर्म—भी इसमें योग दे रहे थे। रामानुजाचार्य ने भक्ति पर विशेष बल दिया और प्रपत्ति को स्वीकार करके शरणागति के महत्व को समाज के सम्मुख रखा। इन्होंने शूद्रों को प्रपन्न संज्ञा देकर भक्ति का अधिकारी घोषित किया। वैष्णव-भक्ति में जिन नवीन तत्त्वों का समावेश हुआ, उन्हें पाश्चात्य विद्वान् ईसाइयत की देन मानते हैं किन्तु उन्हीं के कुछ भाई उनके इस कथन के विरुद्ध मत प्रकट करते हैं। कुछ विदेशी महानुभाव उन्हें इसलाम के प्रभाव का फल बताते हैं। इस विषय में डा० ताराचन्द लिखते हैं :[1]

Burnell[2], Weber[3], Logan[4], Caldwell[5], Hopkisns[6] and Bhandarkar[7], along with Pope and Grierson ascribed these changes to the influence of Christian communities in the south. Barnett[8], Macnicall[9], Estlin Carpenter[10], hold more or less explicity that development was due to internal

1 Influence of Islam on Indian Culture (Dr. Tarachand) P. 106-107.
2 Indian Antiquary Vol. III P. 308, Vol. IV Page 183.
3 Do Vol. III P. 21, 47.
4 See Malabar (Logem).
5 ,, A Comparative Grammar of the Dravidian Languages.
6 ,, India Old and New.
7 ,, Vaishnavism and Shaivism.
8 Heart of India.
9 Indian theism.
10 Theism in Medieval India.

causes only, because the historical conditions necessary for Cristian contact in the south were wanting. Fawcett, however, in his notes on 'some of the people of Malabar', suggested that Islam was probably the needed factor.

स्वयं डा० ताराचन्द भी भारतीय भक्ति-भावना में इसलामी प्रभाव को मानते हैं। अपनी पुस्तक "Influence of Islam on Indian Culture" में उन्होंने इस विषय पर विस्तारपूर्वक लिखा है। वैष्णव और शैव दोनों ही सम्प्रदायों के विकास का वर्णन करते हुए वे अपना निष्कर्ष इस प्रकार देते हैं :

"In short, the progress of religious thought in the south reveals a growing absorption of Muslim Ideas, into Hindu systems. The philosophies of Sankar, of Ramanuja and others had their roots in the systems of the past, their presentation was original, but in the case of the latter it appears probable that they did not grow up utterly regardless of the new currents of thought, which then flowed in the country. But if in their case it is only possible to give a judgment which must be largely conjectural, the evidence leaves almost no doubt that the Vir Saivas and the Siddhas were largely influenced by Islam."[1]

हमारे दृष्टिकोण से यह भक्ति-भावना न तो इसाई धर्म से ही इतनी प्रभावित हुई और न मूसाई धर्म से ही, जितनी कि बौद्ध और जैन धर्म से। यदि यह स्वीकार भी कर लिया जाय कि ८ वीं शताब्दी में ही कुछ ईसाई और मुसलमान भारत में आकर बस गये थे, तो उससे यह कल्पना भी नहीं की जा सकती कि उन्होंने हिन्दू-धर्म को प्रभावित किया होगा, क्योंकि कुछ इने-गिने विदेशी धर्म-सुधारक सारे भारतवर्ष में व्याप्त उस धर्म को कैसे प्रभावित कर सकते थे? हाँ, मुसलमानी राज्य-सत्ता स्थापित होने पर १५-१६ वीं शताब्दी में सूफी-मत का प्रभाव उत्तरी भारत के भक्ति-आन्दोलन पर अवश्य पड़ा। विदेशी प्रभाव को स्वीकार करने वाले विद्वानों ने यह तर्क उपस्थित किया है कि भारतीय धर्म-परम्परा में प्रपत्ति, शरणागति, प्रेम-भाव तथा विश्वजनीनता का अभाव था, परन्तु भागवत धर्म और भारतीय भक्ति-परम्परा से परिचित विद्वान् इस भ्रमात्मक विचार को स्वीकार नहीं कर सकेंगे; इस विषय का उल्लेख हम आगे करेंगे। वास्तविक सत्य तो यह है कि जिन तत्वों को उक्त विद्वान् पाश्चात्य अथवा इसलामी प्रभाव के कारण समाविष्ट बताते हैं वे जैन तथा बौद्ध-धर्म के आधारभूत रहे हैं और राजनीतिक, सामाजिक आदि क्षेत्रों में हिन्दू-धर्म की सीधी टक्कर इन दोनों धर्मों से ही हुई थी।

हमारे चरित-नायक भक्त-प्रवर सूरदास इस भक्ति-आन्दोलन के अपार पारावार में डूबती-उतराती जन-साधारण की नौका के कर्णधार कहे जा सकते हैं, जिन्होंने मत-मतान्तरों के झञ्झावात से डगमगाती हुई उस साधना-तरणि को प्रेमा-भक्ति के पतवारों से ब्रजलोक के सुरम्य तट पर लाकर खड़ा कर दिया। संसार के संकीर्ण वातावरण में तड़पते हुए मानव को उन्होंने उस उच्च-भाव-भूमि पर लाकर बिठा दिया, जहाँ एक ओर तो वह ऐहिकता की कलुषित दुर्गन्ध से मुक्त होकर ईर्ष्या-द्वेष, छल-कपट आदि से रहित उन्मुक्त वायु में साँस ले सका और दूसरी ओर सांसारिक संताप से तप्त मनुष्य की दशा पर आँसू बहाता हुआ हाथ बढ़ाकर उसे ऊपर उठने में सहारा दे सका। जनता की कुत्सित मनोवृत्तियों का परिष्कार कर उन्हें ब्रह्ममय कृष्ण की ओर उन्मुख करके सूर ने लोक-कल्याण का बड़ा भारी कार्य किया।

---

1 "Influence of Islam on Indian Culture" (Dr. Tarachand) Page 128-129.

पञ्चम अध्याय

पुराण-साहित्य और कृष्ण का विकास

महाकवि सूरदास ने अपने साहित्य का आधार यद्यपि श्रीमद्भागवत को ही रखा है किन्तु अन्य पुराणों की कृष्ण-विषयक कथाओं का आश्रय लेने के लोभ को वे संवरण नहीं कर सके हैं। अतएव सूर के विद्यार्थी के लिये यह जानना आवश्यक हो जाता है कि लीला पुरुषोत्तम भगवान् कृष्ण के जीवन का विकास किस प्रकार हुआ और किन-किन पुराणों में उनका चरित दिया हुआ है ? यहाँ हम इसी पर विचार करेंगे।

भारतीय-वाङ्मय की तिथि और क्रम के निर्धारण के विषय में अनेक भारतीय और अभारतीय मत प्रचलित हैं। वेदों को प्रायः सभी ने संसार का सर्वप्राचीन साहित्य स्वीकार किया है, किन्तु उनकी उत्पत्ति कब और कैसे हुई, इस प्रश्न का एक निश्चित उत्तर नहीं मिल सका। पाश्चात्य विद्वान् वेदों की उत्पत्ति ईसा से सात-आठ सहस्र वर्ष पूर्व से पहले नहीं मानते परन्तु वेदों के अन्तःसाक्ष्य के अनुसार वेदों की उत्पत्ति सृष्टि के साथ ही सिद्ध होती है; जैसा कि ऋग्वेद में लिखा है :

"तस्मात् यज्ञात् सर्वहुतः ऋचः सामानि यज्ञिरे।
छंदांसि यज्ञिरे तस्माद्यजुः तस्मादजायत॥

(ऋग्वेद मण्डल १० सूक्त ९०)

इसी प्रकार यजुर्वेद और अथर्ववेद में भी ऐसे मंत्र हैं, जिनसे सिद्ध होता है कि चारों वेद परमपुरुष यज्ञ भगवान् से सृष्टि के साथ ही उत्पन्न हुए। ज्योतिष् के अनुसार यह गणना विक्रमीय सम्वत् के सौर वर्ष १९९२ की समाप्ति तक १,९५,५८,८५,०१७ (एक अरब, पिचानवें करोड़, अट्ठावन लाख, पिचासी हजार, सत्रह) सौरवर्ष और ५६ दिन होती है। पाश्चात्य विद्वान् तो उपलब्ध भौतिक पदार्थों के आधार पर ही अनुमान लगाते हैं। वेदों के अतिरिक्त उपवेद, वेदाङ्ग, स्मृति, दर्शन, इतिहास, पुराण, तन्त्र आदि के विषय में भी अनेक कल्पनायें हैं। इस भौतिक युग के जड़वादी पुरुष के लिये आप्त-प्रमाण तो कल्पना ही है। केवल प्रत्यक्ष को ही प्रमाण मानने वाला जड़वादी व्यक्ति 'अनुमान' और 'उपमान' तक भी अपनी बुद्धि-व्यापार को नहीं ले जा सकता। इतना हम अवश्य मानते हैं कि इस वैदिक-साहित्य का संकलन और विभाजन कई बार हुआ है और यही कारण है कि उसके बहुत से संस्करण और पाठान्तर आज हमें मिलते हैं; पुराणों से यह बात स्पष्ट हो जाती है। मत्स्य-पुराण के अनुशीलन से पता चलता है कि द्वापर युग के अन्त में वेदव्यास जी ने वेदों का संकलन किया। महाभारत के शल्य-पर्व में एक कथा है, जिसका सारांश है कि एक बार जब वृष्टि न होने से ऋषि लोग बारह वर्ष तक बाहर घूमते रहे तो वे वेदों को भूल गये, तब दधीचि और सरस्वती के पुत्र सारस्वत ने वेदों को पढ़ाया। दत्तात्रेय द्वारा वेदों के उद्धरण की कथा तो प्रचलित है ही।

हमारे पाश्चात्य अभिभावक जब वेदों को ईसा से ७-८ हजार वर्ष पूर्व से अधिक पहले के मानने के लिये प्रस्तुत नहीं हैं, तो यदि वे पुराणों को १६-१७ वीं शताब्दी की रचना करा दें

तो आश्चर्य ही क्या ? हमारा तो यह अनुमान है कि पुराणों की स्थिति, चाहे किसी रूप में ही क्यों न रही हो, वैदिक काल में भी थी। इसके प्रमाण हमें वैदिक-साहित्य में मिलते भी हैं। अथर्ववेद में लिखा है।

"ऋचः सामानि छन्दांसि पुराणं यजुषा सह [अथर्ववेद ७१।७।२४] शतपथ ब्राह्मण में भी लिखा है कि अध्वर्यु पुराणों का कीर्तन करते रहते हैं।[1] बृहदारण्यक में तो स्पष्ट ही उल्लेख है कि जिस प्रकार गीली लकड़ी से धुआं निकलता रहता है, उसी प्रकार महत्तत्व से निश्वास के रूप में वेद, पुराण आदि निःसृत होते हैं।[2] इन उक्तियों से इतना तो अवश्य ही सिद्ध हो जाता है कि पुराण इतने अर्वाचीन नहीं हैं, जितना उनको बताया जाता है। हां, यह बात अवश्य है कि जिस रूप में हमें पुराण आज उपलब्ध होते हैं, उस रूप में प्राचीन काल में न रहे होंगे। पुराणों का विषय प्रायः सृष्टि-प्रकरण ही रहता था। इतिहास और पुराणों का भेद हमारे वाङ्मय में प्रसिद्ध ही है। स्वयं पुराणों में ही पुराण के ये पाँच लक्षण बताये हैं:— (१) सर्ग अर्थात् सृष्टि का विज्ञान (२) प्रतिसर्ग, अर्थात् सृष्टि का विस्तार-लय और फिर से सृष्टि, (३) सृष्टि की आदि वंशावली, (४) मन्वन्तर, (५) वंशानुचरित। पुराणों के प्रायः ये ही पाँच विषय रहे भी हैं; हां श्रीमद्भागवत में अवश्य दस विषयों का वर्णन है :

सर्ग, विसर्ग, स्थान, पोषण, ऊति मन्वन्तर, ईशानुकथा, निरोध, मुक्ति और आश्रय।[3] इनका विवेचन तो हम यथाप्रसंग करेंगे, यहाँ तो केवल पुराण के सामान्य विषय की बात है। प्राचीन पुराण किस रूप में रहे होंगे, इसका आज कुछ पता नहीं चलता और न उनके प्रणेता की ओर ही कोई संकेत है। हो सकता है कि पुराण भी ब्राह्मण और आरण्यक ग्रन्थों की भाँति ऋषि-प्रोक्त रहे हों। मनु-संहिता, आश्वलायन गृह्य-सूत्र और महाभारत सभी से यह पता चलता है कि पुराण संख्या में कई रहे होंगे। वेदव्यास जी ने जब वेदों के चार विभाग किये तो उन्होंने पाँचवें वेद पुराण का भी संग्रह किया। प्रायः पुराणों की संख्या १८ गिनाई गई है। इन १८ पुराणों के अतिरिक्त कुछ उपपुराण भी प्रसिद्ध हैं। आगे चलकर तो यह निश्चय करना भी कठिन हो गया कि कौन महापुराण और कौन उपपुराण है ? पुराणों के अध्ययन से ज्ञात होता है कि सब पुराणों में प्रायः एक ही विषय की पुनरावृत्ति की गई है और किन्हीं पुराणों के तो श्लोक भी ज्यों के त्यों मिल जाते हैं, किन्तु प्रत्येक पुराण का उद्देश्य पृथक् प्रतीत होता है क्योंकि प्रत्येक में कोई न कोई प्रसंग विशेष रूप से कहा गया है। पुराणों का मुख्य विषय सम्प्रदाय-प्रचार ही प्रतीत होता है, जैसा कि उनके विविध नामों से ही प्रकट होता है। सम्प्रदाय-साहित्य होने के कारण यह हो सकता है कि उनमें परिवर्तन और परिवर्द्धन बराबर होते रहे हों। हिन्दू-पुराणों के आधार पर अनेक जैन और बौद्ध-पुराणों की भी रचना हुई। जैन लोग अपने पुराणों का अस्तित्व हिन्दू-पुराणों से पहले मानते हैं, परन्तु यह धारणा असंगत है, क्योंकि बौद्ध और जैन पुराणों में शिव, ब्रह्मा आदि के उल्लेख हुए हैं। जैनों के २४ पुराण और बौद्धों के ९ पुराण प्रसिद्ध हैं।

जैसा कि हम आगे भक्ति-प्रकरण में बतायेंगे, वेदों के सभी भाष्यकार इस बात को मानते हैं कि चारों वेदों में मुख्य रूप से तीन ही विषयों का प्रतिपादन हुआ है—कर्म-काण्ड, ज्ञान-काण्ड और उपासना-काण्ड। भारतीय भक्ति-पद्धति और उपासना ब्रह्म के निराकार रूप से किस प्रकार

१ शतपथ-ब्राह्मण १०।४-३।१२

२ बृहदारण्यक २।४।१०

३ श्रीमद्भागवत दि० स्कं० अध्याय १० श्लोक १, २

उसके साकार रूप तक पहुंची, इसका उल्लेख हम पहले कर चुके हैं। पुराणों में ब्रह्म के सगुण रूप का ही विशद् विवेचन हुआ है। यही कारण है कि अवतारवाद पुराणों का एक अंग बन गया है। ब्राह्म, शैव, वैष्णव, शाक्त, भागवत आदि सभी पुराणों में ब्रह्म के नाना रूपों की कल्पना करके उनके अवतारों की चर्चा की गई है। उन्हीं की कथाओं और माहात्म्य से पुराण भरे पड़े हैं। पुराणों में जितने भी तत्व दीख पड़ते हैं उन सभी के स्रोत किसी न किसी रूप में वैदिक-साहित्य में मिल जाते हैं। इन स्रोतों को वैदिक-साहित्य में सरलता से ढूंढ़ा जा सकता है, परन्तु यह एक विस्तृत विषय है; इसलिए इसका संक्षेप में ही उल्लेख करेंगे। श्री रामदास गौड़ ने अपने 'हिन्दुत्व' ग्रन्थ में एक उल्लेख इस प्रकार दिया है: "वैदिक ग्रन्थों में देवतत्व का जिस प्रकार आभास है, वही पुराणों में विकृत होकर बड़े पैमाने में दिखायी पड़ता है। पहले के देवताविशेष अनेकानेक उपाख्यानों में रूपान्तरित और परिवर्तित हो गये हैं। जैसे 'विष्णु' शब्द सूर्य के अर्थ में वेदों में आया है। परन्तु पुराणों में सूर्य से भिन्न अलग देवता का नाम है, जिसका माहात्म्य पुराणों में भर दिया गया है और जिसके अवतारों की कथा का विकास कर दिया गया है। भक्त जनों ने दूसरों के सुशोभन अलंकारों का अपहरण करके अपने-अपने इष्टदेव का मनमाना शृंगार किया है। इस तरह ऊधो की पगड़ी माधो के सिर पहना कर हिन्दू-धर्म का एक नया रूप गढ़ लिया है। इस प्रकार हिन्दू-शास्त्र क्रमशः परिवर्तित और विपर्यस्त हो गया है।"[१]

हम गौड़ जी के इस मत से सहमत नहीं हैं। पुराणों में विशेष रूप से अवतारों ही का वर्णन है। भागवत धर्म के विकास पर दृष्टि-पात करने से पता चलता हे कि किस प्रकार वैदिक काल में ही किसी एक देवता का महत्व और दूसरे का अपकर्ष होता गया। अवतारों का उल्लेख तो—अवतार रूप में न सही—अनेक स्थलों पर हुआ है। ऋक्संहिता में अनेक सूक्तों में विष्णु-सम्बन्धी मन्त्र हैं। शिवजी का नाम उसमें 'रुद्र' आया है और यजुर्वेद में तो रुद्र की पूर्ण स्तुति ही है। वाजसनेयी संहिता की शतरुद्री में शिवजी के अनेक नाम गिनाये हैं—जैसे शिव, गिरीश, पशुपति, नीलग्रीव, शितिकण्ठ आदि। इसी संहिता में 'शिवा' और 'अम्बिका' का भी उल्लेख हुआ है।[२] ब्राह्मण-ग्रन्थों में तो अवतार का उल्लेख और भी स्पष्ट है, जैसे शतपथ ब्राह्मण में मत्स्यावतार, कूर्मावतार, वाराह-अवतार और वामनावतार का स्पष्ट उल्लेख है।[३] तैत्तिरीय आरण्यक (१।२३।१) में कूर्मावतार का तैत्तिरीय-संहिता (७।१।५।१) और तैत्तिरीय ब्राह्मण (१।१।३।५) में वाराहावतार का तथा तैत्तिरीय आरण्यक (१०।१।६) में वासुदेव श्रीकृष्ण का वर्णन है। उपनिषदों में भी अवतारविषयक उल्लेख मिलते हैं। छान्दोग्योपनिषद ३।१७ में देवकीपुत्र श्रीकृष्ण का उल्लेख है। ऋग्वेद अष्टम-मण्डल ७४ वें मन्त्र के द्रष्टा ऋषि कृष्ण बतलाये गये हैं और इसी मण्डल के ८५, ८६, ८७ तथा दशम मण्डल के ४२, ४३, ४४ वें सूक्तों के ऋषि का नाम भी श्रीकृष्ण है। 'कौशीतकी' ब्राह्मण में भी आंगिरस ऋषि और कृष्ण का उल्लेख हुआ है। ब्राह्मण-ग्रन्थों में तो कहीं-कहीं पुराणों की कथाओं का भी संक्षिप्त वर्णन है। इस प्रकार वैदिक-साहित्य में भी हमें इन्द्र, शिव, विष्णु, सूर्य, शक्ति, गणेश, कृष्ण आदि का उल्लेख मिलता है। वास्तव में बात यह है कि पुराणों की कथाएँ अधिकतर रूपक हैं और श्रुति-परम्परा से पुराणों में संग्रहीत की गई हैं; इसलिए पौराणिक कथाओं में कल्पना का योग स्वाभाविक है। पुराणों में कहीं-कहीं पर 'पुराण-संहिता' शब्द आया है, जिससे यह प्रतीत

---

१ हिन्दुत्व (रामदास गौड़) पृष्ठ १६५

२ वाजसनेयी-संहिता ३।५७ और १६।१

३ देखिये शतपथ ब्राह्मण १।८।१।२–१०, १ ४।३ ५, १४।१।२।११ तथा १ २ ५।१-७

होता है कि सब पुराणों का संकलन एक पुराण-संहिता में रहा होगा। विष्णु-पुराण के एक उदाहरण से, जिसका उल्लेख श्री रामदास गौड़ ने भी किया है, यह बात और भी स्पष्ट हो जाती है : "इसके बाद पुराण-तत्वज्ञ भगवान् वेदव्यास ने आख्यान, उपाख्यान, गाथा और कल्पशुद्धि के साथ-साथ पुराण-संहिता की रचना की। लोमहर्षण नाम का व्यास का एक सूतजातीय शिष्य था, जिसे महामुनि 'व्यास' ने पुराण-संहिता दी। लोमहर्षण के ६ शिष्य हुए—सुमति, अग्निवर्चा, मित्रयु, शांस्यायन, अकृतवर्ण और सावर्णि। इनमें से कश्यपवर्णीय, अकृतवर्ण, सावर्णि और शांस्यायन ने लोमहर्षण से पढ़कर मूल-संहिता के आधार पर एक-एक पुराण-संहिता की रचना की; उन्हीं चार संहिताओं का सार लेकर यह पुराण-संहिता रची गयी है। पुराणों में ब्रह्मपुराण सबसे प्राचीन बताया जाता है। पुराणविदों ने पुराणों की संख्या १८ निर्दिष्ट की है।"

ब्रह्म-पुराण के अतिरिक्त प्रायः सब पुराणों की नामावली दी गई है, परन्तु पुराण और महापुराण के विवाद से पुराणों की संख्या १८ से भी अधिक हो जाती है। यदि इन विवादग्रस्त पुराणों को भी महापुराण माना जाय तो उनकी संख्या २० हो जाती है और महाभारत के खिल या परिशिष्ट पर्व को, जिसमें भगवान् कृष्ण के वंश का वर्णन है और जो 'हरिवंश' के नाम से प्रचलित है, अलग महापुराण मानने पर तो यह संख्या २१ हो जाती है परन्तु 'हरिवंश-पुराण' की गणना विद्वानों ने उपपुराणों में ही की है।

पुराणों के विषय

हम पहले कह चुके हैं कि सभी पुराण प्रायः एक ही विषय को लेकर चले हैं, केवल उद्देश्य के भेद से ही उनमें भेद हो गया है। पुराणों के विषय ब्रह्मा, विष्णु, शिव, सूर्य, गणेश, शक्ति आदि देवताओं के गुणों का कीर्तन है। 'स्कन्द-पुराण' के अनुसार दस पुराण शैव हैं, चार ब्राह्म, दो शाक्त और दो वैष्णव माने गये हैं।[1] इनकी व्याख्या इस प्रकार की गई है—शैव, भविष्य, मार्कण्डेय, लैङ्ग-पुराण, वाराह, स्कन्द, कौर्म, वामन और ब्रह्माण्ड ये दस पुराण शैव हैं; वैष्णव, नारदीय, गरुण और भागवत ये चार पुराण वैष्णव हैं, ब्राह्म और पद्म-पुराण ये दो पुराण ब्रह्मा के हैं तथा अग्नि पुराण अग्नि का ब्रह्म-वैवर्त पुराण सूर्य का पुराण है।[2] इन पुराणों के सूक्ष्म विवेचन और अध्ययन से पता चलता है कि पहले शिव की उपासना का ही विशेष महत्व रहा है। धीरे-धीरे विष्णु और शिव में साम्य स्थापित हुआ और फिर विष्णु को महत्व प्रदान किया गया। चारों वैष्णव पुराणों में विष्णु के साथ-साथ महादेव की भी विशेषता बताई गई है। इन पुराणों में लक्ष्य करने की एक और बात यह है कि 'शैवपुराण' शिव को, 'विष्णु-पुराण' विष्णु को, 'शाक्त-पुराण' शक्ति को तथा 'सौर पुराण' सूर्य को अन्य देवताओं का स्रष्टा मानते हैं। ब्रह्मा में अतिरिक्त अन्य पांच देवताओं—विष्णु, शिव, सूर्य, गणेश, शक्ति—का महत्व प्राचीन परम्परा से चला आया है और आज भी धार्मिक गीतों में हमें उनका उल्लेख साथ-साथ मिलता है।

भारतीय इतिहास, सभ्यता और संस्कृति की दृष्टि से पुराणों का बड़ा महत्व है, क्योंकि इनका संकलन विभिन्न कालों में हुआ है। इनमें भिन्न-भिन्न कल्पों की कथाएँ हैं, जिनमें सैद्धान्तिक साम्य होते हुए भी विवरण में भेद हैं। ऐतिहासिक दृष्टि से ये पुराण अमूल्य निधि हैं, क्योंकि इन में तत्कालीन सामाजिक और धार्मिक परिस्थितियों का पूरा-पूरा चित्रण हुआ है। सारा ही वैदिक-साहित्य किसी न किसी रूप में इन पुराणों में आ गया है। ऐसा प्रतीत होता है कि पुराणों के आकार में उत्तरोत्तर वृद्धि होती गई, यही कारण है कि अनेक पाश्चात्य विद्वान् पुराणों को

---

१ स्कन्द-पुराण प्रथम अध्याय 'केदारखण्ड'

२ वही : सम्भव काण्ड १—३०—३६

अधिक पुरानी रचनाएँ मानने के लिये प्रस्तुत नहीं हैं। पुराणों की श्लोक-संख्या में उत्तरोत्तर वृद्धि होने की पुष्टि इस बात से भी होती है कि बिविध पुराणों में अन्य पुराणों के श्लोकों की जो संख्या दी गेई है, वह सर्वत्र एक सी नहीं है। पुराणों की जो प्रतियाँ आज उपलब्ध हैं, उनमें भी यही बात स्पष्ट होती है।

यों तो पुराणों के नाम से ही उनके विषय विशेष का आभास मिल जाता है परन्तु फिर भी हम यहाँ कतिपय विशिष्ट पुराणों की विशेषताओं का संक्षेप में उल्लेख करेंगे। ऊपर जिन २० पुराणों का उल्लेख हुआ है वे ये हैं—ब्रह्म, पद्म, विष्णु, शिव, श्रीमद्भागवत, वायु, नारदीय, अग्नि, ब्रह्म-वैवर्त, वाराह, स्कन्द, मार्कण्डेय, वामन, कूर्म, वत्स, गरुड़, ब्रह्माण्ड, देवी भागवत, लिंग और भविष्य। इनमें महापुराण और उपपुराण विषयक झगड़ा वायुपुराण और शिवपुराण के के बीच, श्रीमद्भागवत और देवी भागवत के बीच तथा चारों भविष्य पुराणों के बीच है।

ब्रह्म-पुराण

ब्रह्म-पुराण में कृष्ण की कथा विस्तारपूर्वक दी गई है; शिव और राम की कथाएँ भी हैं। चौथे और तेतीसवें अध्याय में ब्रह्म का विशेष रूप से उल्लेख है, परन्तु सारे जगत् की उत्पत्ति सूर्य के द्वारा ही बताई गई है और उसे ही सब देवताओं से अधिक महत्व दिया गया है। अन्तिम अध्याय के २० वें श्लोक में इस पुराण को वैष्णव-पुराण माना गया है। इसमें वैष्णव अवतारों की विशेषता का प्रतिपादन किया भी गया है और जगन्नाथ जी के माहात्म्य का कथन भी है। इसकी श्लोक-संख्या किसी पुराण में १० हजार और किसी में १३ हजार लिखी है।

पद्म-पुराण

इस पुराण में पाँच खण्ड हैं—सृष्टि-खण्ड, भूमि-खण्ड, स्वर्ग-खण्ड, पाताल-खण्ड और उत्तर-खण्ड। पाताल-खण्ड में श्रीकृष्ण-चरित दिया हुआ है और उत्तर-खण्ड में अवतारों के वर्णन अनेक माहात्म्य और फिर कृष्ण-चरित दिया गया है। इस पुराण में ५५ हजार श्लोक हैं, सृष्टि की उत्पत्ति हिरण्मय-पद्म से बतलाई है। इसमें वैष्णव-सम्प्रदाय की विशेषताओं का भी उल्लेख है। इसके दो मुख्य संस्करण मिलते हैं—(१) गौड़ीय और (२) दाक्षिणात्य—जिनके विषय-क्रम में कुछ अन्तर है। शैव, पाशुवत, बौद्ध और जैन मतों की निंदा की गई है और अठारह पुराणों का तामस, राजस, सात्विक रूप से विभाजन किया गया है।

विष्णु-पुराण

इस में ६ अंश हैं और उनके पश्चात् धर्मोत्तरखण्ड है। चौथे अंश के १५ वें अध्याय में श्रीकृष्ण के जन्म का उल्लेख है और पाँचवें में श्रीकृष्ण की लीलाओं का वर्णन। इसकी श्लोक संख्या २३००० है

शिव-पुराण

शिव-पुराण सात संहिताओं में विभाजित है। इस में प्रायः शिव के उपाख्यानों का संग्रह है। रुद्र-संहिता के ५४ वें अध्याय, शतरुद्र-संहिता के २९, ३७ और ४१ वें अध्याय में तथा उमा-संहिता के प्रथम तीन अध्यायों में साधारण रूप से कृष्ण का उल्लेख है, जो प्रायः शिव-भक्ति के प्रसंग में ही आ गया है। वायवी-संहिता में भी इसी प्रकार पुत्र-प्राप्ति की कामना से शिव के पास कृष्ण के जाने का उल्लेख किया गया है। इसमें २४००० श्लोक हैं और इसका प्रतिस्पर्धी वायु पुराण है।

श्रीमद्भागवत-महापुराण

इसमें १८ हजार श्लोक हैं, पाद्म-कल्प की कथा कही गई है। इसका प्रतिस्पर्धी पुराण 'देवी भागवत' पुराण है। इसका विशेष विवेचन हम आगे करेंगे।

वायु-पुराण

वायु-पुराण में ११२ अध्याय और १०६५१ श्लोक हैं। इस में देश-देशान्तर और अनेक द्वीपों का वर्णन है। बहुत से राजवंशों का वर्णन इसमें किया गया है। ९६ वें और ९७ वें अध्याय में श्रीकृष्ण के वंश का वर्णन है। अन्त के अध्यायों में गया का माहात्म्य वर्णित है।

अग्नि-पुराण

इस पुराण में प्रायः सभी विषयों पर लिखा गया, अतएव यह एक महत्वपूर्ण पुराण है। धनुर्वेद, गान्धर्व वेद, आयुर्वेद, अर्थशास्त्र, वेदान्त तथा १८ विद्याओं का इसमें वर्णन किया गया है। रामायण, महाभारत, हरिवंश और इतिहास के विषयों का सार भी दिया है। 'कौमार व्याकरण' के नाम से एक व्याकरण, एकाक्षर कोष, लिङ्गानुशासन तथा अन्त में काव्यांग-वर्णन इसमें प्राप्त होते हैं। हिन्दू-साहित्य, संस्कृति और सभ्यता के दृष्टिकोण से यह पुराण बहुत ही महत्व का है। इस पुराण में ३८३ अध्याय हैं और १५ हजार से अधिक श्लोक हैं। १२ वें अध्याय में कृष्णावतार की कथा दी गई है।

ब्रह्म-वैवर्त-पुराण

इस पुराण के भी दाक्षिणात्य और गौडीय दो पाठ मिलते हैं। कुछ पुराणों में इसे सौर-पुराण कहा गया है किन्तु विषय की दृष्टि से तो यह वैष्णव-पुराण ही प्रतीत होता है। मत्स्य, शिव और नारदीय पुराणों में इस पुराण के विषयों का जो क्रम दिया गया है, वह इसके क्रम से मेल नहीं खाता। ऐसा ज्ञात होता है कि उत्तरोत्तर परिवर्तन और परिवर्धन के कारण इस पुराण का स्वरूप ही बदल गया। इसके लगभग आधे भाग में ब्रह्म-खण्ड, प्रकृति-खण्ड तथा गणपति-खण्ड नाम के तीन खण्ड हैं तथा आधे से कुछ अधिक भाग में श्रीकृष्णजन्म-खण्ड का पूर्वार्द्ध तथा उत्तरार्द्ध हैं। ब्रह्म-खण्ड में श्रीकृष्ण को परमात्मा और सारे जगत् का कारण माना है; फिर कृष्ण-जन्म-खण्ड में कृष्ण की लीलाओं का वर्णन है।

स्कन्द-पुराण

महापुराणों में यह सबसे बड़ा पुराण है; इसमें ८१ हजार १ सौ श्लोक बताये जाते हैं। इसकी अनुक्रमणिका 'नारदीय पुराण' में मिलती है; इसमें कई संहिताएँ सम्मिलित हैं तथा इसके कई विभाग हैं। प्राचीन भारतवर्ष का बड़ा ही सुन्दर वर्णन इसमें मिलता है जो इसे भौगोलिक दृष्टि से महत्वपूर्ण प्रमाणित करता है। इसमें असंख्य तीर्थों का वर्णन दिया हुआ है। नारदीयादि पुराणों के अनुसार यद्यपि यह शैव-पुराण है, तथापि इसमें अन्य सम्प्रदाय वालों का भी योग है। इस पुराण में अनेक माहात्म्य भी सम्मिलित हैं। स्कन्द-पुराण का दक्षिण में बड़ा प्रचार है, जहाँ स्कन्द भगवान् 'सुब्रह्मण्य' के नाम से पूजे जाते हैं। प्रसिद्ध सत्य-नारायण-कथा-माहात्म्य इसी पुराण के रेवाखण्ड में दिया हुआ है।

मार्कण्डेय-पुराण

इस पुराण के ९००० श्लोक बताये जाते हैं किन्तु उपलब्ध प्रतियों में ६९०० से अधिक नहीं मिल सके हैं। 'नारदीय पुराण' में जो इसकी विषय-सूची दी गई है, उसके अनुसार ३१ वें

अध्याय के अनन्तर इक्ष्वाकु-चरित, तुलसी-चरित, राम-कथा, कुश-वंश, सोम-वंश, पुरुरवा, नहुष और ययाति का वर्णन, यदुवंश, श्रीकृष्ण की लीलाएँ, द्वारिका-चरित और मार्कंण्डेय-चरित होने चाहिये, परन्तु प्राप्त पोथियों में इनका अभाव है। इस पुराण की विशेषता यह है कि यह साम्प्रदायिक प्रभावों से मुक्त है। इस पुराण का मुख्य अंश 'दुर्गा-सप्तशती' है, जिसकी मान्यता हिन्दू-धर्म में बहुत अधिक है।

वामन-पुराण

इस पुराण में ९५ अध्याय और १० सहस्र श्लोक हैं। 'मत्स्य-पुराण' के अनुसार इस पुराण में शिव-कल्प का वर्णन और त्रिविक्रम वामन के उपाख्यानों का संग्रह है। इसमें विशेषकर दुर्गा, पार्वती और शिव के उपाख्यान हैं।

गरुड़-पुराण

गरुड़-पुराण भी एक लोक-प्रिय पुराण है। किसी व्यक्ति की मृत्यु के अवसर पर इसका पाठ किया जाता है और इसका सुनना श्राद्ध-कर्म का ही एक अंग माना जाता है। इसकी श्लोक-संख्या १८ या २० हजार होनी चाहिये किन्तु आजकल इसकी प्रामाणिक प्रतियाँ भी अप्राप्य हैं। इस पुराण में प्रेत-कर्म, प्रेत-योनि, प्रेत-श्राद्ध, यम-यातना, नरक आदि का वर्णन है।

ब्रह्माण्ड-पुराण

इसका महत्व रामायणी कथा के कारण है। विश्वकोषकार ने लिखा है कि इस पुराण की रामायणी कथा ही अध्यात्म-रामायण के नाम से अलग कर ली हो गई है। मत्स्य-पुराण के अनुसार इसकी श्लोक संख्या १२ हजार दो सौ और अन्य पुराणों के अनुसार १२००० है। इसमें १०९ अध्याय हैं और २० वें अध्याय में कृष्ण के आविर्भाव का वर्णन है।

देवी-भागवत

इस पुराण में भागवत के ही समान १२ स्कन्द तथा १८००० श्लोक हैं। पुराणों के साक्ष्य पर तो देवी-भागवत उपपुराण ही ठहरता है, परन्तु शाक्त और तन्त्र-ग्रन्थों में देवी-भागवत को महापुराण बताया गया है। इस पुराण में परमात्मा की पराशक्ति का उत्कर्ष प्रतिपादित किया है, जबकि 'श्रीमद्भागवत' में वैष्णव-भक्ति का प्रतिपादन किया गया है। इस पुराण के चौथे स्कन्ध में कृष्ण की कथा आई है।

भविष्य-पुराण

'भविष्य-पुराण' भी महत्वपूर्ण पुराणों में से है। 'विश्वकोष' में चार भविष्य-पुराणों का जिक्र है। नवलकिशोर प्रेस लखनऊ से मुद्रित 'भविष्य-पुराण' में पहले और चौथे 'भविष्य-पुराण' का संग्रह है, 'नारद-पुराण' में इसकी श्लोक-संख्या १४००० बतलाई है और अन्य पुराणों में १४५००। इस पुराण की सबसे बड़ी विशेषता यह है कि इसमें शाकद्वीपी मग-ब्राह्मणों का वर्णन है। ऐतिहासिक दृष्टि से यह पुराण बड़े महत्व का है। मग-ब्राह्मणों का रहन-सहन और रीति-रिवाज फारसी साहित्य के पीरेमुगां से मिलता-जुलता है। तीसरे 'भविष्य-पुराण' में उद्भिजज विद्या का वृत्तान्त है। इस पुराण में अनेक माहात्म्य और अनेक प्रकार के दान का विधान है।

हरिवंश-पुराण

हरिवंश-पुराण महाभारत का परिशिष्ट है। आधुनिक आलोचक इसे महाभारत के बाद। रचना मामते हैं। इस पुराण में कृष्णावतार की कथा और विष्णु भगवान् का चरित है।

इसमें हरिवंश-पर्व, विष्णु-पर्व और भविष्य-पर्व नामक तीन पर्व हैं। हरिवंश-पर्व के ३४ वें अध्याय में वृष्णि-वंश का वर्णन है और ३५ वें में फिर कृष्ण-जन्म-वर्णन हुआ है। जैसा कि पहले कहा जा चुका है, इनकी गणना उप-पुराणों में ही है।

इस विवेचन से हम निम्नलिखित निष्कर्ष पर पहुँचते हैं :

पुराणों का सम्बन्ध वैदिक साहित्य से है। वेदों में यद्यपि पुराणों का नामोल्लेख नहीं है तथापि पौराणिक कथाओं का सूत्र विद्यमान है। ब्राह्मण-ग्रन्थों में तो ये कथाएँ और भी विस्तार से दी गई हैं और कई स्थलों पर अवतारों की चर्चा भी मिलती है। उपनिषद् ज्ञानपरक होने के कारण पौराणिक कथाओं के लिये उपयुक्त नहीं समझे जा सकते थे। हाँ, यत्र-तत्र पौराणिक पात्रों के संकेत फिर भी उनमें मिलते हैं। हमें तो ऐसा प्रतीत होता है कि पौराणिक-साहित्य का प्रणयन किसी न किसी रूप में वैदिक काल में ही हो गया होगा; परन्तु उस समय पुराणों का न तो इतना विस्तार हुआ होगा और न ही वे साम्प्रदायिकता से इतने प्रभावित हुए होंगे। वैदिक-साहित्य में जो कथाएँ सूत्र रूप से दी गई थीं, उनका विस्तार आवश्यक था और इसी आवश्यकता की पूर्ति के प्रयास में संभवत: पुराणों की रचना हुई।

जैसे-जैसे हमारे वाङ्मय का संकलन और सम्पादन होता गया; वैसे-वैसे ही पुराण-साहित्य विस्तृत होता गया और उसमें नई-नई कथाओं का समावेश, वंशों का वर्णन और सिद्धान्तों का संकलन होता गया। आगे चलकर जब कई धार्मिक सम्प्रदायों का जन्म हुआ तो उन्होंने पुराणों को अपने प्रचार का साधन बनाया। जिस रूप में पुराण आज हमें उपलब्ध हैं, उनमें अनेक मौलिक रूप का अनुसन्धान असम्भव है। महाभारत के पश्चात् पुराण-लेखन-प्रवृत्ति ने और भी बल पकड़ा और इसमें सन्देह नहीं कि यह प्रवृत्ति मध्ययुग के अन्तकाल तक चलती रही। रूपक की प्रवृत्ति ने वास्तविकता को और भी अन्धकार में धकेल दिया और वह आलंकारिकता के नीचे दबकर साधारण मनुष्यों की दृष्टि से ओझल हो गई।

यह सब कुछ होते हुए भी पुराणों के महत्व को कम नहीं किया जा सकता, क्योंकि पुराणों में भारतीय सभ्यता, संस्कृति, धर्म और इतिहास का वर्णन तो है ही साथ ही काव्य-शास्त्र, कला-साहित्य आदि के भी दर्शन होते हैं। सामाजिक परिस्थितियों के सर्वांगीण चित्र पुराणों में स्थान-स्थान पर उपलब्ध होते हैं। धार्मिक-विकास की दृष्टि से तो पुराणों का स्थान अद्वितीय है, किन्तु खेद है कि इन पुराणों का तिथि-निर्णय अत्यन्त दुस्तर कार्य है। अन्तःसाक्ष्य के आधार पर यदि इसका कुछ प्रयत्न किया भी जाय तो अन्य पुष्ट ऐतिहासिक प्रमाणों के अभाव में वह निष्फल ही रहेगा।

पुराणों के अध्ययन से यह स्पष्ट झलक जाता है कि भारतवर्ष में उत्तरोत्तर विष्णु की भक्ति का विकास और महत्व बढ़ता गया और वासुदेव, नारायण, कृष्ण आदि विष्णु के ही अवतार स्वीकार किये गये। आगे चलकर "कृष्णस्तु भगवान् स्वयम्" हुए और १४वीं-१५वीं शताब्दी तक आते-आते प्राय: राम और कृष्ण ही इष्टदेवों के रूप में समाज में प्रतिष्ठित हो गये। आगे के पृष्ठों में हम कृष्ण के विकास पर विचार करेंगे।

कृष्ण का विकास

वैदिक काल से लेकर आज तक कृष्ण-काव्य विकसित होता चला आ रहा है और तब से लेकर अब तक के काव्य में किसी न किसी रूप में कृष्ण का चरित अवश्य पाया जाता है। कृष्ण में अनेक भारतीय तथा अभारतीय भावनाओं का समावेश है। इस चरित्र के सर्वव्यापी विकास को

देखकर आधुनिक आलोचकों को उसकी ऐतिहासिकता में सन्देह होने लगता है और बहुत से पाश्चात्य विद्वानों ने तो कृष्ण को केवल भाव-पात्र ही माना है। आंग्ल-भाषा-विशारद अनेक भारतीय विद्वान् भी उन्हीं के पद-चिन्हों पर चलने में अपना सौभाग्य समझते हैं और बहुत-सी भारतीय वस्तुओं को अभारतीय कहने में नहीं हिचकते। प्रामाणिक तिथियों के अभाव में हमारा वाङ्मय ही अन्धकार के गर्त में है और जब कभी भूगर्भ से ऐसे पदार्थ निकल पड़ते हैं, जिनकी प्राचीनता पाश्चात्य विद्वान् भी प्रमाणित कर देते हैं, तो हम अपनी ऐतिहासिक तिथियों को उन्हीं के अनुसार घटा-बढ़ा लेते हैं। इसमें तो कोई सन्देह नहीं कि उत्तरोत्तर कृष्ण को देवत्व प्राप्त होता गया है किन्तु केवल इसी बात के आधार पर उन्हें ऐतिहासिक न मानने से कोई तुक प्रतीत नहीं होती। कौन जानता है कि आगे की शताब्दियों में आज के राष्ट्र-पिता महात्मा गांधी भी देवत्व को प्राप्त करलें और उनकी भी ऐतिहासिकता में जड़वादियों को सन्देह होने लगे। यही बात कृष्ण के सम्बन्ध में भी लागू हो सकती है।

वैदिक साहित्य में जिस रूप में कृष्ण का उल्लेख मिलता है, उसमें उन्हें न तो हम अवतार की ही संज्ञा दे सकते हैं और न देवता की ही। महाभारत में भी कृष्ण का अवतार रूप से अधिक वर्णन नहीं हुआ है। जिन स्थलों पर उनका अवतार रूप से उल्लेख है उन्हें आधुनिक विद्वान् प्रक्षिप्त मानते हैं, परन्तु महाभारत के अनन्तर तो कृष्ण का रूप ही बदल गया और उनकी गणना पूर्ण-अवतारों में होने लगी। 'गोपाल' रूप में उनकी उपासना पौराणिक काल की ही देन है, परन्तु सभी कृष्ण-विषयक पुराणों में न तो उनके गोपाल रूप की कल्पना है और न ही उनकी लीलाओं का विशद वर्णन है। कुछ ही पुराण ऐसे हैं, जिनमें उनके इस रूप का वर्णन हुआ है। श्रीकृष्ण 'भागवत धर्म' के इष्टदेव के रूप में हमारे सामने आये हैं और 'भागवत-धर्म' का सर्वप्रथम वर्णन महाभारत के नारायणीय उपाख्यान में हुआ है, इसलिये अपने विषय की दृष्टि से महाभारत को हम बहुत महत्वपूर्ण समझते हैं। श्री बंकिमचन्द्र चटर्जी ने अपने 'कृष्ण-चरित' नामक ग्रन्थ में 'कृष्ण' की एतिहासिकता पर पर्याप्त प्रकाश डाला है और उनकी ऐतिहासिकता में सन्देह करने वालों को मुँहतोड़ उत्तर दिया है।

भागवत धर्म का व्यवस्थित रूप से विवेचन भागवत और श्रीमद्भगवद्गीता में हुआ है। श्रीमद्भगवद्गीता का प्रयोजन तो इस धर्म को व्यवस्थित रूप देना ही था। हम पहले कह चुके हैं कि वैदिक काल में ही विष्णु की प्रधानता स्थापित हो चुकी थी। ब्राह्मण-काल के अन्त तक विष्णु के नारायण रूप को परमदैवत माना जाने लगा। इस काल की उपासना में मनुष्य को अखिल व्यापक परोक्ष शक्ति के स्वरूप का अधिक परिचय मिला और उपासना पद्धति में व्यक्तित्व का तथा हृदय का संयोग हुआ। नारायण को नर-प्रकृतिस्थ सगुण ब्रह्म के रूप में स्वीकार किया जाने लगा और नारायण एवं विष्णु की एकता की स्थापना हो गई। आगे चलकर भगवान् का जो स्वरूप नर नारयण के रूप में प्रकटित हुआ वह दूसरे कल्प में वासुदेव कृष्ण के रूप में प्रकट हुआ। इस प्रकार विष्णु, नारायण और वासुदेव कृष्ण एक ही शक्ति के, युग विशेषों में, अलग-अलग नाम हुए। निश्चित प्रमाणों के अभाव में यह नहीं कहा जा सकता कि यह विकास किस काल में हुआ, किन्तु बौद्धकालीन ग्रन्थों में इस विषय में जो संकेत मिलते हैं, उनके आधार पर कम से कम इतना मानना तो तर्क संगत ही है कि ईसा से ६०० वर्ष पहले वासुदेव-कृष्ण की उपासना परब्रह्म के रूप में होने लगी थी। बौद्ध-धर्म के पाली-ग्रन्थ 'निद्देश' के उल्लेखों से पता चलता है कि ईसा पूर्व चौथी शताब्दी में वासुदेव, बलदेव, मणिभद्द, अग्गी, सूर्य, इन्द्र, [illegible], देव, दिशा आदि के उपासक थे।

पातञ्जल महाभाष्य में पतञ्जलि ने स्पष्ट लिखा है कि पाणिनि के सूत्र में उल्लिखित 'वासुदेव' केवल क्षत्रिय वंशीय राजा ही नहीं, उच्चकोटि के उपास्य भी हैं। 'वासुदेव' के साथ 'अर्जुन' शब्द इस बात की पुष्टि करता है कि वासुदेव कृष्ण का ही नाम है।[१] डा० बाबूराम सक्सेना पाणिनि मुनि के समय के विषय में लिखते हैं :

"अंग्रेज विद्वान् उनका काल ईसवी पूर्व चौथी शताब्दी में और जर्मन तथा भारतीय मनीषी ई० पू० ५०० से पूर्व छठी या सातवीं शताब्दी में मानते हैं।"[२]

आर० जी० भण्डारकर ने अपने 'वैष्णविज्म एण्ड शैविज्म' में कुछ शिलालेखों का उल्लेख किया है जिनमें वासुदेव का उल्लेख है। उनका विवरण हम नीचे देते हैं :

"राजपूताने में घोसुण्डी नामक स्थान में जीर्ण-शीर्ण दशा में एक शिला लेख प्राप्त हुआ है। इस शिलालेख की ब्राह्मी लिपि से पता चलता है कि यह कम से कम ईसा से २०० वर्ष पूर्व लिखा गया होगा। इसमें संकर्षण और वासुदेव के पूजागृह के आसपास एक दीवार बनाने का उल्लेख है।

एक दूसरे शिलालेख में; जो बेसनगर से प्राप्त हुआ है, इस बात का उल्लेख है कि 'हैलिया दौरा' ने 'सर्वेश्वर वासुदेव' भगवान् के मन्दिर पर गरुड़ध्वज-स्तम्भ का निर्माण कराया है। 'हैलियो दौरा' ने अपने आपको भागवत लिखा है और तक्षशिला निवासी 'दिया' का पुत्र बतलाया है। हैलियो दौरा यवनों का राजदूत था और अन्तालिका से पूर्वी मालवा के राजा मालभद्र के यहाँ आया था। इस लेख से प्रतीत होता है कि यह ईसा से २०० वर्ष पूर्व का है। उस समय वासुदेव की पूजा 'सर्वेश्वर' के रूप में होती थी और उसके उपासक 'भागवत' कहे जाते थे।

नानाघाट के प्रथम शिलालेख में 'सकर्षण' और 'बासदेव' का नाम 'द्वन्द्व' समास में प्रयुक्त हुआ है। यह शिलालेख ईसा पूर्व प्रथम शताब्दी का प्रतीत होता है।"[३]

इन प्रमाणों से यह स्पष्ट हो जाता है कि ईसा पूर्व छठी शताब्दी में 'भागवत-धर्म' का पूर्ण प्रचार था और ई० पू० पहली दूसरी शताब्दी में तो उसकी महत्ता इस कोटि तक पहुँच चुकी थी कि विदेशी भी उसे स्वीकार करने में अपना गौरव समझते थे। खेद है कि हमें इस काल से पूर्व के लिखित प्रमाण प्राप्त नहीं होते, किन्तु इसका अर्थ यह नहीं है कि भागवत धर्म उससे पहले प्रचलित था ही नहीं। हम आगे यह देखेंगे कि 'भागवत धर्म' के उपास्य श्रीकृष्ण किस प्रकार विभिन्न रूपों में होते हुए इस रूप तक आये।

वैदिक साहित्य में कृष्ण

हम पहले लिख चुके हैं कि ऋग्वेद के कई मन्त्रों में कृष्ण का ऋषि रूप में उल्लेख है। इस विषय में ऋग्वेद के अष्टम मण्डल के ८५, ८६ और ८७ तथा दशम मण्डल के ४२, ४३ और ४४वें सूक्त उल्लेखनीय हैं।

छान्दोग्योपनिषद् में कृष्ण को 'घोर आङ्गिरस' ऋषि का शिष्य और देवकी का पुत्र कहा गया है 'तद्धयेतत् घोर-आङ्गिरसः कृष्णाय देवकीपुत्राय उक्त्वा उवाच। अपिपास एवं स बभूव। सोऽन्तवेलायाम् एतत् वयं प्रतिपद्येत, अक्षितमसि, अच्युतमसि, प्राणशंसितमसि।"[४]

---

१ वासुदेवार्जुनाभ्यां वुन् ४।३।९८

२ सामान्य भाषा विज्ञान पृ० १४८

३ वैष्णविज्म, शैविज्म, 'भण्डारकर' पृ० ४५

४ छान्दोग्य० ३-१७-६।

कौशीतकी ब्राह्मण में भी आंगिरस ऋषि के शिष्य कृष्ण का उल्लेख है—

"कृष्णो ह तदाङ्गिरसो ब्राह्मणान् छन्दसीय तृतीयं सवनं ददर्श।"[1]

वैदिक वाङ्मय के इन उल्लेखों से पता चलता है कि कृष्ण देवकी के पुत्र थे और घोर आंगिरस ऋषि के शिष्य थे, जिनसे उन्होंने ब्रह्म-विद्या की दीक्षा ली थी और वे मन्त्र-द्रष्टा ऋषि के रूप में स्वीकार किये गये थे

महाभारत

महाभारत-काल में भागवत धर्म का पुनरुद्धार हुआ। महाभारत के अध्ययन से पता चलता है कि महाभारत काल में सांख्य योग, पांचरात्र, वेद और पाशुपत चार सम्प्रदाय प्रचलित थे।

सांख्यं, योगः, पांचरात्रं, वेदाः पाशुपतं तथा।
ज्ञानान्येतानि राजर्षे, विद्धि नानामतानि वै॥[2]

सांख्य और योग की चर्चा गीता में भी आई है और दोनों को एक बताया गया है, यद्यपि सांख्य अनीश्वरवादी और योग ईश्वरवादी था। आजकल जो सांख्य और योग प्रचलित हैं वे वास्तव में प्राचीन सांख्य योग मतों से भिन्न हैं। इन प्राचीन मतों का आज पता नहीं चलता है। वेदमत वह मत था जिसके तत्व-ज्ञान के आधार तो उपनिषद् और आरण्यक थे, पर क्रियाओं के आधार वेद थे। 'वेदवाद' शब्द से संहिताओं में वर्णित यज्ञादि भाव का बोध होता है। सम्भवतः इसी वेदवाद की निन्दा गीता के दूसरे अध्याय में की गई है।[3]

गीता में इसके तत्वज्ञान-पक्ष को ग्रहण किया गया है और ब्रह्म-विद्या को महत्व दिया है। ऐसा प्रतीत होता है कि इस मत के तत्वज्ञान-पक्ष को 'भागवत धर्म' ने आत्मसात् कर लिया था। गीता में अध्याय-समाप्ति-सूचक पुष्पिका इसी तथ्य की ओर संकेत करती है :

"इति श्रीमद्भागवद्गीतायामुपनिषत्सु ब्रह्मविद्यायां योगशास्त्रे"……।

गीता में उपनिषदों में दिये हुए सिद्धान्तों का विस्तार किया है। इस तत्व-ज्ञान का प्रथम आचार्य अपान्तरतम था। महाभारत में सांख्य, योग और वेदान्त इन तीनों ही मतों का पूर्ण प्रतिबिम्ब दीख पड़ता है। शान्ति पर्व के कई आख्यानों में इनकी चर्चा आती है।

पाशुपत-भक्ति का उल्लेख हम पहले अध्याय में कर चुके हैं। यह शैव-सम्प्रदाय का मत था। महाभारत में विष्णु और रुद्र दोनों का समन्वय स्थापित करके विष्णु को प्रधानता दी है। भगवद्गीता में 'रुद्राणां शंकरश्चास्मि' वाले वचन में यही समन्वय की ध्वनि है। पाशुपत तत्व-ज्ञान शान्ति पर्व के ३४९ वें अध्याय में वर्णित है। २८० और २८४ अध्यायों में भी शंकर की स्तुतियों के रूप में शिव का महत्व प्रदर्शित किया गया है। अनुशासन पर्व में उपमन्यु के आख्यान में इस मत का विकास दिखाया गया है। परन्तु महाभारत में पाशुपत मत का पूर्ण विवेचन नहीं हुआ है।

---

१ सांखायन ब्राह्मण अध्याय ३० आनन्दाश्रम, पूना।

२ महाभारत, शान्ति पर्व अध्याय ३४९।

३ यामिमां पुष्पितां वाचं प्रवदन्त्यविपश्चितः।
वेदवादरताः पार्थ ! नान्यदस्तीति वादिनः॥
कामात्मानः स्वर्गपरा जन्मकर्मफलप्रदाम्।
क्रियाविशेषबहुलां भोगैश्वर्यगतिं प्रति॥
भोगैश्वर्यप्रसक्तानां तयापहृतचेतसाम्।
व्यवसायात्मिका बुद्धिः समाधौ न विधीयते॥

श्रीमद्भगवद्गीता अ० २; श्लोक ४२, ४३, ४४।

महाभारत में जिस मत का पूर्ण विवरण है, उसे पांचरात्र कहते हैं : जिस भागवत धर्म की परम्परा वैदिक युग से चली आ रही थी, उसे महाभारत काल में पांचरात्र नाम मिला। इस मत की विशेषता श्रीकृष्ण की भक्ति है। वास्तव में इस मत का पूर्ण पोषण श्रीमद्भगवद्गीता में ही हुआ है। महाभारत के नारायणीय उपाख्यान के सूक्ष्म अध्ययन से तो यह झलकता है कि महाभारत के समय में भगवद्भक्ति वाले भागवत कहलाते थे, जो विष्णु और श्रीकृष्ण को परमेश्वर स्वरूप मानकर उनकी भक्ति करते थे। पांचरात्र मत इससे कुछ भिन्न है। शान्ति पर्व के नारायणीय उपाख्यान में इसकी पूर्ण व्याख्या की गई है।

इस उपाख्यान में कई कथाएँ हैं। इनमें पहली कथा में क्षीरसमुद्र के उत्तर की ओर श्वेत द्वीप का वर्णन है, जहाँ पाञ्चरात्र धर्म के अनुयायी नारायण की पूजा करने वाले निवास करते हैं। वे अतीन्द्रिय, निराहारी और अनिमेष लोग हैं जिनकी अनन्य भक्ति से नारायण का प्राकट्य होता है। आगे के अध्यायों में बताया है कि नारद जी जब बद्रिकाश्रम में नर और नारायण का प्रदर्शन करने के लिए जाते हैं, उस समय नारायण पूजा में संलग्न हैं। नारद ने उनसे प्रश्न किया कि सर्वेश्वर होते हुए आप किसकी पूजा करते हैं? इसके उत्तर में नारायण ने बतलाया कि वे आदि प्रकृति की उपासना करते हैं जो सबका मूल कारण है। नारद यह सुनकर मूल प्रकृति को देखने के लिए आकाश की ओर जाते हैं और सुमेरु के श्रृङ्ग पर पहुँच कर उन्हें विचित्र व्यक्तियों के दर्शन होते हैं। इस स्थल पर श्रोता युधिष्ठिर, भीष्म से पूछते हैं कि वे कौन व्यक्ति थे? इस प्रश्न के उत्तर में भीष्म विस्तार से उनका वर्णन करते हैं और वसुउपरिचर की कथा बतलाते हैं। इसी सम्बन्ध में पाञ्चरात्र सम्प्रदाय का नाम आया है, जिसमें वसुउपरिचर दीक्षित था और जो सात्वत-विधि से नारायण की उपासना करता था। इसके अनन्तर भीष्म चित्र-शिखण्डियों का उल्लेख करते हैं, जो पांचरात्र धर्म के पहले अनुयायी थे और जिन्होंने मेरु पर्वत पर उसका प्रचार किया था। ये चित्रशिखण्डी संख्या में सात थे—मरीचि, अत्रि, अङ्गिरस, पुलस्त्य, पुलः, क्रतु और वशिष्ठ। आठवें स्वयंभू थे। इन सप्त ऋषियों ने तथा स्वयंभू ने वेदों का निष्कर्ष निकाल कर पाञ्चरात्र नामक शास्त्र तैयार किया, जिसमें धर्म, अर्थ, काम, मोक्ष चारों का विवेचन है। यह ग्रन्थ एक लाख श्लोकों का था। जब नारायण के सम्मुख यह शास्त्र प्रस्तुत हुआ तो नारायण ने कहा, "हे ऋषियो! तुमने जो यह शास्त्र बनाया है, इसमें ऋग्वेद, यजुर्वेद, सामवेद और अथर्ववेद के आधार पर प्रवृत्ति-निवृत्ति दोनों ही मार्गों का प्रतिपादन किया है। यह शास्त्र परम्परा से वृहस्पति तक पहुँचेगा। वृहस्पति से इस ग्रन्थ को राजा वसुउपरिचर सीखेगा किन्तु उसके पश्चात् यह ग्रन्थ नष्ट हो जायेगा।" यह कहकर नारायण तो अन्तर्हित हो गये और चित्रशिखण्डियों ने इसका प्रचार किया। आगे वसुउपरिचर का विस्तार से वर्णन है, फिर नारद की कथा का प्रारम्भ होता है। नारद नारायण की स्तुति करते हैं और नारायण प्रसन्न होकर उन्हें अपना विश्वरूप दिखलाते हैं और फिर उन्हें पाञ्चरात्र-मत के सिद्धान्तों का उपदेश देते हैं, जिनका सारांश यह है।

"जो नित्य अजन्मा और शाश्वत है, जिसे त्रिगुणों का स्पर्श नहीं जो आत्मा प्राणिमात्र में साक्षी रूप से रहता है; जो चौबीस तत्वों से परे पच्चीसवां पुरुष है; जो निस्पृह होकर ज्ञान से ही जाना जा सकता है, उस सनातन परमेश्वर को वासुदेव कहते हैं। वह सर्वव्यापक है। प्रलयकाल में पृथ्वी जल में लीन होती है, जल अग्नि में, तेज वायु में, वायु आकाश में और आकाश अव्यक्त प्रकृति में और अव्यक्त प्रकृति पुरुष में लीन होती है। फिर उस वासुदेव के सिवा कुछ भी नहीं रहता। पंच महाभूतों का शरीर बनता है और उसमें अदृश्य वासुदेव सूक्ष्म रूप से तुरन्त प्रवेश

करता है। यह देहवर्ती जीव महासमर्थ है और शेष तथा संकर्षण उसके नाम हैं। इस संकर्षण से मन उत्पन्न होकर सनत्कुमारत्व अर्थात् जीवन्मुक्तता पा सकता है।

उस मन को प्रद्युम्न कहते हैं। इस मन से कर्त्ता, कारण और कार्य की उत्पत्ति होती है और चराचर जगत् का निर्माण होता है, इसी को अनिरुद्ध कहते हैं और ईशान भी कहलाता है। सब कामों में व्यक्त होने वाला अहङ्कार यही है। निर्गुणात्मक क्षेत्रज्ञ भगवान वासुदेव जीव रूप में जो अवतार लेता है, वह संकर्षण है। संकर्षण से जो मन रूप में अवतार होता है, वह प्रद्युम्न है और प्रद्युम्न से जो उत्पन्न होता है, वह अनिरुद्ध है और वही अहंकार और ईश्वर है।"

जब वासुदेव कृष्ण के रूप में वासुदेव का अवतार माना गया तो प्रद्युम्न, अनिरुद्ध और संकर्षण अर्थात् बलराम क्रम से मन, अहंकार और जीव के अवतार के रूप में समझे गये। यहाँ यह बात उल्लेखनीय है कि 'श्रीमद्भगवद्गीता' में 'वासुदेव' अवश्य परमात्मा के लिये आया है परन्तु उसमें चतुर्व्यूह सिद्धान्त का वर्णन कहीं नहीं है। एक दूसरी बात विचारणीय यह भी है कि 'श्रीकृष्ण' के साथ संकर्षण अर्थात् 'बलदेव' का सम्बन्ध तो और भी कई स्थलों पर है और बलदेव को श्रीकृष्ण के ही समान विष्णु का अवतार भी माना गया है,[1] परन्तु प्रद्युम्न और अनिरुद्ध का कृष्ण से सम्बन्ध केवल पाञ्चरात्र-मत में ही दिखाया है। इस चतुर्व्यूह की कल्पना वेदान्त, सांख्य और योग मतों से भी भिन्न है। ऐसा प्रतीत होता है कि यह कल्पना सात्वत-सम्प्रदाय की ही थी। 'सात्वत' लोग श्रीकृष्ण के ही वंश के थे और सम्भवतः यह मत श्रीकृष्ण के समय में ही सात्वत लोगों में फैला, इसी से इस मत को 'सात्वत' कहते हैं। इस मत का उल्लेख विशेष रूप से भीष्म-स्तव में हुआ है। शान्तिपर्व के ३३९ वें अध्याय में इस चतुर्व्यूह के अवतारों की चर्चा है और आगे हंस, कूर्म, मत्स्य, वाराह, नृसिंह, वामन, राम, दाशरथि राम, सात्वत और कल्कि अवतारों की चर्चा है और फिर ३४० वें अध्याय में सांख्य और वेदान्त के तत्वों के मूल से सृष्टि की उत्पत्ति का वर्णन किया गया है। ३४१ और ३४२ वें अध्याय में नारायण के नामों की उत्पत्ति लिखी है। पहले श्रीकृष्ण ने शिव और विष्णु के अभेद का वर्णन किया है फिर आगे बताया है कि :

"रुद्र नारायण स्वरूप ही है, अखिल विश्व का आत्मा मैं हूँ और मेरा आत्मा रुद्र है। मैं पहले रुद्र की पूजा करता हूँ, आप अर्थात् शरीर को ही नारा कहते हैं, सब प्राणियों का शरीर मेरा 'अयन' अर्थात् निवास-स्थान है, इसलिये मुझे नारायण कहते हैं। सारे विश्व को मैं व्याप लेता हूँ और सारा विश्व मुझ में स्थित है इसी में मुझे वासुदेव कहते हैं। मैंने सारा विश्व व्याप लिया है, अतएव मुझे विष्णु कहते हैं। पृथ्वी और स्वर्ग भी मैं हूँ और अन्तरिक्ष भी मैं हूँ, इसी से मुझे दामोदर कहते हैं। चन्द्र, सूर्य, अग्नि की किरणें मेरे बाल हैं; इसलिये मुझे केशव कहते हैं। गो अर्थात् पृथ्वी को मैं ऊपर ले गया, इसी से मुझे गोविन्द कहते हैं। यज्ञ का हविर्भाग मैं हरण करता हूँ इसी से मुझे हरि कहते हैं; सत्वगुणी लोगों में मेरी गणना होती है इसी से मुझे सात्वत कहते हैं। लोहे का काला फाल होकर मैं जमीन जोतता हूँ और मेरा रंग काला है, इसी से मुझे कृष्ण कहते हैं।"

३४२ और ३४३ वें अध्यायों में श्वेतद्वीप से लौट आने पर नर और नारायण का जो संवाद हुआ, उसका वर्णन है। इसमें वेदों का महत्व प्रतिपादित किया गया है और मुक्ति की प्रक्रिया बताई है। आगे के अध्यायों में श्राद्ध इत्यादि कई प्रकार की धार्मिक क्रियाओं का विवेचन है। फिर सात्वत धर्म का वर्णन आया है। इस धर्म को निष्काम भक्ति का पथ बतलाते हुए उसे ऐकान्तिक विधि कहा है, फिर अन्त में भागवत धर्म की परम्परा का वर्णन है जिसका सारांश है

---

१ महाभारत आदि पर्व अध्याय १६७।

कि त्रेता युग में विवस्वान् मनु और इक्ष्वाकु की परम्परा से यह धर्म चला।[1] इस परम्परा का उल्लेख श्रीमद्‌भगवद्‌गीता में भी इसी प्रकार से हुआ है :

इमं विवस्वते योगं प्रोक्तवानहमव्ययम् ।
विवस्वान् मनवे प्राह मनुरिक्ष्वाकवेऽब्रवीत् । गीता ४।१

इन अन्तिम अध्यायों में सात्वत और ऐकान्तिक धर्म समानार्थक कर दिये हैं और सांख्य, योग और वेदान्त के तत्वज्ञान का अभेद बताया है। ३४९ वें अध्याय में अपान्तरतमा के पूर्व-काल का वृतान्त है और फिर अन्त में पाञ्चरात्र मत के सिद्धान्त का उल्लेख करते हुए परमात्मा के समन्वित रूप की व्याख्या की है :

जो जीव शान्त वृत्ति से अनिरुद्ध, प्रद्युम्न, संकर्षण और वासुदेव के अधिदेव चतुष्टय का अथवा विराट्, सूत्रात्मा, अन्तर्यामी और शुद्ध ब्रह्म के अध्यातम चतुष्टय का अथवा विश्व, तैजस, प्राज्ञ और तुरीय के अवस्था चतुष्टय का क्रमशः स्थूल से सूक्ष्म में लय करता है, वह कल्याण पुरुष को पहुँचता है। योगमार्गी उसे परमात्मा कहते हैं, सांख्य वाले उसे एकात्मा कहते हैं और ज्ञानमार्गी उसे केवलात्मा कहते हैं।

वसु उपरिचर के कथानक में विशेष रूप से उल्लेखनीय बात यह है कि उन्होंने यज्ञों में पशु-बलि का निषेध किया और भक्ति-भावना पर विशेष बल दिया। यह धार्मिक सुधार का श्रीगणेश कहा जा सकता है। नारद और नारायणीय संवाद से भी हम इसी निष्कर्ष पर पहुँचते हैं कि भगवान् भक्ति से प्राप्य हैं। नारद की भक्ति से प्रसन्न होकर नारायण ने प्रकट होकर पाञ्चरात्र धर्म का तत्व नारद को समझाया और अपने अवतारों का विस्तार से वर्णन किया। वसु उपरिचर के कथानक में हरि का विशेष महत्व प्रतीत होता है और नारद-संवाद में चतुर्व्यूह भगवान् का। यह भक्ति का सिद्धान्त गीता में विशेष रूप से प्रतिपादित हुआ है और जब कृष्ण के साथ उसके भाई संकर्षण, पुत्र प्रद्युम्न और पौत्र अनिरुद्ध का सम्बन्ध स्थापित हुआ तब भक्ति-भावना का विशेष रूप से प्रचार सात्वतों में हुआ।

इस प्रकार नारायणीय उपाख्यान के आधार पर कृष्ण का सम्बन्ध सात्वत, वासुदेव, नारायण और विष्णु से स्थापित किया जा सकता है। महाभारत के आदि पर्व में वासुदेव को सात्वत कहा गया है।[2] द्रोण-पर्व ९७-३६ में सात्यकि और उद्योग पर्व ७०-७ में जनार्दन कहा गया है। भीष्म-पर्व में लिखा है कि यह रहस्यात्मक नित्य-स्वरूप भगवान् वासुदेव ब्राह्मण, क्षत्रिय, वैश्य और शूद्रों के द्वारा विभिन्न विधियों से पूजा जाता है। द्वापर के अन्त और कलियुग के आरम्भ में इसकी पूजा सात्वत विधि से होती है।

विष्णु-पुराण में यादवों और वृष्णियों के वंश का वर्णन करते हुए लिखा है कि सत्वत 'अंश' का पुत्र था और उसकी संतान सात्वत कहलाई। 'श्रीमद्‌भागवत' (१-१४-२५) तथा (३-१-२९) में सात्वतों का वर्णन यादववंशीय अन्धकों और वृष्णियों के साथ किया है और (९-९-४९) में उनको उच्च कोटि का भागवत ब्राह्मण और वासुदेव बतलाया है तथा (१०-५८-४२ और ११-२७-५) में वासुदेव को सात्वतर्षभ कहा है।

---

१ त्रेता युगादौ च ततो विवस्वान् मनवे ददौ।
मनुश्च लोकभृत्यर्थं सुतायेक्ष्वाकवे ददौ।
इक्ष्वाकुना च कथितो व्याप्य लोकानवस्थितः।
महाभारत शान्ति पर्व ३४८, ३५१, ३५२।

२ आदिपर्व अध्याय २१८ श्लोक १२

जैसा कि पहले कहा जा चुका है, पतञ्जलि ने वासुदेव और बलदेव को वृष्णिवंशीय लिखा है। मेगस्थनीज ने, जो चन्द्रगुप्त 'मौर्य' के दरबार में मकदूनिया का राजदूत था, सात्वतों और वासुदेव कृष्ण का स्पष्ट उल्लेख किया है।

भण्डारकर ने अपनी पुस्तक 'वैष्णविज्म ऐण्ड शैविज्म' में वासुदेव कृष्ण और वृष्णिवंश पर विशेष रूप से विचार किया है और उन्होंने महाभाष्य और बौद्ध ग्रन्थों से उदाहरण प्रस्तुत किये हैं। यह तो हम पहले ही कह चुके हैं कि वैदिक काल के विष्णु देवता ही पौराणिक काल में कृष्ण रूप में स्वीकार किये जाने लगे थे। अब प्रश्न यह है कि वासुदेव शब्द के साथ कृष्ण का सम्बन्ध कैसे हुआ? वासुदेव वृष्णिवंशीय माने गये हैं। 'महाभाष्य' में पतञ्जलि ने भी वासुदेव को वृष्णिवंश का ही माना है और 'वासुदेव' शब्द का चार बार उल्लेख किया है, जब कि कृष्ण शब्द का प्रयोग केवल एक बार किया है। बौद्धों के 'घटजातक' में 'उपसागर' और 'देवगब्भा' के पुत्रों का नाम वासुदेव और बलदेव लिखा है। काण्हा और केशव नाम भी बीच-बीच में गद्य-भाग में उपलब्ध होते हैं। इन शब्दों की टीका में काण्हा को काण्हायन गोत्र का बताया गया है तथा 'महाभाग' जातक की व्याख्या में काण्हा और वासुदेव शब्दों से इसकी पुष्टि भी की गई है। इससे प्रतीत होता है कि वासुदेव काण्हायन अथवा कृष्णायन गोत्र के थे। महाभारत में वासुदेव की व्याख्या वासुदेव का पुत्र ही की गई है, वसुदेव का पुत्र नहीं। ऐसा प्रतीत होता है कि जब वासुदेव को उपास्य रूप में ग्रहण किया गया तो वैदिक पात्र कृष्ण—जिसका उल्लेख हम पीछे कर चुके हैं—के सब गुणों का आरोप वासुदेव में हो गया। काण्हायन गोत्र वाली बात इस बात से भी सिद्ध होती है कि पाणिनि ने ४।१।९९ और ४।१।९९ सूत्रों के अनुसार 'कृष्णायन' को कृष्णगोत्रोत्पन्न स्वीकार किया है। यह एक ब्राह्मण गोत्र था, जो वशिष्ट के वर्ग का था। मत्स्य-पुराण, अध्याय २०० में कृष्णायन गोत्र को पाराशर वर्ग का भी बताया है। ब्राह्मण और पाराशर वर्ग से सम्बन्ध रखते हुए हम उसे क्षत्रिय गोत्र मान सकते हैं, क्योंकि आश्वलायन गृह्य सूत्र १२।१५ के अनुसार क्षत्रियों के गोत्र भी ब्राह्मण-गोत्रों के अनुसार होते थे। कृष्ण, कृष्णायन गोत्रोत्पन्न होने के कारण ही कृष्ण कहलाये और फिर छान्दोग्योपनिषद् में उल्लिखित घोर आङ्गिरस ऋषि के शिष्य और देवकी के पुत्र कृष्ण से उसका सम्बन्ध जोड़ दिया गया। सभा-पर्व में भीष्म कृष्ण के विषय में कहते हैं कि कृष्ण को सबसे अधिक आदर इसीलिये दिया गया है कि वे वेद और वेदांगों के ज्ञाता हैं और ऋत्विग् भी हैं।[1]

वासुदेव और नारायण के सम्मिश्रण के सम्बन्ध में भी भण्डारकर ने निर्देश किया है। हम पहले कह चुके हैं कि महाभारत का नारायणीय उपाख्यान नारायण और विष्णु में एकता स्थापित करने का अच्छा प्रयत्न है। नारायण शब्द की व्याख्या भी इस उपाख्यान में की गई है। 'नार' जल को भी कहते हैं। ऋग्वेद में इस बात का संकेत है कि सृष्टि से पहले सब जगह जल ही जल था; फिर नारायण की नाभि से ब्रह्मा की उत्पति हुई, जिसने सृष्टि की रचना की।[2] शतपथ ब्राह्मण में भी नारायण का उल्लेख हुआ है।[3] ऋग्वेद में पांचरात्र-सत्र का प्रयोजक पुरुष 'नारायण' को ही तथा पुरुष-सूक्त का कर्त्ता भी उसे ही बताया गया है।[4] तैत्तिरीयारण्यक १०।११ में भी नारायण को सर्व-गुण-सम्पन्न कहा गया है। महाभारत के नारायणीय उपाख्यान के अनन्तर तो

---

१ महाभारत सभापर्व ३८

२ ऋग्वेद १०।८२।५ तथा १०।८२।६

३ शतपथ ब्राह्मण १३।३।४

४ ऋग्वेद १२।६।१ तथा १२।१०।६०

नारायण सर्वेश्वर के रूप में प्रस्तुत हुए। महाभारत के वन-पर्व अध्याय १८८; १८९ में वर्णित प्रलय के प्रसंग में लिखा है कि जब प्रलय होने पर चारों ओर जल ही जल था, तो एक न्यग्रोध वृक्ष की शाखा पर शंख पर बैठा हुआ एक बालक ही अवशिष्ट रहा। उसने अपना मुख खोला और मार्कण्डेय उसके मुख में चले गये। वे वर्षों तक वहीं भ्रमण करते रहे और जब बालक ने उन्हें मुख से बाहर निकाला तो उन्होंने आश्चर्य-चकित होकर बालक से पूछा कि आप कौन हैं? तब नारायण ने अपना स्वरूप उन्हें बताया। मार्कण्डेय ने महाभारत में युधिष्ठिर को यह कथा सुनाई और कहा कि तुम्हारे सम्बन्धी जनार्दन ही स्वयम् नारायण हैं। नारायण की कथा पुराणों में भी आती है और 'नारायण' नाम की अनेक प्रकार से व्याख्या की गई है। महाभारत में कई स्थलों पर वासुदेव और अर्जुन को नर और नारायण बताया गया है।[1] इस प्रकार महाभारत काल में ही नारायण का सम्बन्ध वासुदेव से हो गया था।

यह पहले ही कहा जा चुका है कि वैदिक काल में विष्णु को प्रधानता मिलने लगी थी। ऐतेरेय ब्राह्मण में तो विष्णु को सर्वोपरि देव माना है।[2] शतपथ ब्राह्मण और तैत्तिरीयारण्यक में भी विष्णु के वैशिष्ट्य की कथाएँ आती हैं।[3] मैत्रेय उपनिषद् और कठोपनिषद् ३.९ में विष्णु की महत्ता स्पष्टतः प्रकट की गई है तथा विष्णु के स्थान को 'परमं पद्म' कहा है किन्तु विष्णु का वासुदेव से सम्बन्ध महाभारत-काल में ही जोड़ा हुआ प्रतीत होता है; भीष्म-पर्व के ६५-६६ वें अध्याय के अध्ययन से यह बात स्पष्ट हो जाती है। आश्वमेधिक पर्व में एक कथा आती है जो इस प्रकार है :

महाभारत युद्ध के पश्चात् जब कृष्ण द्वारका से लौट रहे थे तो मार्ग में भृगुवंशीय उट्टंक नाम के मुनि मिले। उट्टंक ऋषि ने कृष्ण से पूछा कि क्या आपने कौरवों और पाण्डवों में शान्ति स्थापित कर उनमें मेल करा दिया है। कृष्ण ने उत्तर दिया कि कौरवों का नाश हो गया है और पाण्डवों का एकच्छत्र राज्य। इस पर ऋषि बड़े क्रुद्ध हुए और कृष्ण से बोले कि यदि तुम अध्यात्म-दर्शन की ठीक-ठीक व्याख्या न कर सकोगे तो मैं तुम्हें शाप दे दूंगा। कृष्ण ने उन्हें अध्यात्म-दर्शन समझाकर अपना विराट् रूप दिखाया। यहाँ इस रूप को वैष्णव-रूप कहा गया है।[4] शान्ति-पर्व में भी कृष्ण को विष्णु का रूप बताया गया है।[5]

महाभारत के सूक्ष्म अध्ययन से हम इस निष्कर्ष पर पहुँचते हैं कि महाभारत काल में कृष्ण का वासुदेव नारायण और विष्णु के रूप में स्वीकरण सर्वसाधारण न था। कुछ स्थलों को छोड़कर महाभारत में कृष्ण एक उच्चकोटि के राजनीतिज्ञ क्षत्रिय योद्धा के रूप में चित्रित किये गये हैं और यदि हम उन स्थलों को पाश्चात्य विद्वानों की उक्ति के अनुसार प्रक्षिप्त मानलें तो महाभारत में कृष्ण को भगवान् मान लेने की आधार शिला ही गिर जाती है; परन्तु महाभारत के अन्तःसाक्ष्य और बाह्यःसाक्ष्य के आधार पर इस बात को स्वीकार नहीं किया जा सकता। विण्टरनिट्ज ने अपने संस्कृत-साहित्य के इतिहास में महाभारत के तीन संस्करण माने हैं। पहले संस्करण में ८८०० के लगभग श्लोक, दूसरे में २४००० और तीसरे में एक लाख हैं। हरिवंश पुराण को वे महाभारत से अलग ही स्वीकार करते हैं। महाभारत के कुछ अंशों को प्रक्षिप्त मानकर यदि यह

१ वनपर्व १६।४७ तथा उद्योग पर्व ४६।१

२ ऐतेरेय ब्राह्मण १।१

३ शतपथ १।२।५ और १४।१।१

४ आश्वमेधिक पर्व अध्याय ५३-५४

५ शान्त पर्व अध्याय ४८

कल्पना कर भी ली जाय कि महाभारत काल में कृष्ण को साधारण राज-पुत्र के रूप में ही स्वीकार किया गया है तो श्रीमद्भगवद्गीता के आधार पर—जो अन्तः और बाह्य-साक्ष्य के आधार पर महाभारत काल की ही रचना ठहरती है और जिसमें अधिक अंश प्रक्षिप्त नहीं हैं—यह मानना पड़ेगा कि महाभारत काल में ही कृष्ण में अवतारत्व का आरोप होने लगा था। महाभारत के विषय में एक बात और भी उल्लेखनीय है। वह यह कि इस 'भागवत' ऐकान्तिक अथवा 'पांचरात्र धर्म का विशेष प्रचार सात्वों' के द्वारा हुआ जो योग्य और वीर क्षत्रिय योद्धा थे। यही कारण है कि उनके समय तक इस धर्म में क्षात्र बल का प्राधान्य रहा; परन्तु पौराणिक युग में विष्णु, नारायण और वासुदेव की त्रिवेणी सम्मिलित होकर बहने लगी, जिसका प्रवाह भक्ति-सलिल से परिपूर्ण था। आगे चलकर यह प्रवाह वैष्णव-भक्ति की विशाल सरिता में परिणत हो गया, जिसकी अनेक शाखा-प्रशाखाओं ने जनता को जीवन प्रदान किया और वह आनन्द-रस में निमग्न हो गया।

कृष्ण के जिन स्वरूपों का हमने अब तक विवेचन किया है, उनका हमारे भक्तिकालीन साहित्य से साक्षात् सम्बन्ध नहीं है क्योंकि हिन्दी के कृष्ण-भक्ति-साहित्य के चरित-नायक ब्रजबिहारी लीला-पुरुषोत्तम श्रीकृष्ण हैं, जिनका लीलाधाम ब्रज है और गोप-गोपियों से सीधा सम्बन्ध है। प्रेमी-भक्ति के आलम्बन, गोप-गोपियों के सर्वस्व, राधावल्लभ, नटनागर, गोपाल-कृष्ण का समावेश हमारे वाङ्मय में कब से हुआ, यह एक दुस्तर समस्या है। पौराणिक-साहित्य का विवेचन हम पहले कर चुके हैं। कई पुराण तो ऐसे हैं जिनमें कृष्ण-चरित संक्षेप में दिया गया है किन्तु कुछ पुराणों में कृष्ण की लीलाओं का विस्तार से वर्णन है कृष्ण-चरित्र-सम्बन्धी पुराण ये हैं:

पद्म-पुराण, वायु-पुराण, वामन-पुराण, कूर्म-पुराण, ब्रह्म-वैवर्त पुराण और हरिवंश पुराण। इनका उल्लेख हम आगे करेंगे। यहाँ तो हम यही देखने का प्रयास करेंगे कि गोपाल कृष्ण की कथा के अन्य कौन से सूत्र हैं? जिन शिला-लेखों का पहले उल्लेख हुआ है, उनमें गोपाल कृष्ण का कोई संकेत नहीं मिलता। 'नारायणीय उपाख्यान' में वासुदेव अवतार का वर्णन करते हुए यह लिखा है कि वासुदेव ने कंस के वध के लिए अवतार लिया। 'सभा-पर्व' में शिशुपाल ने व्यंग्य में कृष्ण को गोकुल में पूतना आदि का संहारक बताया है और भीष्म द्वारा की गई कृष्ण की प्रशंसा को झूठी प्रशंसा कहा है। ३८ वें अध्याय में जहाँ भीष्म ने कृष्ण की प्रशंसा की है, वहाँ यह उल्लेख नहीं है, इसलिए भण्डारकर ने इस पद को प्रक्षिप्त मानते हुए लिखा है:

"The southern recension of the Mahabharat contains many interpolations......Thus attempts have always been made to bring by means of interpolations, the stories told in the Mahabharat to the form, which they subsequently assume."[1]

महाभारत के इस संस्करण में कृष्ण की गोकुल वाली कथाओं का समावेश है। उत्तरी भारत में पाई जाने वाली महाभारत की प्रतिलिपियों में इस प्रकार के श्लोक नहीं हैं। कृष्ण के गोविन्द नाम का सम्बन्ध 'गोपाल कृष्ण' से जोड़ा जाता है। 'गोविन्द' एक पुराना नाम है और इसका उल्लेख 'श्रीमद्भागवत' और 'महाभारत' दोनों में हुआ है, परन्तु महाभारत में 'गोविन्द' शब्द का सम्बन्ध 'गोपाल कृष्ण' से नहीं लगाया गया है। आदि पर्व में गोविन्द की व्याख्या इस प्रकार की गई है कि भगवान् का नाम 'गोविन्द' इसलिए है कि उन्होंने 'वाराहावतार' में 'गो' अर्थात् पृथ्वी की रक्षा की थी।[२] शान्ति-पर्व में भी इसी प्रकार व्याख्या की गई है।[३] भण्डारकर ने

1 Vaishnavism and Shaivism (Page 50 foot note)

२ आदि-पर्व (महाभारत) २१-१२

३ शान्ति-पर्व ३४२-७०

गोविन्द की उत्पत्ति गोविद् से बतलाई है, जो ऋग्वेद में इन्द्र के विशेषण के रूप में प्रयुक्त हुआ है और 'केशिनिसूदन' के विषय में भी उन्होंने यही लिखा है कि यह भी इन्द्र का विशेषण था और बाद में ये दोनों विशेषण कृष्ण के साथ जोड़ दिये गये।[1] ऋग्वेद में हमें ऐसे मन्त्र अवश्य मिलते हैं, जिनमें गो, वृष्णि, राधा, ब्रज, गोप, रोहिणी और अर्जुन आदि नाम आये हैं उनमें से कुछ मन्त्र निम्नलिखित हैं :

१—ता वां वास्तून्युष्मसि गमध्यै। यत्र गावो भूरिश्रृंगा अयासः।
अत्राह तदुरुगायस्य वृष्णः परमं पदमवभाति भूरि॥[२]

२—स्तोत्रं राधानां पते ऋ० १। ३०। २६

३—गवामयब्रजं वृधि ऋ० १। १०। ७

४—दासपत्नी अहिगोपा अतिष्ठत। ऋ० १। ३२। ११

५—त्वं नृचक्षा वृषभानुपूर्वी कृष्णास्वाम्ने अरुणो विभाहि। अथर्व० ३। १५। ३

६—तमेतदाधार यः कृष्णासु रोहिणीषु। ऋ० ८। ९३। १३

७—कृष्णरूपाणि अर्जुना विवो मदे। ऋ० १०। २१। ३

इन मन्त्रों में जो नाम आये हैं, उनका यद्यपि गोपाल कृष्ण से कोई सम्बन्ध नहीं है, परन्तु ऐसा प्रतीत होता है कि जिस प्रकार वैदिक कृष्ण का सम्बन्ध महाभारत के कृष्ण से जोड़ दिया गया, उसी प्रकार इन सभी नामों का उपयोग पौराणिक युग में कृष्ण से सम्बद्ध कर लिया हो।

हम पहले बता आये हैं कि 'घटजातक' में वासुदेव और बलदेव का उल्लेख है, वह कथा इस प्रकार है :

"वासुदेव और उसके भाई देवगब्भा और उपसागर के पुत्र थे। उन्हें देवगब्भा ने अपनी सेविका नन्द गोपा और उसके पति अन्धक को वेणु के सुपुर्द कर दिया था।" इस कथा से पता चलता है कि इस जातक की रचना के समय गोपाल कृष्ण वाली कथा प्रचलित थी; किन्तु अतर्क्य प्रमाणों के अभाव में इस जातक का समय-निर्धारण अत्यन्त कठिन समस्या है।

पुराण और कृष्ण-चरित

गोपाल कृष्ण सम्बन्धी सबसे अधिक कथाएँ हरिवंश पुराण में हैं। इस पुराण में कृष्ण के चरित को गोपियों के साथ सम्बद्ध कर लिया है। 'विष्णु पर्व' के १२८ अध्याओं में कृष्ण-जीवन की पूरी कथा दी गई है और कृष्ण के सौन्दर्य का अनेक प्रकार से वर्णन किया गया है; पूतना-वध, शकट-वध, यमलार्जुन-पतन, माखन-चोरी, कालिय-दमन, धेनुक-वध, प्रलम्ब-वध, गोवर्द्धन-धारण आदि सभी लीलाओं का इसमें विशद वर्णन है; बीच-बीच में प्रकृति का भी बड़ा ही सुन्दर चित्रण है। पाश्चात्य विद्वानों ने हरिवंश-पुराण का रचना-काल ईसा की पहली शताब्दी के लगभग माना है और अपने कथन की पुष्टि में हरिवंश पुराण में आये हुए 'दीनार' शब्द को रखा है। हरिवंश पुराण में ३८०८ श्लोक हैं। श्रीकृष्ण इन्द्र की पूजा का निषेध कर नन्द को गोवर्द्धन की पूजा का विधान बताते हैं और गउओं को ही अपना सर्वस्व कहते हैं। ३५२२ संख्या वाले श्लोक में 'घोष' का उल्लेख है और यह बतलाया है कि गोप ब्रज को छोड़कर वृन्दावन चले आये। 'घोष' का दूसरा नाम 'आभीरपल्ली' बताया है। हरिवंश-पुराण में आभीरों का विस्तार मथुरा के निकट महावन से लेकर द्वारका के पास अनूप और आनर्त देश तक बताया गया है।[3]

1 Vaishnavism and Shaivism (Bhandarker) Page 51
२ ऋग्वेद १। १५४। ६
३ हरिवंशपुराण ५१६१-५१६३ श्लोक

महाभारत के 'मौशल-पर्व' अध्याय ७ में आभीरों के सम्बन्ध से एक कथा आती है, जिनके अनुसार अर्जुन वृष्णिवंश के समाप्त हो जाने पर उस वंश की स्त्रियों को जब द्वारका से कुरुक्षेत्र ले जा रहे थे, तो आभीरों ने उनके ऊपर आक्रमण कर दिया। आभीर लुटेरे और म्लेच्छ बताये गये हैं, जो पंचनद-प्रदेश में रहते थे। विष्णु-पुराण में आभीरों को कोंकण और सौराष्ट्र के निवासी बताया गया है। पहले तो आभीर चरवाहे थे, फिर वे पंजाब से मथुरा, सौराष्ट्र और काठियावाड़ तक फैल गये। आजकल 'अहीर' शब्द आभीर का ही बिगड़ा हुआ रूप है। ऐतिहासिक प्रमाणों से ज्ञात होता है कि आभीरों ने मराठा देश के उत्तर में अपना राज्य भी स्थापित किया था। नासिक में एक शिलालेख भी मिला है, जिसमें आभीर शिवदत्त के पुत्र ईश्वरसेन के राज्य के नवम वर्ष का उल्लेख है। इस शिलालेख से पता चलता है कि यही तीसरी शताब्दी का लिखा हुआ है। वायु-पुराण में अभीरों के एक राज्यवंश का वर्णन है, जिसमें १० राजाओं का वर्णन हुआ है।[1] काठियावाड़ के एक अन्य उत्कीर्ण लेख (Inscription) में, जो गुण्डा स्थान में मिला है, रुद्रभूति के दान का वर्णन है। रुद्रभूति आभीर था। यह शिलालेख रुद्रसिंह नामक क्षत्रप ने लिखवाया था, जिसका समय ई० सन् १८० के आसपास था।

आभीरों के इस इतिहास से आधुनिक विद्वानों ने अनुमान लगाया है कि 'गोपाल कृष्ण' तथा 'बालकृष्ण' वाली कथाओं का समावेश 'वासुदेव' के साथ इन आभीरों द्वारा किया गया। आभीरों में 'बालदेवी' और 'बालदेवता' की उपासना प्रचलित है। 'बालदेवता' के विषय में यह भी कहा जाता है कि उसका जन्म नीच घराने में हुआ और पालन-पोषण एक दूसरे कल्पित पिता के यहाँ हुआ, जिसे यह ज्ञान था कि वह उसका अपना बच्चा नहीं है और उसके बहुत से निरीह भाइयों की हत्या हो चुकी है। धेनुक-वध आदि की कथाएँ भी इन्हीं आभीरों के द्वारा कृष्ण-कथा में स्थान पा गईं।[2] भण्डारकर ने इसी मत की पुष्टि करते हुए निर्णय किया है :

"The alliance of Krisna with cowherdesses, which introduced an element in consistent with the advance of moraliy into the 'Vasudeva' religion, was also an after-growth, consequent upon the freer intercourse between the wandering Abhiras and their more civilised Aryan neighbours took advantage of its looseness. Besides, the Abhiran women must have been fair and handsome as those of the Ahir Gavaliyas or cowherds of the present day are."

इस विषय में 'इण्डियन एण्टिक्वैरी' के लेख तथा "एन्साइक्लोपीडिया 'ऑव रिलीजन एण्ड एथिक्स" के लेख विचारणीय हैं। कैनेडी ने अपने लेख में जाट गूजरों को आभीरों की ही सन्तान माना है। वेबर और ग्रियर्सन भी ईसा के पश्चात् ही आभीरों के देवता बालकृष्ण का होना सिद्ध करना चाहते हैं। ऐसा सिद्ध करने से उनका अभिप्राय यह है कि बालकृष्ण की कथायें ईसा की कथाओं का रूपान्तर है। ग्रियर्सन ने लिखा है कि ईसा की दूसरी शताब्दी में ईसाइयों का एक दल सीरिया से आकर मद्रास के दक्षिण में आबाद हो गया था। इन ईसाइयों की भक्ति-भावना का पूरा-पूरा प्रभाव हिन्दुओं पर पड़ा और क्राइस्ट से क्रिष्टो तथा फिर कृष्ण उनका उपास्य बन गया।

---

1 वायु-पुराण, खण्ड २ अध्याय ३७

2 Journal of the Royal Asiatic Society for 1907 Page 981.

वैष्णवों की दास्य-भक्ति, प्रसाद, पूतना-स्तन्य-पान आदि को ग्रियर्सन ईसाइयत की ही देन बताते हैं। उनका कथन है कि पूतना बाइबिल की 'वर्जिन' है, प्रसाद 'लवफीस्ट' और दास्य-भक्ति पाप-पीड़ित-मानवता का करुण क्रन्दन है। इन लेखों के आधार पर ईसा के पश्चात् ही बालकृष्ण की कथाओं का समावेश सिद्ध होता है किन्तु यह बात वायुविकारजन्य प्रलाप से अधिक महत्व नहीं रखती। कीथ, मैकडोनल आदि विद्वानों ने इस मत का खण्डन किया है। अन्य प्रमाण भी उक्त कल्पना के विरोध में उपस्थित किये जा सकते हैं। हम बता आये हैं कि ईसा से बहुत दिन पहले ही बालकृष्ण की कथायें प्रचलित थीं और आभारी जाति कहीं बाहर से नहीं आई थी। संक्षेप में हम निम्नलिखित युक्तियाँ इस विषय में उपस्थित कर सकते हैं:

१—महाभारत, वायुपुराण और हरिवंश पुराण में आभीरों का उल्लेख है।

२—काठेयावाड़ में पाये जाये वाले शिलालेख के अनुसार आभीरों का राज्य-काल ईसा से पहले ठहरता है।

३—आभीरों का द्रविड़-शब्द से सम्बन्ध, जिसका विवेचन राय चौधरी ने 'Early History of Vaishnavism' में किया है। द्रविण-भाषा में आभीर का अर्थ 'गोपाल' है।

४—महाकवि भास के 'बाल चरित', 'दूत वाक्य' और 'दूत घटोत्कच' नाटकों में वर्णित कृष्ण का चरित।

५—गाथा-सप्तशती में राधा-कृष्ण की लीलाओं का उल्लेख।

६—बालकृष्ण की ईसा-निरपेक्ष बहुत-सी कथाओं का अस्तित्व।

श्री कृष्ण चरित का पूर्ण विवेचन करने वाला दूसरा पुराण 'ब्रह्म-वैवर्त पुराण' है, जिसके कृष्ण-जन्म-खण्ड में कृष्ण विषयक सामग्री दी हुई है। पहले अध्यायों में कृष्ण-जन्म का कारण, चौथे में गोलोक का और पाँचवें में राधा के मन्दिर का वर्णन है। छठे अध्याय में अंशावतारों का वर्णन करते हुए राधा और कृष्ण के सम्बन्ध को स्पष्ट किया है। फिर सातवें अध्याय में श्रीकृष्ण-जन्माख्यान, आठवें अध्याय में श्रीकृष्ण जन्माष्टमी-व्रत का वर्णन है। नवें अध्याय में बलदेव का जन्म और नन्द के पुत्रोत्सव का वर्णन है। आगे कृष्ण की लीलाओं का वर्णन हुआ है। बीच-बीच में और भी बहुत से उपाख्यान आये हैं। फिर उत्तरार्द्ध में, जो ५५ वें अध्याय से प्रारम्भ होता है, श्रीकृष्ण-प्रभाव-वर्णन तथा अन्य उपाख्यानों के अनन्तर कंस की कथा और श्रीकृष्ण का मथुरा-गमन दिया हुआ है। अध्याय ९१ में कृष्ण उद्धव को ब्रज में जाने की आज्ञा देते हैं और उद्धव वहाँ जाकर राधा और गोपियों से वार्तालाप करते हैं। ९८ वें अध्याय में उद्धव मथुरा वापस आते हैं। आगे राधा-कृष्ण सम्बन्धी अनेक वृत्तान्त हैं, साथ-साथ में और भी बहुत से आख्यान हैं। ब्रह्मवैवर्त में बहुत-सी स्तुतियाँ दी गई हैं और अनेक स्थलों पर उच्चकोटि के शृंगारिक वर्णन हैं। ऐसा प्रतीत होता है कि हिन्दी के कवियों ने बहुत कुछ सामग्री ब्रह्म-वैवर्त पुराण से ली है। ब्रह्म-वैवर्त में राधा का जो वर्णन है, उसका उल्लेख हम आगे करेंगे। इस पुराण में कृष्ण की लीलाओं का वर्णन हरिवंश पुराण के वर्णनों की अपेक्षा अधिक शृंगारिक और विस्तृत है।

पद्म पुराण

इस पुराण के पाताल-खण्ड में कृष्ण-चरित का विवेचन है। अध्याय ६९ से ७२ तक तो श्रीकृष्ण के माहात्म्य का वर्णन है और ७३ से ८३ तक वृन्दावन आदि का माहात्म्य और श्रीकृष्ण की लीला का विवेचन है। गोपियों के अध्यात्म-पक्ष और उनकी उत्पत्ति के विषय में भी विस्तार

से वर्णन किया गया है, जिसका विवेचन हम आगे करेंगे। इस पुराण में वृन्दावन, द्वारका, गोकुल, मथुरा आदि का बड़ा सुन्दर वर्णन हुआ है और द्वादश वनों का भी उल्लेख है।[1] श्लोक ८८ से १०२ तक श्रीकृष्ण के सौन्दर्य का वर्णन है। सूर-साहित्य पर इस पुराण का पर्याप्त प्रभाव लक्षित होता है। पुष्टि-सम्प्रदाय में पद्म-पुराण की बहुत-सी बातें ज्यों की त्यों अपनाई गई हैं।

वायु-पुराण

वायु पुराण के द्वितीय-खण्ड अध्याय ३४ में विस्तार पूर्वक स्यमन्तक मणि की कथा लखी है और फिर श्रीकृष्ण के जन्म का वर्णन है। इसके अनन्तर कृष्ण की १६ सहस्र पत्नियों और उनके पुत्रों आदि का वर्णन है। इस पुराण के विषय में विशेष उल्लेखनीय बात यह है कि इसमें कृष्ण की गोप-लीलाओं और राधा की केलि का वर्णन नहीं है। अध्याय ४२ में कुछ श्लोकों में गोलोकवासी भगवान् कृष्ण का उल्लेख करते हुए राधा और गोप-लीलाओं का उल्लेखमात्र है।

वामन-पुराण

इनमें केवल केशी, मुर और काल-नेमि के वध की कथा है।

कूर्म-पुराण

इसमें भी केवल यदुवंश का वर्णन, श्रीकृष्ण द्वारा महादेव की आराधना और श्रीकृष्ण के पुत्रों की कथा है।

गरुड़-पुराण

गरुड़-पुराण में कृष्ण की लीलाओं का उल्लेख है, जो अध्याय १४४ में हुआ है। इसमें पूतना वध, यमलार्जुनोद्धार, गोवर्द्धन-धारण, केशी-चाणूर इत्यादि का वध, कालियदमन और शकटासुर-वध का उल्लेख है। कृष्ण का सान्दीपनि गुरु से शिक्षा प्राप्त करने का भी उल्लेख है। कृष्ण की रुक्मिणी, सत्यभामा आदि ८ पत्नियों का तथा गोपियों का उल्लेख तो है, परन्तु राधा का नाम नहीं है। यह गरुड़-पुराण के आचार काण्ड में है। ब्रह्म-काण्ड में हव्यवाह की कन्या नीला, भद्रा, मित्रविन्दा, कालिन्दी, जाम्बवन्ती, सोम-पुत्री आदि की तपस्या का वर्णन है।

विष्णु-पुराण

इस पुराण के चौथे अंश के १५ वें अध्याय में शिशुपाल की मुक्ति का कारण बतलाते हुए श्रीकृष्ण-जन्म का उल्लेख हुआ है। पाँचवें अंश में कृष्ण का चरित्र विशेष रूप से दिया हुआ है तथा कृष्ण की लीलाओं के साथ रास का भी वर्णन है। वास्तव में इसी अंश में कृष्ण के चरित्र का विस्तृत अङ्कन है।

कृष्ण-विषयक पुराणों के विषय और भाषा पर दृष्टि डालने से यह बात स्पष्ट हो जाती है कि ये पुराण विभिन्न कालों की रचनाएँ हैं और बराबर इनके संस्करण होते रहे हैं। आज भी हमें इनके कई-कई संस्करण उपलब्ध होते हैं। हो सकता है कि साम्प्रदायिक आचार्यों ने अपनी-अपनी परम्पराओं के अनुकूल इन पुराणों में घटा-बढ़ी कर ली हो। मध्यकालीन भक्ति-साहित्य पर सभी पुराणों का प्रभाव पड़ा है और कृष्ण के रूप ने अनेक प्रकार की विचार-धाराओं को पार कर वर्तमान स्वरूप को धारण किया है। हम डा० हजारी प्रसाद द्विवेदी जी के इस मत से पूर्णतया सहमत हैं :

---

१ पद्म-पुराण, पाताल खण्ड अध्याय ६९

"कृष्ण का वर्तमान रूप नाना वैदिक, अवैदिक, आर्य, अनार्य धाराओं के मिश्रण से बना है। परन्तु फिर भी हम यह नहीं कह सकते कि कृष्ण ऐतिहासिक व्यक्ति नहीं है। अवतारत्व का आरोप हो जाने पर बहुत-सी अतिमानवीय घटनाओं से अवतार का जीवन घुल-मिल जाता है।"

कृष्ण के विकास का जो विवेचन हमने ऊपर किया है, उससे यह निष्कर्ष निकलता है :

१—महाभारत में जिस कृष्ण का वर्णन हुआ है, वह वासुदेव का ही रूपान्तर है और वह पूर्णतया ऐतिहासिक व्यक्ति है। महाभारत काल में ही श्रीकृष्ण में ईश्वरत्व का आरोप हो चुका था और इनसे वैदिक कालीन श्रीकृष्ण का सम्बन्ध भी स्थापित किया जा चुका था। महाभारतीय कृष्ण का सम्बन्ध मथुरा और द्वारका दोनों से था एवं शिशुपाल की बातों से यह भी आभास मिलता है कि ब्रज से भी कृष्ण का कुछ सम्बन्ध रहा होगा। कृष्ण—कृष्ण गोत्रोत्पन्न थे।

२—कृष्ण-कथा में बाल लीलाओं का समावेश अवश्य ही आभीर जाति के कारण हुआ। ईसाइयत से उसका कोई सम्बन्ध नहीं, क्योंकि वह ईसा से बहुत पहले हो चुका था।

३—पुराणों में साम्प्रदायिकता की छाप स्पष्ट दीख पड़ती है और उनकी भाषा और विषय से परिवर्तन एवं परिवर्द्धन के चिन्ह भी उनमें खोजे जा सकते हैं। अतः यह भी निश्चित है कि पुराणों की रचना किसी एक काल की नहीं है, विभिन्न सम्प्रदायों के आचार्यों ने उनमें अदल-बदल अवश्य की है।

भागवत के श्रीकृष्ण

श्रीकृष्ण के चरित के सम्बन्ध में अब तक हमने श्रीमद्भागवत का उल्लेख नहीं किया है। यद्यपि श्रीमद्भागवत में राधा का उल्लेख नहीं है, तथापि कृष्ण-भक्ति का सर्वश्रेष्ठ ग्रन्थ श्रीमद्-भागवत ही कहा जा सकता है। महाभारत से लेकर पौराणिक युग तक जितना भी कृष्ण का विवेचन हुआ है, वह सब समन्वित रूप में श्रीमद्भागवत में मिल जाता है। भागवतकार ने अवतारों का वर्णन करते हुए, "एते चांशकलाः पुंसः कृष्णस्तु भगवान् स्वयम्" कहा है। महाभारत में कृष्ण के जिस नारायण रूप का उल्लेख हुआ है, उसको भागवतकार ने इस प्रकार लिखा है कि नारायण के कृष्ण और शुक्ल-स्वरूप असुर-मर्दित पृथ्वी का भार उतारने के लिए कृष्ण और बलराम के रूप में आविर्भूत हुए।[1]

श्रीमद्भागवत में नारायण को पुरुषावतार या आदि अवतार कहा है। "भगवान् ने आदि में लोक-सृष्टि की इच्छा से महत्तत्वादि सम्भूत षोडशकलात्मक पुरुषावतार धारण किया।"[2] "भगवान् ने ही पृथ्वी, जल, अग्नि, वायु, आकाश इन पाँच भूतों की अपने आपसे अपने आप में सृष्टि की है। इन तत्वों के द्वारा जब वे विराट् शरीर ब्रह्माण्ड का निर्माण करके उसमें लीला से अपने अंश अन्तर्यामी रूप से प्रवेश करते हैं तब उन आदि देवनारायण को 'पुरुष' नाम से कहते हैं। यही उनका प्रथम अवतार है।"[3] भागवत के अन्तर्गत ब्रह्म-स्तुति में कहा गया है "हे अधीश, क्या आप नारायण नहीं हैं? आप अवश्य ही नारायण हैं क्योंकि आप ही सब जीव-समूहों के आत्मा और अखिल साक्षी हैं।"[4] इसी प्रकार अन्य पुराणों में भी 'नारायण' और 'वासुदेव कृष्ण' की संगति लगाई गई है, यह हम पहले कह चुके हैं। वैकुण्ठवासी चतुर्भुज नारायण (महाविष्णु, श्वेत-

---

१ श्रीमद्भागवत २ । ७ । २६

२ वही १ । ३ । १

३ वही ११ । ४ । ३

४ वही १० । १० । १४

द्वीप-पति विष्णु) नारायण ऋषि तथा वासुदेवनन्दन श्रीकृष्ण तथा वृन्दावनविहारी नन्दनन्दन एक ही भगवान् के विभिन्न रूप बताये गये हैं। श्री जीवगोस्वामी ने 'लघुभागवतामृत' के पूर्व-पटल में इसका सामञ्जस्य स्थापित किया है और कहा है कि "पुराणों में कोई श्रीकृण को नारायण ऋषि, कोई वामन, कोई क्षीरोपशायी, कोई सहस्र शीर्षा और कोई वैकुण्ठनाथ नारायण कहते हैं।" ब्रह्माण्ड पुराण में भी ऐसा ही उल्लेख मिलता है:—"जो वैकुण्ठ में चतुर्भुज नारायण, जो श्वेत-द्वीप-पति नर-नारायण ऋषि हैं, वे ही वृन्दावनविहारी श्रीकृष्ण हैं"

ऊपर के विवेचन से ज्ञात होता है कि श्रीमद्‌भागवतकार ने कृष्ण के व्यापक रूप को लिया है। सूक्ष्म दृष्टि से विवेचन करने पर हम इस निष्कर्ष पर पहुँचते हैं कि महाभारत, गीता और श्रीमद्‌भागवत में कृष्ण के रूप का उत्तरोत्तर विकास होता गया है। महाभारत एक ऐतिहासिक ग्रन्थ है; इसके आख्यानों में ही भगवत्तत्व-निरूपण हुआ है। यदि उन आख्यानों को पृथक् कर दिया जाय तो श्रीकृष्ण का मानवीय रूप ही हमारे सामने आता है; यही कारण है कि पाश्चात्य विद्वानों ने महाभारत में बहुत से अंश प्रक्षिप्त माने हैं, किन्तु उन आख्यानों में भागवत-धर्म और उसके तत्व का निरूपण बड़ा महत्वपूर्ण है। उसी तत्व का वैज्ञानिक समन्वय श्रमद्‌भगवद्‌गीता में हुआ है। भागवत में भक्ति की दृढ़ता के लिये उस तत्व की व्याख्या की गयी है। इसके अन्तर्गत पृथु, प्रियव्रत, प्रह्लाद आदि भक्तों की कथाएँ तथा निष्काम कर्म के वर्णनों से यह बात भली-भाँति प्रकट हो जाती है कि महाभारत का 'नारायणीय-धर्म' और श्रीमद्‌भागवत का 'भागवत-धर्म' आदि में एक ही हैं। पर दोनों ग्रन्थों में प्रधानता भिन्न-भिन्न सिद्धान्तों की है। उसमें श्रीकृष्ण का रूप लोक-रक्षक भी है और लोक-रंजक भी, फिर श्रीमद्‌भगवद्‌गीता में महाभारत के सिद्धान्तों की ही व्याख्या की है। गीता महाभारत का ही एक भाग है, दोनों ग्रन्थों को आद्योपान्त पढ़ने से यह विदित हो जाता है। निष्काम कर्म-युक्त प्रवृत्ति-तत्व का ही दोनों में विवेचन हुआ है। सम्भवतः भागवत की रचना इसीलिए हुई और यह सिद्ध किया गया कि भक्त के बिना निष्काम कर्म सम्भव नहीं है। भागवत का मुख्य उद्देश्य भक्ति का प्रतिपादन ही है।

भगवद्‌गीता में भगवान् को प्रकृति और पुरुष से भी परे एक सर्व-व्यापक, अव्यक्त और अमृत तत्व माना गया है और परम पुरुष कहा गया है, जिसके स्वरूप हैं—व्यक्त और अव्यक्त। अव्यक्त के भी 'सगुण', सगुण-निर्गुण और निर्गुण तोन भेद किये हैं। कृष्ण उस परम पुरुष के मूर्तिमान् अवतार हैं; यही कारण है कि गीता में भगवान् कृष्ण ने अपने विषय में पुरुष का निर्देश अनेक स्थानों पर किया है।[1] गीता में भगवान् ने अपना विश्वरूप अर्जुन को दिखाया है और यही उपदेश दिया है कि अव्यक्त से व्यक्त रूप की उपासना करना अधिक सहज है। इसी प्रकार विश्व-रूप का वर्णन महाभारत में नारद-प्रसंग में भी आया है।[2] इससे स्पष्ट ज्ञात हो जाता है कि सिद्धान्त रूप से महाभारत, गीता और भागवत में परब्रह्म को एक ही रूप दिया गया है, परन्तु इतना अन्तर है कि महाभारत में कृष्ण का परब्रह्म से वैसा व्यापक तादात्म्य स्थापित नहीं किया गया, जैसा भागवत और गीता में। महाभारत में पाण्डव अवश्य ही उन्हें विष्णु का अवतार मानते हैं, परन्तु यह बात सामान्य रूप से स्वीकृत न हो पाई थी। भागवत में भी कृष्ण का वह स्वरूप नहीं है, जो गीता में है। गीता में ज्ञान, कर्म और उपासना का सामञ्जस्य स्थापित किया गया है और साथ ही साथ पिण्ड-ब्रह्माण्ड के ज्ञान सहित आत्म-विद्या के गूढ़ और पवित्र तत्वों को

---

१ देखिये गीता, ६।८, १५।७, १०।२०, १०।४१, ६।३४

२ महाभारत, शान्तिपर्व अध्याय ३३९ श्लोक २१-२८

भी समझाया गया है, किन्तु श्रीमद्भागवत में इन सबका निरूपण विशेष रूप से करके भक्ति को सर्वोपरि ठहराया गया है। भागवत में अनेक अवतारों का वर्णन है, परन्तु अन्य अवतारों को ब्रह्म का अंशरूप मानकर कृष्ण को ही पूर्ण ब्रह्म माना है।[१] पुराणों में अवतारों की विस्तृत व्याख्या की गई है और तीन प्रकार के अवतार माने गये हैं—१—पुरुषावतार, २—गुणावतार और ३—लीलावतार। भगवान् के चार व्यूह माने गये हैं, श्री वासुदेव, संकर्षण, प्रद्युम्न और अनिरुद्ध। गुणावतारों में विष्णु, ब्रह्मा और रुद्र माने हैं तथा लीलावतार २५ माने हैं। इसके अतिरिक्त १४ मन्वन्तरावतार होते हैं, जो स्वायम्भुव आदि १४ मन्वन्तरों में प्रकट होते हैं। श्रीमद्भागवत में श्रीकृष्ण को अवतार ही माना है। देवकी श्रीकृष्ण की स्तुति करती हुई कहती है :

"हे आद्य, जिसके अंश (पुरुषावतार) का अंश प्रकृति है, उसके अंश (सत्वादि गुण) के भाग (परमाणु आदि) द्वारा इस विश्व की सृष्टि, स्थिति और प्रलय हुआ करती है। मैं आपकी शरण हूँ।"[२] गीता में कई स्थलों पर इस प्रकार के वाक्यों को दुहराया गया है।[३] इस प्रकार गीता और भागवत दोनों में भगवान् श्रीकृष्ण को ज्ञान, शक्ति, बल, ऐश्वर्य, वीर्य और तेज इन ६ गुणों से विशिष्ट माना है। श्रीमद्भागवत में कुन्ती द्वारा की गई कृष्ण की स्तुति में कृष्ण का स्वरूप एवं भगवान् के अवतार का प्रयोजन बताया गया है। अन्त में कुन्ती कहती है, "हे भगवन्, कोई लोग कहते हैं कि आपने पुण्य श्लोक राजा युधिष्ठिर का यश बढ़ाने के लिये ही यदुवंश में जन्म लिया······। जो लोग आपकी प्रेम तथा भक्ति-भावना से भरी हुई अद्भुत लीलाओं को वक्ताओं से सुनते हैं, श्रोताओं को सुनाते हैं तथा स्वयं गाकर और स्मरण करके आनंदित होते हैं, वे शीघ्र ही इस जन्म-मरण-रूपी सांसारिक प्रबल प्रवाह को शान्त करने वाले आपके श्रीचरणकमलों का दर्शन प्राप्त करते हैं।"[४]

भागवत में कृष्ण के सभी रूप आ गये हैं, जैसे (१) अद्भुतकर्मा असुरसंहारक कृष्ण, (२) बालकृष्ण, (३) गोपीविहारी श्रीकृष्ण, (४) राजनीतिवेत्ता, कूटनीति-विशारद श्रीकृष्ण, (५) योगेश्वर श्रीकृष्ण, (६) परब्रह्मस्वरूप श्रीकृष्ण। मुख्य रूप से हम कृष्ण के तीन रूप देखते हैं, (१) महाभारत के कृष्ण, (२) गीता के कृष्ण तथा (३) भागवत के कृष्ण। भगवान् के वीरत्व-विधायक स्वरूप के दर्शन महाभारत में, परब्रह्म स्वरूप के गीता में और रसिकेश्वर के भागवत में होते हैं। वैसे तो भागवत में कृष्ण के प्रायः सभी रूपों का विवेचन हुआ है, परन्तु प्राधान्य रसिकेश्वर-स्वरूप का ही है। भगवान् के असुरसंहारक राजनीतिवेत्ता तथा कूटनीतज्ञ स्वरूप का वर्णन भागवत के दशम स्कन्ध के उत्तरार्द्ध में हुआ है। दशम-स्कन्ध के पूर्वार्द्ध में निबद्ध कृष्ण के बाल्यकाल की असुरों के वध से सम्बद्ध कथाएँ भगवान् के बालरूप की कहानियाँ होने के कारण उनके अलौकिक चरित्र में आती हैं। कंस-वध तक की लीलाएँ बाल लीलाएँ हैं, इनमें किशोरावस्था की भी क्रियाएं आती हैं। उनके राजा पद की प्रतिष्ठा जरासन्ध के युद्ध के अनन्तर द्वारका-दुर्ग-निर्माण-काल से होती है और यहीं से गीता की "परित्राणाय साधूनाम" वाली युक्ति की चरितार्थता प्रारम्भ होती है। इस स्कन्ध में कृष्ण के पराक्रम की निर्देशिका वीर-रस-मयी अनेक रोमाञ्चकारिणी घटनाएँ हैं किन्तु बीच-बीच में अलौकिकता का भी समावेश है। बाल-

---

१ एते चांशकलाः पुंसः कृष्णास्तु भगवान् स्वयम्। श्रीमद्भागवत १।३।२८

२ श्रीमद्भागवत १०।८५।२१

३ यथा विष्टभ्याहमिदं कृत्स्नमेकांशेन स्थितो जगत्, गीता १०।४२
तथा मन्तः परतहं नान्यत् निञ्जिदस्ति वनञ्जय ७।७

४ भागवत १।८।३२।३५

लीलाओं को छोड़कर कृष्ण के शेष जीवन-चरित की दृष्टि से भागवत को चार भागों में विभाजित किया जाता है—(१) घटनात्मक, (२) उपदेशात्मक, (३) स्तुत्यात्मक तथा (४) गीतात्मक।

(१) घटनात्मक

श्रीमद्भागवत के वे स्थल घटना-प्रधान स्थल हैं, जो ऐतिहासिक घटनाओं का वर्णन करते हैं, परन्तु जैसें गोस्वामी तुलसीदास जी मर्यादा पुरुषोत्तम श्री रामचन्द्र जी के चरित्र को चित्रित करते हुए 'राम चरित मानस' में ग्रन्थ के प्रधान सूत्र भक्ति को नहीं छोड़ते और उसी भावना से अभिभूत होकर अनजाने में ही राम के चरित्र में अलौकिकता का समावेश कर जाते हैं, उसी प्रकार व्यास जी का लक्ष्य भी भागवत तत्व-निरूपण द्वारा भक्ति-रस का परिपाक करना है। अतएव भागवतकार ने घटनात्मक स्थलों पर भी भगवान् के दिव्य मंगल स्वरूप की कई बार स्तुति कराई है—जैसे भौमासुर-वध के समय, वाणासुर-संग्राम के समय तथा वेद-स्तुति आदि। इन घटनाओं में अलौकिक घटनाओं का भी सम्मिश्रण है, जैसे स्वर्ग से कल्प-वृक्ष लाना, देवकी के मृतक पुत्रों को लाना आदि। ऐसे स्थलों पर कवि की प्रतिभा सजग हो उठती है और वह भगवान् के स्वरूप में इतना तन्मय हो जाता है कि अन्य सब भाव अभिभूत हो जाते हैं तथा हृदयानुभूति रागात्मिका वृत्ति के साथ उन स्तुतियों और स्तोत्रों के रूप में साक्षात् रूप धारण कर लेती है। श्रीमद्भागवत में जहाँ-जहाँ भी इन घटनाओं का उल्लेख है, वहीं-वहीं कवि की इस अनुभूति का परिचय मिलता है। इस घटनात्मक भाग में भागवताकार का उद्देश्य भी भक्ति की दृढ़ता ही है—

(२) उपदेशात्मक

भागवत के उपदेशात्मक भाग में हमें श्रीकृष्ण योगेश्वर, उपदेष्टा तथा विज्ञानी के रूप में मिलते हैं। श्रीमद्भागवत में दो प्रकार के उपदेश हैं—साधारण तथा विशेष। साधारण उपदेश वे उपदेश हैं, जो साधु, महात्माओं, गुरुजनों या मित्रों ने दिये हैं। इन उपदेशों का अभिप्राय कर्तव्यकर्म का अनुष्ठान करते हुए भगवद्भक्ति करना है। विशेष उपदेशों के रूप में वे स्थल आते हैं, जहाँ उपदेश किसी व्यक्ति विशेष को विशेष रूप से दिये गये हैं, जैसे—उद्धव के प्रति भगवान् के उपदेश, ध्रुव को नारद का उपदेश, चतुःश्लोकी भागवत तथा कपिलगीता आदि। ये उपदेश बड़े महत्वपूर्ण हैं क्योंकि इनमें दो बातों की व्याख्या हुई है—१—परमतत्व की और २—ज्ञान-भक्ति-कर्म की।

(३) स्तुत्यात्मक

भागवत का स्तुत्यात्मक भाग भी बड़ा महत्वपूर्ण है क्योंकि इसके द्वारा भी कृष्ण के वास्तविक रूप की व्याख्या की गई है। ये स्तुतियाँ दो प्रकार की हैं—सकाम और निष्काम। सकाम स्तुतियाँ वे हैं, जो किसी कामना से प्रेरित होकर की गई हैं; कारागार से मुक्त होने के लिए किसी आपत्ति या दैहिक, दैविक, भौतिक तापों की निवृत्ति के लिए की गई हैं। निष्काम स्तुतियाँ दो प्रकार की होती हैं—एक तो वे, जिनमें तत्व ज्ञान की प्रधानता है—और दूसरी वे, जिनमें साधन की प्रधानता है। वेद-स्तुति-तत्व-ज्ञान-प्रधान स्तुति कही जायगी, क्योंकि इसमें सब तत्वों का पर्यवसान एक ही तत्व में दिखाया गया है। प्रह्लाद, अम्बरीष, ब्रह्मा, ध्रुव आदि की स्तुतियाँ साधन-प्रधान कही जायेंगी क्योंकि इनमें भक्त मुक्ति का इच्छुक न होकर केवल भगवान् के रूप तथा लीला के स्मरण-कीर्तन में आनन्द लेता है। गीता प्रेस, गोरखपुर से प्रकाशित, 'भागवत-स्तुति' में इस प्रकार की स्तुतियों का संग्रह है।

(४) गीतात्मक

श्रीमद्भागवत का चौथा भाग गीतात्मक है। इन गीतों में ग्रन्थकार का हृदय साक्षात् रूप से द्रवित होता हुआ प्रतीत होता है। उसकी अन्तरात्मा इन गीतों में पूर्णरूपेण प्रस्फुटित है। ये हृदय के वे स्वतः प्रवाही स्रोत हैं, जिनका अवरोध कवि के वश की बात नहीं थी। उसकी आत्मा की व्यथा एवं अन्तर्वेदना के ये गीत साकार प्रतिबिम्ब हैं। प्रेम और विरह की भावना से ओत-प्रोत इन गीतों की संख्या अधिक नहीं है। पांच गीत गोपियों के तथा एक द्वारिका की कृष्ण-पत्नियों का है। ये छः गीत दशम स्कन्ध में आये हैं। एकादश स्कन्ध में भी दो गीत आये हैं—एक पिंगला का और दूसरा एक भिक्षुक ब्राह्मण का। पिंगला का गीत निर्वेद-गीत है, जो संसार के कटु अनुभवों से उत्पन्न अन्तर्वेदना का अभिव्यंजन करता है। सात्विक और सदाचारी होने पर भी दुनिया के हाथों अपमानित होने वाले ब्राह्मण भिक्षुक के गीत में भी वेदना की झलक है। कृष्ण की पत्नियों का गीत दशम स्कन्ध के ६०वें अध्याय में है। उनका मन भगवान् की लीला में इतना तन्मय हो जाता है कि वे अपने को भूल जाती हैं। सांसारिक अनुभवों का ज्ञान लुप्त हो जाता है और आत्म-विभोरता की अनिर्वचनीय दशा में उनके हृदय-ह्रद से अनायास ही भावधारा बह निकलती है। समस्त प्रकृति उन्हें कृष्णमयी लगती है और वे प्रकृति के सब पदार्थों को सम्बोधन करके उनका कृष्ण से सम्बन्ध स्थापित करती हैं। वे यहां तक भूल जाती हैं कि कृष्ण उनके समीप हैं।

गोपी-गीतों का वर्णन तो वर्णनातीत हैं। उनके पाँचों गीतों में अनुपम प्रेम की झलक है। प्रतीत होता है हृदय वाणी के साथ लिपटा हुआ चला आया है। गोपियों के गीत में जो रस है, वह अनुवाद में कभी नहीं आ सकता। उसकी अनुभूति सहृदय व्यक्ति मूल पाठ में ही यथार्थ रूप में कर सकते हैं।

श्रीमद्भागवत में "कृष्णस्तु भगवान् स्वयम्" तथा "जन्म कर्म च मे दिव्यम्" आदि की चरितार्थता पूर्णतया हुई है। इस विषय को लेकर पण्डितों ने बड़े विश्लेषण और विवेचन किये हैं तथा गीता एवं भागवत के कृष्ण में अभेद स्थापित किया है। विभिन्न पुराणों में श्रीकृष्ण का पूर्ण अवतारत्व सिद्ध होता है और भगवान् शब्द के लक्षणों की संगति पूर्णरूपेण घटित हुई है। कृष्ण शब्द की व्याख्या करते हुए लिखा है—

> कृषिर्भूवांचकः शब्दो णश्च निर्वृ तिवाचकः।
> विष्णुस्तद्भावयोगाच्च कृष्णो भवति सात्वतः॥

श्रीमद्भागवत पुराण में, महाभारत, गीता तथा कृष्ण-सम्बन्धी अन्य सभी ग्रन्थों में दिये हुए भावों का समन्वय कर लिया है। श्रीमद्भागवत के कृष्ण पाण्डवों के सखा हैं, जो कुरुक्षेत्र महायुद्ध में नियामक थे और जिनका वीर रूप महाभारत में यत्र-तत्र बिखरा हुआ है। वे गीता के उपदेष्टा श्रीकृष्ण हैं, जो साधुओं के परित्राण, पापियों के विनाश और धर्म की स्थापना के लिए प्रत्येक युग में प्रकट होते हैं और जो गीता में भक्ति, ज्ञान और कर्म का सामञ्जस्य स्थापित कर निष्काम कर्मयोगी के रूप में उपस्थित हुए हैं। वे मथुरा और द्वारका के महावीर, महायोद्धा, राजराजेश्वर कृष्ण भी हैं और गोकुल, ब्रज और वृन्दावन में विहार करने वाले नन्द-नन्दन रसिक शिरोमणि गोपाल कृष्ण भी हैं।

हमने पीछे श्रीकृष्ण के 'योगेश्वर' विशेषण का उल्लेख किया है। गीता में तो इस शब्द की आवृत्ति अनेक बार हुई है किन्तु श्रीमद्भागवत में श्रीकृष्ण का योगेश्वर रूप पूर्णतया चित्रित भी हुआ है। महाभारत के द्रोण-पर्व में संजय के प्रति धृतराष्ट्र की जो उक्ति है, उसे पढ़ने से

भागवत और महाभारत के कृष्ण की एकता स्थापित होती है परन्तु वह स्थल अधिकांश विद्वानों ने प्रक्षिप्त माना है। जहाँ तक योगेश्वर शब्द का सम्बन्ध है, उस पर किसी की ननु-नच करने की गुन्जाइश नहीं है क्योंकि हम श्रीकृष्ण के योगेश्वरत्व का सम्बन्ध उनके परब्रह्मत्व से स्थापित करते हैं। श्रीमद्भागवत में 'योगेश्वर' शब्द की आवृत्ति कई बार हुई है। भगवान् की रासलीला को कामलीला न मानकर पवित्र योगमयी लीला ही माना गया है। महारास के प्रारम्भ में ही लिखा है कि "सम्पूर्ण योगियों के स्वामी श्रीकृष्ण दो-दो गोपियों के बीच में प्रकट हो गये तथा उनके गले में अपनी भुजा डाल दी।[1] यह उनकी योगमाया का ही फल था कि ब्रज के गोप यह समझते रहे कि हमारी पत्नियाँ हमारे पास ही हैं और श्रीकृष्ण ने अपने योगबल से हजारों स्थूल और हजारों सूक्ष्म शरीर बना लिए। योगदर्शन, उपनिषदों एवं अन्य योगपरक ग्रन्थों में इस प्रकार की योग-शक्तियों का वर्णन है कि स्वरूपस्थ जीवन्मुक्तयोगी यदि अपने प्रारब्ध कर्म को शीघ्र भोगकर समाप्त करना चाहे तो अनेक स्थूल और अनेक सूक्ष्म शरीर धारण करके भोग सकता है। श्रीमद्भागवत में भी राजा परीक्षित ने शुकदेव जी से रासलीला के प्रसंग में यही प्रश्न किया है, हे ब्रह्मन्, श्रीकृष्ण धर्म-मर्यादा के बनाने वाले और उपदेशक थे, फिर उन्होंने धर्म के विपरीत पर-स्त्रियों का स्पर्श कैसे किया ?" श्री शुकदेव जी ने परीक्षित को यही उत्तर दिया है कि भगवान् कृष्ण अपने भक्तों की इच्छा से अपना चिन्मय श्रीविग्रह प्रकट करते हैं। उनमें कर्म-बन्धन की कल्पना नहीं की जा सकती।[2] श्वेताश्वतर उपनिषद् में ब्रह्म का निरूपण इसी प्रकार से किया गया है कि तुम स्त्री हो, पुरुष हो, कुमार हो या कुमारी हो अर्थात् तुम्हारे विभिन्न स्वरूप हैं। भगवान् कृष्ण के योगेश्वर रूप के दर्शन हमें उस स्थल भी होते हैं, जब उन्होंने स्वयं अपने वंश को पाप से आवृत देखकर नाश करा दिया। योगेश्वर मोह से आच्छन्न नहीं होता, उसकी तो मानसी सृष्टि होती है।[3] भगवान् कृष्ण भागवत के अनुकूल अनन्तकर्म, अनन्तचेष्टा तथा अनन्त लीलाओं के भीतर भी श्री भगवान् पूर्ण निश्चित, पूर्ण निर्लिप्त रहे और वही उनका योगेश्वरेश्वर पूर्ण स्वरूप है, जिसको जानकर मुमुक्षुगण संसार-सिन्धु-सन्तरण कर सकते हैं।

महाभारत में भगवान् कृष्ण के राजनीतिज्ञ स्वरूप का विशेष विवेचन किया गया है, परन्तु श्रीकृष्ण की राजनीति दूसरे प्रकार की थी। उनकी राजनीति धर्म का स्वरूप था अर्थात् जो पापी है, नराधम है, नृशंस है वह दण्ड का पात्र है, फिर चाहे वह अपना भाई ही क्यों न हो। महात्मा गान्धी ने भी एक बार कहा था, "यदि आवश्यकता पड़े तो मैं अपने लोगों से भी असहयोग करूँगा।" वास्तव में जो पुरुष प्रकृति के मार्ग में रोड़े अटकाता हो, जो व्यक्ति मानव-कल्याण का घातक हो; उसे दूर रखना ही श्रेयष्कर है। श्रीकृष्ण ने राजनीति का उपयोग राजधर्म को निबाहने के लिये किया। वह राजधर्म न्याय और सत्य का पोषक था। यही कारण था कि उन्होंने अपने कुटुम्बियों का भी घोर विरोध किया। श्रीमद्भागवत में श्रीकृष्ण के चरित्र को इस प्रकार तो चित्रित नहीं किया गया, जैसे महाभारत में किया गया है परन्तु भक्ति का पुट देकर और कृष्ण को सर्वेश्वर तथा योगेश्वर मानकर राजनीति के विषयों का उल्लेख किया गया है।

श्रीमद्भागवत में वर्णित कृष्ण के जिन स्वरूपों का वर्णन हमने ऊपर किया है, उनमें सूरदास जी का मन नहीं रमा है। उन्होंने तो भगवान् कृष्ण की बाल तथा किशोर लीलाओं को

१ श्रीमद्भागवत स्कन्ध १०, अध्याय ३३
२ श्रीमद्भागवत स्कन्ध १०, अध्याय ३३
३ मनसा प्रजा असृजन्त

ही लिया है। भागवत के द्वितीय स्कन्ध के सप्तम अध्याय में भगवान् के लीलाअवतारों की कथा है तथा २६ वें श्लोक से कृष्ण और बलराम के अवतारों की ओर संकेत किया गया है। भगवान् की बाल-लीलाओं की सूची तृतीय स्कन्ध के द्वितीय अध्याय में तथा अन्य लीलाओं का वर्णन तृतीय अध्याय में किया है। इस प्रकार सूक्ष्म रूप से दी हुई लीलाओं का विषद वर्णन दशम स्कन्ध में है, विशेषकर दशम स्कन्ध-पूर्वार्द्ध श्रीकृष्ण के बाल-चरित्र, गोपी-विहार का स्थल माना जाता है। श्रीमद्भागवत का बालकृष्ण सब कलाओं में पूर्ण है। वेदान्त सुनाता हुआ भी असुरों का संहारक है; क्षात्र-तेज धारण करता हुआ भी मोहन है; गम्भीरता का समुद्र होते हुए भी मुरली बजाता, नाचता, गाता, हँसाता है। न जाने कितने भक्त उसकी इस अनोखी बाल-छवि पर मुग्ध हैं और उसके एक-एक स्वरूप की झाँकी पर अपना सब कुछ समर्पित किये हुए हैं ? उनके भक्तों को उनका मथुरा वाला किशोर रूप उतना प्रिय नहीं, जितना ब्रज का बाल पौगण्ड रूप। इसी रूप में उनको परम आसक्ति है। वास्तव में बात यह है कि भक्त—ब्रह्मानन्द से भी ऊँची कक्षा का आनन्द—परमानन्द चाहता है। संसार में सबसे निकृष्ट आनन्द विषयानन्द है, उससे ऊपर विद्यानन्द है और उससे अधिक महान् आत्मानन्द है। आत्मरति, आत्मकाम, आत्मतृप्त, यतिराट् जिस अखण्ड सच्चिदानन्द को अहर्निश प्राप्त करता है, वह ब्रह्मानन्द है। यही पराकाष्ठा, परागति और मुक्ति मानी गई है किन्तु भगवान् के निष्काम उपासक अनन्य-प्रेमी-भक्त भगवदानन्द की खोज करते हैं, जो केवल आत्मा से ही नहीं, बल्कि बुद्धि, मन, तन और रोम-रोम से अनुभूति में आता है; और इसीलिये परमदयालु प्रेमबन्धन, परब्रह्म परमात्मा सगुण साकार होकर अवतार धारण करता है, जिसके साक्षात्कार से ब्रह्म-सुख सर्वांगीण होकर प्राप्त होता है। इसीलिये यह आनन्द परमानन्द है, और ब्रह्मानन्द से भी विलक्षण है। भागवत का बालकृष्ण ही परमानन्द है; या यह कहिये कि ब्रज का ब्रह्म ही परमानन्द है। जैसे जगत् की चौरासी लाख योनियों में ब्रह्म व्यापक है, वैसे ही चौरासी कोस युग में वेदान्त का परम सिद्धान्त ब्रह्मानन्द नाच रहा है, जिसकी ओर भागवत में कई स्थलों पर संकेत हुआ है। इस परमानन्द की प्राप्ति भक्त को प्रभु से पृथक् रहकर सबके रूप से ही होती है। इसी से वह कैवल्य-मुक्ति स्वीकार न करके भजनानन्दी ही बना रहता है। भागवत में वर्णित भगवान् कृष्ण की लीला में आधिदैविक, आधिभौतिक तथा आध्यात्मिक—सभी भाव भरे हैं, परन्तु मुख्य रूप से भगवान् के प्रेम-विह्वल भक्तों की परमानन्दता ही है।

सूरदास जी पर भागवत का पूरा प्रभाव है। परन्तु जैसा कि हम पहले कह चुके हैं, उन्होंने अन्य पुराणों से भी कथाओं के सूत्र लिये हैं। अगले प्रकरण में कथावस्तु की दृष्टि से हम सूरसागर और भागवत की तुलना करेंगे।

षष्ठ अध्याय

श्रीमद्भागवत और सूरदास

सूर के आधुनिक आलोचकों ने उनकी विवेचना करते हुए इस विषय पर विचार किया है, परन्तु वह विचार साधारण रूप से कथावस्तु की दृष्टि से हुआ है। डॉ० धीरेन्द्र वर्मा ने अपने लेख 'सूरसागर और श्रीमद्भागवत' में कई पक्षों पर प्रकाश डाला है। डॉ० ब्रजेश्वर वर्मा ने अपने प्रबन्ध 'सूरदास' में भी इस पर विचार किया है। सूर-विषयक अन्य ग्रन्थों में भी इस पर प्रकाश डाला गया है किन्तु वह तुलनात्मक विवेचन सर्वाङ्गीण नहीं कहा जा सकता। किन्हीं दो ग्रन्थों अथवा लेखकों की तुलना करने के लिए यह आवश्यक है कि उनके विषय के अतिरिक्त काल, सिद्धान्त आदि पर भी विचार होना चाहिए। सूरसागर की द्वादश-स्कन्धात्मक प्रतियों में आये हुए "व्यास कहे सुकदेव सों द्वादश स्कन्ध बनाय, सूरदास सोई कहे पदभाषा करि गाय" आदि पद इस धारणा को जन्म देते रहे कि सूरसागर भागवत का अनुवाद है। इस बात को निश्चित करने के लिए दोनों का गहन अध्ययन आवश्यक है। श्रीमद्भागवत एक महापुराण है और "विद्यावतां भागवते परीक्षा" वाली उक्ति के अनुसार प्रकाण्ड पण्डितों के लिए भी यह विषय बड़ा गूढ़ है। भारतीय साहित्य में निर्माण-तिथि देने की परिपाटी न होने के कारण साहित्य का बहुत-सा अंश आज भी अन्धकार के गर्त में पड़ा हुआ है। श्रीमद्भागवत की रचना-तिथि के विषय में निश्चय-पूर्वक तो कुछ नहीं कहा जा सकता, परन्तु अन्तः एवं बाह्य-साक्ष्यों के आधार पर यह हम अवश्य कह सकते हैं कि श्रीमद्भागवत का वर्तमान संस्करण दक्षिण में हुआ और दाक्षिणात्य पण्डितों के द्वारा ही इसका प्रचार आरम्भ हुआ। यह तो हम पहले ही बता आये हैं कि पुराणों के कई संस्करण सम्भावित हैं और उनमें प्रक्षिप्त अंशों की भी भरमार है, परन्तु श्रीमद्भागवत हमें आज जिस रूप में उपलब्ध होता है उसे देखकर यह अवश्य कहा जा सकता है कि यह किसी एक व्यक्ति द्वारा ही किया गया संस्करण है। अन्य पुराणों में श्रीमद्भागवत का उल्लेख मिलता है परन्तु देवी-भागवत से इस ग्रन्थ की स्पर्धा किस प्रकार के निश्चय में और भी बाधा उत्पन्न करती है। अब हम श्रीमद्भागवत के स्वरूप-निर्धारण और प्राचीनता के विषय में संक्षेप में विचार करेंगे।

स्वरूप-निर्धारण

आज श्रीमद्भागवत हमें जिस रूप में उपलब्ध होता है, उसमें १२ स्कन्ध, ३३५ अध्याय और १४६१५ श्लोक हैं। श्रीमद्भागवत का उल्लेख तथा विवरण विशेष रूप से श्री नारदीय पुराण, पद्म-पुराण, स्कन्द पुराण, कौशिक संहिता, गौरी तंत्र, सात्वत तन्त्र तथा पाञ्चरात्र निबन्ध आदि-आदि ग्रन्थों में है। प्रायः सभी ग्रन्थों में भागवत के १२ स्कन्ध, ३३५ अध्याय और १८००० श्लोक-संख्या मानी है। मत्स्य पुराण में श्रीमद्भागवत का जो उल्लेख है उसके अनुसार भागवत में शारद्वत कल्प की कथा का वर्णन है परन्तु प्रचलित श्रीमद्भागवत में शारद्वत कल्प का प्रसंग नहीं मिलता किन्तु उसी के प्रमाण से पाद्म-कल्प की कथा का वर्णन है।

इस उल्लेख से तीन प्रकार के अनुमान सम्भव हैं—(१) मत्स्य-पुराण में शारद्वत-कल्प की कथा प्रक्षिप्त है (२) शारद्वत और पाद्म एक ही कल्प के दो नाम हैं (३) मत्स्य-पुराण में वर्णित

भागवत प्रचलित श्रीमद्भागवत नहीं है। यह एक गम्भीर विषय है और इस पर स्वतन्त्र विचार की आवश्यकता है। पद्म-पुराण में श्रीमद्भागवत के १२ स्कन्धों का भगवान् के १२ अङ्गों के रूप में वर्णन किया गया है और फिर उसी का विवेचन करते हुए लिखा है :

"द्वात्रिंशत्त्रिशतं च यस्य विलसच्छाखाः।[1]

अर्थात् भागवत पुराण की ३३२ शाखाएँ सुशोभित हैं। भागवत के प्राचीन टीकाकार चित्सुखाचार्य ने भी अपनी टीका के अन्त में लिखा है—

"द्वात्रिंशत्त्रिशतं पूर्णमध्यायाः।"

अर्थात् श्रीमद्भागवत के ३३२ अध्याय पूरे हुए। सम्भवतः इसी आधार पर श्रीवल्लभाचार्य आदि ने भागवत के तीन अध्याय प्रक्षिप्त माने हैं परन्तु श्री जीव गोस्वामी 'श्रीभागवतषट्-संदर्भ में लिखते हैं, "जो इन अध्यायों को प्रक्षिप्त माने हैं, उनके वैसा मानने का कोई कारण नहीं है क्योंकि सब देशों में वे प्रचलित हैं और वासना भाष्य, सम्बन्धोक्ति, विद्वत्कामधेनु, शुक-मनोहरा परमहंसप्रिया आदि प्राचीन एवं आधुनिक टीकाओं में इनकी व्याख्या की गई है। यदि अपने सम्प्रदाय में अस्वीकृत होने के कारण ही वे उन्हें अप्रामाणिक मानते हैं तो दूसरे सम्प्रदायों में स्वीकृत होने के कारण प्रामाणिक ही क्यों नहीं मानते ?"[2] 'द्वात्रिंशत्त्रिशतं च' का द्वन्द्वैक्य स्वीकार करके पण्डितों ने ३३५ अध्यायों की संगति लगाई है अर्थात् 'द्वात्रिंशत् च त्रिशतं च त्रयञ्च शतानि च' इस व्याख्या से ३३५ अर्थ हो जाता है। श्लोक-संख्या का समाधान पण्डितों ने इस प्रकार किया है कि श्रीमद्भागवत एक मन्त्रात्मक ग्रन्थ है और इसके एक-एक श्लोक, एक-एक पद और एक-एक शब्द का मन्त्र की भाँति पाठ किया जाता है। इसलिए मन्त्र-ग्रन्थ होने के कारण प्रत्येक 'उवाच' को एक श्लोक एवं अध्याय की पुष्पिका को डेड़ श्लोक मानने पर श्लोक संख्या पूरी हो जाती है। दुर्गासप्तशती की भाँति भागवत के पाठ में 'इति' 'अथ' आदि को जोड़ा नहीं जाता। भागवत की 'अन्वितार्थ प्रकाशिका' टीका के रचयिता गङ्गासहाय जी 'जरठ' महोदय लिखते हैं :

"मैंने तीन बार 'श्रीमद्भागवत' का अक्षर-अक्षर गिना है। उसमें सत्रह हजार नौ सौ साढ़े अट्ठानवे श्लोक गिने हैं। इस प्रकार जो डेढ़ श्लोक की कमी बैठती है, वह उवाच आदि के पाठ-भेद के कारण हो सकती है।"

श्रीमद्भागवत की प्राचीनता के विषय में भी मत-भेद है। इसे प्रायः विभिन्न कालों की रचना बतलाया जाता है। 'रासलीला' के आधार पर तो पाश्चात्य विद्वान् इसे १६ वीं शताब्दी की रचना बताने में भी नहीं हिचकते। उन्होंने अपने इस अनुमान का आधार बोपदेव के 'हरिलीलामृत' ग्रन्थ को माना है, जो आजकल अप्राप्य है, परन्तु हम इस अनुमान से सहमत नहीं हैं। बोपदेव हेमाद्रि के समकालीन थे और कहा जाता है कि उन्हीं की प्रसन्नता के लिए बोपदेव ने अनेक ग्रन्थों का प्रणयन किया था। भारतीय इतिहासों के आधार पर हेमाद्रि देवगिर के यादव राजा रामचन्द्र के मन्त्री बताए जाते हैं, जिनका राज्य-काल सन् १२७१ ई० से १३०९ ई० तक माना गया है। इस प्रकार बोपदेव का काल १३ वीं शताब्दी ठहरता है परन्तु तेरहवीं शताब्दी से पहले श्रीमद्भागवत-विषयक अनेक उल्लेख हैं, इसलिए बोपदेव से श्रीमद्भागवत का सम्बन्ध लगाना भागवत के प्रति अन्याय करना ही नहीं, ऐतिहासिक प्रमाणों की भी अवहेलना करना है। द्वैतवाद के प्रसिद्ध आचार्य श्री मध्वाचार्य का उल्लेख हम पहले ही कर चुके हैं। श्री मध्वाचार्य १२ वीं शताब्दी में विद्यमान थे और उन्होंने श्रीमद्भागवत पर 'भागवत-तात्पय-निर्णय' नामक

१ पद्म-पुराण उत्तर-खण्ड, अध्याय १८९

२ श्री भागवत षट् सन्दर्भ अध्याय १२

टीका लिखी। विशिष्टाद्वैत एवं श्री-सम्प्रदाय के आचार्य श्री रामानुज की भागवत पर कोई टीका तो उपलब्ध नहीं है किन्तु उनके सिद्धान्त बहुत कुछ भागवत पर आधारित हैं। 'वेदार्थ-संग्रह' नामक निबन्ध में भागवत की गणना सात्विक पुराणों में की गई है। श्रीमद्भागवत के प्रसिद्ध टीकाकार श्री श्रीधर स्वामी का उल्लेख हेमाद्रि ने किया है और श्रीधर जी ने अपनी टीका में हनूमान और श्री चित्सुख आचार्यों का भागवत के पहले टीकाकारों के रूप में उल्लेख किया है परन्तु खेद है कि ये टीकाएँ अब उपलब्ध नहीं हैं। चित्सुखाचार्य अद्वैत-सम्प्रदाय में शंकर से तीसरे आचार्य माने जाते हैं। बनारस के 'सरस्वती-भवन' पुस्तकालय मे श्रीमद्भागवत की एक हस्तलिखत प्रति सुरक्षित है, जिसमें उसका लेखन-काल १२ वीं शताब्दी लिखा है, इसलिए इसमें कोई सन्देह नहीं कि श्रीमद्भागवत की रचना इस रूप में भी बोपदेव से बहुत पहले हो चुकी थी। हमारा अनुमान है कि भागवत के रचना-काल को नवीं शताब्दी से आगे नहीं खींचा जा सकता। इसमें तो कोई सन्देह नहीं कि श्रीमद्भागवत नाम का पुराण प्रचीन काल से ही अस्तित्व में रहा है परन्तु जिस रूप में आज उपलब्ध है, वह अवश्य ही बाद का संस्करण है।

श्रीमद्भागवत में राधा का अभाव अनेक प्रकार के सन्देहों को जन्म देता है। राधा के विकास में हम इस पर विशेष प्रकाश डालेंगे। जैसा कि पहले कहा जा चुका है, राधा का समावेश 'भागवत-धर्म' में आभीरों के संसर्ग से हुआ जान पड़ता है, जो ईसा से बहुत पूर्व हो चुका था। इस युक्ति के आधार पर यह भी अनुमान लगाया जा सकता है कि श्रीमद्भागवत की रचना राधा के समावेश से पहले हो चुकी थी परन्तु श्रीमद्भागवत में श्रीकृष्ण की बाल-लीलायें इस अनुमान में बाधा उपस्थित करती हैं। दाक्षिणात्य आचार्यों ने वृन्दावन को भक्ति के प्रचार का केन्द्र नवीं शताब्दी के अनन्तर ही बनाया था। शंकराचार्य जी ने श्रीमद्भागवत का उल्लेख अपने किसी भी ग्रन्थ में नहीं किया है किन्तु उनकी गुरु-परम्परा में श्री गौड़पादाचार्य द्वारा साधारण रूप में भागवत का उल्लेख हुआ है। हम उस उल्लेख को किसी प्राचीन संस्करण वाले भागवत के अस्तित्व का साधक मान सकते हैं, वर्तमान भागवत के अस्तित्व का नहीं। क्योंकि भागवत जैसे उच्च कोटि के ग्रन्थ के होते हुए यह सम्भव नहीं था कि उसका विशिष्ट रूप में उल्लेख न हो। हो सकता है कि भागवत के प्राचीन संस्करण के पर्याप्त अंश वर्तमान संस्करण में ले लिये गये हों क्योंकि कई प्राचीन ग्रन्थों में श्रीमद्भागवत के श्लोक ज्यों के त्यों मिलते हैं। 'सांख्य-कारिका' पर माठराचार्य की जो टीका है, उसका अनुवाद परमार्थ नामक बौद्ध पण्डित ने सन् ५५७ और ५५९ ई० के मध्य किया था, उसमें भागवत के पहले स्कन्ध के छठे अध्याय का पैंतीसवां श्लोक और आठवें अध्याय का ५२ वां श्लोक ज्यों का त्यों दिया हुआ है।

श्रीमद्भागवत के वास्तविक रचयिता का पता लगाना दुस्तर कार्य है क्योंकि सारे भारतीय वाङ्मय में व्यास जी का एक ऐसा व्यापक नाम है कि किसी भी ग्रन्थ के रचयिता के रूप में उनका नाम लिया जा सकता है। इसके अतिरिक्त परम्परा के अनुसार 'व्यास' नाम 'गद्दी' से चलता है। आज के कथावाचक भी व्यास कहलाते हैं। पौराणिक-गाथा के अनुसार प्रत्येक द्वापर युग के अन्त में भागवान् विष्णु व्यास रूप में अवतीर्ण होते हैं और जन-साधारण के हितार्थ वेदों के चार भाग कर देते हैं। इस प्रकार प्रत्येक मन्वन्तर और प्रत्येक द्वापर में भिन्न-भिन्न व्यास होते हैं। वैवस्वत मन्वन्तर के २८ वें द्वापर में महर्षि पाराशर के पुत्र कृष्णद्वैपायन ही व्यास हुए हैं।[1]

यदि श्रीमद्भागवत पुराण को हम नवीं शताब्दी की रचना मानें और उसको दक्षिण देश में लिखा हुआ स्वीकार करें तो उस समय की धार्मिक परिस्थितियों के ठीक मेल में श्रीमद्भागवत

१ विष्णु पुराण ३-३

का विषय उतरता है। श्री शंकराचार्य जी का अद्वैत-मत प्राचीन भागवत-धर्म का पोषक था। भक्ति-पद्धित में जिन नवीन तत्वों का समावेश आलवार और अडियार भक्तों के सम्पर्क से बढ़ रहा था, उनको शंकराचार्य जी ने अपने मत में कोई स्थान नहीं दिया और न ही उन्होंने भक्ति को सर्वोपरि माना। श्रीमद्भागवत पुराण में इसके विरोध में ही भक्ति की श्रेष्ठता प्रतिपादित की गई है। श्रीमद्भागवत पुराण में इस बात का उल्लेख है कि कलियुग में नारायण के भक्त कहीं-कहीं होंगे, परन्तु द्रविण देश में, जहाँ कि ताम्रपर्णी, कृतमाला, कावेरी और महानदी बहती हैं, विशेष रूप से होंगे। इन नदियों के जल का पान करने वालों के हृदय शुद्ध होंगे।[1] इससे पता चलता है कि भागवत-पुराण की रचना के समय तामिल देश में कृष्ण-भक्ति का पर्याप्त प्रचार हो चुका था। श्रीमद्भागवत में अवतारों का विषय भी अन्य पुराणों से भिन्न है। हरिवंश-पुराण में ६ अवतार, वायु-पुराण में दस अवतार, वाराह-पुराण में दस अवतार तथा अग्नि-पुराण में भी दस अवतार माने गये हैं। भागवत पुराण में तीन स्थलों पर अवतारों की संख्या गिनाई है:— प्रथम स्कन्ध के तीसरे अध्याय में २२, द्वितीय स्कन्ध के सातवें अध्याय में २३ और ग्यारहवें स्कन्ध के चौथे अध्याय में १६। इस विषय में उल्लेखनीय बात यह है कि भागवतकार ने 'सनत्कुमार', 'नारद', 'कपिल', 'दत्तात्रेय', 'ऋषभ' और 'धन्वन्तरि' को भी अवतार माना है। इससे पता चलता है कि भागवतकार ने सभी सम्प्रदायों का सामञ्जस्य अपने भक्ति-सिद्धान्त में करने की चेष्टा की है। यह भक्ति-स्रोत, जिसका उद्गम श्रीमद्भागवत कहा जा सकता है, सूरदास जी के समय तक आते-आते विपुलप्रवाह में परिवर्तित हुआ। भागवत एक महापुराण है, जिसके आदि एवं अन्त में वैराग्योत्पादक आख्यान हैं। भगवान् की बाल-लीलाओं की कथाओं के अमृत से संत और देवताओं को आनन्द देने वाला है। समस्त वेदान्तों का सार ब्रह्म और आत्मा की एकता रूपी अद्वितीय वस्तु इसका प्रतिपाद्य है। कैवल्य मुक्ति ही इसके निर्माण का प्रयोजन है।[2] इस प्रकार भागवत श्रौत-अर्थ का प्रतिपादक एक पूर्ण ग्रन्थ है। इसे वेदरूप कल्पवृक्ष का सुस्वादु रस रूप फल बतलाया है। श्रुतियों के अनुसार श्रीमद्भागवत के तीन अर्थ किये गये हैं:—यज्ञ, दैवत और अध्यात्म। यही कारण है कि वैष्णव-सम्प्रदायों के आचार्यों ने अपने-अपने सम्प्रदाय के अनुकूल भागवत की टीकाएँ की हैं।

पुष्टि-सम्प्रदाय में भागवत की विशेष मान्यता है और उन्होंने इसे चौथा प्रस्थान माना है। सूरदास जी इसी सम्प्रदाय में दीक्षित थे और वार्त्ता साहित्य से यह पता भी चलता है कि बल्लभाचार्य जी ने 'पुरुषोत्तम सहस्रनाम' को सुनाकर सूरदास जी के हृदय में श्री भागवत की लीला का स्फुरण कराया था। "ता पाछे श्री आचार्य जी ने सूरदास कूँ पुरुसोत्तम सहस्रनाम सुनायो, तब सगरे श्रीभागवत की लीला सूरदास के हृदय में स्फुरी, सो सूरदास में प्रथम स्कन्ध श्रीभागवत सो द्वादश स्कन्ध पर्यन्त कीर्तन वर्णन किये। तामें अनेक दानलीला मान-लीला आदि वर्णन किये हैं।"[3]

सूर-साहि.. के विषय का विवेचन हम पहले कर चुके हैं। अब हम सूरसागर के अन्तःसाक्ष्य के आधार पर यह देखेंगे कि इसमें भागवत के अनुसरण वाली युक्ति कहाँ तक चरितार्थ होती है। सूरसागर की संग्रहात्मक प्रतियों में तो भागवत के अनुसरण का उल्लेख नहीं है, हाँ द्वादश स्कन्धात्मक प्रतियों में इस प्रकार की उक्तियाँ हैं। इसलिए अन्तःसाक्ष्य के लिए हम द्वादश स्कन्धात्मक

---

१ श्रीमद्भागवत ११५।३८-३९-४०

२ भागवत, स्कन्ध १२ अध्याय १३ श्लोक ११-१२

३ सूरदास की वार्ता अग्रवाल प्रेस, मथु.., प्रसंग १ पृष्ठ १०

प्रति का अनुसरण करेंगे। नागरी-प्रचारिणी सभा द्वारा प्रकाशित सूरसागर ही द्वादश-स्कन्धात्मक की मान्य प्रति है। उसमें जहाँ-जहाँ श्रीमद्भागवत का उल्लेख हुआ है, वे स्थल इस प्रकार हैं—

श्री मुख चारि, श्लोक दए ब्रह्मा को समझाइ
ब्रह्मा नारद सो कहे, नारद ब्यास सुनाइ।
व्यास कहे सुकदेव सौं, द्वादश-स्कन्ध बनाइ
सूरदास सोई कहे, पद-भाषा करि गाइ।[1]

× × ×

ब्यास देव जब सुकहिं पढ़ायौ सुनि कै सुक सो हृदय बसायौ।
सूक सौं नृपति परीक्षित सुन्यौ तिनि पुनि भली भाँति करि गुन्यौ।
सूत सौनकादि सौं पुनि कह्यौ विदुर सों मैत्रेय पुनि लह्यौ।
स्तुति भागवत स्रवन सुख पायो सूरदास सो बरन सुनायौ।[2]

× × ×

कहौं सुकथा सुनो चित धारि, सूर कहै भागवत विचारि।[3]

× × ×

कहौ सुकथा सुनौ चित धारि सूर कह्यौ भागवत अनुसारि।[4]

× × ×

'सूर' कहो क्यों कहि सकै, जन्म-कर्म-अवतार।
कहे कछुक गुरु कृपा तें श्री भागवत अनुसार॥[5]
सुकदेव कह्यो जाहि परकार सूर कह्यो ताही अनुसार।[6]

× × ×

तिन हित जो जो दियें अवतार, कहौ सूर भागवत अनुसार।[7]

× × ×

तहँ कियो जज्ञ पुरुष अवतार सूर कह्यौ भागवत अनुसार।[8]

× × ×

पारवती-विवाह व्यवहार सूर कह्यौ भागवत अनुसार॥[9]

× × ×

कहौं सो कथा सुनौ चित धारि सूर कह्यौ भागवतऽनुसार।[10]

× × ×

यों भयो ध्रुववर देवनऽवतार सूर कह्यौ भागवतऽनुसार।[11]

× × ×

सुक ज्यों राजा को समझायो सूरदास त्यों ही कहि गायौ।[12]

× × ×

---

१ सूरसागर १।२२५
२ वही १।२२७
३ वही १।२६०
४ वही १।२८५
५ वही २।३७६
६ वही ३।३८७
७ सूरसागर ३।३९०
८ वही ४।३९८
९ वही ४।४०१
१० वही ४।४०२
११ वही ४।४०३
१२ वही ५।४०६

बरन्यो रिषभ-देव अवतार सूर कह्यो भागवतऽनुसार ।[1]

× × ×

ज्यों सुक नृप कौं कहि समुझायौ, 'सूरदास' त्यों ही कहि गायौ ।[2]

× × ×

सुकदेव ज्यों दियौ नृपहि सुनाइ, सूरदास कह्यो ताही गाइ ।[3]

× × ×

ज्यों सुक नृप सों कहि समुझायौ, सूरदास त्यों ही कहि गायौ ।[4]

× × ×

सुक ज्यों नृप कौं कहि समुझायौ, सूरदास-जन त्यों ही गायौ ।[5]

× × ×

सुक नृपति पाहि जिहिं बिधि सुनाई, सूरजन हूँ तिहि भाँति गाई ।[6]

× × ×

सुक जैसे नृप कौं समुझायौ, सूरदास त्यों ही कहि गायौ ।[7]

× × ×

जैसे सुक नृप कौं समुझायौ, सूरदास त्यों ही कहि गायौ ।[8]

× × ×

सुक जैसे वेद अस्तुति गायौ, तैसे ही मैं कहि समुझायौ ।[9]

× × ×

पुनि भयौ नारायण अवतार, सूर कह्यौ भागवतऽनुसार ।[10]

× × ×

या विधि भयो बुद्ध अवतार, सूर कह्यौ भागवतऽनुसार ।[11]

× × ×

सुक नृप सों कह्यो जा परकार, सूर कह्यौ ताही अनुसार ।[12]

× × ×

सूत शौनकनि कहि समुझायौ, 'सूरदास' त्यों ही कहि गायौ ।[13]

इस प्रसंग में निम्नलिखित बातें उल्लेखनीय हैं—

१—प्रत्येक स्कन्ध में एकाधिक बार भागवत के अनुसार कथा-वर्णन करने की बात को दुहराया गया है । यह आवृत्ति प्रथम, चतुर्थ तथा नवम स्कन्धों में सबसे अधिक हुई है । दशम स्कन्ध में तो यह आवृत्ति सात बार हुई है परन्तु दशम-स्कन्ध-पूर्वार्द्ध में यह प्रतिज्ञा केवल एक आध बार ही दुहराई गई है ।

२—इस आवृत्ति में कहीं अनुवाद की बात नहीं कही गई है । केवल भागवत-अनुसार को बार-बार कहा गया है ।

---

१ सूरसागर ५-४०६
२ वही ५-४१०
३ वही ५-४११
४ वही ६-४१६; ४१८, ४१६
५ वही ७-४२६
६ वही ८-४३८
७ वही ६-४४६, ४४७, ४५२, ४५३, ४५६, ६१७, ६१८
८ सूरसागर स्कन्ध १० पूर्वार्द्ध, पद ६२०
६ ,, ,, १० उत्तरार्द्ध पृष्ठ ५६४ पद ११८
१० ,, ,, ११ पृष्ठ ५६८, पद ५
११ ,, ,, १२ पृष्ठ ५६६ पद २
१२ ,, ,, १२ पृष्ठ ६०० पद ३
१३ ,, ,, १२ पृष्ठ ६०० पद ५

३—भागवत के अनुसरण की प्रतिज्ञा कर बनाये हुए ये पद स्कन्ध-परक नहीं हैं अपितु कथा-परक हैं अर्थात् किसी कथा-विशेष का वर्णन करता हुआ कवि उसके आधार का परिचय-मात्र देता है।

इसलिये अन्तः और बाह्य साक्ष्य के बल पर यह तो हमें मानना ही पड़ेगा कि सूरदास जी ने अवश्य अपने पदों की रचना में श्रीमद्भागवत का आधार बनाया होगा किन्तु यह मान्यता कि उन्होंने भागवत का अनुवाद किया था, पर्याप्त प्रामाणिक सामग्री के अभाव में विवाद-ग्रस्त ही है। आकार-विस्तार एवं विषय की दृष्टि से यदि हम इन दोनों ग्रन्थों की तुलना करते हैं तो अनुवाद वाली बात असंगत ही प्रतीत होती है। दोनों ग्रन्थों का आकार-विस्तार इस प्रकार है—

भागवत			सूर-सागर	
स्कंध	अध्याय	श्लोक सं०	स्कंध	पद-संख्या
१	१९	१९९२	१	३४३ (विनय के पदों सं०)
२	१०	३९२	२	३८
३	३३	१५०२	३	१३
४	३१	१४०७	४	१३
५	२६	६६६	५	४
६	१९	८५१	६	८
७	१५	७५०	७	८
८	२४	९३१	८	१७
९	२४	९६३	९	१७४
१० पूर्वार्द्ध	४९	१९३५	१० पूर्वार्द्ध	४१६०
१० उत्तरार्द्ध	४१	१५१६	१० उत्तरार्द्ध	१४९
११	३१	१३७४	११	४
१२	१३	५६६	१२	५
१२	३३५	१४६१५	१२	४९३६

इस तालिका से विदित होता है कि सूरसागर के अन्य सारे स्कन्ध मिलकर दशम-स्कन्ध पूर्वार्द्ध की पद-संख्या के लगभग आठवें अंश के बराबर हैं और यदि पद-संख्या को दृष्टि में न रखकर पृष्ठ-संख्या के अनुसार विचार किया जाय तो पाँचवें भाग के बराबर ठहरते हैं, कारण यह है कि अन्य स्कन्धों में लम्बे पदों की संख्या छोटे पदों की संख्या से अधिक है। यदि विनय के पदों को निकाल दिया जाय तो नवम स्कन्ध के पदों की संख्या सबसे अधिक बैठती है। श्रीमद्भागवत में भी दशम-स्कन्ध पूर्वार्द्ध अन्य स्कन्धों की अपेक्षा आकार में बड़ा है और सब स्कन्धों का यह छठा भाग है, परन्तु भागवत के स्कन्धों की श्लोक-संख्या का अनुपात इतना विषम नहीं है, जितना सूरसागर के पदों का है। श्रीमद्भागवत के अन्य स्कन्धों की श्लोक-संख्या तथा सूरसागर के स्कन्धों की पद-संख्या देखते हुए यह बात कि सूरसागर भागवत का अनुवाद है या उसमें भागवत के अनुसार सब विषयों का वर्णन है, बड़ी असंगत-सी लगती है। हाँ, केवल दशम स्कन्ध पूर्वार्द्ध के विषय में यदि यह बात कही जाय तो आकार-विस्तार को देखकर यह विचारणीय हो सकती है।

यह तो हुई आकार-विस्तार की बात, अब हम विषय की दृष्टि से दोनों ग्रन्थों पर विचार करेंगे। दोनों ग्रन्थों की सूची से यद्यपि कुछ आभास हो जाता है परन्तु हमें तो यह देखना है कि कौन सी घटनाएँ तथा विषय दोनों ग्रन्थों में एक हैं तथा उनमें कौन-कौन विषय हैं। दोनों ग्रन्थों की सूची का अवलोकन करने से ज्ञात होता है कि श्रीमद्भागवत में विषय-क्रम से रखे हैं तथा सूरसागर में उनका कोई क्रम नहीं है। उनमें बराबर क्रम-परिवर्तन तथा हेर-फेर होता रहा है।

प्रथम स्कन्ध

नागरी-प्रचारिणी सभा द्वारा प्रकाशित सूरसागर में विनय के पद प्रथम-स्कन्ध में ही लिये हैं; किन्तु भागवत से तुलना करते हुए हमें उन्हें पृथक् करना पड़ेगा और इस प्रकार इस स्कन्ध के पदों की संख्या १२० रह जावेगी। इस स्कन्ध में भागवत के सब प्रसंगों का समावेश नहीं हुआ है तथा कुछ प्रसंग ऐसे भी आ गये हैं, जो भागवत में नहीं मिलते, जैसे शुकदेव-जन्म की कथा, विदुर और द्रौपदी की कथाएँ : खट्वाङ्ग राजा का प्रसंग भी श्रीमद्भागवत में इस स्कन्ध में नहीं है इसी प्रकार श्रीमद्भागवत के बहुत से प्रसंग तथा कथाएँ इस स्कन्ध में नहीं हैं। अवतारों की गणना भागवत धर्म का विस्तार आदि भागवत के विषय भी छोड़ दिये गये हैं। बीच-बीच में सूर के जो भक्ति-विषयक पद हैं, वे तो कवि की अनुभूति के विषय हैं। कवि ऐसे स्थलों पर अन्तर्मुखी हो जाता है तथा भागवत आदि कोई विषय कवि की दृष्टि में नहीं रहता। इस स्कन्ध को हम भागवत के स्कन्ध पर आधारि[illegible] मान सकते हैं परन्तु अनेक स्थलों को या तो कवि छोड़ता चला है अथवा वे पद अब अप्राप्य हैं।

द्वितीय स्कन्ध

सूरसागर के इस स्कन्ध में केवल ३८ पद हैं, जिनमें अधिकतर भक्ति-माहात्म्य, नाम-महिमा, हरि-विमुख-निन्दा, भक्ति-साधना आदि विषय हैं। इस स्कन्ध का प्रारम्भ तो भागवत के अनुसार ही किया गया है, परन्तु इसके पश्चात् केवल मुख्य-मुख्य प्रसंगों का ही उल्लेखमात्र कवि ने किया है; जैसे, भगवान् के विराट् स्वरूप का वर्णन केवल एक पद में हुआ है।

तृतीय स्कन्ध

सूरसागर में यह स्कन्ध भी बहुत संक्षिप्त है, इसमें केवल १३ पद हैं। भागवत के बहुत प्रसंग, जैसे कृष्ण की ब्रज और द्वारका से सम्बन्धित कथाएँ सूरसागर में नहीं हैं। भागवत का यह स्कन्ध उद्धव और विदुर की भेंट से प्रारम्भ होता है, परन्तु सूरसागर में उद्धव के पश्चात्ताप से इसका प्रारम्भ किया गया है। सूरसागर में दी हुई विदुर-जन्म की कथा श्रीमद्भागवत में नहीं है। भागवत के बहुत से प्रसंग सूरसागर में छोड़ दिये गये हैं। सृष्टि की कथा बहुत ही संक्षेप में दी गई है और इसी प्रकार हिरण्यकशिपु और हिरण्याक्ष की कथाएँ भी बहुत संक्षिप्त हैं। हिरण्याक्ष द्वारा पृथ्वी को जल में छुपाने का प्रसंग भागवत में नहीं है। श्रीमद्भागवत के और भी बहुत से महत्वपूर्ण प्रसङ्ग सूरसागर में छूट गये हैं, जैसे, 'देवहूति और कपिल प्रसङ्ग', जिसमें भवित-योग की महिमा का वर्णन, महदादि विभिन्न तत्वों की उत्पत्ति, प्रकृति-पुरुष-विवेक, अष्टांग-योग-विधि, भक्ति का मर्म, जीव की गति आदि बहुत से विषय आ गये हैं। सूर ने इस स्कंध में चतुर्विध-भवित का वर्णन हरि-विमुख-निन्दा और भक्ति-महिमा से स्कन्ध की समाप्ति की है।

चतुर्थ स्कन्ध

इस स्कन्ध में केवल १३ पद हैं। श्रीमद्भागवत में यह स्कन्ध बड़ा महत्वपूर्ण है; क्योंकि इसमें बड़ी लम्बी-लम्बी वंशावली, लम्बे-लम्बे स्तोत्र, लाक्षणिक और आध्यात्मिक संकेतों के साथ कथाओं के विवरण, तथा तत्कालीन सामाजिक परिस्थितियाँ, ब्राह्मणों की दीन अवस्था, शैवों का पतन आदि के चित्र दिये हुए हैं। सूरसागर में इन विषयों का स्पर्श भी नहीं किया गया है। यज्ञ-पुरुष के अवतार के प्रसंग में शिव-पार्वती का प्रसंग सूरसागर में स्वतन्त्र रूप से वर्णित है। 'पुरञ्जन' की कथा 'सूरसागर' में बहुत ही संक्षिप्त है। उसके अन्तर्गत जो इन्द्रिय-निग्रह-विषयक रूपक है, वह भी स्पष्ट नहीं है।

पंचम स्कन्ध

चतुर्थ स्कन्ध की भाँति भागवत का पञ्चम स्कन्ध भी अनेक ऐतिहासिक कथाओं, सामाजिक संकेतों, धार्मिक उपदेशों तथा नाना-द्वीपों और लोकों के वर्णनों से परिपूर्ण है; जो सूरसागर में छोड़ दिये गये हैं। सूरसागर में तो केवल ऋषभदेव और जड़भरत की दो कथाएँ हैं और वे भी वर्णनात्मक शैली में हैं। भागवत का यह स्कन्ध भौगोलिक और ऐतिहासिक दोनों ही दृष्टियों से बड़ा महत्वपूर्ण है। इसके वर्णन अत्यन्त रोचक, भाव-पूर्ण एवं कवित्वमय हैं।

षष्ठ स्कन्ध

अन्य स्कन्धों की भाँति सूरसागर के इस स्कन्ध में भी भागवत की कथाओं के विवरण, स्तोत्र, देवताओं की वंशावली तथा ऐतिहासिक विवरण छोड़ दिये गये हैं। इस स्कन्ध में दो पदों में गुरु के प्रति भक्ति-भाव दिखाया गया है। अजामिल उद्धार से प्रारम्भ करके सूरसागर में सुरगुरु वृहस्पति, विश्वरूप और वृत्रासुर की कथाएँ संक्षेप में दी हैं।

सप्तम स्कन्ध

सूरसागर के इस स्कन्ध में संक्षेप में केवल तीन कथाएं दी गई हैं—नृसिंह-अवतार, त्रिपुर-वध तथा नारद उत्पत्ति। ये तीनों कथाएँ बहुत संक्षिप्त और एक-दूसरी से स्वतंत्र हैं। भागवत में ये कथाएँ दृष्टान्त रूप से आई हैं; तभी वहाँ कथाओं के विवरण के साथ-साथ भक्ति की व्यापकता भागवत-धर्म की महत्ता, शिव की अपेक्षा विष्णु-महिमा का वैशिष्ट्य तथा मानव-धर्म, वर्ण-धर्म, स्त्री-धर्म आदि का विस्तृत विवेचन है। सूरसागर के इस स्कन्ध में राम-नाम की महिमा विशेष रूप से गाई गई है।

अष्टम स्कन्ध

सूरसागर के इस स्कन्ध में कथाएँ संक्षिप्त तो हैं ही, उनमें कुछ हेर-फेर भी है, जैसे सुन्द-उपसुन्द की कथा का निर्देश श्रीमद्भागवत के इस स्कन्ध में नहीं है। मत्स्य अवतार का कारण भी भागवत से भिन्न कल्पित किया गया है, राजा सत्यव्रत का नाम न देकर उसे केवल नृपति शब्द से निर्दिष्ट किया है। हयग्रीव के स्थान पर शंखासुर नाम आया है। वामन-अवतार की कथा अत्यन्त संक्षिप्त है तथा अनेक ऐतिहासिक विवरण, तत्व-चिन्तन, धर्मोपदेश आदि सूरसागर में छोड़ दिये गये हैं।

नवम स्कन्ध

इस स्कन्ध में १२२४ पद हैं। इसमें श्रीमद्भागवत के बहुत से प्रसंग छोड़ दिये, गये हैं। सूरसागर की पहली पांच कथाएँ भागवत के आधार पर ही संक्षेप से दी गई हैं। ये पाँच कथाएँ

ये हैं—(१) पुरुरवा की कथा, (२) च्यवन ऋषि की कथा, (३) हलधर विवाह की कथा, (४) अम्बरीष की कथा और (५) सौभरि ऋषि की कथा। भागवत में वर्णित हरिश्चन्द्र की कथा सूरसागर में नहीं है। गंगा-आगमन और परशुराम-अवतार की कथाओं के पश्चात् सूरसागर में राम-कथा का वर्णन है, जो भागवत की राम-कथा की अपेक्षा अधिक भावपूर्ण और विस्तृत है। अन्य कथाओं की भाँति यह कथा वर्णनात्मक नहीं है, अपितु भावात्मक शैली में वर्णित है। मंगलाचरण के अतिरिक्त समस्त पद गेय हैं। कथा का क्रम व्यवस्थित तो नहीं है फिर भी मार्मिक स्थल सभी आ गये हैं, जिनसे कवि की अनुभूति का परिचय मिलता है। अपनी दिव्य-प्रतिभा के बल पर कवि ने सारी कथा को एक गति-काव्य का रूप दे दिया है। कवित्व की दृष्टि से यह स्थल बहुत ही उच्च कोटि का है। कच और देवयानी की कथा भी सूरसागर में कुछ भेद के साथ दी गई है और भागवत की अपेक्षा अधिक स्वतन्त्र एवं विस्तृत रूप में कही गई हैं। अन्य स्कन्धों की भाँति इस स्कन्ध में भी भागवत के सामाजिक, ऐतिहासिक और आध्यात्मिक पक्ष को छोड़ दिया है।

नवम स्कन्ध के पश्चात् हम सूरसागर के एकादश एवं द्वादश स्कन्ध पर विचार करेंगे, क्योंकि ये दोनों स्कन्ध भी अत्यन्त संक्षिप्त हैं और तुलनात्मक दृष्टि से अधिक महत्वपूर्ण भी नहीं हैं। केवल दशम स्कन्ध ऐसा है, जिसका विशेष विवरण अपेक्षित है। उसे हम अन्त में लेंगे।

एकादश स्कन्ध

सूरसागर के इस स्कन्ध में केवल चार पद हैं। भक्ति-भाव का प्रदर्शन करने के पश्चात् 'नारायण' और 'हंस' अवतारों का वर्णन अस्पष्टता और शैथिल्य के साथ हुआ है। अन्त में आध्यात्मिक विचार प्रकट किये गये हैं। श्रीमद्भागवत का यह स्कन्ध बड़ा ही महत्वपूर्ण है क्योंकि इसमें कर्म-ज्ञान और भक्ति का विस्तृत विवेचन करके भक्ति का महत्व प्रदर्शित किया गया है तथा योग और सांख्य की व्याख्या की गई है इसमें वर्णाश्रम धर्म का भी निरूपण हुआ है। दार्शनिक दृष्टिकोण से भागवत का एकादश स्कन्ध उच्च कोटि का है।

द्वादश स्कन्ध

सूरसागर का यह स्कन्ध भी अत्यन्त संक्षिप्त है, इसमें केवल पाँच पद हैं। बहुत ही संक्षेप से बुद्धावतार, कल्कि-अवतार, राजा परीक्षित की हरि पद-प्राप्ति तथा जनमेजय के यज्ञ का उल्लेख है। श्रीमद्भागवत का भी यह स्कन्ध छोटा है, परन्तु सूरसागर का स्कन्ध तो उसकी छायामात्र भी नहीं कहा जा सकता। ऐतिहासिक तथा धार्मिक कथाओं के अतिरिक्त इसमें सम्पूर्ण भागवत की एक रूपक की भाँति व्याख्या की है।

दशम स्कन्ध (पूर्वार्द्ध)

सूरदास जी का उद्देश्य कृष्ण की लीलाओं का ही गान करना था, यह बात हमें उनकी रचनाओं से भी झलकती है। वार्त्ता-साहित्य के अनुसार श्रीवल्लभाचार्य जी का भी यही आदेश था। हम पीछे नित्य कीर्तन और वर्षोत्सव का क्रम दे आये हैं, जो भगवान् कृष्ण की जीवनचर्या से सम्बद्ध है और जिसमें उनकी अनेक लीलाओं का समावेश है। वल्लभ-सम्प्रदाय में भगवान् का स्वरूप संयोग-वियोगात्मक शृङ्गार रसरूप माना है और वही ब्रह्म श्रीनन्द-यशोदोत्संगलालित रूप में महा-अलौकिक रमण-स्थली श्री ब्रजभूमि में नाना प्रकार की अद्भुत लीलाएँ करने के लिए अवतीर्ण हुआ। उनकी लीलाओं का गान ही भक्त का चरम उद्देश्य है। श्रीमद्भागवत का दशम स्कन्ध ही इस प्रकार की लीलाओं का प्रधान-स्थल है; अतएव पुष्टि-मार्ग में दशम स्कन्ध का बहुत महत्व है। श्री वल्लभाचार्य जी ने अपनी सुबोधिनी में दशम स्कन्ध की व्याख्या में विशेष

रुचि दिखाई है। बहुत सम्भव है कि श्री वल्लभाचार्य जी ने दशम स्कन्ध की लीलाओं का गान करने के लिए ही सूर को आदेश दिया हो। सूर ने भागवत को समाधि-भाषा का आश्रय लेकर भगवान् की लीलाओं का विस्तार किया है। उन्होंने सम्भवतः भागवत के ऐतिहासिक वर्णन, वंशानुक्रम; धार्मिक तथा आध्यात्मिक विषयों को अनावश्यक समझा। भागवत तो एक महापुराण है; जिसमें महापुराण के सभी लक्षण वर्तमान हैं परन्तु सूर ने भगवान् के लीला-परक लोकरंजक रूप को ही लिया है और भक्ति को दृढ़ करने के लिए उसमें अलौकिकत्व का समावेश किया है। इसका विस्तृत विवेचन हम आगे करेंगे। हमें तो ऐसा प्रतीत होता है कि परिभू, स्वयंभू रूप महाकवि सूरदास जी का हृदय विभिन्न अनुभूतियों का विशद क्षेत्र था, जो संस्कार के आवरण से कुछ धूमिल था। श्री वल्लभाचार्य जी के सम्पर्क से वह आवरण उच्छिन्न हो गया और वे सारी अनुभूतियाँ प्रकाश में आ गयीं।

कर्मयोग पुनि ज्ञान-उपासन सब ही भ्रम भरमायौ।
श्री वल्लभ-गुरु तत्व सुनायौ लीला भेद बतायौ॥
ता दिन ते हरि-लीला गाई एक लक्ष पद-बन्द।
ताको सार सूर-सारावलि गावत अति आनन्द॥

—सूरसागर, वेंकटेश्वर प्रेस।

भारतीय कथाओं के सूक्ष्म सूत्रों से रससिद्ध कवि सूर ने न जाने कितने नयनाभिराम स्वरूपों का विस्तार किया है? सूरसागर की सूची में हमने उन स्वरूपों और विषयों की ओर संकेत किया है। भगवान् के जन्मोत्सव, हर्षोद्रेक आदि का गीति-शैली में जैसा भावपूर्ण विशद और अनुभूतिमय वर्णन सूर ने किया है और जो नवीन उद्भावनाएँ की हैं, उनमें उनकी प्रतिभा की मौलिकता और दिल की ताजगी सर्वत्र देखी जा सकती है। भागवत में इन प्रसंगों की ओर संकेत भी नहीं किया गया है। श्रीमद्भागवत की भाँति सूरसागर में भी श्रीकृष्ण-चरित के दो स्वरूप मिलते हैं। एक तो उनके ब्रज के क्रीड़ामय जीवन से सम्बद्ध और दूसरा उनकी अलौकिक लीलाओं से; जिसके अन्तर्गत कंस द्वारा प्रेषित असुरों का संहार तथा अन्य अलौकिक कर्म करते हैं। सूर के काव्य में यह वैशेष्य है कि उन्होंने कृष्ण की अलौकिक क्रीड़ाओं की पृष्ठ-भूमि समुचित कारणों पर आधारित रखी है। उदाहरणार्थ कृष्ण के गोकुल में पोषित होने की आशंका से कंस को इतना त्रस्त चित्रित किया है कि उसे कर्तव्य-विवेक ही नहीं रहता। पूतना-वध के पश्चात् श्रीधर-अंग-भंग की घटना श्रीमद्भागवत में नहीं है। तृणावर्त्त, शकटासुर और कागासुर की कथाएँ भागवत में संक्षिप्त हैं; परन्तु सूर ने गेय-शैली में इनका वर्णन किया है। कृष्ण के संस्कारों का वर्णन भी सूर ने अपने ढंग से किया है। श्रीमद्भागवत में साधारण रूप से उनका विवेचन हुआ है, कहीं-कहीं अलौकिक रूप भी दे दिया है—परन्तु सूर के वातावरण में महान् अन्तर है। उन्होंने इन संस्कारों के विशेष वातावरण ही उत्पन्न नहीं किये, बल्कि अनेक स्वतन्त्र कल्पनाएँ भी की हैं; जैसे—अन्न-प्राशन, वर्ष-गाँठ, कर्ण-छेदन आदि प्रसंग सूर की मौलिक कल्पना के प्रतीक हैं। हो सकता है यह विस्तार साम्प्रदायिक तथा सामयिक प्रभावों का फल हो। सूर की बाल-लीला का तो संसार के साहित्य में कोई जोड़ है ही नहीं। मौलिकता और विस्तार दोनों की दृष्टि से सूर की बाल-लीला अपने समान आप ही है। महराने पाँडे की घटना को सूर ने मौलिक रूप दिया है, परन्तु कुछ कथाएँ सूरसागर में बड़े ही संक्षिप्त रूप में हैं; जैसे—वत्सासुर, अघासुर और बकासुर की कथाएँ। यमलार्जुन-उद्धार की कथा भी सूरसागर में बड़े गौण रूप से दी है।

वास्तव में तथ्य तो यह है कि सूरसागर में भगवान् की लीलाओं का क्रम नित्य-कीर्तन वाला क्रम है और उस क्रम की संगति में अलौकिक घटनाएँ इतनी नहीं आतीं, जितनी भगवान् की बाल-चरित लीलाएँ। कृष्ण के सोने, जागने, खाने, रूठने, गायें चराने आदि के अनेक भावात्मक विवरण सूरसागर के मौलिक चित्रण हैं। एक बात यह भी है कि सूर का उद्देश्य श्रीमद्भागवत की भाँति अलौकिकता तथा भक्ति से पुष्ट आध्यात्मिकता का प्रदर्शन नहीं है; उनकी भक्ति में तो सख्य-भाव और वात्सल्य-भाव की प्रधानता है। गोपालकृष्ण के गोपरूप का चित्रण तथा सखाओं के स्वाभाविक निर्मल प्रेम का अभिव्यंजन ही सूर का प्रमुख विषय था; उदाहरणार्थ—बाल-वत्स-हरण की लीला भागवत में ब्रह्मा के मोहनाश के लिए दी गई है, परन्तु सूर ने सखाओं के पारस्परिक स्नेह-संवर्धन के लिए ही इस कथा को विशेष रूप से रखा है और तीन बार इसकी आवृत्ति की है। इसमें घटना-वैचित्र्य, नाटकीयता, स्वाभाविकता और सखाओं के सरस-स्नेह की भाव-संवलित व्यंजना कवि की प्रतिभा की उपज है।

सूर ने राधा के प्रथम मिलने का जो चित्रण किया है वह तो सर्वथा भागवत-निरपेक्ष, मौलिक है। इस प्रसंग से सम्बद्ध अनेक मौलिक उद्भावनाएँ सूर ने की हैं, जो एक ओर तो राधा और कृष्ण के प्रेम को स्वाभाविक विकास का अभिव्यंजन करती हैं और दूसरी ओर नन्द-यशोदा और वृषभानु एवं उसकी पत्नी के वात्सल्य का चित्रण करती हैं। इसके पश्चात् गोचारण का प्रसंग है, जिसमें सूरदास का मन बहुत रमा है। इस स्थल पर सहृदय सूर ने मानवीय तथा बाह्य प्रकृति का इतना सुन्दर समन्वय किया है कि आश्चर्य होता है। पशु-प्रकृति का सूक्ष्म निरीक्षण और उनकी चेष्टाओं का यथार्थ वर्णन कर सूर ने अनेक मौलिक चित्र सूरसागर में प्रस्तुत किये हैं। धेनुक-वध, कालीय-मर्दन आदि का वर्णन सूर ने भागवत के आधार पर ही संक्षेप में किया है, परन्तु वृन्दावन-प्रवेश का वर्णन बड़ा ही सजीव है। सूरसागर का अध्ययन करते समय हमें इस बात को नहीं भूलना चाहिए कि कृष्ण की नैत्यिक दिन-चर्या का वर्णन ही कवि का प्रमुख उद्देश्य है; यही कारण है कि तत्सम्बन्धी पदों की इस स्कन्ध में बार-बार आवृत्ति होती है। 'गोपाल' नाम की सार्थकता के उद्देश्य से कवि को गोचारण का विषय भी अत्यधिक प्रिय रहा है। यही कारण है कि भागवतीय लीलाओं के चित्रण में कवि बीच-बीच में गोचारण-चित्र की स्पष्ट रेखाएँ सूरसागर में उभारता हुआ चलता है और उनमें अपनी कल्पना का ऐसा रंग भरता है कि चित्र लगते हैं—मानों अब बोले। इस प्रकार भागवतीय लीला-चित्रों में यत्र-तत्र पर्याप्त व्यवधान सूरसागर में परिलक्षित होता है। श्रीमद्भागवत में कालिय-दमन का प्रसंग कालिय-दह-जलपान से सम्बद्ध है, पर सूरसागर में इन दोनों प्रसंगों में यथेष्ट व्यवधान है। सूर ने प्रायः ऐसी घटनाओं को लेकर उन्हें एक स्वतन्त्र खण्ड-काव्य का रूप दे दिया है और ऐसे कथानकों का सूर ने इसी रूप से वर्णन किया भी है। तदनन्तर दावानल-पान एवं प्रलम्ब-बध-वर्णन भागवतानुसार ही है, केवल थोड़ा-सा अन्तर है। हम पहले कह चुके हैं, सूर की रुचि इन वर्णनों की अपेक्षा गोचारण की विविध क्रीड़ाओं, कृष्ण के मनोहर सौन्दर्य, उनकी चेष्टाओं और क्रिया-कलाप आदि के सजीव चित्र प्रस्तुत करने में पर्याप्त रूप से रमी है। भागवतकार ने लीलाओं में कृष्ण के देवत्वविशिष्ट रूप पर अधिक बल दिया है, पर सूर ने नरत्व में ही देवत्व की प्रतिष्ठा की है। गोचारण और कृष्ण की दैनिक-चर्चा से मुरली का नित्य सम्बन्ध है, अतएव मुरली-स्तवन सूर का प्रमुख विषय है। यद्यपि श्रीमद्भागवत के 'वेणुगीत' का भी बड़ा भारी महत्व है, परन्तु उसका महत्व आध्यात्मिक होने के कारण जन-साधारण का विषय नहीं है। सूर की रागिनी में जब हम कृष्ण

की चर-अचर-सम्मोहिनी मुरली की तान सुनते हैं, तो निर्वेद और हर्ष का, स्वर्ग और धरा का, श्रेय और प्रेय का ऐसा समन्वय देखते हैं कि आत्म-विस्मृत हो जाते हैं। ऐसी न जाने कितनी रागिनियाँ सूर ने गाई हैं, न जाने कितने पदों की रचना की है? मुरली-वादन का प्रभाव और उसकी मनोहारिता सूर की अपनी मौलिकता है, जिसमें उनकी कवित्व शक्ति और भक्ति भावना का भी अच्छा प्रस्फुटन हुआ है। दूसरी बार राधा-कृष्ण-मिलन का वर्णन है, जिसमें पूर्व-परिचय और साहचर्य के कारण प्रेम की प्रगाढ़ता ही नहीं, अनन्यता भी स्पष्ट रूप से भासित होती है। प्रेम के घात-प्रतिघातों का इसमें मनोवैज्ञानिक वर्णन है। भागवत जैसे दार्शनिक ग्रन्थों में इतनी सरलता भला कहाँ सम्भव है? इसके पश्चात् चीर-हरण की प्रसिद्ध लीला है। यद्यपि इस लीला का सूत्र श्रीमद्भागवत ही है, तथापि दोनों में महान् अन्तर है। भागवतकार ने इस लीला का वर्णन करते हुए वर्षा और शरद् का सुन्दर वर्णन किया है और प्रकृति के अनेक सुरम्य चित्र उपस्थित किये हैं, परन्तु सूर ने इस लीला का उद्देश्य प्रेम का मनोवैज्ञानिक विकास रखा है। आत्माभिव्यंजक तथा अनुभूत्यात्मक होने के कारण इस लीला में कई विवरणात्मक भेद भी आ गये हैं। श्रीमद्भागवत में नग्न-स्नान के औचित्य-अनौचित्य की विवेचना के साथ संयम और मर्यादा से वर्णन किया गया है, किन्तु व्यक्तिगत-साधना-रत सूर औचित्य-अनौचित्य आदि के प्रश्न से दूर थे। भागवत की गोपियाँ भद्रकाली, कात्यायनी देवी का पूजन एक मास तक करती हैं और सूर की गोपियाँ ब्रजवल्लभ, श्यामसुन्दर पति की कामना से नित्य-नियम से यमुना स्नान और रवि एवं शिव की एक वर्ष तक उपासना करती हैं। यही कारण है कि यमुना स्नान के समय कृष्ण जल के भीतर प्रकट होकर नग्न गोपियों की कटि मींजते और उन्हें सुख देते हैं। इस प्रकार सूर ने भक्ति-साधना-समन्वित गोपियों की साधना-पूर्ति कर भगवान् कृष्ण के सान्निध्य का लाभ कराया है, जिसके होने पर कुलकानि, मर्यादा, लाज और संकोच आदि व्यवधान उत्पन्न कर ही नहीं सकते। वेंकटेश्वर प्रेस, बम्बई की प्रति में इसके पश्चात् पनघट-लीला है, जो नागरी-प्रचारिणी-सभा वाली प्रति में रासलीला के पश्चात् आती है। यह लीला श्रीमद्भागवत से स्वतन्त्र है। प्रेम के विकास में इसका बड़ा महत्व है और उस विकास-क्रम में इसे हम तीसरी कोटि में समझते हैं। इसमें राधा का भी उल्लेख है, जो गोपियों में प्रमुख दिखाई गई है। वह खुल्लम-खुल्ला छेड़-छाड़ की लीला है और अब गोपियाँ कृष्ण से खुलकर प्रेम करने का निश्चय करती हैं। माधुर्य भाव की पुष्टि इसी लीला से विशेष रूप से होती है। इससे आगे जो यज्ञ-पत्नी-लीला है, वह भी भागवत के आधार पर ही है, परन्तु सूर का दृष्टिकोण व्यास के दृष्टिकोण से सर्वथा भिन्न था। इस लीला के द्वारा भी भक्त ने उस मधुरा भक्ति का पोषण किया है, जहाँ कुल-मर्यादा तथा लौकिक धर्मों की अवहेलना स्वतः ही हो जाती है। सूर की गोवर्द्धन लीला भी एक स्वतन्त्र खण्ड-काव्य कही जा सकती है। श्रीमद्भागवत की गोवर्द्धन-लीला तथा सूर की लीला में कई मौलिक अन्तर हैं—जैसे, १—श्रीमद्भागवत की लीला का वातावरण धार्मिक तथा दार्शनिक है। यहाँ कृष्ण के द्वारा कर्म-मार्ग का, विस्तृत उपदेश दिखाया गया है, परन्तु सूर ने जो वातावरण उपस्थित किया है, वह, अत्यन्त सरल, स्वाभाविक तथा मनोहर है और उसमें दार्शनिकता की गन्ध भी नहीं है। २—श्रीमद्भागवत के कृष्ण दार्शनिक तर्कों के आधार पर ब्रजवासियों को इन्द्र-पूजा से विरत करते हैं, परन्तु सूर के कृष्ण ऐसा नहीं करते वे तो सीधे-साधे अहीरों को अपने सपने का हाल सुनाते हैं, जिसमें किसी चतुर्भुज अवतारी पुरुष ने उन्हें गोवर्द्धन की पूजा के लिए कहा था। ३—श्रीमद्भागवत में श्रीकृष्ण के ईश्वरत्व और योगेश्वरत्व पर विशेष बल दिया

है, परन्तु सूर ने कृष्ण का मानव रूप ही चित्रित किया है। ४—गोवर्द्धन-पूजा का आकार-प्रकार श्रीमद्भागवत से भिन्न है। इसका कारण तत्कालीन प्रचलित प्रथाएँ भी हो सकती हैं। ५—सूरसागर का इन्द्रकोप बड़ा भावात्मक और चित्रात्मक है, उसमें जल-वर्षण के सुन्दर चित्र उपस्थित किये गये हैं, किन्तु भागवत में साधारण वर्णनात्मक ढंग से इस विषय का वर्णन किया गया है। ६—इन सबसे मौलिक तथा भागवत निरपेक्ष बात जो हमें 'सूरसागर' में मिलती है, वह है ललिता, चन्द्रावली, राधा तथा वृषभानु की सेविका 'बदरौला' का उल्लेख। राधा और कृष्ण की तो रस-केलि का भी संकेत किया गया है। गोवर्द्धन-धारण का भी बड़ा सुन्दर वर्णन सूर ने किया है। यद्यपि यह वर्णन वर्णनात्मक ही है, तथापि बीच-बीच में गेय पदों का समावेश भी हुआ है। इसी प्रसंग में अत्रि-स्तुति तथा कृष्णाभिषेक भी हैं।

नन्द-हरण का प्रसंग यद्यपि भागवत के ही आधार पर है, तथापि उसमें कुछ परिवर्तन भी लक्षित होता है; जैसे—इस प्रसंग में सूर ने गंगा के द्वारा नन्द को कृष्ण के ब्रह्मत्व की सूचना दिलाई है। श्रीमद्भागवत में यह बात गोवर्द्धन-लीला में ही आ गई है। दूसरे, भागवत में श्रीकृष्ण ने ब्रजवासियों को अपने सगुण और निर्गुण रूप को दिखाया है, परन्तु सूरसागर में इसका उल्लेख नहीं।

श्रीमद्भागवत में नन्द-हरण के पश्चात् रास-लीला का आरम्भ होता है। 'सभा' के सूरसागर में भी यही क्रम रखा गया है, परन्तु वेंकटेश्वर वाली प्रति में नन्द-हरण के पश्चात् दान-लीला का प्रसंग है। 'सभा' वाली प्रति में पनघट-लीला और दान-लीला के प्रसंग व्योमासुर के पश्चात् दिये हैं। परन्तु यह क्रम ठीक प्रतीत नहीं होता। वास्तव में पनघट-लीला और दान-लीला रास से पहले ही आनी चाहिए, क्योंकि रास तो भक्ति-साधना का चरमोत्कर्ष है और पनघट-लीला तथा दान-लीला उस मधुरा भक्ति की विभिन्न कोटियाँ हैं, जिनको पार करता हुआ भक्त भगवान् का सान्निध्य प्राप्त करता है।

पनघट-लीला की भाँति दान-लीला भी सूर की मौलिक उद्भावना है। इस लीला में सूर की वृत्ति इतनी रमी है तथा उन्होंने इसका इतने विस्तार के साथ वर्णन किया है कि यह प्रसंग भी एक पृथक् खण्ड-काव्य का रूप धारण कर लेता है। घटना बड़ी साधारण-सी है, परन्तु इसमें सूर का वाग्वैदग्ध्य पूर्णतया प्रतिफलित हुआ है। मथुरा को दधि बेचने के लिए जाने वाली गोपियों से दधि-दान की माँग ही इस घटना का विषय है, परन्तु इसी के वर्णन में सूर ने अपनी प्रबन्धात्मकता, भावप्रवणता तथा अनुपम व्यंग्य शैली का पूर्ण परिचय दिया है। कवित्व एवं भक्ति-भाव दोनों की दृष्टि से यह प्रसंग बड़ा ही आकर्षक है। इसमें भौतिकता एवं आध्यात्मिकता का अपूर्व समन्वय है। पुष्टि-सम्प्रदाय की दृष्टि से तो यह और भी महत्वपूर्ण है, क्योंकि इसमें भगवान् को भक्ति-भावमय रूप देकर भक्ति-भावापन्न भक्तों के साथ उसका सम्बन्ध कराया गया है और गीता की "ये यथा मां प्रपद्यन्ते तांस्तथैव भजाम्यहम्" उक्ति को पूर्णरूपेण चरितार्थ किया गया है। यह प्रेमोन्माद की दशा का चित्रण है। कृष्ण के प्रति गोपियों का प्रेम प्रगाढ़तम हो जाता है, परन्तु इसे वासनामय प्रेम के रूप में देखना भूल होगी। यह तो मधुरा-भक्ति के क्रमिक-विकास की लीला है। कृष्ण और राधा का अभेदात्मक युगलत्व यहीं से प्रारम्भ हो जाता है। सभी गोपियों में राधा का प्रेम चरमोत्कर्ष पर पहुँचा प्रतीत होता है। सूर ने राधा-कृष्ण के चिर-संयोग के अनेक पद गाये और युगल-स्वरूप को भक्ति का आश्रय घोषित कर दिया। राधा के रूप-चित्रण-प्रेम की प्रायः सब दशाएँ इस वर्णन में आ गई हैं। राधा-कृष्ण-विहार का यह पहला स्थल है, जहाँ वे युगल रूप में भक्त के सम्मुख उपस्थित होते हैं।

वेंकटेश्वर प्रेस की प्रति में राधा-कृष्ण के इसी विहार के साथ-साथ ग्रीष्म-लीला, अनुराग-समय, नैनन-समय तथा अँखियान-समय के पद दिये हैं, जिनमें राधा और कृष्ण की रूप माधुरी का बड़ा प्रभावोत्पादक सूक्ष्म तथा विस्तृत वर्णन हुआ है। वस्तुतः इन अंशों को पृथक-पृथक खण्ड-काव्य का रूप दिया जा सकता है और इस रूप में पद प्राप्त होते भी हैं। 'सभा' की प्रति में पनघट-लीला के पश्चात् अक्रूर-ब्रज-आगमन तक इन सब घटनाओं का क्रम रखा गया है।

श्रीमद्भागवत में नन्द-अपहरण के पश्चात् रास का वर्णन प्रारम्भ होता है। यहाँ यह बात उल्लेखनीय है कि भागवतकार ने नन्द-अपहरण के प्रसंग में गोपियों को निर्गुण और सगुण रूप के दर्शन कराकर रास की पृष्ठ-भूमि प्रस्तुत की है। 'रास-पञ्चाध्यायी' भागवत का एक महत्वपूर्ण प्रकरण है और इसी के आधार पर रास-विषयक अनेक पुस्तकों की रचना हुई है, किन्तु सूरदास की 'रास पञ्चाध्यायी' में भागवत की अपेक्षा कई मौलिक उद्भावनाएँ हैं, जैसे—१—गोपियों में राधा का उल्लेख, कृष्ण के साथ उनका विवाह तथा राधा और कृष्ण के विहार का चित्रण। भागवत के अनुसार कृष्ण पहले किसी गोपिका के साथ अन्तर्हित हो जाते हैं और फिर उसका गर्व नष्ट करने की इच्छा से उसे भी अकेली छोड़ देते हैं। सूरसागर में गोपियों के प्रेम का स्पष्ट उल्लेख नहीं है और उस विशिष्ट गोपी को, जिसे कृष्ण अपने साथ लेकर अन्तर्हित हो गये थे, स्पष्ट रूप से राधा नाम दिया गया है। इसी प्रकार राधा-विषयक अन्य घटनाएँ भी भागवत में नहीं हैं। २—भागवत के कृष्ण अन्तर्धान होने के पश्चात् जब लौटते हैं, तो गोपियों के समक्ष दार्शनिकता से ओत-प्रोत एक लम्बी-चौड़ी वक्तृता झाड़ देते हैं और आत्माराम, आप्तकाम, कृतघ्न आदि भावों की व्याख्या करके उन्हें समझाते हैं। सूरसागर में ये बातें नहीं हैं। वहाँ तो प्राकृत-मानव के समान ही आचरण करते हुए वे पुनः रास प्रारम्भ कर देते हैं। ३—श्रीमद्भागवत में गोपियों की रति-क्रीड़ा और रमण का वर्णन करने के पश्चात् उसकी व्याख्या की है, किन्तु सूर ने उस व्याख्या अथवा स्पष्टीकरण की आवश्यकता ही नहीं समझी। ४—श्रीमद्भागवत में रास के अन्तर्गत उसी शरद्-रात्रि को यमुना में जल-विहार का भी संक्षिप्त वर्णन है, परन्तु सूरसागर में जल-विहार दूसरे दिन प्रातःकाल कराया गया है। ५—सूरसागर में रास के अन्त में गोपियों के विषय में वामन-पुराण का उल्लेख है। सूर ने ब्रह्म और भृगु के सम्वाद के रूप में बताया है कि गोपियाँ वास्तव में श्रुतियाँ थीं, जो कृष्ण के सगुण रूप में उनके संयोग का आनन्द लेने के लिये ब्रजबालाओं के रूप में प्रादुर्भूत हुई थीं। वास्तव में श्री वल्लभाचार्य जी ने लीला का क्रम तथा स्वरूप वामन-पुराण के अनुसार ही लिया है। इस प्रसंग के पश्चात् सूरसागर में राधा-कृष्ण के संयोग और रति-सम्बन्धी वर्णन हैं, जिनके पश्चात् केवल दो पदों में शाप-मोचन का उल्लेख करके फिर राधा-कृष्ण के वृन्दावन-विहार के दृश्य सम्मुख आते हैं। भागवतानुसार शंखचूड़ दैत्य का उल्लेख एक ही पद में कर दिया गया है और तदनन्तर सूर अपने भागवत-निरपेक्ष स्वतन्त्र विषयों को लेकर चल दिये हैं; जैसे—कृष्ण को जगाना, कलेऊ, भोजन के नाना व्यञ्जन, सखाओं के साथ गोचर तथा वंशीवादन आदि। मुरली का विषय भी सूर का एक स्वतन्त्र विषय है, जिसको लक्ष्य करके न जाने कितने नवीन-नवीन भावों की मनोवैज्ञानिक उद्भावनाएँ सूर ने की हैं? मुरली के विषय में भी उनका एक पृथक् ही काव्य बन सकता है। श्रीमद्भागवत के पैंतीसवें अध्याय में इस बात का उल्लेख है कि जब कृष्ण गो-चारण करने के लिये समस्त दिन वन में रहते थे तो गोपियाँ उनके विरह में किस प्रकार व्यथित रहती थीं और उनके रूप-सौन्दर्य, मुरली-वादन आदि की चर्चा से अपना दिन बिताती थीं। इसको भागवतकार ने युगल-गीत का नाम दिया है। इस युगल-गीत में तन्मनस्क गोपियों का बड़ा ही सुन्दर चित्रण हुआ है। सूरसागर में यह विषय

अधिक विस्तार और भावपूर्ण ढंग से कहा गया है तथा कृष्ण के ब्रज आने की शोभा का बड़ा सुन्दर वर्णन कवि ने किया है। भागवत में आये हुए वृषभ, केशी और व्योम नामक राक्षस के वध का वर्णन सूर ने बहुत संक्षेप में किया है।

श्रीमद्भागवत में अरिष्ट-वध के पश्चात् ही नारद-सम्मति से कंस अक्रूर को भेजने का निश्चय करता है, परन्तु सूरसागर में प्रसंग बहुत पीछे है। हम पहले कह चुके हैं कि वेंकटेश्वर प्रेस की प्रति तथा 'सभा' की प्रति के क्रम में कुछ अन्तर है। 'सभा' की प्रति में व्योमासुर-वध के पश्चात् उन लीलाओं को लिया गया है, जो सूर की मौलिक तथा भागवत-निरपेक्ष लीलाएं कही जा सकती हैं। पनघट-लीला, दान-लीला, ग्रीष्म-लीला, मान-लीला, नैनन-समय, अँखियान-समय, खण्डिता-प्रकरण राधा का मान तथा खण्डिता नायिकाओं का विशद वर्णन है। इसी खण्डिता-प्रकरण में ललिता, चन्द्रावली, सुषमा, राधा, वृन्दा, प्रमदा आदि के साथ कृष्ण की प्रेम-क्रीड़ाओं का विशद वर्णन है। राधा की मान-लीलाओं का वर्णन करके कवि ने उसके चरित्र का पूर्ण चित्रण किया है तथा जयदेव, विद्यापति और चण्डीदास की राधा से अपनी राधा का पृथक् व्यक्तित्व रखा है। इस प्रकरण में राधा के भाव की स्थापना तथा एवं राधा कृष्ण के चिर संयोग का प्रतिपादन किया गया है।

इसके पश्चात् सूरसागर में झूलने और वसन्त-लीला के प्रकरण हैं। झूलने का प्रकरण वेंकटेश्वर प्रेस की प्रति में विद्याधर-शाप-मोचन से पहले दिया है, परन्तु 'सभा' की प्रति में राधा की मान-लीला के पश्चात् झूलना और वसन्त, दोनों प्रकरण दिये हैं। ये दोनों ही प्रकरण भागवत-निरपेक्ष एवं वर्षोत्सव-क्रम में आये हुए महत्वपूर्ण विषय हैं। वस्तुतः पुष्टि-सम्प्रदाय में गाये जाने वाले पदों का विषय नित्य-कीर्तन और वर्षोत्सव ही है। जब वर्षोत्सव के पद अधिक भारी होने लगे तो उनके दो भाग कर दिये गये। होली और धमार नाम से एक भाग अलग कर लिया गया और शेष पद दूसरी प्रति से अलग रखे गये। सम्प्रदाय में इन दो भागों के होने का एक यह भी कारण बताया जाता है कि वसन्तोत्सव के समय सारी पुस्तक को पाठ के लिए रखना उसके बिगड़ने के भय से खाली नहीं था, क्योंकि इस उत्सव में रंगरेलियाँ और मस्ती ही मुख्य विषय रहता है। ब्रज की होरी और झूला बहुत प्रसिद्ध हैं और दीर्घकाल से उत्साह पूर्वक मनाये जाते रहे हैं। पुष्टि-सम्प्रदाय में इन उत्सवों का बड़ा महत्व है। सूरसागर में तो होरी को लेकर बड़ा सुन्दर रूपक बाँधा गया है। नित्य-वृन्दावन का मनोहर चित्रण करके कवि ने कृष्ण और गोप-गोपियों की सम्मिलित आनन्द क्रीड़ा का होरी के रूप में वर्णन किया है जिसमें किसी प्रकार का संकोच नहीं रहता और सारा ब्रज अनुराग एवं हर्ष के रंग में डूब जाता है।

कृष्ण को गोकुल से मथुरा लाने के लिये कंस द्वारा अक्रूर को भेजने का प्रसंग सूर ने भागवत के आधार पर ही दिया है, किन्तु कुछ परिवर्तन के साथ। सूरसागर में नारद स्वयं कृष्ण की सम्मति से कंस को कृष्ण और बलराम के बुलाने का परामर्श देने जाते हैं। सूरसागर में कंस के दुःस्वप्नों का जो वर्णन है, वह भागवत में नहीं हुआ है। अक्रूर के मथुरा से ब्रज पहुँचने पर सूर ने ब्रज का जो करुण-दृश्य चित्रित किया है वह निःसन्देह बेजोड़ है। ब्रजवासियों, गोपियों तथा यशोदा की विरह-वेदना के काले मेघ उमड़-उमड़ कर ब्रज पर छाये हुए हैं। उनको देखकर ब्रजवासी जन गिरिधर की याद में और भी अधिक सुध-बुध खो बैठते हैं; उनके मूक-क्रन्दन की करुण-रागिनी मिलनयाम के समय प्रणय-पूर्ण वार्तालाप से मुखरित, मुरली की मधुर-स्वर-धारा से सिक्त और ब्रज-वल्लभ एवं उनकी वल्लभाओं की स्मित-प्रभा से आलोकित कुंजों में सन्नाटा

भर रही है। कालिन्दी का कौतुकमय कूल, ब्रज की एक-एक सरणि, वृन्दा-विपिन की विस्तृत बीथिकाएँ वियोग की वह्नि में झुलस गई हैं। ब्रज-जनों की दशा को देखकर "अपि ग्रावा रोदित्यपि दलति वज्रस्य हृदयम्", के अनुसार शिला भी रोने लगती है और पत्थर का भी हृदय फटने लगता है तो फिर अक्रूर तो रक्त-मांस-निर्मित सहृदय व्यक्ति ठहरे। वे कैसे बच सकते थे? वे बहक जाते हैं; इसीलिए कृष्ण अपने ब्रह्मत्व का आभास देकर उनका अज्ञान दूर करते हैं। फिर सूरदास ने मथुरा पहुँचने पर मथुरा के नागरिकों तथा कंस पर उनके द्विविध प्रभाव का वर्णन किया। इस प्रसंग में श्रीमद्भागवत में बहुत-सी कथाओं का उल्लेख है। सूर ने उनमें से कुछ कथाएँ संक्षेप से कही हैं। जैसे—रजक-वध, दर्जी, माली, कुब्जा का उल्लेख, धनुर्भंग, कुवलयापीड हाथी, मुष्टि और चाणूर मल्लों का वध। मल्ल-युद्ध का वर्णन सूरसागर में नहीं है। कंस-वध की कथा सूरदास ने वर्णनात्मक ढंग से न देकर स्तुति के रूप में दी है तथा उसके सहयोगियों के वध का उल्लेख-मात्र किया है। भागवत के ४५ वें अध्याय में श्रीकृष्ण और बलराम के यज्ञोपवीत और गुरुकुल प्रवेश का वर्णन है। श्रीकृष्ण अपनी योगमाया से अपने माता-पिता के स्व-ब्रह्म विषयक ज्ञान को आवृत कर लेते हैं। सूर ने भी कंस-वध के पश्चात् वसुदेव-देवकी की मुक्ति, उनके हर्षोल्लास, उग्रसेन का राज्याभिषेक और कुब्जा को पटरानी बनाने का उल्लेख किया है। इसके पश्चात् नन्द आदि गोपों को ब्रज के लिये विदा करने का वर्णन है। जिसमें कवि की प्रतिभा और भावुकता पुनः सजग, सचेष्ट हो उठती है और तन्मयता के साथ ऐसे चित्र उपस्थित करती है, जो विरह-जन्य करुणा और वात्सल्य के चित्र कहे जा सकते हैं। अनेक छोटे-छोटे संदर्भों की कल्पना की गई है। ब्रज लौटने पर नन्द और यशोदा का वार्तालाप होता है, वहाँ कवि की भावुकता पराकाष्ठा पर पहुँच जाती है। इस स्थल पर सूर के कोमल हृदय से जो उद्गार निकले हैं, उनमें मातृत्व का इतना स्पष्ट चित्र उतरा है, जितना विश्व-साहित्य में कदाचित् ही कहीं मिल सके। ग्वालों का करुण-क्रन्दन, ब्रज की दयनीय दशा आदि का वास्तव में सूर ने ऐसा चित्रण किया है, जिससे भवभूति के "एकोरसः करुण एवं" वाले कथन में कोई भी अत्युक्ति या असंगति नहीं दीख पड़ती। सूरदास के ये सब वर्णन पूर्णरूपेण मौलिक हैं।

उद्धव की ब्रज-यात्रा में सूर ने फिर भागवत का अनुसरण किया है; परन्तु जहाँ भागवत में उद्धव को ब्रज भेजने का उद्देश्य केवल नन्द-यशोदा को सन्देश देकर सुखी करना और गोपियों को सान्त्वना देना बतलाया गया है, वहाँ सूर ने उद्धव के पाण्डित्य एवं ज्ञान-गर्व को खण्डित कर उन्हें प्रेमाभक्ति में दीक्षित करना ही उद्देश्य माना है। इसके अतिरिक्त सूर ने और कई कल्पनाएँ की हैं, जो सर्वथा मौलिक और भागवत से स्वतन्त्र हैं; जैसे—कृष्ण का अपने माता, पिता और गोपियों को पत्र लिखना, कुब्जा का राजा को संदेश, तथा उद्धव और ब्रजवासियों की भेंट। उद्धव के ब्रज आने पर तो मानो सूर की कल्पना पंख लगाकर उड़ने लगी। श्रीमद्भागवत में ४७वें अध्याय में उद्धव और गोपियों की बातचीत और भ्रमर-गीत का वर्णन है। भ्रमर-गीत का प्रसंग सूर ने भी रखा है। सूर का भ्रमर-गीत सगुण-भक्ति का पोषक एक अकाट्य शास्त्र है, जिसमें भक्ति और ज्ञान का सन्तुलन करके भक्ति को सर्वोपरि बतलाया है और योग तथा कर्म-काण्ड का व्यंग्यात्मक रूप से खंडन किया है। यद्यपि श्रीमद्भागवत में भी भक्ति की श्रेष्ठता प्रतिपादित की गई है, किन्तु दूसरे ढंग से। वहाँ सुलभता और प्रेयता के कारण भक्ति को श्रेष्ठ बतलाया गया है। वहाँ उद्धव का ज्ञानोपदेश सुनकर गोपियों पर विरुद्ध प्रतिक्रिया नहीं होती, किन्तु यहाँ का तो दृश्य ही भिन्न है। इसलिये भक्ति की श्रेष्ठता के प्रतिपादन में भागवत के भ्रमर-गीत की अपेक्षा सूर के भ्रमर-गीत का अधिक महत्व है। कवि की सहृदयता और वाग्वि-

दग्धता का सुन्दर सामंजस्य इस प्रसंग में लक्षित होता है। उसके कवित्व का चर्मोत्कर्ष इस स्थल पर दीख पड़ता है। परिपाटी के अनुसार सूर ने भ्रमर-गीत की पुनरावृत्ति भी की है—उनके उद्धव गोपियों के भक्ति-प्रवाह में ज्ञान की 'गुरु गठरी' गँवाकर मथुरा लौट आते हैं। इसके पश्चात् एक ही पद में कृष्ण का अक्रूर के घर जाने का उल्लेख है।

दशम स्कन्ध (उत्तरार्द्ध)

श्रीमद्भागवत के इस स्कन्ध में ४१ अध्याय हैं, जिनमें बहुत-सी कथाएँ पूरे-पूरे अध्यायों में दी हुई हैं। कथा-विवरणों के साथ-साथ ऐतिहासिक, धार्मिक और दार्शनिक सामग्री भी पर्याप्त मात्रा में है, परन्तु सूरसागर में ये कथाएँ बहुत संक्षेप में दी गई हैं। रुक्मिणी का पत्र-लेखन, भक्ति-भाव और विवाह का वर्णन भागवत की अपेक्षा सूरसागर में अधिक भावात्मक है। बलभद्र के ब्रज-आगमन का वर्णन भी सूर ने विशेष रुचि से किया है, कालिन्दी और वारुणी को जिन्होंने व्यक्तियों की भाँति चित्रित किया है और इस प्रकार थोड़ा-थोड़ा सा अन्तर कर दिया है। पौण्ड्रक राजा का नाम सूर ने पुण्डरीक लिखा है। सुदामा और कृष्ण की कथा श्रीमद्भागवत के इसी स्कन्ध में ८०वें और ८१वें अध्याय में आई है। सूरदास ने इस कथा को लेकर भगवद्भक्ति विषयक अनेक पदों की रचना की है। उनका हृदय मानो ब्रज के वियोग में तड़प रहा है, इसलिए वे इस प्रसंग के पश्चात् पुनः ब्रज लौटने की मौलिक कल्पना करते हैं। सूर ने यहाँ एक सन्देश-वाहक की मौलिक कल्पना की है, जिसके द्वारा ब्रज नारियाँ श्याम के पास सन्देश भेजती हैं; जिसके मिलते ही कृष्ण की स्मृति हरी हो जाती है और वे रुक्मिणी से राधा और गोपियों के प्रेम की चर्चा चलाते हैं। इस स्थल पर कवि का ब्रज-विषयक प्रेम शत-शत धाराओं में फूट निकला है।

इसी प्रकार कुरुक्षेत्र में कृष्ण और ब्रजवासियों की भेंट का वर्णन भी सूरदास जी ने विशिष्टता के साथ किया है। सूर का वर्णन सर्वथा मनोवैज्ञानिक तथा आत्मीयता से परिपूर्ण है। कृष्ण के दूत के पहुँचने से पहले ही गोपियों को शुभ शकुन होते हैं, जो उनके भग्न हृदयों का आधार बन कर उन्हें आश्वासन देते हैं। फिर कृष्ण-दूत पहुँचने पर भ्रमर-गीत जैसे वातावरण की आशंका होने लगती है।

कुरुक्षेत्र में कृष्ण, यशोदा और गोपियों का मिलन भी एक अलौकिक घटना है, जिसका वर्णन सूर ने बड़ी ही गम्भीरता और भावात्मकता के साथ किया है। राधा-कृष्ण की अन्तिम भेंट में उन्होंने बड़ी तन्मयता दिखाई है और ऐसा प्रतीत होता है कि इस मधुर-मिलन की मादकता में ही वे कुरुक्षेत्र-यज्ञ को भी भूल गये। इस स्कन्ध की शेष कथाएँ सूर ने केवल खानापूरी करने के लिये रखी हैं।

द्वादश-स्कन्धात्मक सूरसागर से 'श्रीमद्भागवत' की तुलना करने पर हम निम्नलिखित निष्कर्ष पर पहुँचते हैं—

१—दशम-स्कन्ध को छोड़कर अन्य स्कन्धों में भागवतानुसरण की बात-मात्र ही दुहराई है, अनुसरण नहीं किया गया है। अन्य स्कन्धों में केवल वे ही स्थल आये हैं, जहाँ भगवान् के यश का वर्णन, हरि-भक्ति की महिमा अथवा भक्त-गुण-गान है। भागवतानुसरण वाली बात वर्णनात्मक प्रसंगों तक ही सीमित है। गेय पदों में उसका अनुसरण नहीं मिलता।

२—पौराणिक तथा ऐतिहासिक आख्यानों की पूर्ण उपेक्षा की गई है और कथाओं में पारस्परिक सम्बन्ध भी नहीं है। पद भरती के से प्रतीत होते हैं।

३—भागवत के दार्शनिक पक्ष को भी 'सूरसागर' में प्रश्रय नहीं दिया गया है। स्तोत्रों और प्रवचनों के रूप में भागवत में दार्शनिक सिद्धान्तों की जैसी विस्तृत व्याख्या मिलती है, उसका लेश भी सूरसागर में नहीं है।

४—सूरसागर में वर्णनात्मक तथा गेय-पद-शैली, ये दो प्रकार की शैलियाँ दीख पड़ती हैं। ऐतिहासिक उपाख्यान अथवा पौराणिक कथाओं के उल्लेख में कवि ने वर्णनात्मक-शैली को और हरि-लीला-गान में गेय-पद-शैली को अपनाया है।

५—जिस स्थल पर 'सूरसागर' में भागवत के वर्णन को ज्यों का त्यों अपनाने का प्रयास किया है, वहाँ उसमें शिथिलता आ गई है और वर्णन में अस्वाभाविकता-सी प्रतीत होती है। ऐसे प्रसंगों में कवि का कथन नीरस और केवल कथा-पूर्ति हेतु किया हुआ प्रतीत होता है। ऐसे स्थानों में कहीं तो वर्णनात्मक शैली के दर्शन होते हैं और कहीं ऐसी अस्पष्ट समास-शैली मिलती है कि ज्ञात होता है मानो कवि को कथाओं का भार ढोना पड़ रहा है। अनुवाद की तो बात दूर रही, कथाओं का सार भी पदों में नहीं आ पाया।

६—सूरसागर में चार प्रकार की हरि-लीलाओं का गान हुआ है—

(अ) वे लीलाएँ, जिनका आधार पूर्णतया श्रीमद्भागवत है। ऐसी लीलाएँ केवल दशम स्कन्ध में हैं, किन्तु उनका क्रम भागवत से भिन्न है।

(ब) वे लीलाएँ, जिनका सूत्र तो कवि का भागवत से ही प्राप्त हुआ, किन्तु 'सागर' में कवि ने उनकी विस्तृत व्याख्या की है। उन प्रसंगों के वर्णन में सूर की दृष्टि भागवत पर नहीं जमती, अपितु भावना के विस्तृत प्रांगण में चौकड़ी भरती हुई दीख पड़ती है। ऐसे स्थलों पर कवि भागवत के कथा-स्रोतों को केवल मोड़ ही नहीं दे देता, अपितु एक बाँध-बाँधकर स्वतः-प्रवाहिनी कल्लोलिनी की ओर उन्मुख कर देता है। ऐसे स्थलों पर कवि की गाम्भीर्य-पूर्ण-तन्मयता एवं परिपक्व शैली के दर्शन होते हैं। ये रचनाएँ खण्ड-काव्य की कोटि तक पहुँच जाती हैं।

(स) सूरसागर में कुछ ऐसी लीलाएँ भी हैं, जिन्हें हम पूर्णतया मौलिक, स्वतन्त्र और भागवत निरपेक्ष कह सकते हैं; जैसे—राधा-कृष्ण-मिलन, पनघट-प्रस्ताव, दान-लीला आदि।

(द) सूरसागर में कुछ ऐसी लीलाएँ भी हैं; जिनका स्रोत भागवत पुराण न होकर अन्य पुराण हैं।

उक्त विवेचन से हम सहज ही इस प्रश्न का उत्तर खोज सकते हैं कि सूरसागर कहाँ तक श्रीमद्भागवत का अनुवाद है, और कहाँ तक उसमें भागवत का अनुसरण किया गया है? इस विषय पर हिन्दी के कुछ विद्वानों ने विचार भी किया है। डा० ब्रजेश्वर वर्मा का मत है—

"अनुमान तो यह होता है कि भागवत की कथा को सुनकर कवि ने दशम स्कन्ध पूर्वार्द्ध के अतिरिक्त अन्य स्कन्धों पर अपने भाव के अनुकूल कभी प्रबन्धात्मक और कभी स्फुट-रीति में पद रचना की। इस पद-रचना को स्कन्धों के कथा-क्रम से संग्रह करके देखने से जहाँ कथा-सूत्र छूटे हुए पाये गये वहीं वे पूर्तिमात्र के विचार से वर्णनात्मक शैली में रख दिये गये। यह भी सन्देह हो सकता है कि ये वर्णनात्मक अंश स्वयं हमारे कवि सूरदास जी की रचना भी हैं या अन्य किसी ने सूरसागर को भागवत का वाह्य रूप दे दिया।"[1]

---

१ ब्रजेश्वर वर्मा 'सूरदास' पृष्ठ ८०

डाक्टर वर्मा के अनुसार सूर ने भागवत के दशम स्कन्ध (पूर्वार्द्ध) पर पूर्णतया नियमित रूप से तथा अन्य स्कन्धों पर कभी-कभी रचना की और फिर कथा-सूत्र जोड़ने के लिए सूर ने अथवा और किसी कवि ने कुछ पदों की रचना की। श्री द्वारकादास परीख और प्रभुदयाल मीतल ने इस विषय में लिखा है :

"उपलब्ध मुद्रित एवं हस्तलिखित प्रतियों के अध्ययन से यह निःसंकोच कहा जा सकता है कि यह श्रीमद्भागवत का न तो अनुवाद है और न इसमें उनकी प्रथम स्कन्ध से द्वादश स्कन्ध की कथाओं का पूर्ण समावेश ही हुआ है। फिर भी हमें इस विषय पर सूरसागर में सूरदास का निम्न कथन मिलता है :

व्यास कहे सुकदेव सों द्वादश स्कन्ध बनाइ।
सूरदास सोई कहे पद भाषा करि गाइ॥

—सूरसागर, स्कं० १ पद २२५

इस उल्लेख से जान पड़ता है कि सूरदास ने द्वादश-स्कन्ध-पर्यन्त की कथाओं को, जो व्यास जी द्वारा कथित हैं, गाया है।"[1]

"इन दोनों विरुद्ध कथनों का एक अविरुद्ध निष्कर्ष यह हो सकता है कि श्री वल्लभाचार्य जी ने व्यास जी की 'समाधि' भाषा को प्रमाण रूप माना है और उसी का गायन किया है। श्री वल्लभाचार्य जी के अनुसार श्रीमद्भागवत में तीन प्रकार की भाषा है—लौकिकी, परमत और समाधि। लौकिकी भाषा उसे कहते हैं, जो ऐतिहासिक-चरित्र-रूप में सूत जी द्वारा कही गई थी। परमत भाषा उसे कहते हैं, जो अन्य ऋषि-मुनियों के विभिन्न मतों के रूप में उपस्थित की गई है और समाधि-भाषा उसे कहते हैं, जो स्वयं व्यास जी को समाधि में जो कुछ प्रत्यक्ष अनुभव हुआ था उसका वर्णन करती है और व्यास-शुकदेव द्वारा कही हुई है। इसी समाधि-भाषा को महाप्रभु ने 'प्रमाण-चतुष्टय' में स्वीकार किया है। यह भाषा भक्ति-मार्ग का मूल है। इसी के आधार पर चारों भक्ति-सम्प्रदायों की विविध भावनाओं का विस्तार हुआ है। सम्भव है सूरदास ने अन्य भाषाओं की अनावश्यक कथाओं आदि पर ध्यान न दिया हो और इसी प्रकार परमत-स्वरूप कर्म-ज्ञान वाले वर्णनों की भी उपेक्षा की गई हो। भक्ति में आवश्यक ऐसे कर्म-ज्ञान का तो सूरदास जी ने वर्णन किया ही है, जिनके फलस्वरूप ईश्वर में प्रेम बढ़ाने वाले कर्म और ब्रह्म के माहात्म्य-सूचक अनेक प्रसंग और वर्णन प्राप्त होते हैं। सूरदास का उद्देश्य श्रीमद्भागवत वर्णन से भगवान् की भक्ति और उनकी अनेक लीलाओं का कथन करना ही था। ऐसा ज्ञात होता है कि इसीलिये सूरसागर की कथाओं में स्कन्धानुक्रम होते हुए भी प्रत्येक प्रसङ्ग या अन्य वर्णनों का भागवत-क्रम पूर्णतः अपेक्षणीय नहीं समझा गया।"[2]

"दूसरा विकल्प यह भी हो सकता है कि जब सूरसागर के प्रारम्भ में सूरदास जी स्पष्ट कहते हैं कि—

व्यास कहे सुकदेव सों द्वादश स्कन्ध बनाइ।
सूरदास सोई कहे पद भाषा करि गाइ॥

तब सम्भव है उन्होंने समस्त भागवत का ही अनुवाद किया हो और उनके सहस्रावधि पद होने के कारण आद्योपान्त प्रतिलिपि न हो सकने से, मुख्य-मुख्य अंशों को किसी ने संग्रहीत कर लिया हो और उसी से फिर अनेक प्रतिलिपियाँ होती रही हों, जो आजकल उपलब्ध हैं।"[3]

---

१ 'सूर-निर्णय' प्रथम-सं० सं० २००६, (अग्रवाल प्रेस, मथुरा) पृष्ठ १६१
२ सूर-निर्णय (संस्करण सम्वत् २००६) पृष्ठ १६१
३ वही " " पृष्ठ १६२

जो भी हो, 'सूर-सारावली' वाले उल्लेख से हम इस निष्कर्ष पर पहुँच सकते हैं कि—

१—सूरदास ने अपने गुरु श्री वल्लभाचार्य से श्रीमद्भागवत-तत्व का उपदेश प्राप्त कर उसकी अनेक-विध हरि-लीलाओं को गाया था, जिनके आधार श्रीमद्भागवत और उसके अनुकूल अन्य पुराण, महाभारत, रामायण, पाञ्चरात्र और संहितादि रहे हैं। ये लीलाएं कथात्मक शैली में हैं। ऐसा ज्ञात होता है कि इनको उन्होंने अपने सेवकों के लिये उपदेशार्थ गाया था।

२—"सम्प्रदाय की नित्य तथा वर्षोत्सव की लीलाओं की प्रति वर्ष नवीन भाव, छन्द और वर्णन के भेद की दृष्टि से सूरदास ने श्रीनाथ जी के सम्मुख गाया होगा। सम्भव है कि ये दोनों संग्रह प्रारम्भ में भिन्न रूप में लिखे जाते हों और पीछे किसी ने उन्हें एक कर दिया हो, जो आज द्वादशस्कन्धात्मक और दशम पूर्वार्द्ध के रूप में उपलब्ध होते हैं।"[1]

ये दोनों लेखक न तो सूरसागर को श्रीमद्भागवत का अनुवाद मानते हैं और न सर्वांश में श्रीमद्भागवत को सूरसागर का आधार ही मानते हैं, परन्तु 'श्रीमद्भागवत-तत्व' को अवश्य आधार मानते हैं तथा यह भी सम्भावना करते हैं कि नित्य-कीर्तन और वर्षोत्सवों के पदों में से ही पीछे से किसी ने सूरसागर के दो रूप दे दिये हों।

डा० मुन्शीराम शर्मा का मत भी यहाँ उल्लेखनीय है। वे लिखते हैं :—

"इन कथनों के होते हुए भी सूरसागर को भागवत का अविकल अनुवाद नहीं कहा जा सकता। वह एक स्वतन्त्र रचना है। बालिका राधा, बालक कृष्ण के संग खेलने के प्रसंग और 'भ्रमर-गीत' की व्यंग्यमयी उक्तियाँ भागवत में ढूंढ़ने पर भी नहीं मिलेंगी। भागवत में उद्धव की कथा आती है, परन्तु उनके गोकुल पहुँचने पर गोपियाँ उन्हें चिढ़ाती नहीं। वे कुछ कहते हैं उसे चुपचाप सुन लेती हैं। उद्धव द्वारा कृष्ण का सन्देश पाकर उनकी विरह-व्यथा शान्त हो जाती है। कृष्ण के प्रति दिये गये उनके उलाहने भी इतने तीव्र नहीं हैं। निर्गुण और सगुण का झमेला भी भागवत में दिखाई नहीं देता, जो सूरसागर के भ्रमर-गीत का प्रधान अंश है। कृष्ण लीलाओं का स्मरण करती हुई एक गोपी अपने सामने गुनगुनाते हुए भ्रमर को आया देखकर कुछ चटपटी बात अवश्य कह जाती है। भागवत के भ्रमर-गीत में सूरसागर जैसा भावनाओं का उफान कहीं भी दृष्टिगोचर नहीं होता। इसके अतिरिक्त भागवत सर्ग-विसर्ग आदि दस विषयों का वर्णन करती हुई भक्ति को मूर्धन्य स्थान देती है पर सूरसागर में मुख्य रूप से राधा-कृष्ण लीला को ही प्रधानता दी गई है। भागवत जहाँ निवृत्ति-मूलक साधना का उपदेश करती है, वहाँ सूरसागर की राधा-कृष्ण लीला मनुष्य को प्रवृत्ति मार्ग में लगाने वाली है। अतः सूरसागर भागवत का अक्षरशः अनुवाद नहीं है।"[2]

डा० मुन्शीराम शर्मा केवल भ्रमर-गीत और दो-चार उनकी बातों को लेकर इस निष्कर्ष पर पहुँच जाते हैं कि सूरसागर भागवत का अक्षरशः अनुवाद नहीं है, पर उनके इस कथन से स्पष्ट ही यह ध्वनि निकलती है कि 'भावात्मक अनुवाद अवश्य है'—आधार तो निश्चय रूप से है ही।

इन तीनों ही ग्रन्थों में श्रीमद्भागवत को आधार अवश्य स्वीकार किया है। डा० ब्रजेश्वर वर्मा, कवि द्वारा द्वादशस्कन्धात्मक रूप दिये जाने में सन्देह करते हैं। डा० मुन्शीराम शर्मा जी ने इस विषय पर अधिक विवेचन नहीं किया और इसीलिये वे सन्देहात्मक निष्कर्ष पर पहुँचे हैं। श्री द्वारिकादास परीख ने दो विकल्प रखे हैं और पहले विकल्प में ही भागवत के आधार की ओर

१ सूर-निर्णय (संस्करण सम्वत् २००६) पृष्ठ १६१-१६३

२ डा० मुन्शीराम शर्मा सोम—सूरसौरभ··· दूसरा भाग, पृष्ठ ११ (दूसरा संस्करण)

संकेत किया है। इन सब कथनों को दृष्टिकोण में रखते हुए हम निम्नलिखित निष्कर्ष पर पहुँचते हैं :

१—यों तो सभी वैष्णव सम्प्रदायों में श्रीमद्भागवत की मान्यता है, परन्तु पुष्टि सम्प्रदाय में तो इस महापुराण को चतुर्थ प्रमाण माना है और वेद, उपनिषद एवं गीता के समकक्ष रखा है। 'तत्वदीप-निबन्ध' में श्री वल्लभाचार्य ने भागवत की प्रामाणिकता पर बल देते हुए कहा है—

"समाधिभाषा व्यासस्य प्रमाणं तच्चतुष्टयम् ।"

अर्थात्—व्यास की समाधि-भाषा अन्य तीन प्रमाणों के समान ही प्रमाण स्वरूप है।

इस सम्प्रदाय की आधार-भित्ति ही भागवत है। अतएव सूरदास ने अपने गुरु वल्लभाचार्य जी से अवश्य ही भागवत तत्व सुना होगा। वैसे भी सम्प्रदाय की बैठकों में भागवत की कथाएँ हुआ करती थीं और पुराणों का आश्रय लेकर धार्मिक वाद-विवाद भी होते थे, अतएव यह तो निश्चय ही है कि सूरदास जी को श्रीमद्भागवत का ज्ञान था और वे उसके महत्व को भी समझते थे, किन्तु उन्होंने यथावत् उसका अध्ययन किया हो, इसका कोई प्रमाण नहीं।

२—महात्मा सूरदास सिद्ध कवि थे और अपने ही समय में प्रसिद्ध भी बहुत हो गये थे, जिसका पर्याप्त प्रमाण वार्त्ता-साहित्य से मिलता है। बिजली के तार की भाँति स्पर्श मात्र से ही उनकी प्रतिभा देदीप्यमान हो उठती थी, जिसका वार्त्ता-साहित्य में उल्लेख भी है। सिद्ध कवि अपनी प्रतिभा और कवित्व-शक्ति से नूतन-सृष्टि-सृजन में समर्थ होते हैं। लीलाओं के स्फुरण का उल्लेख भी सूर के विषय में वार्त्ता-साहित्य में कई बार आया है। भागवत के विषय में भी सूरदास के सम्बन्ध में यही लिखा है—"पुरुषोत्तम सहस्रनाम सुनने के पश्चात् सम्पूर्ण भागवत की लीला सूरदास के हृदय में स्फुरी और सूरदास जी ने प्रथम स्कन्ध से द्वादश-स्कन्ध-पर्यन्त कीर्तन वर्णन किये।"[1]

यदि हम वार्त्ता के कथन को प्रामाणिक मानें तो दो बात उल्लेखनीय हैं। पहली—'सूरदास के हृदय में भागवत की लीला स्फुरी', और दूसरी—'कीर्तन वर्णन किये।' अनुवाद वाली बात कहीं है ही नहीं।

श्री वल्लभाचार्य ने भागवत की (सुबोधिनी) टीका केवल उन्हीं स्कन्धों पर की, जिनकी संगति उन्हें अपने सिद्धान्तों से लगानी थी। उन्हें दशम स्कन्ध ही बहुत प्रिय था और उसके ८७ अध्यायों की रूपक बाँध-बाँध कर उन्होंने विस्तृत व्याख्या की है। इससे हम इस निष्कर्ष पर पहुँचते हैं कि संभवतः सूर ने भी भागवत के दशम स्कन्ध तक ही अपने वर्णन को सीमित रखा हो। इसकी पुष्टि इन बातों से भी होती है :

१—सूरदास जी के दशम-स्कन्ध सम्बन्धी ग्रन्थों का उल्लेख, जैसे—दशम स्कन्ध टीका, दशम स्कन्ध पूर्वार्द्ध आदि।

२—केवल दशम-स्कन्ध वाली सूरसागर की प्रतियों की प्राप्ति।

३—किसी-किसी संग्रहात्मक प्रति में भी दशम स्कन्ध का उल्लेख।

परन्तु इन स्कन्धात्मक प्रतियों में क्रम उलट-पलट है। अतएव यह कथन कि सूर के जीवन काल में ही इस प्रकार की कोई स्कन्धात्मक प्रति बन गई होगी, युक्ति-संगत प्रतीत नहीं होता। हम 'सूर्य निर्णय' में दिये हुए इस कथन से पूर्णतया सहमत हैं कि—'सम्प्रदाय की नित्य और वर्षोत्सव की लीलाओं को प्रतिबर्ष नवीन भाव, छन्द और वर्णन की विभेदता से 'सूरदास' ने

---

१ सूरदास की वार्त्ता प्रसंग १

'श्रीनाथ जी' के सम्मुख स्वतः उद्गार रूप से गाया था। पीछे किसी ने इन्हीं पदों से दो संग्रह कर दिये—संग्रहात्मक तथा द्वादश स्कन्धात्मक।"[1]

दशम स्कन्ध के अतिरिक्त द्वादश स्कन्धात्मक सभी प्रतियों के कुछ गेय पदों को छोड़कर अन्य पद प्रक्षिप्त से प्रतीत होते हैं। सम्भवतः गेय पदों की रचना सूरदास ने की हो। संग्रहात्मक तथा द्वादश-स्कन्धात्मक प्रतियों के विषय में हम पहले ही लिख चुके हैं कि संग्रहात्मक प्रतियों का संकलन १०० वर्ष पूर्व का मिलता है तथा उनमें पाठ भी अपेक्षाकृत शुद्ध है। इसलिये हम सहज ही इस निष्कर्ष पर पहुँच जाते हैं कि सूर के पदों का संग्रहात्मक-संकलन ही पहले हुआ था। उन पदों में १—नित्य-कीर्तन और वर्षोत्सव के पद थे; २—विनय के पद थे, जो सूर ने पुष्टि-सम्प्रदाय में दीक्षित होने से पहले रचे थे; ३—अन्य पद भी, जो सूर यथावसर रचते थे, उस संकलन में रहे होंगे।

विषय की दृष्टि से इन सारे पदों को हम तीन भागों में विभाजित कर सकते हैं :

(१) ऐतिहासिक तथा वर्णनात्मक

इनका आधार, भागवत के अतिरिक्त हरिवंश पुराण, विष्णु-पुराण, पद्म-पुराण, वायु-पुराण तथा देवी भागवत आदि हैं। सूरदास जी को इन पुराणों के सम्यक् अध्ययन का अवसर प्राप्त हुआ होगा, इसकी तो कोई सम्भावना ही नहीं, परन्तु तत्कालीन ब्रज के सन्त-समाज में अनेक विद्वान् रहते थे, जो अपने सम्प्रदायिक मन्तव्यों को सिद्ध करने के लिये अनेक ग्रन्थों का आश्रय लिया करते थे। उसी श्रुति के आधार पर ही सूरदास ने बहुत से पदों की रचना की होगी।

(२) लीला-परक

इन पदों का आधार प्रधानतया श्रीमद्भागवत है; क्योंकि पुष्टि-सम्प्रदाय में सारस्वत-कल्प की लीला मानी जाती है, जिसका वर्णन वामन-पुराण में तथा जिसका उल्लेख सूर ने किया है। इसलिए वामन पुराण में भी उसका आधार था। कुछ लीलाएँ ब्रह्म-वैवर्त-पुराण से ली गई हैं, विशेषतया राधा का विस्तृत वर्णन इसी पुराण में मिलता है। कुछ लीलाओं की उद्भावना सूर ने स्वतन्त्र रूप से की है जो तत्कालीन प्रचलित सामाजिक प्रथाओं एवं लोक-गीतों से सम्बन्ध रखती हैं।

(३) भक्ति तथा दार्शनिक-सिद्धान्त-विषयक पद

सूर का लक्ष्य न तो भक्ति का विवेचन था और न दार्शनिक-सिद्धान्तों का विश्लेषण, किन्तु कवि भावुकता की अथाह धारा में बहता हुआ अनजाने ही कुछ ऐसी बातें कह जाता है, जिनका सम्बन्ध दार्शनिक जगत् से जोड़ा जा सकता है। सूर के पदों के हमें कई रूप स्पष्ट लक्षित होते हैं:

१—पुष्टि-सम्प्रदाय में दीक्षित होने से पहला रूप।

२—दीक्षित होने के पश्चात् का रूप।

३—सामयिक प्रभाव से प्रभावित रूप।

सूर से पहले की पाँच-छै शताब्दियाँ देश के धार्मिक क्षेत्र में बड़ी उथल-पुथल की शताब्दियाँ थीं। सिद्धों और नाथों के नाना सम्प्रदाय, कबीर आदि सन्तों के पंथ तथा अनेक वैष्णव सम्प्रदाय अपने-अपने सिद्धान्तों का प्रचार कर रहे थे। सूरदास यद्यपि एक विशेष सम्प्रदाय में दीक्षित

---

१ सूर-निर्णय पृ० १६१

थे, परन्तु अपने युग के धार्मिक आन्दोलनों को सहृदय व्यक्ति तमाशबीन की तरह नहीं देख सकता। इसलिए जहाँ सूर के साहित्य में सम्प्रदाय के सिद्धान्तों का प्रतिपादन है, वहाँ तत्तत् सामयिक परिस्थितियों की ओर भी संकेत है।

"निरंकुशा हि कवयः" उक्ति के अनुसार कवि की कल्पना निस्सीम आकाश में उड़ा करती है। कवि बन्धन में बँध कर नहीं रह सकता। उसका मानसिक विकास उस स्थिति तक पहुँच जाता है, जहाँ उसके लिए कोई वस्तु अगम्य, अबोध्य और अलक्ष्य नहीं रहती। सभी उच्च-कोटि के कवियों में ये गुण पाये जाते हैं। फिर रससिद्ध भक्त शिरोमणि सूरदास का तो कहना ही क्या? सूर ने कहीं शब्दों के साथ खिलवाड़ की है, कहीं वाणी का विस्मयकारक विलास दिखाया है और कहीं हृदय-रत्नाकर के अमूल्य भाव-रत्नों को मनमौजी तौर से लुटाया है।

अन्त में हम श्रीमद्भागवत के उन चार श्लोकों का अनुवाद प्रस्तुत करते हैं, जिनको पद-भाषा में गाने की प्रतिज्ञा सूरसागर में मिलती है। भागवत के द्वितीय स्कन्ध के नवम अध्याय में भगवान् ने ब्रह्मा को स्वयं अपने रूप का ज्ञान दिया है। जिन चार श्लोकों में इस स्वरूप का वर्णन है, वे भागवत में 'चतुःश्लोकी' के नाम से प्रसिद्ध हैं।

सृष्टि के पूर्व केवल मैं ही मैं था। मेरे अतिरिक्त न स्थूल था और न सूक्ष्म तथा न दोनों का कारण अज्ञान ही था। जहाँ यह सृष्टि नहीं है, वहाँ भी मैं ही मैं हूँ और इस सृष्टि के रूप में जो भी प्रतीत हो रहा है, वह भी मैं ही हूँ तथा जो कुछ बच रहेगा वह भी मैं हूँ। वास्तव में न होने पर भी जो कुछ अनिर्वचनीय वस्तु मेरे अतिरिक्त मुझ परमात्मा में दो चन्द्रमाओं की तरह मिथ्या ही प्रतीत हो रही है अथवा विद्यमान होने पर भी आकाश के नक्षत्र-मण्डल में राहु की भाँति जो मेरी प्रतीति नहीं होती, उसे मेरी माया समझना चाहिए। जैसे प्राणियों के पंचभूत-रचित छोटे-बड़े शरीरों में आकाशादि पंच-महाभूत उन शरीरों के कार्यरूप से निर्मित होने के कारण प्रवेश करते भी हैं और पहले से उन स्थानों और रूपों में कारण रूप से विद्यमान रहने के कारण प्रवेश नहीं भी करते, वैसे ही उन प्राणियों के शरीर की दृष्टि से मैं उनमें आत्मा के रूप से प्रवेश किये हुए हूँ और आत्म-दृष्टि से अपने अतिरिक्त कोई वस्तु न होने के कारण उनमें प्रविष्ट नहीं भी हूँ। 'यह ब्रह्म नहीं है, यह ब्रह्म नहीं है'—इस प्रकार की निषेध-पद्धति से और 'यह ब्रह्म है, यह ब्रह्म है'—इस अन्वय-पद्धति से यही सिद्ध होता है कि सर्वातीत एवं सर्वस्वरूप भगवान् ही सर्वदा और सर्वत्र स्थित है। वही वास्तविक तत्व है। जो आत्मा और परमात्मा का तत्व जानना चाहते हैं, उन्हें केवल इतना ही जानने की आवश्यकता है।[1]

———

१ श्रीमद्भागवत स्कन्ध २, अध्याय ९, श्लोक ३२-३३-३४-३५।

सप्तम अध्याय

सूरदास के कृष्ण और गोपियाँ

पिछले अध्याय में कथावस्तु की दृष्टि से हमने श्रीमद्भागवत और सूरसागर की संक्षिप्त तुलना की है, जिससे पता चलता है कि महाकवि सूरदास ने अपनी कथाओं का सूत्र तो विशेष रूप से श्रीमद्भागवत से तथा कहीं-कहीं अन्य पुराणों से अवश्य ग्रहण किया है, परन्तु उनके ग्रथन की विधि उनकी अपनी है और कृष्ण चरित-माला को उन्होंने एक मौलिक रूप प्रदान किया है। हम पहले कह चुके हैं कि पुष्टि-सम्प्रदाय में भागवत पुराण की विशेष मान्यता है और भक्ति-प्रतिपादन का यह एक अलौकिक ग्रन्थ है, परन्तु हमारे चरित-नायक सूरदास श्रीमद्भागवत के गीतात्मक भाग को भावात्मकता से ही विशेष प्रभावित दीख पड़ते हैं। जहाँ तक कृष्ण-गोपियों के चरित्र-चित्रण का प्रश्न है, वह सूरदास जी का अपना है। उन्होंने अपने सभी पात्रों का केन्द्र राधा और कृष्ण को बनाया है। उनके सभी चरित्र राधा और कृष्ण के सम्बन्ध से ही विकसित होते हैं। श्रीमद्भागवत में तो राधा का उल्लेख ही नहीं है। गोपियों और कृष्ण का चरित्र-चित्रण ही अति मानवीय और रहस्यात्मक ढंग से हुआ है। श्रीमद्भागवत की रचना एक विशेष उद्देश्य से हुई थी, इसीलिए उसमें कृष्ण का अवतार चतुर्व्यूह रूप में लिया है और बलदेव का प्रायः उनके साथ संयोग रहा है। वास्तव में भागवतकार का उद्देश्य कृष्ण-चरित को चित्रित करना नहीं है, बल्कि उसके द्वारा कृष्ण का परम पुरुषत्व सिद्ध करना है जो उसका प्रतिपाद्य विषय है। चाहे उसे कोई कृष्ण कहे, ब्रह्म कहे या भगवान् कहे उसके निर्विशेष, सविशेष, निराकार और साकार सभी रूपों का समन्वय प्रस्तुत किया गया है। श्रीमद्भागवत की गोपियों का वर्णन भी शास्त्रीय ढंग का है, जिसके कारण उनके प्रेम की धाराओं में स्थान-स्थान पर बाँध से लगे प्रतीत होते हैं और यदि हम 'रासपंचाध्यायी' को प्रक्षिप्त मानें तो गोपियों का चरित्र ही विकलांग हो जाता है। इसमें राधा का नाम तो नहीं आता, परन्तु गोपियों और गोपालों की प्रेम-चर्चा का विस्तार है। गोपालों के तो नाम भी गिनाये हैं; जैसे— श्रीदामा, सुदामा, भद्रसेन, अंशु, अर्जुन आदि। यशोदा में यद्यपि वात्सल्य भाव के दर्शन होते हैं, परन्तु उस वात्सल्य का चित्रण इतना थोड़ा है कि उसका सम्पूर्ण व्यक्तित्व सम्मुख नहीं आता। भागवतकार यशोदा के पूरे जन्म की कथा पर जोर देकर तथा यशोदा पर कृष्ण की अलौकिकता प्रकट करके उस स्वाभाविक-वात्सल्य में ठेस-सी पहुँचा देता है। यशोदा के चरित्र का इतना मनोवैज्ञानिक विस्तार भी नहीं है, जितना सूर ने किया है। यशोदा की अपेक्षा नन्द के वात्सल्य का वर्णन कुछ विस्तार के साथ है।

सूरसागर के प्रधान पात्र भागवत की भाँति श्रीकृष्ण हैं, किन्तु भागवत में जो लम्बे-लम्बे प्रसंगों, ऐतिहासिक वर्णनों तथा अन्य विवरणों के कारण श्रीकृष्ण बहुत काल तक पाठकों की दृष्टि से ओझल हो जाते हैं, किन्तु सूरदास जी श्रीकृष्ण को क्षणभर भी अपनी दृष्टि से ओझल नहीं करते। जिन प्रसंगों में श्रीकृष्ण का सम्पर्क नहीं है, वे सूरदास को नहीं रुचते और उनका वर्णन उन्होंने वर्णन की दृष्टि से ही कर दिया है। वास्तव में सूरदास का सारा काव्य कृष्णमय है। यद्यपि सूरदास ने कृष्ण के सभी रूपों पर प्रकाश डाला है, फिर भी नन्द-नन्दन बाल-

कृष्ण सूर-साहित्य में बेजोड़ हैं। यशोदोत्संग-लालित बालकृष्ण ग्वाल बालों के सखा रूप में अनेक प्रकार की लीलाएँ करते हैं, फिर वे ही रसिक-शिरोमणि, रतिनागर गोपियों के सर्वस्व बनते हैं और राधावल्लभ के रूप में ब्रज में बिहार करते हैं। मथुरा पहुँचने पर उनके निष्ठुर और नीरस रूप के दर्शन होते हैं। जहाँ तक श्रीकृष्ण के असुर-संहारन, भक्त उद्धरण, अविनाशी पूर्ण ब्रह्म रूप का प्रश्न है, सूर ने भागवत की भाँति उन्हें परब्रह्म, पुरुषोत्तम, घट-घट के व्यापक, अन्तर्यामी, अज, अनन्त और अद्वैत माना है। उन्होंने अपने भगवान् को प्रायः हरि नाम से सम्बोधित किया है। पुष्टि-सम्प्रदाय के अनुकूल उन्होंने परमानन्द स्वरूप ब्रह्म को वृन्दावन में नित्य लीला करने वाले के रूप में देखा है। सूरसागर में स्थान-स्थान पर हमें इस प्रकार के संकेत मिलते हैं, जहाँ सूर ने कृष्ण और ब्रह्म की एकता स्थापित की है; परन्तु सूर का मन उस प्रकार के विवेचन में अधिक नहीं रमा है। नन्द-नन्दन गोपाल कृष्ण ही उनके इष्टदेव हैं और उसी के वर्णन में कवि की तल्लीनता और भावात्मकता के दर्शन होते हैं। विशेषकर विनय के पदों में, जिनकी रचना सूरदास जी ने सम्भवतः सम्प्रदाय में दीक्षित होने से पूर्व ही की थी, उन्होंने भगवान् के उस रूप को लिया है, जो भक्त की दास्य-भाव की वैराग्य पूर्ण भक्ति का आलम्बन है। इन पदों में भगवान् की भक्त-वत्सलता तथा दयालुता और भक्त की आन्तरिक वेदना तथा निराश्रितता प्रकट की गई है। दैन्य और दास्य-भाव की दृष्टि से सूर के विनय के पद गोस्वामी तुलसीदास की 'विनय-पत्रिका' की तुलना के साथ रक्खे जा सकते हैं। विनय के पदों में भगवान् के उस रूप की ओर संकेत है, जो आगे चलकर अनेक प्रकार की अलौकिक लीलाएँ करता है तथा जो असुरों और दुष्टों का संहारक, भक्तों और साधुओं का रक्षक है। इन पदों में सूर के हरि—विष्णु, राम और कृष्ण के पर्यायवाचक हैं।

सूर के कृष्ण चरित्र में एक बात यह भी लक्ष्य करने की है कि भागवतकार की भाँति भगवान् की लीलाओं का गान करते हुए सूर अपने इष्ट के अलौकिक रूप को नहीं भूलते। उनके अगम, अगोचर लीलाधारी परब्रह्म स्वरूप भगवान् ब्रज में उस रस का प्रवाह करने आये हैं, जो ब्रह्मा आदि के लिये दुर्लभ है।[1] कृष्ण की इस अलौकिकता का सूरदास जी बार-बार वर्णन करते हैं। जन्मोत्सव के विभिन्न अवसरों पर आनन्द-बधाइयों के बीच भी सूर कृष्ण के इस अलौकिक रूप को नहीं भूले हैं। आगे चलकर बत्सहरण लीला के समय कालिय-दमन, गोवर्द्धन धारण, दान-लीला इत्यादि सभी अवसरों पर सूरदास जो भगवान् के इस रूप का ध्यान दिलाते हैं। परन्तु सूरदास जी का मुख्य उद्देश्य भागवतकार की भाँति कृष्ण के चरित्र की अलौकिकता चित्रित करना नहीं है, उन्होंने तो कृष्ण के मानव रूप को प्रधानता दी है। यही कारण है कि सूर के चित्रण में कृष्ण के अति-प्राकृत और लोकातीत तथा मानवीय रूप की दो धारायें समानान्तर रूप से बहती हुई चलती हैं। आगे चलकर मानवीय रूप की स्वाभाविकता के कारण अति-प्राकृत स्वरूप की धारा दबी-सी लगने लगती है। पूतना-वध से लेकर भौमासुर-वध तक कृष्ण की बाल लीलाओं में जितने अलौकिक कृत्य हैं, सभी में भगवान् के असुर संहारक और भक्त उद्धारक रूप के दर्शन होते हैं। इन स्थलों के चित्रण में भी सूर ने यह विशेषता रक्खी है कि दुस्तर से दुस्तर कार्य करने में भी समर्थ श्रीकृष्ण सुकुमार कोमल और मधुर बने रहते हैं। कालिय-दमन लीला के अवसर पर उरगनारी कृष्ण की कोमलता को देखकर अकुला उठती है और बार-बार कृष्ण को सम्बोधित करती हुई कहती है, "अरे तू किसका बालक है ? तू यहाँ से भाग जा। यदि वह जाग

१ सूरसागर, सभा पद ६२१

उठेगा तो तुझे भस्म कर देगा।"[1] इस प्रकार के भाव सूर ने प्रायः प्रत्येक असुर संहार लीला के अवसर पर प्रकट किये हैं। हमें कृष्ण का एक भी ऐसा चित्र नहीं मिलता, जो कृष्ण की सुकुमारता तथा कोमलता का व्यंजक न हो।

सूरसागर में कृष्ण के बाल रूप का जैसा चित्रण हुआ है, वैसा अन्यत्र दुर्लभ है। चरित्र-चित्रण की दृष्टि से नन्द-नन्दन बाल कृष्ण के वर्णन को हम चार भागों में विभाजित कर सकते हैं—

१—रूप-सौंदर्य वर्णन, २—कृष्ण की क्रीड़ा और चेष्टाओं का वर्णन, ३—विभिन्न संस्कारों, उत्सवों और समारम्भों का वर्णन, ४—भगवान् का अलौकिक चरित्र। ये सूर के चारों ही प्रकार के वर्णन पूर्ण हैं। श्रीमद्भागवत तथा अन्य पुराणों में भी ये वर्णन सूक्ष्म रूप से मिलते हैं, परन्तु सूर ने अपनी कल्पना के योग से इन वर्णनों में विशेष स्वाभाविकता, मनोवैज्ञानिकता और भावात्मकता भर दी है। ब्रज में प्रकट होते ही कृष्ण अपने अनुपम सौन्दर्य से सारे ब्रज को आकृष्ट कर लेते हैं—

ब्रज भयो महर के पूत जब यह बात सुनी।
सुनि आनन्दे सब लोग, गोकुल गनक गुनी॥
....[2]

कवि ने बालक के एक-एक कृत्य को लेकर बड़े विस्तार के साथ वर्णन किया है। नेग लेने वालों का झगड़ना, नार छेदन में विलम्ब, ग्राम के गोपों की चर्चा आदि सभी विषयों को सूर ने लिया है। कृष्ण का जन्मोत्सव तो और पुराणों में भी आया है, परन्तु सूर ने इस वर्णन में मनोवैज्ञानिकता के साथ अपने समय की प्रचलित प्रथाओं का समावेश करके उसे अधिक सजीव और प्रभावोत्पादक बना दिया है और अपनी प्रतिभा के बल से बड़े-बड़े सुन्दर चित्र उपस्थित किये हैं। पालने में झूलना, अँगूठा चूसना, लोरियों के साथ सोना और प्रभातियों के साथ जागना आदि शैशव सम्बन्धी प्रत्येक बात का कवि ने बड़े विस्तार और सूक्ष्म ब्यौरे के साथ वर्णन किया है। सूर नें कृष्ण के शैशवकालीन स्वाभाविक क्रिया-कलापों की इतनी प्रचुरता कर दी है कि उनके अलौकिक और अति-प्राकृत कृत्य प्राकृत बाल-चरित्र को अभिभूत नहीं कर सके हैं। अनेक संस्कारों तथा उनके जागने से लेकर सोने तक की अनेक क्रियाओं का वर्णन सूर ने बड़े विस्तार से किया है। प्रत्येक पद में नये भाव और नई व्यंजना है। सूर के इस स्वाभाविक और मनोवैज्ञानिक चित्रण को देखकर पाठक सन्देह में पड़ जाता है कि क्या कोई अन्धा व्यक्ति इस प्रकार के वर्णन कर सकता है। कृष्ण की संहार-लीलाओं में भी सूर ने विशेष सहृदयता का परिचय दिया है, क्योंकि सूर ने पूतना आदि की आपत्ति उपस्थित होने पर माता-पिता तथा ग्वाल-बालों की मानसिक विह्वलता का बड़ा सुन्दर वर्णन किया है। पूतना-वध के अनन्तर कवि कहता है :

जसुमति विकल भई छिन कल ना
लेहु उठाय पूतना उर ते मेरो सुभग सांवरो ललना॥[3]

यहाँ ललना शब्द में कितनी गहरी व्यंजना है। ऐसे आपत्-काल में मातृ-हृदय में कल का क्या काम। सभी राक्षसों के वध के समय सूरदास जी ने सगे सम्बन्धियों की इसी प्रकार की आतुरता और विह्वलता का वर्णन किया है। साम्प्रदायिक दृष्टि से भक्ति नामक भाव को

१ सूरसागर, सभा पद ११६८
२ सूरसागर, सभा पद ६४२
३ सूरसागर 'सभा' पद ६७२

चरमोत्कर्ष पर पहुँचा कर भक्ति-रस में परिणत करना ही इन स्थलों का उद्देश्य है। भारतीय भक्ति परम्परा के अनुकूल भगवान् के दिव्य मंगल स्वरूप को तीन गुणों से विभूषित किया जाता है—अनन्त शक्ति, अनन्त सौन्दर्य तथा अनन्त शील। सूरदास जी की वृत्ति अनन्त सौन्दर्य की ओर ही विशेष रमी है। भक्ति का आधार श्रद्धा है। श्रद्धा का पूर्व भाव आकर्षण है, जिसका स्थैर्य सौन्दर्य पर अवलम्बित है। परन्तु सौन्दर्य में बाह्य और अन्तः दोनों का सामञ्जस्य होना चाहिए। यही सौन्दर्य सच्चे प्रेम को जन्म देता है जो भक्ति नामक भाव का स्तम्भ है। इसलिए यदि सौन्दर्य को भक्ति का प्रथम सोपान कहें तो अत्युक्ति न होगी। प्रेम नामक भाव सौन्दर्य से ही जाग्रत होता है और यदि वह सौन्दर्य आनंत्य विशिष्ट है तो प्रेम की सत्ता स्थिर हो जाती है। प्रेम नामक भाव में आत्म समर्पण का भाव निहित है और सौन्दर्य में नव-नव भावोन्मेषशालिता। इसीलिए रमणीयता का रूप "क्षणे क्षणे यन्नवतामुपैति तदेव रूपं रमणीयतायाः" बताया है। कृष्ण की सुन्दरता भी अद्वितीय है। कवि ने अनेक पदों में उनकी सुन्दरता का वर्णन किया है :

सोभा सिन्धु न अन्त रही री।
नन्द-भवन भरि पूरि उमंगि चलि ब्रज की बीथिनि फिरति बही री ॥[१]

वास्तव में ब्रज में शोभा का ऐसा समुद्र उमड़ पड़ा, जिसके एक-एक बिन्दु का सौन्दर्य विचित्र है। कृष्ण की घुंघराली अलकें, दूध की दँतुलियाँ, काजल का डिठौना बड़े ही मनोहारी हैं। उनके इस अनुपम सौन्दर्य पर समस्त ब्रज-नारियाँ लट्टू हैं।[२]

बच्चे के विकास के साथ-साथ माता-पिता के हृदय की कामनावल्लरी भी विकसित होती है। माता-पिता की यह स्वाभाविक इच्छा होती है कि बालक कब बड़ा हो! दूध के दाँतों ने बच्चे के विकास की सूचना दे दी है। यशोदा मैया फूली नहीं समाती :

सुत मुख देखि यशोदा फूली।
हर्षित देखि दूध की दतियाँ प्रेम-मगन तन की सुधि भूली ॥[३]

'श्रीमद्भागवत' में भी दशम-स्कन्ध के आठवें अध्याय के २१ से २८ तक के श्लोकों में इस बाल-लीला का वर्णन हुआ है, परन्तु उस वर्णन में सूर के इस विस्तृत और मनोवैज्ञानिक वर्णन की आंशिक शोभा भी नहीं लक्षित होती। घुटनों चलने का उल्लेख भागवत में भी है और वहाँ श्याम तथा बलराम का बड़ा ही सुन्दर चित्र दिया भी है। परन्तु सूर ने इस अवसर पर न जाने कितने कल्पनात्मक चित्र उपस्थित किये हैं। मणिमय आँगन में बालक कृष्ण का घुटनों चलना सूर के मन में ऐसा बसा है कि उन्होंने अनुपम अप्रस्तुत-योजना के बल पर इस घटना को अत्यन्त सुन्दर ढंग से चित्रित किया है। बच्चे को लक्ष्य करके माता-पिता में जो होड़ होती है, उसका सजीव और स्वाभाविक चित्र देखिये :

इततें नन्द बुलाइ लेत हैं, उततें जननि बुलावै री।
दम्पति होड़ करत आपुस में, स्याम खिलौना कीन्हो री ॥[४]

सचमुच बालक माता-पिता का सजीव खिलौना होता है और फिर तीनों लोकों की सुन्दरता के सार चपलता के पारावार कृष्ण जैसे बालक का तो कहना ही क्या! कृष्ण और बड़े

१ सूरसागर 'सभा' पद ६४७
२. वही पद ७०८-७११
३ वही
४ सूरसागर (ना० प्र० सभा) पद ७६६

हुए, डरते-डरते से खड़े होने लगे, यशोदा उन्हें भुजा पकड़ कर चलाती है, पर उन्हें तो ठीक से खड़ा होना भी नहीं आता, चलें कैसे ? लड़खड़ा कर गिर पड़ते हैं और फिर क्रम-क्रम से भुजा टेक कर दो पग चलते हैं ।[१] माता की स्वाभाविक उत्सुकता होती है कि उसका बालक शीघ्र से शीघ्र उठना, बैठना, चलना, बोलना सीख ले । उसके लिए वह अनेक प्रयत्न करती है । इसी प्रवृत्ति का सुन्दर चित्रण इस पद में हुआ है और जब कृष्ण चलना सीख लेते हैं तो यशोदा को कितना हर्ष होता है ? सूर ने इसका सुन्दर वर्णन किया है ।[२] लड़खड़ा कर दो पग टेकने वाला बच्चा और बड़ा होता है, चपलता बढ़ जाती है, हठ जोड़ पकड़ती है, चलने में जो लड़खड़ाहट थी, वह दूर हो गई; आँगन में दौड़ लगाने लगे और फिर तो—

आँगन श्याम नचावहीं जसुमति नंदरानी ।
तारी दै दै गावहीं मधुरी मृदु बानी ।।[३]

पर नाचने वाले कृष्ण हठ पर उतरते हैं तो जननी को भी नाच नचा देते हैं । अब वे बोलने भी लगे । तोतली बोली में जब वे नन्द को बाबा, यशोदा को मैया और हलधर को भैया कहकर माता-पिता के कर्ण-कुहरों में सुधा-सीकर की मधुर वर्षा करने लगे । चपलता और बढ़ी और उसके साथ ही विनोद-प्रियता और रूठना भी । दधि-घट में अपना प्रतिबिम्ब देखा तो बिगड़ गये, यशोदा क्या करे ? उसे उसी उपाय का आश्रय लेना पड़ा जो प्रत्येक नारी का मातृत्व उसे सिखा देता है, कृष्ण को बहका दिया—दधि-पात्र में हाथ डालकर हिला दिया और प्रतिच्छाया गायब, कृष्ण प्रसन्न हो गये ।[४] यह सब चेष्टाएँ बालक और माँ के हृदय को कितने स्पष्ट रूप से सामने रख देती हैं ? कैसा मनोवैज्ञानिक वर्णन है ? कितना भावात्मक ? ऐसे दृश्य देखने हों तो 'सूरसागर' के पन्ने पलटिये और फिर देखिए वात्सल्य और बल भावों का कितना सुन्दर अलबम आपके सामने है । कृष्ण दूध नहीं पीते, हठ करते हैं, माखन और रोटी के लिए । परन्तु माँ अपने लाल को बिना 'दूध' कैसे रहने दे, नहीं तो वह बढ़ेगा कैसे ? पुष्ट कैसे होगा ? यशोदा फिर उसी उपाय का आश्रय लेती है—

कजरी को पय पियहु लला तेरी चोटी बढ़ै ।

इन बाल-सुलभ एवं जननी-सुलभ चेष्टाओं के बीच-बीच में कनछेदन आदि अनेक संस्कारों का कवित्वमय वर्णन हुआ है । प्रातःकाल ही कृष्ण को जगाने के प्रयत्न, कलेवा-वर्णन, खेल की योजनाएँ आदि कवि की अपनी कल्पना है । भागवत में ये प्रसंग नहीं हैं । सूर के कृष्ण की प्रत्येक गति, प्रत्येक कर्म, प्रत्येक चेष्टा में अद्‌भुत चपलता है । अजीब बाँकपन है ।

कुछ और बड़े होने पर कृष्ण ग्वालों के साथ खेलने के लिये उत्सुक होते हैं । इन बाल क्रीड़ाओं के अन्तर्गत बच्चों की मनोवृत्तियों का—आपस में एक-दूसरे को खिजाना, चिढ़ाना, शिकायत करना—जैसा क्रमबद्ध वर्णन सूर ने किया है, वैसा कोई अन्य कवि नहीं कर पाया । प्रज्ञाचक्षु सूर की तीव्र दृष्टि से वे सूक्ष्म भाव और दृश्य भी नहीं बच सके हैं जो यथार्थ होते हुए भी बड़े-बड़े कवियों की नजरों से ओझल हुए रहते हैं । इन सब विषयों को देखकर सूर की प्रतिभा पर आश्चर्य होता है । स्तन्य छुड़ाने की चेष्टा में यशोदा का यह कथन कितना स्वाभाविक है ।

---

१ सूरसागर (ना० प्र० स०) पद ७३०
२ वही पद ७५१
३ २ वही पद ७५
४ वही पद ७७४

"ब्रज लरिका तोहि पीवत देखत हसत लाज नहिं आवत।"

इतनी बात का कदाचित् बालक पर असर न हो, इसलिये उसकी सुन्दर प्रिय वस्तु के खराब हो जाने की आशंका का भी वह उपयोग करती है—

"जैहैं बिगरि दाँत यह आछे ताते कहि समझावति।"

परन्तु माया से संसार को भुलावे में डालने वाले ब्रह्म स्वरूप कृष्ण को क्या भुलावे में डाला जा सकता है, देखिये, यशोदा की बातों को सुनकर क्या कर रहे हैं—

"सूर श्याम यह सुनि मुस्काने, अञ्चल मुखहि लुकावति।"[1]

कृष्ण का मुस्काकर यशोदा के आंचल में मुख छिपा लेना भी क्या भुलाया जा सकता है ? हर्ष, स्नेह, गर्व आदि भावों के साथ बौद्धिक-विकास का तथ्य भी कितने आकर्षक रूप से व्यञ्जित हुआ है। यह यशोदा और कृष्ण का नहीं, माँ और बच्चे का भावात्मक स्निग्ध चित्र है।

ग्वाल-बालों के साथ खेलने के अनेक चित्र सूर ने उपस्थित किये हैं। बाल-स्वभाव जन्य धृष्टता, कौतुक-प्रियता, चतुरता आदि सब गुण कृष्ण में हैं। इन सब गुणों का भी क्रमशः विकास हुआ है। भाटी-भक्षण प्रसङ्ग में कृष्ण की जो 'लँगराई' देखी गई थी वह 'माखन-चोरी' में पराकाष्ठा पर पहुँच गई।[2] अब तक कृष्ण का सौन्दर्य ही गोप-गोपिकाओं को लुभाता रहा और अपनी चेष्टाओं के कारण वे माता-पिता के वात्सल्य के आलम्बन बने किन्तु आगे चलकर सूर ने कृष्ण की उन चेष्टाओं को भी लिया है जो गोपियों के प्रेम का आधार बनीं। माखन-चोरी का प्रसङ्ग भागवत के नवें अध्याय में भी ऊखल-प्रसङ्ग में आया है, परन्तु सूर के वर्णन में जो सजीवता है, भागवत में उसका लेश भी कहाँ ? बाल-सुलभ उपायों की कल्पना में सूर जितने चतुर हैं, उनके आराध्य उतने ही उन उपायों की योजना में। कृष्ण की 'माखन-चोरी' सारी ब्रज-नारियों की चर्चा का विषय बन गई, उनकी 'नाक में दम' आ गया, कृष्ण उनके लिये समस्या बन गये; ऐसी समस्या, जिसमें बौद्धिक विचारणा की आवश्यकता को श्रम नहीं करना पड़ता, अपितु हृदय के उन्मुक्त होने का साधन प्राप्त होता है; जिसे सुलझाने की अपेक्षा उलझाने का ही प्रयत्न किया जाता है और जो उत्तरोत्तर जटिल होती हुई भी हृदय में ऋजुता और हर्ष का संचार करती है, वे कृष्ण पर क्रोध करती हैं, उन्हें माखन-चोरी से विरत करने के लिये नहीं, अपितु प्रोत्साहन देने के लिये। अपना पीछा छुड़ाने के लिये नहीं, हृदय को प्रेम-बन्धन में बँधवाने के लिये। यशोदा के पास ऐसी ही बनावटी शिकायत भी गई, जैसा गोपियों को क्रोध आता था, परन्तु यशोदा अपने ५ वर्ष के सांवरे को कैसे दोषी स्वीकार करे ? उसका तनक-सा गोपाल चोरी कर सकता है ? यह बात उसके गले हीं नहीं उतर पाती।[3] कृष्ण अपनी कला में पूरे हैं। जब कभी पकड़े भी जाते हैं, तो—

"मुख तनि चितै, विहँसि हरि दीन्हौ, रिस तब गई बुझाई।"

फिर यह स्वाभाविक ही था—

"लियो स्याम उर लाइ ग्वालिनी सूरदास बलि जाई।"[4]

---

१ सूरसागर (ना० प्र० स०) पद ८४०

२ सूरसागर (ना० प्र० स०) पद ८८२ से ६५८ तक

३ सूरसागर (ना० प्र० स०) पद ६१०-११-११

४ सूरसागर पद ६१५

कृष्ण की यही चतुराई उनकी चोरी को दबा देती है और चतुराई भी ऐसी है कि—

"चोरी अधिक चतुरई सीखी जाइ न कथा कहीं।"[1]

यशोदा के विश्वास को दृढ़ करने के लिये वे कृष्ण चमत्कारपूर्ण कृत्य भी कर लेते हैं। गोपियाँ उन्हें चोरी के अपराध में सप्रमाण पकड़ कर यशोदा के पास लाईं, पर उल्टी गालियाँ खानी पड़ीं, क्योंकि कृष्ण बहुत देर से यशोदा के सम्मुख ही खेल रहे थे।[2] इसी प्रकार जब कोई गोपी कृष्ण को पकड़ लाती है तो यशोदा के सामने आकर उसे पता चलता है कि वह कृष्ण के धोखे में किसी गोप-कन्या को ही ले आई।[3]

धीरे-धीरे कृष्ण के उत्पात इतने बढ़ जाते हैं कि यशोदा को विश्वास करना पड़ता है कि कृष्ण चोरी अवश्य करता है। वह उन्हें समझाती है, कभी डाँटती है और कभी बाँधकर साँटी की पहुनाई करने की धमकी भी देती हैं। बेटा घर का माखन छोड़कर बाहर चोरी करता फिरे और माँ को खीझ न आए यह हो तो नहीं सकता।[4] गोपियाँ भी कहाँ तक सहें? बात बढ़ती ही जाती है और यहाँ तक नौबत पहुँचती है कि गोपियाँ यशोदा पर भी व्यंग्य करती हैं—

अपनी गाँऊ लेंहु नन्दरानी।
बड़े बाप की बेटी पूतहिं भली पढ़ावति बानी॥

गोपियो की यह उक्ति भी कितनी मर्मस्पर्शी है।

'यशोदा तू बड़ी कृपण है परमात्मा का दिया हुआ दूध-दही—सब कुछ तेरे पास है, बुढ़ापे में तेरे एक बेटा हुआ है, उससे तू दूध-दही छिपाकर रखती है।[5]

यशोदा इन सब उलाहनों से तंग आ गई है और इधर कृष्ण अपने को निर्दोष सिद्ध करने के लिये विभिन्न उपाय काम में लाते जाते हैं। दोने को पीठ पीछे छिपा लेना तथा अपनी माता की सहानुभूति प्राप्त करने के लिये नई-नई कहानियाँ गढ़ लेना आदि नित्यप्रति की क्रिया हो गई और अन्त में जब किसी गोपी की शिकायत पर यशोदा ने कृष्ण को ऊखल से बाँध ही दिया और पीटने को तुल ही गई तो गोपियों का बनावटी क्रोध काफूर हो गया और वे कृष्ण का पक्ष लेने लगीं। ऐसी स्थिति में यशोदा का चिढ़ जाना स्वाभाविक ही था। वे गोपियों की निष्ठुरता के लिये उन्हें खरी-खोटी सुनाती हैं और कृष्ण के प्रति उनका वात्सल्य सजग हो उठता है। वे कहती हैं—

कहन लगीं अब बढ़ि-बढ़ि बात।
ढोटा मेरो तुमहि बँधायो, तनकहि माखन लात॥[6]

'ढोटा' और 'तनकहि माखन' शब्द यहाँ यशोदा के मातृ-हृदय को खोलकर रख देते हैं। मक्खन तो क्या, संसार का समस्त वैभव भी कल्याणकारिणी जननी अपने वात्सल्य पर वार सकती है। यशोदा बहुत खीझ गई हैं तभी तो कृष्ण के प्रति इतनी निष्ठुर बनीं। कृष्ण ढीठ भी बहुत हो गये, दिन निकलते ही उलाहने आने प्रारम्भ हो जाते हैं। जब बलराम कृष्ण को खुलवाने के लिए अनुनय-विनय करते हैं तो यशोदा यही उत्तर देती हैं :

---

१ सूरसागर पद ९०९
२ वही पद ९२९
३ वही पद ९३३
४ वही पद ९४७-९४८
५ वही पद ९४३
६ सूरसागर (ना० प्र० स०) पद ९७३

कहा करौं हरि बहुत खिझाई।
सहि न सकी, रिस ही रिस भरि गई, बहुतै ढीठ कन्हाई।
मेरो कह्यो नेंकु नहिं मानत, करत आपनी टेक।
भोर होत उरहन लै आवंति, ब्रज की वधू अनेक।[1]

अन्त में कवि इस घटना में अलौकिकता का पुट देकर समाप्त करता है। यशोदा की ममता उभर आती है। वह अपने आप को ही कोसने लगती है, "बरें जेबरी जिन तुम बाँधें परें हाथ भहराइ।"

धीरे-धीरे कृष्ण गो-दोहन योग्य हो जाते हैं और ग्वालिनों से ही गो-दोहन क्रिया सीखते हैं। बाल-क्रीड़ाओं में ही कृष्ण के प्रति गोपियों का पूर्ण आकर्षण हो चुका है, जिसका आभास कवि कृष्ण के ही भोले कथन में देता है :

मोहिं कहत जुवती सब चोर।
× × × ×
बोलि-लेति भीतर घर अपनैं, मुख चूमंति भरि लेति अँकोर।
माखन हेरि देति अपनैं कर, कछु कहि विधि सौं करति निहोर।
जहाँ मोहिं देखंति तहँ टेरंति, मैं नहिं जात दुहाई तोर।[2]

और तभी माता यशोदा कृष्ण को गले से लगाकर कहती हैं, "वे तरुनी कहैं बालक मोर।"

कृष्ण का यह बाल-चरित्र हर प्रकार से पूर्ण है। इस चित्रण की विशेषता यह है कि बाल-कृष्ण एक ओर तो रति-भाव के आलम्बन हैं और दूसरी ओर भक्ति-भाव के वात्सल्य-भाव के चित्रण में कृष्ण एक साधारण बालक के रूप में ही हैं। इन दोनों प्रकार के भावों का सामंजस्य सूर ने बड़े मनोवैज्ञानिक ढंग से किया है। भक्ति-भाव के आलम्बन कृष्ण भक्तों के सर्वस्व, अनन्त-शील, शक्ति और सौन्दर्य के आगार हैं। प्राकृत और भौतिक रूप में यशोदा, नन्द, एवं गोपियों के लिए जो वात्सल्य है, वही भक्तों के लिए भक्ति-रस है। यही कारण है कि सूर जब कृष्ण के मनोमुग्धकारी सौन्दर्य, उनकी लीलाओं, चाञ्चल्य आदि का मनोवैज्ञानिक एवं अनुभूतिगम्य वर्णन करने लगते हैं तो भगवान का वह दिव्य-मंगलमय स्वरूप उनके सामने उपस्थित हो जाता है, जिसमें तन्मय होकर वे भक्ति के आवेश में कृष्ण के अलौकिक स्वरूप का वर्णन करने लगते हैं। इसे यदि हम वात्सल्य रस में अद्‌भुत-रस का समावेश मानें तो अनुचित न होगा।

कृष्ण के गोपाल-रूप के दर्शन उनकी बाल-क्रीड़ाओं से ही होने लगते हैं। जब वे गो-दोहन योग्य हो जाते हैं, उसी समय नन्द वृन्दावन को प्रस्थान करते हैं। नन्द-नन्दन ने नन्दालय में बड़ी लीलाएँ कीं और सूर ने बड़ी तन्मयता से उनका गान किया है। इसके पश्चात् वृन्दावन की लीलाएँ आरम्भ होती हैं। अब तक की कृष्ण की चेष्टाएँ वात्सल्य भाव की उद्‌दीपक ही कही जायेंगी। शृंगारिक आचार्य इन बाल-लीलाओं में भी शृंगार का ही दर्शन करने की चेष्टा करते हैं और गोपी-कृष्ण का शृङ्गार माखन प्रसंग से ही मानते हैं। उलूखन-लीला को भी वे शृंगारिक-लीला ही मानते हैं, क्योंकि कृष्ण के बँधि जाने पर वे ही गोपियाँ उन्हें छुड़ाने का प्रयत्न करती हैं; परन्तु हम इस मन्तव्य से सहमत नहीं हैं, क्योंकि यह सब अनुनय-विनय वात्सल्य-भाव में भी सम्भव है। दूसरे, गोपियों का क्रोध और शिकायत कृत्रिम थे और वे उस दण्ड के लिए अपने आप को अपराधिनी मानती थीं।

---

१ सूरसागर पद ९९५
२ वही, पद १०१६

गोचारण के प्रसंग में भी सूर ने अनेक रम्य चित्र उपस्थित किये हैं । प्रातःकाल ही गोचारण के लिए जाना, माता का व्यग्रता-पूर्वक प्रतीक्षा करना और शाम को घर आने के बाद भी दूसरे दिन जाने को उत्सुकता के कारण सोना तक नहीं आदि; ऐसी घटनाएँ हैं, जो स्वाभाविक, मनोवैज्ञानिक एवं यथार्थ युक्त हैं । प्रथम दिन के गोचारण का अनुभव करने पर नित्य प्रति गो चराने जाने की भूमिका कृष्ण इस प्रकार बाँधते हैं :

मैं अपनी सब गाइ चरैहौं ।
प्रात होत बल के संग जैहों तेरे कहे न रैहौं ।
ग्वाल-बाल गाइनि के भीतर, नेंकहु डर नहिं लागत ।
आज न सोवौं नन्द दुहाई रैनि रहोंगों जागत ।[1]

भला यह कैसे हो सकता है कि अन्य ग्वाल-बाल गायें चरायें और कृष्ण घर पर बैठे रहें ।[2] यह स्वाभाविक है कि बच्चा उसी के साथ रहना चाहता है, जो उससे सहानुभूति और स्नेह प्रदर्शित करता है । खिजाने और चिढ़ाने वालों के साथ जाना वह पसंद नहीं करता, यही कारण है कि कृष्ण रैता, पैता, मना, मनसुका आदि गोप-बालकों के साथ न जाकर दाऊ के साथ ही जाना पसंद करते हैं ।[3] यद्यपि इन प्रसंगों में भी हमें यत्र-तत्र भगवान् के अलौकिक चरित्रों का चित्रण मिलता है, परन्तु अधिकांश वर्णन इसी मानवीय धरातल पर स्वाभाविकता के साथ हुए हैं । वन में गोपों का परस्पर मिलकर भोजन करना, अलग-अलग वनों को बाँटना, बारी-बारी से गौओं को घेर कर लाना आदि घटनाएँ मानव-जीवन से ही सम्बद्ध हैं । इन प्रसंगों में कवि वात्सल्य-रस के उन पीयूष बिन्दुओं को ढालना नहीं भूला है, जो स्वाभाविक स्नेहवश उद्‌गार के रूप में माता-पिता के हृदय से निकलते हैं । जो ग्वाले छाक लेने के लिये घर जाते हैं, उनसे यशोदा अपने 'कान्हा' की बात अवश्य पूछती और उत्सुकता से सुनती है । गोचारण प्रसंग मे ग्राम्य-जीवन के सरल, सरस चित्र हैं, साधारण ग्वालों की दैनिक-चर्या का विवेचन है; जिसमें आडम्बर का लेश नहीं, ढोंग का निशान नहीं और कृत्रिमता का नाम नहीं । मानव-जीवन एवं वाह्य-प्रकृति के तादात्म्य का जैसा अनुभव इन प्रसंगों में हो सकता है, वैसा अन्यत्र दुर्लभ है । यह प्रसंग सरल भारतीय जीवन का सुन्दर विश्लेषण करता है और उन्मुक्त प्रकृति के अंचल से झांकते हुए विराट् पुरुष की झांकी का अवसर प्रदान करता है । यही कारण है कि भारतीय साहित्य में गोचारण, वन-गमन, आश्रम-स्थान आदि का वर्णन विशेष रूप से प्रतिष्ठित हुआ है और साहित्यिक आदर्श माना गया है, क्योंकि प्रकृति के अंक में क्रीड़ा करने वाले कलाकार ही उसके संसर्ग से उपलब्ध भाव-सुमनों से कविता-कामिनी का समुचित शृंगार कर सकते हैं । प्रकृति का अनन्त वैभव उनके मानस की संकीर्णता को दूर कर उन्हें असीम चिर सत्ता के अस्तित्व का आभास देकर उनके हृदय को सांसारिक बन्धनों से मुक्त कर काल और देश की परिधि के बाहर ले जाता है और 'विश्वकवि' के आसन पर बिठा देता है । सूर का गोचरण उनके हृदय की विशालता, कोमलता, प्रकृति-प्रेम, सरलता और पवित्रता का परिचायक है । प्राचीन समय में दूसरे देशों के साहित्य में भी इस प्रकार के दृश्यों को प्रधानता मिली थी । इस 'गोचारण' प्रसंग से कृष्ण के 'गोपाल' नाम की सार्थकता में कोई संशय ही नहीं रहता ।

१ सूरसागर (सा० प्र० स०) पद १०३८ से १२८६ तक
१ वही पद १०३८
३ वही पद १०४२

कृष्ण कोरे गोप नहीं हैं, न अबोध बालकृष्ण ही। प्रकृति के मुक्त वातावरण में उनके अंगावयवों के विकास ने शरीर को और भी सुन्दर बना दिया। सिर पर मोर के पंखों का मुकुट आया और अधरों पर मुरली ने आसन जमाया। नटवर की सारी चेष्टाएँ उन्होंने अपना लीं। गोपियों के साथ उनका शिशुता से ही साहचर्य था। वे उन पर तभी से मुग्ध थीं, परिचय स्नेह में और स्नेह प्रेम में परिणत होता हुआ प्रणय-पद की ओर अग्रसर होने लगा। सुन्दर रूप का मोहक प्रभाव और चपलता, चतुरता एवं औदात्य से परिपूर्ण विनोद-क्रीड़ाएँ ही गोपियों को कृष्ण के प्रति आकृष्ट करने के लिए पर्याप्त थे। तिस पर उनकी चर-अचर-मोहिनी मुरली ने तो गजब ही कर दिया। उसकी स्वर-लहरी ने उन्हें 'आरज-पथ' त्यागने के लिए विवश कर दिया। उन्हें कृष्ण के प्रेम-जंजाल में फँसा कर मुरली उनके लिए बबाले-जान ही साबित हुई। मुरली का उल्लेख कवि ने अनेक बार किया है।[1] उसका प्रभाव व्यापक है, स्थावर-जंगम, पवन, यमुना-जल सब उससे प्रभावित हैं। फिर प्रकृति से ही भावुक श्याम के साथ-साथ खेल कर किशोरावस्था को पार करने वाली ब्रजबालाओं का तो कहना ही क्या? वे कृष्ण के हाथों बेमोल बिक जाती हैं, तन्मय हो जाती हैं और उनके वन से आने की बाट जोहती रहती हैं। वास्तव में गोपियों की शृङ्गार-रति का प्रारम्भ "गारुडि प्रसंग" से ही समझना चाहिए, जब कृष्ण गारुडि के वेष में राधा से मिलकर युवतियों का मन हर लेते हैं और ब्रज की तरुणियों के हृदय में मिलन की उत्कंठा का संचार करते हैं। राधिका के सिर से तो उन्होंने लहर उतार दी, परन्तु उसे शतमुखी बनाकर ब्रज-लीलाओं पर डाल दिया। वे कृष्ण को पति रूप में पाने के लिए उद्विग्न हो उठीं और आशुतोष की पूजा करने लगीं। साधना होती रही, हृदय बँधता गया; भावना दृढ़ होती रही, प्रेम का विकास चलता रहा और चीर-हरण लीला में कृष्ण ने उनकी कठिन-साधना को पूर्ण किया। पनघट-लीला तक आते-आते तो गोपियाँ 'कुल की कानि' और लोक की मरजादा को त्याग कर कृष्ण को पति रूप में मानने लगीं। कृष्ण की धृष्टता भी बढ़ी, पनघट-लीला की छेड़-छाड़, धर-पकड़ एवं अन्य केलि-क्रीड़ाओं का बड़ा ही सरस वर्णन सूर ने किया है। गोपियाँ उनसे इतनी खुल जाती हैं कि कोई अन्तर ही नहीं रहता। कृष्ण की इन शृङ्गारिक चेष्टाओं और केवल १० वर्ष की आयु को देखकर दोनों में संगति न बैठने के कारण मन में विरोधी भाव उठते हैं, जिनका समाधान अपने-अपने सिद्धान्तों के अनुसार विभिन्न साम्प्रदायिकों ने किया है। सूर ने भी अलौकिकता का पुट देकर इन विरोधों को समाहित किया है।

दान-लीला का समावेश करके सूर ने कृष्ण की रसिकता को पराकाष्ठा से भी आगे पहुँचा दिया है। दधि-दान के प्रसंग से बढ़ते-बढ़ते कृष्ण उनके जीवन का दान तक माँगने लगे।[2] गोपियाँ उनकी 'लँगराई' को समझ जाती हैं और कहती हैं कि अब हम तुम्हारी शरारत समझ गईं। कृष्ण की धृष्टता चलती रहती है। इस प्रसंग में कृष्ण के मानव-चरित्र के सभी रूप प्रकाशित हुए हैं। दान-लीला की घटनाओं में कृष्ण अपने सखाओं को ही विश्वास में ले लेते हैं और सब मिलकर गोपियों को तंग करते हैं। इस लीला में गोपियों का रति-भाव पुष्ट हो जाता है और रास-लीला के लिए पृष्ठ-भूमि प्रस्तुत हो जाती है, जिसको महा-मिलन कहा गया है। हिंडोल और बसन्त-लीलाओं में भी कृष्ण ने गोपियों के साथ सामूहिक रूप से आनन्द-केलियाँ की हैं। कृष्ण की शृङ्गार चेष्टाओं को दो भागों में विभाजित किया जा सकता है—(१) राधा

---

१ सूरसागर (ना० प्र० स०) पद १२३८ से १२५६ तक

२ सूरसागर (ना० प्र० स०) पद १०८७

सम्बन्धी, और (२) गोपियों से सम्बद्ध। राधा को भी कवि ने दो प्रकार से (स्वतन्त्र रूप से तथा गोपी रूप से) चित्रित किया है।

सूर की गोपियाँ

गोपियों को सूर ने सामूहिक रूप से लिया है और उनके वर्णन में बड़े सुन्दर रूपक प्रस्तुत किये हैं। किन्तु किसी गोपी का अपना पृथक् व्यक्तित्व विकसित नहीं हो पाया है, जिसके कारण गोपियों के सम्बन्ध में शृङ्गार रस का पूर्ण परिपाक सूरसागर में दीख नहीं पड़ता, जैसा श्रीमद्-भागवत में है। सूरसागर में जो कुछ लीलाएँ—चीर-हरण, पनघट-प्रसंग, दान-लीला, रास-लीला, जल-क्रीड़ा सूर ने वर्णित की हैं, उनमें गोपियों के सौन्दर्य का ही वर्णन है। रस-परिपाक की दृष्टि से गोपियाँ राधा के व्यक्तित्व से इतनी दब गई हैं कि उनकी सार्थकता ही राधा के प्रेम को आदर्श मानने में है। राधा की दशा को प्राप्त करना ही उनका चरम लक्ष्य है; उनमें तो केवल प्रेम का विकास ही दिखाना कवि का लक्ष्य है। गोपियाँ या तो भगवान् के रूप-सौन्दर्य पर मुग्ध होकर उनका विविध प्रकार से वर्णन करती हुई प्रतीत होती हैं अथवा भगवद्भक्ति के लिए प्रयत्नशील दीख पड़ती हैं। कहीं-कहीं उनकी स्त्री-स्वभाव-सुलभ वे उक्तियाँ हैं, जो उनके चरित्र के विकास में तो किसी प्रकार से सहायता नहीं देतीं; हाँ, राधा और कृष्ण के नायिकात्व और नायकत्व का समर्थन अवश्य कर देती हैं। वे सब अवस्थाओं में कृष्ण की लीलाओं का साथ देती हैं। सूर ने 'गोपी' शब्द का प्रयोग प्रायः उन कुमारियों और नवोढ़ाओं के लिए किया है, जो कृष्ण के प्रति प्रेम-भाव रखती हैं। भावना की दृष्टि से वे सब समान हैं, अवस्था की दृष्टि से अवश्य कुछ भेद हो गया है। गोपियों के सरल ग्रामीण स्वभाव का चित्रण सूर ने सर्वत्र किया है। 'वसन्त' और 'होली' के प्रसंगों में गोपियों की प्रगल्भता और चञ्चलता चरम सीमा पर पहुँच जाती है, परन्तु सूर के समस्त वर्णन राधा को ही लक्षित करके किये हुए प्रतीत होते हैं। 'खण्डिता' प्रकरण में सूर ने कुछ गोपियों का नामोल्लेख अवश्य किया है किन्तु यह सम्भवतः साम्प्रदायिक दृष्टिकोण के कारण था। इन गोपियों में ललिता और चन्द्रावली मुख्य हैं। ये दोनों घनिष्ठ सखियाँ हैं और राधा-कृष्ण के सौन्दर्य एवं पारस्परिक प्रेम-चेष्टाओं के वर्णन में निपुण हैं। ललिता तो राधा की बहुत ही विश्वासपात्र है। उसने राधा और कृष्ण के बीच दूती का कार्य बड़ी सफलता से किया है। दान-लीला के प्रसंग में इन दोनों का ही उल्लेख है। दोनों को सूर ने खण्डिता नायिका के रूप में दिखाया है परन्तु दोनों ही राधा से ईर्ष्या नहीं करतीं। वृन्दा, कुमुदा और प्रमुदा आदि कुछ अन्य गोपियों के भी नाम हैं।

जिस प्रकार सूर का संयोग शृंगार उत्कृष्ट कोटि का है, उसी प्रकार वियोग भी। इस पक्ष में गोपियों की मनोदशा का बड़ा ही भावात्मक वर्णन सूर ने किया है। कृष्ण के वियोग में उनकी दशा तुषाराहत-कमलिनीवत हो जाती है और वे कृष्ण की निठुरता पर रोती रहती हैं। जब कृष्ण उद्धव को अपना संदेश-वाहक बनाकर भेजते हैं तो उनकी विरह-व्यथा और भी तीव्र हो उठती है। वे कृष्ण और उद्धव दोनों को ही उलाहना देती हैं। वियोग-चित्रण में सूर ने उन सभी अन्तर्दशाओं की व्यंजना की है, जो विरह में हो सकती हैं। जिस प्रकार संयोग में वात्सल्य-रस को उन्होंने स्थान दिया है, उसी प्रकार वियोग-वर्णन का वात्सल्य रस के ही वियोग-पक्ष से किया है। नन्द-यशोदा की अनेक दुःखात्मक भाव-तरंगों में सूर का पाठक ऐसा मग्न हो जाता है कि स्वयं तद्रूप हो उठता है। ग्वालों की दशा का भी बड़ा ही मर्मस्पर्शी वर्णन है। आगे चलकर गोपियों की वियोग-जन्य स्थिति का धाराप्रवाह-वर्णन है। यह वियोग-वर्णन दो रूपों में हुआ है, १—

साधारण रूप में, और २—भ्रमरगीत के रूप में। साधारण रूप में तो गोपियों की उस साधारण दशा का चित्रण है, जो विरह के कारण हो गयी थी। प्रकृति के सारे पदार्थ उन्हें काटने के लिये दौड़ते हैं, कृष्ण की दिन-चर्या उनके मन से नहीं निकलती। जिन स्थलों पर कृष्ण के साथ विहार किया था, वे अब दुःखप्रद प्रतीत होते हैं। गोपियों का वियोग सारी पृथ्वी पर व्याप्त है। सूर ने चन्द्र, चन्द्रिका, मधुवन, बादल, यमुना आदि विभिन्न प्राकृतिक पदार्थों का सुन्दर चित्रण संस्कृत-साहित्य की पद्धति पर किया है जिसमें कवि की सहृदयता और वाग्विदग्धता का पूरा परिचय प्राप्त हो जाता है। श्रीमद्भागवत के वर्णन में इतना विस्तार नहीं है। अपनी कल्पना के बल पर सूर ने बड़ी सुन्दर योजनाएँ की हैं।

सूर का 'भ्रमरगीत' एक विरह-काव्य है, जिसमें विरह से उद्बुद्ध असंख्य भावों और अन्तर्दशाओं का समावेश है। स्वाभाविकता और सजीवता से ओत-प्रोत सूर का यह काव्य विरहिणी गोपियों के मानस का स्वच्छ प्रतिबिम्ब है, जिसमें भावनाओं की लहरियाँ और व्यापारों की सक्रियता का तारतम्य सर्वत्र परिलक्षित होता है। उन्माद की सीमा का स्पर्श करने वाली मनोदशा के प्रभाव से परिचलित होकर कभी वे 'पी-पी' रटने वाले पपीहे को अपने समान ही प्रिय-वियोग-संतप्त जान कर आश्वासन देती हैं और कभी उसे वियोग उद्दीपक समझ कर कोसती हैं। कभी प्राकृतिक वस्तुओं को अपने मनोभावों से ओत-प्रोत मानकर उनके साथ अपने हृदय का तादात्म्य स्थापित करती हैं और कभी विपरीत व्यवहार देकर उन्हें दोष देती हैं। उद्धव के द्वारा श्याम का संदेश श्रवण करते ही उनका प्रेम-प्रवाहाप्लावित हृदय क्षुब्ध हो उठता है। प्रेम के हरे-भरे संसार को त्याग कर योग की विकट मरु-भूमि में 'आनन्द' के पीछे दौड़ लगाना उनकी दृष्टि से बुद्धि का दिवालियापन है। वे उद्धव पर बरस पड़ती हैं और अपने व्यंग-बाणों से उसके योग के गट्ठर को छिन्न-भिन्न करके उड़ा देती हैं। उन्होंने कृष्ण से प्रेम किया, उसे अपना हृदय दिया है, अब कैसे त्याग दें? रस-पान कर कलिका की ओर से सर्वथा प्रमुख होने वाले मधुकर का व्यापार क्या प्रेम के सरक बसन्त में अंगारों की वर्षा करना नहीं है? इस व्यापार का उपदेश देने वाले उद्धव को 'मधुकर' नाम देकर गोपियाँ बरस पड़ती हैं और उद्धव की खूब खबर लेती हैं। अन्त में अपनी पराजय में भी गौरव का अनुभव करने वाले उद्धव को गोपियों के श्याम-रंग में नख से शिख तक डूबे हुए लौटते देखकर कृष्ण फिर एक बार मुस्का देते हैं। 'भ्रमरगीत' में सूर की गोपियों का स्वरूप सरल, निश्छल और ग्रामीण है। भागवत के 'भ्रमरगीत' से तुलना करने पर सूर के 'भ्रमरगीत' की मौलिकता स्पष्ट झलक लाती है?

१—सूर ने उद्धव का स्वरूप ही बदल दिया है। वे उसे भागवत की भाँति साधारण संदेह-वाहक नहीं मानते; अपितु अपनी सगुणोपासना को सर्वश्रेष्ठ साधना प्रतिपादित करने में सहायक बनाते हैं। उद्धव के ज्ञान-वर्ग को दूर करने के लिये ही श्रीकृष्ण ने उन्हें गोपियों के पास भेजा और गोपियों ने उसे अपने प्रेमी के दूत के रूप में स्वीकार किया। इस प्रकार सूर के 'भ्रमर-गीत' का आधार ही शृंगार-रस है।

२—कुछ ऐसी नवीन योजनाएँ भी सूर ने की हैं, जो भागवत में नहीं हैं, जैसे भागवत में किसी चिट्ठी-पत्री का जिक्र नहीं मिलता, पर सूर के उद्धव कृष्ण से गोपियों के नाम एक 'परवाना' भी लाये हैं।

३—भागवत में उद्धव को गोपियों का व्यंग्य-पात्र नहीं बनाया गया। उनके तर्क से गोपियों को जैसे आत्म-ज्ञान प्राप्त हो जाता है। अन्त में, भक्ति का आग्रह करते हुए भी ज्ञान और भक्ति का सामञ्जस्य उपस्थित किया है; पर सूर का तो लक्ष्य ही दूसरा था। वे निर्गुण की अपेक्षा सगुण

उपासना को श्रेष्ठ मानते थे। अपने इसी मन्तव्य का प्रतिपादन उन्होंने 'भ्रमरगीत' में किया भी है। यही कारण है कि उनकी गोपियों के सामने उद्धव तर्क करते हुए नहीं दीख पड़ते। उनके व्यंग्यपूर्ण कथनों से वे दब से जाते हैं और अन्त में भक्ति रस से सराबोर होकर कृष्ण से कह देते हैं—

"मेरो कह्यो पवन को भुस भयो गावत नन्दकुमार।"

सूर के कृष्ण

सिद्धान्त रूप से भागवत के कृष्ण-गोपियों और सूर के कृष्ण-गोपियों में कोई विशेष अन्तर प्रतीत नहीं होता, परन्तु व्यावहारिक रूप से दोनों के पात्रों में महान् अन्तर है। श्रीमद्भागवत में कृष्ण विशेष रूप से दास्य-भक्ति के आलम्बन चित्रित किये गये हैं, जब कि सूर ने सख्य, वात्सल्य और माधुर्य-भावों को अधिक महत्व दिया है। सूर के कृष्ण का व्यावहारिक रूप अधिक निखरा हुआ है और उनमें मानवीयता का आरोप इतना प्रबल है कि उसमें अतिप्राकृत रूप ढक-सा जाता है। सूरदास के काव्य में कृष्ण भगवान् का अनुग्रह भक्त-वत्सलता के रूप में प्रकट न होकर प्रेम के रूप में प्रकट हुआ है। यही कारण कि यहाँ भगवत्कृपा के उल्लेख गौण से प्रतीत होते हैं। सूर ने कृष्ण के लौकिक सम्बन्धों को लौकिक रूप ही दिया है।

सूर की गोपियाँ

सूर की गोपियाँ भी भागवत की गोपियों से न्यारी हैं। भागवतकार ने अपनी गोपियों में अतिप्राकृत तत्व का इतना आरोप कर दिया है कि वे प्राकृत और अतिप्राकृत के बीच में त्रिशंकु के समान दीख पड़ती हैं। कभी-कभी तो ऐसा आभास होने लगता है कि उन्हें अपने पूर्व-जन्म की स्मृति है और वे भगवान् का दर्शन करने के लिये ही गोपी रूप में अवतीर्ण हुई हैं, अतएव भागवत की गोपियों में स्वाभाविकता नहीं है। सूरदास की गोपियाँ ब्रज की भोली-भाली सरल नारियाँ हैं, जो मानवीय दुर्बलताओं का अपवाद नहीं हैं। उनकी प्रकृति में बाँकपन, अल्हड़ता और विनोद-प्रियता है। वे प्रेम की बातों के साथ प्रेम की बातें भी करना जानती हैं, जो सम्भवतः उन्होंने अपने नायक से सीखी हैं। कृष्ण के साथ वे इतनी हिली-मिली हैं और उनके प्रेम का विकास इतना स्वाभाविक है कि न तो उनके प्रिय में ही, और न उनमें ही अतिप्राकृतता का कोई आभास होता है। गोपियों में प्रेम की जिन वृत्तियों का चित्रण सूर ने किया है, भागवत में उनकी एक कला का भी नहीं हुआ।

सूर की गोपियों में वाक्चातुर्य भी अधिक है। वे कृष्ण को जवाब पर जवाब देती हुई दिखाई गई हैं, बसन्त और फाग के अवसर पर तो उनकी प्रगल्भता बहुत ही बढ़ जाती है। उनकी तुलना में भागवत की गोपियाँ अनुशासित हैं, परन्तु सूर की गोपियों की प्रगल्भता में भी ग्रामीणता और सरलता की छाप है। 'भ्रमरगीत' के अवसर पर भागवत की गोपियों को कृष्ण के संदेश से सान्त्वना मिल जाती है। परन्तु सूर की गोपियाँ कब इन चक्करों में आने वाली हैं?

यद्यपि सूर ने भी, भागवत की भाँति गोपियों को सामूहिक रूप से लिया है, फिर भी व्यक्तिगत रूप से भी उन्होंने कुछ गोपियों का उल्लेख किया है, जिसका कारण हम साम्प्रदायिक प्रभाव कह सकते हैं। गौडीय वैष्णव आलंकारिकों ने भक्ति-रस का शास्त्रीय विवेचन किया है। चैतन्य महाप्रभु के शिष्य रूप गोस्वामी ने इस विषय पर दो महत्वपूर्ण ग्रन्थ लिखे हैं—'भक्ति-रसामृत-सिन्धु' और 'उज्ज्वल नीलमणि'। 'भक्ति-रसामृत-सिन्धु' चार भागों में विभाजित है—पूर्व, दक्षिण, पश्चिम और उत्तर। इन विभागों में भक्ति-रस का विवेचन हुआ है और उसके

अंगोपांगों का विश्लेषण-विशेषकर उज्ज्वल; अर्थात् शृङ्गार-रस का विवेचन—'उज्ज्वल-नीलमणि' में हुआ है। शृङ्गार-रस के साँगोपांग विवेचन में ६६३ प्रकार की नायिकाओं के उदाहरण दिये गये हैं, जिनमें ललिता, चन्द्रावली आदि का भी उल्लेख है, किन्तु सूर की गोपियां इन गौडीय वैष्णव आलंकारिकों की गोपियों से बिल्कुल अलग हैं।

अब हम सूर के नायक कृष्ण के उस स्वरूप का विवेचन करेंगे, जिसको हमने 'राधावल्लभ' का नाम दिया है। हम पहले कह आये हैं कि भागवत में स्पष्ट रूप से राधा का अभाव है, इसलिए राधा के विकास पर विचार करना आवश्यक है। जिस प्रकार कृष्ण के विषय में पाश्चात्य विद्वानों की अनेक कल्पनाएँ हैं, उसी प्रकार राधा के विषय में भी हैं। वे राधा को ईस्वी शताब्दी के बाद की कल्पना मानते हैं। यद्यपि पौराणिक पण्डित राधा का सम्बन्ध वेदों से लगाते हैं, परन्तु ऐतिहासिक प्रमाणों के अभाव में कृष्ण की प्रेमिका राधा को वेदों तक घसीटना असंगत ही प्रतीत होता है। गोपाल कृष्ण की कथाओं से परिपूर्ण भागवत, हरिवंश और विष्णु पुराण आदि प्राचीन ग्रन्थों में राधा का अभाव अनेक प्रकार के संदेहों को जन्म देता है। 'गोपाल-तापनी', 'नारद-पांचरात्र' तथा 'कपिल पाञ्चरात्र' आदि ग्रन्थ इस विषय में प्रामाणिक नहीं कहे जा सकते, क्योंकि वे बहुत बाद की रचनाएँ हैं। राधा कृष्ण का उल्लेख हाल की 'गाथासप्तशती' में हैं। 'पञ्चतन्त्र' में भी राधा का उल्लेख है, परन्तु इन इक्के-दुक्के हवालों से कुछ विशेष सिद्धि नहीं होती। भागवत में राधा का उल्लेख नहीं है, केवल एक गोपी-विशेष का उल्लेख है, जिसके साथ कृष्ण एकान्त में घूमते और क्रीड़ा करते हैं। "अनयाराधितो नूनम्" वाक्य से राधा की कल्पना की गई है। फिर 'पद्म-पुराण' में इस गोपी की विशेष चर्चा है। 'ब्रह्म-वैवर्त्त' के उत्तर-खण्ड में राधा शृंगार-रसमयी होकर प्रकट हुई है। राधा के विषय में मतभेद चाहे जितना हो, लेकिन इतना तो निश्चय है—

"चौदहवीं शताब्दी के अन्त में जबकि भागवत सम्प्रदाय अपने नये रूप में विकसित हुआ था, राधा और कृष्ण इतिहास के व्यक्ति नहीं थे, वे सम्पूर्ण भाव-जगत् के व्यक्ति हो गए थे।"[1]

वल्लभ और निम्बार्क सम्प्रदाय वाले राधा को कृष्ण की आल्हादिनी शक्ति के रूप में मानते हैं। निम्बार्क मत के भक्ति-पक्ष में राधा और कृष्ण की युगल-उपासना प्रचलित है। राधा-वल्लभ सम्प्रदाय में राधा की स्वतन्त्र रूप से उपासना की जाती है और कृष्ण की अपेक्षा राधा को अधिक महत्व दिया जाता है। राधा और कृष्ण का सम्बन्ध कब हुआ? यह बड़ा कठिन प्रश्न है। वास्तव में राधा और कृष्ण पर इतने दार्शनिक आवरण डाल दिये गए हैं कि आज उनके असली रूप को खोज निकालना बड़ा ही कष्ट-साध्य है। राधा को कृष्ण की आत्मा माना है और कृष्ण को परम-पुरुष आनन्द-स्वरूप। वह परम पुरुष अपने आनन्द रूप में रमण करता है और इस प्रकार स्वयं ही अपनी आराधना में प्रवृत्त होता है; इसी से उसे 'श्रीराधा' कहकर पुकारा गया है। पद्म-पुराण के उत्तर-खण्ड, अध्याय ७३ और ८२ में ब्रह्म के स्वरूप का बहुत अच्छी प्रकार से निरूपण किया गया है। यहाँ भगवान् ने व्यास जी को श्रीहित वृन्दावन और उसमें श्री राधाकृष्ण के दर्शन कराये हैं। शुद्ध और निराकार प्रेम की घनीभूत मूर्ति श्री वृन्दावन-धाम और श्री राधाकृष्ण हैं। आनन्द पुरुष-स्वरूप श्री वृन्दावन-धाम है, इन्द्रियां सखिस्वरूप हैं, मन श्रीकृष्ण है और आत्मा श्रीराधिका है। इस प्रकार चारों को मिलाकर एक 'हित पुरुष' कहा गया है, जिसे वेदान्त सूत्रों का शारीरिक सूत्र कह सकते हैं। तत्व दृष्टि से यही स्वरूप की एकता है। शरीर

१ सूर-साहित्य डा० हजारीप्रसाद द्विवेदी, पृ० सं०, सं०

और इन्द्रियाँ दोनों ही मन और आत्मा के अधीन हैं। श्रीराधातत्व से अभिन्न है और उसी का आत्म-स्वरूप है। रस रूप भगवान् को श्रुति में 'रसो वै स:' कहा गया है। यह रसराज एक रस आनन्द में विग्रहमान् होता हुआ भी राधा और कृष्ण, इन दो रूपों से विद्यमान है। यजुर्वेद में लिखा है "श्रीश्चते लक्ष्मीश्च पत्न्यौ"; अर्थात्—आपकी दो पत्नियाँ हैं, एक लक्ष्मी जी जो वैकुण्ठ में रहती हैं, और दूसरी श्री जी।[1] ऋग्वेद के उपनिषद् भाग में भी एक 'राधिकोपनिषद्' की कल्पना की गई है जिसका भाव संक्षेप में यह है :

ऊर्ध्वरेता सनकादि महर्षियों के द्वारा सर्वप्रथम देवता के पूछे जाने पर श्री ब्रह्मा जी ने कहा कि भगवान् श्रीकृष्ण ही परम देव हैं। ये छैओं ऐश्वर्यों से पूर्ण, गोप और गोपनियों के सेव्य श्री वृन्दावनदेवी से आराधित और श्रीवृन्दावन के अधीश्वर हैं। यह भी एकमात्र सर्वेश्वर हैं, इन्हीं श्रीहरि के एक स्वरूप नारायण भी हैं, जोकि अखिल ब्रह्माण्डों के अधीश्वर हैं। ये श्रीकृष्ण प्रकृति से भी पुरातन और नित्य हैं। इनकी आल्हादिनी, सन्धिनी, ज्ञान, इच्छा और क्रिया आदि बहुत-सी शक्तियाँ हैं। उनमें आल्हादिनी सर्व-प्रधान है। यही परम-अन्तरंगभूता श्री राधा हैं। कृष्ण इनकी आराधना करते हैं अथवा ये सर्वदा कृष्ण की आराधना करती हैं। इसलिए ये राधा कहलाती हैं। इन श्रीराधिका के शरीर से ही गोपियाँ हुई हैं। ये राधा और श्रीकृष्ण रस-सागर श्रीविष्णु के एक शरीर से ही क्रीड़ा के लिये दो हो गए हैं। इन राधिका जी की अवज्ञा करके जो श्रीकृष्ण की आराधना करना चाहता है, वह महामूर्ख है। सन्धिनी शक्ति धाम, भूषण, शैया और आसनादि तथा मित्रों और भृत्यादिकों के रूप में परिणत होती है। ज्ञान-शक्ति को क्षेत्रज्ञ शक्ति कहते हैं और इच्छा-शक्ति के अन्तर्भूत माया-शक्ति है। यह सत्व, रज और तमोगुण रूपा है तथा बहिरङ्ग और जड़ है। क्रिया-शक्ति को लीला-शक्ति कहते हैं। 'विष्णु पुराण' में भी इन भगवत्-शक्तियों का वर्णन आया है।[2]

इस प्रकार के अनेक राधा-तत्व-विवेचक उल्लेखों से ज्ञात होता है कि राधा को शास्त्रीय रूप देने के प्रयास १४ वीं शताब्दी से बहुत पहले से हो रहे थे। हम पहले लिख चुके हैं कि कृष्ण का गोपाल-लीलाओं से सम्बन्ध ईसा के जन्म से पहले ही हो चुका था। मन्दसौर में टूटे हुए जो दो द्वार-स्तम्भ प्राप्त हुए हैं, उन पर कृष्ण की कुछ गोपाल-लीलाएँ उत्कीर्ण हैं; इन्हें चौथी शताब्दी का बताया जाता है। बादामी की गुफाओं में श्रीकृष्ण के जो चित्र मिले हैं, उनमें भी इस प्रकार की लीलाओं के संकेत हैं। ये चित्र सातवीं शताब्दी के बतलाये जाते हैं। प्रो० सुकुमार सेन की पुस्तक 'ब्रज-बोली लिटरेचर' में राधा के विषय में विस्तार से विचार हुआ है। जयदेव के 'गीत-गोविन्द' में राधा का स्वरूप उच्चकोटि की काव्य शैली में किया गया है। जयदेव का समय बारहवीं शताब्दी के अन्त में माना जाता है, इसलिए हम यह कह सकते हैं कि बारहवीं शताब्दी में वैष्णव धर्म में राधा की भावना पूर्ण विकसित हो चुकी थी। 'गीत-गोविन्द' केवल एक गीत-काव्य ही नहीं है, बल्कि एक वैष्णव-धर्म-ग्रन्थ भी है। इस पुस्तक में जयदेव ने राधा-कृष्ण के प्रेम को मानवीय स्तर पर प्रकट किया है। चैतन्य महाप्रभु को जयदेव के पदों में बड़ा आनन्द आता था। जयदेव के 'गीत-गोविन्द' से वैष्णव-धर्म का स्वरूप अवश्य कुछ लक्षित हो जाता है। जयदेव का वर्णन श्रीमद्भागवत पर आधारित नहीं कहा जा सकता। 'गीत-गोविन्द' का यह श्लोक ब्रह्म-वैवर्त पुराण के कृष्ण-जन्म खण्ड के १५ वें अध्याय की उस कथा से मिलता है, जिसमें नन्द ने

---

१ यजुर्वेद अध्याय ३१ मंत्र २२

२ विष्णु पुराण १-१२-५९

कृष्ण को राधा के सुपुर्द किया है। ब्रह्म-वैवर्त्त पुराण में राधा का जितना स्पष्ट और पूर्ण चित्रण हुआ है, उतना और किसी पुराण में नहीं। जयदेव का 'गीत-गोविन्द' कई स्थलों पर ब्रह्म-वैवर्त्त पुराण से मिलता है, जैसे—दशावतार का वर्णन आदि। यह निश्चित रूप से नहीं कहा जा सकता कि जयदेव ने ब्रह्म-वैवर्त्त पुराण का अनुसरण किया अथवा उसकी रचना जयदेव के बाद में हुई, परन्तु इतना तो निश्चित ही है कि ब्रह्म-वैवर्त्त का कृष्ण-जन्म खण्ड शंकराचार्य के बाद का है।[1] भण्डारकर ने इस पुराण के समस्त उत्तर खण्ड को निम्बार्क सम्प्रदाय वालों द्वारा प्रक्षिप्त बतलाया है।[2] यद्यपि यह भी एक विवाद ग्रस्त विषय है, तथापि इतना तो निश्चित ही है कि निम्बार्क सम्प्रदाय, 'गीत-गोविन्द' तथा ब्रह्म-वैवर्त्त तीनों में ही राधा को महत्व दिया गया है। चैतन्य तथा वल्लभ सम्प्रदायों में ब्रह्म-वैवर्त्त की इतनी मान्यता नहीं है, जितनी कि श्रीमद्भागवत की। अतएव राधा का सूत्र-ब्रह्म-वैवर्त्त से स्वतन्त्र रूप से ही गवेषणीय है।

वैष्णव मत अनेक अवैष्णव सम्प्रदायों से भी प्रभावित हुआ हैं और उनकी अनेक प्रचलित परिपाटियों तथा प्रथाओं का रूप वैष्णव-धर्म में स्वीकृत हो चुका है। बौद्ध-धर्म की महायान शाखा के विरोध में संचालित वज्रयान और सहजयान शाखाओं का वैष्णव-धर्म पर बड़ा प्रभाव पड़ा है। इनके अतिरिक्त वैष्णव-धर्म तन्त्रवाद के प्रभाव से भी खाली नहीं है। वाममार्गियों ने शक्ति को बड़ा महत्व दिया है। उस शक्ति का रस आत्मा ग्रहण करता है, जो स्वयं असीम और अनन्त है। वह शक्ति इसी अनन्त रूप को सीमित करती है और इसी क्रिया का नाम 'जगत्' है। इस शक्ति के रस को पूर्णतया ग्रहण नहीं किया जा सकता। उसके एक देश के रस से ही अपरिसीम आत्मा को अनन्त रस का ज्ञान हो जाता है। स्त्री और पुरुष दोनों में दोनों के तत्व विराजमान हैं। इस मत में स्त्री और पुरुष दोनों की कलुषित वृत्तियों को भी सैद्धान्तिक रूप से हेय नहीं माना गया है। यह तन्त्रवाद सिद्धान्त रूप से बहुत ऊँचा है, किन्तु क्रियाओं में निकृष्टतम भी हैं। वैष्णव-पाञ्चरात्र-विधान और काश्मीरी शैव-आगम तन्त्रवाद के ही रूप हैं। राधा को शक्ति-तत्व अथवा आल्हादिनी शक्ति मानना स्पष्ट ही तन्त्रवाद के प्रभाव को सिद्ध करता है। वैष्णव तन्त्रों में—नारद-पाञ्चरात्र, उज्ज्वल नीलमणि आदि में—राधा को तान्त्रिक दृष्टि से ही चित्रित किया गया है। यही बात सहजयान से प्रभावित वैष्णव सहजवाद के विषय में भी कही जा सकती है। 'सहज' और 'शून्यवाद' का प्रचार वैष्णव-धर्म में तन्त्रवाद से भी पहला है। 'युगल-उपासना' पर सहजमत का भी पूरा-पूरा प्रभाव पड़ा है। इसका ज्ञान हमें बंगाल के सहजिया सम्प्रदाय के सिद्धान्तों से हो सकता है, जिसके अनुसार चौरासी कोस का "ब्रजमण्डल स्त्री के चौरासी अंगुल के शरीर के अतिरिक्त कुछ नहीं और ब्रज की पञ्चकोशी उसका पञ्चांगुल परिमित अङ्ग विशेष है।"

इस विवेचन के आधार पर हम सहज ही यह निष्कर्ष निकाल सकते हैं कि ब्रह्म-वैवर्त्त-पुराण की रचना से बहुत पहले राधाकृष्ण भाव-जगत् की वस्तु बन चुके थे, ब्रह्म-वैवर्त्त-पुराण में उस पर धार्मिक छाप और लगा दी गई। इस प्रकार सूर के पूर्व राधा का विवेचन करने वाले उक्त दो ही ग्रन्थ हमें प्राप्त होते हैं; अर्थात् —ब्रह्म-वैवर्त्त पुराण तथा जयदेव का 'गीत-गोविन्द'। इनके अतिरिक्त मैथिल भाषा में विद्यापति ने और बंगला के क्षेत्र में चण्डीदास ने राधा का पदार्पण कराया। रूप गोस्वामी सूर के समकालीन ही थे और उन्होंने वृन्दावन में रहकर राधा के शास्त्रीय पक्ष का विशेष रूप से उद्‌घाटन किया है। श्री हित हरिवंश जी का 'श्री राधा-सुधा-

१ ब्रह्म-वैवर्त्त, कृष्ण-जन्म खण्ड, वेंकटेश्वर प्रेस, अध्याय १४, श्लोक १८

२ 'वैष्णविज्म एण्ड शैविज्म' पृष्ठ ६२

निधि' काव्य भी सूर के आस-पास का बताया जाता है। निम्बार्क-सम्प्रदाय में युगल-उपासना का प्रचार है, उसी सम्प्रदाय के भट्ट जी ने, जो हरिव्यास जी के साक्षात् गुरू थे, 'युगलशतक' नाम की एक पुस्तक की रचना की थी, जिसमें राधाकृष्ण के अतिरिक्त विहार का वर्णन है। इसकी एक हस्तलिखित प्रति हमने वृन्दावन में देखी है, जिसमें इसका रचना-काल इस प्रकार दिया है—

नयन बाण पुनि राम राशि, गिनो अंक गति वाम।
प्रकट भयो श्री युगलशत, यह सम्वत अभिराम ।।

अर्थात् 'युगल-शतक' का निर्माण काल सम्वत् १३५२ है। यदि यह निर्माण-काल मान्य है, तो इसमें कोई सन्देह नहीं कि जयदेव से सूरदास तक राधाकृष्ण-केलि-विषयक अनेक ग्रन्थ रचे गये होंगे, जो आज प्राप्त नहीं हो रहे हैं। काव्य की दृष्टि से सूर की राधा की तुलना में हम जयदेव, विद्यापति और चण्डीदास की राधा को भी रख सकते हैं। ब्रह्म-वैवर्त्त पुराण में मुख्य विषय राधाकृष्ण-लीला है। यद्यपि इस पुराण का आधार श्रीमद्भागवत है, परन्तु राधा की कल्पना से इसका स्वरूप बदल गया है। इस पुराण में कृष्ण को महा-विष्णु से भी ऊपर माना गया है। लीला के लिए वे राधा के साथ अवतार लेते हैं। गोलोक में भी उनके वृन्दावन, रास मण्डल आदि हैं। पृथ्वी का वृन्दावन भी ब्रह्मा द्वारा निर्मित है, जो उतना ही ऐश्वर्य पूर्ण है, जितना गोलोक वाला। श्रीमद्भागवत की भाँति इस कथा को ब्रह्म-वैवर्त्त पुराण में कोई रूपक नहीं माना गया है और राधा-कृष्ण ने अनेक नग्न-विलास-चित्र दिये हैं राधा गोलोक की अधिष्ठात्री देवी है, जिसको श्रीदामा का शाप मिला है, इसीलिए उसे पृथ्वी पर आना पड़ा। कृष्ण भी राधा को प्रसन्न करने के लिये इस लोक में आये। रास-लीला का बड़ा विचित्र-सा वर्णन है, जिसमें समस्त भौतिक ऐश्वर्यों से परिपूर्ण एक भवन की कल्पना की गई है। वहाँ कृष्ण और गोपियों की अव्याहत रतिक्रीड़ा का विस्तार हुआ है। इस प्रकार भागवत की अपेक्षा ब्रह्मवैवर्त्त में बहुत कुछ परिवर्तन कर दिया गया है।

यद्यपि सूरदास श्रीमद्भागवत ही से अधिक प्रभावित हैं, परन्तु जहाँ तक राधा का सम्बन्ध है, उन्होंने ब्रह्म-वैवर्त्त पुराण से ही पूर्ण सहायता ली है। गीत-गोविन्द, विद्यापति और चण्डीदास का प्रभाव भी उन पर स्पष्ट लक्षित होता है। उनकी राधा-विषयक कुछ निजी मौलिक कल्पनाएँ भी हैं, जिनके कारण वे राधा-कृष्ण प्रसंग को अश्लील और गर्हित होने से बचा गये हैं। राधा का वर्णन ब्रह्म-वैवर्त्त पुराण के अन्तर्गत कृष्ण-जन्मखण्ड अध्याय १५, राधा-कृष्ण-प्रथम-मिलन तथा परिचय अध्याय २७, चीरहरण-प्रसंग अध्याय २८, ५२, ५३, ५८ रास-प्रसंग अध्याय ६६ से ६८ तक और फिर अध्याय ९२ से ९८ तथा ११६-१२७ में प्राप्त होता है। इस पुराण में कृष्ण को एक छोटा बालक और राधा को तरुणी बताया गया है। राधा कृष्ण को लेकर गोकुल जाती है, मार्ग में कृष्ण अपनी वास्तविक सत्ता का परिचय राधा को देते हैं। उसी समय ब्रह्मा प्रकट होकर दोनों की स्तुति करते हैं और दोनों का विवाह कर देते हैं। ब्रह्मा के चले जाने के पश्चात् राधा-कृष्ण के विलास का वर्णन है। अन्त में कृष्ण फिर वही बाल-रूप धारण कर लेते हैं और राधा उस बालक को यशोदा को सौंप आती हैं। सूर ने इस अस्वाभाविक अलौकिकता को अपने काव्य में स्थान नहीं दिया है। चीर-हरण प्रसंग में ब्रह्म-वैवर्त्त पुराण में राधा को नग्न दौड़ाया है, पर सूर में ऐसा उल्लेख नहीं है। राधा-कृष्ण का विवाह भी सूर ने रास-प्रसंग में दिखाया है और गान्धर्व-विधि से सम्पन्न माना है। रास-प्रसंग में सूर ने भागवत का ही अधिक आश्रय लिया है। ब्रह्म-वैवर्त्त पुराण में तो कृष्ण राधा को बहुत सी पौराणिक गाथाएँ सुनाते हैं और विदाई के प्रसंग में

अनेक रति-प्रसंगों के अतिरिक्त राधा को भोग साधना के उपदेश भी देते हैं। कृष्ण राधा आर गोपियों को यों ही सोती छोड़कर चले जाते हैं। सूरदास ने इन प्रसंगों को नहीं लिया है, विदाई के समय सूर की राधा उपस्थित ही नहीं थी। उद्धव प्रसंग में ब्रह्म-वैवर्त्त में उद्धव राधा के यहाँ पहुँच गये हैं और पुराणकार ने राधा की प्रेम-विह्वलता के अनेक चित्र उपस्थित किये हैं। सूर की राधा में इतनी दुर्बलता नहीं है। ब्रह्म-वैवर्त्त पुराण में राधा का जैसा पुर्नमिलन है, सूर ने उसे पृथक् ही चित्रित किया है। ब्रह्म-वैवर्त्त पुराण के अन्त में कृष्ण, नन्द, यशोदा, राधा तथा गोप-गोपिकाओं से कलियुग के उत्पातों का वर्णन करते हैं और फिर एक दिव्य रथ पर चढ़कर गोलोक को चले जाते हैं। अपनी योगमाया से वे फिर वृन्दावन में गोप-ग्वालों की उत्पत्ति करते हैं और उन्हें वहाँ का अधिवास सदा के लिए दे देते हैं। अन्त में ब्रह्मा के शाप से कृष्ण की द्वारका उड़ जाती है और कृष्ण भी वृन्दावन में कदम्ब के नीचे एक मूर्त्ति में समा जाते हैं।

सूर की राधा

अब हम सूर की राधा का विवेचन करेंगे। राधा सूरसागर अथवा कृष्ण-चरित की प्रधान नायिका है। राधा से कृष्ण का परिचय उस समय होता है, जब वे भौंरा-चक डोरी खेलने के लिये घर से बाहर निकले। अचानक ही समवस्यक बालिकाओं के साथ वह कृष्ण की निगाह पड़ जाती है। विशाल-नेत्र, मस्तक पर रोली का टीका, पीठ पर लटकती हुई वेणी, गोरे शरीर पर नील वर्ण की फरिया और वस्त्र; यह थी राधा की सज्जा। श्याम की दृष्टि पड़ी, आँखों से आँखें मिलीं और ठगौरी पड़ गई, कृष्ण मुग्ध हो गए; जैसे किसी ने जादू कर दिया हो।[1] रसिक शिरोमणि कृष्ण ने भोली राधिका को बातों में ही भुला लिया और प्रतिदिन आकर मिलने का मार्ग दिखा दिया। यहाँ पर सूर ने गुप्त रीति की ओर संकेत किया है, जिसका अर्थ पुरातन प्रीति किया गया है। परन्तु कुछ भी हो, कृष्ण ने राधिका को प्रेम का पाठ पढ़ा लिया और वह उनके विरह में व्याकुल रहने लगी। कृष्ण से मिलने के लिए अनेक बहाने वह बनाने लगी और उस नागर के साथ नागरी बन गई :

"सूर श्याम नागर नागरि सों करत प्रेम की बातें।"[2]

नन्द बाबा की साथ-साथ खेलने की अनुमति मिलने पर तो उसका दिल और भी खुल गया और वह कृष्ण पर अधिकार भी जमाने लगी। इसके पश्चात् सूर ने श्याम-श्यामा की गुप्त-लीला का वर्णन किया है।[3] सम्भवतः इस लीला का आधार ब्रह्म-वैवर्त्त पुराण ही रहा हो। कृष्ण के साथ रति-विलास के पश्चात् जब राधा घर पर लौटी तो माता ने समझा कि शायद उसे 'दीठि' लग गई है। राधा ने कृष्ण-नाग की कथा गढ़कर अपनी माँ को सान्त्वना दे दी और यह भी बता दिया कि नन्द का बेटा झाड़-फूंक में बड़ा चतुर है। राधिका दो भाइयों में एक बहिन थी, माता-पिता का तो मानो हृदय ही थी, अतएव माता का बहक जाना स्वाभाविक ही था।

यशोदा के यहाँ आने-जाने का भी राधा ने बहाना बना लिया, सुन्दरी तो थी ही, यशोदा को बड़ी अच्छी ल.. और यशोदा सूर्य-भगवान् को मनाने लगी कि श्याम और राधा की अच्छी जोट मिलेगी।[4] अब राधा और कृष्ण एक-दूसरे के प्रेम में फँसे हुए हैं; दोनों का हृदय एक-दूसरे से लगा हुआ है, उल्टे-सीधे काम करते हैं। यशोदा भी उनके हाल को देखकर राधा को उलाहने देती है, परन्तु

---

१ सूरसागर (ना० प्र० स०) पद १२६०
२ वही ,, पद १२६६
३ वही ,, पद १३०१
४ वही ,, पद १३२०

राधा स्पष्ट कह देती है कि तू अपने पुत्र को क्यों नही रोकती, वे ही तो कहते हैं कि तुझे देखे बिना प्राण नहीं रहते, मुझे तो उन पर दया आती है; इसलिए आती हूँ। १३२० से १३७८ तक के पदों में राधा और कृष्ण की अनेक चेष्टाओं का वर्णन कवि ने किया है। 'गारुडि' के प्रसंग में राधा ने कृष्ण से मिलने का अच्छा बहाना बनाया। राधा को काले भुवंगम की तो नहीं, पर काले नन्द-नन्दन की फूँक अवश्य लग गई थी और वही अपने उस जहर को उतार सकता था। इसके लिए पृष्ठ-भूमि भी राधिका ने बड़ी सुन्दर प्रस्तुत की। हुआ भी यही। श्याम को आना पड़ा, राधिका के ऊपर से तो उन्होंने विष की लहर उतार दी, परन्तु अन्य ब्रजबालाएँ उसकी लपेट में आ गईं। इस प्रकार राधा के प्रेम को सूर ने पूर्णता तक पहुँचाया है। सूर के प्रेम-वर्णन में श्रृंगार-रसि को साहचर्य द्वारा पुष्ट करके दिखाया गया है, जैसा कि आचार्य शुक्ल ने कहा है :

"सूर का संयोग-वर्णन एक क्षणिक घटना नहीं है, प्रेम-संगीत में जीवन एक गहरी चलती धारा है, जिसमें अवगाहन करने वाले को दिव्य माधुर्य के अतिरिक्त और कुछ दिखलाई नहीं पड़ता।"[1]

सूर के प्रेम की उत्पत्ति में रूप-लिप्सा और साहचर्य दोनों का योग है। सूर ने प्रेम-व्यापार का आरम्भ हास-परिहास और छेड़-छाड़ के साथ दिखाया है। बाल-क्रीड़ा के सखी-सखा आगे चलकर यौवन काल के सखी-सखा हो जाते हैं। अपने श्रृङ्गार की प्रतिष्ठा में सूर ने जो वातावरण उपस्थित किया है, वह उद्दीपन-कार्य करता है। उनका प्रेम आदर्श प्रेम है, जिसको हम जीवनोत्सव के रूप में पाते हैं। सहसा उठ खड़े हुए तूफान या मानसिक विप्लव में नहीं, जिसमें अनेक प्रकार के प्रतिबन्धों और विघ्न-बाधाओं को पार करने की लम्बी-चौड़ी गाथाएँ होती हैं। अलौकिकता का पुट होते हुए भी सूर ने इस प्रेम को जीवन से दूर ले जाकर चित्रित नहीं किया है। राधा और कृष्ण के अनेक प्रेम-प्रसंग सूर ने उपस्थित किये हैं। अब राधिका का मन कृष्ण में और कृष्ण का राधिका में पूर्ण रूप से लग गया है। श्याम भुजंग से डसने वाली कल्पना से सूर ने दो बातों की ओर संकेत किया है। पहली—राधा के प्रेम की पूर्णता, और दूसरी—कृष्ण का अन्य गोपियों पर प्रेम-पाश। चीर-हरण लीला और दान-लीला तथा पनघट-लीला मे राधा की अपेक्षा इन गोपियों के व्यक्तित्व का ही विशेष अभिव्यंजन हुआ है। चीर-हरण-लीला में तो राधा का वर्णन है ही नहीं, पनघट-लीला में भी उसका प्रवेश केवल नाम मात्र को है। दान-लीला में राधा कृष्ण को अलग बुलाकर उन्हें सबके सामने वैसी बातें करने से रोकती हैं; क्योंकि वह अभी माता-पिता की बातों से डरती है। उसका भेद खुल जाता है तो माता डाटती भी है, पर मन ही मन रीझती और ऊपर से समझाती है। इसी प्रकार छेड़-छाड़ चलती रहती है और दान-लीला के पश्चात् राधा भी लोक-वेद की मर्यादा को तोड़ डालती है। अब कृष्ण भी उसकी प्रीति की रीति को समझ जाते हैं और उसके साथ विहार करते हैं। इस मिलन के अवसर पर राधा ने जब अपने हृदय की व्यथा कृष्ण के सम्मुख रखी, तो कृष्ण ने राधा को अपने वास्तविक प्रकृति-पुरुष सम्बन्ध को समझाकर लोक-लाज से न डरने की सम्मति दी। अब तक राधा का जितना चित्रण हुआ है, उससे हम उसे कृष्ण की बाल-सहचरी राधा कहते हैं, जिसमें सरलता और निष्कपटता के भाव दिखाई देते हैं। परन्तु इस चित्रण में राधा के उस अप्रतिम सौन्दर्य का वर्णन है, जो राधा को सभी के आकर्षण का विषय बनाता है। उसका प्रत्येक अंग अनुपमेय है। जब वह भूषणों से सुसज्जित होकर कटिकिंकिणी की ध्वनि की झंकार

---

१ सूरदास (आचार्य शुक्ल) पृ० १८२

के साथ, गोरे शरीर पर नीले रंग का लँहगा पहन कर, नितम्ब-भार से मन्द-मन्द हंस गति से चलती है, तो उसके अंगों की सुगन्ध के कारण भ्रमर भी गुंजार करते हुए दृष्टिगोचर होते हैं। उसके सौन्दर्य को देखकर चर और अचर सभी मोहित हैं। शरीर के अवयवों में धीरे-धीरे यौवन का प्रवेश हो रहा है। राधा के नेत्रों के वर्णन में तो कवि ने जान ही डाल दी है और उसके सौन्दर्य के अनेक चित्र प्रस्तुत किये हैं। बाल-सहचरी राधा के विषय में एक बात उल्लेखनीय यह है कि प्रकट रूप से सूर ने राधा-कृष्ण की रति-केलियों का वर्णन नहीं किया है।

राधा का दूसरा रूप परकीया भाव से चित्रित हुआ है, परकीया रूप में नहीं। अब राधा प्रेम की गम्भीरता में अवगाहन करने लगी है और जैसे-जैसे प्रेम गम्भीर होता जाता है, वैसे-वैसे ही उसकी निपुणता भी गम्भीर होती जाती थी। गोपियाँ उसकी चतुराई को भाँप लेती हैं और श्याम को दोष लगाती हैं। इधर 'कुल की कानि' और उधर प्रियतम का प्रेम और तिस पर मर्यादा का पालन करने के लिए प्रियतम का आदेश "लोक लाज कुल-कानि न तजिये, जातैं भलो कहै सब कोई।"[1] बेचारी राधा बड़े असमंजस में पड़ी, इसलिए उसे अपनी निर्दोषता सिद्ध करने के लिए भी चतुराई करनी पड़ती है। कृष्ण से मिलने के लिए बहाना बनाने की तो उसे आवश्यकता थी ही, सखियों पर ये बातें खुल जाती हैं और वे राधा से कृष्ण का नाम ले लेकर अठखेलियाँ करती हैं। राधा सखियों के सामने ऐसा भाव बनाती है, मानों कृष्ण से उनकी कोई पहचान ही नहीं। ग्रीष्म लीला के समय श्याम रूप को देखकर सब सखियाँ राधा के भाग्य को सराहती हैं और कहती हैं कि 'बहिन राधिके, तू बड़ी धन्य है'।[2] अब दोनों का गुप्त मिलन प्रारम्भ हो गया, राधा को मनमोहन के बिना चैन नहीं, घर पर माता-पिता का डर है; अतएव गुप्त मिलन ही सम्भव है। सखियाँ राधा का भेद-भाव लेने का प्रयत्न करती हैं, परन्तु राधा 'दिनन की थोरी' भले ही सही, अपना भेद नहीं दे सकती। सूरदास ने राधा-कृष्ण मिलन एवं राधा से गोपि[illegible] की चुटकियों का अनेक प्रकार से वर्णन किया है। परकीया-भाव में जितनी भी शृङ्गारिक चेष्ट[illegible] हो सकती हैं, जितने भी गुप्त भावों और संकेतों की संभावना है, उन सबका पूरा ब्यौरा हमें रा[illegible]-कृष्ण मिलन में मिल जाता है। सुरत-केलियों के वर्णन भी यथेष्ट मात्रा में और उच्च कोटि के हुए हैं। मिलन के लिए अनेक बहाने होते हैं, ये बहाने राधा ही नहीं, कृष्ण भी करते हैं। राधा श्याम के रंग में रँग गई और श्याम राधा के रंग में—"राधा—श्याम, श्याम—राधा रंग।"[3]

सूर की राधा का तीसरा स्वरूप स्वकीया भाव का है। जब राधा मानवती और गौरवशालिनी के रूप में चित्रित की गई है, परन्तु कृष्ण बहुनायक के रूप में ही दिखाये गये हैं। राधा के विषय में कृष्ण को प्रियतमा का रूप दिया है और दम्पत्ति विहार का वर्णन करके कवि ने राधा के मान का विशद् वर्णन किया है। 'खण्डिता' प्रकरण में चार बार राधा के मान का वर्णन है। पहली बार का मान तो साधारण-सा ही है, क्योंकि राधा सखियों द्वारा श्याम को वश मे करने की प्रशंसा से प्रभावित होकर मान करती है, परन्तु जब कृष्ण आकर लौट जाते हैं, तं उसका मान कपूर की भाँति उड़ जाता है और वह अपने अहंकार-जन्य अपराध का अनुभव कर पर विह्वल हो जाती है। जब ललिता दूती बनकर कृष्ण को मनाने जाती है और राधा की वि दशा के साथ उनके रूप की प्रशंसा करती है, तो कृष्ण आकर उसे हृदय से लगाकर उसका वि ताप शान्त करते हैं।

---

१ सूरसागर (ना० प्र० स०) पद २३०६

२ वही ,, ,, पद २४७७

३ वही ,, ,, पद २६४०

दूसरी बार केवल भ्रमवश ही राधिका मान कर बैठती है, क्योंकि वह अपने प्रियतम के हृदय में अपना ही प्रतिबिम्ब देखकर दूसरी नारी का अनुमान लगा लेती है;

"कियो अति मान वृषभान बारी, देखि प्रतिबिम्ब पिय हृदय नारी"[१]

कृष्ण की मनुहारें भी उसे मनाने में सफल न हो सकीं। अत्यन्त व्याकुल होकर कृष्ण दूती को भेजते हैं। जब उसके भी सब प्रयत्न व्यर्थ होते हैं, तो वह राधा से कहती है :

"तुम चाहे कितना ही मान करो, पर अन्त में तुम और मोहन एक हो। 'मोहन' का नाम सुनते ही राधा का मान जाता रहा और वह प्रसन्न हो गई।[२]

राधा का तीसरा मान वास्तविक कारणों से है। राधा की धारणा थी कि कृष्ण रात्रि में मेरे अथवा नन्द के घर के अतिरिक्त अन्यत्र नहीं जाते, किन्तु एक दिन प्रातःकाल ही जब रति-रस-चिह्नों से लाञ्छित नटनागर का साक्षात्कार हुआ तो उनके विचित्र रूप को निहार कर राधा को हँसी आ गई, जो शीघ्र ही परिहास, कटाक्ष और तिरस्कार के क्षेत्र से निकलती हुई रोष के साम्राज्य में पहुँच गई। कृष्ण ने अपने आप को निरपराध सिद्ध करने में कोई कोशिश उठा न रखी, पर राधा का रोष न गया। राधा की कुछ सखियों के आ जाने पर उसने सारा मामला उनके समक्ष रखा और कहा :

"तुम भी मुझे ही दोष देती हो, इन्हें देखो, ये रहते कहीं हैं और घूमते कहीं हैं; सवेरा होने पर यहाँ पधारते हैं।"[३]

राधा के इस मान से राधा और कृष्ण दोनों व्याकुल हैं, सखियाँ यत्न करती हैं, पर राधा नहीं मानती। रसिकेश्वर स्वयं अनुनय-विनय करते हैं, पर राधा पर कोई प्रभाव नहीं होता, परन्तु जब गुप्त-चरित्र का संकेत कृष्ण राधा के प्रति करते हैं तो उसका हृदय पसीज जाता है और वह कृष्ण के साथ 'निकुञ्ज-सुख' के लिये चल देती है।

राधा की बड़ी मान-लीला बहुत विकट है; अब की बार उसे कृष्ण के पर-गृह गमन का प्रत्यक्ष प्रमाण मिल गया। वह सखियों के साथ यमुना-स्नान के लिये निकली और अकस्मात् उसी सखी को बुलाने के लिये जा पहुँची, जिसके हृदय में मोहन अपनी रसमयी कलियों से आनन्द की हिलोरें उठा रहे थे। जैसे ही वे उसके घर से निकले, राधा से भेंट हो गई।[४] इससे अधिक और क्या प्रमाण चाहिये? राधा को मनाने के सभी उपाय व्यर्थ गए; न अपनी प्रशंसा सुनकर रीझती है और न कृष्ण की दीन दशा से पसीजती है; वर्षा-ऋतु, मन्द-वायु तथा प्रकृति-सौन्दर्य कोई उसकी खीझ को दूर नहीं कर पाता। कृष्ण स्वयं दूती का वेश बना कर जाते हैं, परन्तु राधा फिर भी क्यों मानने लगी?[५] मानिनी राधिका का मान बड़ा दृढ़ है; चाहे स्वर्ग डोल जाय, सुर और सुरपति समेत सुमेरु डिग जाय; रात्रि में रवि और दिन में निशाकर उदित हो जायें, नक्षत्र हिल उठें, सिन्धु मर्यादा त्याग दे, धरा अधीर होकर उलट जाय, बन्ध्या पुत्रवती हो जाय, शुष्क काष्ठ लहलहा उठे, विफल तरु फलने-फूलने लगें, बादलों के बिना ही वर्षा होने लगे और अचल चलायमान हो जायँ, पर राधा का मान-भंग नहीं होने वाला है।[६] अन्त में कृष्ण को एक उपाय सूझा, उन्होंने एक मणि-दर्पण राधा के सामने लाकर रख दिया और स्वयं पीछे खड़े हो गये; प्रतिबिम्ब में दोनों के नेत्र मिल गये, राधा का चेहरा खिल उठा और उसे निश्चय हो गया कि कृष्ण का बहुनायकत्व तो दिखाने भर का है। मान की झंझा के पश्चात् मिलन का शीतल, मदिर, गम्भीर समीर बह

१ सूरसागर (ना० प्र० स०) पद ३०३८
२ वही ,, पद ३०५५
३ वही ,, पद ३१८१
४ सूरसागर (ना० प्र० स०) पद ३३५३
५ वही ,, पद ३४३१
६ वही ,, पद ३४४२

निकला, जिसके स्पर्श ने युगल प्रेमियों के क्षुब्ध मानस में स्थैर्य और धैर्य के साथ माधुर्य की लहरों में गुदगुदी उत्पन्न कर दी, प्रेम का बन्धन और भी दृढ़ हो गया। इन मान-लीलाओं में गौरवशालिनी राधा की गम्भीरता देखते ही बन पड़ती है; मान-भंग होने पर वह दूती के द्वारा आने का संदेश भेजती है और फिर वस्त्रा-भूषण धारण करके ही गौरव और गम्भीरता के साथ केलि-कुन्ज में पदार्पण करती है। मान-वियोग के पश्चात् मिलन-सुख-भोग का वर्णन भी सूर ने बड़ी तन्मयता के साथ किया है।

राधा का एक रूप सूर ने बसन्त और झूले के प्रसंगों पर चित्रित किया है। दोनों ही अवसरों पर राधा-कृष्ण दम्पति के रूप में हमारे सामने आते हैं—

"झूलत श्याम श्यामा-संग।
निरख दम्पति-अंग शोभा लजत कोटि अनंग"[१]

बसन्तकालीन फाग-क्रीड़ा का सूर ने बहुत ही सुन्दर चित्रण किया है और वहाँ भी राधा-कृष्ण को नव-दम्पति माना है।[२] बनन्त-लीला ब्रज के सुख का चरमोत्कर्ष है, जहाँ सूर ने विधि-मर्यादा का अतिक्रमण कर राधा की विनोदी प्रकृति का स्वच्छन्द और निर्बाध प्रतिपादन किया हैं।

राधा का अन्तिम चित्र 'वियोगिनी राधा' का है, इस रूप में राधा का दर्शन सूर ने बहुत ही कम कराया है। ऐसा ज्ञात होता है कि परमोच्च अवस्था पर पहुँची हुई राधा का कृष्ण-प्रेम अन्तर्मुख हो गया है। इस वियोग-काल में सूर ने जब भी राधा को देखा तभी वह गम्भीर प्रेम की एक दयनीय मूर्ति के रूप में दीख पड़ी। कृष्ण के मथुरा-गमन अवसर पर गोपियों की आतुरता के साथ-साथ नन्द और यशोदा की भी बड़ी व्याकुलता दिखाई गई है; कृष्ण ने भी अपने माता-पिता को सान्त्वना दी है। परन्तु कवियों ने चित्र लिखी-सी गोपियों के बीच में राधा को खोजने का प्रयत्न नहीं किया है। कृष्ण को मथुरा पहुँचाकर नन्द जब लौट आये, उस समय के यशोदा और गोपियों के वियोग-विलाप का सूर ने बड़ा ही मर्म-स्पर्शी विस्तृत, मनोवैज्ञानिक वर्णन किया है। बहुत देर के पश्चात् कवि को राधा की भी याद आई और विरहिणी राधा सर्व प्रथम गम्भीर सोच में मग्न, नीचा सिर किये हुए नख से हरि का चित्र बनाती हुई दिखाई गई हैं, पर क्या वियोगिनी राधा अपने प्रियतम का चित्र बना सकती है? बिना माधव के राधा की स्थिति विचित्र है। अब तक उसके अंग प्रत्यंग सौन्दर्य के उपमान थे, अब उपमेय भी न रहे।[३] वह किसी पथिक को अपना सन्देश श्याम तक भेजने के लिये बुलाती है, पर अपने विषय में एक शब्द भी न कह कर ब्रज के दुःखी गोपी, ग्वाल और गौ-सुतों का संदेश भेजती है। भला प्रियतम को वह कैसे दोषी कहे? जब कभी गोपियाँ कृष्ण के प्रेम पर व्यंग्य करती हुई उन्हें जाति-पाँति-भिन्न परदेशी और विश्वासघाती बताती हैं तो राधा कहती है कि इसमें हरि का कोई दोष नहीं है, शायद मेरे प्रेम में ही कुछ कसर है। वास्तव में गोपियों के विरह-वर्णन में भी राधा के विरह की अतिशयता ही व्यञ्जित होती है, क्योंकि गोपियों को राधा के विषय में बड़ा सोच है। इस प्रकार राधा को सूर ने आदर्श प्रेमिका के रूप में चित्रित किया है।

भ्रमरगीत-प्रसङ्ग में भी राधा के अत्यन्त मार्मिक चित्र कवि ने उपस्थित किये है। रसिक शिरोमणि कृष्ण ने भी न जाने क्या सोचकर राधा को कोई सन्देश नहीं भेजा, केवल वृषभानु महर को ही सन्देश देकर वे चुप हो गए हैं। उद्धव के रथ को आता देखकर जब सखियों ने राधा

१ सूरसागर (ना० प्र० स०) पद ३४५८
२ वही „ पद ३५१२
३ वही „ रद ४०२२

को बतलाया कि मथुरा की ओर से वैसा ही रथ आ रहा है, जैसा अक्रूर का था और कोई कृष्ण-सदृश व्यक्ति आ रहा है, तो ब्रज की स्त्रियों को बड़ा आनन्द हुआ और वे रथ की ओर दौड़ीं, परन्तु राधा कपाट की ओट में बोली, "अच्छा किया, जो हरि आ गए" फिर भी राधा का गम्भीर प्रेम उसके शरीर की अवस्था से झलक रहा था। गोपियों ने उद्धव को अपनी विरह-वेदना सुनाई, उद्धव के तर्कों का तर्कपूर्ण समाधान किया और भगवान् के सगुण रूप में ही आसक्ति प्रकट की, पर इस लम्बे-चौड़े वार्त्तालाप में उद्धव को राधा की वाणी एक बार भी सुनाई न दी। उसे तो उन्होंने केवल 'माधव' 'माधव' ही रटते हुए देखा। वास्तव में माधव-माधव रटती हुई वह स्वयं भी तद्रूप हो जाती थी। सम्पूर्ण वाद-विवाद में राधिका उद्धव के सम्मुख नहीं आई, गोपियों ने ही उसकी ओर से विरह-निवेदन किया और 'अति मलीन वृषभानुकुमारी' की दशा दिखाई। गोपियों के प्रति संदेश देते हुए उद्धव ने राधिका ही की विरहावस्था का सबसे अधिक हृदय-विदारक चित्र उपस्थित किया है—

चित दै सुनहु श्याम प्रवीन।
हरि तुम्हरे विरह राधा मैं जु देखी छीन॥[1]

जब कृष्ण मथुरा से भी द्वारका चले गये तो राधा की दशा और भी दयनीय हो गई और जब कुरुक्षेत्र में कृष्ण ने नन्द, यशोदा, गोपी-ग्वालों को बुलाया तो राधा के अन्तिम दर्शन हुए। कृष्ण आगमन की सूचना से राधा अधीर हो उठी और उसके नेत्रों में जल भर आया।[2] कुरुक्षेत्र में रुक्मिनी ने कृष्ण से पूछा, 'हे हरि, तुम्हारी वृषभानु किशोरी कौन-सी है?'[3] कृष्ण को पुरानी प्रीति की स्मृति आ गई और कण्ठ अवरुद्ध हो गया। राधा भी सामने ही थी, उसकी चितवन को देखते ही रुक्मिनी को अपने प्रश्न का उत्तर मिल गया और वे राधा से इस प्रकार मिली, जैसे—

"बहुत दिनन ते बिछुरी एक बाप की बेटी।"[4]

अन्त में कवि ने राधा-माधव का अन्तिम महा-मिलन कराया है—

राधा-माधव भेंट भई।
राधा माधव, माधव राधा, कीट भृङ्ग गति ह्वै जु गई।
माधव राधा के रंग रांचे, राधा माधव-रंग रई।
माधव-राधा-प्रीति निरन्तर, रसना करि सो कहि न गई।
बिहँसि कह्यो हम तुम नहिं अन्तर, यहि कहि कै उन ब्रज-पठई।
'सूरदास' प्रभु राधा माधव, ब्रज बिहार-नित नई नई।[5]

इस अन्तिम मिलन में भी कृष्ण ने हँस कर और यह कह कर कि "हम और तुम में कोई अन्तर नहीं हैं," उन बेचारी को फिर विरहानल में दग्ध होने के लिए ब्रज भेज दिया, किन्तु प्रेम की एकान्त-साधिका राधिका के मुख से एक भी शब्द नहीं निकला, उससे कुछ भी कहते न बना और वह हाथ मलती ही रह गई :

करतु कछु नाहीं आजु बनी।
हरि आये हौं रही ठगी सी जैसे चित्र धनी।[6]

इस प्रकार सूर के चित्रण में हमें सच्ची प्रेमिका का चित्रण मिल जाता है, जो विरह की असह्य ज्वाला में जलती है, पर उफ तक नहीं करती; जिसका त्याग हिमाद्रि से भी उच्च है,

१ सूरसागर (ना० प्र० स०) पद ४७२५
२ वही ,, ,, पद ४८९७
३ वही ,, ,, पद ४९०३
४ सूरसागर (ना० प्र० स०) पद ४९०९
५ वही ,, ,, पद ४९१०
६ वही ,, ,, पद ४९११

परन्तु नम्रता के कारण झुका हुआ; जिसकी कर्त्तव्य-भावना प्रस्तर से भी अधिक कठोर है और हृदय नवनीतवत् कोमल; जिसे माखन-प्रिय नवनीत-चोर कृष्ण ने हँसते खेलते ही चुरा लिया।

राधा का चित्रण, जैसा कि हम पहले कह आये हैं, जयदेव, विद्यापति और चण्डीदास ने भी किया है, परन्तु उनका प्रेम-वर्णन दूसरे ही प्रकार का हुआ है। जयदेव राधा-कृष्ण स्वरूप के उपासक थे, अतएव उन्होंने साहित्य के सुरम्य मन्दिर में युगल-किशोर-प्रतिमा की प्रतिष्ठा की। राधिका को उन्होंने स्वकीया रूप दिया अथवा परकीया; यह तो उनके ग्रन्थ से स्पष्ट आभासित नहीं होता, परन्तु इतना अवश्य है कि राधा के प्रेम की धारा 'गीत-गोविन्द' में इतनी तीव्रता के साथ बही है, जिसमें लोक-लाज, कुल-कानि आदि के अवरोध विलीन हो गये। इस काव्य में बारह सर्ग हैं और इसका आरम्भ इस प्रकार हुआ है :

"एक समय राधिका, कृष्ण और नन्द किसी वन में उपस्थित थे। जब संध्या हो गई तो नन्द राधिका से बोले, "हे राधे, आकाश मेघों से आच्छन्न है, वन की भूमि श्याम-वर्ण के तमाल वृक्षों से श्यामा दीख पड़ती है. रात्रि हो चली, कृष्ण को तुम घर पहुँचाओ।" इस प्रकार नन्द की आज्ञा प्राप्त करके चलने वाले राधा-कृष्ण की यमुना तट के निकुञ्जों में सम्पन्न होने वाली एकान्त-लीलाएँ जयशील हों।" फिर आगे राधा और कृष्ण के विरह-मिलन के अनेक दृश्य कवि ने उपस्थित किये हैं, जिनके अध्ययन से हम निम्नलिखित निष्कर्ष निकाल सकते हैं :

१—राधा कृष्ण के प्रेम में पागल और विह्वल है तथा यह जानते हुए भी कि कृष्ण बहुनायक हैं, वह कृष्ण की होना चाहती है।

२—जयदेव की राधा के प्रेम में लोक-लाज या संकोच की बाधाएँ नहीं। वह प्रारम्भ से ही प्रगल्भा दिखाई गई है।

३—कृष्ण और राधा का विहार-वर्णन बड़ा श्रृंगारिक है, जिसमें नायक-नायिकाओं की सभी चेष्टाओं का वर्णन किया गया है। इनमें मान, अनुनय, विनय आदि भी सम्मिलित हैं।

४—'गीत-गोविन्द' में राधा के प्रेम का क्रमिक विकास नहीं मिलता। राधा-कृष्ण के केवल संयोग और वियोग की दशाओं के चित्र मिलते हैं।

विद्यापति और चण्डीदास जी की राधिका की तुलना, कवि-कुल-गुरु रवीन्द्रनाथ टैगोर ने की है, जिसका हिन्दी अनुवाद आचार्य हजारीप्रसाद द्विवेदी ने अपने 'सूर-साहित्य' ग्रन्थ में इस प्रकार से किया है :

"विद्यापति की राधिका में प्रेम की अपेक्षा विलास अधिक है, इसमें गम्भीरता का अटल स्थैर्य नहीं है; केवल नवानुराग की उद्भ्रान्त लीला और चाञ्चल्य। विद्यापति की राधा नवीना है, नवस्फुटा है। हृदय की सारी नवीन वासनाएँ पंख फैलाकर उड़ना चाहती हैं, पर अभी रास्ता मालूम नहीं; कौतूहल और अनभिज्ञतावश वह जरा अग्रसर होती है और फिर सिकुड़े आँचल की ओट में अपने एकान्त कोमल घोंसले में फिर आती है। कुछ व्याकुल भी है, कुछ आशा-निराशा का आन्दोलन भी है। किन्तु चण्डीदास की राधा में जैसे "नयन, चकोर मोर पिते करे उतरोल, निमिखे निमिख नाहिं सय" हैं, विद्यापति में उस प्रकार का उतरोल (उत्तरल=चञ्चल) भाव नहीं है। कुछ-कुछ उतावलापन अवश्य है। नवीना का नया प्रेम जिस प्रकार मुग्ध, मिश्रित, विचित्र कौतुक-कौतूहल-पूर्ण हुआ करता है, उससे इसमें कुछ भी कमी नहीं है। चण्डीदास गम्भीर और व्याकुल हैं, विद्यापति नवीन और मधुर।"

दिनेश बाबू का कथन है :

"विद्यापति वर्णित राधिका कई चित्रपटों की समष्टि है। जयदेव की राधा की भाँति इसमें शरीर का भाग अधिक है, हृदय का कम। किन्तु विरह में पहुँचकर कवि ने भक्ति और

विरह का गान गाया है, उसके प्रेम में बँधी हुई विलास-कलामयी-राधा का चित्रपट सहसा सजीव हो उठा है,············विद्यापति की राधा बड़ी सरला है, बड़ी अनभिज्ञा। ·········चण्डीदास की राधिका प्रथम ही उन्मादिनी वेश में आती है। प्रेम के मलय-समीर में उसका विकास हुआ है। इसके बाद प्रेम की विह्वलता, कितना कातर अश्रु-संपात! कितना दुःख-निवेदन! कितनी कातरोक्ति? प्रेम के दुःख का परिशोध है—अभिमान, किन्तु वह तो केवल आत्म-वंचना है। चण्डीदास की राधा में मान करने की क्षमता भी नहीं है। दसों इन्द्रियाँ तो मुग्ध हैं, मन कैसे मान करे? यह अपूर्व तन्मयता है।"

इस विवेचन से सिद्ध होता है कि चण्डीदास की राधा में प्रेम का आधिक्य है। उसका हृदय-सरोवर प्रेम-रस से लबालब है, उसमें भावुकता की पराकाष्ठा है, मान करने की क्षमता नहीं, कृष्ण का व्यापक स्वरूप उसकी आँखों में समाया है। उसे हम प्रेम का अवतार कह सकते हैं। उनमें विलासिता की मात्रा इतनी अधिक नहीं, जितनी भक्ति-भावना की। कृष्ण का साम्य प्रकृति में देखकर वह व्याकुल हो जाती है। चण्डीदास की राधा और कृष्ण में अभेद है। कृष्ण के प्रेम के सामने संसार का अपवाद कुछ नहीं। उसमें आत्म-समर्पण की पूरी भावना है—

बंधू कि आर बलिबे आमि।
मरने-जीवने, जनमे-जनमे, प्राणनाथ हइओ तुमि।
तोमार चरने आमार पराने बांधिल प्रेमेर फाँसी।
सब समर्पिया एक मन हइया, निश्चय हरलाम दासी।

कृष्ण भी राधा में उतने ही अनुरक्त हैं। राधा ही उनका सर्वस्व है। अमरुक की "सा सा सा सा जगति सकले कोऽयमद्वैतवादः" वाली उक्ति उन पर सवा-सोलह-आने चरितार्थ होती है। मान की कल्पना तो चण्डीदास की राधा में की ही नहीं जा सकती। यदि कभी वह मान का ढोंग रचती भी है और कृष्ण आकर लौट जाते हैं, तो वह पछताती हुई कहती है—

"आपन सिर हम आपन हाते काटोनू, काहे करिनू हेन मान।
श्याम सुनागर नटवरशेखर कहाँ सखि! करल पयान?"

कृष्ण के वियोग में व्याकुल होकर वह पृथ्वी पर गिर पड़ती है और कनकलता की भाँति मुरझा जाती है।

विद्यापति की पदावली में भी परकीया राधा का चित्रण हुआ है। इसमें अधिकांश पद राधा-कृष्ण की प्रेम-लीलाओं से सम्बद्ध हैं। चैतन्य महाप्रभु विद्यापति के पदों को गाते-गाते इतने भाव-विभोर हो जाते थे कि मूर्छित हो जाते थे। सहजिया सम्प्रदाय के भक्त तो विद्यापति को सात रसिक भक्तों में से एक मानते हैं। इसलिए डा० ग्रियर्सन ने "मैथिली क्रिस्टोमैथी" की भूमिका में पदावली के विषय में लिखा है—

"They are nearly all Vaishnava-hymns or Bhajans......... Glowing stanzas of Vidyapati are read by the devout Hindu without a iittle of the baser part of human-sensuousness as the Song of Soloman is by the Christian poet."

ग्रियर्सन महोदय का यह कथन कुछ सीमा तक अवश्य ही सत्य कहा जा सकता है। परन्तु यह कहना कि विद्यापति ने पदावली की रचना धार्मिक दृष्टिकोण से की होगी, ठीक नहीं जँचता। डा० श्यामसुन्दर दास ने विद्यापति पर विष्णुस्वामी और निम्बार्क का प्रभाव बताया है।[1] कुछ

1 'हिन्दी भाषा और साहित्य' पृ० ४०६

भी हो, इतना तो सत्य है कि विद्यापति ने जयदेव के अनुकरण पर राधा-कृष्ण की प्रेम-लीलाओं को काव्य का विषय बनाया होगा; क्योंकि जयदेव ने पहले राधा को परकीया नायिका का रूप देकर गेय पदों की रचना किसी ने नहीं की। विद्यापति पण्डित थे और काव्य-शास्त्र की सूक्ष्मताओं से भी अभिज्ञ थे; संस्कृत और प्राकृत शृंगारिक पुस्तकों का उन्होंने सूक्ष्म अध्ययन किया था। 'गाथा-सप्तशती' के शृङ्गारिक भाव विद्यापति में अनेक स्थलों पर प्रतिबिम्बित हुए हैं। उन्होंने राधा और कृष्ण को नायक-नायिका के रूप में चित्रित किया है और शृंगार-रस की अविरल धारा अपनी 'पदावली' में बहाई है। संयोग और वियोग की सभी परिस्थितियों और उन परिस्थितियों में प्रेम-विभोर युवक-युवतियों के सभी भावों का संश्लिष्ट वर्णन विद्यापति ने किया है। नायिका के आन्तरिक भावों के साथ बाह्य चेष्टाओं का इतना स्वाभाविक और सजीव वर्णन बहुत कम कवियों द्वारा हो पाया है। वियोग-वर्णन में कवि की वृत्ति रमती हुई प्रतीत नहीं होती और उन्होंने अधिकतर परम्पराओं का ही अवलम्बन लिया है। विद्यापति अन्तर्जगत् के सौन्दर्य की अपेक्षा बाह्य जगत् के सौन्दर्य से अधिक प्रभावित जान पड़ते हैं और उसी का वर्णन उन्होंने जी खोलकर किया भी है। उनकी राधा में हाव अनुभावों की ही प्रधानता रही है। वयः सन्धि अभिसार और सद्यःस्नाता के बड़े सजीव चित्र विद्यापति ने उपस्थित किये हैं। अभिसारिका के मार्ग की कठिनाइयों को अत्यन्त भयप्रद रूप में दिखाया है। विद्यापति के पदों में जयदेव की अपेक्षा अधिक सरसता है और सूरदास की अपेक्षा अधिक मधुरता है। वह सूर की राधा की भाँति प्रेम-चेष्टाओं के गोपन में निष्णात नहीं, पर वह है पूरी विलासमयी और कलामयी किशोरी, जिसमें आन्तरिक सौन्दर्य का विलास और बाह्य सौन्दर्य का चरम विकास हुआ है। कृष्ण इस विद्युत्-रेखा से चमत्कृत हो जाते हैं और उसी को बार-बार देखने के लिये उनके नेत्र भटकने लगते हैं। संयोग से अनेक चित्रों को चित्रित कर कवि विप्रलम्भ का चित्रण करता है, जिसमें विरहिणी राधा अपना अस्तित्व भूलकर कृष्ण का ध्यान करती हुई तन्मय हो जाती है। राधा और कृष्ण का विरह समान है, बेचारी राधा को चैन नहीं, राधा रहने पर कृष्ण का और कृष्ण-स्वरूप होने पर राधा का विरह उसे सहना पड़ता ही है—

अनुखन माधव माधव सुमिरत सुन्दरि भेल मधाई।
× × × ×
राधा सयँ जब पुनिताई माधव सयँ जब राधा।
दारुन प्रेम तबहि नहि टूटत बाढ़त विरहक बाधा॥
दुह दिसि दारु दहन जैस दगधइ आकुल कीट परान।
ऐसन बल्लभ हेरि सुधामुखि कवि विद्यापति मान॥

इस तुलनात्मक अध्ययन से हम इस निष्कर्ष पर पहुँचते हैं कि सूर की राधा में विद्यापति, जयदेव, चण्डीदास और ब्रह्म-वैवर्त पुराण की राधा की विशेषताएँ संहित हो गई हैं और उन सब के ऊपर स्वाभाविकता और मनोवैज्ञानिकता के स्वर्णिम वर्ण से सूर ने अपनी राधा को ऐसा रूप दिया कि उनसे पहले के राधा के सभी चित्र फीके पड़ गये। उन्होंने कैशोर्य की संयत चपलता और यौवन के उद्दाम भवसागर में डूबती हुई राधा का ही चित्रण नहीं किया, अपितु अपने भोलेपन से सब के मन को हरने वाली और सहज निर्बाद तरलता से श्याम को आकृष्ट करने वाली बालिका राधा का भी चित्रण किया है। यह सूर की अपनी देन है; निजी मौलिकता है। उनकी राधा में परकीया की तीव्र वेदना चाहे न हो, परन्तु स्वकीया की गम्भीर और स्वाभाविक उत्कण्ठा अवश्य है। विवाह होने से पूर्व का राधा का अनुराग पूर्वानुराग कहा जा सकता है।

हम पहले कह चुके हैं कि श्रीमद्भागवत में राधा का चित्रण नहीं हुआ है और न ही उसका कहीं नाम आया है, साम्प्रदायिक दृष्टि से निम्बार्क सम्प्रदाय वालों ने राधा को सर्वप्रथम अपने भक्ति-धर्म-ग्रन्थों में स्थान दिया। साहित्यिक परम्परा में राधा का समावेश कब हुआ, यह निश्चयपूर्वक न कहा जा सकने पर भी यह असम्भव नहीं कि उसका आगमन रस-क्षेत्र में इससे भी पहले हो चुका हो। जयदेव के 'गीत-गोविन्द' के रचना काल से पहले कृष्ण के अवतारत्व के कारण राधा-कृष्ण के प्रति भक्ति-भावना का और उनकी प्रेम लीलाओं का मिश्रण होगया था। 'पंचतन्त्र' में राधा का नाम आया है। 'गाथा सप्तशती' में भी उसकी शृङ्गारिक चेष्टाओं का उल्लेख है, धनञ्जय के 'दशरूपक'; भोजकृत 'सरस्वती-कण्ठाभरण', आनन्दवर्धन के 'ध्वन्यालोक' तथा क्षेमेन्द्र के 'दशावतार चरित' आदि ग्रन्थों में कृष्ण के अवतारत्व के प्रति भक्ति-भाव दिखाते हुए उनके राधा-विषयक-प्रेम-सम्बन्ध को विशेषणों के रूप में दिया है—अथवा लक्षण-ग्रन्थों में नायक-नायिका के स्थान पर कृष्ण और राधिका का नाम रख दिया है। राधा के विषय में आचार्य हजारीप्रसाद द्विवेदी ने दो प्रकार के अनुमान किये हैं—

१—राधा आभीर जति की प्रेम-देवी रही होगी, जिनका सम्बन्ध बालकृष्ण से रहा होगा। आरम्भ में केवल बालकृष्ण का वासुदेव कृष्ण से एकीकरण हुआ होगा; इसलिए आर्य ग्रन्थों में राधा का नामोल्लेख नहीं है। पीछे से जब बालकृष्ण की ही प्रधानता रही होगी तो इस बालक देवता की सारी बातें अहीरों से ले ली गई होंगी, और इस प्रकार राधा की प्रधानता हो गई होगी।

२—दूसरा अनुमान यह किया जा सकता है कि राधा इस देश की किसी आर्य-पूर्व-जाति की प्रेम-देवी रही होगी। बाद में आर्यों में इसकी प्रधानता हो गई होगी और कृष्ण के साथ उसका सम्बन्ध जोड़ दिया गया होगा।

इस प्रकार हमने देखा कि—

१—चरित-चित्रण और भावाभिव्यञ्जन में सूरदास जी ने भागवत का आधार न लेकर पूर्णरूप से मौलिकता दिखाई है और कृष्ण-चरित को मनोवैज्ञानिक रूप से विविध अवस्थाओं और परिस्थितियों में चित्रित करके एक नूतन मौलिक प्रबन्ध के रूप में उपस्थित किया है।

२—प्रेम-भक्ति के अनुभूति-क्रम का विकास जितनी सुन्दरता से सूर ने अपने 'सूरसागर' में दिखाया है, वैसे श्रीमद्भागवत में नहीं। राधा का चरित्र इस प्रेम-भक्ति के भाव से ओत-प्रोत है।

३—सूरदास की गोपियाँ भी अपनी पृथक् सृष्टि हैं।

४—कृष्ण और गोपियों के अतिरिक्त सूर ने कुछ ऐसे चरित्र चित्रित किये हैं, जिनके बिना कृष्ण का चरित्र पूर्ण ही नहीं कहा जा सकता। उनमें से मुख्य नन्द और यशोदा हैं, जिनका व्यक्तित्व ही कृष्ण-स्नेह का प्रतीक है। यशोदा के रूप में उन्होंने मातृत्व का साकार कर दिया। वात्सल्य-भक्ति का आश्रय यशोदा के समान संसार के साहित्य में शायद ही कोई मिले। वास्तव में सूर के दो पात्र—राधा और यशोदा—साहित्य की अनुपम निधि हैं।

५—श्रीमद्भागवत में कृष्ण और गोपियों का जो चरित्र-चित्रण है, उसकी मुख्य पृष्ठभूमि दार्शनिक है। भक्ति का विवेचन और महत्व प्रतिपादन करने के लिए भागवतकार उस दार्शनिक पृष्ठ-भूमि को भक्ति के क्षेत्र से मिलाने का प्रयत्न करता है। 'सूरसागर' भक्ति-रस का सागर है, जिसमें गोता लगाने से भक्ति-रत्न ही प्राप्त होते हैं। दार्शनिक तत्व तो इन रत्नों में घोंघों की भाँति मिले हुए हैं।

६—सूरदास उच्च-कोटि के भक्त होते हुए भी अपने समय और सम्प्रदाय से पूर्णतया प्रभावित थे। दोनों ही प्रभाव उनके 'सूरसागर' में लक्षित होते हैं।

अष्टम अध्याय

सूर के दार्शनिक सिद्धान्त

सूरदास जी का सूरसागर शताब्दियों से चली आती हुई धार्मिक परम्परा का आश्रम स्थल कहा जा सकता है। भक्ति-रस से लबालब भरा रहने पर भी सिद्धान्त-रत्नों की इसमें कमी नहीं हैं। ऐसा प्रतीत होता है कि सभी साम्प्रदायिक विरोधी भावनायें यहाँ आकर समन्वित हो गयी हैं। महाकवि सूर के विशाल-हृदय का यह उद्गार प्रायः सभी प्रचलित धार्मिक-परम्पराओं का उचित रुप मे प्रतिनिधित्व करता है। सूर के इस भक्ति-ग्रन्थ से स्वतन्त्र रूप से दार्शनिक सिद्धान्तों को खोज निकालना दुस्तर कार्य है। इसके लिए हमें पिछली कई शताब्दियों के धार्मिक आन्दोलन का मन्थन करना पड़ेगा। वैष्णव-सम्प्रदायों का युग तो दशवीं शताब्दी से ही व्यवस्थित रूप में प्रारम्भ हुआ, परन्तु उससे पहले परस्पर विरोधी धार्मिक आन्दोलनों का स्वर कितना व्यापक विस्वरित था, इसका उल्लेख हम पहले ही कर चुके हैं। पहली शताब्दी से लेकर दशवीं तक वैदिक और अवैदिक की छाप लिये हुए इन सम्प्रदायों का दक्षिण में विशेष प्राबल्य रहा। पुराण, आगम, तन्त्र और संहिताओं से इन सम्प्रदायों की परम्परा का पता चलता है। वैदिक और अवैदिक दोनों ही प्रकार के सम्प्रदायों के ये ग्रन्थ मिलते हैं। तन्त्र का प्रवाह सर्वत्र दीख पड़ता है। वास्तव में तन्त्र और आगम का अत्यन्त निकटवर्ती सम्बन्ध है और सभी प्रकार के आगमों को तन्त्र कहा गया है। यद्यपि तन्त्र-ग्रन्थ का सम्बन्ध साधारण रूप से शक्ति सम्प्रदाय से समझा जाता है, परन्तु वास्तव में ऐसी बातें नहीं है। व्यवहार में अवश्य वैष्णव-ग्रन्थ संहिताओं के नाम से, शैव आगमों के नाम से और शाक्त-ग्रन्थ तन्त्रों के नाम से प्रचलित हो गये हैं पर सिद्धान्त रूप से इन सभी ग्रन्थों में समानता पाई जाती है। सर जान उडरफ ने 'शक्ति एण्ड शक्ति' पुस्तक में इस विषय पर विशेष रूप से विचार किया है। उन्होंने लिखा है कि "इन सभी ग्रन्थों का मूल स्वर एक है, केवल पारिभाषिक शब्दों का भेद है। पाञ्चरात्रों की भाषा में जो लक्ष्मी शक्ति, ब्यूह और संकोच नाम से विख्यात है, शाक्तों की भाषा में वही त्रिपुरसुन्दरी, महाकाली तत्व और कञ्चुक नामों से अभिहित हैं।"[1]

वैष्णव-संहिताओं में पाञ्चरात्र संहिताएँ विशेष उल्लेखनीय है, क्योंकि आगे के वैष्णव-सम्प्रदाय पाञ्चरात्र मत से ही विशेष प्रभावित हुए हैं इन संहिताओं के निर्माण काल, संख्या, विशेष आदि पर पाश्चात्य विद्वानों ने पर्याप्त विचार किया है। इस विषय में श्रोडर का 'इण्ट्रोडक्शन टू दि पाञ्चरात्र एण्ड अहिर्बुध्न्य संहिता' तथा फर्कुहर का 'आउट लाइन्स ऑफ दि रिलीजन लिट्रेचर ऑफ इण्डिया' विशेष उल्लेखनीय हैं। पाञ्चरात्र मत के उपासक भागवत कहलाते हैं। स्वामी शंकराचार्य ने अपने शारीरिक भाष्य में पाञ्चरात्र-मत की आलोचना की है और उसे वेद-बाह्य बतलाया है।[2] सम्भवतः इसलिये शंकर से बाद के आचार्यों ने शंकर-मत का खण्डन अपना पूर्वपक्ष रक्खा और पाञ्चरात्र-मत को शास्त्रीय सिद्ध करके उसकी उपयोगिता प्रतिपादित की। श्री रामानुजाचार्य का श्रीभाष्य इसी प्रकार का प्रयत्न कहा

१ शक्ति एण्ड शक्ति, सर जान उडरफ पृष्ठ २३,२४

२ शारीरिक भाष्य २--२--४५

जा सकता है। ये संहिताएँ चार विषयों को लेकर चली हैं — (१) ब्रह्म और जीव के सम्बन्ध का निरूपण, (२) मोक्ष, (३) क्रिया-कलाप, अर्थात् मन्दिरों का निर्माण, मूर्ति स्थापना पूजा आदि तथा (४) चर्या; अर्थात् नित्य नैमित्यिक कृत्य, पूजा-पद्धति, पर्व, उत्सव आदि। इनमें अन्तिम दो विषयों का विशेष विवेचन हुआ। चतुर्व्यूह सिद्धान्त पाञ्चरात्र मत की विशेषता है और शंकर ने इसका खण्डन किया है। भागवत मत की दूसरी संहितायें वैखानस संहितायें कहलाती हैं। दक्षिण के कुछ मन्दिरों में आज भी इन संहिताओं के अनुकूल पूजा-पद्धति प्रचलित है, परन्तु श्री रामानुजाचार्य जी ने पाञ्चरात्र संहिताओं का ही विशेष महत्व दिया था। इन संहिताओं में भक्ति पर विशेष बल दिया है और भगवान् के अनुग्रह को सब कुछ बतलाया है। जीव अपने कर्मों के वशीभूत संसार में चक्कर काटता रहता है। जब उस पर भगवान् की कृपा होती है तभी उसे छुटकारा मिलता है। इसलिए इस संसार से छुटकारा पाने के लिये उसे भगवान् की शरण में जाना चाहिए।[१]

हम पहले कह चुके हैं कि श्री शंकराचार्य जी के अद्वैत मत का सम्पूर्ण भारतवर्ष पर बड़ा व्यापक प्रवाह पड़ा था और आज भी हमें स्थान-स्थान पर यह प्रवाह लक्षित होता है। उस प्रवाह का प्रतिरोध साधारण शक्ति का काम नहीं था। उसके विरोध में भक्ति का प्रचार करने के लिये अनेक ग्रंथों का प्रणयन हुआ। आलवार और आडवार से विशेष प्रेरणा मिली और कई वैष्णव-सम्प्रदाय उठ खड़े हुए। सभी ने अपना आधार श्रीमद्भागवत को माना। इसलिये आगे के सम्प्रदायों के सैद्धान्तिक स्वरूपों को समझने के लिये भागवत का अध्ययन परम आवश्यक है। अब हम संक्षेप से भागवत के दार्शनिक पक्ष पर विचार करते हैं।

'भागवत' के दार्शनिक सिद्धान्त

श्रीमद्भागवत का प्रतिपाद्य विषय मुख्य रूप से तो भक्ति-निरूपण ही है परन्तु उसमें ब्रह्म, जीव, माया आदि का भी पर्याप्त विवेचन हुआ है। व्यास जी ने जब देखा कि महाभारत से नैष्कर्म्य प्रधान धर्म का जो निरूपण किया है, उसमें भक्ति का यथावत् वर्णन नहीं है, तो उसका मन उदास हो गया और उन्होंने नारद की प्रेरणा से 'श्रीमद्भागवत' की रचना की।[२] भागवत के मंगलाचरण के प्रथम तीन श्लोकों में यह संकेत है कि 'श्रीमद्भागवत' वेदान्तार्थ तथा ब्रह्म-सूत्रों का भाष्य है। पहले श्लोक में "सत्यं परम धीमहि" कहा गया है अर्थात् ग्रन्थ रचना से पहले भागवतकार भगवान् के उस सच्चे स्वरूप का ध्यान करते हैं जिससे इस जगत् की सृष्टि, स्थिति और प्रलय होती है, क्योंकि वह सभी सद्रूप पदार्थों में अनुरत है और सभी असत् पदार्थों से पृथक हैं। जड़ नहीं, चेतन है, परतन्त्र नहीं, स्वयं प्रकाश है, जो ब्रह्म तथा हिरण्यगर्भ नहीं, प्रत्युत अपने सत्य संकल्प से ही जिसने उन्हें वेदज्ञान दिया है, जैसे तेजोमय सूर्य-रश्मियों में जल का, जल में स्थल का और स्थल में जल का भ्रम होता है, वैसे ही जिसमें यह त्रिगुणमयी जागृति, स्वप्न, सुषुप्ति रूपा सृष्टि मिथ्या होने पर भी अधिष्ठान-सत्ता से सत्यवत् प्रतीत हो रही है और जो अपनी स्वयं-प्रकाश ज्योति से माया और माया-कार्य से मुक्त रहा है। दूसरे श्लोक में भागवत-पुराण को मोक्ष पर्यन्त फल की कामना से रहित परम धर्म का निरूपक ग्रन्थ बताया है और फिर तीसरे में इस महा-पुराण को वेदरूप कल्प वृक्ष का पका हुआ फल कहा है।[१]

---

१ अहिर्बुध्न्य संहिता --१४ श्लोक २८,२९, ३०-३२

२ श्रीमद्भागवत प्रथम स्कन्ध, अध्याय--४,५

३ श्रीमद्भागवत प्रथम स्कन्ध अध्याय १, श्लोक १, २, ३,

नहीं हो सकती। अतः जो इन तीनों को जानता है, वह परमात्मा ही सब का अधिष्ठान आश्रय-तत्व है।[1]

श्रीमद्भागवत में कृष्ण को ही परम तत्व माना है और नारायण को उससे निम्न कोटि का बताया है।[2] भगवान् कृष्ण के सगुण साकार रूप आश्रय का दशम स्कन्ध में तथा निर्गुण निराकार रूप आश्रय का बारहवें स्कन्ध में विशेष निरूपण हुआ है। द्वितीय स्कन्ध के नवम अध्याय में भगवान ने ब्रह्मा को स्वयं अपने रूप का ज्ञान दिया है। जिन चार श्लोकों में इस स्वरूप का वर्णन हुआ है, उन्हें भागवत में चतुःश्लोकी कहते हैं, जिनका सारांश हम पीछे दे चुके हैं।

भागवत में ब्रह्म के विषय में तीन बातों को प्रधानता दी गई है—(१) अधिष्ठानता, (२) साक्षिता, (३) निरपेक्षिता। आध्यात्मिक, आधिदैविक और आधिभौतिक; ये उस पुरुष के तीन रूप हैं। आध्यात्मिक पुरुष का अर्थ है—नेत्रादि-इन्द्रियों का अभिमानी जीव, आधिदैविक पुरुष का अर्थ है—नेत्रादि-इन्द्रियों का अधिष्ठातृ देवता और आधिभौतिक पुरुष का अर्थ है नेत्र गोलकादि वाला स्थूल शरीर; ये तीनों सापेक्ष हैं। इन तीनों के भाव और अभाव को देखने वाला आत्मा इनका निरपेक्ष साक्षी है। जाग्रत, स्वप्न, सुषुप्ति आदि अवस्थाओं में विश्व-तैजस तथा प्राज्ञ के रूप में उनका अनुभव करने वाला एवं मूर्छादि-अवस्था में उनके अभाव का अनुभव करने वाला और समाधि अवस्था में उनसे परे रहने वाला आत्मा ही आश्रय है। श्रीमद्भागवत में श्रीकृष्ण और ब्रह्म को एक ही माना गया है। ब्रह्म-सूत्र के ब्रह्म गीता के पुरुषोत्तम और श्रीमद्-भागवत के श्रीकृष्ण एक ही वस्तु हैं। इस कृष्णरूप ब्रह्म के विषय में श्रीमद्भाभवत में बताया है "तत्ववेत्ता लोग ज्ञाता और ज्ञेय के भेद से रहित, अखण्ड, अद्वितीय, सच्चिदानन्द रूप ज्ञान को ही तत्व कहते हैं। उसी को कोई ब्रह्म, कोई परमात्मा और कोई भगवान् के नाम से पुकारते हैं।"[3] प्रथम स्कन्ध में नारायण, वासुदेव, सात्वतां पतिः और कृष्ण आदि सभी ब्रह्म के नाम आ गये हैं। भागवत के अनुसार भगवान् में शरीर और शरीरी का भेद नहीं है। जीव अपने शरीर से पृथक् होता है, शरीर उसका ग्रहण किया हुआ है, और वह उसे छोड़ सकता है। परन्तु भगवान् का शरीर जड़ नहीं, चिन्मय है, उसमें हेय और उपादेय का भेद नहीं होता। वह सम्पूर्णतया आत्मा ही है। शरीर की ही भांति भगवान् के गुण भी आत्मस्वरूप ही होते हैं। जीवों के गुण तो प्राकृत होते हैं और वे उनका त्याग कर सकते हैं। भगवान् का शरीर और गुण जीवों की ही दृष्टि में होते हैं भगवान् की दृष्टि में नहीं। भगवान् तो निज स्वरूप में समत्व में स्थित रहते हैं; क्योंकि वहां गुण और गुणी का भेद नहीं। इस प्रकार श्रीकृष्ण ही परब्रह्म स्वरूप आश्रय-तत्व हैं।

---

१ आभासश्च निरोधश्च यतश्चाध्यवसीयते।
स आश्रयः परब्रह्म परमात्मेति शब्द्यते॥
योऽध्यात्मिकोऽयं पुरुषः सोऽसावेवाधिदैविकः।
यस्तत्रोभय विच्छेदः पुरुषो ह्याधिभौतिकः ॥८॥
एकमेकतराभावे यदा नोपालभामहे।
वितयं तत्र यो वेद स आत्मा स्वाश्रयाश्रयः ॥९॥
(श्रीमद्भागवत २।१०, ७, ८, ९)

२ श्रीमद्भागवत २।१०, १०, ११

३ वदन्ति तत्तत्त्वविदस्तत्वं यज्ज्ञानमद्वयम्।
ब्रह्मेति परमात्मेति भगवानिति शब्द्यते ॥भागवत॥ १।२।११

श्रीमद्भागवत में प्रायः सभी दर्शनों का समन्वय और सामञ्जस्य हो जाता है। मुख्य-मुख्य वैष्णव सम्प्रदायों के दार्शनिक सिद्धान्तों का संक्षिप्त परिचय हम पीछे दे चुके हैं। यहाँ हम आचार्य वल्लभ के दार्शनिक सिद्धान्तों की संक्षेप में व्याख्या करेंगे, क्योंकि सूरदास जी का साक्षात् सम्बन्ध वल्लभ-सम्प्रदाय से ही था।

आचार्य वल्लभ के दार्शनिक सिद्धान्त

श्री शंकराचार्य के अद्वैतवाद के विरोध में चार वैष्णव सम्प्रदाय खड़े हुए। इनमें कई बातों में समानता और कई में विभिन्नता है। सभी सम्प्रदाय भक्ति को सर्वोपरि मानते हैं और इसीलिए इन सम्प्रदायों ने ब्रह्म को स्वरूप से सगुण माना है, जबकि शंकराचार्य ब्रह्म को माया के प्रभाव से सगुण-सा प्रतीत होने वाला मानते हैं। इसी प्रकार शंकर ने 'सर्वं ब्रह्म जगन्मिथ्या' कहकर जगत् को भ्रान्त कहा है, जबकि अन्य समस्त वैष्णव सम्प्रदायों ने ब्रह्म के समान ही जगत् को माना है। 'अहं ब्रह्मास्मि' आदि वाक्यों के अनुसार शंकर मुक्त-जीव को ही ब्रह्म मानते हैं, परन्तु अन्य वैष्णव-सम्प्रदाय मुक्त-जीव को ब्रह्म न मानकर, वैकुण्ठ में निवास करने वाले भगवान् की सेवा करने वाला मानते हैं। इन समानताओं के होते हुए भी इन सम्प्रदायों में सैद्धान्तिक मत-भेद है, जिनका संक्षिप्त विवेचन हम पहले कर चुके हैं। ये सारे सम्प्रदाय समकालीन नहीं, तो थोड़े-थोड़े अन्तर से ही हुए हैं। ऐसे मुख्य सम्प्रदाय चार हैं—(१) श्रीरामानुजाचार्य का श्री सम्प्रदाय (२) निम्बार्क का सनकादि-सम्प्रदाय, (३) विष्णुस्वामी का रुद्र-सम्प्रदाय, और (४) मध्वाचार्य का ब्रह्म-सम्प्रदाय।

वल्लभ-सम्प्रदाय के ग्रन्थों तथा किंवदन्तियों से ज्ञात होता है कि वल्लभाचार्य विष्णु-सम्प्रदाय के आचार्य थे। डाक्टर भण्डारकर ने स्पष्ट रूप से यह माना है कि वल्लभाचार्य के वे ही दार्शनिक सिद्धान्त थे, जो विष्णु-स्वामी के।[१] 'सम्प्रदाय-प्रदीप' के द्वितीय प्रकरण में भी विष्णु-स्वामी का वृतान्त दिया हुआ है। विष्णु-स्वामी का समय अभी निश्चित नहीं हो सका है। इस सम्बन्ध में विभिन्न आचार्यों के अलग-अलग मत हैं, जिनके अनुसार इनका समय तीसरी शताब्दी से तेरहवीं शताब्दी तक दोलायमान है। भण्डारकर, आर्थवेनिस, सतीशचन्द्र विद्याभूषण आदि विद्वानों के अनुसार विष्णु-स्वामी का समय १३ वीं शताब्दी के लगभग है।[२] विष्णु स्वामी के मत के विषय में उनका कोई स्वतन्त्र ग्रन्थ उपलब्ध नहीं है, यद्यपि 'सम्प्रदाय-प्रदीप' से ज्ञात होता है कि विष्णु-स्वामी ने ब्रह्मसूत्र, गीता और भागवत पर भाष्य लिखे थे। वल्लभ-सम्प्रदाय के ग्रन्थों में लिखा है कि वल्लभाचार्य विष्णु-स्वामी के मत के अनुयायी थे और उनकी गद्दी के अधिकारी हुए। इससे प्रतीत होता है कि विष्णु-स्वामी का दार्शनिक सिद्धान्त 'शुद्धाद्वैत' था। उनके मत की प्रतिष्ठा कुछ भंग हो गई और फिर वल्लभाचार्य जी ने उसे फिर से जीवित कर उसका प्रचार किया।

शुद्धाद्वैत-सिद्धान्त का प्रतिपादन वल्लभाचार्य ने अपने ग्रन्थों में किया है, जिनकी संख्या ८४ बताई जाती है, परन्तु आजकल छोटे-बड़े कुल मिलाकर केवल तीस ही ग्रन्थ उपलब्ध हैं। इन ग्रन्थों में वेदान्त-सूत्र का अणुभाष्य, भागवत की सुबोधिनी टीका, षोडशग्रन्थ, पुरुषोत्तम सहस्रनाम तथा तत्वदीप निबन्ध अधिक प्रसिद्ध हैं। वल्लभाचार्य जी के पुत्र गोस्वामी विट्ठलनाथ जी ने भी

---

१ "वैष्णविज्म एण्ड शैविज्म" भण्डारकर पृ० १०६

२ "वैष्णव-धर्म का संक्षिप्त इतिहास" पृ० २२६

इन तीनों श्लोकों में ही भागवत का सार आ गया है। भागवत की प्रशंसा कई पुराणों और पाञ्चरात्र-निबन्धों में की गई है। नारद पाञ्चरात्र की ज्ञानामृत-सार-संहिता के द्वितीय रात्र के सप्तम अध्याय में तथा सात्वत-तन्त्र के द्वितीय पटल में भागवत को 'वेदों का सार' कहा गया है। इस महापुराण में सर्ग, विसर्ग, स्थान, पोषण, ऊति मन्वन्तर, ईशानुकथा, निरोध, मुक्ति और आश्रय—इन दस विषयों का यथावत् वर्णन है। दसवें तत्व 'आश्रय' का ठीक-ठीक निश्चय करने के लिए कहीं श्रुति से, कहीं तात्पर्य से और दोनों के अनुकूल अनुभव से महात्माओं ने अन्य नौ विषयों का बड़ी सुगम रीति से वर्णन किया है। इस प्रकार ईश्वर, जीव, जगत् और माया, इन सब की विस्तृत व्याख्या श्रीमद्भागवत में हो गई है।

ईश्वर की प्रेरणा से गुणों में क्षोभ होकर रूपान्त होने से जो आकाशादि पञ्चभूत, शब्दादि तन्मात्राएँ, इन्द्रियां, अहङ्कार और महत्तत्व की उत्पत्ति होती है, उसे सर्ग कहते हैं। श्रीमद्भागवत में सर्ग का वर्णन कई रूपों में हुआ है।[1] सृष्टि की उत्पत्ति के विषय में तीन मत विशेष रूप से प्रसिद्ध हैं—आरम्भवाद, विवर्तवाद और परिणामवाद। श्रीमद्भागवत में इन तीनों ही वादों की संगति मिल जाती है। अव्यक्त से व्यक्त होना, एक से अनेक होना, निराकार से साकार होना सूक्ष्म का स्थूल होना ही सृष्टि है।

उस विराट् पुरुष से उत्पन्न ब्रह्मा जी द्वारा जो विभिन्न चराचर सृष्टियों का निर्माण होता है, उसका नाम विसर्ग है। श्रीमद्भागवत में इस प्रकार की सृष्टि का भी वर्णन है।[2] प्रतिपद नाश की ओर बढ़ने वाली सृष्टि को एक मर्यादा में स्थिर रखने से भगवान् विष्णु की जो श्रेष्ठता सिद्ध होती है, उसका नाम 'स्थान' है।[3] भागवत के पञ्चम स्कन्ध के २४वें अध्याय में लोकों का वर्णन है।

'पोषण' का लक्षण भागवतकार ने इस प्रकार किया है, "पोषणं तदनुग्रहः" (द्वि० स्कं० दशम अध्याय श्लोक ४)। इस तत्व का भागवत के छठे स्कन्ध में विशेष रूप से वर्णन किया गया है। इसमें भगवान् के विशेष अनुग्रह की अनेक कथाएं हैं। जीव की वे वासनाएँ, जो उसे कर्म के द्वारा बन्धन में डाल देती हैं, 'ऊति' नाम से कही जाती हैं।[4] श्रीमद्भागवत के सातवें स्कन्ध में इन वासनाओं का विस्तार से वर्णन है। 'मन्वन्तर' काल-परिमाण का नाम है।[5] मनुष्य-वर्षों के हिसाब से तितालीस लाख, बीस हजार वर्षों की एक चतुर्युगी होती है और इकहत्तर चतुर्युगियों का एक मन्वन्तर होता है। १४ मन्वन्तरों का एक कल्प होता है। यह ब्रह्मा का एक दिन है और इतनी ही बड़ी उसकी एक रात्रि होती है। इस हिसाब से जब ब्रह्मा सौ वर्ष के हो जाते हैं, तो उनकी आयु पूरी हो जाती है। ब्रह्मा के एक दिन में १४ मनु बदल जाते हैं। इस श्वेत बाराह-कल्प में 'स्वयंभू'; 'स्वारोचिष', 'उत्तम', 'तामस', 'रैवत' और 'चाक्षुष' नाम के ६ मनु व्यतीत हो चुके हैं और सातवें 'वैवस्वत-मनु' वर्तमान हैं। इनके अतिरिक्त सात मनु और होंगे—सावर्णि, दक्ष-सावर्णि,

१ श्रीमद्भागवत द्वितीय स्कन्ध अध्याय ५, तृतीय स्कन्ध अ० ५, १०, ११, १२, २३
२ वही तृतीय स्कन्ध अध्याय १०, २६
३ वही स्कन्ध २ अ० १ श्लोक ४
४ वही ऊतयः कर्म-वासना। भागवत २।१०।४
५ वही मन्वन्तराणि सद्धर्मः। वही २।१०।४

ब्रह्म-सार्वाणि, धर्म-सार्वाणि, रुद्र-सार्वाणि, देव-सार्वाणि, और इन्द्र-सार्वाणि। प्रत्येक मनु के संग में विशेष-विशेष देवता, उनके पुत्र, इन्द्र, सप्तर्षि और भगवान् के अवतार हुआ करते हैं।[1]

भगवान् के विभिन्न अवतारों और उनके प्रेमी भक्तों के विविध आख्याओं से युक्त गाथाएँ 'ईश-कथाएँ' कहलाती हैं।[2] श्रीमद्भागवत में स्थान-स्थान पर भक्तों के चरित्र दिये हुए हैं। जब भगवान् योगनिद्रा स्वीकार करके शयन करते हैं, तब इस जीव का अपनी उपाधियों सहित उसमें लीन हो जाना 'निरोध' कहलाता है :

"निरोधोऽस्यां शयनमात्मनः संह शक्तिभिः।" (भागवत २।१०।६)। भागवत के द्वादश स्कन्ध के चतुर्थ अध्याय में 'निरोध' का वर्णन हुआ है।

अज्ञान कल्पित कर्त्तृत्व, भोक्तृत्व, आदि अनात्म-भाव का परित्याग करके अपने वास्तविक स्वरूप परमात्मा में स्थित होना ही 'मुक्ति' है :

"मुक्तिर्हित्वान्यथारूपं स्वरूपेण व्यवस्थितिः।"[3]

श्रीमद्भागवत में पांच प्रकार की मुक्ति बताई है—सालोक्य, सार्ष्टि, सामीप्य, सारूप्य और सायुज्य। भगवान् के नित्य चिन्मय धाम में रहना 'सालोक्य मुक्ति' है। उनके समान ऐश्वर्य प्राप्त कर लेना 'सार्ष्टि मुक्ति' है। भगवान् के समीप रहना 'सामीप्य' मुक्ति है, भगवान् के समान रूप प्राप्त कर लेना 'सारूप्य' और उनके चरणों में समा जाना 'सायुज्य मुक्ति है। भागवत' में इन पांचों प्रकार की मुक्तियों के अनेक उदाहरण हैं; परन्तु मुक्ति की अपेक्षा भक्ति को महत्व दिया गया है; जो भगवान् के सच्चे प्रेमी हैं, वे मुक्ति की इच्छा नहीं रखते, भगवान के प्रेम को ही मुक्ति से ऊँचा मानते हैं।

न्याय और वैशेषिक दर्शनों में प्रमाण, प्रमेय आदि षोडश द्रव्य और द्रव्य, गुण, कर्म आदि सप्त पदार्थों के तत्व-ज्ञान से एकविंशति प्रकार के दुःखों का ध्वंस होकर मुक्ति सिद्ध होती है। सांख्य-दर्शन में प्रकृति और पुरुष के विवेक से पुरुष का अपने असंग रूप में स्थिर हो जाना ही मुक्ति बताया गया है। योग-दर्शन में विवेक के साथ ही साथ मुक्ति के लिए समाधि की आवश्यकता भी स्वीकृत हुई है। भक्ति-दर्शनों में भगवत्कृपा को ही मुक्ति का हेतु माना गया है, क्योंकि भक्ति को अमृत रूपा बताया है। पूर्व-मीमांसा दर्शन स्वर्ग के अतिरिक्त और किसी प्रकार की मुक्ति स्वीकार नहीं करता। श्रीमद्भागवत में इन सब शास्त्रों के सिद्धान्तों को अपनाया है, केवल पूर्व-मीमांसा का मत ही नहीं के तुल्य है। इन सब शास्त्रों से परे भागवत में एक और स्थिति बताई गई है, जो वास्तविक मुक्ति है, वह स्थिति है निरपेक्ष-स्थिति, अर्थात् साधक यह विचार ही नहीं करता कि कौन-सी मुक्ति वाञ्छनीय है अथवा मुक्ति का क्या स्वरूप है।

श्रीमद्भागवत में आश्रय-तत्व का विशेष रूप से निरूपण हुआ है। इस चराचर जगत् की उत्पत्ति और प्रलय जिस तत्व से प्रकाशित होते हैं, वह परब्रह्म ही आश्रय है। शास्त्रों में उसी को परमात्मा कहा है, जो नेत्रादि इन्द्रियों का अभिमानी द्रष्टा जीव है। वही इन्द्रियों के अधिष्ठातृ देवता सूर्यादि के रूप में भी है और जो नेत्रगोलकादि से युक्त देह है, वही उन दोनों को अलग-अलग करता है। इन तीनों में यदि एक का भी अभाव हो जाय तो दूसरे दो की उपलब्धि

---

१ श्रीमद्भागवत अष्टम स्कन्ध

२ वही २।१०।५

३ वही २।१०।६

वह पूर्ण पुरुषोत्तम परब्रह्म ही जब रमण करने की इच्छा करता है, तो स्वयं जगत् के रूप में प्रकट हो जाता है। तैत्तिरीयोपनिषद में लिखा है "एकोऽहं बहु स्याम्"। वल्लभाचार्य जी ने भी इसी सिद्धान्त को माना है और लिखा है "वह अक्षर ब्रह्म अपनी इच्छा से अनन्तमूर्ति हो गया।" अक्षर-ब्रह्म-ब्रह्मा, विष्णु और शिव का रूप धारण करता है। शुद्ध सत्वगुण युक्त विष्णुरूप में वह सृष्टि को स्थित रखता है, शुद्ध रजोगुण-रूप से ब्रह्मा उसे उत्पन्न करता है तथा शुद्ध तमोमय रूप से शिव उसका संहार करता है।[1]

उसी पूर्ण पुरुषोत्तम परब्रह्म का एक स्वरूप रस-रूप भी है। छान्दोग्योपनिषद में उसके इस स्वरूप का प्रतिपादन किया गया है।[2] वल्लभ-सम्प्रदाय में रसरूप परब्रह्म को छै धर्मों से युक्त बताया गया है। वे छै धर्म हैं—ऐश्वर्य, वीर्य, यश, श्री, ज्ञान और वैराग्य। जब जीव के ये छै ऐश्वर्यादि गुण तिरोहित हो जाते हैं तभी उसे दुःख भोगना पड़ता है। फिर भगवान् की कृपा से जब पुनः उक्त छै गुण मिल जाते हैं तो वह अपने स्वरूप को जानकर ब्रह्म के समान हो जाता है। परब्रह्म आनन्दाकार विग्रह से अपने अक्षर-धाम में अनेक लीलाएँ करता है। परब्रह्म के अक्षर-धाम को 'गोपाल' भी कहा गया है। यह पूर्ण पुरुषोत्तम परब्रह्म अगणितानन्द है और अक्षर-ब्रह्म गणितानन्द। अक्षर-ब्रह्म के ही अनेक अंश समय-समय पर कला रूप से अवतार लेते हैं। यह अक्षर-ब्रह्म दो प्रकार से अवतार धारण करता है—धर्म-संस्थापन के लिए और संसार को आनन्द देने के लिये। वल्लभ-सम्प्रदाय में श्रीकृष्ण को पूर्ण-आनन्द-स्वरूप पूर्णपुरुषोत्तम परब्रह्म माना गया है।[3]

'तत्व-दीप-निबन्ध' के शास्त्रार्थ प्रकरण के प्रथम श्लोक में ही लिखा है—"मैं उस भगवान् को नमस्कार करता हूँ, जिससे संसार की उत्पत्ति हुई है और जो रूप और नाम-भेद से उसमें रमण करता है।" ब्रह्म के स्वरूपों का विश्लेषण करते हुए उसके तीन स्वरूप बताये गये हैं—१—पूर्ण-पुरुषोत्तम रसरूप परब्रह्म श्रीकृष्ण, २—पूर्ण पुरुषोत्तम अक्षरब्रह्म, ३—अन्तर्यामी ब्रह्म। कृष्ण का अवतार उन्होंने चतुर्व्यूहात्मक तथा रसात्मक, दोनों रूपों से माना है। परब्रह्म पूर्ण पुरुषोत्तम अपने अक्षर-धाम तथा अपनी शक्तियों सहित अवतार लेता है; इसलिए ब्रजभूमि को भगवान् का लीलाधाम अथवा गोलोक का अवतार माना है और उसको मायिक जगत् से परे माना है।

हम पहले कह चुके हैं वल्लभाचार्य जी ने जीव को अंश और परमात्मा को अंशी माना है। जिस प्रकार अग्नि से चिनगारियाँ निकलती हैं, उसी प्रकार सच्चिदानन्द अक्षर ब्रह्म के चिद् अंश से असंख्य जीव निकले और सद् अंश से जड़ प्रकृति, तथा आनन्दांश से उनके अन्तर्यामी रूप निकले। श्रीमद्भगवद्गीता में भी जीव को उसका अंश माना गया है। अणु-भाष्य में वल्लभाचार्य ने लिखा है :

अस्य जीवस्यैश्वर्यादितिरोहितम्।[4]

अर्थात् भगवान् की इच्छा से जीव के ऐश्वर्य आदि छै गुण तिरोहित हो जाते हैं। ऐश्वर्य के तिरोभाव से दीनता, पराधीनता, वीर्य के तिरोभाव से सब प्रकार के दुःख, यश के तिरोभाव

---

१ अनन्तमूर्ति ब्रह्म ह्यविकृत विभक्तिवत्।
वहु स्याम् प्रजायेयेति लीला तस्य ह्यभूत् सती॥ त० दी० नि० पृष्ठ ८७।

२ रसो वै सः छान्दोग्य० ३।१४।२

३ परब्रह्म तु कृष्णो हि सच्चिदानन्दकं वृहत्। सिद्धान्त मुक्तावली, श्लोक ३।

४ अनुभाष्य अ० ३ पा० २ सू० ५

से हीनता, श्री के तिरोभाव से जन्म-मरण विषयक आपत्तियाँ, ज्ञान के तिरोभाव से अहंबुद्धि और सब पदार्थों का विपरीत-ज्ञान तथा वैराग्य के तिरोभाव से विषयों में आसक्ति हो जाती है। आनन्दांश का तिरोभाव तो पहले से ही हो जाता है।

वल्लभाचार्य ने जीव को अणुमात्र माना है, जो गंध की भांति सम्पूर्ण शरीर में फैला हुआ है; उसका चैतन्य-गुण सर्व-शरीरव्यापी है।[1] जीव, असंख्य, नित्य और सनातन है। जीव में अपने अंशों के सब गुण हैं। अविद्या माया के कारण जीव बद्धावस्था में रहता है और ऐश्वर्य आदि गुणों का उसमें से तिरोधान हो जाता है। उस समय जीव अनेक योनियों से भ्रमता रहता है। वल्लभाचार्य ने श्रुतियों से प्रमाण देकर जीव अणुत्व और आनन्त्य सिद्ध किया है।[2]

जीव-सृष्टि दैवी और आसुरी दो प्रकार की मानी गई हैं। दैवी जीव-सृष्टि पुष्टि तथा मर्यादा-भेद से दो प्रकार की है। पुष्टि सृष्टि के जीव चार प्रकार के होते हैं और उनकी उत्पत्ति पुरुषोत्तम के अङ्ग से मानी गई है। इस सृष्टि के जीवों के चार प्रकार ये हैं—शुद्ध-पुष्ट, पुष्टि-पुष्ट, मर्यादा-पुष्ट तथा प्रवाही-पुष्ट।

जैसा कि पहले कहा जा चुका है, वल्लभाचार्य ने जड़-जगत की उत्पत्ति अक्षर-ब्रह्म के सद् अंश से मानी है। ब्रह्म की रमण करने की कामना ही उसका कारण है; अर्थात्—भगवान् स्वयं ही जगत् के रूप में प्रकट हुए हैं। जैसे स्वर्ण से कटक कुण्डलादि बनते हैं, उसी प्रकार ब्रह्म से यह जगत् बना है, इसलिए भगवान् की क्रीड़ा का उपकरण रूप जगत् भी आनन्दरूप है। क्रीड़ा आधार के बिना सम्भव नहीं; अतः आधारत्वेन जड़-जीवात्मक सच्चिदंश से सत्रूप प्रपंच का आविर्भाव किया है। यह दृश्यमान जगत् पूर्ण पुरुषोत्तम भगवान् का ही आविर्भाव है। इस प्रकार काष्ठवह्नि-न्याय से आविर्भूत और अनाविर्भूत दोनों स्वरूपों में ही जगत् सत्य, ज्ञान और अनन्त लक्षण लक्षित ब्रह्मरूप सच्चिदानन्द स्वरूप का भगवत्स्वरूप है। सिद्धान्त-मुक्तावली में वल्लभाचार्य जी कहते हैं—

'परब्रह्म' तो श्रीकृष्ण ही हैं। सच्चिद् गणितानन्द अक्षर ब्रह्म है जो दो प्रकार का है, जगत्स्वरूप और उससे भिन्न। जगद्रूप के विषय में विवाद करने वालों के अनेक मत हैं। कोई इसे मायाविष्ट बताता है और कोई त्रिगुणात्मक, कोई इसे ईश्वरकृत मानता है और कोई अनादि। वास्तव अक्षर ब्रह्म ही जगद्रूप है जो गङ्गा के जल के सदृश है; अर्थात्—जलरूप और दूसरा तीर्थ-रूप।[3]

अणुभाष्य में आचार्य जी लिखते हैं, "ब्रह्म ही इस जगत् का निमित्त कारण है और वही इसका उपादान कारण"।[4] यह जगत् अविकृत् परिणामी है, अर्थात्—यह रूप बदलने पर भी लय होने के अनन्तर शुद्ध ब्रह्मरूप में आ जायेगा। सृष्टि के विकास के विषय में श्रीवल्लभाचार्य जी मानते हैं कि सच्चिदानन्द पूर्ण पुरुषोत्तम अपनी इच्छामात्र से सत्, चित् तथा गणितानन्द अक्षर ब्रह्म बनता है। उसके चिद्रूप से जीव रूप पुरुष और सद् अंश से प्रकृति का प्रादुर्भाव होता है। पुरुष और प्रकृति के साथ महत्तत्व, अहंकारादि अन्य २६ तत्वों का आविर्भाव होता है। इन २८ तत्वों

१ जीवस्य हि चैतन्य गुणः सः सर्व-शरीरव्यापी। अणुभाष्य २।३।२५

२ बालाग्रशतभागस्य शतधा कल्पितस्य तु।
भागो जीवः स विज्ञेयः स चानन्त्याय कल्पते॥

३ सिद्धान्त मुक्तावली, श्लोक ३, ४, ५

४ अणुभाष्य ३।२।१७

वल्लभाचार्य जी के सिद्धान्तों पर प्रकाश डाला और छोटे-बड़े अनेक ग्रन्थ लिखे, अपने पिताजी के अपूर्ण ग्रन्थों को पूरा किया तथा उनकी टीकाएँ कीं। इनके स्वतन्त्र ग्रन्थों में, 'विद्वन्मण्डन' ग्रन्थ बड़ा महत्वपूर्ण है। विट्ठलनाथ जी के पश्चात् उनके पुत्र गोकुलनाथ जी तथा पौत्र श्री हरिराय जी ने भी सम्प्रदाय सम्बन्धी अनेक ग्रन्थ लिखे हैं, परन्तु हम अपना विवेचन आचार्य वल्लभ के ग्रन्थों तक ही सीमित रखेंगे।

धर्म के दो पक्ष हैं, सिद्धान्त और आचरण। सिद्धान्त-पक्ष में वल्लभ-सम्प्रदाय को शुद्धाद्वैत-वादी, ब्रह्मवादी तथा अविकृत परिणामवादी कहते हैं; आचरण-पक्ष में यह मार्ग पुष्टि-मार्ग कहलाता है। शुद्धाद्वैत का विवेचन श्री गिरिधर जी के 'शुद्धाद्वैत-मार्त्तण्ड' में तथा श्री रामकृष्ण भट्ट के 'शुद्धाद्वैत-परिष्कार' में विशेष रूप से हुआ है ब्रह्मवाद का विवेचन श्री हरिराय जी और श्री ब्रजराज जी ने किया है तथा तत्वदीप-निबन्ध के शास्त्रार्थ-प्रकरण में, अणुभाष्य में, सिद्धान्त-मुक्तावली में और भागवत की टीका सुबोधिनी में आचार्य वल्लभ ने भी ब्रह्मा के विविध रूपों पर प्रकाश डाला है। हम पहले बता चुके हैं कि आचार्य वल्लभ का मत शंकर के मत से भिन्न है। शुद्धाद्वैत का अभिप्राय है। शुद्धं च तदद्वैतं च—अर्थात् शुद्ध अद्वैत माया के सम्बन्ध से रहित है। शंकर ने माया और अविद्या रूप उपाधि से युक्त ब्रह्म को कारण और कार्य बताया है, परन्तु वल्लभाचार्य ऐसा नहीं मानते। 'शुद्धाद्वैत-मार्त्तण्ड' में भी लिखा है :

"माया-सम्बन्ध-रहितं शुद्धमित्युच्यते बुधैः।
कार्य-कारणरूपं हि शुद्धं ब्रह्मा न मायिकम्॥"[१]

ब्रह्मवाद का अभिप्राय यह है—सर्वं ब्रह्मा, इतिवादः=ब्रह्मवादः, अर्थात्—सब कुछ ब्रह्म ही है। जगत् भी ब्रह्म रूप है और जीव भी ब्रह्म-रूप है, जैसा कि तत्वदीप-निबन्ध में लिखा है—

"आत्मैव तदिदं सर्वं ब्रह्मैव तदिदं तथा।"[२]

इसी शुद्धाद्वैत को अविकृत-परिणामवाद कहा गया है, जिसका अर्थ है कि जगत् ब्रह्म का ही परिणाम है, जो अविकृत अर्थात् विकार रहित है। "एकमेवाद्वितीयं ब्रह्म" वाली श्रुति को लेकर शुद्धाद्वैत के आचार्यों ने ब्रह्म का निरूपण किया है। इस श्रुति में ब्रह्म को एक और अद्वितीय बताया गया है और उसमे निश्चयात्मकता-सूचक अव्यय 'एव' का प्रयोग कर मन्तव्य की दृढ़ता का आभास दिया है। इसके अनुसार ब्रह्म स्वारस्य, स्वजातीय, विजातीय और स्वगत-भेद-वर्जित हैं। इस प्रकार जीव, जगत् और ब्रह्म को एक ही माना गया है। 'तत्व-दीप-निबन्ध' में निबन्ध के शास्त्रार्थ प्रकरण में लिखा है कि ब्रह्म सजातीय, विजातीय, स्वगत-भेद-वर्जित है तथा सत्य आदि हजारों गुणों से वह युक्त है।[३] उसी पृष्ठ पर वल्लभाचार्य लिखते हैं कि ब्रह्म सच्चिदानन्द-स्वरूप है, व्यापक और अव्यय है, सर्वशक्तिमान् और सर्वज्ञ है एवं गुणों से रहित है। इससे आगे व फिर लिखते हैं :

"वही ब्रह्म जगत् का समवायि-कारण है और वही निमित्त-कारण है तथा वह अपने स्वरूप में और अपनी रचित लीला में नित्य मग्न रहता है। जिस प्रकार सुदीप्त अग्नि से

---

१ शुद्धाद्वैत-मार्त्तण्ड (गिरिधर जी) श्लोक २८

२ तत्वदीप-निबन्ध, शास्त्रार्थ-प्रकरणान्तर्गत सर्व-निर्णय-प्रकरण।

३ तत्वदीप-निबन्ध पृ० २२१

विस्फुलिंग; अर्थात्—चिनगारियाँ उत्पन्न होती हैं, इसी प्रकार ब्रह्म से असंख्य-स्वरूप जीव उत्पन्न होते हैं।"[1]

श्रुतियों के अनुकरण पर वल्लभाचार्य ने ब्रह्म को 'पुरुषेश्वर', 'पुरुषोत्तम' भी माना है। ब्रह्म को पुरुष मानने वाली अनेक श्रुतियाँ हैं। तैत्तिरीयोपनिषद् के सहस्र शीर्षानुवाद में यह श्रुति पढ़ी गई है—"पुरुष एवेदत् सर्वम्"; अर्थात्—यह सब पुरुष ही है। फिर आगे कहा है कि—"जो हो गया है और जो होगा वह ब्रह्म ही है।" वल्लभाचार्य जी ने सब श्रुतियों को आधार मान कर लिखा है:

"जहाँ-जहाँ, जिससे जिसके लिए और जिस सम्बन्ध द्वारा जो-जो जब-जब होता है, उस देश, उस हेतु, उस सम्बन्ध, उस कार्य और उस पदार्थ के—अर्थात् सब कुछ के—भगवान् स्वयं ही नियन्ता है।"[2]

इस भाव को प्रकट करने वाली अनेक श्रुतियाँ हैं। इस प्रकार ब्रह्म अनन्त-मूर्ति सिद्ध हो जाता हैं, जैसा कि वल्लभाचार्य जी ने लिखा है, "भगवान् अनन्त-मूर्ति, चल और अचल दोनों प्रकार का है तथा वह सम्पूर्ण विरुद्ध धर्मों का आश्रय है।"[3] ब्रह्म का यह 'विरुद्ध-धर्माश्रयत्व' वल्लभाचार्य जी के मत की विशेषता है। इसको वल्लभाचार्य जी ने स्थान-स्थान पर बड़े विस्तार से कहा है। शास्त्रार्थ प्रकरण में ईश्वर के विरुद्ध-धर्मत्व की विवेचना की गई है। ब्रह्म से ही पदार्थों का आविर्भाव और उसमें ही उनका तिरोभाव होता है। इस प्रकार भगवान् स्वयं आविर्भाव और तिरोभाव की शक्ति से सम्पन्न हैं, जिसके द्वारा वह एक से अनेक और अनेक से एक होता रहता है। 'पुरुषोत्तम सहस्रनाम' में वल्लभाचार्य ने ब्रह्म के अनेक नामों का वर्णन किया है। आविर्भाव-तिरोभाव की क्रिया में भी वल्लभ सम्प्रदाय की अपनी विशेष मौलिकता है। इसी आविर्भाव-तिरोभाव के द्वारा जड़ जगत् जीव, सृष्टि और ब्रह्म में एकता स्थापित की गई है। जड़-तत्व में चित् और आनन्द दो धर्म-तिरोभूत है, केवल सद्धर्म प्रकट है। जीव में सत् और चित्—दो धर्म प्रकट हैं और आनन्द तिरोभूत है। इस ब्रह्म का आनन्दांश अन्तरात्मा रूप से प्रत्येक जीव में है, इसलिए भगवान् अन्तर्यामी है—

विस्फुलिंगा इवाग्नेस्तु संदशेन जड़ा अपि।
आनन्दांश स्वरूपेण सर्वान्तिर्यामिरूपिणः॥
सच्चिदानन्दरूपेषु पूर्वयोरन्यलीनता।
अतएव निराकारो पूर्वावानन्दलोपतः॥
जड़ो जीवोऽन्तरात्मेति व्यवहार स्त्रिधा मतः।
विद्याविद्ये हरेः शक्ती माययैव विनिर्मिते॥[4]

पुरुषोत्तम परब्रह्म का दूसरा स्वरूप 'अक्षर ब्रह्म' भी है। आविर्भाव-तिरोभाव की क्रिया में अक्षर ब्रह्म की ही अनेकरूपता होती है। अक्षर-ब्रह्म से ही जीव और जगत् की उत्पत्ति होती है।

---

१ तत्वदीप-निबन्ध पृ० २२३

२ वही शास्त्रार्थ प्रकरण पृ० २३७

३ अनन्तमूर्ति तद् ब्रह्म कूटस्थं चलमेव च।
विरुद्धसर्वधर्माणी माश्चर्यं युक्त्यागोचरम्॥ त० द० नि० शास्त्रार्थ प्रकरण, ज्ञानसागर बम्बई, पृ० २४६

४ तत्व-दीप-निबन्ध शास्त्रार्थ प्रकरण श्लोक ३२, ३३, ३४ पृष्ठ ६२, ६५, ६६।

वृन्दावन से उनका कभी वियोग नहीं होता, क्योंकि वह उनका गोलोक है। लीला भगवान् की दैवी शक्ति का ही एक स्वरूप है और उसके प्राकृत और अप्राकृत दो भेद हैं। वृन्दावन से कृष्ण का वियोग प्राकृत लीला में है, जो केवल स्थूल रूप से वियोग माना गया है। सूक्ष्म रूप से प्राकृत-लीला में भी उनका वृन्दावन से नित्य सम्बन्ध है जो दो प्रकार का है—आविर्भाव और अगति। अप्राकृत-लीला में भी कृष्ण का वृन्दावन से नित्य-सम्बन्ध रहता है। इसलिये वृन्दावन में ही माधुर्य-भाव की पूर्णता है। इस माधुर्य-भाव में कृष्ण का ऐश्वर्य, क्रीड़ा, वेणु तथा स्वरूप सम्मिलित हैं।

रूप गोस्वामी ने 'लघु-भागवतामृत' में भक्तों की कोटियाँ गिनाई हैं और पद्म-पुराण तथा श्रीमद्भागवत का आधार लेकर अनेक सिद्धान्तों का प्रतिपादन किया है। भगवान् कृष्ण के स्वरूप की भाँति उनके परिकरों का भी पूर्ण विवेचन किया गया है। द्वारका तथा मथुरा में भगवान् के परिकर यादव हैं, तथा वृन्दावन और गोकुल में गोप और गोपियाँ। ये परिकर भी कृष्ण की भाँति प्राकृत और अप्राकृत हैं। गोकुल और वृन्दावन में गोप-गोपियों का सम्बन्ध नित्य-सम्बन्ध है, जिनमें अलौकिकता का भाव है। जीव गोस्वामी ने कृष्ण और गोपियों के सम्बन्ध को शुद्ध सात्विक सम्बन्ध माना है और जार-बुद्धि का विश्लेषण भी इसी रूप से किया है।

चैतन्य महाप्रभु के शिष्यों ने वैष्णव-सम्प्रदाय को शास्त्रीय रूप देने में बहुत अधिक योग दिया। यों तो उनके शिष्य वृन्दावन के छै गोस्वामी थे और सभी ने इस विषय में योग दिया है, परन्तु सनातन, रूप और जीव का कार्य बड़ा महत्वपूर्ण है। सनातन और रूप, दोनों सहोदर थे और जीव गोस्वामी उनके भ्रातृज। इन्होंने १५ वीं शताब्दी के अन्तिम वर्षों में ग्रन्थ लिखने प्रारम्भ किये और सोलहवीं शताब्दी के मध्य तक उनका यह लेखन-कार्य चलता रहा। वृन्दावन के प्रायः सभी सम्प्रदाय उनसे प्रभावित हुए हैं। वल्लभ-सम्प्रदाय के सिद्धान्तों का अध्ययन करने से यह बात स्पष्ट झलक जाती है कि सिद्धान्त रूप से वल्लभ-सम्प्रदाय चैतन्य-सम्प्रदाय से बहुत अधिक प्रभावित हुआ है। कृष्ण-लीला का आध्यात्मिक पक्ष थोड़े बहुत अन्तर से प्रायः चैतन्य-सम्प्रदाय ही लिया गया है। वल्लभाचार्य जी के पश्चात् गोस्वामी विट्ठलनाथ जी ने तो अपने सम्प्रदाय का विस्तार पर्याप्त मात्रा में चैतन्य-साम्प्रदाय के आधार पर ही किया। श्री वल्लभाचार्य ने श्रीमद्भागवत को समाधि-भाषा कहकर प्रस्थान चतुष्टय में सम्मिलित किया। उन्होंने तत्वदीप निबन्ध, दशम स्कन्ध की अनुक्रमणिका तथा सुबोधिनी में श्रीमद्भागवत का रहस्य प्रतिपादित किया है और भागवत के सात प्रकार के अर्थ बताये हैं—चार प्रकार के भागवतार्थ-प्रकरण में, और तीन प्रकार के सुबोधिनी में। सम्पूर्ण ग्रन्थ भगवान् का मूर्तिमान् स्वरूप है, और दशम स्कन्ध सारे ग्रन्थ का रहस्य होने के कारण हृदय माना गया है। दशम स्कन्ध के अध्याओं को भी उन्होंने सङ्गति लगाई है। अन्तिम तीन अध्याओं को प्रक्षिप्त मानकर शेष २७ अध्याओं को पाँच प्रकरणों में विभाजित किया है-- जन्म-प्रकरण, तामस-प्रकरण, राजस-प्रकरण, सात्विक-प्रकरण और गुण प्रकरण। तामस प्रकरण में उन्होंने पूर्ण रूप से आध्यात्मिकता का आरोप किया और युगलगीत तक का विषय इस प्रकरण में माना है :

वल्लभ-सम्प्रदाय में भगवान कृष्ण को पूर्णावतार मानकर उनके चार व्यूह माने हैं—वासुदेव संकर्षण प्रद्युम्न और अनिरुद्ध। इन चारों के कार्य पृथक-पृथक हैं। पूर्ण पुरुषोत्तम श्रीकृष्ण का अवतार उन्होंने दो जगह माना है—श्री वासुदेव देवकी के यहाँ और श्री नन्द यशोदा के यहाँ। दोनों जगह श्रीकृष्ण का जन्म व्यूह सहित ही हुआ है। कहीं व्यूह का प्राकट्य कार्य से है और कहीं

स्वरूप से। वासुदेव-देवकी के यहाँ चारों व्यूह स्वरूप भी प्रकट हैं; अर्थात्--भगवान ने ब्रज में अपने व्यूहों का स्वरूप छिपा कर रखा है, किन्तु व्यूहों का कार्य किया है और मथुरा में भगवान् ने अपने व्यूहों का स्वरूप भी प्रकट किया है और कार्य भी। अतएव भगवान् ने वसुदेव जी के यहाँ अपने चतुर्भुज स्वरूप का दर्शन कराया। श्रीहरिराय के 'स्वरूप-निर्णय' में कृष्ण के संयोग-विप्रयोगात्मक स्वरूप की व्याख्या विस्तार से की गई हैं। गोपियाँ नित्य-सिद्धा, श्रुतिरूपा और अग्निकुमार स्वरूपा बताई गई हैं। इस प्रकार भगवान् की लीला को आध्यात्मिक रूप दिया गया है।[1]

प्रतीकार्थ

राधा, गोपी, मुरली तथा रास

पिछले अध्याय में राधा का विवेचन करते हुए हमने बताया कि राधा भगवान् की आल्हादिनी शक्ति है। चैतन्य-सम्प्रदाय में राधा को बहुत अधिक महत्व दिया गया है और चैतन्य-महाप्रभु को राधा और कृष्ण का संयुक्त रूप माना है। वल्लभाचार्य के सिद्धान्त-ग्रन्थों में राणा का इतना विवेचन नहीं है, जितना उनके पश्चात् लिखे गये सम्प्रदाय-ग्रन्थों में। सम्भवतः यह प्रभाव चैतन्य तथा निम्बार्क-सम्प्रदाय का है। निम्बार्क-सम्प्रदाय में युगलरूप की उपासना की जाती है। 'भागवत-सन्दर्भ में जीव-गोस्वामी ने राधिका को भगवान् की स्वरूप शक्ति माना है। यह स्वरूप-शक्ति भगवान् के विभिन्न लीला-स्थलों पर विभिन्न स्वरूप धारण करती है। मथुरा तथा द्वारका में इस स्वरूप-शक्ति का नाम 'महिषी' है, जो सोलह हजार रानियों के लिये आया है। इन सोलह हजार में से आठ भगवान् की पट्टमहिषी हैं। वृन्दावन में भगवान् की स्वरूप-शक्ति ब्रजदेवियों के रूप में प्रकट हुई है; जो भगवान् की आल्हादिनी शक्ति राधिका के शरीर से ही उत्पन्न हुई है। इस प्रकार राधिका को जीव गोस्वामी ने प्रधान स्थान दिया है।[2] 'प्रीति-सन्दर्भ' में उन्होंने राधिका का प्रेमोत्कर्ष पराकाष्ठा पर माना है और उसे सर्वश्रेष्ठ भक्त अथवा परिकर के रूप में ग्रहण किया है। भागवत की अन्यतमा सखी को ही वे राधिका मानते हैं।

पुराण-साहित्य में भी गोपिकाओं के विषय में इसी प्रकार के आध्यात्मिक आरोप मिलते हैं, जिसका विवेचन हम पहले कर चुके हैं। विशेषकर पद्म पुराण के पाताल-खण्ड के तितालीसवें अध्याय में उन्हें श्रुति-स्वरूपा और मुनि-स्वरूपा कहा गया है। भागवत में इस प्रकार के अनेक संकेत है। भगवान् के समान गोपियाँ भी परम रसमयी और सच्चिदानन्दमयी मानी गई हैं। साधना की दृष्टि से उन्होंने न केवल जड़ शरीर का ही त्याग किया, अपितु सूक्ष्म शरीर से प्राप्त होने वाले स्वर्ग तथा कैवल्य से अनुभव होने वाले मोक्ष की भी उपेक्षा कर दी। भागवतकार ने लीलामय कृष्ण को तीन प्रकार का माना है। कुरुक्षेत्र में श्रीकृष्ण पूर्णसत् और ज्ञान-शक्ति-प्रधान हैं, द्वारका और मथुरा में श्रीकृष्ण पूर्णचित और क्रिया-प्रधान हैं तथा वृन्दावन में वे पूर्णानन्द और इच्छा-शक्ति-प्रधान हैं। इसीलिये लीला को Playing in the infinite कहा है। भगवान् कृष्ण की सभी लीलाओं में अध्यात्म का आरोप किया गया है। श्रीमद्भागवत में इस अध्यात्म-तत्व का निर्देश स्थान-स्थान पर मिलता है, जिससे स्पष्ट हो जाता है कि भगवान् की सारी लीलायें प्रधान रूप से किसी न किसी उद्देश्य को लेकर की जा रही थीं। गोप गोपिकायें आदि सभी प्रच्छन्न रूप में, असाधारण अथवा अति-मानव थे। यहाँ तक कि असुर भी किन्हीं विशेष प्रयोजनों तथा कारणों से उस लीला पुरुषोत्तम नटवर के सम्पर्क में आते थे। माखन-चोरी, उलूखल-बन्धन, दामोदर-

१ स्वरूप-निर्णय (हरिराय जी)

२ भागवत सन्दर्भ (जीव गोस्वामी)

से युक्त अण्डरूप सृष्टि में परब्रह्म जब अन्तर्यामी रूप से प्रवेश कर उनका संचालन करता है, तभी अनेक रूपात्मक सृष्टि का प्रसार होने लगता है। इस अण्ड-सृष्टि को विराट् पुरुष भी कहा गया है। अक्षर, काल, कर्म और स्वभाव ये सृष्टि-कार्य ब्रह्म के ही स्वरूप हैं और इनकी गणना सृष्टि के २८ तत्वों में नहीं की गई है।[१]

वल्लभाचार्य ने संसार का सम्बन्ध जीव से बताया है। जगत् सत्य है, क्योंकि वह ब्रह्म का अविकृति परिणाम है; संसार जीवकृत होने के कारण ही झूठा है—

प्रपञ्चो भगवत्कार्यस्तद्रूपो मायायाऽभवत्।
तच्छक्त्याऽविद्यया त्वस्य जीवसंसार उच्यते ।।

त० दी० नि० शास्त्रार्थ प्रकरण,२६

संसार को जीव ने अपनी अविद्या माया से रचा है। इसका उपादान-कारण अविद्या और निमित्त-कारण जीव है। अहंता-ममतात्मक कल्पना का नाम ही संसार है। जब जीव अज्ञान से छूट जाता है तो उसके संसार का लय हो जाता है, किन्तु जगत् का लय भगवान् की इच्छा पर निर्भर है। श्रीमद्भागवत में लिखा है, "यह संसार गुणों और कर्मों के कारण होने वाला जन्म-मरण का चक्र है। यद्यपि यह अज्ञान-मूलक एवं मिथ्या है, तथापि जीव को रस की प्रतीति स्वप्न के समान हो रही है।"[२] वल्लभाचार्य जी ने माया के दो रूप बताये हैं—विद्या-माया और अविद्या-माया। जीव माया के अधीन है, अविद्या-माया जीव के बन्धन का कारण है और विद्या-माया 'मुक्ति' का। अविद्या-माया के कारण ही जीव को भ्रांति होती है, उसमें अहंता ममता के भाव आते हैं। माया दो प्रकार से भ्रम उत्पन्न करती है, एक तो विद्यमान को प्रकाशित नहीं होने देती, और दूसरे अविद्यमान को प्रकाशित करती है।[३] शास्त्रार्थ प्रकरण में आचार्य जी ने माया को पञ्चपर्वा कहा है।[४] ये पाँच पर्व—अन्तःकरण, प्राण, इन्द्रिय, देह और स्वरूप नाम के अध्यास हैं। स्वरूपाध्यास में जीव यह बिल्कुल भूल जाता है कि वह भगवान् के चेतन रूप का अंश है। इस अविद्या का नाश भगवान् की कृपा के बिना सम्भव नहीं है। भगवान् की कृपा होने पर जब जीव दुःख से छूट जाता है और उसे नित्यानन्द की प्राप्ति हो जाती है तब वह मुक्त हो जाता है।[५]

वल्लभ-सम्प्रदाय में मुक्त जीव के अधिकार और साधन के अनुसार मुक्ति की अनेक अवस्थाएँ मानी हैं। नित्यानन्द की प्राप्ति ही मुक्ति है। विद्या के द्वारा जब अविद्या का नाश हो जाता है तो देह इन्द्रिय आदि का अभ्यास मिट जाता है और जीव संसार के दुःख से छूट जाता है। जब तक जीव के प्रारब्ध कर्म नष्ट नहीं हो जाते अथवा उसे भगवान् की अनुकम्पा प्राप्त नहीं होती, तब तक उसका देहाभाव विद्यमान रहता ही है। प्रभु की कृपा के पात्र पुष्टि मार्गी भक्त के प्रारब्ध कर्म बिना भोग के ही नष्ट हो जाते हैं।[६] वह इस स्थल देह को छोड़ देता है और भगवान् की लीला के उपयुक्त देह को प्राप्त कर लेता है। भक्ति के द्वारा ही मुक्ति सरलता से प्राप्त हो सकती है, क्योंकि ज्ञान और योग के उपाय और साधन कष्ट-साध्य हैं। वल्लभाचार्य जी ने

---

१ तत्वदीप निबन्ध, सर्वनिर्णय प्रकरण।

२ श्रीमद्भागवत् ७। ७। २७

३ श्रीमद्भागवत् २। ९। ३३।

४ पञ्च पर्वा त्वविद्येयं मद्बद्धो याति संसृतिम्।
विद्ययाऽविद्यानाशे तु जीवो मुक्तो भविष्यति। त० दी० नि० शा० प्र० ३६।

५ त० दी० नि० शास्त्रार्थ प्रकरण ३७, ३८।

६ अणुभाष्य ४। १। १७।

सालोक्य, सामीप्य, सारूप्य और सायुज्य मुक्ति-अवस्थाओं के अतिरिक्त स्वरूपानन्द की एक अवस्था और मानी है, जब मुक्त-जीव भगवान् की लीला का साक्षात् रूप से अनुभव करता है। वल्लभ-सम्प्रदाय में इसी को अधिक महत्व दिया है और गोकुल को वैकुण्ठ से भी उच्च माना है। भगवान् के संयोग-विप्रयोगात्मक रस रूप के उपासक श्री वल्लभाचार्य इस अवस्था में संयोग और वियोग—दोनों ही रसों की अनुभूति करते हैं, इसीलिए उन्होंने सायुज्य-मुक्ति की लयात्मक और प्रवेशात्मक —दो अवस्थाएँ मानी हैं। श्रीमद्भागवत की भांति उन्होंने 'सद्योमुक्ति' और 'क्रममुक्ति' भी स्वीकार की है। सद्योमुक्ति के अधिकारी पुष्टि-पुष्ट भक्त होते हैं, जिन्हें भागवान् आनन्द विग्रह देकर अपनी नित्य रसात्मक लीला में ग्रहण करते हैं। क्रम-मुक्ति ज्ञानमार्गियों को प्राप्त होती है। अणुभाष्य के चौथे अध्याय में मुक्ति और पुनरावृत्ति के विषय पर विस्तार पूर्वक विचार किया गया है। विरह की अवस्था को इस सम्प्रदाय ने बड़ा महत्व दिया है, क्योंकि उस अवस्था में ही भक्त और भगवान् का एकीकरण होता है। वह भी एक सायुज्य-अवस्था ही है। भगवान् का अनुग्रह ही जीव की मुक्ति में विशेष कारण बनता है; जैसा अनुग्रह जिस जीव पर होता है, उसी के अनुसार अलौकिक शरीर में प्रवेश कर मुक्त जीव भगवान् की लीला का आनन्द लेता है।[1]

हम पहले कह आये हैं कि चैतन्य-सम्प्रदाय वालों ने वृन्दावन को बहुत महत्व दिया है और उसी को भगवान् कृष्ण की नित्य लीला का स्थल बताया है। वल्लभ-सम्प्रदाय में गोकुल का महत्व है और अक्षर-ब्रह्म के लीला-धाम का नाम गोकुल, गोलोक या वृन्दावन कहा गया है, जहाँ भगवान् अपनी आनन्द-प्रसारिणी शक्तियों के साथ लीला करते हैं। ब्रज, वृन्दावन अथवा गोकुल—नित्यलीला-धाम गोलोक का अवतरित रूप है। वल्लभाचार्य जी ने गोकुल की महत्ता वैकुण्ठ से भी अधिक मानी है।[2] इसीलिये वल्लभ-सम्प्रदायी भक्त इसी गोलोक की प्राप्ति को अपनी साधना का परम लक्ष्य मानता है।

श्रीकृष्ण-लीलाओं का आध्यात्मिक पक्ष तथा प्रतीकार्थ

भगवान् की त्रिविधात्मक शक्ति का सूत्र तो विष्णु-पुराण से लिया गया है, परन्तु ब्रह्म के स्वरूपों का जैसा विस्तार और समन्वय श्रीमद्भागवत में है, वैसा अन्यत्र नहीं। इसलिये वैष्णव-धर्म में श्रीमद्भागवत को प्रामाणिक माना गया है, विशेषकर बंगाल के सभी वैष्णव-सम्प्रदाय भागवत को लेकर चले हैं। भागवत में वर्णित कृष्ण-लीलाओं को लेकर चैतन्य महाप्रभु के शिष्य—वृन्दावन के गोस्वामियों ने बड़े-बड़े रूपक बांधे हैं। इस विषय में सनातन गोस्वामी का 'वृहद-भागवतामृत' तथा रूप-गोस्वामी का 'लघु-भागवतामृत' विशेष उल्लेखनीय हैं। 'लघु-भागवतामृत' में अवतारों का विशद विवेचन है। रूप गोस्वामी ने कृष्ण को पूर्णावतार माना है और उनकी लीलाओं को नित्य-लीला कहा है। जीव गोस्वामी ने अपने 'कृष्ण-संदर्भ' में इसे विषय को और भी विस्तार दिया है। भगवान् की नित्य-लीला प्रकट और अप्रकट, दोनों रूपों में रहती है। प्रकट लीला में वे भक्तों के सम्मुख प्रकट होते हैं और यह लीला उनकी शक्ति ही का कार्य है। इस लीला में भगवान् वृन्दावन, मथुरा और द्वारका में विहार करते हैं, परन्तु नित्य-लीला में अपने नित्य-धाम वृन्दावन में रहते हैं, जहां उनका केवल द्विभुज रूप है और वह केवल अपनी शक्ति-स्वरूपा एक गोपी से विहार करते हैं, मथुरा में वे वासुदेव और द्वारका में प्रद्युम्न और अनिरुद्ध रूप हो जाते हैं। यशोदा के वे नित्य पुत्र हैं और देवकी के पुत्र केवल प्रकट-लीला में ही होते हैं।

---

१ अणुभाष्य ४।४।७

२ वही ४।२।१५

के सम्मुख नहीं जा पा रही थीं, उनमें कुछ झिझक थी। उनकी साधना को पूर्ण बनाने के लिये उन्हें निवारण करना आवश्यक था। भक्ति की दृष्टि से भी वैधी भक्ति का पर्यवसान रागात्मिका भक्ति में है और रागात्मिका भक्ति की परिणति पूर्ण आत्म-समर्पण में। गोपियों ने वैधी भक्ति का पूर्ण अनुष्ठान किया था और उनका हृदय रागात्मिका भक्ति से परिपूर्ण था। चीर-हरण लीला से पूर्ण आत्म-समर्पण का कार्य सम्पन्न हुआ। गोपियों की इस दिव्य लीला का जीवन उच्च कोटि के साधन के लिए आदर्श जीवन है। श्रीकृष्ण जीव के एकमात्र प्राप्तव्य साक्षात् परमात्मा हैं। उनकी यह लीला अपार और अप्राकृत है। श्रीकृष्ण उनके वस्त्रों के रूप में उनके समस्त संस्करण-आवरणों को अपने हाथ में लेकर समीपस्थ कदम्ब-वृक्ष पर चढ़कर बैठ गए। गोपियाँ जल में थीं और वहाँ अपने आपको सर्व-व्यापक, सर्वदर्शी भगवान् से प्रच्छन्न समझ रही थीं। उनकी इस भूल का सुधार श्रीकृष्ण करना चाहते थे। हम संसार के अगाध जल में आकण्ठ मग्न हैं और भगवान् को भूले हुए हैं। भगवान् यही बताते हैं कि भक्तो! संस्कार शून्य होकर, निरावरण होकर, माया का पर्दा हटाकर मेरे पास आओ। तुम्हारा मोह का पर्दा मैंने छीन लिया है, अब तुम इस पर्दे के मोह में क्यों पड़े हो? यह पर्दा ही तो परमात्मा और जीव के बीच बड़ा व्यवधान है, जो भगवत्प्रेम से ही दूर हो सकता है। प्रभु के सम्पर्क से वह पर्दा भी प्रसाद रूप हो जाता है। यही चीर-हरण लीला का प्रतीकार्थ अथवा आध्यात्मिक पक्ष है।

रास-लीला के विषय में भी इसी प्रकार विचार किया जा सकता है। ब्रज-लीला की पराकाष्ठा रास-लीला में है। आत्माराम श्रीकृष्ण की आत्मा राधिका हैं। वंशी उनकी प्रेमरूपिणी है। जिस प्रकार बालक अपने प्रतिबिम्ब के साथ क्रीड़ा करता है, उसी प्रकार भगवान् कृष्ण ने बहुधा विभक्त आत्मरूपिणी ब्रज-गोपिकाओं के साथ रास-लीला करने के लिये सुखमयी रजनी में सुन्दर यमुना-पुलिन पर प्रेम-वंशी के शब्द से संकेत-ध्वनि की। रास शब्द का मूल रस है और रस स्वयं भगवान् श्रीकृष्ण ही हैं। जिस दिव्य क्रीड़ा में अनेक रस एक ही रस में होकर अनन्त-अनन्त रस का आस्वादन करें, एक रस ही रस-समूह के रूप में प्रकट होकर स्वयं आस्वाद्य, आस्वादक, लीलाधाम और विभिन्न आलम्बन एवं उद्दीपन के रूप में क्रीड़ा करे, उसका नाम रास है। विश्व की नियमबद्ध गति को भी रास कहा गया है। विश्व में गति ही प्रधान है तथा यह गति नियमबद्ध होती है। इसी नियमबद्ध गति से विश्व का प्रादुर्भाव और इसी में विलय है। जो इसका रहस्य समझता हुआ इसमें प्रवृत्त होता है, वही इसके सच्चे आनन्द का अनुभव कर सकता है। भगवान् अपने मधुर आह्वान से प्रत्येक व्यक्ति को रास के लिए बुलाते हैं और जो अपना अहंभाव त्यागकर इस ओर अग्रसर होता है, वही इस आनन्द की प्राप्ति करता है।

वल्लभाचार्य जी ने अपना सुबोधिनी में 'रास', 'वेणु' आदि के ऊपर विचार किया है। रास के विषय में उनका मत है कि—भगवान् ने ब्रज में लीलाएँ इसीलिए कीं कि युक्त जीवों को ब्रह्मानन्द से मुक्त होकर भजनानन्द मिले। रास की व्याख्या करते हुए वे लिखते हैं:

"रसस्या. .व्यक्तिर्यं स्मादिति, रसप्रादुर्भावार्थयेव नृत्यम्। रासक्रीडायां मनसो रसोद्‌गमो न तु देहस्य।"[1]

अर्थात्—जिससे रस की अभिव्यक्ति हो, उसे 'रास' कहते हैं। रस के प्रादुर्भाव के लिए उसमें नृत्य का समावेश होता है। रास-क्रीड़ा में मानसिक रस का उद्‌गम होता है, देह द्वारा प्राप्त अनुभव से उस रस की उत्पत्ति नहीं होती। वल्लभाचार्य जी ने आभ्यन्तर और बाह्य दो प्रकार का रास माना है:

---

१ 'भागवत' की सुबोधिनी टीका (रास प्रकरण)

बाह्याभ्यतरभेदेन आन्तरं तु परं फलम् ।[1]

दास्य, वात्सल्य, सख्य और माधुर्य में केवल माधुर्य भाव से ही रस की अनुभूति होती है।

हम पहले संकेत कर चुके हैं कि गोपियाँ भगवान् की आनन्दरूपिणी शक्तियाँ हैं, राधा भगवान् की आह्लादिनी शक्ति है, इसीलिए कृष्ण और गोपियाँ अभिन्न हैं। वल्लभ सम्प्रदाय में गोपिकाएँ रसात्मकता सिद्ध कराने वाली शक्तियों की प्रतीक और राधा रसात्मक-सिद्धि की प्रतीक मानी गई है। रासपञ्चाध्यायी के फल प्रकरण के तीसरे अध्याय में वल्लभाचार्य ने रास में प्रवेश करने वाली गोपियों को १९ प्रकार की बताया है, जो मुख्यतः तीन वर्ग की थीं— १—अनन्यपूर्वा (विवाहिता तथा कुमारिका), २—अन्यपूर्वा (विवाहिता), ३—गुणातीता। पहले दो प्रकार की गोपियाँ—तामस, राजस, सात्विक तीनों गुणों के प्रभाव से तथा तीनों गुणों के मेल से नौ-नौ प्रकार की होती हैं ! उन्नीसवीं गोपी निर्गुण थी। राधा का समावेश वल्लभ-सम्प्रदाय में मुख्य रूप से विट्ठलनाथ जी ने किया, जो सम्भवतः चैतन्य-सम्प्रदाय का स्पष्ट प्रभाव है।

योग की दृष्टि से भी रास का महत्व इसी प्रकार समझा जा सकता है। अनाहतनाद ही भगवान् श्रीकृष्ण की वंशी-ध्वनि है, अनेक नाड़ियाँ ही, गोपिकाएँ हैं, कुण्डलिनी ही राधा है और मस्तिष्क का सहस्रदल कमल ही वह वृन्दावन है, जहाँ आत्मा और परमात्मा का सुखमय मिलन होता है तथा जहाँ पहुँचकर जीवात्मा की सम्पूर्ण शक्तियाँ ईश्वरीय विभूति के साथ सुरम्य रास रचती हुई नृत्य किया करती हैं। वल्लभाचार्य ने 'रास पञ्चाध्यायी' को समाधि भाषा में लिखा कहा है, अतः इसका रहस्य अनेक दृष्टियों से इस प्रकार समझा जा सकता है—भगवान् कृष्ण आनन्दानुभूति की पूर्ण अभिव्यक्ति हैं और यह रास परम उज्ज्वल रस का एक प्रकार है। साम्प्रदायिकों ने रास को केवल रूपक या कल्पना-मात्र नहीं माना है, प्रत्युत उसे सत्य स्वीकार किया है, अन्तर केवल इतना है कि वह लौकिक स्त्री-पुरुषों का मिलन न था। उसके नायक थे सच्चिदानन्दविग्रह, पूर्णतया स्वाधीन, निरंकुश और स्वेच्छाचारी गोपीनाथ भगवान् नन्दनन्दन, जिनकी नायिका थी स्वयं उनकी आह्लादिनी शक्ति राधा जी और उनकी काव्य-व्यूह-रूपा घनीभूत मूर्त्तियाँ श्री गोपीजन। इसलिए उनकी यह लीला अप्राकृत थी। भागवत में शुकदेव जी ने इसका समर्थन किया है।[2]

रास-लीला को एक वैज्ञानिक स्वरूप भी दिया गया है। एक मुख्य केन्द्र के आकर्षण के अनुसार उसके चारों ओर गतिमान् आश्रितों की जो गति होती है, उसे रास कहते हैं; जैसे—सौर-जगत् में सूर्य केन्द्र है, उसके आसपास ग्रह और उपग्रहों की मण्डली होती है, जो अपने केन्द्र सूर्य के आकर्षणानुसार अपनी विशेष गति से गतिमान् है। उनकी यह गति उनकी रास-लीला है। इसी प्रकार मनुष्य के अन्दर भी रास-लीला हुआ करती है, मनुष्य के शरीर में उसका केन्द्र हृदय है और विभिन्न अंग उससे शक्ति लाभ करते हुए समग्र शरीर की रक्षा हेतु अपने-अपने जो कर्त्तव्य करते हैं, वह भी एक रास-लीला ही है। इसी प्रकार विश्वरूप वृत्त में भगवान् कृष्ण परम केन्द्र हैं, प्रकृति इसकी परिधि है और जीवात्मा-गण नाना रेखाएँ हैं, जो केन्द्र से निकल कर परिधि की ओर गई हैं। इन जीवात्माओं का प्रकृति की ओर जाना प्राकृत-लीला है। जीवात्मा-गण इस प्राकृतिक चक्र में पड़कर अपने केन्द्र को बिल्कुल भूल गए हैं। पीछे ज्ञान के द्वारा उनकी आत्म-विस्मृति दूर होती है और ये जीवात्मा-रूप सरल रेखाएँ परिधि को त्यागकर अपने केन्द्र के

१ सुबोधिनी फल प्रकरण कारिका

२ भागवत १० । २९ । १३–१६ तथा १० । ३३ । ३०–३७

लीला, चीर-हरण, रास-लीला, वेणु-वादन आदि सब पर ही आध्यात्मिक आरोप हुए हैं। गोपियों के पूर्व-जन्म की कथायें तो पुराणों में भरी पड़ी हैं। इन गोपियों ने भगवान् के लिये कल्पों तक साधना करके गोपीतन प्राप्त किया था और उनकी अभिलाषा पूर्ण करने के लिये ही भगवान् की लीलाऐं कीं। श्रीमद्भागवत में भगवान् ने स्वयं गोपियों से कहा है, "हे गोपियो, तुमने लोक और परलोक के सारे बन्धनों को काटकर मुझ से निष्कपट प्रेम किया है। यदि मैं तुम में से प्रत्येक के लिये अलग-अलग अनन्तकाल तक जीवन धारण करके तुम्हारे प्रेम का बदला चुकाना चाहूँ, तो भी नहीं चुका सकता। मैं तुम्हारा ऋणी हूँ और ऋणी ही रहूँगा।"[१]

चीर-हरण और रास-लीला को साम्प्रदायिकों ने बड़ा महत्व दिया है और वेणु से भगवान् का अविच्छिन्न सम्बन्ध माना है। आचार्य वल्लभ ने 'वेणुगीत' का विषय दशम स्कन्ध के तामस प्रकरण के अन्तर्विभाग प्रमेय-प्रकरण में माना है इस तामस प्रकरण के चार विभाग किये हैं— प्रमाण, प्रमेय, साधन और फल। प्रमाण-प्रकरण में प्रभु अपने निःसाधक भक्तों के विरोध के लिये प्रेम-दान करते हैं फिर प्रमेय में वह प्रेम विकसित होकर आसक्ति रूप बन जाता है और साधन में भक्तिमार्गीय साधन द्वारा वह व्यसनावस्था को प्राप्त हो जाता है इस अवस्था में शुद्ध भक्ति का फल प्रभु के साथ रमण; अर्थात् रास-लीला होती हैं। इस प्रकार वल्लभाचार्य ने तामस प्रकरण के चारों अन्तर्विभागों की परस्पर संगति दिखाई है। इन्हें भक्ति की चार अवस्थायें, अर्थात् स्नेह, आसक्ति, व्यसन और तन्मयता कहा जा सकता है। 'वेणुगीत' ब्रज भक्तों की आसक्ति का वहिरुद्गम कराने का प्रयास है। संगीत, काव्य और भक्ति, सभी दृष्टियों से वेणुगीत बड़ा महत्वपूर्ण है। इस सूत्र को ग्रहण करके हिन्दी, गुजराती और मराठी के कवियों ने जाने कितने काव्य लिखे हैं? इस गीत-सूत्र में भक्ति-मार्ग का अत्युत्तम सिद्धान्त गुम्फित है। इसमें भगवान् स्वयं अपने शब्द द्वारा चराचर सृष्टि को तल्लीन करते हैं। संगीत का महत्व भी इस गीत से प्रकट होता है। संगीत का महत्व और प्रभाव जगत् के समस्त साहित्य में बताया गया है। ग्रीक-साहित्य में Orphense का वर्णन है, जो संगीत के प्रभाव से चराचर जगत् को हिला देता, समुद्र की उछलती तरंगों को शान्त कर देता, वायु के वेग को रोक सकता और पर्वतों को गति दे सकता था। मिल्टन ने अपने 'पैराडाइज लॉस्ट' में भी यही लिखा है कि —'जब ईश्वर ने इस सृष्टि की रचना की तो पहले बिखरे हुए महाभूतों को संगीत के द्वारा एकत्र किया और फिर सृष्टि रची।' ड्राइडन ने इसी बात को अपने 'सेंट-असीलिया' की प्रार्थना के गीत में दिखलाया है कि—'संगीत में केवल वस्तु के सर्जन करने की ही नहीं, किन्तु लय करने की भी शक्ति है।[२] स्टीवेन्सन ने अपने 'Pans Pipes (पैन्स पाइप्स) नामक लेख में वंशी बजाते हुए 'पैन'—अर्थात्— प्रकृति-देव की कल्पना की है। भागवतकार ने भी इसी प्रकार वेणुगीत में संगीत की अलौकिक शक्ति का परिचय कराया है। सूरदास ने मुरली विषयक इतने पद लिखे हैं कि वे एक अलग खण्ड काव्य का रूप धारण कर सकते हैं।

वेदों में भगवान् के दो स्वरूप बतलाये गये हैं— नाम और रूप। वेणु-गीत भगवान् के नामात्मक स्वरूप का बोध कराता है। वेणु शब्द व+इ+अणु, इस प्रकार तीन अक्षर हैं। 'व' का अर्थ—ब्रह्म का सुख, 'इ' का अर्थ—काम का सुख, और 'अणु'—अर्थात्—तुच्छ। इस प्रकार जिस सुख के सामने सांसारिक तथा आध्यात्मिक सुख अणु, अर्थात् तुच्छ हो जाते हैं, उसे वेणु कहते हैं। वेणु में सात छेद हैं, उनमें से छै छेद तो भगवान् के ऐश्वर्य, वीर्य, यश, श्री, ज्ञान और वैराग्य के

१ प्रीति सन्दर्भ (जीव गोस्वामी)

२ भागवत १०।३२।२२

द्योतक है, एक सातवां उपर्युक्त छै धर्मों से युक्त अप्राकृत देहधारी स्वयं भगवान् का बोध कराता है। श्री वल्लभाचार्य जी ने अपनी 'सुबोधिनी' टीका में वेणु-गीत का बड़े विस्तार के साथ अर्थ किया है और सारे ही गीत को प्रभु में आसक्ति द्वारा निरोध सिद्ध कराने के लिए बताया है। इस गीत के कुल २० श्लोक हैं। पहले श्लोक में वर्णित वृन्दावन-प्रवेश और दूसरे में वर्णित वेणु-कूजन गोपियों की आसक्ति को उद्दीप्त करने वाले हैं। 'वृन्दावन' का अर्थ भक्ति और 'वन' का प्रदेश है, इसलिये 'वृन्दावन' का अर्थ हुआ। भक्ति का प्रदेश। आगे स्वरूप के प्रति गोपियों को आसक्ति कराने के लिए भगवान भी मन और कर्म को छोड़कर भक्ति के प्रदेश में प्रवेश करते हैं। इसीलिए पहले श्लोक में वृन्दावन-प्रवेश का वर्णन है। वहाँ प्रवेश करने पर भगवान गोपियों की अलौकिक साधन से आसक्ति का दान करते हैं। इस प्रकार पहले दो श्लोकों में स्थान और साधन की अलौकिकता बताकर तीसरे श्लोक में अनन्यभाव से आसक्त गोपियों द्वारा भगवान् के स्वरूप और लीला का वर्णन कराया है। यह वर्णन 'विद्या' अर्थात् स्वरूप और लीला—के ज्ञान के बिना नहीं हो सकता; इसलिए फिर विद्या का वर्णन है। वल्लभाचार्य ने विद्या के पाँच प्रकार माने हैं—सांख्य, योग, तप, वैराग्य और भक्ति। 'रसघन प्रभु ही मेरे सर्वस्व हैं', इस निश्चय का नाम ही सांख्य है। अन्तःकरण की वृत्तिमात्र का प्रभु में लगा रहना ही योग है। भगवान् के विरह में ताप और क्लेश का अनुभव करना तप है। एक प्रभु को छोड़कर अपर वस्तु में चित्त न जाय, इसका नाम वैराग्य है। ऐसी आसक्ति, जिसमें लेश-मात्र भी लोक-आसक्ति (सांसारिक मोह) न हो, भक्ति कहलाती है। इस विद्या का फल प्रभु हैं और उन प्रभु के स्वरूप का वर्णन वेणु-गीत के सातवें श्लोक से बीसवें श्लोक तक किया है। वेणु-गीत का तात्पर्य भक्ति-मार्ग की स्थापना है। भागवत में वेणु का प्रभाव बतलाते हुए लिखा है—

अस्पन्दनं गतिमतां पुलकस्तरूणाम्।[1]

अर्थात्—बाँसुरी की तान से, मनुष्यों की तो बात ही क्या, सभी चलने वाले चेतन पशु-पक्षी और जड़ नदी आदि स्थिर हो जाते हैं तथा अचल वृक्षों को भी रोमाञ्च हो आता है।

चीर-हरण लीला के विषय में भी अनेक प्रकार से आध्यात्मिकता का आरोप किया गया है। यद्यपि श्रीकृष्ण की आयु चीर-हरण लीला के समय केवल आठ-नौ वर्ष की थी और इस अवस्था में कामोत्तेजना का प्रश्न उपस्थित नहीं होता। आध्यात्मवादी व्यक्ति इस लीला को भी भौतिक रूप में ग्रहण नहीं करते, वे तो श्रीकृष्ण को आत्मा के रूप में और गोपियों को वृत्तियों के रूप में देखते हैं। वृत्तियों का आवरण नष्ट होना ही चीर-हरण लीला है और उनका आत्मा में रम जाना रास-लीला है। गोपिकाएँ ब्रह्मान्वेषणकारिणी भक्ति-साधिका हैं। अनेक जन्मों के पुण्यों के फलस्वरूप उन्हें परमात्मा श्रीकृष्ण प्राप्त हुए हैं। उनकी अहंबुद्धि को छुड़ाने के लिये भगवान् ने यह लीला की और इसीलिए अन्त में भगवान् गोपिकाओं से कहते हैं—"हे कुमारियो, अब तुम अपने-अपने घर को लौट जाओ, तुम्हारी साधना सिद्ध हो गई है, तुम आने वाली शरद्-ऋतु की रात्रि में मेरे साथ विहार करोगी, जिसके उद्देश्य से तुमने यह व्रत और कात्यायनी देवी की पूजा की थी।"[2]

चीर-हरण लीला में भगवान् ने गोपियों की साधना को पूर्ण किया है वे कृष्ण के लिये आत्म-समर्पण करना चाहती थीं, किन्तु उनके समर्पण में कमी थी। वे निरावरण रूप से श्रीकृष्ण

---

१ 'भागवत' वेणुगीत श्लोक १९

२ यातावला ब्रजं सिद्धा मयेमा रस्यथ क्षपाः।
यदुद्दिश्य व्रतमिदं चेरुरार्यार्चनं सतीः॥ भागवत १०।२२।२७

आकर्षण से आकृष्ट होकर केन्द्र की ओर जाती हैं। अपने केन्द्र की ओर आना ही विश्व की आध्यात्मिक रासलीला है, जो नित्यप्रति होती रहती है। इसी नित्य-रास-लीला का अभिनय ब्रज में रसोत्सव के रूप में किया गया। यह अभिनय गोपीरूप जीवात्माओं का अपने परम कारण परमात्मा रूप श्रीकृष्ण के साथ युक्त होना था। यह दो भौतिक शरीरों का नहीं, आत्मा और परमात्मा का मिलन था। इसीलिए इस रास-लीला में प्रवेश करने का अधिकार उसी को है, जिसने प्राकृतिक नानात्व की वासना और ममता तथा स्वीय अहंभाव रूप पुरुष-भाव को सर्वथा त्याग दिया है और अपनी आत्मा को भगवान् की शक्तिमात्र मानकर उनकी दी हुई वस्तु उन्हीं को समर्पित करने के लिए सदा लालायित रहता है। यही गोपीभाव है। इस गोपीभाव में पगे हुए अपने भक्त के बिना भगवान् को चैन नहीं पड़ता और जब भगवान् यथा समय उसका आह्वान करते हैं तो दोनों का मिलन होता है; जिसे रास-लीला कहते हैं। इस रास-लीला को बाह्यरूप से भी अभिनीत करके भगवान् श्रीकृष्ण ने भावि-भक्तों के हितार्थ प्रस्तुत किया, जहाँ गोपियाँ आत्म-समर्पण की मूर्तियाँ थीं और भगवान् श्रीकृष्ण स्वयं परमेश्वर थे। आत्मा और परमात्मा का यह मिलन बाहर से बाँह पकड़ने के समान है, जिससे दोनों मुक्त हो जाते हैं; जैसे—भगवान् श्रीकृष्ण ने गोपियों के हाथों को अपने हाथ में लेकर उनसे नृत्य कराया, उसी प्रकार समर्पितात्मा भक्त की सारी चेष्टाएँ और क्रियाएँ भगवान् के द्वारा ही संचालित होती हैं। दोनों की भाव-गति एक हो जाती है और उसका कोई स्वतन्त्र अस्तित्व नहीं रहता। भगवान् उसका निमित्त रूप से विश्व-लीला से विश्व-हितार्थ यन्त्रवत् उपयोग करते हैं। यही रासलीला का यथार्थ भाव और रहस्य है।

सूरदास जी का दार्शनिक पक्ष

सूरदास जी तत्वतः दार्शनिक नहीं थे। वे तो संत, भक्त और सिद्ध कवि थे। उनका लक्ष्य दार्शनिक सिद्धान्तों की विवेचना नहीं था। भगवान् की भक्ति में विभोर हुए उनके हृदय की तन्त्री से जो राग स्वतः निर्गत हुए, उन्हीं का संकलन 'सूरसागर' है। परन्तु महात्मा सूरदास एक विशेष सम्प्रदाय में दीक्षित थे—और उसी की सेवा-पद्धति को जो उस सम्प्रदाय का आचरण-पक्ष है, उन्होंने अपनाया था—इसीलिए उसके सिद्धान्त-पक्ष से भी सूरदास जी अवश्य प्रभावित हुए होंगे। सूर-साहित्य की पृष्ठ-भूमि में हम लिख चुके हैं कि उनसे पहली चार-पाँच शताब्दियाँ उत्तरी भारत के धार्मिक आन्दोलन के इतिहास में विशेष महत्व रखती हैं। भारतीय शास्त्र में वह टीकाओं का युग कहा जाता है। सम्भवतः ये भारतीय संस्कृति को बचाये रखने के लिए टीकाकारों के प्रयत्न थे। बौद्ध-धर्म का नया रूप देश में उपस्थित हो चुका था। नाथ-पन्थी योगियों की निरंजनी शाखा और सूफियों के मेल से एक नई धारा निकल पड़ी थी, जो एक ओर तो योग-मार्ग को पकड़े हुए थी; और दूसरी ओर प्रेम और भक्ति के तत्वों को अपनाए हुए थी। उधर दक्षिण भारत से उमड़ती हुई भक्ति धारा ने सारे उत्तरी भारत को सराबोर करने का संकल्प-सा कर लिया था। सामान्य रूप से [illegible]र के अद्वैतवाद का प्रभाव सारे भारतवर्ष में व्यापक था। सूरदास जी के काव्य में इन सभी विभिन्न धाराओं का प्रभाव लक्षित होता है, परन्तु कवि सिद्धान्तों के बंधनों में बँधने वाला नहीं होता। जब उसकी कल्पना उन्मुक्त क्षेत्र में अबाध गति से विचरण करने लगती है तो वह भावमय हो जाता है और दार्शनिक-सिद्धान्त, जो कि बुद्धिगम्य होते हैं, उसके मार्ग से बहुत दूर पड़ जाते हैं।

यों तो 'सूरसागर' एक महान् सागर है और 'जिन खोजा तिन पाइयाँ' के अनुसार किसी भी वैष्णव-सम्प्रदाय का व्यक्ति अपनी हृदयमाला के रत्न उसमें से खोज निकालता है, फिर भी

उसमें प्रचुरता वल्लभीय-सम्प्रदाय के सिद्धान्त-मुक्ताओं से मेल रखने वाले रत्नों की ही है। इसलिए हम वल्लभ-सम्प्रदाय के सिद्धान्तों के मेल में रखकर ही सूर के सिद्धान्तों का विवेचन करेंगे।

वल्लभ-सम्प्रदाय की भाँति सूरदास के इष्ट श्रीकृष्ण रूप परब्रह्म हैं। जिस प्रकार श्रीवल्लभाचार्य जी ने अपने अनेक ग्रन्थों में कृष्ण का नाम हरि लिखा है और उन्हें ब्रह्मा, विष्णु तथा शिव से ऊपर बताया है, उसी प्रकार सूरदास जी ने भी स्थान-स्थान पर हरि का स्मरण किया है। ब्रह्म का निरूपण सूरदास जी इस प्रकार करते हैं—

सोभा अमित अपार अखण्डित आप आतमाराम।
पूरन ब्रह्म प्रकट पुरुषोत्तम सब विधि पूरन काम।
आदि सनातन एक अनूपम अविगत अल्प अहार।
ऊँकार आदि वेद असुर हन निर्गुन सगुन अपार।।[1]

सूरदास जी ने वल्लभाचार्य जी की भाँति ब्रह्म, प्रकृति और पुरुष में अद्वैतता स्थापित की है और पूर्ण पुरुषोत्तम परब्रह्म और श्रीकृष्ण का एकीकरण किया है—

सदा एक रस एक अखण्डित आदि अनादि अनूप।
कोटि कल्प बीतत नहिं जानत, बिरहत युगल, स्वरूप।
सकल तत्व ब्रह्माण्ड देव पुनि माया सब विधि काल।
प्रकृति पुरुष श्रीपति नारायन सबै हैं अंश गोपाल।।[2]

इस अंश और अंशी वाली बात को उन्होंने कई बार दुहराया है। कृष्णस्वरूप परब्रह्म की अद्वैतता और निर्गुणत्व का भी स्थान-स्थान पर प्रतिपादन किया है। ब्रह्मा को चतुःश्लोकी ज्ञान देते हुए भगवान् कहते हैं—

पहले हौं ही हौं तब एक।
अमल अकल अज भेद बिवर्जित सुनि विधि विमल विवेक।
सो हौं एक अनेक भाँति करि सोभित नाना भेष।
ता पाछै इन गुनिन गए तें, हौं रहि हौं अविसेष।।[3]

× × × ×

दशम स्कन्ध के प्रारम्भ में सूरदास जी ने परब्रह्म के रूप की विस्तृति व्यवस्था की है और उसमें भगवान के तीनों रूप आ गए हैं—पूर्ण पुरुषोत्तम, रस-रूप श्रीकृष्ण अक्षर ब्रह्म तथा अन्तर्यामी श्रीकृष्ण परब्रह्म का विरुद्ध-धर्माश्रयत्व भी उसमें बताया गया है—

आदि सनातन हरि अविनासी। सदा निरंतर घट-घट वासी।
पूरन ब्रह्म पुरान बखानैं। चतुरानन सिव अन्त न जानैं।।
गुन-मन अगम निगम नहिं पावै। ताहि जसोदा गोद खिलावै।।[4]

× × × ×

सूरसागर में इस प्रकार अनेक पद हैं जिनमें परब्रह्म कृष्ण के अन्तर्यामी स्वरूप, विराट् स्वरूप तथा निर्गुण स्वरूप का वर्णन है। भगवान् के विराट् रूप का वर्णन करते हुए सूर कहते हैं—

---

१ सूरसारावली पद ९९३ पृष्ठ ३४ (वेंकटेश्वर प्रेस)
२ वही वें० प्रेस० पृष्ठ ३८
३ सूरसागर सभा पद ३८५
४ वही सभा पद ६२१

"नेत्रों से श्याम का रूप देखो। वही अनूप रूप ज्योति-रूप होकर घट-घट में व्याप्त हो रहा है। सप्त पाताल उसके चरण हैं, आकाश सिर है तथा सूर्य, चन्द्र, नक्षत्र, अग्नि सब में उसी का प्रकाश है।"[1]

इसी प्रकार इससे अगले 'हरि जू की आरती' वाले पद में भी उनका विराट् रूप बताया गया है।

सूर ने ब्रह्म के परमानन्द स्वरूप सगुणत्व-विशिष्ट का भी वर्णन विस्तार से किया है। वे कहते हैं—भगवान् कृष्ण, जो अविगत आदि, अनन्त, अनुपम, अलख और अविनाशी पुरुष हैं, वे वृन्दावन में गोपियों के मण्डल के बीच नित्य लीला विहार करते हैं।[2] वृन्दावन और ब्रज के आध्यात्मिक रहस्य की ओर सूरदास जी ने कई बार संकेत किया है।[3] सूर ने कृष्ण को तीनों देवों से ऊँचा माना है और विष्णु का पूर्णावतार कहा है। विष्णु के अवतार होने की बात उन्होंने कई पदों में कही है।[4] सूर के विनय-सम्बन्धी पदों में भगवान् की भक्त-वत्सलता और भक्त की दीनता विशेष रूप से प्रस्फुटित हुई है। प्रायः लीला-सम्बन्धी पदों के पश्चात् सूरदास ने इस प्रकार के पद लिखे हैं, जो भक्त-वत्सलता-विषयक कहे जा सकते हैं। केवल इतना अन्तर है कि भक्त-वत्सल भगवान् श्रीकृष्ण की कृपा ब्रज-लीलाओं में प्रेम का रूप धारण कर लेती है। यही कारण है कि लीलाओं का वर्णन करता हुआ कवि लीला के सुख में स्वयं इतना तल्लीन हो जाता है कि भगवान् की कृपा का उसे इतना ध्यान नहीं रहता, जितना भागवतकार को। फिर भी कवि हरि-कृपा का स्मरण दिलाना भूला नहीं है। चीर-हरण, कालिय-दमन, गोवर्द्धन आदि लीलाओं में हरि-कृपा का संकेत किया गया है। स्थान-स्थान पर गोपियों ने भगवान् कृष्ण से कृपा-दृष्टि की याचना की है। कदाचित् भक्त-वत्सलता का वर्णन सूर ने भागवत के आधार पर किया है।

जीव

सूर ने वल्लभ के अनुसार जीव को गुपाल (गोपाल) का अंश माना है और ब्रह्म की अद्वैत सत्ता को स्वीकार किया है। ईश्वर के विषय में उन्होंने जितने संकेत किये हैं, उतने जीव के विषय में नहीं। जीव को उन्होंने साधारण रूप से माया से आवृत माना है। जिस प्रकार वल्लभाचार्य जीवों की तीन श्रेणियाँ मानते हैं, उस प्रकार का सैद्धान्तिक विवेचन सूर ने नहीं किया; फिर भी उनके काव्य में तीन प्रकार के जीवों का संकेत अवश्य मिल जाता है। शुद्ध अवस्था वाले जीवों का वर्णन उन्होंने भगवान् की नित्य-लीला के सम्बन्ध में, और संसारी जीवों का वर्णन विनय के पदों में किया है। अविद्या और माया का स्वरूप विस्मृति का कारण बताया है। यदि माया न हो तो ब्रह्म और जीव में कोई अन्तर नहीं।[5] माया के कारण जीव अपने स्वरूप को भूल जाता है, जैसा कि सूर के इस पद से प्रकट होता है :

अपुनपौ आपुन ही बिसर्‌यौ।
जैसें स्वान काँच-मन्दिर में, भ्रमि-भ्रमि भूकि पर्‌यौ।
ज्यों सौरभ मृग-नाभि बसत है, द्रुम तृन सूँघि फिर्‌यौ।

---

१ सूरसागर सभा, पद ३७०

२ सूरसारावली पृष्ठ २

३ सूरसागर (ना० प्र० स०) पद १०६७, १०६८

४ वही ,, पद ६२२, ११८५, ११८६

५ वही ,, पद ३८१

ज्यौं सपने में रंक भूप भयौ, तसकर अरि पकर्‌यौ।
ज्यौं केहरि प्रतिबिम्ब देखि कै, आपुन कूप पर्‌यौ।
जैसैं गज लखि फटिकसिला मैं, दसननि जाइ अर्‌यौ।
मर्कट मूँठि छाँड़ि नहिं दीनी, घर-घर-द्वार फिर्‌यौ।
सूरदास नलिनी कौ सुवटा, कहिं कौनैं पकर्‌यौ।[1]

संसारी जीवों की दुर्गति, भ्रम और अनेक प्रकार की आपत्तियों का वर्णन सूर ने बड़े विस्तार के साथ किया है। भगवान् की कृपा से जब वह संसारी जीव माया से छुटकारा पा जाता है और उसमें आनन्दांश का भी आविर्भाव हो जाता है, तब वह मुक्त हो जाता है। यह आनन्द उसका अपना ही है। भ्रान्ति तथा माया के कारण वह उससे दूर पड़ा था। भ्रम दूर होने पर जीव को अपना ज्ञान हो जाता है।

अपुनपौ आपुन ही मैं पायौ।
सब्दहि सब्द भयौ उजियारौ, सतगुरु भेद बतायौ।
ज्यौं कुरंग-नाभी कस्तूरी, ढूँढ़त फिरत भुलायौ।
फिरि चितयौ जब चेतन ह्वै करि, अपनैं ही तन छायौ।
राज-कुमारि कंठ-मनि-भूषन, भ्रम भयौ कहूँ गँवायौ।
दियौ बताइ और सखियनि तब, तनु कौ ताप नसायौ।
सपने माँहि नारि कौं भ्रम भयौ बालक कहूँ हिरायौ।
जागि लख्यौ, ज्यौं की त्यौं ही है, ना कहुँ गयौ न आयौ।
सूरदास समुझे की यह गति, मनही मन मुसुकायौ।
कहि न जाइ या सुख की महिमा, ज्यौं गूँगैं गुर खायौ।[2]

इन्हीं पदों को आधार मानकर सूर पर शंकर के मायावाद का प्रभाव भी बताया जाता है। डा० दीनदयालु गुप्त इस विषय में लिखते हैं :

"सूरदास के अन्य पद और कथनों के मिलान करने पर तथा वल्लभ-सिद्धान्त को ध्यान में रखने पर हमें ज्ञात होगा कि वास्तव में सूर पर शंकर के मायावाद का प्रभाव नहीं था। ऐसे पदों का अर्थ वल्लभ-सिद्धान्तानुसार ही है।"[3]

परन्तु हम डा० गुप्त के इस कथन से पूर्णतः सहमत नहीं। इसके दो कारण हैं—
१—सूरदास ने निश्चित सिद्धान्तों का प्रतिपादन नहीं किया। उनका उद्देश्य भगवान् का गुणगान करना था। वैष्णव-सम्प्रदायों के दार्शनिक सिद्धान्तों का सूक्ष्म भेद प्रकट करने का न तो उन्हें अवसर ही था और न आवश्यकता ही थी। अतएव हमारी दृष्टि से इस प्रकार की शंका उठाना ही असंगत है। २—माया, अविद्या, जीव, जगत् आदि से सम्बन्ध रखने वाले पद सूर ने उस समय बनाए थे, जब वे किसी सम्प्रदाय में दीक्षित नहीं थे। साधारण जनता में शंकर के मायावाद का जितना प्रचार रहा है, उतना किसी अन्य वैष्णव-सम्प्रदाय के सिद्धान्तों का नहीं। अतः बहुत सम्भव है कि सूरदास पर भी अप्रत्यक्ष रूप से शंकर का प्रभाव रहा हो। सम्प्रदाय में दीक्षित होने के पश्चात् तो वे मनसा-वाचा-कर्मणा, गोविन्द के स्मरण में ही कल्याण मानने लगे और मन को

१ सूरसागर पद ३६६
२ वही (ना० प्र० सभा) पद ४०७
३ अष्ट छाप और वल्लभ-सम्प्रदाय, द्वितीय भाग, पृष्ठ ४२६

मिथ्या-वाद-विवाद छोड़ने का निर्देश करने लगे।[१] कहीं-कहीं सूर ने उन ज्ञानी जीवों की ओर भी संकेत किया है, जो सदा एक-रस रहते हैं और तन के भेद को वास्तविक नहीं समझते। उन्हें देह का अभिमान भी नहीं रहता, जबकि अज्ञानी जीव देह के धर्मों को अपना ही धर्म समझता है। गोस्वामी तुलसीदास जी की भाँति सूरदास जी भी संसार के सब क्रिया-कलापों का नियन्ता गोपाल को ही मानते हैं :

कही गोपाल की सब होइ।
जो अपनौ पुरुषारथ मानत, अति झूठौ है सोइ।[२]

जीव के सम्बन्ध में सूरदास ने भावी की प्रबलता स्वीकार की है और भावी को ही कर्म-गति माना है। तीनों लोक उसी के वश में हैं और उसी के अधीन होकर सुर और नर देह धारण करते हैं।[३] जीव के लिए वे भगवद्‌भजन को ही कल्याणकारी मानते हैं। उन्होंने स्पष्ट लिखा है :

'सूरदास भगवन्त भजन विनु मिथ्या जनम गँवैयै।

जगत् और संसार

जैसा कि हम पहले कह चुके हैं, वल्लभ-सम्प्रदाय में जगत् और संसार अलग-अलग हैं, जगत् सत्य है और संसार असत्य। सूरदास जी ने जहाँ जगत् को गोपाल का अंश बताया है, वहाँ संसार का नाम नहीं लिया है और उसकी उत्पत्ति भी ब्रह्म से ही मानी है। वे जगत् को मिथ्या मानने के लिये प्रस्तुत नहीं। जिस जगत् में भगवान् का गुणगान करके जीव तरता है, उसे कैसे मिथ्या कहा जा सकता है?[४] प्रभु का मर्म जान नहीं पड़ता, वे संसार का सर्जन, पालन और संहार करते हैं और संहार के पश्चात् फिर सर्जन में लग जाते हैं।[५] सूरदास संसार को हरि की इच्छा का फल मानते हैं। उनकी इच्छा से प्रकट हुआ यह संसार स्वयं भी हरि-रूप ही है, फिर भी इसे मायाकृत समझो, अतएव मन को सब स्थानों से खींचकर कृष्ण भगवान् में लगाओ। सूर के पदों से स्पष्ट झलक जाता है कि उन्होंने वल्लभाचार्य के अविकृत परिणामवाद को माना है; क्योंकि जगत् की उपमा उन्होंने पानी के बुलबुले से दी है और आचार्य वल्लभ के समान ही ईश्वर को ही जगत् का निमित्त उपादान कारण माना है। सूरसारावली में सूरदास ने सृष्टि की रचना के विषय में भी लिखा है कि किस प्रकार भगवान् के हृदय में सृष्टि-रचना की इच्छा उत्पन्न हुई और फिर माया के द्वारा काल-पुरुष के चित्त में किस प्रकार क्षोभ पैदा हुआ? तदनन्तर सत्व, रज, तम—इन तीन गुणों के मेल से प्रकृति और पुरुष द्वारा सृष्टि का विस्तार हुआ। वल्लभाचार्य के सिद्धान्तों के अनुसार 'सूरसारावली' में २८ तत्व माने गये है, जिनका विवेचन सूरसागर में किया गया है :

आदि निरंजन, निराकार, कोउ हुतो न दूसर।
रचौं सृष्टि-विस्तार, भई इच्छा एक औसर।
त्रिगुन प्रकृति तैं महत्तत्व, महत्तत्व तैं अहंकार।
मन-इन्द्री, सब्दादि पंच, तातैं कियो विस्तार।

---

१ सूरसागर (ना० प्र० सभा) प्रथम स्कन्ध, मन: प्रबोध नामक शीर्षक में संकलित पद
२ वही („ „) पद २६२
३ वही („ „) पद २६४
४ वही („ „) पद ४६१६
५ वही („ „) पद ४६२०

सब्दादिक तै पंचभत सुन्दर प्रगटाए।
पुनि सब को रचि अंड आपु में आपु समाये।[१]

तीसरे स्कन्ध में भी सृष्टि का क्रम बताया है। यह सृष्टि-क्रम कपिल ने अपनी माता को बताया था। इस वर्णन में सूर वल्लभ-सम्प्रदाय से कुछ अलग प्रतीत होते हैं, क्योंकि उन्होंने माया को तिगुणात्मिका मानकर सत्व, रज और तम उसके गुण माने हैं और आगे चलकर माया का मिथ्यात्व सिद्ध किया है।[२] सूरदास जी संसार को सेंमल के समान और जीव को संसार-सेंभल के रूप पर मुग्ध शुक के समान मानते हैं। भेद खुलने पर जीव को पश्चात्ताप करना पड़ेगा।[३] संसार का मिथ्यात्व उन्होंने स्थान-स्थान पर प्रतिपादित किया है और जीव की अविद्या को उसके भ्रम का कारण बताकर बार-बार उसे चेतावनी दी है।

माया

माया वर्णन सूर के पदों में बड़े विस्तार के साथ मिलता है। वल्लभाचार्य जी ने निश्चय रूप से शंकराचार्य के मत से अपने मत को भिन्न रखा है और माया को सत्य तथा भ्रम दोनों ही प्रकार की बताया है। वह स्वयं ब्रह्म की शक्ति-स्वरूपा हैं और उसके दो स्वरूप विद्या और अविद्या हैं। शंकर के मत से तो अविद्या का नाश होनें पर जीव और जगत् दोनों की ही सत्ता का लोप हो जाता है, परन्तु वल्लभाचार्य के मत से अविद्या का नाश होने पर भी दोनों की स्थिति रहती है, केवल संसार का नाश होता है। सूरदास माया को ईश्वर की ही शक्ति मानते हैं और उन्होंने इस माया की करामात का अनेक प्रकार से वर्णन भी किया है। यह माया-नटी हाथ में लकुटी लेकर जीव को कोटिक नाच नचाती है और उसकी बुद्धि को भ्रम में डालती है। माया के बल से ही ईश्वर इस जगत् में विचित्रताओं को भर देता है। वास्तव में उसकी गति यह माया ही है। विनय के पदों में सूरदास ने माया का अनेक प्रकार से वर्णन किया है। माया के चक्र में पड़ा हुआ भक्त हरि को भी विस्मृत कर देता है। केवल भक्ति द्वारा ही माया से छुटकारा सम्भव है। इस माया ने किस को नहीं बिगोया? नारद जैसे ज्ञानी, शंकर जैसे महादेव और ब्रह्मा जैसे सृष्टि-कर्त्ता भी इस माया के चक्कर में आ गये हैं। सूर इस माया को हरि की माया ही मानते हैं।[४] इस प्रकार विनय के पदों में उन्होंने माया का अनिष्टकारी रूप प्रदर्शित किया है और माया का प्रभाव अत्यन्त व्यापक बताया है। उनके पदों में माया का मिथ्यात्व भी प्रतिपादित हुआ है। हम पहले बता चुके हैं कि उनके इन पदों को देखकर यह सन्देह हो जाता है कि उन पर शंकराचार्य का प्रभाव था। सूर ने माया को मोहिनी भुजंगिनी, नटिनी आदि नामों ने कहा है। काम, क्रोध, मद, लोभ मोहादि इसी माया के रूप हैं। विषय में सुर ने पर्याप्त मौलिकता दिखाई है और

---

१ सूरसागर (ना० प्र० स०) पद ३७९

२ वही (,, ,, ,,) पद ३६४

३ मिथ्या यह संसार और मिथ्या यह माया
मिथ्या है यह देह कहो क्यों हरि बिसराया।
तुम जाने बिन जीव सब उत्पति प्रलय समाहि।
शरण मोहि प्रभु राखिये चरण कमल की छाँहि।
सूरसागर (ना० प्र० स०) पद १११०

४ (i) हरि तुम माया को न बियोगी? सूरसागर (ना० प्र० स०) पद ४३ तथा
(ii) गोपाल तुम्हारी माया महाप्रबल जिहि सब जग वस कीन्हों। वही, पद ४४

उनकी माया वल्लभ और शङ्कर की माया का सम्मिश्रण-सी प्रतीत होती है। सूर ने माया को अविद्या और तृष्णा बताकर अनेक रूपकों की योजना की है। अविद्या को गाय बताकर वे अपनी इस गाय को गोकुलपति के गोधन में मिलाना चाहते हैं।[1] यह पापिनी अविद्या आशा के समान है, जो जीव को भरमाती रहती है। तृष्णा भी माया का स्वरूप है, जिसका वर्णन सूर ने एक बड़े सुन्दर रूपक में किया है—

माधो, नँकु हटको गाइ।
भ्रमत निसि-वासर अपथ-पथ अगह गहि नहिं जाइ।
छुधित अति न अघाति कबहूँ, निगमद्रुमदलि खाइ।
अष्ट दस-घट नीर अँचवति तृषा तऊ न बुझाइ।[2]

× × ×

सारे सांसारिक सम्बन्ध माया से उत्पन्न हैं और माया मनुष्य को उन सम्बन्धों के बन्धन में डाल देती है। सूर के लिये माया और अज्ञान एक ही हैं।[3] इसी अज्ञान-तिमिर में पड़कर मनुष्य अपने उद्देश्य को भूल जाता है। माया के कारण करूणामय को सेवा को छोड़कर मन मोह में पड़ जाता है और निकट रहने पर भी कस्तूरी वाले मृग के समान जान नहीं पाता।[4] सूर ने माया को भगवान् की वह शक्ति माना है, जिसके कारण यह मिथ्या-संसार सत्य-सा प्रतीत होता है। तृतीय स्कन्ध के ३८० वें पद में कपिल ने हरिमाया का रूप समझाया है और भागवत के अनुसार त्रिगुणात्मिका जड़ प्रकृति को ही माया बताया है। माया और जीव में इतना ही अन्तर है कि माया चैतन्य-रहित है और जीव चैतन्य-सहित। माया का वर्णन 'सूरसागर' में स्थान-स्थान पर मिलता है। दशम स्कन्ध पूर्वार्द्ध में ब्रह्मा द्वारा बालवत्स-हरण-लीला में कृष्ण ने अपनी माया का रूप बताया है। अन्त में ब्रह्मा इसी निष्कर्ष पर पहुँचते हैं कि वास्तव में यह संसार मिथ्या है और भगवान् की माया के कारण ही सत्य प्रतीत होता है। ब्रह्मा की स्तुति में माया के रूप को और भी स्पष्ट किया गया है। ब्रह्मा कहते हैं—यह संसार, माया और देह मिथ्या हैं, फिर हे हरि, बताओ, हम तुम्हें क्यों भूल गये? इत्यादि।[5] कृष्ण भी ब्रह्मा से कहते हैं, "मेरी माया अत्यन्त अगम्य है, इसका पार कोई नहीं पा सकता।"[6] माया वास्तव में ब्रह्म की मोहक शक्ति है, जिसको योगमाया कहा गया है। इस योगमाया का वर्णन भी सूर ने किया है।

यद्यपि सूर ने अनेक प्रकार से माया का वर्णन किया है तथापि माया के विषय में उनके ऊपर पुष्टिमार्ग का ही प्रभाव था, क्योंकि दशम स्कन्ध में राधा एवं अन्य गोपियों का कृष्ण के द्वारा मायाजन्य सांसारिक सम्बन्धों का आदर करने का आदेश दिलाया गया है।

मोक्ष

पीछे उल्लेख हो चुका है कि सूरदास ने पुष्टि-सम्प्रदाय के अनुसार ही जीवों की कोटियाँ मानी हैं। भक्ति-मार्ग के पथिक वास्तव में उसी भक्त को मुक्त मानते हैं, जो निर्गुण मुक्ति को न

१ सूरसागर (ना० प्र० स०) पद ५
२ वही („ „ „) पद ५६
३ वही („ „ „) पद ४७
४ वही („ „ „) पद ४९
५ वही („ „ „) पद १११०
६ वही („ „ „) पद १११०

चाहकर भगवान् के दर्शन से सुखी होता है। सूरदास की भक्ति स्वतःपूर्ण है, जिसके प्राप्त होने पर कोई इच्छा नहीं रह जाती। तभी तो वे कहते हैं, "हे भगवान्, मुझे अपनी भक्ति दो। चाहे आप करोड़ों लालच दिखायें लेकिन मुझे अन्य किसी बात की रुचि नहीं हो सकती।"[1] सूर ने कई स्थानों पर भक्ति का फल बताया है और कई भक्तों को वैकुण्ठ धाम की प्राप्ति कराई है जिसमें भक्त जल में कमल के समान हर्ष-शोक से दूर रहकर जीवन्मुक्त हो जाते हैं।[2] कपिल ने भक्ति का फल हरिपद की प्राप्ति और हरिपुर का वास बताया है। अधिकतर भक्तों को हरिपुर-वास ही प्राप्त हुआ है। ध्रुव की कथा में भक्ति का फल वैकुण्ठ-निवास बताया गया है।[3] इसी प्रकार शुकदेव, अजामिल, राजा पुरुरवा इत्यादि की कथाओं के सम्बन्ध में कहा जा सकता है। सूरदास ने कहीं मुक्ति का सैद्धान्तिक विवेचन नहीं किया है। राजा पुरुरवा के वैराग्य-दर्शन में निर्वाण-पद का उल्लेख है।[4] इसी प्रकार सौभरि ऋषि की कथा में भगवान् का भजन करने वाले के लिये मुक्ति सुलभ बताई है।[5] जीवन्मुक्त अवस्था प्राप्त करने की ओर सूर ने अनेक संकेत किये हैं। सारा 'भ्रमरगीत' इस प्रकार के संकेतों से भरा पड़ा है। सालोक, सामीप्य, सारूप्य और सायुज्य मुक्तियों का सैद्धान्तिक रूप तो 'सूर-सागर' में नहीं है, परन्तु इन चारों मुक्तियों की अनुभूति सूर ने पूर्ण रूप से की हैं, इसमें कोई सन्देह नहीं है। पूर्ण-पुरुषोत्तम श्रीकृष्ण के लीलाधाम में पहुँचने की इच्छा सूर के कई पदों से प्रकट होती है और उस भगवत-धाम का स्वरूप भी सूरदास ने बताया है।[6] भगवान् के लीलाधाम में पहुँचना ही सालोक मुक्ति है, उनके चरणारविन्द का सान्निध्य सामीप्य मुक्ति कहलाता है, कृष्ण के साथ उन्हीं के समान आचरण करना सारूप्य मुक्ति है तथा ईश्वर के साथ एकीभाव को प्राप्त हो जाना सायुज्य-मुक्ति है। जब भक्त रसरूप भगवान् का अंग हो जाता है तब सायुज्य-मुक्ति की प्राप्ति समझनी चाहिये। वल्लभाचार्य की भाँति सूर ने भी सायुज्य-मुक्ति को ही प्राधान्य दिया है। भगवान् के नित्यरास का वर्णन सायुज्य-मुक्ति का ही रूप है। सायुज्य-मुक्ति के भी दो रूप हैं—संसार के दुःख से मुक्ति और नित्य सुख की प्राप्ति। इन दोनों अवस्थाओं में जीव भगवान् का अंग नहीं बनता। लयात्मक सायुज्य-मुक्ति में जीव ईश्वर का अंग हो जाता है। श्रृंगार रस के संयोग और विप्रयोगात्मक दोनों ही रूप इस सायुज्य-मुक्ति के रूप हैं। सूर ने एक का वर्णन 'रास-लीला' में और दूसरे का 'भ्रमर गीत' में किया है। अपनी आत्मानुभूति को प्रकट करते हुए वे लिखते हैं :

---

१ सूरसागर (ना० प्र० स०) पद १०६

२ वही पद ३६४

३ वही पद ४०४

४ वही पद ४४०

५ वही पद ४५२

६ (i) चकई री चलि चरन सरोवर, जहाँ न प्रेम वियोग।
जहँ भ्रम निसा होति नहिं कबहूँ, सोइ सायर सुखजोग। सूरसागर पद ३३७

(ii) चलि सखि तिहि सरोवर जाहिं।
जिहि सरोवर कमल, कमला, रवि बिनां बिकसाहिं। वही ३३८

(iii) भृङ्गी री, भजि स्याम-कमल पद, जहाँ न निसि को भास।
जहँ बिधु भानु समान, एक रस, सो बारिज सुखरास। वही ३३९

(iv) सुबा चलि तावन को रस पीजै।
जा दिन राम नाम अम्रित-रस, स्रवन-रात्र भरि लीजै। वही ३४०

नमो नमो हे कृपा-निधान ।
चितवत कृपा-कटाच्छ तुम्हारे मिटि गयो तम-अज्ञान ।
मोह-निसा को लेस रह्यो नहिं, भयो विवेक-बिहान ।
आतमरूप सकल घट दरस्यो, उदय कियो रवि-ज्ञान ।
मैं मेरी अब रही न मेरैं, छुट्यो देह अभिमान ।
भाव परौ आजुही यह तन, भावै रहो अमान ।
मेरे जिय अब यह लालसा, लीला श्रीभगवान् ।
स्रवन करौं निसि-बासर हित सौं सूर-तुम्हारी आन ।[1]

इस पद में सूर ने यही इच्छा प्रकट की है कि मैं सदा भागवान् की लीला का ही श्रवण करता रहूँ । यही उनके लिये सब से बड़ा सुख है, जैसा कि उन्होंने निम्नलिखित पद में प्रकट किया है :

जो सुख होत गुण पालहिं गाएँ ।
सो सुख होत न जपतप कीन्हे, कोटिक तीरथ न्हाएँ ।
दिएँ लेत नहिं चारि पदारथ, चरन कमल चितलाएँ ।
तीन लोक तृन-सम करि लेखत, नन्दनन्दन उर आएँ ।
बंसीवट वृन्दावन जमुना तजि बैकुण्ठ न जावै ।
सूरदास हरि को सुमिरन करि बहुरि न भव-जल आवै ।[2]

इसी अवस्था को भजनानन्द में मग्न होना कहते हैं, जिसको सम्प्रदाम में स्वरूपानन्द-मुक्ति कहा गया है । इसी के सम्बन्ध में वल्लभाचार्य ने लिखा है :—

प्रकृतिकालाद्यतीते वैकुण्ठादप्युत्कृष्टे श्रीगोपाल एव सन्तीति शेषः ।[3]

लयात्मक सायुज्य-मुक्ति के दोनों रूप हमें सूर में दिखाई देते हैं । वे कृष्ण के अक्षर-धाम वृन्दावन का अंग बन कर उस आनन्द का अनुभव करना चाहते हैं । उनके साथ अनेक देवताओं ने भी इस प्रकार की प्रार्थनाएँ की हैं । एक स्थान पर सूर 'वृन्दावन की रेणु' ही बनने की कामना करते हैं ।[4] हिन्दी के प्रसिद्ध कवि 'रसखान' ने भी इस प्रकार की इच्छा प्रकट की है । दूसरे प्रकार की लयात्मक मुक्ति का वर्णन गोपियों के विरह में हुआ है । वहाँ भी सूर ने भक्त-स्वरूपा गोपियों का कृष्ण के साथ एकीकरण दिखाया है । गोपियों को आत्म विस्मृति हो गई है और वे कृष्ण में पूर्णतया तल्लीन हो जाती हैं तभी तो किसी-किसी गोपी के मुख से 'दही लेहुरी' के स्थान में 'गोपाल लेहुरी' निकल जाता है [5] प्रवेशात्मक सायुज्य-मुक्ति का स्वरूप सूर ने नित्य-रास के वर्णन में बड़े विस्तार से उपस्थित किया है । इस प्रकार हम देखते हैं कि यद्यपि सूर ने सैद्धान्तिक रूप से मुक्ति-भेद का वर्णन नहीं किया, तथापि क्रियात्मक रूप से उन्होंने वल्लभ-सम्प्रदाय के अनुसार सब प्रकार की मुक्तियों का स्वरूप अपने काव्य में प्रस्तुत किया है । गोपी-उद्धव सम्वाद के अन्त में गोपियां उद्धव से कहती हैं ।

---

१ सूरसागर (ना० प्र० स०) ३७६
२ वही पद ३४६
३ अणुभाष्य अध्याय ४, पाद २, सूत्र ५ ।
४ करहु मोहि ब्रजरेणु देहु वृन्दावन बासा । सूरसागर
५ सूरसागर (ना० प्र० स०) पद २२५५

ऊधौ सूधैं नैंक निहारौ।
हम अबलनि को सिखवत आए सुन्यौ सयान निहारौ ।।
निरगुन कहौ कहा कहियत है, तुम निरगुन अति भारी।
सेवत सुलभ स्याम सुन्दर कौ मुक्ति रही हम चारी।
हम सालोक्य, सरूप, सायुज्यौ, रहित समीप सदाई।
सो तजि कहत और की औरै की तुम अलि बड़े अदाई।
हम मूरख तुम बड़े चतुर हौ, बहुत कहा अब कहिए।
बेही काज फिरत भटकत कत, अब मारग निज गहिए।
तुम अज्ञान कर्ताह उपदेसत, ज्ञान रूप हमहीं।
निसिदिन ध्यान सूर प्रभु की अलि देखत जित तितहीं।[1]

सूर की गोपियाँ विरहासक्ति में चारों प्रकार की मुक्ति का आनन्द ले रही हैं। वे कृष्ण-मयी हो चुकी हैं और अपने आपको ज्ञानरूप मानती है। जिधर भी वे देखती हैं, उधर ही कृष्ण का स्वरूप दीख पड़ता है। यह प्रवेशात्मक और लयात्मक दोनों प्रकार की सायुज्य मुक्ति की चरम सीमा है। इसी जीवन-मुक्त अवस्था को सूर ने सर्वश्रेष्ठ बताया है। सूर उच्च कोटि के भावुक कवि थे। ईश्वर का लीला-धाम, श्रवण, सेवा-संगति आदि अवस्थाओं में सूर जिस आनन्द का अनुभव करते हैं, वह किसी मुक्ति में दुर्लभ है। उस आनन्द को सूरदास जी ने बड़े-बड़े मुनियों के लिए भी स्पृहणीय माना है। वेद, उपनिषदादि धर्म-ग्रन्थों में जिस परम-धाम का वर्णन है, वह सूरदास जी का लीला-धाम है, उनका भजनानन्द ब्रह्मानन्द से बढ़ कर है।[2]

भागवत की भांति सूरदास में भी आध्यात्म-पक्ष की झलक मिलती है। वल्लभ-सम्प्रदाय के अनुसार सूरदास ने ब्रज, वृन्दावन गोकुल को नित्य लीला-धाम गोलोक का अवतरित रूप माना है और स्थान-स्थान पर ब्रजधाम की मुक्तकण्ठ से प्रशंसा की है।[3] ब्रह्मा ने ब्रज वृन्दावन की महिमा 'वत्स-हरण लीला' के समय गाई हैं। सूर कहते हैं कि—'ब्रज की लीला को देखकर विधि का ज्ञान भी नष्ट हो गया। ब्रज की गोपियाँ धन्य हैं, ग्वाले धन्य है, वे बछड़े और गौएँ धन्य हैं। इस ब्रजलीला का पार शारदा भी नहीं पा सकती।" इस वृन्दावन की रज भी प्रशंसनीय है, जहाँ कृष्ण ने धेनुओं को चराया और अपने अधरों से वेणु-वादन किया। अरे मन, इस स्थान का क्या कहना? यहाँ तो पुरातन पूर्ण-पुरुष श्रीकृष्ण स्वयं निवास करते हैं। इस धाम में कुछ लेना-देना नहीं है, केवल मनमोहन के ध्यान में ही सब आनन्द है। यहाँ की समता कल्पवृक्ष और कामधेनु भी नहीं कर सकते।[4] इसीलिए तो ब्रह्मा के रूप में सूर ने ब्रज की रेणु होने की कामना प्रकट की है।[5]

सूर का वृन्दावन, जैसा कि हम पहले कह चुके हैं, नारायण के वैकुण्ठ से भी बढ़कर है। वृन्दावन से मुरली की ध्वनि जब वैकुण्ठ पहुँची तो नारायण और कमला दोनों के हृदय में उसके प्रति बड़ी रुचि उत्पन्न हुई और वे भी ब्रज और ब्रजवासियों के भाग्य को सराहने लगे।

---

१ सूरसागर पद ४५१८

२ भजनानन्द अलि हम प्यारौ।
ब्रह्मानन्द सुख कौन बिचारौ? सूरसागर (भ्रमर गीत)

३ वृन्दावन ब्रज को महत्त कापै बरनो जाय।
चतुरानन पग परसि कै लोक गयौ सुखपाय ।।
सूरसागर, ना०प्र०स०, पद ११९०

४ सूरसागर (ना० प्र० स०) पद ११०६

५ वही „ „ पद ११९०

मुरली धुनि बैंकुण्ठ गई।
नारायन-कमला सुनि दम्पति, अति-रुचि हृदय भई।
सुनो प्रिया यह बानी अद्भुत बृन्दावन हरि देखो।
'धन्य-धन्य' श्रीपति मुख कहि-कहि, जीवन ब्रज को लेखो।
रास-विलास करत नन्द-नन्दन, सो हमतैं अति दूरि।
धनि बन-धाम धन्य ब्रज-धरनी, उड़ि लागै जो धूरि।
वह सुख तिहूँ भुवन में नाहीं जो हरि-संग पल एक।
सूर निरखि नारायन इक टक, भूले नैन निमेष।[1]

सूर ने ब्रजधाम और वृन्दावन को लौकिक और अलौकिक दोनों ही रूप दिये हैं और पूर्णतया वल्लभ-सम्प्रदाय का अनुकरण किया है।

रास

वृन्दावन की भाँति सूर ने रास को भी आध्यात्मिक पक्ष प्रदान किया है और रास का विशद वर्णन किया है। ब्रह्म-वैवर्त्त पुराण, विष्णु-पुराण, हरिवंश आदि पुराणों में तो रास का वर्णन हुआ ही है, चैतन्य-सम्प्रदाय के गोस्वामी ने भी उसका आध्यात्मिक रूप बड़े विस्तार से प्रतिपादन किया है। 'उज्ज्वल-नीलमणि' में कृष्ण विषयक श्रृङ्गार-रस का बड़ा विस्तार है और मधुर अथवा भक्ति-रस की श्रेष्ठता का तर्कपूर्ण प्रतिपादन हुआ है। जहाँ तक रास का प्रश्न है, सूर की रास-लीला 'रासपञ्चाध्यायी' को आधार मानकर लिखी गई है, किन्तु उसमें सूर की मौलिकता भी है और बंगीय प्रभाव भी। भागवत में राधा का उल्लेख नहीं है। बंगीय वैष्णव-शाखा में परकीया भाव को प्राधान्य दिया गया है, जबकि वल्लभ सम्प्रदाय वालों ने स्वकीया-भाव को अपनाया है, किन्तु इस लीला पर बंगीय प्रभाव अवश्य मानना पड़ेगा। 'श्रीमद्भागवत' में तो स्वकीया-परकीया का भाव उपस्थित ही नहीं होता, क्योंकि भागवतकार ने प्रारम्भ से अन्त तक रास में आध्यात्मिकता का निर्वाह किया है। श्रीकृष्ण को परम पुरुषोत्तम परमात्मा स्वीकार कर लेने पर स्वकीया और परकीया का प्रश्न ही असम्भव है, क्योंकि यह सब कुछ उनका अपना ही विलास है और उनकी ही अंगभूता अन्तरंग शक्ति। रासलीला तथा उसमें प्रवेश करना सूर का चरम लक्ष्य है। उसी स्थिति को उन्होंने सब से बड़ी मुक्ति माना है। वेद, सुर, नर, मुनि, शिव आदि इस रास-रस की अंश-कला को भी प्राप्त नहीं कर सकते।[2] रास-रस का वर्णन सूर अपनी शक्ति के बाहर की वस्तु समझते हैं। रास का प्रभाव सार्वत्रिक एवं सार्वभौतिक है; उसके प्रभाव से यमुना भी उलटी बहने लगती है, सुर, नर और मुनियों का ध्यान टूट जाता है और चन्द्रमा भी आत्म-विभोर होकर आकाश में अपना मार्ग भूल जाता है।[3] हम पहले कह चुके हैं कि सूर ने रास-वर्णन भागवत के आधार पर ही किया है और उसी के आधार पर रस के श्रृङ्गार-परक भावों को परब्रह्म कृष्ण के संसर्ग के कारण निर्दोष ठहराया है। सूरसागर में मुरली की ध्वनि सुनकर गोपियों का आकुल होकर कुल-मर्यादा, गृह-व्यापार आदि को तिलाञ्जलि देकर कृष्ण के समीप दौड़ जाना तथा बाद में कृष्ण द्वारा उन्हें उपदेश देना, भागवत के अनुसार ही है। भागवत पर आधारित होने पर भी सूर के रास-वर्णन में पर्याप्त मौलिकता है, उसमें लौकिक और

---

१ सूरसागर (ना० प्र० स०) १६८२
२ वही ,, ,, पद १७६१
३ वही ,, ,, पद १७६७

आध्यात्मिक भावों का सुन्दर सामञ्जस्य है। आध्यात्मिक रूप में कृष्ण घन हैं एवं गोपियाँ दामनी-स्वरूपा तथा भौतिक-पक्ष में कृष्ण नायक और गोपियाँ नायिकाएँ। यह रास शाश्वत है—

वृन्दावन हरि यह विधि क्रीडत सदा राधिका सङ्ग।
भोर निसा कबहुं नहिं जानत सदा रहत इक रङ्ग।

तथा

नित्य धाम वृन्दावन श्याम, नित्य रूप राधा ब्रजधाम।
नित्य रास जल नित्य बिहार, नित्य मान खण्डिताभिसार।
ब्रह्म रूप एही करतार, करनहार त्रिभुवन संसार।
नित्य कुञ्ज-सुख नित्य हिंडोर, नित्य हि त्रिविध समीर झकोर।[1]

मुरली का भी सूर ने लौकिक और अलौकिक दोनों रूपों से वर्णन किया है। जहाँ एक ओर उन्होंने वल्लभाचार्य के अनुसार मुरली को आध्यात्मिक रूप दिया है, वहाँ दूसरी ओर लौकिक दृष्टि से भी मुरली को लेकर बड़ी खिलवाड़ की है। राधा को तो उन्होंने प्रकृति माना है और कृष्ण को पुरुष, फिर प्रकृति-पुरुष की एकता भी प्रतिपादित की है।[2] कहीं-कहीं उन्होंने राधा को कृष्ण की शक्ति कहा है और उसी रूप से उसकी उपासना भी की है। वल्लभ-सम्प्रदाय में राधिका को स्वामिनी माना है, स्वयं गोस्वामी विट्ठलनाथ जी ने राधा के विषय में 'स्वामिन्यष्टक' और 'स्वामिनी-स्तोत्र' द्वारा राधा की उपासना की है। सूर की गोपियों का विभाजन भी अनन्यपूर्वा, अन्यपूर्वा तथा गुणातीता के रूप में हो सकता है।

श्रीमद्भागवत, वल्लभ-सम्प्रदाय तथा अन्यान्य सम्प्रदायों को आधार मानते हुए भी हमें सूर के सिद्धान्तों में पर्याप्त मौलिकता मिलती है। पिछले अध्याय में हम दिखा चुके हैं कि सूर ने अपने इष्ट के अतिमानवीय रूप के साथ मानवीय रूप का भी चित्रण किया है। उनके कृष्ण एक ओर तो भागवत के श्रीकृष्ण और वल्लभ के इष्टदेव, परब्रह्म पुरुषोत्तमस्वरूप तो हैं ही, दूसरी ओर उनके कृष्ण में मानवता का भी पूरा-पूरा पुट हमें मिलता है। कृष्ण के बालरूप का वर्णन करता हुआ कवि उन्हें अबोध, सुकुमार, चञ्चल तथा धृष्ट शिशु के रूप में चित्रित करता है। उस चित्रण में इतनी मानवीयता और मनोवैज्ञानिकता है कि कृष्ण हमें अपने बीच खेलते हुए प्रतीत होते हैं। सम्भवतः इसीलिए सूर उनकी अलौकिकता की ओर पाठक का ध्यान आकर्षित करते जाते हैं। विभिन्न संस्कारों, उत्सवों और समारोहों का साङ्गोपाङ्ग वर्णन सम-सामयिक समाज का प्रतिबिम्ब स्वरूप है। गोचारण-प्रसंग में भी कृष्ण साधारण ग्वाले के रूप में चित्रित किये गये हैं। उनकी शृङ्गार-लीलाओं के चित्रण को देखकर पाठक को सहसा यह विश्वास नहीं होता कि वे केवल आठ-नौ वर्ष के होंगे। प्रेम की ऐसी घातें, नये-नये दाँव-पेच और विचित्र

---

१ सूरसागर (ना० प्र० स०) दशम स्कन्ध रास पंचाध्यायी,

२ ब्रजहिं बसै आपुहि बिसरायौ।
प्रकृति पुरुष एकहि करि जानहु बातन भेद करायौ।
जल थल जहाँ रहौं तुम बिनु नहि बेद उपनिषद गाऔ।
द्वै तन जीव एक हम दोऊ सुख कारन उपजायौ।
ब्रह्म रूप द्वितिया नहि कोऊ, तब मन तिया जनायौ।
सूर श्याम मुख देखि अलप हँसि आनन्द पुञ्ज बढ़ायौ॥
सूरसागर (ना० प्र० स०) पद २३०४।

रति-क्रीड़ाएँ पाठक को विवश कर देती हैं कि वह कृष्ण को रसिक-शिरोमणि, चतुर रतिनागर के रूप में देखे। यही बात गोपियों के विषय में भी है। इसे हम सूर की मौलिकता कह सकते हैं।

जीव, जगत्, मोक्ष आदि के विषय में भी सूर ने केवल मौलिकता ही नहीं, निर्भीकता भी दिखायी है। जगत् और संसार के सूक्ष्म भेद की ओर सूर का ध्यान इतना नहीं गया है और न ही जीवों की कोटियाँ गिनाने में उनका मन रमा है, ब्रज-भूमि में प्रवेश होने से पहले उनका मन सामीप्य के लिए मानो तड़पता था। माया और अविद्या को वे आवरण समझते थे। इसलिए भगवान् के सम्मुख सूरदास कभी करुणा-क्रन्दन करते हुए दीख पड़ते हैं, तो कभी अपना दैन्य प्रकट करते हुए और कभी माया और उसके रूप, तृष्णा आदि पर पिल पड़ते हुए लक्षित होते हैं। यही कारण है कि वल्लभाचार्य जी से साक्षात्कार होने तक वे घिघियाते रहे। ब्रज-भूमि के स्पर्श से उनका घिघियाना बन्द हो गया और मानो उन्हें परमधाम की प्राप्ति हो गयी। उस परमधाम में पहुँच कर भगवान् का लीला-गान ही वे अपना कर्तव्य समझते रहे। जीवन्मुक्त भक्त को मोक्ष की विभिन्न कोटियों के पचड़े में पड़ने से क्या मतलब ? इसीलिए सूरसागर में दार्शनिक सिद्धान्तों की खोज करना असंगत-सा ही प्रतीत होता है।

नवम अध्याय

सूरदास का भक्ति-पक्ष

सूर-साहित्य की पृष्ठ-भूमि का विवेचन करते हुए हमने संक्षेप में भक्ति-आन्दोलन का विश्लेषण किया है। उत्तरी भारत के वैष्णव सम्प्रदायों ने अपनी भक्ति-भावना का सूत्र श्रीमद्-भागवत से ग्रहण किया है, इसका हम पहले ही विवेचन कर चुके हैं। यद्यपि इस ग्रन्थ में वर्णाश्रम धर्म, मानव-धर्म, कर्म-योग, अष्टांग-योग, ज्ञान-योग और भक्ति-योग आदि भगवद्-भक्ति की प्राप्ति के सभी साधनों का विशद विवेचन है, परन्तु इस महापुराण का मुख्य प्रयोजन भक्ति का उत्कर्ष दिखाकर मनुष्य को उसकी ओर प्रवृत्त करना है। वैदिक काल से लेकर पौराणिक युग तक के भक्ति-सिद्धान्तों का समन्वय और सामञ्जस्य हमें इसमें मिलता है। भक्ति के विकास पर हिन्दी में कई निबन्ध लिखे जा चुके हैं। हम संक्षेप से भक्ति का विकास-क्रम दिखलाते हुए भक्ति का विश्लेषण प्रस्तुत करते हैं।

भक्ति का विकास और विश्लेषण

भारतीय धर्म-पद्धति में लोक-धर्म के तीन अवयव हैं। प्राचीन काल से ही ये तीनों अवयव भारतीय धर्म-साधना में प्रतिष्ठित हैं। वास्तव में ये तीनों ही मानवता की पूर्णता के लिए आवश्यक हैं, परन्तु देश काल की परिस्थितियों के अनुकूल कभी एक का प्राबल्य रहता है, तो कभी दूसरे का। इनके अनुपात को सुव्यवस्थित और सुमर्यादित बनाना ही भारतीय धर्म-साधना की मौलिकता रही है। वेदों में प्राकृतिक शक्तियों को दैवी रूप दिया गया है और उनकी उपासना के अनेक मन्त्र मिलते हैं। ज्ञान-पक्ष में सब देवताओं को एक ही ब्रह्म के नाना रूप बताया है।[1] एक ओर वेदों में ब्रह्मवाद की प्रतिष्ठा है और दूसरी ओर द्रव्य-यज्ञ का भी विधान है, जो एक प्रकार से उपासना का ही वाह्य रूप है। वेदों में— विशेषकर यजुर्वेद में—बहुत से काम्य और नैत्यिक यज्ञों का विधान है, साथ ही साथ वैदिक ऋषियों ने अपनी सहृदयता और भावुकता का भी परिचय दिया है। उनकी यह भावुकता देवताओं की स्तुतियों तथा प्राकृतिक दृश्यों के सम्बन्ध में सौन्दर्य भावना और शुद्ध अनुराग प्रेरित रमणीय उक्तियों के रूप में प्रकट हुई है।[2]

वैदिक काल में ही ब्रह्म की नराकार भावना हो चुकी थी। ऋग्वेद के पुरुष-सूक्त में ईश्वर की भावना पुरुष रूप में की गई है। ब्राह्मण-ग्रन्थों में तो इस भावना को और भी पुष्टि मिली और ब्रह्म की पुरुष-नारायण के रूप में कल्पना की गई। हम यों कह सकते हैं कि मंत्र-काल या संहिता-काल में परमेश्वर की विभिन्न शक्तियों का साक्षात् करके उनको एक समष्टि शक्ति के रूप में ग्रहण किया गया और फिर ब्राह्मण-काल में बुद्धि और कल्पना के बल पर उस शक्ति के स्वरूप का परिचय दिया गया। इसे हम ज्ञान और उपासना का योग कह सकते हैं अथवा बुद्धि और हृदय का सामंजस्य। उपनिषदों में भी इसी प्रकार के प्रयत्न स्पष्ट लक्षित होते हैं। ब्रह्म को

---

१ इन्द्रं मित्रं वरुणमग्निमाहुरथो दिव्यस्य सुपर्णो गरुत्मान् ।

२ एकं सद्विप्रा बहुधा वदन्त्यग्निं यमं मातरिश्वानमाहुः ।

अन्नमय, प्राणमय, मनोमय, विज्ञानमय और आनन्दमय देखना ही उसे अपनी अन्तःसत्ता के बाहर वाह्य जगत् में देखने का ही प्रयत्न है।[१]

वैदिक वाङ्मय में यह ब्रह्म की भावना हमें विभिन्न रूपों में प्रस्फुटित होती हुई दृष्टि-गोचर होती है। ब्रह्मा, विष्णु, रुद्र, अग्नि, वरुण, वायु ब्रह्म के ही विभिन्न प्रतीक हैं। इस प्रकार ब्रह्म की ही समष्टि शक्ति, बुद्धि और कल्पना का योग पाकर अनेक नाम-रूपों में विभक्त हुई-सी प्रतीत होती है। इस उपासना-पक्ष के साथ ज्ञान-पक्ष का रूप भी हमें वैदिक काल में बराबर मिलता है। उपनिषद्-काल में तो स्पष्ट ही दो मार्ग दिखलाई देते हैं। निवृत्ति-परक ज्ञानमार्ग की वृहदारण्यक तथा कठोपनिषद् आदि में तथा कर्म-परक ज्ञानमार्ग की ईशावास्यादि उपनिषदों में व्याख्या हुई है। कर्म-परक ज्ञानमार्ग से ही उस भक्ति-मार्ग का विकास हुआ, जिसमें हृदय-पक्ष प्रबल हो गया और रागात्मक तत्व को प्रधानता मिली। ब्रह्म के मूर्त और अमूर्त, मर्त्य और अमृत, स्थित और चल, अणु और महान्—दोनों ही रूपों का वर्णन हमें उपनिषदों में मिलता है। अन्त में उसे मूर्त और अमूर्त दोनों से परे बताया है।[२] वृहदारण्यक में स्पष्ट बतलाया है :

द्वेवाव ब्रह्मणो रूपे मूर्तञ्चैवामूर्त्तञ्च।
मर्त्यञ्चामृतं च, स्थितं च, यच्च, सच्चं, त्यच्च।

सारांश यह है कि उपनिषदों में विशुद्ध तत्वज्ञान के लिए ब्रह्म को निर्गुण और अव्यक्त कहा गया है, परन्तु उपासना के लिए उसका सगुण रूप ही सामने रक्खा गया है। यों तात्विक रूप से ब्रह्म की भावना एकत्वनिष्ठ ही थी :

त्वं ब्रह्मा त्वं च वै विष्णुस्त्वं रुद्रस्त्वं प्रजापतिः।
त्वमग्निर्वरुणो वायुस्त्वमिन्द्रस्त्वं निश करः।
त्वं मनुस्त्वं यमश्च त्वं पृथिवी त्वमथाच्युतः।
स्वार्थो स्वाभाविकेऽर्थे च बहुधा तिष्ठसे दिवि॥

मैत्रायण्युपनिषद् ४। १२। १३

उपासना-पद्धति में विधि-विधान और उपचार का भी समावेश हुआ। वैदिक काल की पूजा, जो केवल द्रव्य-यज्ञ द्वारा ही सम्पादित होती थी और जिसमें भय, लोभ या कृतज्ञता के ही भाव रहते थे, धीरे-धीरे परिष्कृत होती गई। ब्रह्म के स्वरूप के बोध के साथ उसका विशेषीकरण हुआ और पूजा ने श्रद्धा-समन्वित उपासना का रूप धारण कर लिया। बुद्धि के योग के कारण द्रव्य-यज्ञ का परिष्कार ज्ञान-यज्ञ के रूप में हुआ। उपनिषदों से लेकर श्रीमद्‌भगवद्‌गीता तक द्रव्य-यज्ञ की अपेक्षा ज्ञान-यज्ञ की विशेषता प्रतिपादन करने के उपाय स्पष्ट लक्षित होते हैं। हम पहले लिख चुके हैं कि घोर अङ्गिरस ऋषि द्वारा देवकी पुत्र श्रीकृष्ण को इस विद्या को देने का उल्लेख छान्दोग्य उपनिषद् में है। श्रीमद्‌भगवद्‌गीता में भी इसकी श्रेष्ठता प्रतिपादित की गई है।[३]

---

१ अन्नंब्रह्मेति व्यजानात्। प्राणो ब्रह्मेति व्यजानात्। मनो ब्रह्मेति व्यजानात्।
विज्ञानं ब्रह्मेति व्यजानात्। आनन्दो ब्रह्मेति व्यजानात्।

तैत्तिरीयोपनिषद् भृगुवल्ली।

२ अणोरणीयान् महतो महीयान्,
आत्मा गुहायां निहितोऽस्य जन्तोः। (श्वेत० ३—२०)

३ श्रेयान्द्रव्यमयाद्यज्ञाज्ज्ञानयज्ञः परंतप। गीता ४—३३

इस यज्ञ में ज्ञान और कर्म दोनों का समन्वय है, मन की बोधवृत्ति और रागात्मिका वृत्ति का संयोग है। धीरे-धीरे मन की रागात्मिका वृत्ति को प्रधानता मिलती गई और भागवत-धर्म की प्रतिष्ठा हुई। विष्णु को प्रधानता वैदिककाल में ही मिलने लगी थी, आगे चलकर तो विष्णु ही भागवत-धर्म के सर्वश्रेष्ठ देव निश्चित हुए। कृष्ण के विकास में हम बतला चुके हैं कि किस प्रकार विष्णु, नारायण, वासुदेव और कृष्ण में एकता स्थापित हुई और श्रीकृष्ण भागवत-धर्म के मुख्य आधार बने ? प्रारम्भ में तो श्रीकृष्ण में लोक-रंजक और लोक-रक्षक दोनों ही स्वरूपों का समन्वय था, परन्तु धीरे-धीरे उनका लोक-रक्षक स्वरूप तिरोहित होता गया और केवल ऐसे स्वरूप की प्रतिष्ठा की प्रवृत्ति बढ़ती गई, जो अत्यन्त घनिष्ठ प्रेम का अवलम्बन हो सके। यद्यपि सभी पुराण किसी न किसी देवता को प्रधान मानकर इस उपासना-पद्धति का निरूपण करते हैं, फिर भी श्रीमद्भागवत को इस प्रवृत्ति का विशिष्ट सुमधुर, सुस्वादु फल कहा जा सकता है। गीता में जो भक्ति का रूप है, वह कर्म और ज्ञान से समन्वित ही कहा जा सकता है। परन्तु भागवत में तो कर्म और ज्ञान से अलग भक्ति का स्वतन्त्र क्षेत्र तैयार किया गया है। शाण्डिल्य-भक्ति-सूत्र, नारद-भक्ति-सूत्र और पाञ्चरात्र संहिताएँ इसी परम्परा के ग्रन्थ हैं। श्रीमद्भागवत की एक विशेषता यह भी है कि उसमें ज्ञान या स्वरूप-बोध के लिए तत्वचिन्तक की स्वाभाविक पद्धति को स्वीकार किया गया है। आगे चलकर वैष्णव सम्प्रदायों ने इसी भक्ति-पद्धति को अपनाया, जिसका विवेचन हम पहले कर चुके हैं।

भक्ति की व्याख्या

भक्ति शब्द 'भज्' सेवायाम् धातु से 'क्तिन्' प्रत्यय लगाकर बनाया है; जिसका अर्थ है भगवान् का सेवा-प्रकार। शाण्डिल्य-भक्ति-सूत्र में लिखा है कि ईश्वर में परम अनुरक्ति ही भक्ति है।[1] नारद-भक्ति-सूत्र में लिखा है कि भक्ति ईश्वर के प्रति परम प्रेम-रूपा है और अमृत-स्वरूप भी है। जिस परम प्रेम-रूपा और अमृतस्वरूपा भक्ति को पाकर मनुष्य तृप्त हो जाता है, सिद्ध हो जाता है और अमर हो जाता है। जिस भक्ति के प्राप्त होने पर मनुष्य न किसी वस्तु की इच्छा करता है, न शोक करता है और न किसी वस्तु में आसक्त होता है; विषय-भोगों के प्रति उसका कोई उत्साह नहीं रहता और आत्मानन्द के साक्षात्कार से वह संसार के विषयों से निरपेक्ष होकर मस्त रहता है।[2]

भागवतकार ने भक्ति का लक्षण इस प्रकार दिया है, "मनुष्यों के लिए सर्वश्रेष्ठ धर्म वही है, जिसके द्वारा भगवान् कृष्ण में भक्ति हो; भक्ति भी ऐसी, जिसमें किसी प्रकार की कामना न हो और जो नित्य निरन्तर बनी रहे, ऐसी भक्ति से हृदय आनन्द स्वरूप भगवान् की उपलब्धि करके कृतकृत्य हो जाता है।"[3]

'भक्ति-रसामृत-सिन्धु' में भक्ति की बड़ी विस्तृत व्याख्या की गई है। इस ग्रन्थ के चार विभाग हैं—पूर्व, पश्चिम, उत्तर और दक्षिण। पूर्व विभाग में भक्ति की व्याख्या की गई है। इसमें चार लहरी हैं—प्रथम लहरी में भक्ति के सामान्य रूप का विश्लेषण हुआ है, दूसरी में

---

१ सा परानुरक्तिरीश्वरे। शाण्डिल्य भक्ति-सूत्र. भक्ति-चन्द्रिका, (सम्पादक श्रीगोपीनाथ कविराज, पृष्ठ ५)

२ नारद-भक्ति-सूत्र १, २, ३, ४, ५, ६

३ स वै पुंसां परोधर्मो यतो भक्तिरधोक्षजे।
अहैतुक्यप्रतिहता ययाऽऽत्मा संप्रसीदति। (१-२-६)

साधना-भक्ति का स्वरूप बताया है, तीसरो में भाव-भक्ति का विवेचन है और चौथी में प्रेम-भक्ति का।

महाप्रभु वल्लभाचार्य जी ने भक्ति की परिभाषा इस प्रकार से की है, "भगवान् में माहात्म्यपूर्वक, सुदृढ़ और सतत स्नेह ही भक्ति है। मुक्ति का इससे सरल उपाय नहीं है।"[1]

और भी अनेक आचार्यों ने भक्ति के लक्षण किये हैं, परन्तु उन सभी लक्षणों में दो लक्षणों पर विशेष जोर दिया गया है—१–ईश्वर के प्रति अनन्य प्रेम तथा २–अन्य सांसारिक वस्तुओं से वैराग्य। श्रीमद्भागवत में हमें भक्ति के तीन स्वरूप मिलते हैं, १–विशुद्ध भक्ति, २–नवधा भक्ति, ३–प्रेमा भक्ति। श्रीमद्भागवत में विशुद्ध भक्ति का विवेचन कई स्थानों पर हुआ हैं। एकादश स्कन्ध के चौदहवें अध्याय में उन्होंने भक्ति को योग, ज्ञान, धर्म, स्वाध्याय, तप, दान, आदि-आदि से भी ऊपर माना है।[2] नवम स्कन्ध में भगवान् ने घोषणा की है कि मैं भक्तों के अधीन हूँ, मुझे केवल भक्ति के द्वारा ही जाना जा सकता है।[3]

श्रीमद्भगवद्गीता में भी इसी प्रकार की भक्ति की ओर संकेत किया है—

भक्त्या त्वनन्यया शक्यः अहमेवंविधोऽर्जुन।
ज्ञातुं द्रष्टुं च तत्वेन प्रवेष्टुं च परन्तप ।।११। ५४

श्रीमद्भगवद्गीता में श्रीकृष्ण भगवान् कहते हैं, "यदि कोई अतिशय दुराचारी भी अनन्य भाव से मेरा भक्त होकर मुझको भजता है तो वह साधु ही मानने योग्य है, क्योंकि वह यथार्थ निश्चय वाला है। वह शीघ्र ही धर्मात्मा हो जाता है और सदा रहने वाली परम शान्ति को प्राप्त होता है। हे अर्जुन, तू निश्चय जान, मेरा भक्त नष्ट नहीं होता।"[4] श्री मद्भागवत की यह विशेषता है कि इसमें ज्ञान, वैराग्य और भक्ति से युक्त नैष्कर्म्य का आविष्कार किया गया है तथा भक्ति-सहित ज्ञान का निरूपण हुआ है। ज्ञान की अन्तरंग साधना में श्रवण, मनन और निदिध्यासन को विशेष स्थान देने पर भी 'नतत्रोपायसहसाणाम्' कहकर भक्ति को ही मुख्य माना है। इसका कारण यह है कि ज्ञान का आविर्भाव होने के लिए शुद्ध अन्तःकरण की आवश्यकता होती है और समस्त कामनाओं को नष्ट करने का कारण होने से भक्ति ही अन्तःकरण की शुद्धि का प्रधान कारण है। ज्ञान और भक्ति का सामञ्जस्य भागवतकार ने स्थान-स्थान पर किया है। निम्नलिखित श्लोक में यह सामंजस्य बड़ी सुन्दरता से प्रस्तुत किया गया है—

वदन्ति तत्तत्वविदस्तत्वं यज्ज्ञानमद्वयम्।
ब्रह्मेति परमात्मेति भगवानिति शब्द्यते ।। भागवत १-२-११

अर्थात् ब्रह्म, परमात्मा और भगवान्—ये तीन नाम पृथक्-पृथक् तत्व के नहीं, एक ही परमतत्व की दृष्टि-भेद के अनुसार त्रिविधि अनुभूति मात्र है। ज्ञान-राशि के उदय-काल में भगवत्तनु का जो आलोक साधक के शुद्ध, सात्विक हृदय-पटल पर प्रतिफलित होता है, उसे ब्रह्म कहते हैं। यही आलोक-पुञ्ज जब बिम्ब रूप से साधक के हृदयाकाश में प्रतीत होता है, तब वह परमात्मा कहलात। ० । ये ब्रह्मानुभव और परात्म-दर्शन दोनों ही भगवत् तत्व के खण्ड या अंश-

---

१ माहात्म्यज्ञानपूर्वस्तु सुदृढः सर्वतोऽधिकः।
स्नेहो भक्तिरिति प्रोक्तस्तया मुक्तिर्नचान्यथा। त० दी० नि०, ज्ञानसागर बम्बई, श्लोक ४६, पृष्ठ १२७

२ भागवत स्कन्ध ११, अध्याय १४, श्लोक २० से २५

३ भागवत ९-४। ६३ से ६८

४ गीता ९। ३०-३१

बोधमात्र हैं। इस ब्रह्म के प्रतिष्ठान एवं परमात्मा के अधिष्ठान-भूत परमतत्व का भक्तों को जो श्री श्याम रूप में दर्शन होता है, वह भगवान् नाम से निर्दिष्ट किया जाता है। इस दर्शन से जो अनुभव होता है, वही भगवान् का विज्ञान-समन्वित परम गुह्य ज्ञान है और वह भक्ति-भावित नेत्रों से ही परिज्ञात होता है। वास्तव में भक्ति और ज्ञान में कोई तात्विक भेद नहीं है। भक्ति की पराकाष्ठा ज्ञान है और ज्ञान की पराकाष्ठा भक्ति। जहाँ भक्ति को ज्ञान से श्रेष्ठ बताया गया है, वहाँ भक्ति का अर्थ साधन भक्ति है और जहाँ ज्ञान को भक्ति से श्रेष्ठ बताया गया है, वहाँ ज्ञान का अर्थ परोक्ष ज्ञान है। पराभक्ति और परम ज्ञान दोनों एक ही वस्तु हैं। गीता का निष्कामता भी भक्ति-योग के अन्तर्गत है, क्योंकि भगवदर्थ कर्म ही निष्काम होते हैं। भागवत महात्म्य में ज्ञान और वैराग्य को भक्ति का पुत्र बतलाया है।[1]

भागवत में भक्ति के साध्य और साधन दोनों ही पक्षों का विवेचन हुआ है। मन की एकाग्रता से भगवान् का नित्य निरंतर श्रवण, कीर्तन और आराधन भक्ति का साधन पक्ष हैं और भगवान् में परानुरक्ति उसका साध्य पक्ष है। साधना रूपा भक्ति को नवधा भक्ति, वैधी भक्ति अथवा मर्यादा भक्ति भी कहते हैं और साध्य रूपा भक्ति को प्रेमाभक्ति तथा रागानुगा अथवा रागात्मिका भक्ति के नाम से अभिहित किया जाता है। 'हरि-भक्ति-रसामृत-सिन्धु' में वैधी और रागानुगा दोनों ही भक्तियों को साधनभक्ति कहा है और पराभक्ति को साध्य भक्ति माना है। इस ग्रन्थ में भक्ति गौणी तथा परा भेद से दो प्रकार की मानी गई है। गौणी भक्ति के दो भेद हैं—वैधी और रागानुगा। फिर रागानुगा के भी दो भेद हैं—कामरूपा और सम्बन्धरूपा। यही भक्ति साधना भक्ति है और जब सब कामनाओं से रहित होकर भक्त की भगवान् में परानुरक्ति हो जाती है तब वह पराभक्ति कहलाती है। साधनरूपा भक्ति के पाँच अङ्ग माने गये हैं १—उपासक, २—उपास्य, ३—पूजा-द्रव्य, ४—पूजा-विधि, ५—मंत्र-जप। तन्त्र-ग्रन्थों में मंत्र-जप को विशेष महत्व दिया गया है और इसके पाँच तत्व माने गये हैं—१—गुरुत्व, २—मन्त्र तत्व, ३—मनस्तत्व, ४—देवत्व तथा ५—ध्यान तत्व। निर्वाण तन्त्र और निर्वाण सार में इनका विशद विवेचन हुआ है। इन तन्त्र-ग्रन्थों में भक्ति को मंत्रयोग का एक अंग माना है और चित्तवृत्ति के निरोध के लिए उसे आवश्यक बताया है। मंत्र-योगी-भाव-समाधि में जाकर ईश्वर का साक्षात्कार करता है।

श्रीमद्भागवत में भक्ति के कई भेद गिनाए हैं। तृतीय स्कन्ध में भक्ति के चार प्रकार माने हैं—सात्विकी, राजसी, तामसी तथा निर्गुण।[2] फिर सप्तम स्कन्ध में प्रह्लाद ने भक्ति के नौ भेद बतलाए हैं :

> श्रवणं कीर्तनं विष्णोःस्मरणं पादसेवनम्।
> अर्चनं वन्दनं दास्यं सख्यमात्मानिवेदनम् ॥२३॥
> इति पुंसार्पिता विष्णौ भक्तिश्चेन्नवलक्षणा।
> क्रियते भगवत्यद्धा तन्मन्येऽधीतमुत्तमम् ॥२४॥

भागवत सप्तम स्कन्ध, पंचम अध्याय

इन नौ साधनों के तीन भाग किये जा सकते हैं—श्रवण, कीर्तन और स्मरण, जो श्रद्धा और विश्वास की वृत्ति के सहायक हैं। पाद सेवा, अर्चन और वन्दन रूप-सम्बन्धी-साधन हैं, जो

---

1. भागवत महात्म्य अध्याय १ श्लोक ४५
2. भागवत तृतीय स्कन्ध अध्याय २९ श्लोक ७—१४

वैधी भक्ति के विशेष अंग हैं तथा दास्य, सख्य और आत्म-निवेदन भाव-सम्बन्धी-साधन है, जो रागात्मिका भक्ति से सम्बन्ध रखते हैं। श्रीमद्भागवत में इन तीनों ही अंगों का बड़े विस्तार से विवेचन हुआ है। आगे चलकर दास्य, सख्य और आत्म-निवेदन का ही रूपगोस्वामी ने भक्ति-रस का उत्पादक माना है। 'भक्ति-रसामृत-सिन्धु' और 'उज्ज्वल नील मणि' में भक्ति-रस का शास्त्रीय ढंग से विवेचन हुआ है। दास्य, सख्य और आत्मनिवेदन में भी आत्मनिवेदन का विशेष महत्व है, क्योंकि आत्मनिवेदन में साधन और साध्य एक हो जाते हैं। श्रीमद्भागवत में भक्तों की जितनी भी कथाएँ आई हैं, उनमें शरणागति का भाव ही ओतप्रोत है। वैधी-भक्ति का पर्यवसान रागात्मिका भक्ति में है और रागात्मिका भक्ति की पूणता आत्म-समर्पण में। गोपियों ने वैधी भक्ति का ही अनुष्ठान किया था, परन्तु उनका हृदय रागात्मिका भक्ति से ही ओतप्रोत था। भगवान् की चीर-हरण लीला और रासलीला इस पूर्ण समर्पण के ही रूप हैं। गीता में भी भगवान् कृष्ण ने अर्जुन को इस आत्म-निवेदन का ही उपदेश स्थान-स्थान पर दिया है :

यत्करोषि यदश्नासि यज्जुहोषि ददासि यत्।
यत्तपस्यसि कौन्तेय तत्कुरुष्वमदर्पणम् ॥—गीता ९। २७
मन्मना भव मद्भक्तो मद्याजी मां नमस्कुरु।
मामेवैष्यसि सत्यं ते प्रतिजाने प्रियोऽसि मे ॥६५॥
सर्वधर्मान् परित्यज्य मामेकं शरणं व्रज।
अहं त्वां सर्व सर्वपापेभ्यो मोचयिष्यामि मा शुचः ॥६६॥

गीता, अध्याय १८

कुछ आचार्यों ने इस आत्म-निवेदन को शरणागति अथवा प्रपत्ति कहा है। पाञ्चरात्र विष्वक्सेन संहिता में कहा गया है, "भगवत्‌रूप प्राप्य वस्तु की इच्छा करने वाले उपाय-हीन व्यक्ति की प्रार्थना में पर्यवसायिनी निश्चयात्मिका बुद्धि ही प्रपत्ति का स्वरूप है तथा अनन्य साध्य भगवद्-प्राप्ति में महाविश्वास पूर्वक भगवान् को ही एक मात्र-उपास्य समझ कर उपाय करते रहना ही प्रपत्ति है और इसी को शरणागति कहते हैं।"[1]

भक्ति की कोटियों में प्रेमाभक्ति का सर्वोच्च स्थान है। रूपगोस्वामी ने 'भक्तिरसामृत-सिन्धु' में उत्तमा भक्ति के तीन भेद माने हैं—साधन-भक्ति, तथा प्रेमाभक्ति। साधन-भक्ति के साधनों का वर्णन आता है, उसके दो रूप हैं—वैधी और रागानुगा। रागानुगा-साधन-भक्ति के भी दो रूप हैं—कामानुगा और सम्बन्धानुगा। कामानुगा में इच्छा बनी रहती है, भक्त गोपीमय होना चाहता है। सम्बन्धानुगा भक्ति में भक्त कृष्ण से सम्बन्ध स्थापित करता है। नन्द, यशोदा और गोप इसी कोटि के भक्त हैं। भाव-भक्ति या तो कृष्णप्रसाद जी होती या कृष्ण-भक्त-प्रसादजी होती है। यह रस-रूप तक नहीं पहुंचती। रस की स्थिति पर पहुंचकर वह प्रेमा-भक्ति हो जाती है। रूपगोस्वामी ने पाँच मुख्य और सात गौण रस माने हैं।[2]

'नारद-भक्ति-सूत्र' में प्रेमा-भक्ति का विशद विवेचन हुआ है। इस ग्रन्थ के चौरासी सूत्रों में भक्ति-तत्व को व्याख्या, भक्ति के अन्तराय भक्ति के साधन, भक्ति की महिमा और भक्तों के महत्व को भली-भाँति प्रकट किया है। इसीलिए इस ग्रन्थ को प्रेमदर्शन भी कहते हैं। इस भक्ति

---

१ पाञ्चरात्र विष्वक्सेन संहिता से कल्याण के साधनाङ्क में उद्धृत (अगस्त, सन् १९४०)

२ भक्ति रसामृत-सिन्धु, पूर्व विभाग चतुर्थ लहरी।

को प्राप्त करके मनुष्य सिद्ध हो जाता है, अमर हो जाता है, तृप्त हो जाता है और भगवान् कृष्ण के अतिरिक्त उसे किसी बात की चिन्ता नहीं रहती।[१] प्रेमस्वरूपा भक्ति में अनन्यता का भाव निहित रहता है। यह भक्ति कर्मयोग और ज्ञानयोग; दोनों से ही श्रेष्ठ है। भागवत में कृष्ण कहते हैं, "योग, ज्ञान, धर्म, स्वाध्याय, तप और त्याग मुझे इतना प्रसन्न नहीं कर सकते, जितना मुझे मेरी दृढ़ भक्ति प्रसन्न करती है। मेरी भक्ति चाण्डालादि को भी पवित्र कर देती है।"[२] गीता में भी कृष्ण अर्जुन से कहते हैं, "हे अर्जुन, जैसा तुमने मुझे देखा है, वैसा मैं वेद, तप, दान, यज्ञ आदि से भी नहीं देखा जा सकता। हे अर्जुन, अनन्य भक्ति के द्वारा ही मेरा इस प्रकार से देखा जाना, मुझे तत्व से जानना और मुझ में प्रवेश पाना सम्भव है।"[३]

यही प्रेमा-भक्ति परा-भक्ति कहलाती है और इसी को भूमानन्द कहते हैं। इसमें भक्त अपने प्रियतम भगवान् के स्वरूप को प्राप्त हो जाता है; इसी को भागवत में अहैतुकी निर्गुण-भक्ति तथा गीता में ज्ञानी की भक्ति कहा है। इसमें भक्त की चित्त-वृत्ति और कर्म-गति का प्रवाह अविच्छिन्न रूप से भगवान् की ओर बहता रहता है और उसकी समस्त क्रियाएँ कृष्णोन्मुख ही होती हैं।[४] गीता के बारहवें और अठारहवें अध्याय में भक्त के लक्षण बताए गये हैं और वह स्थिति बतलाई है, जब भक्त को पराभक्ति की प्राप्ति होती है। "जब मनुष्य विशुद्ध बुद्धि से युक्त एकान्तसेवी और मिताहारी बनकर वाणी को जीतकर और वैराग्य को धारण करके निरन्तर ध्यान परायण, दृढ़ धारण से अन्तःकरण को वश में करके शब्द-स्पर्श आदि विषयों को त्याग, राग-द्वेष को नष्ट कर—अहंकार, बल-दर्प, काम, क्रोध और परिग्रह को छोड़कर ममता-रहित और शान्त हो जाता है, तभी वह ब्रह्म प्राप्ति के योग्य होता है। फिर ब्रह्मभूत होकर सदा प्रसन्न चित्त रहने वाला वह न किसी वस्तु के लिए आकांक्षा ही करता है। सब प्रणियों में समभाव से केवल भगवान् को ही देखता है, तब उसे मेरी परा-भक्ति प्राप्त होती है, जिसके द्वारा वह मुझे तत्व से जानकर मुझ ही में मिल जाता है।"[५]

'नारद-भक्ति-सूत्र' में प्रेमरूपा भक्ति के सम्बन्ध में ग्यारह आसक्तियों का उल्लेख किया गया है, जिसके कारण यह एक होकर ग्यारह प्रकार की होती हैं। ग्यारह आसक्तियाँ ये हैं— (१) गुण-महात्म्यासक्ति, (२) रूपासक्ति, (३) पूजासक्ति, (४) स्मरणासक्ति, (५) दास्यासक्ति, (६) संख्यासक्ति, (७) कान्तासक्ति, (८) वात्सल्यासक्ति, (९) आत्मनिवेदनासक्ति, (१०) तन्मयता-सक्ति, (११) परमविरहासक्ति। जो भक्त परा-भक्ति को प्राप्त कर लेते हैं, उनमें तो ये सभी आसक्तियाँ रहती हैं, जैसे—ब्रज की गोपियों में, परन्तु सभी अन्य भक्तों में कोई न कोई आसक्ति अवश्य रहती है। श्रीमद्भागवत में इन सभी प्रकार के भक्तों का वर्णन है। जैसे—नारद, शुकदेव, सूत, शौनक, परीक्षित, पृथु, जनमेजय आदि गुणामहात्म्यासक्ति-भक्त हैं। कुछ ऋषि और ब्रजनारियाँ रूपासक्ति-भक्त हैं। राजा पृथु, अम्बरीष, भरत आदि पूजासक्ति-भक्त हैं। प्रह्लाद, ध्रुव, सनकादि स्मरणासक्ति-भक्त हैं। अक्रूर, विदुर आदि दास्यासक्ति-भक्त हैं। अष्ट पटरानियाँ कान्ता-सक्ति-भक्त हैं। कश्यप, अदिति, सुतपा, पृश्नि, मनु, शतरूपा, नन्द-यशोदा, वसुदेव-देवकी

---

१ नारद-भक्ति-सूत्र ४

२ भागवत ११।१४।२०-२१

३ गीता ११।५३-५४

४ भागवत ३।२९।११-२

५ गीता १८।५१-५५

आदि वात्सल्यासक्ति-भक्त हैं। राजा अम्बरीष, राजा बलि, राजा शिवि आदि आत्म-निवेदनासक्ति-भक्त हैं। शुक, सनकादि, ज्ञानीगण अथवा कौण्डिन्य. सुतीक्ष्ण आदि प्रेमी मुनिगण तन्मयतासक्ति-भक्त हैं तथा उद्धव, अर्जुन और ब्रजनारी परम विरहासक्ति-भक्त हैं।

सूर की भक्ति-साधना

सूर-साहित्य की पृष्ठ-भूमि में हमने तत्कालीन धार्मिक और सामाजिक परिस्थितियों का दिग्दर्शन कराया है। स्पष्ट रूप से न तो सूरदास जी ने पुष्टि-सम्प्रदाय के अतिरिक्त किसी सम्प्रदाय के सिद्धान्तों का विवेचन ही किया है और न अपने समय की परिस्थतियों का उल्लेख ही किया है। परन्तु फिर भी, जैसा कि हम पहले कह चुके हैं, कवि तमाशबीन की तरह उन परिस्थितियों की उपेक्षा नहीं कर सकता। धार्मिक परिस्थितियों के साथ ही साथ सामाजिक परिस्थितियों का भी परिचय हमें सूर-काव्य में मिल जाता है। सूर के समकालीन गोस्वामी तुलसीदास जी की सभी रचनाओं में किसी न किसी रूप में सामाजिक प्रतिच्छाया मोजूद है, कबीर की अटपटी, अक्खड़, सधुक्कड़ी भाषा में समाज की पोल खोलकर उस पर व्यंग्य वाणों की जो वर्षा की गई है, उससे भी तत्कालीन समाज का पूरा नक्शा ज्यों का त्यों सामने आ जाता है। ढोंग और आडम्बर के सर्वभक्षी राक्षस मानवता और सदाचार को निगल रहे थे। व्रत, पूजा, तीर्थादि की प्रतिष्ठा होते हुए भी पवित्र धर्म-बुद्धि का अभाव ही दीख पड़ता था। धर्म के नाम पर प्रच्छन्न कलुष का आचरण जोर-शोर से चल रहा था। नाथपंथी साधुओं का ढकोसला भी कुछ कम न था। मन्दिर व्यभिचार के अड्डे बन रहे थे। इन सब बातों का प्रभाव सूर के साहित्य पर पड़ना स्वाभाविक ही था। उनकी भक्ति-साधना में तत्कालीन परिस्थितियों का बहुत सीमा तक योग है।

सूर की भक्ति-साधना और तत्कालीन परिस्थितियों के सम्बन्ध में एक बात यह भी विचारणीय है कि जहाँ सूर ने एक ओर इन परिस्थितियों के प्रति विरक्ति प्रदर्शित कर व्रत, पूजा, उपवास आदि से स्पष्ट विरोध नहीं तो उदासीनता तो प्रकट की ही है, वहाँ दूसरी ओर उन मानव दुर्बलताओं से समझोता भी किया है जिसका शिकार उस समय का समाज हो रहा था। सूर के काव्य में कृष्ण-चरित्र के विलासमय चित्र और शृंगार रस की मादकता का जैसा संचार हुआ है, वैसा अन्यत्र दुर्लभ है। हम आचार्य हजारीप्रसाद द्विवेदी के इस मत से बिलकुल सहमत हैं :

"सूरदास ने मनुष्य की इस विफलता का कारण भजन का अभाव बतलाया है। अगर भजन हो तो यह सारी विफलता महती सफलता के रूप में परिवर्तित हो जाय। सूरदास ने वस्तुतः अपने काल की सारी विलासिता का सुन्दर उपयोग किया है और कोई भी सहृदय इस बात को अस्वीकार नहीं करेगा कि सचमुच उन्होंने भजन के पारस पत्थर से स्पर्श कराके विलासिता रूपी कुधातु को भी सोना बना दिया है। उस युग के मनुष्य की विफलता की प्रथम सीढ़ी है—"आलिंगन, चुम्बन; परिरम्भन, नख-छत, चारु परस्पर हाँसी" और सूर से अधिक और किस कवि ने इनका सफल वर्णन किया है ?"[1]

वस्तुतः पुष्टिमार्गीय सेवा का यही महत्व है। गोस्वामी विट्ठलनाथ जी ने तत्कालीन समस्त विलास-सामग्री अपने आराध्य देव को समर्पित कर भक्त के मन से विलासिता को दूर करने का उपाय निकाला। इसका विशेष वर्णन हम अगले प्रकरण में करेंगे। सूर-साहित्य में उन्मुक्त

---

१ सूर साहित्य पृष्ठ ७२

विलास का समावेश होने पर भी उन्हें मर्यादा-विमुख नहीं समझना चाहिए। स्मार्त पथ के भी विरोधी नहीं थे और टीकाकारों के साथ उन्होंने मर्यादा-मार्ग को भी महत्व दिया है तथा वैधी-भक्ति का विवेचन भी उनकी रचनाओं में दृष्टिगोचर हो जाता है। भागवत में भक्ति को सर्वोपरि माना है, परन्तु ज्ञान और कर्म को भी अपनाया है। पराभक्ति या प्रेमरूपा भक्ति को महत्व देते हुए वैधी-भक्ति को उसकी प्राप्ति का साधन माना है। सूरदास जी ने भागवतकार की भाँति भक्ति को तो महत्व दिया है, परन्तु ज्ञान और कर्म की प्रतिष्ठा नहीं की। इस पृष्ठ-भूमि में हम सूर की भक्ति को निम्नलिखित दृष्टिकोणों से देखने का प्रयत्न करेंगे :

१—साधारण भक्ति विवेचन—उनका स्वरूप और महत्ता।

२—वैराग्यपूर्ण भक्ति—जो सम्भवतः वल्लभ-सम्प्रदाय में दीक्षित होने के पूर्व सूरदास जी में थी।

३—वैधी भक्ति।

४—प्रेमरूपा भक्ति।

५—पुष्टिमार्गीय भक्ति।

पुष्टिमार्गीय भक्ति का वर्णन तो अगले अध्याय में किया जायगा, यहाँ पर हम सूर की भक्ति के अन्य प्रकारों पर दृष्टि-प्रक्षेप करेंगे। सूर के दार्शनिक सिद्धान्तों के विवेचन में हम कह चुके हैं कि सूर के मत से इस प्रपञ्चात्मक संसार से छूटने का एकमात्र उपाय हरिभक्ति है जिनके बिना समस्त जीवन ही भार स्वरूप है: भक्ति रहित जीवन अधार्मिक जीवन है। कलियुग के संतापकारी तापत्रय का शमन भक्त के कोमल हृदय से बहते हुए भगवद्भक्ति रस के शीतल स्रोत से ही सम्भव है, जो केवल भौतिक-संघर्षजन्य क्लान्ति को ही दूर नहीं करता, प्रत्युत मानसिक कालुष्य-पङ्क का प्रक्षालन कर हृदय को स्वच्छ भी करता है और उसे उच्चभावों के ठहरने योग्य बनाता है। कर्मकाण्ड के जाल की जटिल उलझन में फँसी हुई जनता धर्म के लुब्धक ठेकेदार पण्डित-पुजारियों की बगुला-भक्ति की शिकार बन रही थी। तीर्थ, व्रत, जप आदि व्यर्थ ढकोसला वास्तविकता पर आवरण डालकर धर्म के मूलभूत तत्वों का अपहरण कर रहा था। तुलसी की तरह सूर ने भी अपने चारों ओर के संसार को आँख खोल कर देखा और उसकी बुराइयों की भर पेट निन्दा की। ऐहिक लालसा की मृगतृष्णा के पीछे भटकते हुए मानव-मन कुरंग को उन्होंने भगवद्भक्ति-सरिता के सरस कूल पर लाकर छोड़ दिया। भौतिक विषयों के दुष्परिणामों का उद्घाटन और प्रभु-प्रेम का प्रतिपादन उन्होंने इस खूबी के साथ किया कि लोग हरि-लीलागान में अनायास ही रत हो गये और भक्ति के बिना समग्र साधनों को बन्धन समझने लगे। ज्ञान और वैराग्य का साधक बना कर उन्होंने भक्त के पद की प्रतिष्ठा की और ज्ञान एवं योग द्वारा अगम्य तत्व को भी भक्ति के सरल मार्ग द्वारा गम्य बनाया। भक्ति स्वतःपूर्ण है, वह साधन नहीं, साध्य है, व्यापार नहीं, लक्ष्य है; उसकी प्राप्ति सब कामनाओं की इति श्री है। हरि का भक्त स्वयं हरिस्वरूप हो जाता है, वह ब्रह्मा और महादेव से भी महान् है :

हरि के जन सब के अधिकारी।
ब्रह्मा, महादेव तें को बढ़, तिनकी सेवा कछु न सुधारी॥[1]

जिस पर हरि की कृपा हो जाती है; उसे फिर किस बात की कमी? भक्ति का विशाल क्षेत्र जाति-पाँति की क्षुद्र परिधि से परमेय नहीं होता। बड़े-बड़े महाराज, ऋषिराज और मुनिराज भी हरि भक्ति के समक्ष सिर झुकाकर बन्दना करते हैं और उसके तेज से लज्जित होते हैं :

---

१ सूरसागर (ना० प्र० स०) पद ३१

हरि के जन की अति ठकुराई।
महाराज रिषिराज महामुनि देखत रहे लजाई।
निरभय देह राजगढ़ ताको, लोक-मनन उतसाहु।
काम, क्रोध, मद, लोभ, मोह, ये भये चोर तें साहु।
दृढ़ विस्वास कियौ सिंहासन, ता पर बैठे भूप।
हरि-जस विमल-छत्र सिर ऊपर राजत परम अनूप।
हरि-पद पङ्कज पियो प्रेमरस, ताही में रङ्गरातो।
मन्त्री ज्ञान न औसर पावै, कहत बात सकुचातो।
अर्थ काम दोऊ रहै द्वारैं, धर्म मोक्ष सिर नावै।
बुद्धि-विवेक विचित्र पौरिया, समय न कबहूँ पावै।
अष्ट महासिधि द्वारैं ठाढ़ी, कर जोरे, उर लीन्हे।
छरीदार वैराग विनोदी, झिरकि बाहिरैं कीन्हे।
माया काल कछू नहिं व्यापै, यह रस-रीति जो जानै।
सूरदास यह सकल समग्री, प्रभु प्रताप पहिचानै।[1]

भक्ति के बिना ज्ञान और कर्म व्यर्थ हैं, इस तथ्य को द्योतित करने के लिए सूरदास जी ने एक बड़ा ही सुन्दर दृष्टान्त उपस्थित किया है। उनका कथन है कि जिस प्रकार पतङ्ग दीपक से प्रेम करता है और उसकी दीप्त शिखा से भी न डरता हुआ उस पर गिर पड़ता है। उसी प्रकार ज्ञानी पुरुष भी अपने ज्ञानरूपी दीपक से सांसारिक दुःख रूपी कूप को प्रकट देखता हुआ भी उसमें गिर जाता है। जड़ जन्तु कालरूपी व्याल के रजस्तमोमय विषानल में क्यों जलता है ? वह सकल मतों के अविकल वाद-विवाद के कारण वेश धारण करता है और इस प्रकार सकल निशिदिन भ्रमण करता रहता है, जिससे कुछ भी कार्य नहीं सरता, अगम-सिन्धु के पार करने को यत्नों की नौका सजा कर उसे कर्मों के भार से भरता है; परन्तु सूर का व्रत तो यही है कि मनुष्य कृष्ण-भक्ति द्वारा ही इस भव-सागर को पार कर सकता है।[2] विनय के सारे पद इसी प्रकार की भक्ति-भावना से भरे हुए हैं कि 'मनुष्य-जन्म बड़ी कठिनता से प्राप्त होता है, उसे यों ही नहीं गँवाना चाहिये।' सूर ने अपनी मत की पुष्टि में अनेक पापियों के उदाहरण देकर सिद्ध किया है कि भक्ति के लवलेश से ही समस्त पाप नष्ट हो जाते हैं, अन्यथा जीव इस भवसागर में यों ही भ्रमता रहता है। मन को चेतावनी देते हुए सूर ने अनेक पदों में भक्ति की महत्ता प्रतिपादित की है।[3]

सूरदास के विनय-पद तुलसीदास जी की 'विनय पत्रिका' की तुलना में रखे जा सकते हैं। दोनों ही कवियों का दैन्य-भाव पराकाष्ठा को पहुँच गया है और दोनों ने ही संसार की असारता दिखाकर भक्ति का महत्व प्रतिपादित किया है। मन को सम्बोधित कर मानव की पतित और शोचनीय दशा का चित्रण किया है, जिसका कारण स्वयं मनुष्य की सांसारिकताप्रिय प्रवृत्ति है। सूरदास के पदों में तन्मयता और मार्मिकता विशेष रूप से दृष्टिगोचर होती है।

---

१ सूरसागर (ना० प्र० स०) पद ६३-८८
२ वही (,, ,,) पद १७६१
३ वही (,, ,,) पद १७६७

सन्त-मत जिसका मुख्य आधार जाति-पाँति का विरोध है, सूर को कई पक्षों में मान्य है। भक्ति के नाते सारे भक्त एक कोटि के हैं। सन्तों का "जाति-पाँति पूछै नहिं कोय, हरि को जपै सो हरि का होय" वाला सिद्धान्त सूर सम्मत है। सूर के प्रभु के यहाँ सब बराबर हैं, उनके दरबार में जाति-पाँति का भेद नहीं :

जाति-पाँति कोउ पूछत नाहीं श्रीपति के दरबार।[1]

भगवान् के भजन से नीच व्यक्ति भी उच्च पद प्राप्त कर लेता है।[2] उनके यहाँ ऊँच-नीच की गिनती नहीं की जाती।[3] हिन्दू-धर्म के बहुत-से सम्प्रदायों में स्त्री को भक्ति का अधिकार भी नहीं दिया गया। सन्तों ने इन सिद्धान्तों का विरोध किया और सूर ने उनका समर्थन किया है।[4] मनुष्य का सब पुरुषार्थ, सारे साधन, सफल उपाय, अखिल मन्त्र और उद्यमादि व्यर्थ हैं, केवल प्रभु की चाही बात होती है, अतः उसी की आराधना करनी चाहिये :

करी गोपाल की सब होइ।
जो अपनौ पुरुषारथ मानत, अति झूठौ है सोइ।
साधन, मन्त्र, जन्त्र, उद्यम, बल ये—सब डारौ धोइ।
जो कछु लिखि राखी नन्द-नन्दन, मेटि सकै नहिं कोइ।
दुःख-सुख लाभ-अलाभ समुझि तुम कतहिं मरत हो रोइ।
सूरदास स्वामी करुनामय, स्याम चरन मन पोइ॥[5]

भगवद्भक्ति के बिना बनिता, सुत, हाथी-घोड़े आदि वैभव व्यर्थ हैं। इस विषय में गोस्वामी तुलसीदास कहते हैं :

झूमत द्वार मतंग अनेक जँजीर जरे पद अम्बु चुचाते।
ताते तुरंग मनोगति चंचल, पौन के गौनहु ते बढ़ि जाते॥
भीतर चन्द्रमुखी अवलोकति, बहर भूप खरे न समाते।
ऐसे भये तो कहा तुलसी, जो पै जानकी-नाथ के रंग न राते॥[6]

इसी भाव को सूरदास जी अपनी सन्त वाणी में कहते हैं :

इहिं विधि कहा घटगो तेरौ।
नन्द-नन्दन करि घर कौ ठाकुर, आपुन है रहु चेरौ।
कहा भयौ जो सम्पति बाढ़ी, कियौ बहु घर घेरौ॥
कहुँ हरि-कथा कहुँ हरि-पूजा कहुँ सन्तनि कौ डेरौ।
जो बनिता-सुत-जूथ सकेले, हय गय विभव घनेरौ।
सबै समर्पों सूर स्याम कौ, यह साँचौ मत मेरौ॥[7]

---

१ सूरसागर (ना० प्र० स०) पद २३१

२ है हरि भजन को परमान।
नीच पावै ऊँच पदवी बाजते नीसान। वही पद २३५

३ हरि हरि हरि सुमिरौ सब कोइ।
ऊँच नीच हरि गनत न दोइ। वही पद २६६

४ हरि हरि हरि सुमिरौ सब कोइ।
नारि पुरुष हरि गनत न दोइ। वही पद २४५

५ सूरसागर पद २६२

६ कवितावली उत्तर काण्ड पद ४४

७ सूरसागर (ना० प्र० स०) पद २६६

भगवान् बड़े भक्त-वत्सल हैं, उनकी भक्त-वत्सलता का भी वर्णन सूर ने अनेक भाँति से किया है। भागवत में भगवान् को भक्त से तादात्म्य स्थापित करते हुए देखा है। सूर के भगवान् भी कहते हैं कि—हम भक्तों के हैं और भक्त हमारे हैं, भक्तों के लिए ही हमें पैदल भी दौड़ना पड़ता है, भक्तों के शत्रु हमारे शत्रु हैं, उनकी जीत हमारी जीत और उनकी हार हमारी हार है।[1] परीक्षित की कथा में भक्ति की महिमा बताते हुए सूर ने कहा कि यज्ञ, दान करके मनुष्य स्वर्ग प्राप्त कर सकता है, किन्तु पुण्य क्षीण होने पर उसे फिर मर्त्य लोक में आना पड़ता है; अतएव हरि-भक्ति ही सार है।[2] सारे प्रथम स्कन्ध में सूर ने हरि-भक्ति-महिमा का ही मान किया है, अन्य प्रसंग तो मानो भक्ति की महत्ता प्रदर्शित करने के लिए प्रयुक्त हुए हैं। द्वितीय स्कन्ध का प्रारम्भ भी उन्होंने भजन के महत्व से ही किया है। वे कहते हैं कि—हरि की भक्ति युग-युग में वृद्धि पाती है, अन्य धर्म तो चार दिन के हैं। सतयुग में सत्य, त्रेता में तप, द्वापर में पूजाचार और कलयुग में 'लज्जा-कानि' त्याग कर केवल भजन करना चाहिये। कलयुग में केवल हरिनाम का ही आधार है और सब व्यवहार झूठे हैं। हरि-स्मरण का महत्व नारद, शुक आदि ने भी स्वीकार किया है। हरि भक्ति के बिना सच्चे सुख की प्राप्ति नहीं और न ही मुक्ति सम्भव है। विषयों के बन्धन हरि-भजन से ही कट सकते हैं।[3]

हम पहले बता आये हैं कि सूर का समकालीन समाज विषयासक्त और आचार-विचार-विरत था। सच्ची भक्ति के प्रचार के लिए विषय-विरक्ति अपेक्षित थी, इसीलिए सूरदास साधारण भक्ति विवेचन में स्थान-स्थान पर वैराग्य का महत्व प्रतिपादित किया है। विनय के पदों में जहाँ एक ओर हरि-भजन की आवश्यकता पर उन्होंने बल दिया है, वहाँ दूसरी ओर भक्तों के विचारों में वैराग्य भी अनिवार्य बताया है, क्योंकि वैराग्यपूर्ण भक्ति से ही सांसारिकता का दूर होना सम्भव है और भक्त के हृदय में पूर्ण-आत्म-समर्पण का भाव उदित हो सकता है। राजा परीक्षित की कथा में भी इसी वैराग्यपूर्ण की आवश्यकता बताई गई है। वास्तव में अनन्य भक्ति बिना वैराग्य के सम्भव ही नहीं।[1] वैराग्य ही अनन्य-भक्ति का आवश्यक अंग माना है।[2] जो भक्ति-मार्ग का अनुसरण करते हैं, उन्हें स्त्री और पुत्र से अपना सम्बन्ध छोड़ना पड़ता है। असन-वसन की उन्हें कोई चिन्ता नहीं होती, खाने के लिए प्रभु ने वन में फल उत्पन्न किये हैं। तृषा के लिये झरने हैं, पात्रों के स्थान पर हाथ हैं तथा वसनों के लिये वल्कल। शैया के लिए पृथ्वी और घर के लिए गिरि-कन्दराएँ बनाई हैं।[3]

---

१ सूरसागर (ना० प्र० स०) पद २७२
२ वही (,, ,, ,,) पद २९०
३ वही (,, ,, ,,) पद ३४५ से ३५९
४ जौ लौ कामना न छूटै।

तौ कहा जोग जज्ञ-व्रत कीन्है बिनु कन तुम को कूटै।
कहा स्यान किये तीरथ के, अङ्ग भस्म जट-जूटै॥
कहा पुरान जु पढै अठारह, ऊर्ध्व धूम के घूँटै।
जग शोभा की सकल बड़ाई, इनतै कछु न खूँटै॥
करनी और कछु औरै, मन दश हूँ दिश टूटै।
काम, क्रोध, मद, लोभ सत्रु हैं जो इतननि सौं छूटै॥
सूरदास तबही तम नासै ज्ञान अगिन झर कूटै।

सूरसागर (ना० प्र० स०) पद ३६२

५ सूरसागर पद ३६५, ३६६, ३६७
६ वही पद ३६३

इस प्रकार के अनेक पदों में सूरदास जी ने वैराग्यपूर्ण भक्ति का वर्णन किया है। आत्म-ज्ञान के बिना मनुष्य की बड़ी दुर्गति होती है। जब तक मनुष्य को सत्स्वरूप का ज्ञान नहीं होता, तब तक वह मृग की भाँति संसार-वन में घूमता रहता है। तेल, तूल और पावक पुट में भर कर रखने से प्रकाश नहीं होता, आत्म-ज्ञान के अभाव में आदमी सब कुछ भूला रहता है और संसार में भ्रमता रहता है।[1] राजा परीक्षित के ऊपर इस उद्देश्य का पूरा-पूरा प्रभाव सूर ने दिखलाया है। इन पदों से यही निष्कर्ष निकलता है कि सूर ने आत्म-ज्ञान तज्जन्य वैराग्य को भी भक्ति का एकमात्र साधन माना है। तृतीय स्कन्ध में भगवान् कपिल अपनी माता देवहूति को आत्म-ज्ञान का उपदेश देते हैं, उस समय भी सूर ने भक्ति के लिए वैराग्य की आवश्यकता बतलाई है और वह वैराग्य आत्म ज्ञान से ही हो सकता है।[2] पुराञ्जन-कथा में भी सूर ने वैराग्य और भक्ति का सम्बन्ध स्थापित किया है।[3] इसी प्रकार अन्य बहुत से प्रसंगों में वैराग्य और भक्ति का सामञ्जस्य स्थापित किया है।[4]

इस प्रकार सूरदास जी ने साधारण-भक्ति-निरूपण में भक्ति के साथ वैराग्य की आवश्यकता बताई है। इस भक्ति-निरूपण के विषय में दूसरी बात यह भी दृष्टव्य है कि सूर ने उस समय में प्रचलित योग-मार्ग की निन्दा की है। उनके पदों में भक्ति के सामने योग-मार्ग की निरर्थकता का प्रतिपादन किया गया है। वैराग्य योग-मार्ग का प्रधान साधन है, परन्तु सूरदास जी वैराग्य को भक्ति का साधक मानते हैं, जबकि योग-मार्ग के साधुओं की निन्दा करते हैं। उन्होंने स्पष्ट लिखा है :

> भक्ति बिना जो कृपा न करते तौ हौं आस न करतो।
> × × × ×
> साधु-सील सद्रूप पुरुष को अपजस बहु उच्चरतो।
> औघड़-असत कुचीलनि सों मिलि, माया जल में तरतो।[5]

इसी प्रकार भक्ति-पंथ का निरूपण करते हुए सूरदास जी कहते हैं—

> भक्ति-पंथ कौं जो अनुसरै, सो साष्टाङ्ग जोग की करै।
> यम, नियमासन, प्रानायाम, करि अभ्यास होइ निष्काम।
> प्रत्याहार, धारना, ध्यान, करै जु छाँड़ि वासना आन।
> क्रम-क्रम सौं पुनि करै समाधि, सूर स्याम भजि मिटै उपाधि।[6]

अर्थात्—भक्ति-पथ का अनुसरण करके ही अष्टाङ्ग-योग की सिद्धि सम्भव है, क्योंकि भक्त यम, नियम, प्राणायाम का अभ्यास करके निष्काम होता है, परन्तु प्राणायाम, धारणा, ध्यान के लिए वासनाओं का त्याग परम आवश्यक है। वासनाओं के त्याग से ही इन क्रियाओं का महत्व है और उसी प्रकार क्रम-क्रम से समाधि करने पर, भगवद् भजन से उपाधि मिटती है। इसी भाव को उन्होंने आगे प्रकट किया है कि भगवान के भजन बिन योग आदि क्रियाएँ व्यर्थ हैं।

---

१ सूरसागर पद ३६७, ३६८
२ वही पद ३९४
३ वही पद ३११
४ वही पद ४१५, ४२१, ३४९
५ सूरसागर (ना० प्र० स०) पद २०३
६ वही (,, ,, ,,) पद ३६४

इन पदों से सिद्ध होता है कि सूरदास जी योग-मार्ग के तो विरुद्ध नहीं हैं, पर उन दूषित भावनाओं और क्रियाओं के विरुद्ध हैं जिन्हें योग-मार्गी साधुओं ने अपना लिया था।

तीसरी बात इस भक्ति-विवेचन की उल्लेखनीय यह है कि सूरदास जी ने सन्त-मत के तत्वों को भी अपनाया है। जाति-पाँति के विषय में तथा स्त्रियों के भक्ति-अधिकार के विषय में हम लिख चुके हैं। इस निर्गुन-पन्थ का विशद विवेचन भ्रमरगीत प्रसङ्ग में हुआ है, जहाँ इस पन्थ की क्रियाओं की ओर से कवि ने उदासीनता प्रकट की है। उस स्थल पर प्रतिपादित भक्ति का स्वरूप हम उस समय का मानते हैं, जब सूर पुष्टि-सम्प्रदाय में दीक्षित हो चुके थे और उनकी भक्ति का आदर्श ही बदल गया था तथा मिथ्या-संसार के प्रति विराग उनकी भक्ति का आधार नहीं रह गया था। वहाँ तो उन्होंने सहज भक्ति-धर्म का निरूपण किया है, जिसका आधार कृष्ण की रूप-माधुरी और लीलाएँ हैं, इसलिये वहाँ निर्गुण-पन्थ के प्रति उनकी उदासीनता ही नहीं, स्पष्ट विरोध भी है। सम्प्रदाय में दीक्षित होने के पूर्व सूरदास सन्त-मत को पूर्ण आदर की दृष्टि से देखते थे, यही कारण है कि उनके कई पद कबीर के पदों के समकक्ष रखे जा सकते हैं। कबीर की भाँति उन्होंने भी माया के मिथ्यात्व का प्रतिपादन किया, जिसका उल्लेख हम पीछे कर चुके हैं; इसके अतिरिक्त कबीर के समान उन्होंने भगवान् के उस परम-धाम की ओर भी संकेत किया है, जहाँ सासारिक दुःखों का लेश नहीं।[1]

यह कहा जा चुका है कि सूरदास जी यद्यपि भक्ति के साध्य-रूप को ही महत्व देते थे और प्रेम ही उनकी साध्यरूपा भक्ति का आधार है, फिर भी स्थान-स्थान पर हमें सूरसागर में वैधी-भक्ति के उदाहरण भी मिल जाते हैं। गोपियों को प्रेम-भक्ति का आश्रय मानकर उनके माध्यम से सूर ने अपने सिद्धान्तों का भी प्रतिपादन किया है। उनके समय में बहुत से ज्ञानी और योगी थे, जिनमें कुछ नाथ-पन्थ के और कुछ निर्गुण-मत के अनुयायी थे। भारतीय-शास्त्र-पद्धति के अनुकरण पर साधन स्वरूपा भक्ति के मानने वाले भी बहुत से भक्त थे, सूरसारावली में इन सब की ओर संकेत किया गया है।[2]

सूरदास जी के भक्ति-विवेचन से ज्ञात होता है कि वल्लभ के मिलने से पहले उनका मन स्थिर नहीं था और इसीलिये वे घिघियाते थे। यही कारण है कि उनके भक्ति-विवेचन में उत्तरोत्तर निश्चित रूप से अन्तर प्रतीत होता है। निर्गुण पन्थ के प्रति प्रारम्भ में उनकी सहिष्णुता उदासीनता में परिणत होती हुई भ्रमरगीत-प्रसंग में पूर्ण विरोध के रूप में फूट निकली है। सूरसागर के देवहूति-कपिल-संवाद में सूर ने भक्ति की विस्तृत व्याख्या करते हुए उसके चार रूप बताये हैं।[3] त्रिगुण भक्ति को सुधासार भक्ति कहा है, यही प्रेमा भक्ति हैं। भक्तों की भी

---

१ देखिये सूरसागर (ना० प्र० स०) प्रथम स्कन्ध के अन्तर्गत चिद्–बुद्धि-संबाद।

२ कर्म–योग पुनि ज्ञान उपासन, सब ही भ्रम भरमायो।
श्री वल्लभ-गुरु तत्व सुनावो, लीला-भेद बतायो।
ता दिन ते हरि-लीला गाई, एक लक्ष पद बन्द।
ता को सार सूरसारावलि, गावत अति आनन्द। सूरसारावली. सूरसागर (वेंकटेश्वर प्रेस) पृष्ठ ३८

३ माता भक्ति चारि परकार, सत रज, तम, गुन सुद्धाचार।
भक्ति एक पुनि बहुबिधि होइ ज्यों जल रंग मिलि रंग सु होइ।
भक्ति सात्विकी चाहत मुक्ति, रजोगुनी धन कुटुम्बअनुरक्ति।
तमोगुनी चाहै या भाइ, मम बैरी क्यों हू मरि जाइ।
श्रद्धा भक्ति मोहि क्यों चाहै, मुक्तिहुँ कौं सो नहिं अवगाहै।
मन क्रम-वच मन सेवा करै, मन तै रूप आसा परिहरै।
ऐसो भक्त सदा मोहि प्यारो, इक छिन तातैं रहौं न न्यारो। सूरसागर (ना० प्र० स०) पद १६४

उन्होंने दो कोटि मानी हैं—सकाम-भक्त और अनन्य भक्त। कर्म, ज्ञान और योग के सम्बन्ध में भक्त तीन प्रकार के माने गये—कर्मयोगी भक्त, भक्तियोगी भक्त और ज्ञानयोगी भक्त। कर्मयोगी भक्त अधर्म-आचरण से दूर रहता हुआ वर्णाश्रम-नियमों का पालन करता है, उसे मर्यादायुक्त भक्त कहा जा सकता है। भक्तियोगी भक्त प्रभु से प्रीति रखता हुआ उसके स्मरण और अर्चन में दत्तचित्त होकर क्रम-क्रम करके मुक्ति का लाभ करता है। ज्ञान योगी भक्त सब को ब्रह्म समझकर सब से प्रेम करता है।[1] भगवद्गीता में भी चार प्रकार के भक्तों का वर्णन आया है।[2]

भागवत में नवधा-भक्ति का विवेचन हुआ है, परन्तु सूर ने दसवीं प्रेमस्वरूपा भक्ति का भी उल्लेख किया है।[3] वल्लभाचार्य ने नवधा-भक्ति को प्रेमस्वरूपा भक्ति का साधन माना है। सूरदास ने भी साधन रूप में ही नवधा-भक्ति को कहकर इसी प्रेमाभक्ति की ओर शक्ति संकेत किया है। इन नौ प्रकार की भक्तियों में प्रथम छः प्रकार के साधनों का इतना विशद विवेचन सूर में नहीं है, जितना अन्तिम तीन का। पहले तीन प्रकार की भक्ति भगवान् के नाम और लीला से सम्बन्ध रखती हैं, दूसरे तीन प्रकार की रूप से और अन्तिम तीन प्रकार की मन से सम्बद्ध है। मन से सम्बद्ध भक्ति ही रस की कोटि तक पहुँचती है और इसीलिए रूपगोस्वामी ने पाँच मुख्य रसों में ही उसका अन्तर्भाव कर दिया है—प्रीति रस में दास्यभाव, प्रेम में सख्यभाव, वात्सल्य में वत्सलता, मधुर रस में आत्म-निवेदन और शान्त रस में संसार से विरक्ति का भाव है। अब हम संक्षेप में सूर की वैधी भक्ति का विवेचन करेंगे।

श्रवण, स्मरण, कीर्तन,

इन तीनों में भगवन्नाम का ही महत्व है। नाम-महिमा का प्रतिपादन करने वाले अनेक पद सूर ने लिखे हैं।[4] हरिनाम का प्रभाव ही ऐसा है कि महान् से महान् पापी भी इसके सहारे से भवसागर पार हो जाता है :

को को न तर्‌यो हरिनाम लिए।
सुआ पढ़ावति गनिका तारी, ब्याध तरो सर घात किर्यें।
प्रभु तें जन-जन तैं प्रभु बरतत, जाकी जैसी प्रीति हियें।[5]

× × ×

भगवान् का यशोगान करने से भक्ति सहज ही प्राप्त हो जाती है।[6] राम नाम की बड़ी ओट है,[7] इसीलिये वही धन्य है; जो राम का गान करता है।[8] हरिस्मरण के बिना मुक्ति भी सम्भव नहीं, उसी से सब सुखों की प्राप्ति होती है, भगवान् के साक्षात्कार का भी यही साधन है। सौ बातों की एक बात तो यह है कि दिन रात भगवान् का स्मरण करना चाहिये।[9] इसी प्रकार

---

१ सूरसागर पद ३६४

२ चतुर्विधा भजन्ते मां जनाः सुकृतिनोऽर्जुन ?
आर्तो जिज्ञासुरर्थार्थी ज्ञानी च भरतर्षभ ? गीता ७।१६

३ श्रवन कीर्तन पादरत, अचरन वन्दन दास।
सख्य और आत्म-निवेदन, प्रेमलक्षणा जास।
सूरसारावली सूरसागर वें० प्रेस० पृष्ठ ५ तथा ६६

४ देखिये सूरसागर (ना० प्र० स०) पद ८६, ९०, ९१, ९२, ९३ आदि

५ सूरसागर पद ८६

६ भक्ति पंथ मेरे अति नियरैं जब तक कीरति गाई। वही, पद ९३

७ बड़ी है राम नाम की ओट। वही, पद २३२

८ सोई भलो जो रामहि गावैं। वही, पद २३३

९ सो बातनि की एकै बात, सूर सुमरि हरि हरि दिन-राति। सूरसागर पद ३४८

कीर्तन के महत्व का भी उन्होंने प्रतिपादन किया है। भगवान् के नाम, गुण, लीला, धाम आदि का प्रेम और श्रद्धा के साथ कथा-पाठ और गान कीर्तन कहलाता है। संगीत-कला-विशारद सूर ने कीर्तन में संगीत का पुट देकर सोने में सुगन्ध उत्पन्न कर दी। कीर्तन में गान, वाद्य और नृत्य तीनों ही सम्मिलित हैं। सूरदास जी जन्म-सिद्ध गायक थे और उन्होंने न जाने कितनी राग-रागनियों का समावेश सूरसागर में किया है? संगीताचार्यों के लिए यह अलग ही खोज का एक विषय है। सूरदास जी अपने पदों को रचते या कहते नहीं अपितु गाते हैं, "ताते सूर सगुन पद गावै" कह कर वे स्पष्ट ही अपनी संगीतज्ञता का परिचय देते हैं। भगवान् के लीला-गान में ही उन्हें सच्चे सुख की उपलब्धि होती है।[1] सूरदास जी उसी रसना को रसना कहते हैं, जो भगवान् के गुणों का कीर्तन करती है और उन्हीं कानों को कान कहते हैं, जो हरि कथा का श्रवण कर अमृत-रस प्राप्त करते हैं।[2]

हरि-कीर्तन के समान ही हरिगुण-श्रवण का भी स्थान-स्थान पर सूरसागर में महत्व प्रतिपादित हुआ है। भगवान् के गुण, यश, लीला आदि का सुनना-सुनाना ही श्रवण-भक्ति है। सूरदास भगवान् की लीला का वर्णन करके प्राय: अन्त में कह दिया करते हैं—

'जो यह लीला सुनै सुनावै, सो हरि भक्ति पाइ सुख पावै।

अथवा

'जो पद स्तुति सुनै सुनावै, सूर सो ज्ञान भक्ति को पावै।[3]

सूरसागर में स्थान-स्थान पर इसी प्रकार लीला-श्रवण का माहात्म्य बताया गया है। एक स्थान पर सूर कहते हैं, "मैं रसमयी रासलीला को गाकर सुनाता हूँ। जो इस रासलीला के रस का गान और श्रवण करते हैं, उनके चरणों में मैं अपना मस्तक नवाता हूँ। मैं एक रसना से इस लीला के कथन एवं श्रवण के फल का वर्णन करने में असमर्थ हूँ।" उसके सामने अष्टसिद्धि और नवनिधि की सुख सम्पत्ति भी कुछ नहीं है। भगवान् की कथा के श्रोता और वक्ता धन्य हैं, क्योंकि भगवान् कृष्ण सदा ही उनके निकट रहते हैं।[4]

पाद-सेवन, वन्दन और अर्चन

ये तीनों प्रकार के भक्ति-साधन भगवान् के रूप से सम्बन्ध रखते हैं और पुष्टि-सम्प्रदाय की सेवा-विधि में इनका बड़ा महत्व है। पाद-सेवन में मूर्ति-पूजा, गुरु पूजा और भगवद्भक्त-पूजा भी सम्मिलित है। इन पूजाओं के अनन्तर भक्त में दास्य प्रेम का आविर्भाव होता है, फिर भक्त मानसिक पाद-सेवन की कोटि तक पहुँचता है और भगवान् के अभी तक चरणों की सेवा करता है। सूरदास जी गोवर्द्धन पर्वत पर श्रीनाथ जी के मन्दिर में भगवान् की पूजा करते थे, जिसमें तीनों ही प्रकार के भक्ति-साधन थे। उनके अनेक पदों में नन्द-नन्दन चरणों को भजने की बात कही गई है। सूरसागर का प्रथम पद ही भगवान् के चरण कमलों की वन्दना से प्रारम्भ होता है—

---

१ जो सुख होत गुपालहिं गाएँ।
सो सुख होत न जप तप कीन्हें, कोटिक तीरथ न्हायें।
दिए लेत नहिं चार पदारथ चरन कमल चितलायें।
तीन लोक तृन सम करि लेखत, नन्दनंदन उर आयें।
बंसीवट, वृन्दावन, जमुना तजि बैकुण्ठ न जावै।
सूरदास हरि को सुमरन करि बहुरि न भवजल आवै। वही पद २४८

२ सूरसागर (ना० प्र० स०) पद ३५०

३ सूरसागर (वेंकटेश्वर प्रेस) दशम स्कन्ध उत्तरार्द्ध पृ० ५६१

४ सूरसागर (ना० प्र० स०) पद १७६४

चरन-कमल बन्दौं हरिराइ।
जाकी कृपा पंगु गिरि लंघै, अन्धे कौं सब कछु दरसाइ।
बहिरौ सुनै मूक पुनि बोलै, रंक चलै सिर छत्र धराइ।
सूरदास स्वामी करुनामय, बार-बार बन्दौं तिन्हि पाइ।[१]

भगवान् के चरणों की वन्दना करके न जाने कितने जनों का उद्धार हो गया? सूर कहते हैं, भगवान्! "मैं आपके कमल रूपी चरणों की वन्दना करता हूँ। वे चरण शिव, यमुना आदि के सर्वस्व हैं। जिन चरणों की अनुकम्पा से प्रह्लाद ने मुक्ति प्राप्त की; अहिल्या, बलि, नृग आदि का उद्धार हुआ, जिनके ऊपर गोपिकाओं ने सर्वस्व लुटा दिया, जिनके प्रसाद से पाण्डवों के कार्य सिद्ध हुए और जो तीनों प्रकार के तापों को हरने वाले हैं।"[२] आगे चल कर सूर अपने मन को सम्बोधित करके कहते हैं, "हे मन, तू नन्दनन्दन के चरणों की सेवा कर जो बड़े सुन्दर और पवित्र हैं तथा जिनके प्रसाद से बहुत से पापी तर गये।"[३]

अर्चन के विषय में हम पहले कह चुके हैं कि श्रद्धा-सहित भगवान् के स्वरूप की उपासना 'अर्चन-भक्ति' कही जाती है। 'हरि-भक्ति-रसामृतसिन्धु' में अर्चन का लक्षण इस प्रकार दिया गया है—

अर्चनं तूपचाराणां स्यान्मन्त्रोपपादनम्।
परिचर्या तु सेवोपकरणादिपरिष्क्रिया।[४]

वल्लभ-सम्प्रदाय में अर्चन-भक्ति का बड़ा महत्व है और इस सम्प्रदाय के मन्दिरों में आठों पहर की सेवा में अर्चन के पृथक्-पृथक् विधान हैं। सूरदास जी के अनेक पद भगवान् के अर्चावतार रूप की स्तुति में कहे गये हैं। श्याम के स्वरूप का भिन्न-भिन्न प्रकार से सूर ने वर्णन किया है। उनके अनेक पोज, अनेक भाव और अनेक व्यापारों के सूचक एक से एक बढ़कर सैकड़ों शब्द-चित्र सूरसागर में मिलेंगे। भगवान् के विराट् स्वरूप और आरती का भी उन्होंने मनोहर चित्रण किया है।[५]

वन्दन और अर्चन दोनों भक्तियों के व्यापार साथ-साथ चलते हैं, क्योंकि वन्दन में भी भक्त के दास्य रूप का ही अभिव्यंजन है। सूर के दैन्य-भाव के पद वन्दना के ही पद कहे जा सकते हैं। सूर की वन्दना केवल भगवत्-चरणों तक ही सीमित नहीं है, प्रत्युत भगवान् के विविध अंग, वस्त्र, वेष-भूषा तथा कृत्यों की भी सूर ने वन्दना की है। वे एक भावुक और भक्त कवि थे। यही कारण है कि उनकी भावुकता वन्दना के पदों में शतमुखी होकर प्रवाहित हुई है। आराध्य देव से सम्पर्क रखने वाली चेतन अथवा अचेतन प्रत्येक वस्तु सूर के लिए वन्दनीय है। यह एक मनोवैज्ञानिक तथ्य है कि प्रिय के सम्पर्क से सभी पदार्थ प्रिय हो जाते हैं। सम्बन्ध-निर्वाह की यह भावना श्रीमद्भागवत में भी स्थान-स्थान पर मिलती है।

दास्य, सख्य और आत्म-निवेदन

हम पहले कह चुके हैं कि ये तीनों मानसिक भाव हैं और भक्ति-रस के उत्पादक हैं। प्रेम-भक्ति की दो अवस्थाएँ होती हैं—प्रेमावस्था और भावावस्था। जब कृष्ण के प्रति भक्त का

१ सूरसागर (ना० प्र० स०) पद १
२ वही, पद ६४
३ वही, पद ३०८
४ हरि भक्ति-रसामृत सिन्धु पूर्व विभाग २।२७
५ सूरसागर (ना० प्र० स०) पद ३७०-३७१

चिद्‌विषयक रतिभाव सान्द्र हो जाता है, तब उसे प्रेम कहते हैं। रूप-गोस्वामी ने मुख्य रूप से पाँच भक्ति रस मानकर इन तीनों भावों को उन्हीं के अन्तर्गत मान लिया हैं। यों तो भक्ति के अनेक मानसिक भाव हैं और वे सभी भगवान् के सम्बन्ध से अलौकिक हो जाते हैं, परन्तु प्राधान्य इन्ही पाँच भावों का है। इन भावों के अनुकूल भक्ति के भी पाँच प्रकार हो जाते हैं। इन्हीं को दृष्टि में रखते हुए हम सूर की भक्ति-भावना का विवेचन करेंगे।

शान्ता भक्ति

'भक्ति-रसामृत-सिन्धु' में भक्ति-विषयक पाँचों रसों का सांगोपांग विशद विवेचन हुआ है और इनके स्थायी भाव, विभाव, सात्विक और संचारी भावों पर भी प्रकाश डाला गया है। यद्यपि सूरदास ने शास्त्रीय ढंग से कहीं इसका विवेचन नहीं किया है (क्योंकि उनका काव्य लक्षण-काव्य नहीं है) तथापि उसमें उनके भक्त हृदय से निकली हुई स्वाभाविक उक्तियों में इनके अनेक चिन्ह मिल जाते हैं। शान्त-रस का स्थायीभाव निर्वेद है, वह निर्वेद, जो तत्व-ज्ञान से उत्पन्न होता है। वैराग्य, दैन्य, विनय आदि भावों से प्रेरित होकर सूर ने जो पद लिखे हैं, उन्हें शान्ता भक्ति-विषयक पद कहा जा सकता है। संसार से वे पहले ही विरक्त हो गये थे, जिसके फलस्वरूप हमें उनमें दो प्रकार की चेष्टाएँ दीख पड़ती हैं। एक ओर तो कवि संसार के नाना रूपों और व्यवहारों का तिरस्कार करता दीख पड़ता है और दूसरी ओर भगवान् की अनुकम्पा और भक्त-वत्सलता का वर्णन करता, तथा अपनी हीनता का परिचय देता हुआ दिखाई देता है। भक्त के शान्त और दास्य दोनों ही भाव समन्वित होकर चलते हैं। उसे संसार से विरक्ति ही नहीं, आत्म-ग्लानि भी है, जिसके कारण वह कातर होकर प्रभु को पुकारता है, "हे नाथ मेरी रक्षा करो।" साथ ही साथ वह अपनी उद्योग-हीनता और भगवान् की भक्त-वत्सलता का तुलनात्मक विवेचन भी करता है।[1] वल्लभाचार्य के 'अन्तःकरण प्रबोध' में दास्य-भक्ति में आत्मदीप-प्रकाशन, विनय-याचना, दीनता आदि भावों का समावेश है। सूर के विनय-पदों में इस प्रकार के भाव भरे पड़े हैं। यह कहना कि सूर की दास्य अथवा शान्ता भक्ति वल्लभाचार्य से पहले की है, उचित प्रतीत नहीं होता, क्योंकि आचार्य वल्लभ ने स्वयं दास्य-भक्ति को महत्व दिया और सूर ने विनय के पदों के अतिरिक्त भी कई स्थलों पर भक्त का दैन्य प्रकट किया है। द्वादश स्कन्ध में रुक्मिणी का भक्ति भाव तथा नवम स्कन्ध में राम-स्तुति इसके उदाहरण हैं। जहाँ-जहाँ सूर ने भक्तों के चरित्र का वर्णन किया है, वहाँ भगवान् की भक्तवत्सलता का भी विवेचन किया है। प्रह्लाद-चरित्र, कालिय दमन, चीर-हरण, गोवर्द्धन-लीला आदि प्रसंगों में भगवान् की भक्तवत्सलता और भक्त के दैन्य का साथ-साथ वर्णन है।

सख्य भक्ति

पुष्टि सम्प्रदाय में सख्य-भाव की भक्ति का बड़ा महत्व है। अष्ट-छाप के आठों कवियों ने भी सख्य भाव को ही अपनाया था। सूरदास के सखा भाव में यह विशेषता है कि उसमें एक ओर तो मनोवैज्ञानिक रूप से मानवीय सम्बन्धों का निर्वाह किया गया है और दूसरी ओर भक्ति भाव की पूर्ण तल्लीनता और भावात्मकता की अनुभूति भी की गई है। कृष्ण की ओर से सखाओं के प्रति प्रकटित आत्मीयता और घनिष्टता स्वाभाविक है, जिसके स्नेह की मधुरिमा बाल-सुलभ-

---

१ सूरसागर (ना० प्र० सभा) पद १२८

चापल्य-प्रेरित क्षुद्र विवाद के बाद और भी अधिक आस्वाद्य हो उठती है तथा जिनमें क्रीड़ाओं की तरलता के साथ कर्तव्य की भावना का गौरव भी स्पष्ट रूप से झलक मारता दिखाई देता है। सूर का सख्य वर्णन विश्व-साहित्य में बेजोड़ है। ग्वाल-सखाओं में कृष्ण के प्रति भगवान् की भावना अथवा उनके विहित कार्यों के प्रति भक्ति-भाव सूर ने बहुत कम स्थलों पर दिखाया है, उधर भगवान् कृष्ण स्वयं सखाओं को अपने गौरव में आक्रान्त नहीं करना चाहते। उनके पराक्रम-पूर्ण कृत्यों को देखकर सखाओं के हृदय में आने वाले विस्मय तथा आतंक के भाव क्षणिक हैं, अतएव शीघ्र ही उन्हें भूलकर गोप-बालक पुनः कृष्ण के साथ सखावत् घुल-मिल जाते हैं। सूर-सागर में बाल लीलाएँ, गोचारण-लीलाएँ और सुदामा-दारिद्र्य-विदारण, ये तीनों स्थल सख्य-भक्ति के हैं। कृष्ण के सखाओं में सूर ने सुबल, सुदामा और श्रीदामा का विशेष रूप से उल्लेख किया है। उनके बड़े भाई हलधर भी उनके सखाओं में ही है। कुछ तो कृष्ण के सखा ऐसे हैं, जो आयु में उनसे बड़े हैं और जो हलधर के साथी होने के कारण कृष्ण से स्नेह करते हैं, और विनोद के लिए उन्हें चिढ़ाते भी हैं। कुछ सखा उनसे छोटे हैं जो उनके स्नेह पात्र हैं। ये दोनों ही प्रकार के सखा कृष्ण की गोपी-केलियों के सहयोगी नहीं हैं। उनके समवयस्क सखा ही उनके पूर्ण विश्वास पात्र हैं, जो उनके साथ सब प्रकार की केलियों में रहते हैं और उनके सभी रहस्यों को जानते हैं। ये सम-वयस्क सखा ही भगवान् के सच्चे भक्त हैं। इनकी संयोग और वियोग दोनों ही अवस्थाओं का वर्णन कवि ने किया है। इस सखा-भाव में भी सूरदास जी ने कहीं-कहीं भक्ति-भाव दिखाया है। वृन्दावन के धेनु-चारण का वर्णन करते हुए सूरदास जी कहते हैं, "भगवान् कृष्ण वृन्दावन में गौवें चराते हैं और सब ग्वाल-सखाओं के साथ आनन्द से खेलते हैं। वे अपने धाम को बिसार कर मानों इन सुख की क्रीड़ाओं के लिए ही वृन्दावन में पधारे हैं।"[१] १६६८ वें पद में ग्वाल-बाल भक्ति-भाव से कृष्ण से प्रार्थना करते हैं, "हे श्याम, तुम हमें भुला न देना, जहाँ-जहाँ तुम देह धारण करो वहाँ-वहाँ हमें अपने चरणों से अलग न करना।" इन ग्वाल-बालों के सख्य-भाव और उनके प्रति कृष्ण के प्रेम को देखकर ब्रह्मा का भी गर्व नष्ट हो जाता है और वे कृष्ण की स्तुति करते हुए ब्रज-वासियों के भाग्य की सराहना करते हैं और स्वयं भी यही कामना करते हैं कि वे ब्रज में ही उत्पन्न हों और ग्वालों के झूठे अन्न से ही उन्हें पेट भरना पड़े।[२] जैसा कि हम पहले कह चुके हैं कि कृष्ण के सख्य-भाव में सबसे बड़ी विशेषता उसमें स्वाभाविकता का समावेश है, जिसके दर्शन हमें कृष्ण की प्रत्येक अलौकिक लीला से पहले होते हैं। कालिय-दमन-लीला, गोवर्द्धन लीला, वृषभासुर-बध-लीला, माखन-लीला आदि सभी स्थलों पर सूर के सखा कृष्ण के अलौकिकत्व को भूले हुए हैं।

दान-लीला में उन्होंने अपने कुछ सखाओं को साथ लिया है। इससे स्पष्ट है कि वे अपनी रासलीलाओं में भी सखाओं का परामर्श लेते थे। राधा और कृष्ण की गोपनीय लीलाओं से भी ये सखा अनभिज्ञ नहीं थे। स्वयं राधा ने कृष्ण से इस बात की शिकायत करते हुए कहा, "तुम मुझे सखाओं में लज्जा से क्यों मारे डालते हो?" गोपसखा मोहन की मुरली से भी अत्यन्त प्रभावित हैं। मुरली की ध्वनि सुनने के लिए वे लालायित हो उठते हैं और कहते हैं, "छबीले मुरली नेंकु बजाउ।"[३] आचार्य हजारीप्रसाद जी ने इस पद की विवेचना करते हुए लिखा है :

---

१ सूरसागर (सभा) पद १०६६

२ सूरसागर (सभा) पद ११०३ से ११०९

३ सूरसागर (ना० प्र० स०) पद १८३४

"इस गान में ग्वाल-बालों को उपलक्षण करके सूरदास की आत्मा अपनी आकुलता प्रकट करती है।.........अगर हम से कोई पूछे कि 'सूरसागर' का 'सेन्ट्रल थीम' क्या है तो बिना किसी हिचकिचाहट के चिल्ला उठेंगे, 'छबीले मुरली नैंकु बजाउ।' निःसंदेह सखाओं के ब्याज से सूर ने स्वयं अपने मनोभाव को प्रकट किया है।"

संयोग में ही नहीं, वियोग में—कृष्ण के ब्रज से मथुरा चले जाने पर और राजा हो जाने पर—भी सूर ने सख्य भाव को बनाए रखा है। बाल्य-काल के सहचर अपनी मित्रता के मार्ग में पद अथवा स्थान के व्यवधान को उत्पन्न ही नहीं होने देते। कृष्ण के समवयस्क उन्हें सखा ही मानते हैं; भले ही वे आज महाराज हो गये हों, पर उनके लिए तो यशोदानन्दन, ब्रजमोहन, माखनचोर, मुरलीधर श्याम ही हैं।

वात्सल्य

सख्य-भाव का भक्ति के समान ही सूर की वात्सल्य-भक्ति भी बड़ी महत्वपूर्ण है। यदि मनोवैज्ञानिक दृष्टि से देखा जाय तो वात्सल्य-भक्ति अन्य सब प्रकार की भक्तियों से उच्च प्रतीत होगी, क्योंकि वात्सल्य-भाव में किसी भी प्रकार के स्वार्थ की गन्ध तक नहीं होती; अतएव इसे हम निष्काम भक्ति का पोषक कह सकते हैं। यह एक व्यापक भाव है, क्योंकि इसकी स्थिति प्राणिमात्र में होती है। सूर का वात्सल्य-भाव भी विश्व-साहित्य में अपना विशेष स्थान रखता है। यदि यह कहा जाय कि सूर ने पुरुष होते हुए भी माता का हृदय पाया था, तो असंगति नहीं समझनी चाहिए; क्योंकि कृष्ण की बाल-क्रीड़ाओं का यशोदा के साथ साक्ष्य करने वाला यह प्रज्ञाचक्षु सन्त भक्ति-भाव के अतिरेक से अपने अस्तित्व को उसके व्यक्तित्व में घुला-मिला देता था और यशोदा की आँखों से कृष्ण-लीला का आनन्द लेता था। सूर के वात्सल्य पर प्रकाश डालते हुए आ० हजारीप्रसाद द्विवेदी जी लिखते हैं, "यशोदा के वात्सल्य में वह सब कुछ है, जो 'माता' शब्द को इतना महिमाशाली बनाये हुए है।"[1] इससे आगे वे फिर कहते हैं—"यशोदा के बहाने सूरदास ने मातृ-हृदय का ऐसा स्वाभाविक, सरल और हृदयग्राही चित्र खींचा है कि आश्चर्य होता है। माता संसार का ऐसा पवित्र रहस्य है, जिसे कवि के अतिरिक्त और किसी को व्याख्या करने का अधिकार नहीं। सूरदास जहाँ पुत्रवती जननी के प्रेमपेलव हृदय को छूने में समर्थ हुए हैं, वहाँ वियोगिनी माता के करुणा-विगलित हृदय को भी छूने में समर्थ हुए हैं।"[2] परन्तु सूरदास के वात्सल्य-भाव का आश्रय केवल यशोदा ही नहीं है—यद्यपि इसकी पूर्ण निष्पत्ति यशोदा में ही दिखाई गई है और अन्य पात्रों का वात्सल्य तो मानो तुलना के द्वारा यशोदा के वात्सल्य भाव की पूर्ण अनुभूति के लिए ही चित्रित किया गया है—नन्द वात्सल्य-भाव के दूसरे पात्र हैं। ब्रज की वयस्क नारियों में भी इस भाव के दर्शन होते हैं। वसुदेव-देवकी में भी इस भाव की थोड़ी-सी छाया है किन्तु उसमें इतनी अधिक सघनता नहीं; क्योंकि उनके भाव का आश्रय शिशु कन्हैया न होकर ऐश्वर्यशाली, प्रतापवान् पुत्र कृष्ण है। यशोदा में ही वात्सल्य की परिपक्वता है, जो भक्ति-रस की कोटि तक पहुँचा है। केवल वात्सल्य ही भक्ति का सर्व शुद्ध भाव है, जिसमें न तो विरक्ति की भावना है और न इन्द्रिय-सुख की कामना ही। लोक-धर्म का भी उल्लंघन इसमें नहीं है। वात्सल्य-भाव के आलम्बन बालकृष्ण हैं और उनकी लीलाएँ उद्दीपन का कार्य करती हैं

१ सूर-साहित्य
२ वही, पृष्ठ १२९-१३०

और स्वाभाविक होने के कारण आश्रय में भाव की दृढ़ता स्वतः करती जाती हैं। वात्सल्य के दोनों ही—संयोग और वियोग—पक्षों में रखकर कवि ने यशोदा को देखा है। ब्रज में हरि के प्रकट होने के साथ ही साथ सूर ने आनन्द का ऐसा वातावरण प्रस्तुत किया है, जिसमें स्वयं पाठक भी नन्द, यशोदा, गोप, गोपियों आदि के साथ अपने आपको भूल कर विचरण करने लगता है। कृष्ण के मथुरा जाते तक यशोदा में संयोगात्मक भाव की दृढ़ता होती चली जाती है और मथुरा-गमन की सूचना से ही वियोग की अनुभूति का प्रारम्भ हो जाता है। वह पागल-सी होकर कहती है, "यह सुफलक सुत हमारा बैरी है, यह हमारी सम्पत्ति को लूटे ले जा रहा है, अरे! ब्रज में हमारा कोई हितू है, जो मेरे जाते हुए गोपाल को रोक ले।"[1] जब नन्द कृष्ण को मथुरा पहुँचाकर वापस लौटे तो यशोदा ही उन्हें लिवाने के लिए सर्व प्रथम पहुँची, क्योंकि उनका अनुमान था कि उनका गोपाल भी नन्द के साथ आया होगा। पर जब उन्होंने नन्द को अकेले ही देखा तो यशोदा आपे में न रही और नन्द पर बरस पड़ी। सुत-वियोग-विक्षिप्ता यशोदा की पूज्य पति के प्रति भी वक्तव्यावक्तव्य विचार-मूढ़ता उनके वात्सल्य के उमड़ते ज्वार की सूचक है। पुत्र के खान-पान, रहन-सहन आदि की कितनी ही समुचित व्यवस्था हो, उसकी देख-रेख का प्रबन्ध कैसे ही सुयोग्य हाथों में क्यों न हो और उसका सम्बन्ध कैसे ही उदार हृदयों से क्यों न स्थापित हो गया हो, फिर भी स्नेहातिरेक-वश माता को उसी की चिन्ता रहती है। वह विश्वास ही नहीं कर सकती कि उसके समान उसके 'लाल' की देखभाल कोई अन्य व्यक्ति कर सकता है? यह एक शाश्वत, सार्वभौम, मनोवैज्ञानिक तथ्य है, जिसका अभिव्यंजन सूर ने निम्नलिखित पदों में कितनी खूबी के साथ किया है:—

सँदेसो देवकी सों कहियौ।
हौं तो धाइ तिहारे सुत की, दया करत ही रहियौ।
जदपि टेव तुम जानति ह्वै हौ, तऊ मोहि कहि आवै।
प्रात होत मेरे लाल लड़ैतें, माखन रोटी भावै।
तेल उबटनो अरु तातो जल, ताहि देखि भजि जाते।
जोइ-जोइ माँगत सोइ-सोइ देती, क्रम-क्रम करि कै न्हाते।
सूर पथिक सुनि, मोहि रैनि दिन, बढ़्यौ रहत उर सोच।
मेरो अलक लड़ैतो मोहन, ह्वै है करत सँकोच।[2]

इस प्रकार यशोदा के वात्सल्य में सूर ने इतनी तन्मयता और मनोवैज्ञानिकता भर दी है कि कृष्ण के अतिप्राकृत कार्यों को प्रत्यक्ष देखते हुए भी उस भाव में परिवर्तन अथवा विकार नहीं आने पाया। यशोदा के वात्सल्य भाव में हृदय का पूरा संयोग है।

मधुर-भक्ति

सूर के समकालीन रूप-गोस्वामी ने मधुर-भक्ति-रस का विशद वर्णन किया है। केवल इसी रस का वर्णन करने के लिये उन्होंने 'उज्ज्वल नीलमणि' नामक ग्रन्थ की रचना की। यद्यपि इस भक्ति को वल्लभ-सम्प्रदाय में स्थान मिला है, तथापि इसका शास्त्रीय विवेचन उस समय नहीं हो पाया था। विट्ठलनाथ जी के समय में इसे बहुत महत्व दिया गया। सम्भवतः इसीलिये

१ सूरसागर (ना० प्र० स०) पद ३५९०-३५९८
२ वही ,, ,, पद ३७९३

अष्टछाप के कवियों ने इसका क्रियात्मक स्वरूप विशेष रूप से दिखाया। अपने ग्रन्थ 'श्रृंगार-मण्डन' में विट्ठलनाथ जी ने इस भक्ति का प्रतिपादन किया है। युगल-उपासना का महत्व भी सम्प्रदाय में उन्हीं के समय से बढ़ा। माधुर्य भाव की भक्ति श्रृंगार-प्रेम की भक्ति कही जा सकती है। लौकिक प्रेम के जितने स्वरूप हो सकते हैं, वे सभी मधुर-भक्ति में आ जाते हैं, अन्तर केवल इतना है कि लोक से हटाकर उन्हें ईश्वर से जोड़ दिया जाता है। गोस्वामी विट्ठलनाथ जी ने भक्त के मन को ऐन्द्रिय विषयों से हटाने के लिये यह एक उत्तम साधन बताया है, इसीलिये मधुर-भक्ति के सम्बन्धों में अच्छे-बुरे का ध्यान नहीं रहता। सभी सम्बन्ध परमात्मा के साथ हो सकते हैं। लोक-पक्ष में जिसे हम श्रृंगार रस कहते हैं, भक्ति-पक्ष में वही मधुर-रस कहलाता है। इतना अन्तर अवश्य है कि आलंकारिकों के मत से अनौचित्यपूर्ण रति में श्रृंगार-रसाभास होता है, जब कि भक्ति-रस में औचित्य-अनौचित्य का विचार ही नहीं होता। उसमें स्वकीया, परकीया दोनों भावों की रति है एवं संयोग और वियोग दोनों पक्ष भी श्रृंगार-रस की भाँति होते हैं। इस भक्ति-रस में कान्तारूपा प्रीति कामरूपा भी हो सकती है और सम्बन्धरूपा भी। सूरदास जी की भक्ति भी ऐसी ही है। यही कारण है कि हम भक्त सूरदास की अन्तरात्मा का अन्तर्भाव राधा में देखते हैं। उन्होंने स्त्री-भाव को तो प्रधानता दी है, परन्तु परकीया की अपेक्षा स्वकीया-भाव को अधिक प्रश्रय दिया है और उसी भाव से कृष्ण के साथ घनिष्ठता का सम्बन्ध स्थापित किया है। कृष्ण के प्रति गोपियों का आकर्षण ऐन्द्रिय है, इसीलिये उनकी प्रीति को सूर ने कामरूपा माना है। सूर की भक्ति का उद्देश्य भक्त को संसार के ऐन्द्रिय प्रलोभनों से बचाना है, यही कारण है कि उनकी भक्ति-भावना स्त्री-भाव से ओतप्रोत है, जिसका प्रतिनिधित्व गोपियाँ करती हैं: वे कृष्ण में इतनी तल्लीन हैं कि उनकी कामरूपा प्रति भी निष्काम है। इसलिए संयोग-वियोग दोनों ही अवस्थाओं में गोपियों का प्रेम एक-रूप है। आत्म-समर्पण और अनन्यभाव मधुर-भक्ति के लिए आवश्यक है, जो सूरसागर की दानलीला, चीरहरण और रास-लीला में पूर्णता को प्राप्त हुए हैं। सूर की दान-लीला में मधुर रति की परम-परिणति कही गई है। मधुर-भक्ति का जैसा वर्णन सूर ने किया है, वैसा अन्यत्र दुर्लभ है। गोपियों के पूर्वराग से प्रारम्भ करके मधुर-भक्ति का क्रमिक विकास सूर ने चित्रित किया है। पूर्वराग की अवस्था में गोपियों ने कुल-मर्यादा का अतिक्रमण किया है। इसके पश्चात् संयोग-रति की पूर्णावस्था मिलन में दिखाई पड़ती है।

वल्लभाचार्य ने विरह की अवस्था को प्रेम-भक्ति के आध्यात्मिक साधन में बड़ा महत्व दिया है। सूर का विरह संयोग से भी अधिक उज्ज्वल और प्रबल है। मधुर-भक्ति की आश्रय-स्वरूपा गोपियाँ कृष्ण में इतनी तल्लीन हैं कि उद्धव द्वारा प्रतिपादित ज्ञान-योग-साधन उन्हें निरर्थक प्रतीत होते हैं और वे उनका मजाक उड़ाती हैं। सूर ने ज्ञान, योग, यज्ञ, पूजा आदि की अपेक्षा माधुर्य-भक्ति की श्रेष्ठता प्रतिपादित की है। गोपियों की इन्द्रियों के व्यापार, कृष्ण की रूप माधुरी के आस्वादन और सरस लीला में लग चुके हैं, इसीलिये सूर उन्हें विषय-विमुख कर विरक्त का उपदेश नहीं देते, प्रत्युत उसके महत्व का ही प्रतिपादन करते हैं। इस प्रकार माधुर्य-भाव की भक्ति का पूर्णतया निरूपण कर सूर ने कृष्ण के संयोग-विप्रयोगात्मक श्रृंगार-रसरूप इष्टदेव की उपासना को ही प्राधान्य दिया। सूर की यह भक्ति-भावना उनकी वैराग्य-समन्वित भक्ति-भावना से नितान्त भिन्न है। इससे प्रमाणित होता है कि वल्लभ-सम्प्रदाय में दीक्षित होने के पश्चात् उन्होंने अपना भक्ति-विषयक दृष्टिकोण ही परिवर्तित कर दिया था।

हम पहले कह चुके हैं कि सूर पर तत्कालीन वृन्दावन के सम्प्रदायों का भी प्रभाव पड़ा था। चैतन्य-सम्प्रदायों के अतिरिक्त राधावल्लभीय और निम्बार्क सम्प्रदाय में भी युगल-उपासना को महत्व दिया गया है। राधावल्लभीय सम्प्रदायों में तो राधा और कृष्ण की युगल-लीलाओं की उपासना सखीभाव से की जाती है। सूर ने युगल-मूर्ति के अनेक चित्र खींचे हैं।

आत्म-निवेदन

आत्म-निवेदन माधुर्य-भाव की अन्तिम सीढ़ी है। इसी का एक पक्ष शरणागति है। सूरदास जी की भक्ति-साधना में शरणागति का बड़ा महत्व है। विनय के पदों में इस प्रकार के अनेक पद है।[1] सूर ने श्याम के चरणों में आत्म-निवेदन किया है। यों तो उनकी आस्था अन्य लीलावतारों तथा देवों में भी थी किन्तु आत्म-निवेदन उन्होंने श्रीकृष्ण के प्रति ही किया है। उन्होंने विद्या, जाति आदि सभी का अभिमान त्याग कर भगवान् को अनन्यभाव से भजा है। यही आत्म-निवेदन का शुद्ध स्वरूप है।

प्रेम-भक्ति

हम पहले कह चुके हैं कि सूरदास जी की प्रेम-भक्ति माधुर्य-भाव की भक्ति है और गोपियाँ उसका प्रतिनिधित्व करती हैं। इस प्रेम-भक्ति की अविगति सूर ने नवधा भक्ति द्वारा ही मानी है। वल्लभ-सम्प्रदाय में प्रेम-भक्ति की प्राप्ति का साधन हरि-कृपा अथवा प्रभु-अनुग्रह बताया गया है। सूरसागर में प्रेम-भक्ति-सम्बन्धी अनेक पद आये हैं। प्रेम-भक्ति की महिमा का बखान करते हुए वे कहते हैं—

प्रेम-भक्ति बिनु मुक्ति न होय नाथ, कृपा कर दीजै सोइ।
और सकल हम देख्यौ जोइ तुम्हारी कृपा होइ सो सोइ।[2]

वास्तव में प्रेम की बड़ी महत्ता है। प्रेम से ही ऐहिक और पारलौकिक कार्य सिद्ध होते हैं; इस प्रेम का मूल ही प्रेम ही है। प्रेम से ही प्रेम की उत्पत्ति होती है—

प्रेम-प्रेम ते होइ प्रेम ते पारहि पइये।
प्रेम बँध्यो संसार प्रेम परमारथ लहिये।
एकै निश्चय प्रेम को जीवन-मुक्ति रसाल।
साँचो निश्चय प्रेम को जेहिते मिलें गोपाल।[3]

सूरदास जी ब्रजधाम के वास को ही प्रेम-भक्ति का फल मानते हैं, जिसके प्राप्त होने पर भक्त को और प्राप्य नहीं रहता और न ही उसकी कोई अन्य कामना रहती है। उन्होंने इस लक्ष्य की ओर संकेत किया है। प्रेमी भक्त उस महान् वस्तु को प्राप्त कर लेने के पश्चात् और किसी वस्तु की इच्छा नहीं करता। इस भक्ति के प्राप्ति होने पर सूर को भी समस्त संसार कृष्णमय

---

१ (i) सरण आए की प्रभु लाज धरिए।

सूरसागर (ना० प्र० स०) पद ११०

(ii) शरण गये कौ को न उबारयो। वही पद १४

(iii) सरन परि मन वच कर्म विचारि। वही पद ५५६

(iv) सरन अब राखि लै नँददाता। वही पद १४८२

(v) सरन गये जो होय सोइ।

२ वही पद ४६१६

३ सूरसागर (वेंकटेश्वर प्रेस) पृष्ठ ५६२

दीख पड़ता था। उनकी गोपियाँ उद्धव जी से कहती हैं, "हमारे मन में कोई स्थान अविशिष्ट नहीं है। हमारे हृदय में नन्द-नन्दन के होते हुए और किसको स्थान मिल सकता है? हमारा हृदय तो कृष्ण के प्रेम से लबालब भरा हैं।"[1] "मन दस-बीस तो होते ही नहीं, एक था सो वह श्याम के साथ चला गया। अब ईश की आराधना—योग की साधना—कौन से मन से की जाय?"[2] प्रेम की गति विचित्र होती है, वह किया नहीं जाता, हो जाता है। प्रिय के असाधारण गुणों पर ही रीझ कर प्रेम होता हो ऐसी बात भी नहीं है। उससे भी अधिक गुणवान् वस्तु हो सकती है पर वह प्रेमी के हृदय को नहीं लुभा सकती। संसार में कितनी ही सुन्दर और मधुर वस्तुएँ हो सकती हैं पर जिस व्यक्ति को जो वस्तु अच्छी लगती है, वही उसके लिए सुन्दर है।[3] वही प्रेम की अनन्यता है, जो सूर की गोपियों में देखी जाती है तभी तो वे उद्धव से कहती हैं—

ऊधो मन माने की बात।

दाख छुहारा छाँड़ि अमृत फल विषकारा बिष खात।

× × × ×

सूरदास जाको मन जासों ताको सोइ सुहात।[4]

नारद जैसे ज्ञानी भक्ति भी ब्रज-बालाओं को प्रेमी भक्तों में शिरोमणि मानने के लिए विवश हैं, क्योंकि उनका तन, मन, धन, सब श्रीकृष्ण को अर्पित था और वे अहर्निश उन्हीं का चिन्तन करती थीं। उनका प्रेम किसी भी वाद की झञ्जा में हिमालय से समान अटल खड़ा रह सकता है। उद्धव के लाख बार समझाने पर भी प्रेममयी गोपियों का मानस स्नेह-रस से पूर्ण लहराता रहा।

प्रेम-भक्ति की प्राप्ति का मुख्य साधन हरिकृपा और सत्संग ही है। इसलिए सूर ने स्थान-स्थान पर इस बात को दुहराया है कि भगवान के सभी अवतार उनकी भक्तवत्सलता और कृपा के प्रमाण हैं, उनकी कृपा के आगे सब कुछ तुच्छ है। जिस पर हरि कृपा करते हैं उसी की जीत होती है, किसी को व्यर्थ अभिमान नहीं करना चाहिए।[5] रामावतार की कथा, कालिय-दमन, गोपियों के प्रति कृष्ण का प्रेम-दर्शन, रासलीला, कुब्जा-उद्धार, सुदामा का दारिद्र्य-दमन आदि प्रसंगों में हरिकृपा का वर्णन सूर ने किया है। भक्ति-पथ में साधन स्वरूप सत्संगति की प्रशंसा और बाधक रूप कुसंगति की निन्दा सूर ने स्थान-स्थान पर की है। भक्ति के अंगों में वे हरि-स्मरण, गुरु-सेवा, मधुवन-वास, भागवत-श्रवण और हरि-भक्ति-सेवा की गणना करते हैं।[6] इसी प्रकार काम-क्रोध-मद-लोभ और मोह का त्याग करने, सांसारिक विषयों से विरक्त रहने, हरि-विमुखों का संग छोड़ने, सत्संग और हरिभजन करने का उपदेश उनके पदों में प्राप्त होता है।[7] सत्संग का वर्णन करते हुए वे कहते हैं—"जिन दिन संत पाहुने आते हैं, उस दिन कोटि-तीर्थ-स्थान का फल उपलब्ध होता है। प्रतिदिन साधुओं की संगति में रहने से संसार के दुःख नष्ट हो

१ सूरसागर (ना० प्र० स०) पद ४३५०

२ वही, पद ४३४४

३ दधि मधुरं मधु मधुरं द्रक्षा मधुरा सितापि मधुरैव।
तस्य तु तदेव मधुरं यस्य मनो यत्र संलग्नम्। अज्ञात

४ सूरसागर (सभा पद) ४६३६

५ सूरसागर पद ४३५, ४३६

६ सूरसागर पद १५५

७ वही, पद ३०९, ३११, ३३६, ३५६

जाते हैं और उनकी संगति से भगवत्प्रेम की उत्पत्ति होती है।[1] उनकी प्रेमभक्ति-साधना में अष्टाङ्ग योग व्यर्थ है, मनःकामना बाधक है, केवल सत्संगति का विशेष महत्व है। भगवान् कपिलदेव द्वारा सूर ने देवहूति को यही उपदेश दिलाया है, "नित्य संतों की संगति करनी चाहिए और पाप-कर्म को मन से त्याग देना चाहिए।"[2]

'नारद-भक्ति-सूत्र' में वर्णित प्रेम-भक्ति के स्वरूप का पूर्ण विवेचन हमें सूरसागर में मिलता है। महर्षि नारद ने सत्संगति के समान ही सदाचार को भी महत्व दिया है। सूरसागर में भी सदाचार की विशेषताओं का प्रतिपादन स्थान-स्थान पर हुआ है। नहुष,[3] इन्द्र और अहिल्या[4] की कथाओं और पुरुरवा के वैराग्य के प्रसंग[5] में नारी के कुसंग को छोड़कर हरि-भक्ति की शिक्षा दी है। राजा अम्बरीष की कथा में भी सदाचार का महत्व स्वीकार किया गया है। गोपियों के सम्बन्ध में लोक-लाज और कुल-मर्यादा का उल्लंघन है, वह कृष्ण के प्रति अनन्यता स्थापित करने के लिए है, अन्यथा कवि ने स्थान-स्थान पर लोक-व्यवहार और सदाचार की आवश्यकता बताई है। यही कारण है कि सूर ने परकीया भाव को इतना प्रश्रय नहीं दिया, जितना स्वकीया भाव को। रास-लीला में स्वयं युवतियों ने पति को भगवान् की तरह मानने का उपदेश दिया है। गोपियाँ तो सांसारिकता से बहुत ऊँची उठ चुकी हैं। वे तो प्रेम-भक्ति की चरमावस्था को पहुँच चुकी हैं, इसलिये सामान्य व्यवहार की दृष्टि से उनका विवेचन नहीं किया जा सकता। कवि का लक्ष्य तो उन्हें आत्म-समर्पण की अन्तिम कोटि तक ले जाना है, जो प्रेम-भक्ति का सर्वोच्च रूप है। सूर की प्रेम-भक्ति अपने आप में पूर्ण है। गोपियों का विरह-प्रेम की उसी पूर्णावस्था का प्रतीक है। वे उद्धव से कहती हैं :

ऊधौ विरहौ प्रेम करै।
ज्यौं बिनु पुट पट गहत न रंग कौ, रंग न रसहिं परै।
ज्यौं घर दहै बीज अंकुर गिरि तौ सत फरनि फरै।
ज्यौं घट अनल दहत तन अपनौ, पुनि मय अमी भरै।
ज्यौं रन सूर सहै सर सन्मुख, तो रवि रथहु अरै।
सूर गुपाल प्रेम पथ चलि करि क्यों दुःख सुखनि डरै॥[6]

भागवत की भाँति सूर की प्रेम-भक्ति साधन नहीं, साध्य है, जिसकी प्राप्ति के पश्चात् कुछ प्राप्य ही नहीं रह जाता। सूर ने स्थान-स्थान पर भक्ति प्राप्ति की ही प्रार्थना की है। वे भगवान् से प्रार्थना करते हैं—"हे भगवान् ? मैं प्रत्येक स्थिति में आपकी भक्ति की ही इच्छा करता हूँ।"[7] गोपियों के मुख से भी उन्होंने भक्ति की महत्ता का बखान कराया है और इस प्रकार भक्ति का स्वतः पूर्णरूप प्रतिष्ठित किया है। भक्ति के लिए किसी फल की आवश्यकता नहीं, उनकी लीला सुनने-सुनाने से प्रेम-भक्ति की प्राप्ति होती है।[8]

---

१ सूरसागर (सभा) पद ३६०
२ सूरसागर पद ३९४
३ वही, पद ४१८
४ वही, पद ४१९
५ वही, पद ४४६
६ वही, पद ४६०४
७ सूरसागर पद ३५५
८ जो यह लीला सुनै सुनावै, सूर सो प्रेम-भक्ति को पावै। सूरसागर (सभा) पद ४६३१

यह प्रेम रूपा भक्ति एक होकर भी ग्यारह प्रकार की आसक्तियों पर आधारित होने से ग्यारह प्रकार की कही जा सकती है। सूरसागर में भी इन आसक्तियों का स्वरूप मिल जाता है, जैसे उन पदों में जहां उन्होंने कृष्ण के अलौकिक गुण और शक्तियों का वर्णन किया है, गुण माहात्म्यासक्ति मिलती है। विनय के पद, बालभाव के प्रसंग और दुष्टों की संहार लीला में भी इसी प्रकार की आसक्ति है। रूपाभक्ति के तो सूरसागर में अनगिन उदाहरण मिलते हैं। सूरदास जी बाह्यरूप से श्रीनाथ जी के रूप पर और आन्तरिक रूप से कृष्ण के रूप पर मुग्ध थे। भगवान् के रूप-वर्णन के अनेक पद सूरसागर में बिखरे पड़े हैं जो कृष्ण की बाल्य, पौगण्ड और कैशोर्य अवस्थाओं से सम्बन्ध रखते हैं। पूजासक्ति में भगवान् कृष्ण की स्तुतियां नवधा-भक्ति आदि सम्मिलित हैं। इसी प्रकार स्मरणसक्ति, दास्यासक्ति, सख्यासक्ति, वात्सल्यासक्ति, आत्म-निवेदनासक्ति, तन्मयतासक्ति और कान्तासक्ति सभी सूर के पदों में मिल जाती हैं। ग्यारहवीं आसक्ति, जो परम विरहासक्ति कहलाती है, सूरसागर में बहुत महत्वपूर्ण है। यह आसक्ति, कई प्रकार से प्रकट होती है, परन्तु इसके मुख्य रूप दो ही हैं—मातृ-विरहासक्ति तथा दाम्पत्य-विरहासक्ति।

जब हम सूर की भक्ति की तुलना श्रीमद्भागवत की भक्ति से करते हैं तो इस निष्कर्ष पर पहुंचते हैं कि श्रीमद्भागवत के भक्ति-पक्ष की जितनी समानता सूर के भक्ति-पक्ष से है, इतनी और किसी पक्ष की नहीं है, केवल इतना अन्तर है कि श्रीमद्भागवत एक दर्शन-परक भक्ति-ग्रन्थ है, जिसका दृष्टिकोण समन्वयात्मक है। इसीलिये उसमें वेदान्त सूत्रों की व्याख्या की गई है। फलस्वरुप उससे ज्ञान-योग, भक्ति-योग कर्म-योग, सभी का प्रतिपादन हुआ है। सूरदास एक विशिष्ट सम्प्रदाय में दीक्षित भक्त कवि थे। उनकी दृष्टि न तो समन्वयात्मक ही थी और न विरोधात्मक ही। अपने भावों को सीधे और सच्चे रूप में ही प्रकट करने का उनका आग्रह था। यही कारण है कि उनके भक्ति-प्रवाह में गम्भीरता और अगाधता भागवत की अपेक्षा अधिक है। भागवतकार ने भक्ति की धारा को मर्यादा और अलौकिकता के बांधों में बांधकर बहाया है, पर सूरसागर में तो अनन्त भक्ति-भाव लहरियां इस तट से उस तट तक स्वच्छ रूप से क्रीड़ा करती हुई दीख पड़ती हैं।

श्रीमद्भागवत में भक्ति का विवेचन दो प्रकार से हुआ है, वैधी-भक्ति के रूप में और साधारण भक्ति के रूप में। भागवतकार ने पराभक्ति को ही साध्य माना है, परन्तु उसकी विशद व्याख्या नहीं की है। साधारण रूप से ही भक्ति का जो विवेचन भागवत में हुआ है, वही पराभक्ति का विवेचन कहा जा सकता है। सूरदास जी का लक्ष्य प्रेम-भक्ति-विवेचन का है। उनसे पहले भक्ति-रस का पर्याप्त निरूपण हो चुका । और जैसा कि हम पहले कह चुके हैं, स्वयं वल्लभाचार्य ने भक्ति का यथेष्ट विवेचन किया था तथा उन्हीं के समकालीन वृन्दावन के गोस्वामियों ने इस दिशा में और भी अधिक कार्य किया। गोस्वामी विट्ठलनाथ जी ने भक्ति के इस स्वरूप को पुष्टि-मार्ग के सांचे में ढाला और इस प्रकार सूर के सम्मुख भक्ति का पुष्ट एवं समुज्ज्वल रूप आया। वल्लभ-सम्प्रदाय में दीक्षित होने से पहले सूर की भक्ति भागवतकार की भक्ति के समकक्ष थी, परन्तु दशम स्कन्ध में भक्ति का जैसा प्रकाश सूर ने दिखाया है, उसके सामने भागवतकार का भक्ति-दीपक फीका-सा पड़ गया है।

जैसा कि हम पहले कह चुके हैं, भागवतकार कृष्ण की लीलाओं में अलौकिकत्व का समावेश करने के पक्ष में रहे हैं, जिसके कारण उनकी भक्ति में आध्यात्मिकता होने से वह आदर्श मात्र-सी प्रतीत होती है। उनके वात्सल्य और सख्य-भाव अतिप्राकृत भगवान् कृष्ण के प्रति होने के कारण

अलौकिक तथा अव्यावहारिक से लगते हैं, पर सूरदास उन भावों को मानवता से तो सम्बद्ध करते ही हैं, साथ ही उनमें मनोवैज्ञानिकता और स्वाभाविकता के भी इतने अवसर रखते हैं कि जन-साधारण उन्हें अपनी आस्वाद्य वस्तु समझने लगते हैं। भागवत के प्रभाव में आकर जहाँ उन्होंने इन भावों में अलौकिकत्व दिखाने का प्रयत्न किया है, वहाँ या तो उनकी वृत्ति ही नहीं रमी या अस्वाभाविकता आ गई है।

भागवतकार के वैधी-भक्ति निरूपण में लोक-मर्यादा का महत्व ऊपर से ठूँसा हुआ-सा प्रतीत नहीं होता। परन्तु सूरसागर में जहाँ कहीं ऐसे पद मिलते हैं, वे प्रक्षिप्त से ही प्रतीत होते हैं। स्वकीया भाव को प्राधान्य देने का प्रयत्न भी अस्वाभाविक-सा लगता है। जिस प्रेम-भाव का वर्णन उन्होंने सूरसागर में किया है वह पूर्णतया 'भक्ति-रसामृत-सिन्धु' और 'उज्ज्वल नीलमणि' के मेल का है। ऐसा प्रतीत होता है कि उनकी भक्ति की पृष्ठभूमि तो चैतन्य-सम्प्रदाय की है और साँचा वल्लभ-सम्प्रदाय का।

श्रीमद्भागवत में भक्तों के चरित्र और अवतारों का जो वर्णन है, वह भागवत में प्रतिपाद्य भक्ति-वैशिष्ट्य के ज्ञापन में पूर्णरूपेण सहायक है। उन्हें यदि भागवत से निकाल दिया जाय, तो भक्ति की पूर्ण-प्रतिष्ठा सम्भव नहीं है। सूरसागर में बात इसके बिल्कुल विपरीत है। उसमें तो ये कथाएँ भरती की सी ज्ञात होती हैं।

भागवत में परा-भक्ति का स्वरूप सूत्र रूप से चित्रित किया है, परन्तु सूरसागर में उसका क्रियात्मक स्वरूप है और गोपियों की कामरूपा प्रीति का पूर्ण विवेचन किया गया है। अनेक नवीन लीलाओं की कल्पना करके सूर ने उस प्रेम को चरम सीमा तक पहुँचा दिया है।

अब तक के विवेचन से हम इस निष्कर्ष पर पहुँचते हैं कि शास्त्रीय रूप से तो सूर ने भक्ति का वही रूप ग्रहण किया, जो भागवत में है। उनके पदों में भक्ति के वे सभी प्रकार मिल जाते हैं, जो भागवत में आये हुए हैं, किन्तु सूर की भक्ति में सामयिक प्रभाव और मौलिकता का भी पुट है। सामयिक प्रभाव के अतिरिक्त सूर की भक्ति में भक्ति के शताब्दियों से चले आते हुए उस रूप के भी दर्शन होते हैं, जो समाज में प्रचलित लोक गीतों और परम्पराओं में विद्यमान था। राधा और कृष्ण, कृष्ण और गोपियों की शृङ्गारिक चेष्टाओं के पीछे से भक्ति का वह रूप झांकता हुआ स्पष्ट दिखाई देता है। एक युगजीवी की भाँति सूर ने धार्मिक पक्ष में भी अपने युग का प्रतिनिधित्व किया है। उनकी भक्ति में जहाँ एक ओर विभिन्न वैष्णव-सम्प्रदायों के सिद्धान्तों का समावेश हुआ है, वहाँ दूसरी ओर अन्य प्रचलित मत-मतान्तरों का भी प्रभाव पड़ा है।

सूर उच्च-कोटि के भक्त थे। उनकी भक्ति अन्तःकरण की प्रेरणा और हृदय की अनुभूति थी। भक्त होने के साथ-साथ वे कवि भी थे, इसलिए उनकी भक्ति में कवि-सुलभ कल्पना का योग भी स्वाभाविक ही था। विनोदी प्रकृति के होने के कारण हास्य और व्यंग का पुट भी उनके भक्ति-सम्बन्धी पदों में आ गया है और संगीत के प्रकाण्ड पाण्डित्य ने लय, स्वर, तान आदि का उचित ध्यान रख उनके पदों को गेय बना दिया। वे आशुकवि थे और कीर्तनाचार्य भी।

भक्ति और साहित्य के उन्मुक्त वायु-मण्डल में सूर की कल्पना ने व्यावहारिक ज्ञान और अनुभव के पंख खोलकर इतनी ऊँची और लम्बी उड़ान भरी है कि दर्शकों को कभी-कभी तो यह आभास हो जाता है कि यह किसी अन्य लोक की यात्रा कर रही है, परन्तु सत्य यह है कि इतने ऊँचे पर उड़ते हुए भी उसकी दृष्टि सदैव धरा पर ही लगी रही है।

———

दशम अध्याय

पुष्टि-सम्प्रदाय और भक्त सूरदास

पुष्टि-सम्प्रदाय

श्री वल्लभाचार्य जी ने जिस मत का प्रचार किया, वह 'पुष्टि सम्प्रदाय' कहलाता है। वल्लभाचार्य तैलंग ब्राह्मण थे और उन्होंने काशी में रहकर वेद, वेदान्त और दर्शनों का अध्ययन किया था। उन्होंने दस वर्ष की आयु में ही शास्त्रों में निपुणता प्राप्त करली थी और काशी में प्रसिद्ध हो गये थे। अपने पिता के गोलोकवास के पश्चात् उन्होंने समस्त भारतवर्ष की कई बार यात्राएं कीं और उन यात्राओं में उन्होंने मायावाद का खण्डन और ब्रह्मवाद तथा भक्तिवाद का प्रचार किया। उनकी यात्राओं और शास्त्रार्थों के समय के विषय में मतभेद है। वल्लभाचार्य ने विजयनगर में, जिसे विद्यानगर भी कहते हैं, पहली बार शुद्धाद्वैत मत का प्रतिपादन किया था। कहा जाता है कि विद्यानगर में पण्डितों की एक विशाल सभा का आयोजन हुआ था, जिसमें एक ओर सभी वैष्णव सम्प्रदायों के विद्वान् थे तथा दूसरी ओर अद्वैतवादी शंकर मतानुयायी विद्वान् थे। शास्त्रार्थ में जब वैष्णव-पक्ष गिरने लगा तो वल्लभाचार्य जी ने उस पक्ष को प्रबल करके अद्वैतवादियों तथा अवैष्णवों को पराजित किया। उनकी विद्वत्ता से प्रभावित होकर ही विष्णु सम्प्रदाय के आचार्यों ने उन्हें उस सम्प्रदाय की गद्दी पर बिठाया। विष्णु स्वामी ने शुद्धाद्वैत मत का प्रतिपादन किया था, किन्तु वल्लभाचार्य जी ने इस मत के प्रचार और प्रसार में बहुत सहायता दी। वल्लभाचार्य से पहले विष्णु स्वामी सम्प्रदाय की गद्दी पर विल्व-मंगल नामक एक आचार्य थे। 'सम्प्रदाय कल्पद्रुम' में भी बिल्व-मंगल का उल्लेख है। विद्यानगर के शास्त्रार्थ की तिथि के विषय में मतभेद है। यह शास्त्रार्थ राजा कृष्णदेवराय के समय में हुआ था, जिसका शासन सम्वत् १५६५ से प्रारम्भ होता है। इस शास्त्रार्थ के पश्चात् ही शुद्धाद्वैत सिद्धान्त का वल्लभाचार्य ने शास्त्रीय ढंग से प्रचार किया। वल्लभाचार्य ने तीन बार भारतवर्ष की यात्रा की और पुष्टि-सम्प्रदाय का प्रचार किया। पुष्टि-सम्प्रदाय में ये यात्राएँ पृथ्वी प्रदक्षिणाएँ कहलाती हैं। ब्रज की प्रथम यात्रा उन्होंने सं० १५५० में की। उसी समय गोवर्द्धन पर्वत पर एक भगवत् स्वरूप का प्राकट्य हुआ। वल्लभाचार्य जी ने ही उसका नाम श्रीनाथ जी रक्खा था और उन्हीं की प्रेरणा से श्रीनाथ जी का पक्का मन्दिर बना। वल्लभाचार्य जी ने बंगाली वैष्णवों को श्रीनाथ जी की सेवा का भार सौंपा।

प्रारम्भ से ही वल्लभाचार्य जी की प्रवृत्ति शास्त्र चिन्तन की ओर थी। उनके समय में अनेक सम्प्रदाय प्रचलित थे। शंकराचार्य के अद्वैत सिद्धान्त का विरोध करने के लिए वैष्णव धर्म चार सम्प्रदायों में बंट गया था। इन सम्प्रदायों में भक्ति को महत्व दिया गया और मुक्तजीव को ब्रह्म न मानकर वैकुण्ठवासी भगवान की सेवा करने वाला बताया। वल्लभाचार्य जी ने भी अन्य वैष्णवाचार्यों की भाँति शंकर के मायावाद का खण्डन किया; क्योंकि उसमें भक्ति के लिए तत्वतः कोई स्थान नहीं था और उस समय भक्ति-भावना की बड़ी आवश्यकता थी। सिद्धान्त रूप से वल्लभाचार्य जी ने जिस मत का प्रचार किया, उसे शुद्धाद्वैत ब्रह्मवाद या 'अविकृत परिणामवाद' कहते हैं; साधना की दृष्टि से वह 'पुष्टि-मार्ग' कहलाता है। सिद्धान्त पक्ष के लिए वल्लभाचार्य

विष्णु स्वामी के ऋणी कहे जा सकते हैं, परन्तु साधना पक्ष उनका अपना है, उसकी व्यवस्था उनकी अपनी है। 'सम्प्रदाय-प्रदीप' के अनुसार वल्लभाचार्य जी को उस व्यवस्था के लिए आन्तरिक प्रेरणा हुई थी। 'सम्प्रदाय-प्रदीप' में लिखा है, "अन्य सम्प्रदायों (रामानुज, मध्व निम्बार्क) में नारद, पांचरात्र, वैखानसादि-शास्त्र प्रतिपादित दीक्षा-पूजा का प्रचार होने से यद्यपि विष्णु स्वामी सम्प्रदाय में आत्म-निवेदनात्मन भक्ति की स्थापना की गई है, तथापि वह मर्यादामार्गीय है। अब आपके इस सम्प्रदाय में पुष्टि (अनुग्रह) मार्गीय आत्म-निवेदन द्वारा प्रेम-स्वरूप निर्गुण भक्ति का प्रकाश करना है। सम्प्रति भक्ति मार्गानुयायी जन-समाज शंकर-सिद्धान्त से पथ-भ्रष्ट हो रहा है।"[1]

इस प्रकार वल्लभाचार्य जी ने अपने पुष्टि-सम्प्रदाय की स्थापना मर्यादा-मार्गीय सम्प्रदाय से भिन्न रूप में की और उन्होंने अपने सम्प्रदाय के नामकरण की प्रेरणा श्रीमद्भागवत से प्राप्त की। श्रीमद्भागवत के द्वितीय स्कन्ध दशम अध्याय के चतुर्थ श्लोक में "पोषणं तदनुग्रहः" कहा है, जिसका अर्थ होता है कि 'भगवान् के अनुग्रह को ही पोषण या पुष्टि कहते हैं,' इसीलिए इस मत का नाम पुष्टि रखा गया है। भगवान् के अनुग्रह से ही भक्त के हृदय में भक्ति का उदय होता है, इसीलिए भक्त को अपना सब कुछ भगवान् को ही समर्पण करना पड़ता है। जिससे भगवान् के प्रति अनन्यता हो सके, वही पुष्टि-मार्ग कहलाता है। वल्लभ-सम्प्रदाय के दार्शनिक सिद्धान्तों का विवेचन हम पहले कर चुके हैं। इस प्रकरण में हम उसके साधन अथवा भक्ति-पक्ष पर ही विचार करेंगे।

वल्लभाचार्य का पुष्टि-सम्प्रदाय विष्णु स्वामी के सम्प्रदाय से भिन्न है। विष्णु स्वामी-सम्प्रदाय में भक्ति का स्वरूप सगुण और तामस बताया गया है, जबकि पुष्टि-भक्ति का स्वरूप प्रेमलक्षण निर्गुण भक्ति है। इसीलिए दोनों में सामञ्जस्य स्थापित करने के लिए ही वल्लभाचार्य जी ने अपने सम्प्रदाय में विशिष्ट सेवा-मार्ग का निरूपण किया। यह सेवा-मार्ग वल्लभ-सम्प्रदाय की अपनी अलग विशेषता है, जिसका वर्णन हम आगे करेंगे। वल्लभाचार्य जी ने अपने मत के प्रचार के लिए अनेक साधन ग्रहण किये। जहाँ वे जाते थे, अपने सिद्धान्तों का प्रचार करने के लिए अपनी शिष्य-मण्डली को छोड़ जाते थे। ऐसे शिष्यों की संख्या एक लाख चौरासी हजार बताई जाती है। जहाँ-जहाँ आचार्य जी भागवत का पारायण करते थे, वहाँ स्थायी बैठकें बनवादी जाती थीं। ऐसी बैठकें भारतवर्ष में चौरासी हैं। इसके अतिरिक्त उन्होंने अपने सिद्धान्तों के प्रचार के लिये अनेक छोटे-बड़े ग्रन्थों की रचना की। उनमें तीस ग्रन्थ विशेष प्रसिद्ध हैं। पुष्टि-सम्प्रदाय की विशेष उन्नति गोस्वामी विठ्ठलनाथ जी के समय में हुई और उन्होंने ही इस सम्प्रदाय की साङ्गोपाङ्ग व्यवस्था की। पुष्टि-मार्गीय सेवा-भाव को विस्तार से क्रियात्मक रूप देने का काम गोस्वामी विठ्ठलनाथ जी ने किया। श्रीनाथ जी की सेवा-विधि में भी उन्होंने परिवर्तन किया। वल्लभाचार्य के समय में तो श्रीनाथ जी का शृंगार केवल पाग और मुकुट द्वारा होता था, किन्तु विठ्ठलनाथ जी ने आठ शृंगारों, झाँकियों तथा उत्सवों आदि का भी नियमित कीर्तन के लिए आठ संगीताचार्य कीर्तनकार नियुक्त किये और वे अडैल छोड़कर स्थायी रूप से गोकुल में रहने लगे। इस प्रकार सम्प्रदाय की उचित व्यवस्था और वास्तविक उन्नति गोस्वामी विठ्ठलनाथ जी ने ही की। अपने पिता की भाँति उन्होंने भी अनेक यात्राएँ कीं, और अपने मत का प्रचार किया। उन्होंने अपने पिता जी के ग्रन्थों पर टीकायें लिखीं, तथा कुछ स्वतन्त्र ग्रन्थ भी लिखे। उनके रचित ग्रन्थ बारह हैं, जिनमें 'विद्वन्मण्डन' विशेष उल्लेखनीय हैं; क्योंकि उसमें साम्प्रदायिक

---

1 सम्प्रदाय प्रदीप

सिद्धान्तों का स्पष्टीकरण किया है। विट्ठलनाथ जी के पश्चात् सम्प्रदाय के आचार्य उनके ज्येष्ठ पुत्र गिरधर जी हुए, किन्तु सम्प्रदाय को बढ़ाने की दृष्टि से उनके चतुर्थ पुत्र स्वामी गोकुलनाथ जी का नाम उल्लेखनीय है। गोकुलनाथ जी के पश्चात् विट्ठलनाथ जी के पौत्र हरिराय जी ने भी बहुत कार्य किया। हरिराय जी के पश्चात् इस सम्प्रदाय में और भी अनेक विद्वान् हुए, जिनमें गोपेश्वर जी और पुरुषोत्तम जी के नाम विशेष रूप से उल्लेखनीय हैं।

पुष्टि-मार्गीय भक्ति

पुष्टि-मार्गीय भक्ति के विवेचन में हम केवल वल्लभाचार्य जी के ग्रन्थों का आश्रय लेंगे। जैसा कि पहले कहा जा चुका है, वल्लभाचार्य जी के तीस ग्रन्थ उपलब्ध हैं, जिनमें अणुभाष्य सुबोधिनी तत्वदीप-निबन्ध तथा षोडश-ग्रन्थ अधिक महत्वपूर्ण हैं, तत्वदीप-निबन्ध के तीन प्रकरण हैं--शास्त्रार्थ प्रकरण, सर्वनिर्णयाख्य प्रकरण तथा भागवतार्थ प्रकरण। शास्त्रार्थ प्रकरण में सात्विक जीवन की भगवत्-सेवा में प्रवृत्ति कराने के लिए जड़, जीव, अन्तर्यामी के स्वरूप का वर्णन किया गया है तथा यह बात सिद्ध की है कि भगवान् का भजन ही ऐहिक तथा पारलौकिक फल को देने वाला है विशेषकर इस प्रकरण में वल्लभ के दार्शनिक सिद्धान्तों का विवेचन हुआ है। सर्वनिर्णयाख्य प्रकरण में प्रमाण, प्रमेय, फल, साधन के द्वारा ज्ञान, कर्म, उपासना तथा जगत के पदार्थों का यथार्थ स्वरूप बतलाया गया है। इस प्रकरण में पहले श्रुति-स्मृति-विहित तत्वों का निरूपण किया गया है तथा भक्ति को ज्ञान और कर्म से श्रेष्ठ बताया गया है, फिर भक्ति मार्ग का वर्णन करके भगवान् की प्राप्ति के साधनों का वर्णन है। अन्त में श्रीमद्भागवत का महत्व बताया गया है। भागवतार्थ प्रकरण सबसे बड़ा है, जिसमें श्रीमद्भागवत की लीलाओं के तात्पर्य तथा स्कन्धों, प्रकरणों और अध्यायों के अर्थ दिये गये हैं। इसका उद्देश्य भक्त के हृदय में भक्ति-भाव को दृढ़ करना है। अणुभाष्य उनका एक महत्वपूर्ण ग्रन्थ है, जिसमें उन्होंने ब्रह्मसूत्र का भाष्य किया है और अपने शुद्धाद्वैत मत का प्रतिपादन किया है। सुबोधिनी श्रीमद्भागवत् की टीका है, जिसके प्रथम, द्वितीय, तृतीय, दशम तथा एकादश स्कन्ध ही प्राप्त है। षोडश-ग्रंथ के छोटे-छोटे सोलह ग्रन्थ हैं, जिनमें वल्लभाचार्य ने अपने सिद्धान्तों का प्रतिपादन किया है। इन ग्रन्थों पर बहुत-सी टीकाएँ हुई हैं और टीकाकारों ने उन सिद्धान्तों का बड़ा विस्तार किया है। इन षोडश-ग्रन्थों का उद्देश्य पुष्टि-मार्ग के सिद्धान्तों को सर्व सुलभ बनाना है। अणुभाष्य तथा सुबोधिनी विस्तृत ग्रन्थ हैं, इसलिए वे साधारण व्यक्ति के लिए सरल नहीं है। इन ग्रन्थों में सिद्धान्त-मुक्तावली, पुष्टि प्रवाह-मर्यादा-भेद, सिद्धान्त-रहस्य, भक्ति-वर्धिनी और सेवाफल मुख्य हैं। सिद्धान्त-मुक्तावली में वल्लभाचार्य जी ने नवधा-भक्ति का उल्लेख करके उसका पुष्टि-मार्गीय तनुजा सेवा में समावेश किया है और फिर तनुजा और वित्तजा सेवा को भगवद्-भक्ति में साधक बताया है। पुष्टि प्रवाह-मर्यादा-भेद में तीन मार्गों की व्याख्या की है। सिद्धान्त-रहस्य बड़ा महत्वपूर्ण ग्रन्थ है; क्योंकि इसमें पुष्टि-सम्प्रदाय के आत्म-निवेदन की व्याख्या की है। आत्म-निवेदन के बिना भगवत्-सेवा का अधिकार प्राप्त नहीं होता। यही बताने के लिये महाप्रभु वल्लभाचार्य जी ने सिद्धान्त-रहस्य की रचना की। भक्ति-वर्द्धनी ग्रन्थ में भक्ति को उत्पन्न करने और बढ़ाने के उपाय बतलाये हैं और सेवा का फल बतलाया है। हम संक्षेप में इन ग्रन्थों का सार प्रस्तुत करते हैं—

पुष्टि-प्रवाह-मर्यादा-भेद में आचार्य जी ने जीव, देह और क्रिया-भेद से तथा फल-परम्परा से तीन मार्गों का निरूपण किया है—पुष्टि-मार्ग, प्रवाह-मार्ग और मर्यादा-मार्ग :

"पुष्टि-प्रवाह मर्यादा विशेषण पृथक्-पृथक्।
जीवदेहक्रियाभेदैः प्रवाहेण फलेन च।[1]

वल्लभाचार्य जी ने इन तीनों मार्गों की स्थिति को श्रुति, गीता, वेदान्त-सूत्र तथा भागवत आदि के प्रमाणों से सिद्ध किया है। तत्वदीप-निबन्ध में उन्होंने लिखा है—

"वेदाः श्रीकृष्णवाक्यानि व्याससूत्राणि चैव हि।
समाधिभाषाव्यासस्य प्रमाणं तच्चतुष्टयम्।
एतद्विरुद्धं यत्सर्वं न तन्मान्यं कथंचन।[2]

श्रीमद्भागवत के 'पोषणं तदनुग्रहः के आधार पर निबन्धकार ने भागवतार्थं प्रकरण में लिखा है—

'कृष्णानुग्रहरूपाहि पुष्टिः कालादिबाधका', अर्थात् कालादि के प्रभाव को रोकने वाली श्रीकृष्ण की कृपा ही पुष्टि है। अणुभाष्य में लिखा है कि पुष्टि-मार्ग केवल अनुग्रह से ही साध्य है :

"पुष्टिमार्गोऽनुग्रहैकसाध्यः।[3]

इसी प्रकार सिद्धान्त-मुक्तावली के अठारहवें श्लोक में "अनुग्रहः पुष्टिमार्गे नियामक इति स्थितः" कहा है। यह अनुग्रह लौकिक दौर अलौकिक, दोनों प्रकार के फल देने वाला है। इसमें प्रत्यक्ष प्रमाण न होते हुए भी भगवान् की कृपा का फल-विशेष से अनुमान कर लिया जाता है। सुबोधिनी में भी भगवान् के इस अनुग्रह को पुष्टि बताया है। उसमें महापुष्टि का लक्षण इस प्रकार दिया है, "बलवत्प्रतिबन्धनिवृत्तिपूर्वक स्वापादावाप्ति साधकत्वम्", अर्थात् बलवती रुकावट को दूर करते हुए अपनी मूलवस्तु की प्राप्ति की साधकता की महापुष्टि कहते हैं। श्रीमद्भागवत् में शुकदेवजी ने परीक्षित से कहा है, "हे परीक्षित ? जिस प्रकार अश्वत्थामा के अस्त्र से आहत होने पर भी तुम नहीं मरे, उसी प्रकार भगवान् की कृपा से दिति के गर्भ का भी नाश नहीं हुआ।"

वल्लभाचार्य जी ने पुष्टि-भक्ति को साधारण-भक्ति से भिन्न माना है। हरिराय जी ने हरिराय-वाङ्‌ मुक्तावली (भाग १) में पुष्टि-मार्ग के लक्षण इस प्रकार दिये हैं :

सर्वसाधनराहित्यं फलाप्तौ यत्र साधनम्।
फलं वा साधनं यत्र पुष्टिमार्गः स कथ्यते ॥१॥
अनुग्रहेणैव सिद्धिर्लौकिकी यत्र वैदिकी।
नयत्नादन्यथा विघ्नः पुष्टिमार्गः स कथ्यते ॥२॥
सम्बन्धः साधनं यत्र फलं सम्बन्ध एव हि।
सोऽपि कृष्णेच्छया जातः पुष्टिमार्गः स कथ्यते ॥१०॥
यत्र वा सुखसम्बन्धो वियोगे संगमादपि।
सर्वलीलानुभवतः पुष्टिमार्गः स कथ्यते ॥१५॥
समस्तविषयत्यागः सर्वभावेन यत्र वै।
समर्पणं च देहादेः पुष्टिमार्गः स कथ्यते ॥१६॥

अर्थात्—जिस मार्ग में लौकिक तथा अलौकिक, सकाम अथवा निष्काम, सब साधनों का अभाव ही श्रीकृष्ण की स्वरूप प्राप्ति में साधन है, अथवा जहाँ जो फल है, वही साधन है, उसे पुष्टिमार्ग कहते हैं और जिस मार्ग में सर्व सिद्धियों का हेतु भगवान् का अनुग्रह ही है, जहाँ देह के

---

१ पुष्टि-प्रवाह मर्यादा-भेद १
२ त० दी० निबन्ध शास्त्रार्थ प्रकरण
३ अणुभाष्य, चतुर्थ अध्याय, चतुर्थ पाद, सूत्र ६

अनेक सम्बन्ध ही साधन रूप बनकर भगवान् की इच्छा के बल पर फलरूप सम्बन्ध बनते हैं, जिस मार्ग में भगवत्-विरह-अवस्था में भगवान् की लीला के अनुभव मात्र से संयोगावस्था का सुख अनुभूत होता है और जिस मार्ग में सर्वभावों में लौकिक विषय का त्याग है और उन भावों के सहित देहादि का समर्पण है, वह पुष्टि-मार्ग कहलाता है।[1] इस प्रकार हरिराय जी ने बड़े विस्तार से पुष्टि-मार्ग का विवेचन किया है। इस मार्ग में जीवात्मा की योग्यता का विचार नहीं किया जाता है; जैसा कि हरिराय जी ने लिखा है :

"केवलेन हि भावेन गोप्यः गावः खगाः मृगाः"

इन्हीं सिद्धान्तों का विवेचन वल्लभाचार्य जी के 'षोडश-ग्रन्थ' में हुआ है। बालबोध नामक ग्रन्थ में पुरुषार्थ के स्वरूप को बताकर उन्होंने धर्म, अर्थ, काम और मोक्ष—ये चार पुरुषार्थ माने है, जिनमें से काम और मोक्ष को प्रधानता दी है। अन्त में ब्रह्मा, विष्णु और शिव, तीनों को फलप्रद देवता मानकर अन्त में श्रीकृष्ण को ही सेव्य और आश्रय मानने का उपदेश दिया है। 'सिद्धान्त मुक्तावली' में जैसा कि हम पहले कह चुके हैं, श्रीकृष्ण की भक्ति के साधनों का विवेचन करते हुए मानसिक सेवा के प्रामुख्य का ज्ञापन किया गया है और उसी को सच्ची सेवा माना है। भगवान् कृष्ण में चित्त की एकाग्रता को जो शरीर और मण्डान आदि द्रव्य के द्वारा प्राप्य है, सेवा कहा गया है। इसी सेवा से दुःख की निवृत्ति तथा ब्रह्म का ज्ञान होता है। इसके पश्चात् ब्रह्म का विवेचन किया गया है और अन्त में यह बताया है कि जब तक जगत में हमारी आसक्ति है तब तक कृष्ण में हमारी सच्ची भक्ति हो ही नहीं सकती। भक्ति से ही संसार से विरक्ति होती है। आत्म-स्वरूप का ज्ञान बहुत कठिन है, इसीलिये वल्लभाचार्य जी ने मनुष्यों के लिए पुष्टिमार्ग का निर्देश किया है :

"ज्ञानाभावे पुष्टिमार्गी तिष्ठेत्पूजोत्सवादिषु।"[2]

"अनुग्रहः पुष्टिमार्गे नियामक इति स्थितिः।"[3]

'सिद्धान्त मुक्तावली' में वल्लभाचार्य ने मर्यादा-मार्गी और पुष्टि-मार्गी—दो प्रकार के भक्त बतलाये हैं। मर्यादा-मार्गी भक्त लौकिक कामनाओं से प्रयोजन रखते हुए श्रीकृष्ण की सेवा में तत्पर होते हैं, इसलिये उन्हें कष्ट होता है। परन्तु पुष्टि-मार्गी भक्त सब प्रकार से भगवान् को आत्म-समर्पण कर अहंता और ममता से दूर रहकर भगवान् कृष्ण की उपासना में लगा रहता है। इस प्रकार वल्लभाचार्य जी ने ज्ञान-मार्ग से भक्ति-मार्ग और उसमें भी मर्यादा-मार्ग से पुष्टि-मार्ग की श्रेष्ठता प्रदान करते हुए बताया है कि—भक्ति के अभाव में जीव नष्ट हो जाता है। 'पुष्टि-प्रभाव-मर्यादा' नामक ग्रन्थ में आचार्य जी ने भक्ति-मार्ग की अनिर्वचनीयता स्थापित करके पुष्टि-मार्ग के अतिरिक्त प्रवाह-मार्ग और मर्यादा-मार्ग भी भक्ति के क्षेत्र में माने हैं। उनका कथन है कि श्रीमद्भगवद्गीता में दो प्रकार की सृष्टि मानी है, इसलिए प्रवाह-मार्ग की भी सिद्धि होती है और कर्म आदि की व्यवस्था करने वाले वेदों के कारण मर्यादा-मार्ग भी अनादि काल से चला आ रहा है। गीता में भगवान् के इस वचन से कि—मेरा भक्त मुझे प्रिय है; भक्ति का उत्कर्ष सिद्ध होता

---

१ हरिराय वाङ्मुक्तावली भाग १ (१, २, १०, १५, ३६)

२ सिद्धान्त मुक्तावली १७

३ वही १८

है और इसलिये उसे पुष्टि-मार्ग कहते हैं।[1] इस मार्ग की बड़ी प्रशंसा की गई है। पुष्टि-मार्ग को लोक और वेद से परे बताकर पुष्टि-मार्गीय जीव, देह और उनकी क्रियाएँ भी अलग ही बताई गई हैं और श्रुति के प्रमाणों से उसकी नित्यता भी सिद्ध की गई है। श्री हरि ने इच्छा होने पर प्रवाह-मार्ग की सृष्टि मन से, मर्यादा-मार्ग की वाणी से, और पुष्टि-मार्ग की अपने स्वरूप से स्वयं रमण करने के हेतु की है। इन तीनों प्रकार की सृष्टि-रचना की पुष्टि श्रुति-वचनों से की गई है। प्रवाह-मार्ग में सृष्टि का क्रम सतत प्रवाहित रहता है, मर्यादा-मार्ग में वेदोक्त फलों की प्राप्ति होती है तथा पुष्टि-मार्ग में निजस्वरूप से फल-प्राप्ति होती है। इन तीनों प्रकार के जीवों की गति भी पृथक्-पृथक् है। पुष्टि-मार्गीय जीव अन्य दोनों प्रकार के जीवों से भिन्न है। उनकी सृष्टि तो प्रभु की सेवा के लिए ही होती है। यद्यपि भगवान् और भक्त के स्वरूप में विशेष अन्तर नहीं माना गया है, तथापि रमण-रूप कार्य की सिद्धि के लिए भगवान् के भक्तों में भेद की स्थापना की है। ये पुष्टि-मार्गीय जीव शुद्ध और मिश्र भेद से दो प्रकार के होते हैं, जिनमें से मिश्र—प्रवाह, मर्यादा और पुष्टि के भेद से प्रवाह-मिश्र, मर्यादा-मिश्र और पुष्टि-मिश्र तीन प्रकार के होते हैं। प्रवाह-मिश्र कर्म में प्रीति रखने वाले, मर्यादा-मिश्र भगवद्गुणों को जानने के इच्छुक और पुष्टि-मिश्र केवल भगवान् से प्रेम करने वाले होते हैं। इन पुष्टि-मिश्र जीवों से उच्च कोटि के जीव, जिन पर भगवान् का विशेष अनुग्रह रहता है, शुद्धि-पुष्टिजीव कहलाते हैं। इस अवस्था की प्राप्ति बहुत दुर्लभ है। इन चार प्रकार के भक्तों को क्रमशः प्रवाह-पुष्ट, मर्यादा-पुष्ट, पुष्टि-पुष्ट तथा शुद्धा-पुष्ट भक्त कहा गया है। मिश्र-भक्ति वाले जीव संकर और संसृष्टि भेद से नो प्रकार के बताये गये हैं और उनके कर्मों का भी अलग-अलग विवेचन किया गया है। इन भक्तों के कर्म का फल केवल भगवत्प्राप्ति है। जब इन जीवों में आसक्ति अथवा अहंकार का समावेश हो जाता है, उस समय भगवान् उनके मिश्र-भाव को मिटाने के लिए तथा शुद्ध प्रेमी बनाने के लिए शाप भी दिला देते हैं; परन्तु फिर भी वे जीव लोक, वेद और भक्ति-मार्ग के विरुद्ध नहीं होते तथा न ही वे रोगादि ग्रस्त होते हैं, प्रवाही-जीव आसुरी-जीव भी कहलाते हैं। इनके भेद हैं—अज्ञ और दुर्ज्ञ। इन जीवों की मुक्ति सत्संग अथवा भक्ति द्वारा ही सम्भव है। पुष्टि-मार्गीय जीव तो प्रवाह में आकर इन जीवों से नहीं मिलते और मर्यादा-मार्गीय जीव भी इनसे पृथक् रहते हैं।[2]

इस प्रकार जीव-सृष्टि का वर्णन करके वल्लभाचार्य जी ने 'सिद्धान्त-रहस्य' नामक ग्रन्थ में भक्ति-मार्ग का रहस्य प्रकट किया है। इसमें उन्होंने बताया है कि आत्म-निवेदन रूपी ब्रह्म-सम्बन्ध-दीक्षा से ही समस्त दोषों की निवृत्ति होती है और प्रभु सेवा करने की योग्यता प्राप्त होती है। यह आत्म-निवेदन जीव का सहज परमधाम है। जीव बहुत काल से भगवान् से विमुक्त होकर अहंता-ममता से प्राप्त हो अपने परम स्वामी को भूलकर दुःखी रहता है और फिर भगवदनुग्रह से ही भगवत्प्रदत्त समस्त पदार्थ भगवदर्पण कर सुखी रह सकता है। समर्पण के बिना दोष निवृत्ति सम्भव नहीं : ब्रह्म-सम्बन्ध दीक्षा लेकर प्रभु-सेवा-परायण रहना, असमर्पित वस्तु का परित्यग करना एवं अर्द्धभुक्त वस्तु ठाकुर जी को निवेदित न करना; इत्यादि मर्यादाओं का पालन उचित है।

---

१ द्वौ भूतसर्गावित्युक्तेन प्रवाहोऽपि व्यवस्थितः।
वेदस्य विद्यमानत्वान्मर्यादापि व्यवस्थिता।
कश्चिदेव हि भक्तो हि यो मद्भक्त इतीरणात्।
सर्वत्रोत्कर्ष कथनात् पुष्टिरस्तीति निश्चयः। पुष्टि-प्रवाह-मर्यादा श्लोक ३, ४

२ देखिये आचार्य वल्लभ कृत 'पुष्टि-प्रवाह-मर्यादा'

यही पुष्टि-मार्ग की मर्यादा है। जिस प्रकार गंगाजल में मिलने से सब प्रकार के जल की मलिनता एवं अपवित्रता नष्ट होकर वह गंगा-जलस्वरूप हो जाता है, उसी प्रकार आत्म-निवेदन रूप शरणागति के अनन्तर जीव के गुण-दोषादि ब्रह्ममय हो जाते हैं। इसलिये आचार्य जी ने 'नवरत्न' नामक ग्रन्थ में लिखा है, "जिन भक्तों ने आत्मसहित आत्मीयवस्तुओं को भगवदर्पण कर दिया है, वे भगवान् के अनुग्रह में स्थिर हो चुके हैं और उन्हें किसी प्रकार की चिन्ता नहीं करनी चाहिए।" पुष्टि-मार्ग में मन्त्र, जप आदि गौण हैं, क्योंकि इनकी आवश्यकता तो उन्हीं आचार्यों को होती है, जिन्हें अपने शिष्यों को 'मन्त्र' देने पड़ते हैं। वैष्णवों के लिए तो स्मरण, निवेदनादि ही मुख्य हैं। आत्म-निवेदन करने के पश्चात् जीव को निश्चिन्त हो जाना चाहिये। ऐसे जीव भगवत्कृपा से आसक्ति-मुक्त हो जाते हैं, लोक और वेद के कार्य तो उन्हें केवल साक्षी रूप से करने चाहिए। सब प्रकार से सब स्थितियों में श्रीकृष्ण को ही समक्ष मानकर पुष्टि-भक्तों को कार्य करना चाहिए :

तस्मात्सर्वात्मना नित्यं श्रीकृष्णः शरणं मम।
वदद्भिरेव सततं स्थेयमित्येव मे मतिः।[1]

भक्ति की पुष्टि के लिये आचार्य जी ने 'विवेक धैर्याश्रय' नामक ग्रन्थ में विवेक, धैर्य और आश्रय की व्याख्या की है। भगवान् की सेवा करते समय भक्त को यह भावना रखनी चाहिये कि हरि को सर्वत्र सब वस्तुएँ प्राप्त हैं तथा उनमें सब वस्तुयें देने की सामर्थ्य है। श्रीहरि अपनी अथवा अपने भक्तों की इच्छा से ही सब कुछ करेंगे, इसी का नाम विवेक है। धन के संकोच में ऋण आदि लेकर भगवान् की सेवा का आग्रह न करना तथा श्रुति-स्मृति-विहित भागवत-धर्म के बलाबल को विचार कर अपने अधिकारानुसार कार्य करना विवेक है। मरण-पर्यन्त सर्वदैव आधिभौतिक आध्यात्मिक, आधिदैविक—तीनों प्रकार के दुःखों को सहन करना ही धैर्य है। शरीर में मोह न करना, इन्द्रियों का दमन करना, भगवान् की सेवा के लिये भाई-बन्धु, पुत्रादि द्वारा अपमान तक सहना भक्त का कर्तव्य है। प्रभु में सब प्रकार से विश्वास करना, सब काल एवं परिस्थितियों में वही रक्षक हैं, यह भावना रखना और मुख से इसी प्रकार के वचनों का उच्चारण करना चाहिये। इस प्रकार सब प्रकार से हित-साधक भगवान् कृष्ण ही आश्रय हैं। विशेषकर कलियुग में, जबकि वेदोक्त मार्ग लुप्त हो गये हैं और गंगा आदि तीर्थों का महत्व कम हो गया है।

'भक्ति-वर्द्धनी' नामक पुस्तक में आचार्य जी ने पुष्टि-मार्गीय भक्ति की वृद्धि के उपाय बतलाए हैं। भगवान् के अनुग्रह से प्रेम की उत्पत्ति एवं दृढ़ता, तदनन्तर श्रवण, कीर्तन आदि के द्वारा भक्ति की वृद्धि होती है। गृहस्थाश्रम में रहकर वर्णाश्रम-धर्म का पालन एवं श्रवण-कीर्तन द्वारा श्रीकृष्ण की तनुजा तथा वित्तजा सेवा करनी चाहिए। वर्णाश्रम-धर्म-पालन के असामर्थ्य के कारण श्रवण-कीर्तन को नहीं छोड़ना चाहिए, क्योंकि इसी से प्रभु प्रेम की दृढ़ता आसक्ति तथा व्यसन होते हैं। व्यसन होने के अनन्तर ही भक्त को फलरूपा भक्ति प्राप्त होती है, जिससे भक्त घर-गृहस्थी को त्यागकर भगवान् की सेवा में तत्पर होगा और पवित्र वैष्णव-तीर्थों में वास करने लगेगा। यदि गृह-त्याग के पश्चात् हरि-स्थान में रहने में प्रभु-प्रेम में कोई प्रतिबन्ध दीख पड़े तो भक्त को घर नहीं छोड़ना चाहिये। इस प्रकार पुष्टि-मार्ग में आचार्य जी ने गृह-त्याग आवश्यक

---

1 षोडश ग्रन्थ, सिद्धान्त रहस्य, श्लोक ६

नहीं बताया है। संन्यास-निर्णय में उन्होंने इस बात की ओर भी पुष्टि की है और साधन-सम्पत्ति के लिए संन्यास को आवश्यक नहीं बताया है यदि उन्होंने किन्हीं अंशों में संन्यास का पोषण किया है, तो केवल भगवद्-विरह के अनुभवार्थ।

"विरहानुभवार्थं तु परित्यागः सुखावहः ।
स्वीया-बंध-निवृत्यर्थं वेषः सोऽत्र न चान्यथा ।"[१]

अर्थात्—भगवान् के विरह का अनुभव करने के लिए गृहादि-त्याग उत्तम है और यदि इसलिए कोपीन, दण्ड, कमण्डलु आदि धारण करने पड़ें, जिससे स्त्री-पुत्रादि का बन्धन दूर हो जाय तो यह वेष भी धारण करने योग्य है, अन्यथा नहीं। ज्ञानमार्ग में आचार्य जी ने संन्यास की महत्ता अवश्य अंगीकार की है परन्तु आगे चलकर उसका भी निषेध कर दिया है। वे लिखते हैं :

ज्ञानं च साधनापेक्षं यज्ञादिश्रवणान्मतम् ।
अतः कलौ स संन्यासः पश्चात्तापाय नान्यथा ।
पाषण्डित्वं भवेच्चापि तस्माज्ज्ञानेन सन्यसेत् ।
सुतरा कलिदोषाणां प्रबलत्वादिति स्थितम् ।[२]

अर्थात्—वेद में चित्तशुद्धि के लिए भी निष्काम यज्ञादि करने की आज्ञा है, इसलिये ज्ञान-मार्ग में भी साधन की अपेक्षा है। कलियुग में वे साधन पूर्ण होने कठिन हैं, इसलिये संन्यास केवल पश्चात्ताप-फल ही देने वाला है। फिर कलियुग में बहुत से दोषों के कारण संन्यासी को पाखण्डी होने का भय है, इसलिये ज्ञान-मार्ग में भी संन्यास निषिद्ध है। भक्ति-मार्ग का संन्यास तो दूसरे ही प्रकार का है। वह केवल भगवत्प्रेम स्वरूप है और प्रभु के विरह की भावना का उन्नायक है। पुष्टि-भक्ति में निरोध का बड़ा महत्व है। स्त्री-पुत्रादि को भूलकर प्रभु के प्रति आसक्ति ही निरोध है, जो सुखात्मक और दुःखात्मक दोनों प्रकार की हो सकती है; अर्थात्—संयोग में सुखात्मक और वियोग में दुःखात्मक। निरोध के विषय में आचार्य जी कहते हैं—

अहं निरुद्धो रोधेन निरोधपदवीं गतः ।
निरुद्धानां तु रोधाय निरोधं वर्णयामि ते ॥[३]

अर्थात्—जो जीव भगवान् के द्वारा निरुद्ध हैं—भगवान् ने अपनाये हैं—वे अहर्निश उसी का गुण-गान करते हुए आनन्द मग्न रहते हैं; और जिन जीवों की भगवान् उपेक्षा करते हैं, वे अहता, ममता, रूप संसार सागर में डूब कर जन्म-मरण आदि के प्रवाह में पड़े रहते हैं। इसलिए भगवान् का स्वरूप ही ध्यान में रखना चाहिये और उन्हीं के गुणों का श्रवण-कीर्तन आदि करते रहना चाहिये। यह ही निरोध का सबसे बड़ा मन्त्र है।

पुष्टि-मार्ग में प्रभु-सेवा को ही लक्ष्य माना गया है। पुष्टि-मार्ग में जहाँ कहीं पूजा का उल्लेख है, वहाँ वेदोक्त अथवा तन्त्रोक्त पूजा न समझकर पुष्टि-मार्गीय सेवा-विधि समझनी चाहिये, जिसके दो रूप हैं—क्रियात्मक और भावनात्मक। माहात्म्य-ज्ञान-पूर्वक प्रभु से अनन्य प्रेम करना ही पुष्टि-भक्ति का मूल मन्त्र है—

माहात्म्यज्ञानपूर्वस्तु सुदृढः सर्वतोऽधिकः ।
स्नेहो भक्तिरिति प्रोक्तस्तया मुक्तिर्न चान्य था ।[४]

१ संन्यास-निर्णय, श्लोक ७
२ वही, श्लोक १५, १६
३ निरोध लक्षण, १०
४ त० दी० नि० शास्त्रार्थ प्रकरण, ज्ञानसागर बम्बई, श्लोक ४६, पृ० १२७

अर्थात्—भगवान् के प्रति माहात्म्य-ज्ञान-पूर्वक सर्वाधिक दृढ़ स्नेह ही भक्ति है और उसी से मुक्ति की उपलब्धि हो सकती है, अन्य प्रकार से नहीं। दूसरे, यह भक्ति केवल प्रभु के अनुग्रह से ही प्राप्त होती है। तीसरे, इस भक्ति में ब्रह्म-सम्बन्ध अथवा आत्म-निवेदन का विशेष महत्व है, जिसके द्वारा भक्त को भगवान् का अनुग्रह प्राप्त होता है और संसार की अहंता-ममता भी टूट जाती है। चौथे, नवधा-भक्ति का भी पुष्टि-मार्ग में महत्व है, परन्तु प्रभु-कृपा की प्राप्ति के पूर्व ही और इन नौ प्रकार के साधनों में भी आत्म-निवेदन सर्वोपरि है। पाँचवें, वल्लभाचार्य के मत में सेवा का बड़ा महत्व है और तनुजा, वित्तजा तथा मानसिक सेवाओं में मानसिक सेवा ही सर्वश्रेष्ठ है।

श्रीमद्भागवत में पुष्टि-तत्व

वल्लभाचार्य जी ने श्रीमद्भागवत को वेद, सूत्र और गीता की भाँति ही प्रमाण माना है, और अपने सभी सिद्धान्त-ग्रन्थों में भागवत का आधार लिया है। पुष्टि भक्ति का नामकरण भी उन्होंने भागवत के आधार पर ही किया है, यह हम पहले लिख चुके हैं। 'सिद्धान्त रहस्य' नामक ग्रन्थ की विवृत्ति में हरिराय जी ने लिखा है कि पुष्टि, मर्यादा और प्रवाह-भेद से भक्ति तीन प्रकार की होती है। इनमें प्रवाह-भक्ति तो वेद और पुराणों से प्रतिपादित हुई है, शेष मर्यादा और पुष्टि भक्ति के निरूपण के लिए श्रीमद्भागवत ग्रन्थ का प्रादुर्भाव हुआ और इसलिए भगवान् का व्यासावतार हुआ। अभिप्राय यह है कि श्रीमद्भागवत में मर्यादा-भक्ति और पुष्टि-भक्ति का विवेचन हुआ है। मर्यादा-भक्ति का फल है प्रभु-स्नेह, जो पुष्टि-भक्ति का आधार है। श्रीमद्भागवत में पुष्टि-भक्ति का विवेचन छठे स्कन्ध में हुआ है। भगवान् का अनुग्रह गूढ़ होने के कारण प्रत्यक्ष प्रमाण से सिद्ध नहीं है, इसलिए लोक में व्यक्ति विशेष को उत्तम फल की प्राप्ति देखकर उसकी कल्पना की जाती है। भागवत के छठे स्कन्ध में इस भगवदनुग्रह का विस्तृत वर्णन है। भागवत में भगवान् ने अनेक स्थलों पर अपने आपको भक्त के आधीन बताया है। नवम स्कन्ध में भगवान् नारद से कहते हैं, "हे नारद, मैं अस्वतन्त्र की भाँति भक्त के अधीन हूँ।" पुष्टि-मार्ग में भी भक्ति को ही सर्वोपरि माना है। वल्लभाचार्य जी ने 'तत्व-दीप-निबन्ध' के भागवतार्थ-प्रकरण में सब स्कन्धों और अध्यायों को प्रकरणों में विभाजित किया है और उसके भाँति-भाँति के अर्थ किये हैं। छठा स्कन्ध 'पुष्टि-स्कन्ध' बताया है और उन्होंने अपनी पुष्टि-भक्ति का सूत्र इसी स्कन्ध से ग्रहण किया है। इस स्कन्ध में १९ अध्याय हैं और प्रत्येक अध्याय में पुष्टि-मार्ग के सिद्धान्तों का किसी न किसी प्रकार से विवेचन है। प्रथम अध्याय में ही शुकदेव जी ने नौ साधनों के द्वारा मन, वाणी और शरीर के द्वारा किये गए पापों का क्षय बतलाया है, परन्तु आगे वे कहते हैं—

"भगवान् की शरण में रहने वाले भक्तजन, जो विरक्त होते हैं, भक्ति द्वारा ही अपने पापों को ऐसे भस्म कर देते हैं, जैसे कुहरे को सूर्य। पापी मनुष्य की जैसी शुद्धि भगवान् को आत्म-समर्पण करने और उनके भक्तों का सेवन करने से होती है, वैसी तपस्या आदि के द्वारा नहीं होती। संसार में यह भक्ति-पथ ही भय-रहित और कल्याण-स्वरूप है, क्योंकि इस मार्ग पर भगवत्परायण सुशील साधुभजन चलते हैं।[1] पुष्टि-भक्ति का भी यही तत्व है। अजामिल का आख्यान भागवत में भवन्नाम-महिमा से पाप-नाश होने के उदाहरण स्वरूप प्रस्तुत किया गया है।

१ भागवत ६।१।१५, १६, १७

दूसरे अध्याय में सत्संग, भगवत्-संकीर्तन आदि का फल बताया है। फिर तीसरे अध्याय में शुकदेव जी परीक्षित से कहते हैं, "हे परीक्षित, बड़ी से बड़ी पाप-वासनाओं को भी निर्मूल करने वाला प्रायश्चित्त यही है कि—भगवान् के गुणों, लीलाओं और नामों का कीर्तन किया जाय, इसी से हृदय में प्रेमरूपी भक्ति का उदय होता है और उस भक्ति से जैसी आत्म-शुद्धि होती है, वैसी चान्द्रायण आदि व्रतों से भी नहीं होती।[1]

छठे स्कन्ध में पुष्टिमार्गीय भक्ति के तत्व का निरूपण करने वाला उपाख्यान इन्द्र और वृत्रासुर का है। भगवान् की कृपा से ही इन्द्र की रक्षा हुई और दिति का गर्भ नष्ट नहीं हुआ। इस स्कन्ध के एकादश अध्याय में इन्द्र के साथ युद्ध करते हुए वृत्रासुर ने भगवान् का प्रत्यक्ष अनुभव किया और उनसे प्रार्थना की। वृत्रासुर की प्रार्थना के चार श्लोक पुष्टि-सम्प्रदाय में बड़े महत्व के हैं, क्योंकि पुष्टि-भक्ति का समग्र आधार ये चार श्लोक माने जाते हैं, जिनका साधारण अर्थ इस प्रकार है, वृत्रासुर भगवान् से प्रार्थना करते हैं—

"हे प्रभो, आप मुझ पर ऐसी कृपा कीजिए कि अनन्य भाव से आपके चरण-कमलों के आश्रित सेवकों की सेवा करने का अवसर मुझे अगले जन्म में भी प्राप्त हो। मेरा मन आपके मंगलमय गुणों का स्मरण करता रहे। मेरी वाणी उन्हीं का गान करे और मेरा शरीर आपकी सेवा में ही संलग्न रहे। मैं आपको छोड़कर स्वर्ग, ब्रह्मलोक, भूमण्डल का साम्राज्य, रसातल का एकच्छ राज्य, योग की सिद्धियाँ—यहाँ तक कि मोक्ष भी नहीं चाहता। जैसे पक्षियों के पंखहीन बच्चे अपनी माँ की बाट जोहते रहते हैं और भूखे बछड़े अपनी माँ का दूध पीने के लिए आतुर रहते हैं, और जैसे वियोगिनी पत्नी अपने प्रवासी प्रियतम से मिलने के लिए उत्कण्ठित रहती है, वैसे ही हे कमल-नयन, मेरा मन आपके दर्शन के लिये छटपटा रहा है। प्रभो मैं मुक्ति नहीं चाहता। मेरे कर्मों के फलस्वरूप मुझे बार-बार जन्म-मृत्यु के चक्कर में भटकना पड़े, इसकी परवाह नहीं, परन्तु मैं जहाँ-जहाँ जाऊँ, जिस-जिस योनि में जन्मूँ, वहाँ-वहाँ भगवान् के प्यारे भक्त-जनों से मेरी प्रेम-मैत्री बनी रहे। स्वामिन्, मैं केवल यही चाहता हूँ कि जो लोग आपकी माया से देह-गेह और स्त्री-पुत्र आदि में आसक्त हो रहे हैं, उनके साथ मेरा कभी किसी प्रकार का भी सम्बन्ध न हो।"[2]

पुष्टि-मार्ग में इन श्लोकों को भगवत्कृपा के फल बतलाने वाले कहते हैं। भगवान् की पुष्टि-लीलाओं का वर्णन इसी स्कन्ध में है। ये चार श्लोक वृत्रासुर-चतुःश्लोकी के नाम से कहे जाते हैं। इन चारों श्लोकों में पुष्टि-मार्गीय धर्म, अर्थ, काम और मोक्ष का वर्णन है। प्रथम, द्वितीय और तृतीय स्कन्ध की व्याख्या करके जब वल्लभाचार्य दशम स्कन्ध की व्याख्या करने लगे, तो उन्होंने उससे पहले श्रीमद्‌भागवत में पुष्टि-तत्व का विवेचन आवश्यक समझा। उन्होंने एक कारिका लिखी, "पुष्टिमार्गे हरेर्दास्यम्" आदि। अर्थात्—पुष्टि-मार्ग में भगवान् का दास्य ही सर्वप्रधान है। इसी कारिका के आधार पर इन चारों श्लोकों की सुबोधिनी में व्याख्या की गई है। इस सुबोधिनी पर भी श्री हरिराय जी ने तथा श्री वल्लभ गोस्वामी जी ने टिप्पणियाँ की हैं और इसी चतुःश्लोकी पर श्री पुरुषोत्तम जी का 'प्रकाश' है। चतुःश्लोकी से पहले वृत्रासुर ने इन्द्र से कहा है, "हे इन्द्र, जिस पक्ष में भगवान् श्री हरि रहते हैं—उधर ही विजय, लक्ष्मी और सारे गुण निवास करते है। जो पुरुष भगवान् से अनन्य प्रेम करते हैं, वे उनके निज-जन हैं। वे

---

१ भागवत ६। ३। ३१, ३२

२ भागवत-षष्ठ स्कन्ध, अध्याय ११, श्लोक २४ से २७

उन्हें स्वर्ग, पृथ्वी अथवा रसातल की सम्पत्तियाँ नहीं देते, क्योंकि उनसे परमानन्द की उपलब्धि तो होती ही नहीं—उलटे द्वेष, उद्वेग, अभिमान, मानसिक पीड़ा, कलह, दुःख और परिश्रम ही हाथ लगते हैं। हमारे स्वामी अपने भक्त के लिए धर्म एवं काम-सम्बन्धी प्रयास को व्यर्थ कर दिया करते हैं और सच पूछो तो इसी से भगवान् की कृपा का अनुमान होता है, क्योंकि उनका ऐसा कृपा-प्रसाद अकिंचन भक्तों के लिए ही अनुभवगम्य है, दूसरों के लिए अत्यन्त दुर्लभ है।"[1]

इसके पश्चात् वह चतुःश्लोकी है, जो पुष्टि-मार्ग की सिद्धान्त-सूचिका कही जा सकती है। इसमें हरिकृपा का फल बताया है। इन चार श्लोकों में पहले श्लोक में पुष्टि-भक्ति-मार्गीय धर्म का निरूपण है। इसमें हरिनाम-स्वरूप-स्मरण, हरिगुण कीर्तन, तथा प्रेम-सेवा—इन तीनों कर्मों की प्रार्थना की गई है और यह सूचित किया गया है कि भक्त को दास-भाव से स्वीकार करने में हरि की कृपा ही साधन है। वृत्रासुर ने इस लोक में अपना दैन्य प्रकट करके अपने को दास्य-भक्ति का उत्तराधिकारी बताया है।

दूसरे श्लोक में पुष्टि-मार्गीय अर्थ का निरूपण किया गया है। प्रकृति के सत्व, रज और तम—तीन गुण होते हैं। इसलिए इन तीनों के आधार पर लौकिक और वैदिक अर्थ तीन-तीन प्रकार के होते हैं। ये छः प्रकार के लौकिक और वैदिक ऐश्वर्य ही भगवान् के ऐश्वर्यादि छः गुण हैं। तीन लौकिक ऐश्वर्य ये हैं—सत्व-प्रधान स्वर्ग, रजोगुणवती पृथ्वी तथा तमः प्रधान रसातलादि। वैदिक ऐश्वर्य इस प्रकार हैं—शुद्ध तत्वसाध्य मोक्ष, रजोगुण साध्य ब्रह्मलोक, तथा तमोगुण साध्य योग-सिद्धि। वृत्रासुर ने इस श्लोक में छओं प्रकार के ऐश्वर्यों का निरादर किया है। ये लौकिक और वैदिक ऐश्वर्य, सुखभोग भगवान् के एक-एक गुण के बिन्दुमात्र अंश स्वरूप हैं। भगवान् सर्वात्मा हैं और ऐश्वर्यादि षड्-गुणों से पूर्ण हैं, इसलिए लौकिक और वैदिक ऐश्वर्य भगवान् के सामने हेय हैं।

तृतीय श्लोक में पुष्टि-मार्गीय काम की प्रार्थना की है। पुष्टि-मार्गीय काम का यह स्वरूप है कि मन में सदा श्रीपति के सौन्दर्य-दर्शन की इच्छा बनी रहे। यहाँ वृत्र ने तीन दृष्टान्तों से इसकी पुष्टि की है। इनमें दो दृष्टान्त लौकिक रीति से सम्बन्ध रखते हैं और तीसरा दृष्टान्त लौकिक और भक्ति-रस शास्त्रोक्त रीति से सम्बन्ध रखता है, क्योंकि तीसरा दृष्टान्त उपाधि-रहित तथा अन्याश्रय-रहित है और केवल एक शृङ्गार रस-रूप अपने प्रिय की ही कामना से सम्बन्ध रखने वाला है। यही दृष्टान्त अलौकिक प्रभुस्वरूप में घटता है। पक्षियों के पक्षहीन बच्चों का दृष्टान्त तथा भूखे बछड़ों का दृष्टान्त लौकिक काम को प्रकट करता है। परन्तु पुष्टि-मार्गीय भक्त के प्रभु शृङ्गार रस-स्वरूप हैं, इसलिए तीसरा दृष्टान्त ही प्रभुस्वरूप सम्बन्धी अलौकिक कामना का दृष्टान्त कहा जा सकता है। इसके अतिरिक्त तीसरे दृष्टान्त में एक-वचन का प्रयोग किया है, इसलिए वह भगवान् में ही घटता है। चतुर्थ श्लोक में पुष्टि-मार्गीय मोक्ष का निरूपण है। इस श्लोक में गौण और मुख्य भेद से दो प्रकार का मोक्ष बताया है। श्लोक के पूर्वार्द्ध में पुष्टि-मर्यादा-मोक्ष का अर्थ बताया गया है। इसका अन्वय वल्लभाचार्य जी ने इस प्रकार किया है।

"हे नाथ, स्वकर्मभिः संसारचक्रे भ्रमतः मम उत्तमश्लोकजनेषु सख्यं भूयात्।
आत्माऽऽत्मजदारगेहेषु आसक्तचित्तस्य मम उत्तमश्लोक जनेषु सख्यं न भूयात्।"

इस श्लोक के उत्तरार्द्ध में पुष्टि-पुष्ट मोक्ष का वर्णन है। उसका अन्वयार्थ इस प्रकार है :

---

१ भागवत—षष्ठ स्कन्ध, अध्याय ११, श्लोक २१, २२, २३

"हे नाथ, त्वन्मायया आत्माऽऽत्मजदारगेहेषु उत्तमश्लोक जनेषु आसक्तचित्तस्य मम आत्माऽऽत्मजादिषु सख्यं भूयात्। किन्तु स्वकर्मभिः संसारचक्रे भ्रमतो मम आत्माऽऽत्मजादिषु सख्यं न भूयात्।"

इस श्लोक की सुबोधिनी व्याख्या बड़ी कठिन है। इसलिए श्री हरिराय जी की टिप्पणी तथा श्री पुरुषोत्तम जी का 'प्रकाश' इस श्लोक पर विस्तार के साथ लिखे गए हैं। वल्लभाचार्य ने इन्हीं श्लोकों के आधार पर पुष्टि-मार्गीय धर्म, अर्थ, काम और मोक्ष के स्वरूप को इस कारिका में स्पष्ट किया है :

"पुष्टिमार्गं हरेर्दास्यं धर्मोऽर्थो हरिरेव हि।
कामो हरेर्दिदृक्षैव मोक्षः कृष्णस्य चेद्ध्रुवम्।।"[1]

अर्थात्—पुष्टि-मार्ग में ब्रजाधिपति श्रीकृष्ण की सर्वात्मभाव से सदा सेवा करना ही परमधर्म है, अन्य कोई धर्म कर्त्तव्य नहीं। यही धर्म है, यही काम है और यही मोक्ष है।

इसी प्रकार श्रीमद्भागवत के षष्ठ स्कन्ध में परिकर-सहित पुष्टि के स्वरूप का वर्णन किया गया है। श्रीमद्भागवत की सुबोधिनी में आचार्य वल्लभ ने भागवत की पुष्टि-मार्गीय भक्ति का विवेचन किया है और उसकी टीका उन्होंने पुष्टि-मार्ग के तत्वों का विवेचन करने के लिये ही की है। श्रीमद्भागवत की भक्ति का विवेचन हम पीछे कर चुके हैं। उस भक्ति के स्वरूप में पुष्टि-मार्ग के सभी तत्व आ जाते हैं। आगे चलकर पुष्टि-मार्ग के आचार्यों ने सम्प्रदाय के सभी सिद्धान्तों की संगति श्रीमद्भागवत से ही लगाई है और इसलिए पुष्टि-सम्प्रदाय में भागवत की बहुत मान्यता है। आचार्य जी ने 'तत्वदीप-निबन्ध' में भागवत की उपयोगिता और श्रेष्ठता पर विशेष प्रकाश डाला है।

पुष्टि-मार्गीय सेवा

पुष्टि-सम्प्रदाय में सेवा का बड़ा महत्व है और वास्तव में सेवा-विधि सम्प्रदाय की अपनी मौलिकता है। सेवा के महत्व पर वल्लभाचार्य जी ने स्थान-स्थान पर लिखा है। 'सिद्धान्त-मुक्तावली' में, जैसा कि हम पहले कह चुके हैं, आचार्य जी ने लिखा है :

"कृष्णसेवा सदा कार्या मानसी सा परामता।"[2]

अर्थात्—कृष्ण की सेवा करनी चाहिये, सेवा वह मानसी होनी चाहिये, जो परा; अर्थात्—फल स्वरूपा है। फिर दूसरे श्लोक में सेवा का स्वरूप बतलाते हुए आचार्य जी कहते हैं, कि 'चेतस्तत्प्रवणं सेवा', अर्थात्—'हरि में चित्त का पिरोना ही सेवा है।' यह सेवा तन से और धन से करनी चाहिये। इससे अहंता, ममता-स्वरूप संसार की निवृत्ति और भगवान् के माहात्म्य का ज्ञान होता है। फिर सत्रहवें श्लोक में आचार्य जी कहते हैं कि—'पुष्टि-मार्गीय भक्त को शुद्ध सेवा-भाव से युक्त होकर भगवान् के पूजोत्सवादि के स्थान पर रहना चाहिये।'[1] इस प्रकार सेवा का महत्व वल्लभाचार्य जी ने स्थान-स्थान पर दिखाया है। उनके 'सेवाफल' नामक ग्रन्थ में सेवा के तीन फल बतलाये हैं, अर्थात्—सेवा एक है, और फल तीन हैं। इसलिये सेवा के भी तीन प्रकार हैं। जो जिस प्रकार की सेवा करेगा, उसको वैसा ही फल प्राप्त होगा। वल्लभाचार्य जी लिखते हैं :

---

१ सुबोधिनी, दशम स्कन्ध

२ सिद्धान्त मुक्तावली, १

'यादृशी सेवनां प्रोक्ता तत्सिद्धो फलमुच्यते ।'[1]

सर्वोत्तम सेवा से प्रभु की अलौकिक सामर्थ्य से गौण और मुख्य सभी कामनाशादि फल प्राप्त होते हैं। मध्यम प्रकार की सेवा का फल सायुज्य है। सायुज्य के दो अर्थ हैं—१—प्रभु में ऐक्य होना, और २—प्रभु के साथ गोप-पार्षद की तरह सहयोग। तीसरे प्रकार की सेवा से अधिकार-फल की प्राप्ति होती है। सेवोपयोगी अक्षरात्मक देह को अधिकार-फल कहते हैं। सेवा के समय यदि विघ्न उपस्थित हो और लौकिक भागों में आसक्ति बनी रहे, तो उन्हें दूर करने का प्रयत्न करना चाहिये। यदि प्रयत्न करने पर भी विघ्न दूर न हो, तो समझ लेना चाहिये कि प्रभु ही हमें फल देना नहीं चाहते हैं। ऐसी अवस्था में भागवतादि का आश्रय लेकर ज्ञान-मार्ग में ही रहना श्रेयस्कर है अथवा यह समझ लेना चाहिये कि अभी प्रभु संसार में ही रखना चाहते हैं। प्रभु जिस प्रकार से रखें, उस प्रकार से रहना भक्त का धर्म है।[2]

पुष्टि-मार्गीय सेवा के विषय पर हरिराय जी ने विशेष प्रकाश डाला है। श्री हरिराय मुक्तावली में हरिराय जी लिखते हैं, "तीन प्रकार की प्रभु-सेवा में मानसी सेवा ही फल-रूपिणी है और जो निरोध-रूपा भी है तथा वह ब्रज भक्तों में दिखाई देती है।[3] हरिराय जी ने मानसी सेवा को भावात्मक माना है। शारीरिक सेवा में भक्त अपना शरीर भगवान् के लिये अर्पण करता है और वित्तजा में वह अपनी धन-सम्पत्ति को भगवान के अर्पण कर देता है, परन्तु मानसी सेवा के विषय में हरिराय जी लिखते हैं—

वाह्यास्फूर्तौ वियोगेन रसे हृदयदेशगे।
रसात्मकप्रभोस्तत्र प्रादुर्भावःस्वतो भवेत्।[4]

अर्थात्—जब भक्त के हृदय में भगवान् से मिलने की विकलता के कारण विप्रयोग उत्पन्न होता है, तब प्रभु हृदय में सम्पूर्ण लीला का अनुभव कराते हैं और फिर स्वतः ही रसात्मक प्रभु का प्रादुर्भाव हृदय में हो जाता है। इसी ग्रन्थ में हरिराय जी ने आगे लिखा है कि सेवा दो प्रकार की होती है—एक त्याग से और दूसरी अत्याग से। अत्याग वाली सेवा में भक्त धर्मानुसार अनासक्त भाव से गृहस्थाश्रम का पालन करता है और यथायोग्य प्राप्त द्रव्य से भगवान् की पूजा करता है। सेवा और पूजा; दोनों का भेद भी हरिराय जी ने स्पष्ट किया है—

सेवायां लौकिकी युक्तिस्तथा स्नेहो नियामकः।
पूजायां तु विधिः स्नेहविरुद्ध इति निश्चयः।[5]

अर्थात्—सेवा में स्नेह के साथ लौकिक युक्ति से परिचर्या होती है तथा पूजा में शास्त्रानुकूल अर्चना की जाती है इसलिए दोनों में अन्तर है। सेवा का एक अंग गुरु-सेवा भी माना गया है। हरिराय जी ने सेव्य के लक्षण बतलाए हैं कि वह भक्तिमार्ग का अनुसरण करने वाला हो, कृष्ण-सेवा-परायण हो, भागवत के तत्व को जानने वाला हो तथा दम्भ इत्यादि से रहित हो। इस प्रकार हरिराय जी ने स्वमार्गीय सेवाफल, स्वरूप-निर्णय तथा स्वमार्गीय शरण समर्पण, सेवादि-निरूपण में सेवा के स्वरूप का पूरा विवेचन किया है। श्री वल्लभाचार्य जी का सेवा-विधि पर

---

१ सेवाफल, १

२ शेनाफल, षोड्श-ग्रन्थ, रामनाथ शास्त्री

३ स्वर्गीय सेबाफल रूप निर्णय, श्रीहरिराय वाङ्मुक्तावली।

४ वही, श्लोक ५

५ वही, श्लोक ४८

कोई स्वतन्त्र ग्रन्थ प्राप्त नहीं है। सेवा-विधि की सांगोपांग व्यवस्था गोस्वामी विट्ठलनाथ जी ने ही की, उन्होंने वल्लभाचार्य जी के अन्तरंग शिष्य दामोदर हरसानी से सेवा-विधि का यथार्थ ज्ञान प्राप्त किया था। 'चौरासी वैष्णव की वार्ता' में यह बात विस्तार के साथ कही गई है। वल्लभाचार्य जी के समय में श्रीनाथ जी की सेवा का विधि-विधान बहुत साधारण था। शृंगार केवल पाग और मुकुट के द्वारा होता था। विट्ठलनाथ जी ने आठ शृंगारों की व्यवस्था की; अर्थात्—पाग, फेंटा, दुमाला, पागा, कूल्हे, सेहरा, पिटारा तथा मुकुट। इन शृङ्गारों के साथ भांति-भांति के वस्त्र और आभूषणों की भी व्यवस्था की गई और अनेक प्रकार के उत्सव भी प्रचलित हुए, जिनमें ठाकुर जी की झाँकी कराई जाती थी। भगवान् के स्वरूप के शृंगार के अतिरिक्त उनके भोग का भी विस्तार के साथ वर्णन हुआ। इसलिए अन्नकूट और छप्पन भोग जैसे उत्सव प्रचलित हुए। शृङ्गार और भोग के अतिरिक्त राग के विस्तार की भी व्यवस्था हुई। ऋतु एवं समय के अनुसार आठों झाँकियों में कीर्तन की व्यवस्था हुई, जिसके लिये उन्होंने अष्टछाप की व्यवस्था की। पुष्टि-सम्प्रदाय के प्रचार में अष्टछाप का बड़ा महत्व है। श्रीमद्भागवत के दशम स्कन्ध में लिखा है—

हे स्तोक कृष्ण हे अंशिन् श्रीदामन् सुबलार्जुन।
विशालर्षभ तेजस्विन् देवप्रस्थ वरूथप॥[1]

अर्थात्—श्रीकृष्ण के आठ प्रधान सखा थे। गोस्वामी विट्ठलनाथ जी ने अष्टछाप के आठों कवियों को ठाकुर जी के आठों सखाओं के रूप में माना और आठों झाँकियों में भगवान् की कीर्तन-सेवा करने का आदेश दिया। इन आठों कीर्तनकारों के साथ आठ-आठ झालरिया भी रहते थे। इस प्रकार पुष्टि सम्प्रदाय के साहित्य की गोस्वामी जी के काल में खूब वृद्धि हुई। अन्त समय में गोस्वामी विट्ठलनाथ जी ने श्रीकृष्ण की सात देव-मूर्तियों को जो उन्हें अपने पिताजी से सप्तनिधि के रूप में प्राप्त हुई थीं। अपने सातों पुत्रों में विभाजित कर दिया, जिन्होंने उनकी पृथक-पृथक सेवा आरम्भ की। इन्हीं सात स्वरूपों के कारण पुष्टि-सम्प्रदाय के सात गृहों अथवा सात पीठों का नामकरण हुआ है। विट्ठलनाथ जी के पश्चात् श्री गोकुलनाथ जी और श्री हरिराय जी ने सेवा पद्धति का विस्तार से लेखन किया। हरिराय जी ने सेवा-विधि पर दो महत्वपूर्ण ग्रन्थ लिखे, 'आह्निक' तथा 'भावना'। मथुरा निवासी मुखिया श्री रघुनाथ जी शिवजी ने श्री वल्लभ-सम्प्रदाय के पुष्टि-मार्गीय सातों घरों की सेवा-विधि का पूरा विवेचन 'श्री वल्लभ पुष्टि-प्रकाश' नामक ग्रन्थ में किया है। इस ग्रन्थ के चार भाग हैं और सभी प्राचीन ग्रन्थों से सहायता लेकर इसका संकलन किया गया है। संक्षेप में पुष्टि-मार्गीय सेवा-विधि का क्रम हम इस प्रकार कह सकते हैं :

१—पुष्टि-मार्ग के अनुसार सेवा के दो प्रकार हैं—नाम सेवा और स्वरूप सेवा। स्वरूप सेवा तीन प्रकार की है—तनुजा, वित्तजा और मानसी। मानसी सेवा भी दो प्रकार की है—मर्यादा-मार्गीय और पुष्टि-मार्गीय। मर्यादा-मार्गीय मानसी सेवा में शास्त्रानुकूल मर्यादा-मार्ग पर चलते हुए भक्त भगवान् श्रीकृष्ण की सेवा और आराधना करता हुआ अपनी अहंता और ममता को दूर करता है। इसमें पहले आत्म-ज्ञान की प्राप्ति आवश्यक है। पुष्टि-मार्गीय मानसी सेवा करने वाला प्रारम्भ से ही भगवान् के अनुग्रह की इच्छा करता है और शुद्ध प्रेम के द्वारा भगवान् की भक्ति करता हुआ भगवान् के अनुग्रह से ही सहज में अपने अभीष्ट को प्राप्त कर लेता है।

२—पुष्टि-सम्प्रदाय की सेवा का अभिप्राय साधारण उपासना अथवा पूजा नहीं है। साधारण उपासना में तो श्रुति, स्मृति-विहित, कर्म-काण्ड करने का प्राधान्य होता है और पुष्टि-

---

१ भागवत, दशम स्कन्ध अध्याय २२, श्लोक ३१

मार्गीय सेवा में भावना का प्राधान्य। इसलिये इस सेवा के दो स्वरूप हैं—एक क्रियात्मक और दूसरा भावात्मक। पुष्टि मार्ग में क्रियात्मक सेवा पर भी पूरा बल दिया गया है।

३—पुष्टि-मार्गीय सेवा-विधि के दो क्रम हैं—नित्य सेवा-विधि तथा वर्षोत्सव की सेवा-विधि। प्रातःकाल से शयन पर्यन्त की नित्य सेवा-विधि और विशेष अवसरों पर की वर्षोत्सव की सेवा-विधि कही जाती है। नित्य सेवा-विधि में वात्सल्य भक्ति की ही प्रधानता है और उसके लिए आठ समय बताये गए हैं—(१) मंगला, (२) शृङ्गार, (३) ग्वाल, (४) राजभोग, (५) उत्थापन, (६) भोग, (७) संध्या आरती, और (८) शयन। वर्षोत्सव की सेवा-विधि में श्रीकृष्ण के नित्य और अवतार-लीलाओं के उत्सव, छः ऋतुओं के उत्सव, लोक-व्यवहार वैदिक पर्वों के उत्सव तथा अन्य अवसरों की जयन्तियाँ सम्मिलित हैं।

४—नित्य और वर्षोत्सव; दोनों प्रकार की सेवा-विधियों के तीन मुख्य अङ्ग हैं—शृङ्गार, भोग और राग। साधरणतया मनुष्य इन्हीं तीनों संसारिक विषयों में फँसा रहता है। उनसे मुक्ति पाने लिए वल्लभाचार्य जी ने इन तीनों ही विषयों को भगवान् में लगा देने का उपदेश दिया, जिससे ये भगवान् स्वरूप हो जायँ।

५—सेवा का मौलिक रूप वल्लभाचार्य जी ने बताया था, परन्तु उसकी व्यवस्था और विस्तार गोस्वामी विट्ठलनाथ जी ने किया। पुष्टि-मार्गीय सेवा के सेव्य श्रीकृष्ण हैं और श्रीनाथ जी को साक्षात् परब्रह्म माना गया है, क्योंकि श्रीनाथ जी में भगवान् श्रीकृष्ण के गोवर्द्धनधारी स्वरूप की भावना है। वल्लभाचार्य तथा गोस्वामी विट्ठलनाथ ने भगवान् के श्री नवनीत प्रिया स्वरूप को अपना आराध्य माना। गोस्वामी विट्ठलनाथ जी के अनन्तर भागवान् कृष्ण के सात और सेव्य-रूप सम्प्रदाय में प्रचलित हुए—(१) श्री मथुरेश जी, (२) श्री विट्ठलनाथ जी, (३) श्री द्वारकाधीश जी, (४) श्री गोकुलनाथ जी, (५) गोकुल चन्द्रमा जी, (६) बालकृष्ण जी, (७) मदन मोहन जी।

६—पुष्टि-सम्प्रदाय में जमुना जी का भी बड़ा महत्व है। वल्लभाचार्य जी ने 'यमुनाष्टक' में श्री यमुना जी के स्वरूप और माहात्म्य का वर्णन किया है। श्री यमुना जी ब्रज-जनों के चतुर्थ यूथ की स्वामिनी हैं। प्रभु का जो स्वरूप और उसमें जो गुण हैं, वे ही श्री यमुना जी में माने गये हैं। वे प्रभु की परम प्रिया हैं, इसलिये यमुना जी को कृष्ण में रति बढ़ाने वाली माना गया है।

सूरदास और पुष्टि-मार्ग

हम पहले कह चुके हैं कि पुष्टि-सम्प्रदाय के दो पक्ष हैं—सिद्धान्त-पक्ष, और सेवा-पक्ष। सिद्धान्त-पक्ष में ब्रह्म, जीव, जगत्, संसार, मोक्ष आदि का विवेचन होता है। वल्लभ-सम्प्रदाय में उसे शुद्धाद्वैत-सिद्धान्त कहा गया है। सेवा-पक्ष में तीन स्वरूप माने गए हैं—गुरु-सेवा, सन्त-सेवा और प्रभु-सेवा। गुरु-सेवा और सन्त-सेवा से सम्बद्ध पद सूरसागर में बहुत हैं। गुरु की आवश्यकता सूरदास ने अनिवार्य बतलाई है और गुरु का स्थान भक्ति-धर्म में अत्यन्त उच्च माना है। गुरु-भक्ति भगवद्-भक्ति का प्रधान लक्षण है। सूर कहते हैं—

नर तैं जनम पाइ कह कीनों।

× × × ×

श्रीमद्भागवत सुनि नहिं स्रवननि गुरु गोविन्द नहिं चीनों।[1]

---

१ सूरसागर (सभा) पद ६५

जनम तौ बादिहि गयौ सिराइ।

हरि सुमरन नहिं गुरु की सेवा मधुवन वस्यौ न जाइ।[१]

सद्‌गुरु का उपदेश ही हृदय में धारण करना चाहिये, क्योंकि वह सफल भ्रम का नाशक होता है—

सतगुरु कौ उपदेश हृदय धरि, जिन भ्रम सकल निवार्‌यौ।

हरि भज विलम्ब छाड़ि सूरज सठ, ऊँचै टेरि पुकार्‌यौ।[२]

संसार में माया रूपी भुजङ्गिनी बड़ा उत्पात मचाये हुए है। इसने मनुष्यों को डसकर अपने तीक्ष्ण विष का घातक प्रभाव डाला है। कोई मंत्र काम नहीं कर सकता, केवल गुरु रूपी गारुडि कृष्ण रूपी मन्त्र के द्वारा विष को दूर कर सकता है—

अजहूँ सावधान किन होइ।

माया विषम भुजंगिनी कौ विष उतर्‌यौ नाहिन तोहि।

कृष्न सुमन्त्र जियावन भूरी, जिन जन मरत जिवायौ।

बारम्बार निकट स्रुवननि ह्वै गुरु गारुडी सुनायौ।[३]

पुरञ्जन की कथा के अन्त में सूरदास जी ने गुरु-महिमा का उल्लेख किया है और कहा है कि 'अपनापन अपने में ही प्राप्त हुआ, 'सतगुरु' ने भेद बताया तो शब्दरूप ब्रह्म का शब्द से ही उजाला हो गया।[४] इन्द्र और वृत्रासुर कथा के अनन्तर भी सूर ने गुरु-महिमा का प्रतिपादन किया है, कवि कहता है कि हरि और गुरु एक ही स्वरूप हैं और गुरु के प्रसन्न होने से हरि प्रसन्न होते हैं। गुरु के बिना सच्ची कृपा करने वाला कौन है ? गुरु भवसागर में डूबते हुए को बचाने वाला और सत्पथ का दीपक है।[५] बाल-वत्स-हरण लीला के प्रसंग में भी सूर ने गुरु के ऋण को स्वीकार किया है—

हरि-लीला अवतार पार सारद नहिं पावैं।

सतगुरु कृपा प्रसाद कछुक तातैं कहि आवैं।[६]

रास-प्रसंग में भी कवि ने गुरु के महत्व को स्वीकार किया है और जब अक्रूर को कृष्ण ने अपने अलौकिक रूप के दर्शन कराये हैं, उस समम भी कवि ने गुरु का ऋण स्वीकार किया है। इस प्रकार सूर ने गुरु-सेवा और सन्त-सेवा का, जो पुष्टि-मार्गीय सेवा के महत्वपूर्ण अंग हैं, विवेचन किया है। जहाँ तक प्रभु-सेवा का सम्बन्ध है, उसके दोनों ही रूप अर्थात्—नाम स्मरण और रूप-सेवा सूर में मिल जाते हैं। स्वरूप-सेवा के भी क्रियात्मक और भावात्मक दोनों रूप सूरसागर में पाये जाते हैं। हम पहले कह आये हैं कि बल्लभ-सम्प्रदाय में दीक्षित होने के अनन्तर सूरदास जी निरन्तर रूप से गोवर्द्धन पर श्रीनाथ जी के मन्दिर में कीर्तन करते रहे। इसलिये पुष्टि-मार्गीय सेवा का जितना विकसित रूप हमें सूर में मिलता है, उतना अन्यत्र दुर्लभ है। हमने यह भी कहा था कि पुष्टि-मार्ग में क्रियात्मक सेवा भी दो प्रकार की होती है—तनुजा और वित्तजा। भावात्मक सेवा को ही मानसी सेवा कहा गया है, जिसका उद्‌देश्य कृष्ण में ही अपने आप को पूर्णतया लगा देना है। पहले क्रियात्यक सेता होती है, जिससे ब्रह्म-भावना में दृढ़ता और मानसिक सेवा की सिद्धि होती है। गुरु-सेवा, सन्त-सेवा, आत्म-निवेदन; ये सब क्रियात्मक सेवा के

१ सूरसागर (सभा) पद ११५
२ वही, पद ३३६
३ वही, पद ३७५
४ सूरसागर (सभा) पद ४०७
५ वही, पद ४१६-४१७
६ वही, पद १११०

ही रूप हैं, क्योंकि कृष्ण-सेवा से पहले उनके गुण, स्वरूप और माहात्म्य का ज्ञान आवश्यक है, उसके लिये सेवा के इस क्रियात्मक रूप की आवश्यकता है। भक्त को गुरु और ईश्वर के प्रति अभेद बुद्धि होनी चाहिये और सूरदास की बुद्धि इस उत्कर्ष पर पहुँच चुकी थी। इसलिये अन्तकाल में चतुर्भुजदास ने कहा है—"जो सूरदास जी परमभगवदीय हैं और सूरदास जी ने श्रीठाकुर जी के लक्षावधि पद किये हैं, परन्तु सूरदास जी श्री आचार्य जी महा-प्रभु को जस-बरनन नाहीं कियो है।" इसको सुनकर सूरदास जी ने कहा है—

"जो मैं तौ सगरो जस श्री आचार्य जी को ही बरनन कियो है, जो मैं कछु न्यारो करतो। पर तैंने भी सो पूछी है, सो मैं तेरे पास कहत हौं। सो या कीर्तन के अनुसार सगरे कीर्तन है जानियौ। सो पद-राग विहागरो—

भरोसो दृढ़ इन चरनन केरो।
'श्रीवल्लभ नखचन्द छटा बिनु सब जग मांहि अँधेरो।
साधन और नहीं या कलि में, जासों होत निबेरो।
सूर कहा कहै दुविधि आँधरो बिना मोल को चेरो।"[1]

इस प्रकार सूरदास ने गोवर्द्धनधारी भगवान् कृष्ण और गुरु के स्वरूप में कोई भेद अंगीकार नहीं किया है। आत्म-निवेदन और शरणागति भी पुष्टि-सेवा के क्रियात्मक रूप हैं, जिनका वर्णन हम पहले कर चुके हैं। पुष्टि-मार्ग में नित्य सेवा-विधि और वर्षोत्सव-विधि का बड़ा महत्व है। नित्य सेवा-विधि प्रातःकाल से लेकर शयनपर्यन्त तक की होती है, जिसके आठ समय होते हैं, जिनका उल्लेख हम पहले कर आये हैं। हमने पीछे सूरसागर के दो संस्करणों का उल्लेख किया है—संग्रहात्मक तथा द्वादश स्कन्धात्मक का। आजकल जितने कीर्तन संग्रह प्राप्त हैं, वे प्रायः संग्रहात्मक रूप में मिलते हैं जिनमें अष्टछाप के कवियों के कीर्तन-पदों का संग्रह, आठों झाँकियों के क्रम से दिया है। सूरसागर का संग्रहात्मक संस्करण भी प्रायः इसी क्रम पर है, जिसकी सूची हम दूसरे प्रकरण में दे चुके हैं। सूरदास जी के लिखे हुए सेवाफल नामक एक पद का भी उल्लेख मिला है, जिसे डा० दीनदयालु गुप्त ने सूरकृत ही माना है। हम इस पद को ज्यों का त्यों उद्धृत करते हैं—

भजो गोपाल भूलि जिनि जावो, मनुषा देह को यहि है ल्हावो।
गुरु सेवा भक्ति कमाई, कृपा भई तव मन में आई।
यही देह सों सुमरो देवा, देह धारि करिए यह सेवा।
सुनो सन्त सेवा की रीति, करैं कृपा मन राखै प्रीति।
उठि कें प्रात गुरुन सिर नावे, प्रात समैं श्रीकृष्णहिं ध्यावे।
जोई फल मांगे सोई फल पावे, हरि चरणन में जो चित लावे।
जिन ठाकुर को दरसन कियो, जीवन जनम सुफल करि लियो।
जो ठाकुर की आरति करैं, तीन लोक वाके पायन परैं।
जो ठाकुर को करें प्रनाम, विष्णु लोक तिनको निजधाम।
जो हरि आगे वाद्य बजावै, तीन लोक रजधानी पावै।
जो जन हरि को ध्यान करावै, गरभ वास में कबहुँ न आवै।
जो हरि को नित करे सिंगार, ताको पूरन है अंगीकार।

१ सूरदास की वार्ता (अग्रवाल प्रेस, मथुरा) पृष्ठ ६०

जो दरपन ठाकुरहि दिखावै, चन्द सूर्य ताको सिर नावै।
जो ठाकुरहि सुतुलसी चढ़ावै, ताकी महिमा कहत न आवै।
जो कीर्तन ठाकुरहि सुनावै, ताको ठाकुर निकट बुलावै।
हरि-मन्दिर में दीपक धरै, अन्ध कूप में कबहु न मरै।
जो ठाकुर की सेज बिछावै, निज पद पाय दास सो कहावै।
पलना जो ठाकुरहि झूलावै, वैकुण्ठ सुख अपने घर लावै।
जो ठाकुरहि झुलावै डोल, नित लीला में करे कलोल।
उत्सव करि मन आरती करे, ता आधीन रहें श्री हरे।
जो ठाकुर को भोग धरावे, सदा परम नित आनन्द पावे।
जो पद दीन्ह यशोदा मात, ता सुख की कछु कही न जात।
ग्वालन सहित गोपाल जिमावें, सो ठाकुर के सखा कहावें।
जो ठाकुर को स्वाद करावे, सो ताको फल तब ही पावे।
गोवर्द्धन की लीला गावे, चरन कमल रज तब ही पावे;
श्री जमुना जल करे जो पान, जो ठाकुर के रहे सन्निधान।
जहाँ समाज वैष्णवी होवे, ताकी संगति नित प्रति जोवे।
श्रीभागवत सुनै आनन्दकरि, ताके हृदै बसें नित श्रीहरि।
जो ठाकुर को देह समर्पै, उत्तम श्रेष्ठ जानि कैं अरपै।
जिन हरि की गागर भरिआनी, तिन वैकुण्ठ अपनी स्थिति ठानी।
जो ठाकुर को मन्दिर लेपे, माया ताको कबहुं न लेपे।
जो ठाकुर को सीधो बीने; जितने तीरथ तितने कीने।
जो ठाकुर की माला पोवै, सोई परम भक्त नित होवै।
जो ठाकुर को चन्दन लावै, त्रिविध ताप संताप मिटावै।
जो ठाकुर के पात्रन धोवै, सदा सरवदा निरमल होवै।
जो हरि कीर्तन सुख सों करै, मुक्ति चारि हू पायन परै।
सेवा में जो आलस करै, कूकर ह्वै के फिर फिर मरै।
मनसा जो सेवा आचरै, तब ही सेवा पूरी परै।
सेवा कौ आश्रय करि रहै, दुःख-सुख वचन सब के सहै।
जो सेवा में आलस लावै, सो जड़ जनम प्रेत को पावै।
वेद पुरानन में यों भाख्यौ, सेवा-रस ब्रजगोपिन चाख्यौ।
सेवा की यह अद्भुत रीति, श्रीविट्ठलेश सों राखो प्रीति।
श्री आचार्य प्रभु प्रकट बनाई, कृपा भई तब मन में आई।
सेवा को फल कह्यौ न जाई, सुख सुमेर श्री वल्लभराई।
सेवा को फल सेवा पावै, सूरदास प्रभु हृदै समावै।[1]

इस पद में सूरदास जी ने क्रियात्मक, भावनात्मक और भावात्मक; दोनों ही सेवाओं का उल्लेख किया है और क्रियात्मक सेवा को मानसिक सेवा का साधन माना है तथा मानसिक सेवा का फल मानसिक सेवा ही है।

1 नाथद्वार, निज पुस्तकालय की पोथी नं० ४६। ५
तथा कांकरोली विद्या-विभाग की पोथी नं० ४२। १० सूरदासकृत सेवाफल

जिन आठों झाँकियों का हमने ऊपर उल्लेख किया है, उनका 'वल्लभ-पुष्टि-प्रकाश' में विस्तार के साथ विवेचन हुआ है। मंगला-झाँकी में गुरुस्मरण तथा वन्दना आदि के पश्चात्, भगवान् श्रीकृष्ण के स्वरूप को जगाया जाता है, फिर उनको कलेऊ कराया जाता है, जिसे मंगल-भोग कहते हैं। अनन्तर मंगला आरती होती है। यशोदा जी की भावनाओं से भावित होकर ये सब क्रियाएँ की जाती हैं। 'वल्लभ-पुष्टि-प्रकाश' ग्रन्थ में ऋतु के अनुकूल वस्त्र और सामग्री आदि का भी वर्णन है।

शृङ्गार की झाँकी में मंगला आरती के अनन्तर भगवान् के स्वरूप को उष्ण जल से स्नान कराया जाता है और फिर तैलादि लगाकर वस्त्र-आभरण आदि से स्वरूप को सुसज्जित किया जा सकता है, जिसके अनन्तर शृङ्गार-भोग होता है।

उसके पश्चात् ग्वाल-भाव से घैया अरोगाई जाती है, जैसा कि 'वल्लभ-पुष्टि-प्रकाश' में लिखा है, "पाछे पूर्वोक्त रीति सों ग्वाल की घैया की तवकढ़ी अरोगाय के डबरा धरके सद्यः फेन समर्पिये।"[1]

ग्वाल के अनन्तर राजभोग की झाँकी है। शीतकाल में भगवान् कृष्ण नन्दादिक के साथ घर में भोजन करते हैं और उष्ण काल में यशोदा वन में भोजन-सामग्री भेजती हैं, जिसे छाक भी कहते हैं। इनके अनन्तर राज-भोग आरती है।

छः घड़ी दिन रहे जब प्रभु को जगाया जाता है, तो उसे उत्थापन कहते हैं तथा जगाने के अनन्तर जब फल-फूलादि का भोग आता है, तब वह भोग की झाँकी होती है। संध्या आरती की झाँकी में वन से गौओं को लेकर श्रीकृष्ण घर आते हैं। इसके अनन्तर आठवीं झाँकी शयन की है। पहले व्यास-शयन-भोग आता है, फिर दर्शन आरती होती है और इसके पश्चात् श्रीकृष्ण को पौढ़ाया जाता है। सूरदास जी ने इन आठों समय की झाँकियों को आधार मानकर अनेक भेद लिखे हैं और सूरसागर का संग्रहात्मक संस्करण तथा नित्य-कीर्तन के संग्रह इस प्रकार के पदों के भण्डार हैं।

नित्य सेवा-विधि की भाँति वर्षोत्सव-विधि भी पुष्टि-मार्ग में मान्य है। वर्षोत्सवों का क्रम हम पीछे दे चुके हैं। वर्षोत्सव-विधि पर भी सूरदास के अनेक पद हैं। सूरसागर में राम, नृसिंह और वामन-जयन्तियों का पूरा-पूरा वर्णन है।

पुष्टि-मार्गीय सेवा के तीन अंग हैं। भोग, राग और शृङ्गार। भोग का अभिप्राय यह है कि खान-पान आदि के उत्तम-उत्तम पदार्थ तैयार करके विधि-पूर्वक श्रीकृष्ण को समर्पित करना। भोग के अनन्तर वह पदार्थ प्रसाद हो जाता है। वल्लभाचार्य ने श्रीमद्भागवत के आधार पर ही इन अंगों को महत्ता दी है और इन अंगों से व्याप्त जीवन के सब क्रिया-कलापों को भगवान् को समर्पित कराया है, जिससे वे भगवद्भक्त हो जाते हैं। श्रीमद्भागवत में लिखा है—

> कामं क्रोधं भयं स्नेहमैक्यं सौहृदमेव च।
> नित्यं हरो विदधतो यान्ति तन्मयतां हिते।[2]

अर्थात्—काम, क्रोध, भय, स्नेह, ऐक्य, सौहार्द; इनमें से कोई भाव यदि हरि के साथ लगाया जाय तो वह लौकिक रूप छोड़कर ईश्वरमय हो जाता है। सूर ने भोग की विविध सामग्रियों और प्रकार का विशद विवेचन किया है। सूरसागर के पद १०१४ में इन सामग्रियों की एक सूची दी हुई है।

---

१ वल्लभ-पुष्टि-प्रकाश (वेंकटेश्वर प्रेस) पृष्ठ ५४

२ श्रीमद्भागवत, १०।२९।१५

भोग की भाँति राग संगीत, जो कीर्तन-भक्ति का मुख्य अंग है, सूरदास में अद्वितीय है। अपने सूरसागर में उन्होंने अनेक राग-रागनियों का प्रयोग किया है। 'सूरसारावली' में तो रागों की एक सूची ही दी गई है, जिसमें ललित, पंचम, षट्, मालकोस, मेघमालव, सारंग, नट, भूपाली आदि ३८ राग गिनाये हैं।

हम पहले संकेत कर आये हैं कि गोस्वामी विट्ठलनाथ जी ने भगवान् के आठ श्रृङ्गारों की कल्पना की है, परन्तु वे आठों श्रृङ्गार भगवान् के मस्तक के हैं। कण्ठ, हस्त, कटि, चरण और मुखादि अंगों की भी कल्पना की गई। श्रृङ्गारों के अतिरिक्त सम्प्रदाय में वस्त्रों का भी वर्णन है। सूरसागर में भगवान् कृष्ण के आठों श्रृंगारों से सम्बन्ध रखने वाले पद मिलते हैं। कुछ पद सामूहिक श्रृङ्गारों के भी हैं। निम्नलिखित पद उदाहरण रूप में प्रस्तुत किया जा सकता है :

> एक हार मोहि कहा दिखावति।
> नख-सिख लौं अंग-अंग निहारहु, ये सब कतहिं दुरावति।
> मोतिनि माल जराइ कौ टीको, करनफूल नकबेसरि।
> कंठसिरी दुलरी तिलरी तर, और हार इक नौसरि।
> सुभग हमेल कटाव की अँगिया, नगिन जरित की चौकी।
> बहुंटा कर-कंकन बाजूबन्द, एते पर है तौकी।
> छुद्र घँटिका पद नेपुर जेहरि, पग बिछिया सब लेखौ।
> सहज अंग शोभा सब न्यारी, कहत सूर ये देखौ ॥[1]

पुष्टि-मार्ग की क्रियात्मक सेवा में सदाचार का भी महत्व है। सूर के पदों में स्थान-स्थान पर सत्संगति और सदाचार का वर्णन मिलता है। जहाँ कवि ने गुरु-सेवा और सत्संगति की महिमा का वर्णन किया है, वहाँ सदाचार का महत्व भी बताया है। शुद्धाचरण के बिना हरि की भक्ति सम्भव नहीं, इसलिये कवि ने विधि-निषेध में सदाचार का उपदेश दिया है। किन्तु विधि-निषेधमयी शिक्षाओं को सूर साधना-पथ की शिक्षाएँ मानते हैं, इसलिये वे भगवत्कृपा को सदाचार से अधिक महत्व देते हैं। यही कारण है कि दशम स्कन्ध में जहाँ कवि ने कृष्ण और गोपियों के रति-व्यापारों का वर्णन किया है, वहाँ ऐसा प्रतीत होता है कि मानो सूरदास जी ने सदाचार की ओर से आँखें मूंद ली हैं, परन्तु प्रेम भक्ति-रस-विभोर भावुक भक्त का हृदय यह कभी नहीं मान सकता। भक्त का व्यापक उद्देश्य भक्ति को ही साध्य मानना है, साधनों को साध्य नहीं। हम यह भी बता चुके हैं कि दशम स्कन्ध में कवि का भक्ति-विषयक दृष्टिकोण परिवर्तित-सा दिखाई देता है, और इसलिये सदाचार आदि का जितना विवेचन सूर ने विनय के पदों या पहले स्कन्धों में किया है, उतना दशम स्कन्ध में नहीं। फिर भी पुष्टि-मार्गीय परम्परा के अनुकूल उन्होंने सदाचार-तत्व को अपनाया है। मनःकामना को जीते बिना सूरदास जी योग, यज्ञ, व्रत आदि को व्यर्थ मानते हैं और स्नान, तीर्थ, भजन और प्राणायाम को निरर्थक। अष्टांग योग आदि का खण्डन भी सूरदास ने सदाचार के आधार पर किया है।[2] वे कहते हैं, "मनुष्य के लिये कटु-वचन पर-निन्दा, कुसंग, पाप से धन-सञ्चय, गुरु, ब्राह्मण, सन्त, सुजन का संग न करना, भगवद्भजन न करना और पर-पीडन करना, कुटुम्ब-सहित डूबने के कारण हैं।[3] नहुष और इन्द्र-अहिल्या की

---

१ सूरसागर (ना० प्र० स०) २१५८

२ सूरसागर, (सभा) पद ३६२, ३६३, ३६४

३ वही, पद ३५८

कथाओं में उन्होंने पर-स्त्री-प्रेम का दुष्परिणाम दिखाया है तथा सदाचार की शिक्षा दी है।[1] मोहिनी रूप वाले प्रसंग तथा राजा पुरुरवा के वैराग्य की कथा में भी सूरदास जी ने नारी कुसंग की निन्दा की है, फिर राजा अम्बरीष की कथा में भक्त के सदाचारपूर्ण कार्य-क्रम का उल्लेख किया है।[2] दशम स्कन्ध में सदाचार का उपदेश नगण्य-सा है। जहाँ कहीं श्रीकृष्ण ने गोपियों को सदाचार-पूर्ण मर्यादा-मार्ग अनुसरण करने का उपदेश दिया है, वहाँ उन्हें मुँह की खानी पड़ी है। गोपियाँ मर्यादा-मार्ग का प्रत्याख्यान करती हैं और दीनता पूर्वक भक्ति-भाव से कृष्ण की कृपा की याचना करती हैं। वास्तव में गोपियों द्वारा सूर ने भक्ति की अनन्यता एवं चरम-उत्कर्ष का प्रदर्शन कराके यह सिद्ध किया है कि भक्ति पाप-पुण्य की परिभाषाओं से परे है। कर्तव्य और अकर्तव्य का ध्यान तभी तक आवश्यक है, जब तक कि भक्ति की पूर्ण-आत्म-समर्पण वाली स्थिति प्राप्त नहीं होती। दशम स्कन्ध में सूरदास जी ने भक्ति की इसी पूर्ण स्थिति की ओर संकेत किया है। यही कारण है कि कृष्ण ने पातिव्रत-धर्म की ओर गोपियों का ध्यान आकर्षित करके उनकी परीक्षा ली और जब उन्हें उत्तीर्ण समझा, तभी उनके साथ रासलीला की। इसलिये गोपियों का जो सदाचार-अतिक्रमण दशम स्कन्ध में मिलता है, उसे हम सामान्य दृष्टि से नहीं देख सकते।

पुष्टि-मार्गीय भक्ति में प्रभु-सेवा से सम्बन्ध रखने वाले और भी कई अङ्ग हैं। हरिनाम-स्मरण का विवेचन पीछे हो चुका है। अनन्याश्रयत्व और भगवान् की भक्तवत्सलता भी इसी के अङ्ग हैं। भगवान् की भक्तवत्सलता का वर्णन गत पृष्ठों में हो चुका है। सत्संग का महत्व भी सूर की भक्ति-साधना में बताया जा चुका है। जहाँ तक अनन्याश्रयता का सम्बन्ध है, सूरदास जी अनन्य भाव से श्रीकृष्ण के उपासक थे। यद्यपि उनकी आस्था भगवान् के सभी लीलावतारों तथा देवों में थी, और उन्होंने कृष्ण के अतिरिक्त राम, नृसिंह और वामन आदि अवतारों का भी गुणगान किया है, तथापि उनका पूर्ण आत्म-समर्पण कृष्ण के प्रति ही हुआ है। उनके अनन्याश्रय के भाव को प्रकट करने वाले पदों में से हम केवल दो उदाहरण प्रस्तुत करते हैं—

मेरो मन अनत कहाँ सुख पावै।
जैसे उड़ि जहाज को पंछी, फिर जहाज पै आवै।
कमल नैन को छाँड़ि महातम और देव को धावै।
परम गंग को छाँड़ि पियासो दुर्मति कूप खनावै।
जिन मधुकर अम्बुज-रस चाख्यो क्यों करील फल खावै।
सूरदास प्रभु कामधेनु तजि छेरी कौन दुहावै?[3]

तथा—

मन में रह्यो नाहिन ठौर।
श्री नन्द-नन्दन अछत कैसे आनिये उर और।
चलत चितवत और जागत सपने सोवत राति।
हृदय से वह मदन-मूरति छिन न इत उत जाति।
कहत कथा अनेक ऊधो लोग लोभ दिखाय।
कहा करौं मन प्रेम पूरन, घट न सिन्धु समाय।

---

१ सूरसागर (सभा) पद ४१८-४१९
२ वही, पद ४४८
३ वही, पद १६८

स्याम गात सरोज आनन ललित मृदु मुख हास।
सूर उनके दरस कारन, मरत लोचन प्यास।[1]

पुष्टि-मार्गीय भक्ति में श्री वल्लभाचार्य और विट्ठलनाथ जी ने जाति-पाँति का कोई भेद नहीं रखा था। सूरदास जी ने भी अनेक पदों में ऐसे भाव प्रकट किये हैं कि भगवान् की भक्ति का द्वार सब के लिये उन्मुक्त है। यहाँ छोटे-बड़े, स्त्री-पुरुष और जाति-पाँति का कोई ध्यान नहीं। श्रीपति के दरबार में कोई जाति-पाँति नहीं पूछता। वे तो ऐसे पारस पत्थर हैं, जिनके स्पर्श से लोहे का खोट मिट जाता है। वे तो भाव के ग्राहक हैं।

सूरदास के पदों में दीनता भी स्थान-स्थान पर प्रदर्शित की गई है। पुष्टिमार्ग में हरि को सन्तुष्ट करने का एकमात्र उपाय दीनता है। सूरदास जी के विनय के पदों में दैन्यभाव का निर्मल स्रोत बहाने वाले अनेक पद हैं।

क्रियात्मक सेवा के पश्चात् भावनात्मक मानसी सेवा का प्रारम्भ होता है। इसका प्रारम्भ समर्पण क्रिया के पश्चात् मानना चाहिये, क्योंकि इसकी सिद्धि तनुजा और वित्तजा सेवा द्वारा एकादश इन्द्रियों और मन के विनियोग होने के अनन्तर हो सकती है। इसमें विशुद्ध प्रेम की प्रधानता है, इसलिये इसका नाम प्रेम-लक्षणा-भक्ति, निर्गुणा-भक्ति, परा-भक्ति या शुद्ध-पुष्टि कहा गया है। गोपियाँ विशुद्ध प्रेम की प्रतीक हैं। इस प्रेम-भक्ति में आत्म-निवेदन के द्वारा ब्रह्म-सम्बन्ध कराया जाता है और फिर भक्त के लिए भगवान् के अतिरिक्त कुछ नहीं रहता इसलिए, सम्बन्ध-स्थापन, आत्म-निवेदन और शरण-गमन—इन तीनों के एकीकरण को ब्रह्म-सम्बन्ध कहा गया है। हम पहले कह आये हैं कि नवधा-भक्ति प्रेमलक्षण-भक्ति में साधन है तथा प्रेम की सिद्धि विरह से होती है, क्योंकि विरह में भक्ति की अनन्यता की पुष्टि हो जाती है। सूरदास जी ने नवधा-भक्ति का जो विवेचन किया है, उसका वर्णन हम पीछे कर चुके हैं। इनका विरह-वर्णन भी हिन्दी-साहित्य में बेजोड़ है।

पुष्टि-मार्ग में जो तीन अवस्थाएँ मानी गई हैं, उनका वर्णन भी सूरदास के पदों में मिलता है। वे तीन अवस्थायें हैं—स्वरूपासक्ति, लीलासक्ति और भावासक्ति। भावासक्ति और स्वरूपासक्ति का विवेचन हम ग्यारह आसक्तियों में कर चुके हैं। लीलासक्ति का अभिप्राय कवि के उन लीला-वर्णनों से है, जिनमें कवि ने अपनी पूरी तल्लीनता दिखलाई है। वास्तव में सारा सूरसागर भगवान् के लीला-सम्बन्धी पदों का संग्रह है। सूरदास जी को वल्लभाचार्य जी ने लीला पद गाने का उपदेश दिया और उन्होंने नन्दालय से लेकर भगवान् की सारी ब्रज-लीलाओं का वर्णन किया है। भगवान् कृष्ण की विविध लीलायें भक्त की तन्मयता के सुलभ और स्वाभाविक साधन हैं, जिनमें इन्द्रियों की वृत्तियाँ केन्द्रीभूत हो जाती हैं। सूरदास की गोपियाँ आदर्श भक्त हैं और कृष्ण के रूप-माधुर्य तथा उनकी विविध लीलाओं का वर्णन, उनके काव्य का प्रधान विषय है। भगवान् के लीलाधाम में सूर की इतनी आसक्ति है कि उसे छोड़कर अन्यत्र नहीं जाना चाहते और वास्तव में वे ब्रजधाम को छोड़कर अन्यत्र कहीं नहीं गए।

जहाँ तक सूर की भक्ति का सम्बन्ध है, उसके विविध अंगों पर हम पिछले प्रकरण में प्रकाश डाल चुके हैं। इस प्रकार सूर में पुष्टि-मार्गीय भक्ति के प्रायः सभी तत्व मिल जाते हैं, यद्यपि सूरसागर में स्पष्ट रूप से पुष्टि-मार्ग का उल्लेख नहीं है। द्वारिकादास परीख ने अपने 'सूर निर्णय' नामक ग्रन्थ में लिखा है—

---

१ सूरसागर (सभा) पद ४३५०

"सूरदास जी की प्रायः समस्त रचनायें पुष्टि-मार्गीय सिद्धान्तों के अनुकूल हैं। ऐसा होने पर भी कुछ विद्वानों ने आश्चर्यपूर्वक लिखा है कि सूरदास ने पुष्टि-मार्ग का प्रत्यक्ष उल्लेख नहीं किया है। हिन्दी-साहित्य के अनेक विद्वानों ने सूरदास की रचनाओं का भली-भाँति अध्ययन नहीं किया है, इसलिए उनका सूरदास-विषयक मत कभी-कभी भ्रमात्मक हो जाता है।"[1]

सूर-निर्णय के लेखकों ने सूरदास के एसे पदों को उद्धृत भी लिखा है, जिनमें पुष्टि-मार्ग का स्पष्ट उल्लेख है। उनमें से एक पद नीचे दिया जाता है—

हरि मैं तुम सों कहा दुराऊँ।
जानत की पुष्टि पंथ मोसो कहि-कहि प्रगटाऊँ।
मारग-रीति उदर के काजें सीख सकल भरमाऊँ।
अति आचार चारु सेवा करि नीके करि-करि पंच रिझाऊँ।[2]

लेखक महोदयों ने इस प्रकार के उदाहरण देकर यह सिद्ध करने की चेष्टा की है कि सूरदास जी ने अपनी रचनाओं में पुष्टि-मार्ग का प्रत्यक्ष उल्लेख किया है तथा यह भी सिद्ध करने की चेष्टा की है कि सूरदास की समस्त रचनायें पुष्टि-मार्ग के सिद्धान्त के अनुकूल हैं। हम उनकी बातों से सहमत नहीं हैं। सूरदास जी के जो उद्धरण उन्होंने दिये हैं, उनके हम सूरदास जी के होने में ही सन्देह करते हैं। दूसरे, सूरदास जो को पुष्टि-मार्ग का प्रत्यक्ष उल्लेख अपनी रचनाओं में करने की आवश्यकता भी नहीं थी। पुष्टि-मार्गीय सेवा उनका परम धाम था और उनका जीवन स्वयं पुष्टि-मार्ग की व्याख्या था। इसलिये उनकी रचनाओं में पुष्टि-मार्ग का उल्लेख होने अथवा न होने से अन्तर नहीं पड़ता। जहाँ तक रचनाओं का प्रश्न है, हमें यह मानना ही पड़ेगा कि उनकी बहुत सी रचनायें पुष्टि-मार्ग में दीक्षित होने से पहले की भी हैं; परन्तु इसमें कोई सन्देह नहीं कि सूरदास जी की रचनाओं में सभी पुष्टि-मार्गीय तत्व आ गये हैं। श्रीनाथ जी, नवनीत प्रिय जी और मथुरेश जी, जो पुष्टि-मार्ग के प्रधान स्वरूप हैं, सभी का वर्णन सूर की रचनाओं में मिल जाता है। इस प्रकार सूरदास जी पुष्टि-मार्ग के स्तम्भ कहे जा सकते हैं। 'वार्ता साहित्य' में हमें इस बात का साक्ष्य मिल जाता है कि सम्प्रदाय में सूरदास जी की बड़ी मान्यता थी। वे 'अष्टसखान' में से एक थे, अष्टछाप के आठों महानुभाव श्रीनाथ जी के अन्तरंग सखा माने गये हैं, जो उनकी नित्य-लीला में सदा उनके साथ रहते हैं। पुष्टि-सम्प्रदाय में ऐसी मान्यता है कि जब संवत् १५३५ में श्रीनाथ जी का प्राकट्य हुआ, तभी से सखा भी उनकी सेवा करने के लिए भूतल पर प्रकट हुए। श्री हरिराय जी ने 'अष्टसखान वार्ता पर 'भाव-प्रकाश' नामक टिप्पणी लिखी है, जिसमें उन्होंने अष्टसखान के साम्प्रदायिक महत्व का विवेचन किया है। 'अष्टछाप-परिचय' में इस विषय में यह लिखा है :

"गिरिराज तलहटी नित्य-लीला भूमि है। यहाँ श्रीनाथ जी स्वामिनी-सहित नित्य-लीला करते हैं और ये आठों सखा उनकी लीलाओं में आठों पहर उनके साथ रहते है। अष्ट सखाओं के लीलात्मक स्वरूपों की दो प्रकार की स्थिति है, वे दिन में ठाकुर जी के सखा रूप से उनकी वन-लीला का सुख प्राप्त करते हैं और रात में स्वामिनी जी की सखा रूप से निकुञ्ज लीला के सुख का अनुभव करते हैं। गिरिराज नित्य निकुंज के आठ द्वार हैं और अष्टछाप के आठों सखा इनके अधिकारी हैं। वे इन द्वारों पर रहते हुए ठाकुर जी की सेवा सदैव करते रहते हैं। लौकिक लीलाओं

१ सूर-निर्णय (अग्रवाल प्रेस, मथुरा) पृष्ठ १६६

२ सूर-निर्णय से उद्धृत।

में ये भौतिक शरीर से उन द्वारों पर स्थित रहते हैं और लौकिक लीला की समाप्ति पर अपने भौतिक शरीर को त्यागकर अलौकिक रूप से नित्य-लीला में विराजमान रहते हैं। पुष्टि-सम्प्रदाय की भावना के अनुसार अष्टछाप की लीलाओं का उभय स्वरूप, उनकी लीलासक्ति और उनके अधिकृत द्वारों का विवरण इस प्रकार है :

सं०	अष्ट-सखा	लीलात्मक रूप	लीलासक्ति	अधिकृत द्वार
१	कुम्भनदास अर्जुनसखा,	विशाखा सखी	निकुंज-लीला	आन्योर
२	सूरदास कृष्णसखा;	चंपकलता सखी	मान-लीला	चन्द्र सरोवर
३	परमानंददास लोकसखा,	चन्द्रभागा सखी	बाल-लीला	सुरभि कुण्ड
४	कृष्णदास ऋषभसखा,	ललित सखी	रास-लीला	बिलछू कुण्ड
५	गोविन्द स्वामी श्रीदामा सखा,	भामा सखी	आँख मिचौनी	कदम खण्ड
६	छीतस्वामी सुबल सखा,	पद्मा सखी	जन्म लीला	अप्सरा कुण्ड
७	चतुर्भुजदास विशाला सखा,	विमला सखी	अन्नकूट लीला	रुद्रकूट
८	नन्ददास भोजसखा,	चन्द्ररेखा सखी	किशोर लीला	मानसी गंगा[1]

पुष्टि-सम्प्रदाय के ये आठों महानुभाव दैवी जीव माने जाते हैं। वार्त्ता से यही ज्ञात होता है कि उनको श्रीनाथ जी का साक्षात्कार भी प्राप्त था। उत्थापन-झांकी के प्रमुख कीर्तनकार सूरदास जी थे। उनका इन सब सखाओं में विशेष महत्व है। साहित्य और कला की दृष्टि से परमानन्द स्वामी और सूरदास जी को सम्प्रदाय में सागर बताया गया है, परन्तु अष्टछाप का वास्तविक गौरव सूरदास के कारण ही है। गोस्वामी विट्ठलनाथ जी ने सूरदास को पुष्टि-मार्ग का जहाज बताया है। सूरदास की वार्त्ता में लिखा है :

"सो तब श्री गुसाईं जी आप श्रीमुख सों सगरे वैष्णवन सों आज्ञा किये—जो पुष्टि मारग को जहाज जात है, जो जाको कछु लेनों होइ सो लेउ और उहाँ जायके सूरदास जी को देखो।"[2]

हरिराय जी की भावना के अनुकूल जहाज का आशय यह है कि जिस प्रकार किसी जहाज में कोई व्यापारी व्यापार के लिए अनेक वस्तुओं को भरता है, उसी प्रकार सूरदास जी के हृदय में नाना प्रकार की अलौकिक वस्तुएँ भरी हैं। श्री चतुर्भुजदास जी ने अन्त समय में सूरदास जी से पूछा है :

"जो सूरदास जी तुम बिन अलौकिक भाव कौन दिखावै, जो अब थोरे में श्री आचार्य जी को यह पुष्टि-मारग है ताको सरूप सुनावो, सो कौन प्रकार सों पुष्टि-मारग के रस की अनुभव करियै। वा समय सूरदास जी ने यह पद गायो। सो पद

राग सारंग

भज सखि भाव भावकि देव।
कोटि साधन करौ कोऊ, तौऊ न मानै सेव।
धूमकेतु कुमार माग्यो, कौन मारग प्रीति।
पुरुष ते तिय भाव उपज्यो, सबै उलटी रीति।
वसन भूषन पलटि पहर, भाव सों संजोय।
उलटि मुद्रा दई अङ्कन, वरन सूवे होय।

१ अष्ठ छाप-परिचय (अग्रवाल प्रेस, मथुरा) पृष्ठ ३८, ६६

२ सूरदास की वार्त्ता प्रसङ्ग ११ (अग्रवाल प्रेस, मथुरा)

वेद विधि को नेम नहि, जहाँ प्रेम की पहिचान।
ब्रज बधू बस कियो मोहन, सूर चतुर सुजान।
सो पद सूरदास जी ने सारे वैष्णवन को सुनायो।[१]

अन्तकाल में गुसाईं विट्ठलनाथ जी ने स्वयं सूरदास जी से पूछा, "हे सूरदास जी, इस समय आपकी चित्तवृत्ति कहाँ है ?" उस समय सूरदास जी ने ये पद गाये :

राग विहागरौ

बलि-बलि हौं कुंवरि राधिका, नन्द सुवन जासों रति मानी।
वे अति चतुर तुम चतुर सिरोमनि, प्रीत करी कैसे रही छानी।
वै जु धरति तन कनक पीतपट, सो तौ सब तेरी गति ठानी।
ते पुनि स्याम सहज वे शोभा, अम्बर मिस अपने उर आनी।
पुलकित अङ्ग अब ही ह्वै आयौ, निरखि देखि निज देह सयानी।
सूर सुजान सखी कं बूझै, प्रेम प्रकास भयो विहसानी।

तथा

राग विहागरी

खञ्जन नैन रूपरस माते।
अतिसै चारु चपल अनियारे, पल पिंजरा न समाते।
चलि-चलि जात निकट स्रवननि के, उलट-पलटि ताटंक फँदाते।
सूरदास अञ्जन गुन अटके, नतर अबहि उड़ि जाते।[२]

इन पदों के गाने के अनन्तर सूरदास जी ने युगल स्वरूप का ध्यान करके इस लौकिक शरीर को छोड़ दिया। इस प्रकार सूरदास जी की वार्त्ता के अन्त में लिखा है :—

"या प्रकार सूरदास जी मानसी सेवा में सदा मगन रहते। तातें इनके माथे श्री आचार्य जी ने भगवत्सेवा नांहीं पधराये। सो कहे तें जी सूरदास को मानसी सेवा में फल रूप अनुभव है। सो ये सदा लीला-रस में मगन रहत हैं।"[३]

सूरदास जी की वार्ता में दैन्य और परोपकार का बड़ा महत्व बताया है और अन्तः साक्ष्य और वाह्य-साक्ष्य से स्वतः ही सिद्ध हो जाता है कि सूरदास जी में पुष्टि-मार्ग के सभी तत्व विद्यमान थे और उन्होंने अपने गुरु वल्लभाचार्य जी के वचनों का अनुसरण करके उनकी भक्ति-भावना को स्पष्ट करने के लिए अधिकांश पदों की रचना की।

पुष्टि-मार्गीय तत्वों की दृष्टि से श्रीमद्भागवत को सूरसागर की तुलना में नहीं रखा जा सकता। यह बात अवश्य है कि वल्लभाचार्य जी ने पुष्टि-मार्गीय भक्ति का सूत्र श्रीमद्भागवत से ही ग्रहण किया था और भागवत के दस लक्षणों को बताते हुए भागवतकार ने 'पोषणं तदनुग्रहः' कहा भी है। इस अनुग्रह का वर्णन, जैसा कि हम पहले कह चुके हैं, विशेष रूप से भागवत के छठे स्कन्ध में हुआ है। इसलिए इस स्कन्ध का पुष्टि-सम्प्रदाय में विशेष महत्व है। पुष्टि-सम्प्रदाय के सभी तत्व भागवत में मिल जाते हैं, परन्तु उनका स्वरूप इस प्रकार साम्प्रदायिक नहीं है, जैसा कि वल्लभ-सम्प्रदाय में। भागवत की भक्ति का विवेचन करते हुए हमने प्रायः उन सभी तत्वों का

१ सूरदास की वार्त्ता प्रसङ्ग ११ (अग्रवाल प्रेस, मथुरा)
२ वही ११ (अग्रवाल प्रेस, मथुरा) पृष्ठ ६३, ६४
३ वही पृष्ठ ६५

विवेचन किया है, जो पुष्टि-मार्ग में गिनाये गये हैं। पुष्टि-मार्ग में भागवत की भाँति भगवान् श्रीकृष्ण को ही सेव्य माना है। अन्तर केवल इतना है कि पुष्टि-मार्ग में भगवान् कृष्ण के संयोग-वियोगात्मक-शृंगार-रसरूप को महत्व प्रदान किया गया है और यशोदोत्संग-लालित श्रीकृष्ण पुष्टि-मार्गीय भक्त के आराध्य देव माने गये हैं। पुष्टि-मार्ग में इन्हीं स्वरूपों की सिद्धि पूर्णतया की गई है और श्री स्वामी जी को रमण का मुख्य साधन माना है तथा उनके अनन्तर उनकी सखियों को। शृंगार-रस की उद्दीपन-सामग्री वृन्दावन-गोवर्द्धन, यमुना तट आदि को माना है। पुष्टि-मार्ग में सारस्वत-कल्प की लीला का महत्व दिया है, क्योंकि कहा जाता है कि सारस्वत कल्प में ही श्रीकृष्ण का पूर्णावतार था। श्रीकृष्ण ने अर्जुन को गीता का उपदेश श्वेत वाराह-कल्प में दिया था। उस कल्प में पुरुषोत्तम का आविर्भाव संकर्षण व्यूह में माना गया है। सारस्वत कल्प की लीला को पुष्टि-मार्ग के अनुकुल भागवत में माना गया है और पुष्टि-मार्ग की उत्पत्ति श्रीमद्-भगवद्गीता और श्रीमद्भागवत से मानी है। यह पुष्टि-मार्ग फलरूप है। 'तत्वार्थदीप-निबन्ध' के भागवतार्थ-प्रकरण' में वल्लभाचार्य ने अलग-अलग प्रकरण मानकर भागवत की व्याख्या की है।

पुष्टि-मार्ग की स्वरूप-भावना, लीला-भावना तथा भाव-भावना—तीनों भावनाओं की संगति श्रीमद्भागवत से लगाई गई है। स्वरूप-भावना का अर्थ स्वरूप-स्थिति-भावना है। श्री जी स्वरूपात्मक और श्रीमद्भागवत पुस्तक लीलात्मक मानी गई है। भागवत के प्रथम और द्वितीय स्कन्ध दो चरणारविन्द, तृतीय और चतुर्थ स्कन्ध दो ऊरु, पंचम और षष्ठ स्कन्ध दो जंघाएँ, सप्तम स्कन्ध दक्षिण हस्त, अष्टम और नवम स्कन्ध दोनों स्तन, दशम स्कन्ध हृदय, एकादश स्कन्ध मस्तक, द्वादश स्कन्ध वाम हस्त तथा श्री जी दक्षिण हाथ की मुट्ठी बाँधकर अँगूठे का प्रदर्शन कराती हैं, जिससे भक्तों के मन का आकर्षण करती हैं। 'वल्लभ-पुष्टि-प्रकाश' के तृतीय भाग में भगवान् के सब स्वरूपों की विस्तृत व्याख्या की गई है और उनकी संगति श्रीमद्भागवत से लगाई गई है।

हम पहले कह चुके हैं कि पुष्टि-मार्ग में प्रेम-भक्ति ही साध्य है और वैधी-भक्ति साधन-स्वरूपा है। श्रीमद्भागवत में प्रेम-भक्ति को ही परा-भक्ति कहा गया है। इसलिए पुष्टि-भक्ति के प्रेम-तत्व के सूत्र का आधार श्रीमद्भागवत् ही कहा जा सकता है।

सत्संग-महिमा, भक्त-महिमा, गुरु-महिमा आदि का वर्णन श्रीमद्भागवत में स्थान-स्थान पर हुआ है, परन्तु सेवा-पक्ष और विशेषकर सेवा-विधि पुष्टि-सम्प्रदाय की अपनी है। पुष्टि-सम्प्रदाय में सेवा-विधि के विस्तार का एक और भी कारण था। उस समय मुगलों के वैभव-पूर्ण तथा विलासी जीवन के कारण हिन्दू-समाज अवनति की ओर जा रहा था, पुष्टि-सम्प्रदाय की सेवा-पद्धति ने हिन्दुत्व को रखने में बड़ी सहायता दी। इस वैभव के समक्ष हिन्दू-समाज ने यवन वैभव को भी तुच्छ समझा और अपने स्वाभिमान को ठेस न लगने दी। श्रीमद्भागवत के एकादश स्कन्ध में भगवान् की पूजा-विधि का वर्णन हुआ है। हम उस पूजा-विधि को सेवा का रूप न देकर उपासना का ही रूप देंगे। वल्लभाचार्य के समय में और सम्प्रदायों में भी सेवा-विधियाँ प्रचलित थीं। ब्रज में ही कुछ ऐसे सम्प्रदाय थे, जिनमें सेवा का बड़ा महत्व था। वल्लभाचार्य जी ने अपनी सेवा-विधि में प्रायः सभी का समन्वय प्रस्तुत किया और उनके अनन्तर उनके सुपुत्र विट्ठलनाथ जी ने उसको व्यवस्थित रूप दिया।

सूरदास जी की भक्ति-साधना जहाँ एक ओर भागवत की भक्ति से प्रभावित है, वहाँ दूसरी ओर कवि वल्लभ सम्प्रदाय की मर्यादा का भी यथावत् पालन करती है। वह स्वयं एक उच्च

कोटि का भक्त है और समाज पर पड़े विदेशी विलासिता के प्रभाव से वह अनभिज्ञ नहीं है। इसके अतिरिक्त अनेक मत मतान्तरों और सम्प्रदायों के जाल भी उसकी दृष्टि से ओझल नहीं है। सूरदास की रचनाओं में इन सभी परिस्थितियों और मर्यादाओं का समन्वय है। पुष्टि-मार्गीय तत्वों का उन्होंने बड़ा मनोवैज्ञानिक विश्लेषण किया है। कृष्ण-चरित्र में अत्यधिक अतिमानवता का स्वभाव से ही निषेध करके कवि ने पुष्टि मार्गीय भक्ति को सर्व साधारण के लिये सुगम बनाने का प्रयत्न किया है, इसलिये सूरदास न तो वैष्णव आलंकारिकों के बन्धन में बंधे, न ही उन्होंने भागवत का ही गुण-गान किया और न ही वल्लभाचार्य जी द्वारा प्रतिपादित पुष्टि-भक्ति का विवेचन अपना कर्तव्य समझा। इसलिये सूरदास पुष्टि-सम्प्रदाय में दीक्षित होते हुए भी साम्प्रदायिकता से बहुत दूर थे और भागवत का अनुसरण करते हुए भी भागवत-निरपेक्ष थे। उनका अपना अलग व्यक्तित्व है। उनका काव्य एक महान सागर है, जिसमें अनेक प्रकार के रत्न छिपे हैं। मरजीवा बनकर कोई चाहे तो उन्हें निकालने का प्रयत्न कर सकता है।

———

एकादश अध्याय

सूर का काव्य-पक्ष

आलोचना का सामान्य रूप

आजकल प्रत्येक कवि के काव्य को आलोचना की कसौटी पर कसने का रिवाज-सा हो गया है। आलोचना के जो मानदण्ड निर्धारित किये गये हैं, उनमें प्राधान्य पाश्चात्य प्रणाली का ही है। यद्यपि काव्य-शास्त्र की परम्परा भारतवर्ष में भी पूर्णता को पहुँची हुई थी, तथापि इस बात को अस्वीकार नहीं किया जा सकता कि समालोचना के क्षेत्र में पाश्चात्य विद्वानों की विशेष देन है। आलोचना का रूप यूनानियों से तथा उसका श्रीगणेश 'होमर' से प्रारम्भ हुआ। होमर ने आलोचना-क्षेत्र में पथ-प्रदर्शन के लिये अनेक संकेत और सिद्धान्त निश्चित किये। साहित्य का उद्देश्य मनुष्यों को सत् की ओर प्रवृत्त करना बतलाया गया। प्लेटो ने साहित्य को उपदेशात्मक मान कर समालोचना में आदर्शवादिता का समावेश किया। वह लौकिक सत्य को अलौकिक सत्य की ही छाया मानता था और उसी कला को उत्कृष्ट मानता था, जो नैतिक और दार्शनिक सत्य पर आधारित हो। अरस्तू ने कल्पना का संयोग करके कला का स्वतन्त्र अस्तित्व स्थापित किया। प्लेटो ने उसमें सुन्दर और शिव का समन्वय किया था, अरस्तू ने सुन्दर को शिव से अधिक महत्व दिया और कला के सत्य को भाव का सत्य बताया। इस प्रकार कला में रूप-सौष्ठव की प्रतिष्ठा हुई। रोम वालों ने यद्यपि यूनानियों का अनुकरण किया, तथापि उन्होंने कला की उपयोगिता पर विशेष बल दिया। रोम के आलोचकों में 'होरेस' का नाम उल्लेखनीय है, जिसने साहित्य को ही प्रधान हित माना है। मध्य-युग के विचारकों ने कविता और कला को विशेष महत्व नहीं दिया। काव्य को उन्होंने केवल बुद्धि का विलास बताया और उसे पद्यकृत कल्पित-कथा कहकर चलते बने। सन्त आगस्टिन, डाँटे आदि इसी प्रकार के आलोचक हैं। डाँटे ने रूप-सौष्ठव पर विशेष बल दिया और पद्य की अपेक्षा गद्य को ही भाषा की आन्तरिक शक्ति का प्रतीक माना है।

पुनरुत्थान काल में यूरोप में अन्य विचारों के प्रसार के साथ-साथ आलोचना को भी नई गति मिली। इस क्षेत्र में इटली ने नेतृत्व किया। फ्रांस में समालोचना का रूप भी व्यवस्थित हुआ और वहाँ शास्त्रीय आलोचना का श्रीगणेश हुआ। वहाँ के आलोचकों ने साहित्य के विभिन्न अंगों को लेकर विस्तृत व्याख्या प्रस्तुत की। आलोचना के इस शास्त्रीय पक्ष का प्रभाव अंग्रेजी-आलोचना पर भी पड़ा और इंगलैंड में भी आलङ्कारिकता, रूप-शैली, भाषा, पद-योजना आदि पर विचार किया गया। अंग्रेजी आलोचकों में सिडनी, पेन जानसन और बौब के नाम उल्लेख योग्य हैं। फ्रांसीसी आलोचकों में बोयलों, रेपिन और लैंबोस्यू विशेष प्रसिद्ध हुए। १८वीं शताब्दी में इसी प्रकार की आलोचना का उत्थान जर्मनी में भी हुआ; कान्ट और गेटे ने इस ओर विशेष महत्वपूर्ण कार्य किया। कान्ट, सौन्दर्य को विशेष महत्व देता है और उपयोगिता से उसका सम्बन्ध नहीं बताता, जबकि गेटे कला और कविता में व्यक्तित्व को ही प्रधानता देता है और शैली को ही लेखक की अन्तरात्मा की अभिव्यक्ति बताता है। इसके साथ-साथ श्रेष्ठ कविता में उसने वास्तविकता को महत्व दिया है और उसका वाह्य संसार से भी सम्बन्ध बताया है। अठारहवीं

शताब्दी में यूरोप में आलोचना-क्षेत्र में एक क्रान्ति हुई और उसके सिद्धान्त में एक-रूपता न रही। आलोचना की शास्त्रीय पद्धति का विरोध हुआ, कलाकार के लिये कोई बन्धन स्वीकार न किया गया तथा कला और प्रकृति का सम्बन्ध स्थापित किया। उन्नीसवीं शताब्दी तक आते-आते आलोचना का और भी विकास हुआ। कार्लाइल, रस्किन, पेटर आदि उन्नीसवीं शताब्दी के मुख्य आलोचक हैं। इन आलोचकों ने एक प्रकार से अपने पूर्ववर्ती सिद्धान्तों का समन्वय किया तथा रोमान्सवाद व शास्त्रीयता के सामञ्जस्य की पृष्ठ-भूमि पर आलोचना के सिद्धान्त आधारित किये।

आधुनिक आलोचना-शास्त्र पर सर्वाधिक प्रभाव आई० ए० रिचर्ड्स और क्रोचे का है। क्रोचे ने अपने 'Principles of Literary Criticism' नामक ग्रन्थ में अपने सिद्धान्तों का प्रतिपादन किया है। उन्होंने काव्य के सत्य, शिव और सुन्दर की व्याख्या की है। क्रोचे और रिचर्ड्स बहुत-सी बातों में एक-मत है, परन्तु भावों की प्रेषणीयता के प्रश्न पर उसका मत-वैभिन्य है।

भारतीय काव्य-शास्त्र की परम्परा वैदिक काल से ही मानी जाती है, क्योंकि वेद-मन्त्रों में भी हमें अलंकारों, प्राकृतिक दृश्यों तथा व्यंग्यात्मक शैली आदि के दर्शन होते हैं। भरत के नाट्य-शास्त्र में रस-सिद्धान्त और गुण-अलंकारादि का विवेचन हुआ है। नाट्य-शास्त्र की रचना से प्रतीत होता है कि उससे पहले भी काव्य-शास्त्र के ग्रन्थों की सृष्टि हो चुकी थी, निरुक्त में तो कहीं-कहीं गुण-दोष-निरूपण की पद्धति के दर्शन होते ही हैं। पुराणों में भी काव्य-शास्त्र के नियमों का उल्लेख मिलता है। ईश्वीय सन् ६०० के पश्चात् तो वहाँ काव्य-शास्त्र विषयक अनेक ग्रन्थ लिखे गये, जिनमें भामह का काव्यालंकार, दण्डी का काव्यादर्श, उद्भट का अलंकार-सार-संग्रह, वामन का काव्यालंकार-सूत्र, रुद्रट का काव्यालंकार, आनन्द-वर्द्धन का ध्वन्यालोक, राजशेखर, की काव्य-मीमांसा, कुन्तक का वक्रोक्तिजीवित, धनञ्जय का दश-रूपक, मम्मट का काव्य-प्रकाश, रुय्यक का अलंकार-सर्वस्व, विश्वनाथ का साहित्य-दर्पण और पण्डितराज जगन्नाथ का रस-गंगाधर प्रसिद्ध है। भारतीय-परम्परा में आलोचना को पाश्चात्य ढंग से विभाजित नहीं किया गया है। यहाँ के आचार्यों ने काव्य की परिभाषा, प्रयोजन, गुण-दोष तथा विविध अंगों पर विचार किया है। रस और अलंकारों को विशेष महत्व दिया गया है तथा मूल-प्रवृत्ति काव्य की परिभाषा की ओर रही है। भामह ने 'शब्दार्थौ सहितं काव्यम्', मम्मट ने 'तददोषी शब्दार्थौ', विश्वनाथ ने 'वाक्यं रसात्मकं काव्यम्' तथा पण्डितराज जगन्नाथ ने 'रमणीयार्थ प्रतिपादकः शब्दः काव्यम्' माना है। इन परिभाषाओं में वाह्य अन्तर होते हुए भी वास्तविक अन्तर नहीं है; क्योंकि प्रायः सभी आचार्यों ने रस को ही काव्य की आत्मा अंगीकर किया है और छंद को उसका सहायक तथा गुणों को उत्कर्ष-हेतुक माना है।

अर्थ की अभिव्यक्ति के लिये विशिष्ट ढंग के पदों का प्रयोग करने को 'रीति' संज्ञा दी है, जो वैदर्भी, गौडी और पाञ्चाली-भेद से तीन प्रकार की मानी गई है। गुणों की संख्या के विषय में मतभेद है, परन्तु आचार्य मम्मट द्वारा प्रतिपादित माधुर्य, ओज और प्रसाद—ये तीन गुण ही अधिक मान्य हैं। रीति को ही आधुनिक युग में 'शैली' कहा गया है। काव्य का निर्दोष होना आवश्यक है। दोष वही है, जिससे मुख्य अर्थ का अपकर्ष हो। शब्द, रस और अर्थ-विषयक अनेक प्रकार के दोष माने गये हैं। काव्य के प्रयोजन के प्रश्न पर भी प्रायः सभी आचार्य एकमत हैं और मम्मट के स्वर मिलाकर मानते हैं:

काव्यं यशसेऽर्थकृते व्यवहारविदे शिवेतरक्षतये।
सद्यः परनिर्वृतये कान्तासम्मिततयोपदेशयुजे।

अर्थात्—काव्य की रचना, यश की प्राप्ति, धन की अधिगति, व्यवहार-ज्ञान, अमंगल-निवारण, श्रवणानन्तर तत्क्षण ही अलौकिक आनन्द की प्राप्ति और कान्तावत् मधुर प्रभावोत्पादक उपदेश के लिए होती है; किन्तु मध्ययुगीन सन्त-कवि यश, अर्थ आदि के प्रलोभनों से प्रेरित नहीं थे। उस युग के प्रतिनिधि कवि तुलसी ने स्पष्ट लिखा है :

'स्वान्तःसुखाय तुलसी रघुनाथगाथा भाषानिबन्ध मतिमञ्जुल मातनोति।'

तत्कालीन सभी सन्त कवियों के विषय में यह उक्ति पूर्णतया चरितार्थ होती है। उनका एकमात्र उद्देश्य अपने प्रभु का गुणगान करना था, फिर भी हम प्रचलित परिपाटी के अनुसार काव्याङ्गों को दृष्टिकोण में रखते हुए सूर के काव्य का विवेचन करेंगे।

काव्य-कला के विषय में पाश्चात्य और पूर्वीय दृष्टिकोणों में विभिन्नता है। प्राचीन यूनान में काव्य-कला में नैतिक दृष्टिकोण को महत्व दिया गया और काव्य को कुछ उपदेशक जैसे रूप में स्वीकार किया गया तथा काव्य में जीवन के सत्य का स्वच्छ प्रतिबिम्ब बताया गया था। अरिस्टोटिल ने काव्य के सम्बन्ध में अनुकरण को महत्व दिया, परन्तु काव्यात्मक अनुकरण को भावना में स्वीकार किया। रोमन आलोचकों ने भी कविता को जीवन का अनुकरण माना है। इटली से आलोचकों ने प्रकृति के अनुकरण को प्रश्रय दिया और प्राकृतिक सत्य और आदर्शों का अनुगमन काव्य-कला के लिए आवश्यक माना। धीरे-धीरे काव्य-कला में कल्पना को प्रधानता मिलती गई। बेकन ने कल्पना को मानसिक शक्ति के अर्थ में प्रयुक्त किया है और उसे काव्यात्मक सूझ की जननी बताया है। आधुनिक आलोचकों ने कल्पना की अनेक प्रकार से व्याख्या की है। वर्तमान काल के प्रसिद्ध आलोचक आई० ए० रिचर्ड्स ने कल्पना के छः अर्थ किये हैं और कालरिज के अनुसार कवि को संसार को नाना प्रकार की अनुभूतियों का सामंजस्य करने वाला माना गया है। भारतीय मत से कवित्व को जन्मसिद्ध बताया गया है और ईश्वर-प्रदत्त शक्ति, निपुणता, शास्त्र-काव्य आदि ग्रन्थों का पर्यवेक्षण, काव्यज्ञों से शिक्षा-ग्रहण एवं पुनः-पुनः अभ्यास; इन सब को समन्वित रूप से उसका हेतु माना गया है।[1] कवित्व को संस्कार-जन्य स्वीकार किया गया है। 'काव्य-मीमांसा' में राजशेखर ने शक्ति को काव्य का हेतु माना है, जो समाधि और अभ्यास से उद्भूत होती है। मन की एकाग्रता को समाधि और बार-बार एक ही क्रिया के अवलम्बन को अभ्यास कहते हैं। वास्तव में कवि पहले अपनी असाधारण सूझ से वाह्य जगत् और अन्तर्जगत् का निरीक्षण करता है और फिर कल्पना, बुद्धि और भाव-तत्वों के सहारे उस निरीक्षण को कविता का रूप देता है। उसकी मानसिक अनुभूति ही कविता का रूप धारण करती है। इटली के आधुनिक मीमांसक 'क्रोचे' ने कवि की आन्तरिक अभिव्यक्ति को बहुत महत्व दिया है, जबकि 'फ्रायड' स्नायु-व्यतिक्रम के शोध को ही कलात्मक रचना मानता है। युंग और एडलर भी चेतन और अचेतन के व्यापारों के समन्वय में कविता के रूप को देखते हैं। इस प्रकार काव्य-कला का आधार अब ज्ञानात्मक की अपेक्षा भावात्मक अधिक माना जाने लगा है। वास्तव में सच्ची कविता में हृदय और मस्तिष्क दोनों ही का संयोग रहता है। भारतीय परम्परा के अनुकूल तो भाव ही रस से परिणत होता है।

---

1 शक्तिर्निपुणता लोक शास्त्रकाव्याद्यवेक्षणात्।
काव्यज्ञशिक्षयाभ्यास इति हेतुस्तदुद्भवे। काव्य-प्रकाश, प्रथम उल्लास

भक्त-कवि सूरदास का अध्ययन करते समय यह बात स्पष्ट हो जाती है कि उनके पदों का आधार भाव ही है। भक्ति-भाव से प्रेरित होकर ही वे कविता के क्षेत्र में प्रवृत्त हुए। कवि की रचना में उसके व्यक्तित्व की छाप रहती है। उसका व्यक्तित्व उसकी शैली से साफ झलक जाता है। सूर के भाव-विधान में मनोवैज्ञानिकता को विशेष स्थान मिला है। उनका वात्सल्य और विरह का चित्रण तो विश्व-साहित्य में अपना जोड़ नहीं रखता। आलोचना के नवीनतम सिद्धान्तों की कसौटी पर भी जिसके अनुसार मनोविश्लेषण का बड़ा महत्व है, उनकी कविता खरी उतरती है और भारतीय आलोचना-पद्धति के अनुसार भी सूरदास महान् कवि ठहरते हैं। काव्य के भाव-पक्ष और कला-पक्ष दोनों में ही वे अनुपम हैं। इन्हीं दोनों पक्षों को अनुभूति-पक्ष और अभिव्यक्ति पक्ष भी कहा जाता है। पाश्चात्य समीक्षकों द्वारा प्रतिपादित रागात्मक-तत्व, कल्पना-तत्व, बुद्धि-तत्व और शैली-तत्व तथा भारतीय आलोचकों के भाषा, शैली, रस और अलंकार-विधान आदि तत्वों का समाहार इन्हीं दोनों के अन्तर्गत हो जाता है। अभिव्यक्ति में शैली ही प्रधान तत्व है। यद्यपि शैली एक प्रकार से अभिव्यक्ति का ही ढंग है, जिसका सम्बन्ध आकार से ही प्रतीत होता है फिर भी हम उसे वस्तु अथवा भाव से अलग नहीं कर सकते। भारतीय काव्य-शास्त्र के अनुकूल शैली का सम्बन्ध कवि के व्यक्तित्व से है। दण्डी और कुन्तक ने इसका समर्थन किया है। जिस प्रकार शक्तिमान् व्यक्ति और उसकी शक्ति में भेद नहीं किया जा सकता, उसी प्रकार व्यक्ति और शैली का भी भेद नहीं किया जा सकता। यही कारण है कि भारतीय आचार्यों ने शैली का सम्बन्ध काव्य की आत्मा—रस से माना है, और रीतियों को गुणों के आश्रित बताया है। इससे स्पष्ट है कि शैली का सम्बन्ध केवल भाषा से ही नहीं है। अब हम पहले सूर की शैली पर ही विचार करेंगे।

गेय पद शैली

काव्य-शास्त्रियों ने विषयानुसार शैली पर बड़ा बल दिया है और इसी दृष्टिकोण से वर्णों में माधुर्य आदि गुणों के अस्तित्व की कल्पना की है। वर्णों का यह गुण-विभाग उनके द्वारा श्रवणेन्द्रिय के माध्यम से उपलब्ध मानसिक आनन्द की मात्रा पर निर्भर है और मानसिक उल्लास की मात्रा वर्णों के उच्चारण-स्थान, प्रयत्न आदि से घनिष्ठ सम्बन्ध रखती है। वर्णों में भी स्वरों का स्थान प्रमुख है। स्वरों में स्वयं कोमलता और माधुर्य रहता है। यही कारण है कि स्वर-हीन संयुक्त वर्णों का प्रयोग कोमल भावों की व्यंजना में साहित्य के आचार्यों ने स्पृहणीय नहीं माना है। स्वरों के उच्चारण-काल को दृष्टिकोण में रख कर उनका ह्रस्व और दीर्घ श्रेणियों में विभाजन किया गया, जिनके आधार पर लय को ध्यान में रखते हुए, स्वरों के आरोह-अवरोह के तारतम्य से और भी अधिक श्रुतिसुखदाता का समावेश कर अनेक छन्दों की कल्पना की गई। यद्यपि मात्रिक छन्द के अतिरिक्त अनेक वर्णिक छन्द भी पिंगल शास्त्र में बताये गये हैं, परन्तु उनका यह भेद औपचारिक ही प्रतीत होता है। वास्तविक बात तो यह है कि वर्णिक छन्दों में भी गुरु, लघु का स्थान-क्रम निश्चित रहता है और यह गुरु-लघु का भेद स्वरों की उच्चारण-काल की मात्रा से ही सम्बद्ध है। संस्कृत के पिंगल शास्त्र में छोटे-बड़े अनेक वर्णिक और मात्रिक छन्द मिलते हैं, जिनमें अधिकांश विरासत के रूप में हिन्दी-साहित्य को भी प्राप्त हुए। वर्णिक छन्दों की अपेक्षा मात्रिक छन्दों में कवि को उपयुक्त शब्दों का प्रयोग करने में अधिक सुविधा और स्वतन्त्रता रहती है, क्योंकि उसमें ह्रस्व और दीर्घ मात्राओं के स्थान-क्रम का उतना ध्यान रखना अपेक्षित नहीं होता, जितना वर्णिक छन्दों में। यही कारण

है कि हिन्दी-साहित्य में मात्रिक छन्दों का ही अधिक प्रयोग हुआ है। धीरे-धीरे अनेक मात्रिक छन्दों की सृष्टि हुई भी। यद्यपि वृत्तों का श्रुतिसुख द्वारा मानसिक आनन्द में योग देने का कार्य अनुपेक्षणीय है, तथापि भावात्मकता ही काव्यानन्द का प्रधान मूल है, जिसके ऊपर आनन्द में केवल सहयोग देने वाले छन्द को प्राधान्य नहीं दिया जा सकता। परन्तु जब शनैः शनैः लोगों ने आत्मा की अपेक्षा शरीर को महत्व देना प्रारम्भ किया— आध्यात्मिकता से भौतिकता को महत्वपूर्ण समझा—तो भाव की अपेक्षा शैली, भाषा और छन्द को ही मुख्य समझा जाने लगा; फलस्वरूप ऐसी रचनाओं को भी साहित्य-साम्राज्य में कदम रखने का साहस हो उठा, जो वृत्त के लम्बे-चौड़े क्षेत्र में विभिन्न वर्णों की सिस्टमैटिक कवायद ही कही जा सकती है। छन्द के बंध में तुक का हुक डालकर खींचातानी होने लगी और ठोक-पीटकर कविराज बनने की धुन बहुतों को सवार हुई। इस काण्ड की प्रतिक्रिया के रूप में इस नवीन युग में राजनीतिक, सामाजिक, आर्थिक आदि दासताओं से मुक्त होने के साथ ही साथ छन्द के बन्धन से भी मुक्त होने की बात कवियों को सूझी, प्रयत्न हुए और आखिरकार कवि ने छन्द को दूर से ही नमस्कार किया। अपनी समझ में तो उन्होंने छन्दों से छुटकारा पा लिया, परन्तु छन्द के भूत ने उनका पीछा फिर भी न छोड़ा। उनकी रचना की पंक्तियाँ कहीं तो लज्जा, भय और संकोच से ठिठक कर अपने आप में ही स्वयं को दुहराती हुई संकीर्ण विचारों वाली कुलबधू-सी प्रतीत होती है, तो कहीं अपने क्षेत्र से भी चार कदम आगे हाथ मारती हुई स्वच्छन्द प्रकृति की अत्यन्त फार्वर्ड लेडी का रूप धारण कर लेती है। ऐसी रचना को बहुत से लोग 'कविता का कार्टून' कह सकते हैं, पर छन्द प्रेमियों को तो वहाँ भी 'रबड़' छन्द और 'केंचुआ' छन्द के लक्षण परिलक्षित हो ही जाते हैं। अस्तु, साहित्य-क्षेत्र में छन्द के निर्वासन में परिणत होने वाली इस 'रक्तहीन' क्रांति का क्या प्रभाव हुआ या होगा, इसका विवेचन करना हमारा विषय नहीं है। हम तो यही कहना चाहते हैं कि जिस प्रकार निर्मल आत्मा और स्वस्थ शरीर का समन्वय सुखद होता है, उसी प्रकार भाव और शैली—जिसके अन्तर्गत छन्द भी हैं—का उचित समन्वय भी। कहने की आवश्यकता नहीं कि सूर की रचना में यह सामञ्जस्य पूर्णतया सन्तुलित रूप में मिलता है।

हम ऊपर कह चुके हैं कि स्वरों के आरोह-अवरोह से काव्य में श्रुति-सुखदाता का संचार होता है और स्वरों के उतार-चढ़ाव का चरमोत्कर्ष राग-रागनियों में मिलता है। यही कारण है कि हृदय के कोमलतम भावों की अभिव्यंजना के लिए कवियों ने प्रायः गीत-शैली का ही आश्रय लिया है। हृदय की रागात्मिका-वृत्ति के योग से जब सुख और दुख की अनुभूति तीव्रतम होकर अनेक भावों की उमड़ती हुई धारा में समस्त पुरुषता और कलुषता का प्रक्षालन करती हुई अकस्मात् कल-कल ध्वनि से कवि के कण्ठ से फूट पड़ती है तो उसे 'गीत' की संज्ञा प्राप्त हो जाती है। तभी तो कविवर सुमित्रानन्दन पन्त ने कहा है।

> वियोगी होगा पहला कवि, आह से निकला होगा गान।
> उमड़ कर आँखों से चुपचाप, बही होगी कविता अनजान॥

'पहला कवि' वियोगी रहा हो या न रहा हो, पर उसका गान 'आह' से ही निकला था; उसकी कविता चुपचाप न सही, आँखों से ही बही थी और अनजान बही थी। सब मानते हैं कि आदि कवि का शोक ही श्लोकत्व को प्राप्त हुआ था।

भगवान् के शील, शक्ति और सौन्दर्य में से हमारे कवि ने उनके सौन्दर्य-रस की मादकता में मस्त होकर 'अनजान' जो गीत गाये, उनमें न तो तुलसी के काव्य के समान शील-पालन-दृढ़ता

की कठोरता है और न चारण कवियों के काव्य के समान 'शक्ति' की उद्धतता और विकटता; केवल आँखों से चुपचाप बहती हुई भावधारा है, जो आराध्य के रूपदर्शन से उद्वेलित होकर मोतियों के रूप में झर-झर ध्वनि से उसी के चरणों पर ढुलक जाती है—

त्वदीयं वस्तु गोविन्द ! तुभ्यमेव समर्पये ।

बाबू गुलाबराय जी ने अपने 'सिद्धान्त और अध्ययन' में प्रगीत का लक्षण देते हुए लिखा है—

"संक्षेप में प्रगीत-काव्य के तत्व इस प्रकार हैं—संगीतात्मकता और उसके अनुकूल सरस प्रवाहमयी कोमल-कान्त पदावली, निजी रागात्मकता (जो प्रायः आत्म-निवेदन के रूप में प्रकट होती है), संक्षिप्तता और भाव की एकता, यह काव्य की अन्य विधाओं की अपेक्षा अधिक अन्तः प्रेरित (Spontaneous) होता है और इसी कारण इसमें कला होते हुए भी कृत्रिमता का अभाव रहता है ।"[1]

सूर की रचना में गीत-काव्य के ये सभी लक्षण पाये जाते हैं। वास्तव में यह कोई नई शैली नहीं थी, अपितु भारतीय साहित्य में युग-युगान्तर से चली आती हुई एक परम्परा थी, जिसमें विशेष विभूतियों द्वारा समय-समय पर परिवर्तन, परिवर्द्धन और संशोधन होते रहे हैं। इस गीत-शैली का उद्भव कब हुआ, यह निर्णय करना अत्यन्त दुष्कर है; किन्तु इतना अवश्य कहा जा सकता है कि गीतों का इतिहास इतना ही पुराना है, जितना स्वयं भाषा का, तथा भाषा के मूल तत्वों में गीत के भी मूलतत्व निहित मिल सकते हैं। मनुष्य भाषा का आधार लिये बिना ही स्वान्तः सुखाय कुछ गुनगुनाता प्रायः देखा जाता है। अपने भावों को प्रकट करने के लिए स्वर और लहजे में हम अब भी परिवर्तन कर ही लेते हैं—विशेषकर जब भाषा को अपनी मानसिक दशा की सूचना देने में असमर्थ पाते हैं। कदाचित् इसी स्वर-परिवर्तन का मनोवैज्ञानिक विश्लेषण कर शनैः-शनैः मानव-जाति के विकास के साथ-साथ मनुष्य ने संगीत के स्वरों की कल्पना की और फिर उनका श्रेणी-विभाग कर व्यवस्थित रूप दिया और विकसित होते-होते इसने स्वतन्त्र कला का रूप धारण कर लिया। प्रारम्भ में गीत वैयक्तिक रूप से मनोरंजन के साधन के रूप में प्रचलित रहे होंगे और फिर धीरे-धीरे वे सामाजिक रूप से जनता का मनोरंजन करने में प्रयुक्त होने लगे होंगे। विशेष अवसरों और उत्सवों पर लोकगीतों का आयोजन अत्यन्त प्राचीनकाल से चला आ रहा है। वैदिक काल में अनेक प्रकार के यज्ञ प्रचलित थे, जिनमें 'रथन्तरादि' अनेक प्रकार के गीत गाने की प्रथा थी। अन्य सामाजिक कार्यों और पर्वों पर भी इसी प्रकार के गीत गाये जाते रहे और मनुष्य में जैसे-जैसे सामाजिकता बढ़ती गई, वैसे-वैसे ही गीत भी उत्तरोत्तर सामाजिकता की विस्तृततर परिधि में स्थान पाते रहे। इन गीतों का प्रारम्भिक रूप धार्मिक रहा होगा, क्योंकि प्राचीन भारतीय जीवन के प्रत्येक पहलू पर धर्म की छाप लगी हुई थी; प्रत्येक वस्तु का मापदण्ड धर्म था, जिसका आचरण मुख्य समझा जाता था, और अन्य क्रियाएँ आनुषंगिक। समाज की प्रवृत्तियों का प्रतिबिम्ब कला और साहित्य में झलकना स्वाभाविक है, अतः प्राचीन शान्तिप्रिय, आध्यात्मिकतापर और सरल-प्रकृति समाज के व्यक्ति भी शान्ति और विरक्ति के गीत गाते हुए चले। समय-चक्र के परिवर्तन के साथ-साथ समाज में भी परिवर्तन हुआ, जीवित रहने के लिये प्रत्येक व्यक्ति को संघर्ष में पड़ना आवश्यक हो उठा और शक्तिशाली ही जीने का अधिकारी माना जाने लगा, तो संघर्ष और उग्रता का समावेश गीतों में भी हो गया।

---

१ 'सिद्धान्त और अध्ययन' प्रथम संस्करण, पृष्ठ १०८

हम यह कह आये हैं कि गीत-शैली हृदय की कोमल भावनाओं को व्यक्त करने के लिए नितान्त उपयुक्त है, क्योंकि गीत लय की मधुर लहरियों को स्वरों के रेशमी सूत्र में बांध कर चलते हैं। यही कारण है कि प्राचीन गीतों में अधिकतर शृङ्गार, करुण और शान्त रसों की ही अभिव्यक्ति हुई है और वीर-रस के गीत बहुत कम मिलते हैं। धीरे-धीरे भाषा का विकास हुआ, और ओजोमय शब्दों को भी गीतों में ढालने का प्रयास कवि-गण करने लगे। वीरगाथा-काल में इस प्रकार के अनेक उदाहरण मिल सकते हैं। राजस्थानी कवियों के गीत इस दिशा में कदाचित् भारत के अन्य प्रदेशों में प्रचलित गीतों में सबसे आगे हैं। आजकल प्रगतिवादी कवियों के उद्बोधनात्मक गीतों में भी पर्याप्त ओज मिलता है, परन्तु उत्तरकालीन संस्कृत-साहित्य में विशेषकर मुक्तक पद्यों में—शृङ्गार की ही भरमार मिलती है। बात यह है कि मनोरंजन को हेय समझकर अनवरत आत्म-चिन्तन में रत रहने वाले आर्य जब आभीर जाति के सम्पर्क में आये, तो उनकी मनोवृत्ति कुछ परिवर्तित हुई। आभीर जाति "खाओ, पियो, मौज उड़ाओ"—वाले सिद्धान्त में विश्वास रखती थी। अनेक प्रकार के मनोरंजन-प्रधान शृङ्गारिक गीत इस जाति में प्रचलित थे। उन लोगों की साधना में भी माधुर्य की चाँस थी, वे बालगोपाल की पूजा एवं भक्ति और उसी की मधुर लीलाओं का गान करते थे। संसार को अनित्य मानकर भी उसके लौकिक सुखद पक्ष का यावज्जीवन उपभोग करने के पक्षपाती थे। आर्य जाति पर भी इसका प्रभाव पड़ा, बाल-गोपाल की पूजा होने लगी और मनोरंजन-प्रधान शृङ्गारिक गीतों की रचना भी।

संस्कृत-साहित्य की यह प्रवृत्ति संस्कृत से अलग होकर स्वतन्त्र रूप से विकसित होती हुई प्रान्तीय भाषाओं में भी आई। सातवीं शताब्दी के उत्तरार्द्ध में सुसंगठित, एकच्छत्र साम्राज्य के अभाव में देश की राजनीतिक स्थिति डावांडोल हो गई। छोटे-छोटे विभिन्न राज्यों के शासक युद्धों में रत हो गये। आठवीं शताब्दी में मुसलमानों के भी कुछ आक्रमण सिन्ध की ओर हुए। इस समय अपभ्रंश भाषा का पर्याप्त विकास हो चुका था और देश-भाषाओं में उसे साहित्यिक भाषा का पद भी प्राप्त हो चुका था। इस काल के साहित्य पर जहाँ एक ओर उत्तरकालीन संस्कृत-साहित्य की शृङ्गारिक परम्परा का प्रभाव पड़ा, वहाँ तत्कालीन राजनीतिक और सामाजिक स्थिति का प्रभाव पड़ने के कारण वीर-रस का भी समावेश हुआ। यही कारण है कि अपभ्रंश साहित्य में वीर और शृंगार—दोनों ही रस समानान्तर चले। वीरगाथा-काल में भी यही स्थिति रही, जिसके फलस्वरूप शृंगार और वीर-रस के तत्कालीन अनेक गेय पद हमें प्राप्त हैं।

इसी बीच में भागवत में प्रतिपादित भक्ति समयानुसार अपना रूप-परिवर्तन करती हुई शङ्कर के मायावाद से टक्कर लेती हुई आगे बढ़ रही थी, यह हम बता चुके हैं। साहित्य में परम्परा से चली आती हुई शृङ्गार और प्रेम की भावना के साथ अनेक कवियों ने भगवत्प्रेम का समन्वय किया। अपने उपास्य का शृङ्गार और प्रणय-वर्णन करने में अनेक कवि भाव-विभोर होने लगे। अपने वर्णनों के लिये इन्होंने गीत-शैली को ही चुना। शृङ्गार, भक्ति और वात्सल्य की त्रिवेणी का अपने पदों में समावेश कर इन कवियों ने पग-पग पर प्रयाग का सृजन किया, जिसकी यात्रा करके साधारण जनता भी मन का मैल धोने लगी। जयदेव का 'गीत-गोविन्द' इस सम्बन्ध में विशेष रूप से उल्लेखनीय है। उसके गीत आज भी उत्तर-प्रदेश के पूर्वी सीमान्त तथा बिहार में साधारण गायक और भजनीकों द्वारा गाये जाते हुए सुने जाते हैं। इधर मैथिल-कोकिल विद्यापति ने भी अपने राधाकृष्ण विषयक शृंगारिक गीतों की ऐसी तान छेड़ी, जिसकी कूक विविध-कवि-विहगवृन्द की कल-कल ध्वनि को पराभूत कर मिथिला के आम्रकुंज-पुंजों को गुंजित करती हुई

दक्षिण की ओर से प्रवृत्त भक्ति-समीर का आधार ले उत्तर की ओर बढ़कर ब्रज में कालिन्दी कूलस्थ कदम्बों को आन्दोलित करती हुई वृन्दावन के 'कोटिनहू कलधौत के धाम' से भी सुन्दर करीर कुंजवृन्दों में गूंजने लगी। 'नाथ' और 'सिद्ध' सम्प्रदाय के बानियों ने भी अपनी बानियाँ लोकभाषा के पदों में ही जनता को सुनाईं और उनके उत्तराधिकारी सन्त कवियों ने राम की 'बहुरिया' बनकर इस गीत-शैली के माध्यम से अपनी प्रेम-भावना को प्रकट किया।

इस प्रकार अपनी भक्ति-भावना को व्यक्त करने के लिये सूर को एक परम्परागत विकसित गीत-शैली प्राप्त थी, परन्तु इसका अर्थ यह नहीं है कि उन्होंने अपने पूर्ववर्ती कवियों का अन्धानु-सरण किया है। उनके पदों पर न तो वीरगाथा-कालीन चारण और भाटों का ही प्रभाव लक्षित होता है और न नाथ और सिद्ध-सम्प्रदायों के प्रचारकों का ही; हाँ 'निर्गुनिये' सन्त कवियों का प्रभाव अवश्य दीख पड़ता है। उनके विनय के पदों के भाव, भाषा, पद-विन्यास; सभी सन्त-काव्य से प्रभावित हैं। बात यह है कि ये पद आचार्य वल्लभ द्वारा पुष्टि-सम्प्रदाय में दीक्षित किये जाने से पूर्व ही सूर ने लिखे थे। तब तक उनकी भक्ति-भावना में स्थिरता न आ पाई थी। कभी तो वे सन्तों की भाँति साकार और निराकार के बीच में खड़े हुए, कभी इस ओर और कभी उस ओर झुकते और कभी तुलसी की भाँति "प्रभु हौं सब पतितन कौ टीकौ" कह कर प्रभु के चरणों में सिर टेक देते थे; कभी परमात्मा को भीतर और कभी बाहर खोजते थे। परन्तु पुष्टि-सम्प्रदाय में दीक्षित होने के पश्चात् जब वे स्थितप्रज्ञ होकर "सब विधि अगम विचारहि ताते सूर सगुन-लीला पद गावै" कहकर भगवान् कृष्ण का चरित-गान करने बैठे, तो उनके पदों का चोला भी बदल गया और उनकी गीत-शैली जयदेव और विद्यापति की श्रृङ्गार भावना और कोमल-कान्त पदावली को आत्मसात् करती हुई (साथ ही अपने व्यक्तित्व की स्वतन्त्रता की रक्षा करती हुई) विकसित हुई। सूर ने केवल भाव-पक्ष में ही नहीं, गीत-शैली के कलेवर भी में नवीनता का संचार किया है। आचार्य मुन्शीराम इस विषय में लिखते हैं।

"इस गायन में ऐसी कौनसी रागिनी है, जो सूरसागर में न आई हो ? कहा जाता है कि सूर के गान ऐसे राग और रागनियों में हैं, जिनमें से कुछ के तो लक्षण भी अब प्राप्त नहीं हैं। ऐसी राग-रागनियाँ या तो सूर की अपनी सृष्टि हैं या अब उनका प्रचार नहीं है।"[१]

आचार्य रामचन्द्र शुक्ल का मत भी इस विषय में उल्लेखनीय है :

"सूरसागर में कोई राग या रागिनी छूटी न होगी। इससे वह संगीत-प्रेमियों के लिये भी बड़ा भारी खजाना है"[२]

सूरदास जी का काव्य प्रबन्ध-काव्य नहीं है, उसमें कथा के प्रवाह का निर्वाह नहीं मिलता; भावात्मक स्थलों का ही मनोरम वर्णन मिलता है और कथा का तारतम्य जारी रखने के उद्देश्य से उन्हें जोड़ने के लिये यत्र-तत्र एकाध पद में घटनाओं का वर्णन भी कर दिया गया है। घटना-वर्णन में कवि की प्रवृत्ति रमी ही नहीं है। सत्य तो यह है कि सूर का उद्देश्य घटना-वर्णन अथवा कथा कहना नहीं था। उनका उद्देश्य था—अपने प्रभु के प्रेम में मत्त होकर उनके सौन्दर्य का वर्णन करते हुए मानस-भाव-रसामृत को पदों के प्रवाह में बहा देना, जिससे सिक्त होकर जन-मनोभूमि में भगवद्-भक्ति का अंकुर फूट निकले। वे 'स्वामिनः सुखाय' नहीं, 'स्वान्तः सुखाय' रचना करते

१ सूर-सौरभ, तृतीय संस्करण, पृष्ठ ३८३
२ आ० शुक्ल 'सूरदास' तृतीय संस्करण, पृष्ठ, २००

थे। महाकवि तुलसी के अनुसार वाणी का उपयोग प्रभु-गुणगान करना ही है। प्राकृतजन का गुणगान करने से तो सरस्वती भी सिर धुनकर पछताने लगती है।

आत्माभिव्यञ्जन के लिये मुक्तक-काव्य ही अधिक उपयुक्त है, क्योंकि कथा के बन्धन में बँधे हुए कलाकार के भाव बहुत दिनों से पिंजरे में बन्द रहने वाले तोते के समान होते हैं, जो मुक्त कर दिए जाने पर भी अधिक दूर या ऊँचाई तक नहीं उड़ सकता और शीघ्र ही पुनः स्वयं पिंजरे में ही आ जाता है। इसलिये सूर ने मुक्तक-काव्य ही लिखा है। आत्माभिव्यंजन और मुक्तक-काव्य दोनों की दृष्टि से गीत-शैली ही अधिक उपयुक्त है। भाव-सुमन-सौरभ के सुन्दर संचार के लिये, पवित्र-प्रेम-प्रवाह के प्रसार के लिये, शृङ्गार मञ्जुमंजरी के मधुमय विकास के लिये और कविता-कामिनी के कौतुकमय विलास के लिये गीत-शैली के सिवा और कौनसी शैली उपयुक्त हो सकती है ? दूसरे, वे पुष्टि-मार्ग में दीक्षित थे, जिसमें कीर्तन-गान को विशेष महत्व प्रदान किया गया है। वे श्रीनाथ जी के प्रधान कीर्तनकार थे, उनसे पहले शायद कुम्भनदास इस पद को सुशोभित करते थे। श्रीनाथजी की आठों समय की सेवा के अवसर पर कीर्तन के पद गाने की परिपाटी थी। इस प्रकार पुष्टि-मार्गीय भक्ति-पद्धति में आरती और कीर्तन की परम्परा के साथ संगीत का भी सामंजस्य हो गया था। इस दृष्टि से भी सूर की रचना गेय होनी आवश्यक थी। इन्हीं कारणों से हमारे भावुक भक्त-कवि ने अपने भाव गीत-शैली में ही प्रकट किये हैं। काव्य और संगीत का जैसा सामंजस्य सूर के पदों में मिलता है, वैसा अन्यत्र दुर्लभ है। श्री शिखरचन्द जैन अपने 'सूर : एक अध्ययन' में लिखते हैं :

"संगीत-विषयक इस ज्ञान की कसौटी पर जब सूर कसे जाते हैं, तब वह बहुत ऊँचे उठ जाते हैं। वास्तव में यदि काव्य और संगीत का सच्चा समन्वय कोई प्रकृत रूप से कर सका है, तो वह सूर ही है।"[1]

तुलसी हिन्दी-साहित्य के सम्राट् हैं, उन्होंने भी गीत-शैली में 'गीतावली' और 'विनय-पत्रिका' की रचना की है, परन्तु सूर जितनी सफलता उन्हें भी प्राप्त नहीं हुई। सूर और तुलसी की तुलना करते हुए इस विषय में श्री जैन आगे कहते हैं :

"जहाँ तुलसी की पदावली संगीत के माधुर्य को किन्हीं अंशों में कम कर देती है, वहाँ सूर की प्रकृत रूप से प्रस्तुत होने वाली शब्द-लहरी स्वाभाविकता, सादगी, अल्हड़पन और प्रसाद को मानस रूप से लिये हुए आगे बढ़ती है। तुलसी के अनावश्यक रूप से प्रयुक्त बड़े-बड़े रूपक भी संगीत-लहरी में अवरोध उपस्थित करते हैं, पर सूर के रूपक—छोटे, आवश्यक फबते हुए, सरल, आकर्षक और संगीत के लिये उपयुक्त हैं। इसलिये तुलसी संगीत का वह माधुर्य न ला सके, जो उसका शृङ्गार है। ऐसा करने में सूर समर्थ हो सके हैं। उन्होंने संगीत की स्वर-लहरी को सरलता, भावुकता, प्रवणता और दक्षता के साथ प्रवाहित किया है।"

कहने की आवश्यकता नहीं कि यह गीत-शैली सूर के हाथों में पड़कर मँज-सी गई है। जितनी सफलता के साथ सूर ने विभिन्न गेय छन्दों का प्रयोग किया है, उतनी सफलता के साथ अन्य कोई कवि नहीं कर सका है। उनके पदों की संगीतात्मकता सर्वतोभावेन स्तुत्य है। उनके समस्त पद संगीतमय हैं, प्रत्येक पद के साथ उसमें प्रयुक्त राग के नाम का उल्लेख; इस बात का प्रमाण है।

हम पहले कह आये हैं कि आभीर जाति में बाल-गोपाल की उपासना प्रचलित थी और यह जाति जीवन की सरसता में विश्वास रखती हुई मनोरंजन को पर्याप्त प्रश्रय देती थी। अपने

---

1 सूर : एक अध्ययन (शिखरचन्द जैन) पृष्ठ ३७

उपास्य की लीलाओं के गीत ये लोग गाते रहते थे। यह परम्परा चलती रही और सूर को भी इससे सम्बद्ध अनेक गीत प्राप्त होंगे। सूर की भक्ति भावना में भावों की प्रवणता, अनुभूति की तीव्रता और विश्वास की असन्दिग्धता का चरमोत्कर्ष है, जिसके कारण उनके पदों में गीत की स्वस्थ आत्मा की प्रतिष्ठा हो सकी है। सूर के विशाल मानस में भाव-रस का इतना उद्रेक था कि वह हठात् वाणी के बांध को तोड़ता हुआ फूट पड़ा है। कृष्ण के सौन्दर्य, हाव-भाव और व्यापारों के चित्रण में, ब्रजवासी नर-नारियों की भावनाओं के प्रकाशन में; गोप-बालकों के बालसखा-सुलभ केलि-कौतुक के अङ्कन में; किशोरी, युवती और वृद्धाओं के चापल्य औत्सुक्य, वात्सल्य आदि के अभिव्यंजन में अपनी बन्द आंखों और उन्मुक्त कल्पना से भावजगत् के द्रष्टा और सृष्टा सूर ने वह कमाल हासिल किया कि हिन्दी के ही नहीं, विश्व-भाषाओं के गीतकार मात हैं। उनके पदों में उनकी 'सूरता' छिपाये नहीं छिपती। वैयक्तिकता और आत्माभिव्यंजन, जो गीत-काव्य का सर्वप्रथम और सर्वप्रमुख लक्षण हैं, सूर के गीतों में अथ से लेकर इति तक व्याप्त है। भाव की एकात्मकता, अनुभूति की स्वतःपूर्णता और अव्याहत व्याप्ति, जो मुक्तक-काव्य की प्राणवायु है, सूर के गीतों में संचार करती हुई पाठक और श्रोता के हृदय पर अमिट चिन्ह बना जाती है। उनका एक-एक राग, एक-एक गीत अपने आप में पूर्ण और रस-सृष्टि में समर्थ है। आकार की दृष्टि से कहीं-कहीं सूर के पद गीत-काव्य की मर्यादा का उल्लंघन कर गये हैं, परन्तु ऐसा उन्हीं स्थलों पर हुआ है, जहाँ कवि कथा के तारतम्य को अक्षुण्ण रखने के लिये घटनाओं का वर्णन करता है। ऐसे पद अधिक संख्या में हैं भी नहीं। दूसरी बात, जो सूर के पदों से खटकती है, वह पौराणिक प्रसंगों के संकेतों की भरमार तथा वर्ण्य विषय, भाषा आदि की पुनरावृत्ति है। कहीं-कहीं आवश्यकता से अधिक अलङ्कारों के भार से दबी हुई उनकी भारती अपनी वीणा के तारों को झंकृत करने में भी अपने आपको असमर्थ-सी पाती है, परन्तु उसके उस गतिरोध में भी चित्रोपम सौन्दर्य है, जिसमें मूक जीवन का संचार स्पष्ट दीख पड़ता है। इन दोषों की धूमिल कालिमा 'सूरसागर' के जगमगाते रत्नों के प्रकाश को अधिकाधिक देदीप्यमान बनाने में सहायिका ही प्रतीत होती है। भाव, कल्पना और सौन्दर्य का जैसा समन्वय सूर के पदों में है, ऐसा अन्यत्र दुष्प्राप्य है। भावपूर्ण गीत-शैली के शास्त्रीय परिष्कार में सूर ने सचमुच बहुत बड़ा योग दिया है।

महाकवि सूरदास की गेय-पद शैली में हमें विविधता और विचित्रता दोनों के ही दर्शन होते हैं। यों तो उनसे पहले सन्त कवियों ने भी अपनी भावात्मक अनुभूति को व्यक्त करने के लिये इसी गेय-पद शैली का अनुशरण किया है और उनसे पहले गोरखबानी में भी इस शैली के दर्शन होते हैं, परन्तु जैसा कि हम पहले कह चुके हैं, सूर के हाथों में पडकर इस शैली का रूप निखर आया है। एक ओर तो उन्होंने सन्त परम्परा से प्राप्त शैली का अनुसरण किया, और दूसरी ओर उनके काव्य से हमें उस शैली के भी दर्शन होते हैं, जो रागात्मक तत्वों से ही ओत-प्रोत है। ऐसे स्थल 'सूरसागर' में वे हैं, जहाँ सूर अपने इष्टदेव श्रीकृष्ण की बाल-लीलाओं का वर्णन करते हैं या रतिनागर, रसिकेश्वर, गोपीवल्लभ कृष्ण की रति-क्रीड़ाओं का चित्रण करते हैं अथवा उनके विरह से सन्तप्त गोपियों के हृदय की भावनाओं का अभिव्यंजन करते हैं। इन तीनों ही स्थलों पर कवि भावोन्मुख हो उठता है और अपनी कल्पना की उड़ान में 'निरंकुशा हि कवयः' वाली उक्ति को चरितार्थ करता हुआ प्रतीत होता है। ऐसे स्थलों पर पुनरावृत्ति काव्य का दूषण न होकर भूषण हो जाती है। (कृष्ण और गोपियों के चरित्र-चित्रण में हम उन स्थलों का उल्लेख कर चुके हैं।) एक छोटी-सी बात को लेकर भक्ति-भावना में तल्लीन कवि न जाने कितनी व्यापार-

योजनाएँ प्रस्तुत करता है ? कितने संचारियों की उद्‌भावना करता है और सूक्ष्म से सूक्ष्म मनोवैज्ञानिक तथ्यों का उद्‌घाटन करता है ? यशोदोत्संग-लालित बालकृष्ण सूर के परम इष्ट हैं। इन प्रसंगों में आनन्दवर्धनाचार्य की व्यंजना, कुन्तक की वक्रोक्ति और विश्वनाथ तथा पण्डितराज जगन्नाथ की रसानुभुति—मानो दाँव-पेच से अपना-अपना सिक्का जमाने की धुन में हैं। व्यजना के गहन से गहन अद्‌भुत व्यापार, वक्रोक्ति की विदग्ध जन-मनोरंजक शब्द-क्रीड़ा तथा रसों की सहृदय-वेद्य अनुभूति मानो साक्षात् रूप धारण करके अभिव्यजित होती है। यशोदा का हरि को पालने में झुलाना यों ही उड़ती नजर से देखे जाने योग्य दृश्य नहीं है, इसमें मातृ-हृदय की विशालता की झाँकी है, जिसके दर्शन मात्र से हृदय पवित्र हो जाता है। हरि और यशोदा की चेष्टाएँ आज के मनोवैज्ञानिक के लिये नूतन भावों को प्रस्तुत करने वाली हैं :

जसोदा हरि पालने झुलावै।
हलरावै, दुलराय मल्हावै, जोइ-सोई कछु गावै।
मेरे लाल कौं आउ निदरियाँ, काहैं न आन सुलावै।
तु काहैं नहिं बेगहिं आवै, तोकौं कान्ह बुलावै।
कबहुँ पलक हरि मूँदि लेत हैं, कबहुँ अधर फरकावै।
सोवत जानि मौन ह्वै कै रहि, करि-करि सैन बतावै।
इहि अन्तर अकुलाइ उठे हरि, जसुमति मधुरै गावै।
जो सुख सूर अमर-मुनि दुरलभ, सो नन्द भामिनि पावै।[1]

'हलरावै दुलराय मल्हावै' में शब्दों में कैसा मनोवैज्ञानिक क्रम है? हलरावै में कैसी अद्‌भूत व्यंजना है, और पूरे पद में बालसुलभ चपलता और विनोदपूर्ण सरल चेष्टाओं का कितना सुन्दर और स्वाभाविक तारतम्य है ? इस प्रकार बाल्य-वर्णन का प्रत्येक पद नवीन भाव, नवीन अभिव्यक्ति और नवीन कला का द्योतक है। तभी तो आचार्य शुक्ल ने कहा है :

"जितने विस्तृत और विशद रूप में बाल्य, जीवन का चित्रण इन्होंने किया है उतने विस्तृत रूप में और किसी कवि ने नहीं किया। शैशव से लेकर कौमारावस्था तक के क्रम से लगे हुए न जाने कितने चित्र मौजूद हैं ? उनमें केवल बाहरी रूपों और चेष्टाओं का ही विस्तृत और सूक्ष्म दर्णन नहीं है, कवि ने बालकों की अन्तःप्रकृति में पूरा प्रवेश किया है, और अनेक भावों की सुन्दर स्वाभाविक व्यंजना की है।"[2]

सूर के इस बाल्य-वर्णन से ही वातसल्य रस की सार्थकता सिद्ध होती है। आगे चलकर ग्वाल बालों के साथ कृष्ण का खेलना; गोचारण; गोपियों से बाल-बिहार आदि का वर्णन भी भावात्मक गेयपद-शैली में हुआ है। इन्हीं प्रसंगों में सूर के वे गीतात्मक कथानक हैं, जिनमें भावात्मकता की अपेक्षा प्रबन्धात्मकता अधिक है। ऐसे प्रसंग या तो कृष्ण के अलौकिक कार्यों से, जैसे—राक्षसों का वध, वत्स-हरण आदि— से सम्बन्ध रखते हैं अथवा उनकी प्रेम-लीलाओं; जैसे—चीरहरण, दानलीला, मानलीला आदि—से सम्बद्ध हैं। इन प्रसंगों में सरलता, स्वाभाविकता और सजीवता के ही विशेष दर्शन होते हैं। श्रीकृष्ण के विशिष्ट-क्रीड़ा-विषयक जो पद हैं, उनसे इन्हें अलग करके देखा जा सकता है, क्योंकि क्रीड़ा-विषयक पदों में रूपचित्रण के साथ-साथ संश्लिष्ट योजना और आलंकारिकता भी है। वास्तव में ऐसे ही पदों के लिये आचार्य शुक्ल की यह उक्ति चरितार्थ होती है :

---

१ सूरसागर (ना० प्र० स०) पद, ६६१

२ सूरदास (आचार्य शुक्ल) पृष्ठ १७७

"वर्ण्य विषय की परिमिति के कारण वस्तु-विन्यास का जो संकोच सूर की रचना में दिखाई पड़ता है, उसकी बहुत कुछ कसर अलंकार रूप में लाये हुए पदार्थों के प्राचुर्य्य द्वारा पूरी हो जाती है। कहने का तात्पर्य यह कि प्रस्तुत रूप में लाये हुए पदार्थों की संख्या बहुत अधिक है। यह दूसरे प्रकार की (आलंकारिक) रूप-योजना या व्यापार-योजना किसी और (प्रस्तुत) रूप के प्रभाव को बढ़ाने के लिए ही होती है।"[1]

मुरली-विषयक पदों को भी इसी कोटि में रखा जा सकता है। विरह के पदों में कवि विशेष रूप से मुखर हो उठा है और उसकी गेयपद-शैली अन्तर्मुखी हो गई है। यही कारण है कि इन पदों में कवि के व्यक्तित्व की पूरी छाप मिलती है। सूर का विरह-वर्णन रीतिकालीन कवियों का विरह-वर्णन नहीं है, उनमें हमें भक्त की अन्तरात्मा के दर्शन होते हैं। काव्य-शास्त्र की दृष्टि से तो यह विरह-वर्णन श्रृङ्गार का रस-राजत्व प्रतिपादित करता ही है भक्ति-भावना की दृष्टि से भी हमें इसमें भक्त की विह्वल आत्मा के दर्शन होते हैं। वल्लभ और वैष्णव—दोनों ही सम्प्रदायों में विरह को भक्ति का सोपान माना है, और कहना न होगा कि महाकवि सूरदास ने अपने विरह-वर्णन में इस तथ्य का पूर्णरूप से प्रतिपादन किया है।

दृष्टिकूट-पद शैली

सूरदास जी ने दृष्टिकूट-पद भी गेय शैली में लिखे हैं। इनमें स्वाभाविकता की अपेक्षा चमत्कारिकता, और सरलता की अपेक्षा दुरूहता अधिक है। 'साहित्य-लहरी' के पद तो दृष्टिकूट कहलाते ही हैं। 'सूरसागर' में भी इस प्रकार के पद मिलते हैं, जिनका उल्लेख हम 'सूरदास जी का साहित्य' अध्याय में कर आये हैं। जिस प्रकार संत कवि भक्ति-भाव की अभिव्यक्ति के लिए साधारण गेयपद शैली को अपनाते थे, उसी प्रकार रहस्यात्मक भावों को प्रकट करने के लिए वे दृष्टिकूट-पदशैली का अनुसरण करते थे। आत्म-चिन्तन के गूढ़ विषयों को रहस्यात्मक भाषा में प्रकट करने की परम्परा भारत में प्राचीन काल से ही चली आ रही थी। ऋग्वेद में बहुत कुछ प्रतीक रूप में कहा गया है, उपनिषद् तो गुह्यविद्या का ही मुख्यरूप से प्रतिपादन करते है। इस शैली में जहां एक ओर गूढ़ विषय का प्रतिपादन होता था, वहां दूसरी ओर आलंकारिकता भी स्वाभाविक थी। आगे चलकर संस्कृत-काव्यों में तो यह आलंकारिकता और चमत्कारवादिता इतनी अधिक प्रिय हुई कि एक-एक अक्षरों के श्लोक बनाये गये और अन्वयमात्र से भिन्नार्थ रखने वाले काव्यों का प्रणयन हुआ। संस्कृत साहित्य में यह प्रवृत्ति 'नैषध-काव्य' तक चलती रही।

सिद्धों ने अपनी बानियों में इसी रहस्यात्मक प्रवृत्ति को अपनाया। नाथपंथी हठयोगियों और कबीर-पंथियों ने भी इस प्रणाली को ग्रहण किया। कबीर की उलटबाँसियाँ तो प्रसिद्ध ही हैं। उधर चन्द्रवरदायी ने भी अपने 'रासो' में इसी प्रकार के पद लिखे हैं। अमीर खुसरो की पहेलियों को भी हम इसी श्रृङ्खला की कड़ी मानते हैं। इस परम्परा में रहस्यात्मक भावनाओं के साथ-साथ पाण्डित्य-प्रदर्शन की लालसा के भी दर्शन होते हैं।

भक्ति-साहित्य में इस शैली का सर्वप्रथम प्रयोग मैथिल-कोकिल विद्यापति ने किया। मलिक मुहम्मद जायसी के 'पद्मावत' में भी कहीं-कहीं हमें इस प्रवृत्ति का साक्षात्कार होता है। गोस्वामी तुलसीदास ने भी इस शैली में अनेक दोहे लिखे हैं, किन्तु इस शैली का परिमार्जित साहित्यक रूप हमें सूरदास जी के दृष्टिकूट पदों में मिलता है। साहित्य-लहरी इस शैली की प्रौढ़ रचना कही जा सकती है। सूरदास जी के पदों में जहां एक ओर चमत्कार की सृष्टि हुई है,

---

१ सूरदास (आचार्य शुक्ल) पृष्ठ १७०-१७१

वहाँ दूसरी ओर रहस्यात्मक सौन्दर्य का निरूपण भी हुआ है। सूर ने इस शैली को विद्यापति की भाँति केवल विरह के प्रसङ्गों में ही अपनाया है, अपितु अन्य प्रसङ्गों का वर्णन भी उन्होंने इस शैली में से किया है। सूरदास जी ने इस शैली में राधा-कृष्ण की अनेक भंगिमाओं, मुद्राओं और रीति-कीड़ाओं का वर्णन किया है। साधारण पाठक की दृष्टि से यह अश्लीलतापरक ही है, परन्तु सूरदास जी ने तो उन्हे सहज समाधि के पद कहा है। इन पदों में यमक, श्लेष तथा रूपकातिशयोक्ति आदि अलंकारों का प्रयोग हुआ है। साथ ही कुछ रूढ़ शब्द भी इन पदों में प्रयुक्त हुए हैं। ज्योतिष के ग्रन्थों की भाँति गणनापरक शब्दों का व्यवहार भी इन पदों में हुआ है।

वर्णनात्मक शैली

सूरदास जी ने एक और शैली का प्रयोग किया है, जिसे हम वर्णनात्मक शैली कह सकते हैं। इस शैली का प्रयोग कवि ने उन स्थलों पर किया है, जहाँ रूप, भाव अथवा कर्म-व्यापार का चित्रण न करके किन्हीं आख्यान और पौराणिक प्रसंगों की ओर संकेत किया है अथवा आचारादि का उपदेश दिया है।

भागवत के वर्णनात्मक आख्यान

श्रीमद्भागवत के कथा-प्रसङ्गों पर आधारित अनेक पद सूरसागर में बिखरे पड़े हैं, जिनकी संख्या अन्य स्कन्धों में नवम तथा दशम स्कन्धों की अपेक्षा अधिक है। ये ही पद इस कथन के आधार हैं कि—'सूरसागर की रचना भागवत के आधार पर हुई है।' इन कथा-प्रसंगों की शैली गेयपदों की शैली से भिन्न है। इस शैली में न तो कवि के व्यक्तित्व का ही प्रतिबिम्ब लक्षित होता है और न वर्णन का विस्तार अथवा संश्लिस्ट चित्रण ही पाया जाता है। काव्य-सौष्ठव का तो ऐसे स्थलों पर अभाव ही है, क्योंकि कवि की वृत्ति इन प्रसंगों में रमी नहीं। जान पड़ता है, जैसे कवि शीघ्रता से जैसे-तैसे वर्ण्य वस्तु का वर्णन करके अपने फर्ज से फारिग होने की धुन में है और जल्दी से इस शुष्क मार्ग को काट कर सुरम्य भावपूर्ण स्थल पर पहुँचना चाहता है, जहाँ उसका मन रम सके। यही कारण है कि इन पदों से कवि की मानसिक स्थिति का परिचय प्राप्त नहीं होता, उसके मानस की गहराई का पता नहीं चलता, और न ही ये पद उनकी काव्य-प्रतिभा, भावुकता, बहुज्ञता और कला के सच्चे प्रतिनिधि हैं उनकी शैली में कोई आकर्षण नहीं, छन्द भी चौपाई, चौबोला आदि काम चलाऊ ही प्रयुक्त हुए हैं।

दृश्य तथा वर्णन-विस्तार

सूरसागर में अनेक स्थल ऐसे भी हैं जहाँ कवि ने उत्सवों और दृश्यों का वर्णन किया है। कृष्ण के अन्नप्राशनादि संस्कार तथा भोजन आदि नित्य कर्मों से सम्बद्ध अनेक वर्णन उपलब्ध होते हैं, जिसमें व्यापारों और वस्तुओं की लम्बी-लम्बी सूचियों के अतिरिक्त और कुछ नहीं दीख पड़ता। बसन्त, होली-लीला, हिण्डोल-लीला आदि ऐसे ही प्रसङ्ग हैं। इन स्थलों पर कवि की कलाकारिक तल्लीनता और गम्भीरता न जाने कहाँ विलीन हो गई हैं?

वर्णनात्मक कथानक

ब्रह्मा द्वारा बाल-वत्स-हरण, कालिय दमन-लीला, गोवर्द्धन-लीला, रास-लीला आदि वर्णनात्मक कथानकों में भी कवि का हृदय अनुरक्त नहीं हुआ। श्रीकृष्ण-विवाह के अतिरिक्त ये सभी वर्णन उन कथानकों की वर्णनात्मक शैली में आवृत्ति करने के लिए ही कदाचित् किये भी गये हैं, जिन्हें कवि गेयपद शैली में सुना चुका है। इसका उद्देश्य शायद कथा को संक्षिप्त रूप में प्रस्तुत

करने का ही था। कवि का हृदय न रमने के कारण यद्यपि इन पदों में द्रुतगामिता आ गई है, फिर भी कवि की आगे चलने की उतनी अधीरता द्योतित नहीं होती जितनी भागवत के छायानुवाद वाले स्थलों में। इन प्रसङ्गों में छन्दों की नवीनता और रमणीयता के कारण शैली के सौन्दर्य में वृद्धि अवश्य हो गई है, परन्तु भावों का मार्मिक चित्रण नहीं मिलता, फिर भी उस ओर संकेत करना कवि भूला नहीं।

भागवत से सूरसागर की तुलना करते हुए हमने उन प्रसंगों को उल्लेख किया है, जहां सूर ने पौराणिक आख्यानों की वर्णनात्मक शैली में पदबद्ध किया है। इन प्रसङ्गों में कवि ने इतिवृत्तात्मकता का ही आश्रय लिया है। इनकी घटनाओं के क्रम में संक्षिप्तता ही नहीं शैली की शिथिलता भी है। प्रायः तत्सम शब्दों का प्रयोग ही इन प्रसंगों में हुआ है। संग्रहात्मक प्रतियों को ही प्रामाणिक मानने वाले विद्वान् तो इन प्रसंगों को प्रक्षिप्त ही मानते हैं। जहां कहीं कवि को सिद्धान्त-प्रतिपादन अभीष्ट है, वहाँ भी उनसे वर्णनात्मक शैली का ही अनुसरण किया है। कवित्व की दृष्टि से इस शैली का कोई विशेष महत्व नहीं है, क्योंकि न तो इसमें रूप-कल्पना का योग है, और न ही रागात्मक तत्व का समावेश। इन प्रसंगों में उसी प्रकार की द्रुतगामिता है, जैसी तुलसी के—"आगे चले बहुरि रघुराई, ऋष्यमूक पर्वत नियराई", जैसे स्थलों में। दशम स्कन्ध में आये हुए वर्णनात्मक पद अधिक ऊत्राने वाले नहीं हैं, क्योंकि वहाँ तो अनेक गेयपदों के अनन्तर एकाध वर्णनात्मक पद भूषण का ही कार्य करता है। परन्तु और स्कन्धों में तो इस प्रकार के पदों की इतनी भरमार है कि पाठक ऊब-सा जाता है। सूरसागर की प्रबन्धात्मकता यत्किञ्चित् रूप में इसी प्रकार के पदों पर आधारित है।

अलंकार-योजना

भारतीय काव्य-शास्त्र में अलंकारों की चर्चा रस से भी प्राचीन है। वास्तव में साहित्य-विद्या को प्राचीन आचार्यों ने अलंकार-शास्त्र के नाम से ही अभिहित किया है। आचार्य राजशेखर ने तो अलंकार-शास्त्र को वेदांग ही माना है और उसकी उत्पत्ति भगवान् शंकर से बताई है। अलंकार-शास्त्र की परम्परा शङ्करसे प्रारम्भ होकर ब्रह्मा के भरत, नन्दकिशोर, विषण तथा उपमन्यु नामक चार शिष्यों द्वारा प्रवृत्त हुई। इन आचार्यों का उल्लेख आगे के काव्य-शास्त्रों में भी कहीं-कहीं मिलता है, परन्तु शास्त्रीय ढंग से अलंकार-शास्त्र की चर्चा भरत (ईसापूर्व प्रथम शताब्दी) से लेकर पण्डितराज जगन्नाथ (ईसा की १७ वीं शताब्दी) तक संस्कृत वाङ्मय में चलती रही। इस दीर्घकाल में कई सम्प्रदाय चले, परन्तु काव्य के लिये किसी न किसी रूप में अलंकार का महत्व सभी ने स्वीकार किया। रस-सम्प्रदाय, अलंकार, रीति, वक्रोक्ति और ध्वनि-सम्प्रदायों के अनेक आचार्य हुए हैं। प्राकृत और अपभ्रंश होती हुई यह परम्परा हिन्दी में भी आई, यद्यपि हिन्दी के आदियुग में कोई इस प्रकार का उल्लेखनीय अलंकार-ग्रन्थ नहीं मिलता। स्वयम्भू आदि प्राचीन कवियों के आधार पर चन्द की रचनाओं में काव्य-शास्त्र के कुछ उल्लेख मिलते हैं। चन्द की कविता से प्रतीत होता है कि वे रस-सिद्धान्त के पोषक थे, परन्तु उनकी रचना में अलंकारों की कमी नहीं है। विद्यापति की रचना में तो अलंकारों को स्पष्ट रूप से महत्व मिला ही है। सादृश्य-मूलक अर्थालंकारों की तो उनके काव्य में प्रचुरता है ही, शब्दालंकारों की संख्या भी कुछ कम नहीं है। निर्गुण-सम्प्रदाय के सन्त कवियों को काव्य की दृष्टि से यद्यपि कुछ नहीं लिखा, तथापि उनकी वानियों में अन्योक्ति, रूपक, उपमा आदि अलंकार पर्याप्त संख्या में स्वयं ही आ गये हैं. प्रेममार्गीय कवियों—विशेषकर जायसी—की अलंकार-योजना तो दर्शनीय ही है। सगुण भक्त

कवियों में जहाँ एक ओर हिन्दी की पूर्व-प्रचलित काव्य-शैलियों के परिपक्व और परिनिष्ठत रूप के दर्शन होते हैं, वहाँ दूसरी ओर उनकी अलंकार-योजना भी कम महत्व की नहीं है। चैतन्य महाप्रभु के वृन्दावन निवासी छः शिष्यों ने रस और अलंकारों को किस प्रकार भक्ति के साँचे में ढाला है, इसका पहले उल्लेख कर चुके हैं। अष्टछापी कवि नन्ददास के विषय में तो प्रसिद्ध ही है :

'और सब गढ़िया, नन्ददास जड़िया।'

काव्य में अलङ्कारों का महत्व तो है, परन्तु उसका स्थान क्या होना चाहिये ? यह बड़ा ही विवादग्रस्त विषय रहा है। आज के युग में अलंकारों को सर्वप्रथम स्थान तो नहीं दिया जाता, पर उनकी नितान्त अवहेलना भी साहित्यकार नहीं कर सके हैं। वे उन्हें भावों के उत्कर्ष-हेतु और सौन्दर्य-बोध में सहायक के रूप में ही ग्रहण करते हैं। किन्तु साधन पर ही दृष्टि केन्द्रित कर उसे साध्य रूप में देखने वाले 'भामह', 'उद्भट' आदि आचार्यों ने अलंकार को भी काव्य में सर्व प्रमुख स्थान दिया। डण्डी ने उन्हें काव्य की शोभा का कारण ही माना।[1] किन्तु 'चन्द्रलोककार' ने तो यहाँ तक आक्षेप किया कि—यदि कोई काव्य को अलंकार रहित मानता है, तो अपने आपको पण्डित मानने वाला यह व्यक्ति अग्नि को उष्णता-रहित क्यों नहीं मानता—

अङ्गीकरोति यः काव्यं शब्दार्थावनलंकृती।
असौ न मन्यते कस्मादनुष्णमनलं कृती॥

हिन्दी में रीति युग के प्रवर्त्तक केशवदास ने भी इन्हीं आचार्यों के सुर में सुर मिला कर घोषणा कर दी कि—"भूषण बिनु नहिं राजई कविता वनिता मित्त।" वास्तव में अलंकार शब्द की व्युत्पत्ति ही (अलंकरोति इति अलंकारः, जो अलंकृत करे) इस बात का प्रमाण है कि—'अलंकार स्वयं साध्य न होकर, साधन है।' अग्नि-पुराण में स्पष्ट कहा है—

"वाग्वैदग्ध्यप्रधानेऽपि सर एवात्र जीवितम्।"

जीवन-रहित शरीर पर अलंकारों की सज्जा हृदय में आह्लाद उत्पन्न करेगी या ग्लानि ? इसी प्रकार रस और भाव से हीन तुकबन्दी में यदि काट-छाँट कर अलंकार जड़े जायें तो अपनी चमक-दमक से एक बार द्रष्टा की आँखों में चकाचौंध भले ही उत्पन्न कर दें, उसके मानस में स्पन्दन नहीं भर सकते। वास्तव में यदि कविता भावपूर्ण है और उसमें स्वाभाविक सौन्दर्य है, तो प्रभावोत्पादकता के लिये उसे अलंकारों का मुखापेक्षी नहीं बनना पड़ता। ऐसी कविता के लिए तो सीधी-सादी उक्ति भी अलंकार बन जाती है, 'किमिव हि मधुराणां मण्डनं नाकृतीनाम्' :

सूर का काव्य भावों का उड़ता हुआ सागर है, जिसमें रस की थाह नहीं पायी जा सकती। भक्ति और वात्सल्य के भावों को रस कोटि तक पहुँचाने का श्रेय सूर को ही प्राप्त है, क्योंकि इन भावों का ऐसा तीव्र एवं व्यापक अभिव्यंजन, जो रस के सारे शास्त्रीय अङ्गों से पुष्ट है, सूर के अतिरिक्त किसी कवि से हो नहीं पाया। जिस प्रकार उमड़ती हुई सरिता अपने कूल-नियमित सरल पथ में प्रवाहित होने में असमर्थ होकर नवीन-नवीन मार्ग खोज लेती है, इसी प्रकार अनुभूति और भावुकता के चरम विकास की स्थिति में कवि के कण्ठ से निकली हुई भाव-रस-धारा सीधी सरल भाषा के कूलों में न समाती हुई चमत्कारपूर्ण वक्र कथनों के विस्तृत क्षेत्र में फैल जाती है। असाधारण भावोद्रेक के कारण वर्णन में, वर्णन-शैली में वक्रता और चमत्कृति आ ही जाती है, यह स्वाभाविक है। उन पाण्डित्य-प्रदर्शन-परायण कवियों की बात दूसरी है, जिन्हें भाव और अनुभूति के स्थान को चुन-चुन कर सजाये हुए शब्दों और

---

1 काव्यशोभाकरान् धर्मानलङ्कारान् प्रचक्षते, काव्यादर्श।

अलंकारों से भरकर कविता-कामिनी को हृदय-रहित प्रस्तर प्रतिमा के रूप में प्रस्तुत करने का व्यसन है। रससिद्ध कवियों की अलंकृत शैली उनके भाव-रत्नों की जगमगाहट से परिपूर्ण होने के कारण ही चमत्कारपूर्ण होती है, ऊपरी मुलम्मे वाली वस्तु के समान बाह्य चमक-दमक का मिथ्या आडम्बर ही नहीं रखती। सूर की रचना में जैसी भाव-प्रवणता है, वैसी ही चमत्कृति भी। उनकी अलंकार-योजना में न तो केशवदास के समान काव्यशास्त्र-ज्ञान-प्रदर्शन की प्रवृत्ति है, और न जायसी के समान एक-एक पंक्ति में कई-कई अलंकार ठूँसकर संकर और संसृष्टि करने का आग्रह ही। जहाँ रीतिकालीन कवि अनेक अलंकारों से सजाने की धुन में अपनी कविता-नागरी को ग्राम्य रूप देकर 'विनायकं प्रकुर्वाणो रचयामास वानरम्' वाली उक्ति को चरितार्थ कर आलोचकों के उपहास्य बने, वहाँ सूर ने भाव और कलापक्ष का उचित सन्तुलन रखकर अपनी कला को 'कला' ही बना दिया। आचार्य शुक्ल का कथन है—"सूर में जितनी सहृदयता है, उतनी ही वाग्विदग्धता।"

वास्तव में सूर का वाग्वैदग्ध्य सहृदयता से समन्वित है। यही कारण है कि उनके काव्य में अलंकारों के घटाटोप के दर्शन नहीं होते और वे अपने रूप-चित्रण में सर्वत्र संवेदनाशील दीख पड़ते हैं। उन्होंने अलंकारों का प्रयोग विशेषकर सौन्दर्य-बोध के लिये ही किया है। किसी वस्तु के साक्षात्कार से जब कवि की सौन्दर्यानुभूति सजग हो उठती है, हृदय तल्लीन हो जाता है, तो उसकी कल्पना उस वस्तु के सौन्दर्य को अधिक हृदयग्राही और प्रभावोत्पादक बनाने के लिये अप्रस्तुत-व्यवहार योजना का सन्निवेश करने लगती है; उस समय कवि की रचना में अलंकारों का समावेश स्वतः हो जाता है। यही कारण है कि सूर की रचना में हमें उपमा, रूपक, उत्प्रेक्षा, रूपकातिशयोक्ति, प्रतिवस्तूपमा आदि अलंकारों के ही दर्शन होते हैं। उन्होंने अपनी अप्रस्तुत योजना में मानव और मानवेतर सभी व्यापार लिये हैं। इस प्रकार उनकी अलंकार-योजना में सहज ही प्रकृति से तादात्म्य हो गया है। जहाँ कवि सांसारिकता से ऊबकर खिन्नमय से ऐसा स्थान खोजने को प्रयत्नशील होता है, जहाँ ऐहिक राग-विराग, मानापमान, सुख-दुःख आदि द्वन्द्वों का अभाव हो वहाँ स्वाभाविक रूप से ही अन्योक्ति अलंकार आ गया है।

सूर के काव्यों में शब्दालंकारों की अपेक्षा अर्थालंकारों का ही प्रयोग अधिक और स्वाभाविक हुआ है, क्योंकि शब्दालंकार तो वर्ण-सौन्दर्य को ही विशेष रूप से प्रस्फुटित करते हैं। रूप-सौन्दर्य के लिये उनका इतना महत्व नहीं, जबकि सूर का उद्देश्य रूप-सौन्दर्य चित्रण और उसके द्वारा भाव-सौन्दर्य का पोषण करना था। यही कारण है कि शब्दालंकार विशेष रूप से 'साहित्य-लहरी' के अतिरिक्त अन्यत्र नहीं मिलते। 'साहित्य-लहरी' की रचना सम्भवतः शब्दालंकारों के प्रदर्शन के लिए ही हुई। शब्दालंकारों में उन्होंने यमक, अनुप्रास, श्लेष, वीप्सा और वक्रोक्ति का विशेष प्रयोग किया है। श्लेष और यमक दृष्टिकूट पदों में प्रचुर मात्रा में मिलते हैं। अनुप्रास का प्रयोग तो सूर-काव्य में अत्यन्त ही स्वाभाविक है, क्योंकि अनुप्रास द्वारा जहाँ एक ओर ध्वन्यात्मक सौन्दर्य का विधान होता है, वहाँ दूसरी ओर उससे वातावरण की सृष्टि भी। वीप्सा अलंकार कवि के हृदय की भक्ति-भावना का ही परिचायक कहा जा सकता है, क्योंकि उसका प्रयोग उन्होंने राधा और कृष्ण के अंग-प्रत्यंग के सौन्दर्य-रस-पान से तृप्त न होकर बार-बार स्वरूप वर्णन में किया है। वक्रोक्ति का प्रयोग व्यंग्योक्तियों में है। व्यंग्य को शृङ्गार रस का सर्वस्व कहा जा सकता है और शृङ्गार के संयोग और वियोग दोनों ही पक्षों में प्रेमी और प्रेमिकाओं द्वारा इसका आधार ग्रहण किया जाता है। सूर के काव्य में व्यंग्य को भी महत्वपूर्ण

स्थान मिला है। उसके वात्सल्य में भी हमें व्यंग्य के दर्शन होते हैं। विरहिणी गोपियों की उक्तियाँ तो उनके भावों के साथ व्यंग्य को भी लेकर निकलती हैं, इसलिए उनमें वक्रोक्ति के सुन्दर उदाहरण भरे पड़े हैं।

सूरसागर में अलंकार-रत्नों की भी कमी नहीं है। यदि कोई गोता लगाने का साहस कर सके तो चाहे जितने अलंकार निकाल सकता है। किन्तु हमारा अभिप्राय यहाँ पर अलंकारों का विस्तृत विश्लेषण और विवेचन नहीं है, केवल कतिपय अलंकारों का उल्लेख हम यहाँ करेंगे। जैसा कि पहले कहा जा चुका है, महाकवि सूर ने अपनी रचना में अनेक अप्रस्तुत व्यापारों का आयोजन किया है, जिसके कारण उनमें सादृश्य-मूलक अलंकारों का प्राचुर्य है। सांगरूपक का प्रयोग सबसे अधिक हुआ है, जिसके उदाहरण 'सूरसागर' में भरे पड़े हैं। निम्नलिखित पद में शाही ठाट से सुशोभित पतितों के राजा 'सूर' को शायद पहिचान भी न सकें।

हरि हौं सब पतितन को राजा।
निन्दा परमुख पूरि रह्यौ जग, यह निसान नित बाजा।
तृष्ना देश अरु सुभट मनोरथ, इन्द्री खड्ग हमारी।
मन्त्री काम कुमति दीबे कौं, क्रोध रहत प्रतिहारी।
गज अहंकार चढ्यौ दिगविजयी, लोभ छत्र करि सीस।
फौज असत-संगति को मेरे, ऐसौं हौं मैं ईस।
मोह-मय बन्दी गुन गावत, मागध दोष अपार।
सूर पाप को गढ़ दृढ़ कीन्हौं, मुहकम लाइ किवार।[1]

सांसारिक विषयों के चक्र में पड़कर नट का वेश धारण कर नाचते-नाचते सूर थक गये और वे अपने आराध्य से प्रार्थना करते हैं कि इस माया-नृत्य से पीछा छुड़ायें :

अब हौं नाच्यौ बहुत गुपाल।
काम क्रोध को पहरि चोलना कंठ विषय की माल।
महा मोह के नूपुर बाजत निन्दा-शब्द रसाल।[2]

केवल उपमान का वर्णन कर उपमेय के गुणों की ओर संकेत करने से उक्ति में जो चमत्कार आ जाता है, उसे अप्रस्तुत के द्वारा प्रस्तुत का प्रशंसन करने के कारण अप्रस्तुत प्रशंसा कहते हैं। वर्ण्य वस्तु का नाम तक लिए बिना उसकी विशेषताओं के उद्घाटन का यह सीधा-सादा ढंग है। निम्नलिखित पद में गाय के वर्णन द्वारा प्रस्तुत अविद्या (माया) का सुन्दर वर्णन सूर ने किया है :

माधो जू यह मेरी इक गाय।
अब आज तैं आप आगैं दई, लै आइयै चराइ।
यह अति हरहाई, हटकत हूँ, बहुत अमारग जाति।
फिरति बेद-वन ऊख उखारति, सब दिन अरु सब राति।
हित करि मिलै लेहु गोकुलपति, अपने गोधन माँह।
सुख सोऊँ सुनि बचन तुम्हारे, देहु कृपा करि बाँह।

---

१ सूरसागर (सभा) पद १४४
२ वही पद १५३

निधरक रहौ सूर के स्वामी, जनि मन जानौ फेरि।
मन-ममता रुचि सौं रखबारी, पहिलैं लेहु निबेरि।[1]

सौन्दर्य की अनुभूति की पराकाष्ठा में सीधी-सादी भाषा में अभीष्ट प्रभाव की अभिव्यक्ति नहीं होती, तो कवि को कल्पना का आश्रय लेना पड़ता है और वह अपनी सूक्ष्म दृष्टि से अनेकानेक उपमान खोज लाता है, जब इतने पर संतोष नहीं होता तो कल्पना द्वारा प्रस्तुत वस्तु के समान धर्म वाली वस्तुओं की सृष्टि कर उनसे उसका तादात्म्य स्थापित करता है। इस प्रकार उत्प्रेक्षा के अनेक रूप उसकी रचना में आ जाते हैं। सूर ने उत्प्रेक्षा का बहुत ही अधिक प्रयोग किया है। कृष्ण के मुख की छवि का वर्णन देखिये :—

मुख छवि कहा कहौं बनाइ।
निरखि निसिपति बदन-सोभा गयौ गगन दुराइ।
अमृत अलि मनु पिवन आए, आइ रहे लुभाइ।
निकसि सर तैं मीन मानौ, लरत कीर छुराइ।[2]

उत्प्रेक्षा के न जाने कितने उदाहरण सूर में भरे पड़े हैं।[3] रूप-चित्रण में दृष्टान्त और उपमा का भी सूर ने खूब प्रयोग किया है। उपमा का एक उदाहरण देखिये :—

हरि दरसन की साधु मुई।
उड़ियै उड़ी फिरति नैननि संग, कर फूटैं ज्यों आक रुई।
× × × ×
सूखति सूर धान-अंकुर सी बिनु बरसा ज्यौं मूल तुई।[4]

मुरली मनोहर श्याम के सौन्दर्य का गोपियों पर भिन्न-भिन्न प्रभाव पड़ा है, जिसको द्योतित करने के लिए कवि उल्लेख अलंकार का आश्रय लेता है :—

हरि-प्रति-अंग नागरि निरखि।
दृष्टि रोमावली पर रही, बनत नाहीं परखि।
कोउ कहति यह काम-सरनी, कोउ कहत नहिं जोग।
कोउ कहति अलि-बाल-पंगति, जुरी एक संजोग।
कोउ कहति अहि काम पठयौ, डसै जिनि यह काहु।
स्याम रोमावली की छवि सूर नहिं निबाहु।[5]

इन्ही प्रसंगों में प्रतीप, सन्देह, अतिशयोक्ति, संभावना, व्यतिरेक, अपन्हुति आदि अलंकारों के उदाहरण भी द्रष्टव्य हैं :

प्रतीप—

देखि री हरि के चंचल नैन
× × ×
...जवदल इंदीवर सतदल, कमल कुसेसय जाति।
निसि मुद्रित प्रातहिं वै विकसित, ये विकसित दिनराति।[6]

---

१ सूरसागर (सभा) पद ५१
२ वही पद ६७०
३ वही पद २७३, ७२२, ६६८
४ वही पद २४७३
५ वही पद १२५४
६ वही पद २४३१

सन्देह—

गोपी तजि लाज, संग स्याम-रंग भूलीं।
पूरन मुखचन्द देखि, नैन-कोई फूलीं।
कैधौं नव जलद स्वाति, चातक मनलाए।
किधौं वारि बूंद सीप हृदय हरष पाए।
रवि-छवि कैधौं निहारि, पंकज विकसाने।
किधौं चक्रवाकि निरखि, पतिहीं रतिमाने।
कैधौं मृग-जूथ जुरे, मुरली-धुनि रीझे।
सूर स्याम-मुख-मंडल-छवि, के रस भीजे।[1]

अतिशयोक्ति—

नन्द-नन्दन मुख देखौ माई।
× × ×

रूपकातिशयोक्ति—

खंजन, मीन, भृङ्ग, वारिज, मृग पर दृग अति रुचि पाई।

सम्बन्धातिशयोक्ति—

स्रुतिमंडल कुण्डल मकराकृत, विलसित मदन सदाई।[2]

भेदकातिशयोक्ति—

सखी री सुन्दरता को रंग।
छिन-छिन माँह परति छबि औरै कमल-नैन के अंग।
परमिति कर राख्यौ चाहति हैं, लागी डोलति संग।
× × × ×
सूरदास कछु कहत न आवै, भई गिरा-गति पंग।[3]

संभावना—

बड़ौ निठुर विधना यह देख्यौ।
जब तैं आजु नन्द-नन्दन छबि, बार-बार करि पेख्यौ।
नख, अँगुरी, पग, जानु-जंघ, कटि रचि कीन्हौ निरमान।
हृदय, बाहु, कर, अंस, अंग-अंग, मुख सुन्दर अतिबान।
अधर, दसन, रसना, रस-बानी, स्रवन, नैन अरु भाल।
सूर रोम प्रति लोचन दे त्यौ, देखत बनत गुपाल।[4]

व्यतिरेक—

उपमा नैन न एक रही।
कवि जन कहत-कहत सब आए, सुखि करि नाहिं कही।
कहि चकोर विधु-मुख बिनु जीवत, भ्रमर नहीं उड़ि जात।

---

१ सूरसागर (सभा) पद १२६०
२ वही पद १२४४
३ सूरसागर पद १२५८
४ वही पद १२६१

हरि-मुख-कमल-कोष बिछूरे तें, ठाले कत ठहरात।
ऊधौ बधिक व्याध ह्वै आये, मृग सम क्यों न पलात।[1]

× × ×

अपन्हुति—

चातक न होइ कोउ विरहिनि नारि।
अजहुँ पिय-पिय रजनि सुरति करि झूंठेंहि मांगत वारि।[2]

तथा रूपकगर्भित-अपन्हुति—

मधुकर हम न होंहि वे बेलि।
जिन भजि तजि तुम फिरत और रंग करत-करत कुसुम-रस केलि।[3]

भगवान् के गुणानुवाद में अतिशयोक्ति, स्वभावोक्ति, अन्योक्ति और विरोधाभास अलंकारों का अधिक प्रयोग हुआ है। अर्थान्तरन्यास और उदाहरण भी जहां-तहां पाये जाते हैं—चकई, भृंगी, सूआ आदि के प्रति कहे हुए पदों में अन्योक्ति अलंकार के सुन्दर उदाहरण निहित हैं। भगवान् अकारण ही भक्तों और दीन जनों पर कृपा करते हैं, ऐसे भावों के प्रकाशन में विभावना अलंकार है।

प्रेम-गोपन के लिये सन्देह, विस्मयोत्पत्ति के लिये असंगति, असम्भव और विषय आदि अलंकारों का आश्रय लिया गया है। शिव और कृष्ण के रूप-वर्णन में सांगरूपक और श्लेष के साथ साथ अपन्हुति का भी प्रयोग हुआ है। राधा और कृष्ण के सौन्दर्य-वर्णन में व्यतिरेक का प्राचुर्य है प्राकृतिक दृश्यों के वर्णन में उत्प्रेक्षा और सांगरूपक का तथा संसार की असारता, यौवन की क्षण-भंगुरता, भगवत्प्रेम आदि के वर्णन में उपमा के साथ-साथ अर्थान्तिर्न्यास का विशेष प्रयोग हुआ है।

अलंकारों के अतिरिक्त काव्य की कलात्मकता में छन्दों का महत्व हम पहले ही बता चुके हैं। सूरदास जी की गेयपद शैली में राग-रानियों का ही विशेष स्थान है, परन्तु जैसा कि पहले कहा जा चुका है कि छन्दों की परम्परा भी प्राचीन काल से चली आ रही थी और प्रत्येक कवि छन्दोमयी कविता को ही कविता समझता था। लय और छन्द से कविता की व्यंजकता भी समझी जाती थी, क्योंकि लय आन्तरिक वेग को प्रकट करने का साधन है। पाश्चात्य काव्य-शास्त्र में भी इसको महत्व दिया गया है। हमारे यहां तो छन्दों की सृष्टि ही लय और स्वर के आधार पर हुई। लय के विषय में श्री लीलाधर गुप्त अपने 'पाश्चात्य साहित्यालोचन-शास्त्र' ग्रन्थ में लिखते हैं:—

"लय की उत्पत्ति अन्तर्वेग से है और अन्तर्वेग को उत्तेजित करने की उसमें विशेष क्षमता है। लय हमें हँसा सकती है; लय हमें रुला सकती है; लय हमें अपकृष्ट कर सकती है; लय हमें उत्कृष्ट कर सकती है; लय हमें सुला सकती है; लय हमें जगा सकती है; लय हमें शान्त कर सकती है; लय हमें उन्मत्त कर सकती हैं; लय हमें संसार में अनुरक्त कर सकती हैं; लय हमें उदासीन कर सकती है; लय हमें हमारा सच्चा रूप दिखा सकती है; लय हमें ब्रह्म-प्राप्ति की ओर उन्नत कर सकती है। लय हमारे शरीर में हरकत कर देती है, हम ताल देने लगते हैं, हम नाचने लगते हैं। लय हमारे हृदय, हमारे फेफड़े, हमारी नाड़ियों को प्रभावित कर देती हैं। लय के

१ सूरसागर पद ४१९०
२ सूरसागर (वें० प्रे०) पृष्ठ ४९६
३ सूरसागर (सभा) पद ४१२६

प्रभाव के हेतु लय का विवेकपूर्ण प्रयोग होना चाहिये। भाव की जहाँ जैसी गति हो, वहाँ वैसी ही लय होनी चाहिये।"[1]

आगे चल कर गुप्त जी पद्य की लय पर प्रकाश डालते हुए कहते हैं:

"पद्य की लय में एकरूपता और नियमितता होती है। उसमें लय और पद का ढाँचा भी होता है। ऐसा व्यवस्थित ढाँचेदार पद ही छन्द होता है। छन्द का काव्यात्मक मूल्य और भी अधिक है। छन्द प्रवेक्षण (एण्टीसीपेशन) की प्रवृत्ति को उत्तेजित करके शब्दों का एक दूसरे से सम्बन्ध घनिष्ट कर देता है। छन्द विस्मय द्वारा चेतना को धीमा करके मोहन-निन्द्रा-सी ले आता है और सुविकारिता, सूचकता और संवेदनशीलता की वृद्धि करता है। छन्द अपनी गति और ध्वनि से अर्थ-प्रकाशन करता है। यदि अन्तर्वेग अति तीव्र हो, तो छन्द उसकी तीव्रता कम कर देता है और यदि अन्तर्वेग अति मन्द हो, तो छन्द उसको उत्कृष्ट कर देता है। छन्द कविता का वातावरण उपस्थित कर देता है, काव्यात्मक अनुभव को छन्द साधारण जीवन के रागों से पृथक् कर देता है। छन्द काव्यात्मक अनुभव की अभिव्यक्ति को स्थिर और परिभाषित कर देता है। छन्द कल्पना को प्रज्वलित कर कवि को ऐसी दृश्यमान और श्रोतव्य प्रतिमाएँ प्रदान करता है, जिनसे उसके अनुभव की अभिव्यक्ति स्पष्ट और प्रेरक हो जाती है।"[2]

गायत्री, त्रिष्टुप्, अनुष्टुप्, जगतो आदि वैदिक छन्द और मन्दाक्रान्ता, द्रुतविलम्बित, शार्दूल विक्रीडित, शिखरिणी, आदि लौकिक संस्कृत के छन्द इसी लय के आधार पर बनाये गये हैं। राग-रागिनियों के मूल में भी वे लय, गति और स्वर ही हैं। हिन्दी के छन्द प्राकृत और अपभ्रंश के छन्दों के रूपान्तर हैं। कुछ छन्द तो विशिष्ट कवियों की रचनाओं के आधार पर ही गढ़ लिये जाते हैं। हमारे कवि सूरदास जी की रचना गेयपद-शैली में हुई है। उनके अधिकांश पद कीर्तन के रूप में हैं, इसलिये छन्दोविधान का कोई विशेष स्थान उनके काव्य में नहीं है। पिंगल शास्त्रीय छन्दों की अपेक्षा संगीत शास्त्रीय राग-रागिनियाँ ही उनके काव्य में पायी जाती हैं। उन्होंने जिन राग-रागिनियों का प्रयोग किया है, उनमें से बहुतों का तो अभी तक नामकरण भी नहीं हुआ। वे भावानुकूल राग-रागिनी का प्रयोग करने में सिद्धहस्त थे और यही उनकी विशेषता थी। उनके पदों को छन्दःशास्त्र की कसौटी पर कसना उपयुक्त प्रतीत नहीं होता, फिर भी काव्य की कलात्मकता दिखाने के लिये छन्दों का निर्देश करना आलोचना की एक पद्धति-सी हो गई है। डा० ब्रजेश्वर वर्मा ने अपने 'सूरदास' में सूर के छन्दोविधान पर विशेष रूप से विचार किया है और 'सूरसागर' के वर्णनात्मक एवं गेय सभी अंशों का विश्लेषण छन्दों की दृष्टि से किया है। उन्होंने जिन छन्दों को 'सूरसागर' में दिखाया है, उनमें मुख्य-मुख्य निम्नलिखित हैं:

वर्णनात्मक प्रसंगों के छन्द

१—चौपई, चौपाई, दोहा, रोला आदि तथा उनसे निर्मित नवीन छन्द।[3]

२—अन्य छन्द।

'सूरसागर' में चरणों के आकार के विचार से छोटे और लम्बे सब तरह के छन्द पाये जाते हैं। जिन छन्दों का ऊपर उल्लेख हो चुका है, उनके अतिरिक्त कवि द्वारा प्रयुक्त—चन्द्र (१०,७) भानु (६,१५) कुंडल (१२,१०) सुखदा (१२,१०) राधिका (१३,९) उपमान (१३,१०)

१ पाश्चात्य साहित्य-लोचन के सिद्धान्त (लीलाधर गुप्त) पृष्ठ २२६-२२७

२ वही पृष्ठ २२८

३ 'सूरदास' (ब्रजेश्वर वर्मा) पृष्ठ ५७२

हीर (६, ६, ११) तोमर (१२,१२) शोभन (१४,१०) और रूपमाला (१४,१०) की गणना छोटे छन्दों में हो सकती है तथा गीतिका (१४,१२) विष्णु पद (१६,१०) सरसी (१६,११) हरि पद (१६, ११) सार (१६,१२) लावनी (१६,१४) वीर (१६,१५) समान सवैया (१६,१६) मत्त-सवैया (१६,१६) हंसाल (२०,१७) और हरिप्रिया (१२,१२,१०) को लम्बे छन्दों में गिना जा सकता है।[1]

सूर की भाषा

शैली के विवेचन में हम बता चुके हैं कि सामंजस्य और समन्वय ही रचना की सफलता का मूलमन्त्र है। कलाकार कला के विभिन्न अंगों का समन्वय करके आधारभूत वस्तु को हृदयग्राही और प्रभावोत्पादक बनाने का प्रयत्न करता है, परन्तु उसकी शैली का सौन्दर्य; विशेषकर भाषा की समृद्धि पर ही आधारित होता है। वह शब्दों का प्रयोग इस प्रकार करता है कि हमारे भावों और विचारों को व्यवस्थित कर देते हैं। उत्तम कलाकार भाषा को अपने आन्तरिक अनुभव के समकक्ष बना लेता है और उसकी भाव-प्रेषणीयता को द्विगुणित कर देता है। इसलिये अर्थ में चित्रोपमता और सजीवता लाने के लिये कवि अभिधा, लक्षणा और व्यञ्जना की सहायता से शब्दों को विशिष्ट अर्थ में प्रयुक्त करता है। कवि के हाथों में पड़कर शब्द में एक विशेष योग्यता आ जाती है और वह अर्थ-विशेष का वाहक बन जाता है। वास्तव में शब्द का मूल्य भी अनुभूति पर आधारित है। इसलिये एक ही शब्द की व्यंजकता भिन्न-भिन्न कवियों की रचना में विविध रूप में परिलक्षित होती है। यूनानी आलोचक लॉञ्जायनस ने सुन्दर शब्दों को भावों और विचारों का प्रकाशन माना है। शब्द-चयन करता हुआ कवि किसी एक प्रकार की ही शब्दावली की सीमा में आबद्ध नहीं रहता उसके लिये तो मुख्य वस्तु भावों का अभिव्यञ्जन ही है। जिसके अनुकूल वह भावानुकूल शब्दों का प्रयोग करता है, कभी प्राचीन मृत शब्दों को जीवन प्रदान करता है; कभी उपभाषाओं और बोलियों के शब्दों को ग्रहण करता है और कभी विदेशी शब्दों का भी उदारता के साथ स्वागत करता है। भारतीय शास्त्र में तो शब्द को बड़ा ही महत्व दिया गया है और उसे ब्रह्म की पदवी तक पहुँचाया है। 'विष्णु-पुराण' में शब्द को विष्णु का अंश माना है और 'महाभाष्य' में पतञ्जजि ने लिखा है कि—'भली-भाँति जाना हुआ सम्यक् रूप से प्रयुक्त शब्द लोक और परलोक दोनों में अभीष्ट फलदायक होता है।'

भाषा शब्दों का ही समुदाय है, परन्तु कविता भाषा को भावों और विचारों का प्रतिनिधि बनाने का प्रयास करती है। कविता के लिये भाषा के श्रोतव्य और दृश्यमान दोनों ही चिन्ह अपेक्षित हैं। श्रोतव्य चिन्ह से कविता में गति, लय, वेग, कोमलता आदि गुण आते हैं और इसलिये साहित्य-शास्त्र में जहाँ तक और छन्दों को महत्व दिया है, वहाँ दूसरी ओर माधुर्य, ओज और प्रसाद—तीनों के गुणों के लिए पृथक्-पृथक् अक्षर और शब्द निर्दिष्ट किये गए हैं। भाषा के दृश्यमान चिन्ह से चक्षुरिन्द्रिय के माध्यम से भावों को हृदय तक पहुँचाया जाता है, इसलिये किसी कवि के मूल्यांकन में उसकी भाषा का विवेचन भी विशेष महत्व रखता है।

सूरदास जी ने अपने काव्य के लिए अपने इष्टदेव की विहार-भूमि ब्रज की ही भाषा को अपनाया। उनकी रचना में हमें ब्रज-भाषा का जो परिनिष्ठत और साहित्यक रूप मिलता है, उसको देखकर यह भी अनुमान लगाया जा सकता है कि ब्रज-भाषा शताब्दियों से काव्य की भाषा रही होगी, सूर ने तो उसको सुसंस्कृत बनाकर साहित्यिक रूप देने में ही योग दिया होगा। खेद

१ 'सूरदास' (ब्रजेश्वर वर्मा) पृष्ठ ५७६

है कि आज हमें सूर के पूर्ववर्ती कवियों की वे रचनाएँ नहीं मिलती, जिनसे सूर की रचना का तारतम्य जोड़ा जा सके। आज जो साहित्य हमें उपलब्ध है, वह या तो अपभ्रंश मिश्रित डिंगल में है या सधुक्कड़ी भाषा में। कबीर आदि संत कवियों की बानी में ब्रज-भाषा का जो रूप मिलता है, वह तो भाषा का खिचड़ी रूप ही कहा जा सकता है। खुसरो की भाषा अवश्य सुसंस्कृत देशी-भाषा का स्वरूप सामने रखती है लेकिन उसकी प्रामाणिकता असंदिग्ध नहीं कही जा सकती। हलवाई कृत भागवत-भाषा में भी ब्रज-भाषा का साहित्यिक रूप नहीं है। जो कोमल-कान्त पदावली भावानुकूल शब्द-चयन, सार्थक अलंकार योजना, धारावाही प्रवाह, संगीतात्मकता और सजीवता सूर की भाषा में है, उसे देखकर यही कहना पड़ता है कि सूर ने ही सर्व प्रथम ब्रज-भाषा को साहित्यिक रूप दिया। संगीतात्मकता तो ब्रज-भाषा की थाती है। यह शौरसेनी अपभ्रंश का विकसित रूप है और बारहवीं शताब्दी से ही इसे साधु-सन्तों और संगीतज्ञों ने अपना लिया था। वैष्णव सम्प्रदाय के आचार्यों और भक्तों ने जब इस भाषा को अपनाया तो इसकी आशातीत सफलता हुई और यह समस्त भारत की राष्ट्र-भाषा नहीं, तो धर्म-भाषा तो बन ही गई। पश्चिमी हिन्दी वाले प्रान्तों में अब भी गीतों की भाषा ब्रज-मिश्रित ही है। आचार्य रामचन्द्र शुक्ल ने अपने 'हिन्दी-साहित्य के इतिहास' में लिखा है—

"यहाँ इस बात की ओर ध्यान दिला देना आवश्यक प्रतीत होता है कि 'काव्य-भाषा' का ढाँचा अधिकतर शौरसेनी या पुरानी हिन्दी का ही बहुत काल से चला आता था। जिन पश्चिमी प्रदेशों की बोलचाल खड़ी होती थी, उनमें भी जनता के बीच प्रचलित पद्यों, तुकबन्दियों आदि की भाषा ब्रज-भाषा की ओर झुकी रहती थी। अब भी यह बात पाई जाती है। इसी से खुसरो की हिन्दी रचनाओं में भी दो प्रकार की भाषा पाई जाती है। ठेठ खड़ी बोलचाल, पहेलियों और दो सुखुनों में ही मिलती है, यद्यपि उनमें भी कहीं-कहीं ब्रज-भाषा की झलक है, पर गीतों और दोहों की भाषा ब्रज या मुख-प्रचलित काव्य भाषा ही है।"[1]

परन्तु खेद है कि ब्रज-भाषा के विकास पर अभी तक हिन्दी विद्वानों की दृष्टि नहीं गई है और न ब्रज-भाषा के सम्बन्ध में कोई प्राचीन पुस्तक ही उपलब्ध है। ब्रज-भाषा के साहित्य के इतिहास की भी आवश्यकता अभी बनी हुई है। आधुनिक विद्वानों में डा० धीरेन्द्र वर्मा ने 'ब्रज की भाषा' नामक एक पुस्तक फ्रेन्च भाषा में लिखी थी, किन्तु उनके पश्चात् भाषा-सम्बन्धी कोई वैज्ञानिक कार्य नहीं हुआ है। कहा जाता है कि शाहजहाँ के समय में 'सुन्दर' नाम के किसी विद्वान् ने ब्रज-भाषा पर एक पुस्तक लिखी थी, किन्तु वह अभी तक हमें देखने को नहीं मिली है। डा० दीनदयालु जी से पता चला है कि उसकी एक प्रति किसी म्यूजियम में सुरक्षित है। ब्रज-भाषा के सम्बन्ध में एक और पुस्तक प्राप्त है, जो मिर्जा खाँ ने सन् १६७६ में लिखी थी और जिसका सम्पादन सन् १९३५ ई० में श्री जियाउद्दीन ने "A Grammar of the Brij Bhakha" नाम से किया है। यह पुस्तक 'विश्व-भारती' से प्रकाशित भी हो चुकी है। इस पुस्तक का नाम फारसी में 'तुहफतुए-हिन्द' है। इस पुस्तक का सबसे पहले हवाला सन् १७८४ में 'सर विलियम जौन्स' ने अपने लेख "On the Musical Modes of the Hindus" में दिया है। इस पुस्तक की पाण्डुलिपि इण्डिया ऑफिस के पुस्तकालय में सुरक्षित है। यह पुस्तक कई दृष्टिकोणों से बड़ी महत्वपूर्ण है। इसमें हिन्दी-साहित्य की कई शाखाओं पर विचार किया गया है। इसके अतिरिक्त जब फारसी के प्रभाव से उर्दू-भाषा फारसीमय होने लगी तो मिर्जा खाँ

१ हिन्दी साहित्य का इतिहास (रामचन्द्र शुक्ल) पृष्ठ ५४

ने प्रचलित हिन्दी अथवा भाखा को इस पुस्तक के द्वारा मुसलमानों के अधिक निकट लाने का प्रयत्न किया और भाखा-साहित्य के अध्ययन का साधन प्रस्तुत किया। इस पुस्तक में जो शब्दकोष दिया है, उसमें प्रायः बोलचाल के शब्दों की ही अधिकता है। भाषा-विज्ञान की दृष्टि से भी यह पुस्तक बड़े महत्व की है, क्योंकि इसमें हिन्दी, अरबी और फारसी वर्णों का तुलनात्मक उच्चारण भी दिया है। जहाँ तक हो सका है, हिन्दी के शब्दों का सही उच्चारण देने का प्रयास किया है। इस पुस्तक में 'हिन्दी' और 'भाखा' दोनों शब्दों को पर्याय माना है। जबकि आगे चलकर इन्शाअल्ला खाँ ने अपनी 'रानी केतकी की कहानी' में 'हिन्दवी' और 'भाखा' शब्दों का भिन्न अर्थ में प्रयोग किया है। 'भाखा' का क्षेत्र निश्चित करते हुए मिर्जा खाँ कहते हैं कि 'भाखा' विशेष रूप से ब्रज प्रान्त और उसके आसपास की बोली है। एक दूसरे स्थल पर ग्वालियर और चँदवार जिलों को भी भाखा के प्रान्त माना है।[1]

गंगा और यमुना के दोआब की भाषा को उसने प्रभावशाली भाषा कहा है और चूंकि वह भाखा को ही प्रभावशाली मानता था, इसलिए ब्रज-भाखा का प्रसार दोआब में भी काफी दूर तक था। संगीत वाले पाठ में उसने पंजाबी, राजपूती, खैराबादी, गुजराती का उल्लेख किया है और भाखा में प्राकृत और संस्कृत को छोड़कर प्रायः सभी बोलियों का समावेश बताया है। प्राकृत की उत्पत्ति भी भाखा और संस्कृत के मेल से बताई है। मिर्जा खाँ ने भाखा को ही संगीत के उपयुक्त बताया है और उसे कवियों और सभ्य मनुष्यों की भाषा कहा है। डा० ग्रियर्सन ने लिखा है :

"The Hindi poetry in the Western Hindi language is almost all in Brijbhakha."[2]

संगीत के विषय में भी इस पुस्तक में विस्तार से लिखा गया है और छन्दों का भी विस्तृत विवेचन किया गया है। सबसे पहले ७५ मात्रिक छन्द सोदाहरण प्रस्तुत किये गए हैं। फिर छप्पय शब्दों के ७१ भेद और वर्णिक छन्दों के १२१ भेद बताये हैं, अन्त में संस्कृत के आठ छन्द और हिन्दी के १४ नवीन छन्दों की विवेचना है। लेखक ने अपने हिन्दी-कोष में तीन हजार शब्द दिये हैं।

इस प्रकार यह पुस्तक भूमिका के अतिरिक्त छः अध्यायों में लिखी गई है और दूसरे भाग में हिन्दी-शब्दकोष के साथ भाखा के व्याकरण पर विचार किया गया, जिसमें दस अध्याय हैं। ब्रज-भाषा की दृष्टि से यह पुस्तक बड़े महत्व की है। जैसा कि डा० ग्रियर्सन ने लिखा है :

"I am not aware of any other earlier attempt at a grammar of the Hindi or Hindustani language other than that of Mirza Khan's. John Joshua Katelaer wrote his grammar of the Hindustani in about 1715 A.D., which was published by David Millius in 1743 A.D. Lalluji Lal of Agra (1803 A.D.) is mentioned by Sir A. G. Grierson as the author of a grammar, entitled Masadir-i-Bhakha. Mirza Khan's Dictionary is again the first attempt at anything like a dictionary of the Hindi language. The

1 Candwar, Chandwar, Janwar is a district 25 miles east of Agra on the route from Mathura to Etawa, on the river Jamna, and is mostly occupied by Chauhan tribes. (Jarrat's Ain-i-Akbari, II p. 183)

2 The Indian antiquary for January, 1903; Page 16.

dictionary of the Hindustani language by Fraciscus M. Turonesis, referred to by J. C. Amadutinus, was written in 1704 A. D., regarding which he says that it could be seen in the Propaganda Library of Rome till 1761 A.D. Daya Ram Tripathi wrote a dictionary of Hindi in about 1741 A.D.[१]

ब्रजभाषा-व्याकरण की कसौटी पर सूर की भाषा खरी नहीं उतरती, क्योंकि उन्होंने ब्रजभाषा के ही शब्दों को नहीं तोड़ा-मरोड़ा, प्रत्युत अन्य भाषाओं के शब्दों को भी अपने अनुकूल बनाने की चेष्टा की है, इसलिये इनकी भाषा शुद्ध परिमार्जित भाषा नहीं कहीं जा सकती। यद्यपि इस भाषा का पूर्णरूप से परिष्कार रीतकालीन कवियों ने किया, तथापि बोलचाल की भाषा को साहित्यक रूप देने का सूर का प्रयास नितान्त सराहनीय है। संस्कृत के तत्सम और तद्भव शब्दों से तो उनकी भाषा का ढाँचा बनने में सहायता मिली ही है, अन्य देशी भाषाओं और अरबी-फारसी आदि विदेशी भाषाओं के शब्दों का भी महत्वपूर्ण योग है। इस प्रकार चलती हुई ब्रजभाषा को व्यापक और प्रभावशाली बनाने का स्तुत्य कार्य सूर ने ही सबसे पहले किया। भावानुकूल भाषा का प्रयोग करना ही अच्छे कवि की पहली विशेषता होती है, जिसके दर्शन सूरदास में सर्वत्र होते हैं। उनकी भाषा पात्र और परिस्थिति के अनुकूल ही है। हाँ, जहाँ कहीं विशेष राग-रागिनियों की तुकबन्दी में उन्होंने शब्दों की तोड़-मरोड़ की है, वहाँ अवश्य कुछ खटक होती है, परन्तु ऐसे स्थल बहुत अधिक नहीं हैं। प्रायः अन्त्यानुप्रास के लोभ में ही तोड़-मरोड़ की गई है। विनय तथा भक्ति-सिद्धान्त-प्रतिपादन के पदों में संस्कृत के तत्सम और तद्भव शब्दों का ही अधिक प्रयोग हुआ है, रूप-चित्रण और प्राकृतिक दृश्यों के वर्णन में भी ऐसे ही शब्दों का प्राचुर्य है। संस्कृत के तत्सम शब्दों में यह बात लक्ष्य करने की है कि उन्होंने उन शब्दों की ब्रजभाषा की ध्वनि के अनुकुल ही बना दिया है। संस्कृत के कर्णकटु शब्दों में ब्रजभाषा के उच्चारण के आधार पर यत्किञ्चित परिवर्तन कर उनमें उन्होंने माधुर्य लाने का प्रयास किया है। उनकी भाषा में तत्सम शब्दों की अपेक्षा तद्भव शब्दों का आधिक्य है, और कहीं-कहीं तो मूल तद्भव शब्दों से ही नये शब्द भी गढ़ लिये गये हैं। संस्कृत की तत्सम व तद्भव पदावली के अतिरिक्त खड़ी-बोली, अवधी, बुदेलखण्डी और पंजाबी के शब्दों की कमी नहीं है। अवधी भाषा की सम्बन्ध-सूचक विभक्तियों को देखकर कभी-कभी तो सूर के पदों की पाठ-शुद्धि में भी सन्देह होने लगता है।

देशी भाषाओं के अतिरिक्त अरबी, फारसी के भी शब्दों का प्रयोग सूर की भाषा में पर्याप्त अधिकता के साथ हुआ है, परन्तु उन्होंने उन शब्दों को उसके मौलिक रूप में प्रयुक्त न करके प्रचलित रूपों में ही प्रयुक्त किया है। मुसलमान सम्पर्क के कारण देशी भाषाओं में अनेक मुसलमानी शब्दों का प्रवेश हो गया था और जन-साधारण द्वारा वे अपना भी लिये गए थे। यह प्रक्रिया शताब्दियों तक चलती रही। आज भी पश्चिमी हिन्दी के जिलों में अरबी-फारसी के शब्दों का इतना बाहुल्य है कि उनका एक अलग कोष बनाया जा सकता है, परन्तु ध्वनि आदि की दृष्टि से वे अपना रूप बदलकर हिन्दी-शब्दों में इतने घुलमिल गये हैं कि साधारणतया विदेशी प्रतीत ही नहीं होते। ऐसे शब्दों का तो सूर ने खुलकर प्रयोग किया ही है, साथ ही साथ और भी नवीन शब्दों को अपनी भाषा के साँचे में ढालकर ग्रहण किया है। सूर की भाषा-विषयक यह उदारता ब्रजभाषा समृद्धिशालिनी प्रभावशाली बनाने में बड़ी सहायक सिद्ध हुई। कुछ विदेशी शब्दों को तो

---

१ The Modern Vernacular Literature of Hindostan P. 101, 103, 75 and 76. The Indian Antiquary for January 1903 P. 19

उन्होंने नामधातु बनाकर प्रयुक्त किया है। अन्य देशी और विदेशी भाषाओं के शब्दों की संख्या सूर-साहित्य में प्रचुर मात्रा में मिलती है।

सूर की भाषा में लोकोक्तियों और मुहावरों का भी प्रचुर प्रयोग हुआ है। लोकोक्तियों और मुहावरों द्वारा भाषा की व्यंजनाशक्ति कितनी बढ़ जाती है और साथ ही साथ सजीवता और प्रभावोत्पादकता भी आ जाती है, वह सब जानते हैं। किसी भाव की हृदय पर ठीक-ठीक छाप बिठाने के लिये मुहावरे अपना जोड़ नहीं रखते और जन-साधारण में प्रयुक्त लोकोक्तियाँ किसी अनुभव-विशेष के स्पष्टीकरण में रामबाण हैं। कहना न होगा, सूरदास जी ने दोनों का ही आश्रय लिया है और एक-एक मुहावरे अथवा लोकोक्ति द्वारा वह प्रभाव उत्पन्न कर दिया है, जो कई-कई पदों से भी सम्भव नहीं।

डॉ० दीनदयालु गुप्त के निर्देशन में 'ब्रजभाषा-सूर-कोष' लिखा जा रहा है, जिसके चार खण्ड लिखे जा चुके हैं। ब्रजभाषा की दृष्टि से वह कार्य महत्वपूर्ण है। डॉ० ब्रजेश्वर वर्मा ने भी अपने 'सूरदास' में प्रयुक्त देशी तथा विदेशी शब्दों की सूची दी है, परन्तु इस क्षेत्र में पृथक् रूप से विस्तृत कार्य की आवश्यकता है। यहाँ हम 'सूरसागर' में प्रयुक्त कुछ शब्दों की बानगी प्रस्तुत करते हैं। सुविधा के लिये प्रत्येक शब्द के आगे उस पद की संख्या भी दे दी गई है, जिसमें उस शब्द का प्रयोग हुआ है। यह पद-संख्या नागरी प्रचारणी सभा द्वारा प्रकाशित 'सूरसागर' के अनुसार है :

तत्सम शब्द

अहिपति (२९) अंगीकार (३८) अम्बुज (४१) अधोमुख (५७) अनायास (१०५) अभिराभ (४६६) अजिर (४६६) अपरिमित (४७०) अभिलाष (५१४) अवज्ञा (५२३) अवली (७२६) अनुभवति (१०९) आमिष (१०२) आयुध (३२१) आविर्भाव (४५९) आयुध (६२३) इन्दीवर (२४३१) कालिमा (५८) करभ (६६) कामना-कानन (१८७) कमल-दल-लोचन (२५०) कलत्र (३६८) कलेबर (४४०) कौतुक (६३३) कुन्तल (७७२) कोविद (७७२) कनीनिका (६८२) क्वासि (३०७०) खगपति (२५५) गृह (४) ग्राह (२१) गह्वर (४८३) चिबुक (७२४) जलज (७१९) डिम्भ (७३५) तनया (३१) दारा (८०) दाहक (१६३) दम्पति (७१६) निरालम्ब (२) नासिका (७७) नारिकेल (७८) नृपति (२२७) प्रहारी (३१) पतित-पावन (१२८) पुनीत (४५६) पिनाक (४७२) प्रतीति (४८६) पन्नग (५०८) परिवेश (२४१४) भगिनी (१७३) मनोरथ (६०) मार (२२६) मम (२४६) महाबल (२५४) मुकुलित (३०७) रसना (३५८) राका (२१०) रुचिर (६९१) रजनीचर (८१७) वसुधा (४४०) समर (२७८) सरसिज (४५५) संघात (५२१) संकुचित (६८३) सत्वर (३७८६) सायक (२९) हाटक (७६६) त्राहि-त्राहि (२४९)।

अनेक तत्सम शब्दों के उच्चारण की कठिनता को स्वरभक्ति अथवा कुछ अन्य ध्वनि परिवर्तनों से दूर किया गया। ऐसे शब्दों को अर्ध-तत्सम कह सकते हैं। सूर की भाषा में इस प्रकार के शब्दों की भी बहुत बड़ी संख्या है। यथा :

अंबोधि (१५५) अपजस (२०३) अम्रित (२४२) अँसुमान (४५३) आरत (२५१) कलेस (२५३) कृष्ना (२८५) गनिका (१६०) घिरत (२६०) जनम (२०८) जोजन (५१६) तीरथ (२०८) तंदुल (२९७) दुरबासा (१४) पुंस्चली (१०४) परतीति (१३४) पदुम (३३०) प्रापत (४४८) पारषद (४५६) परभात (५२७) परमोधत (११७८) तूनीर (४८८) निस्चै (२५७) बिस्राम (५७) बिरध (३२६) भच्छि (१४०) भिनुसार (११३८) भरमत (५२०) मरजाद

(५३७) मरकट (३३२) विसकर्मा (६५८) स्वारथ (५) स्त्रवन (२१) सूकर (४१) स्वान (४१) सरबस (६४) सुमृति (१८७) सांति (२३०) सुरसरि (२७४) समरपे (४५१) सृङ्ग (४४३) साच्छात् (२८८) सुरूप (२८४) हरता (२१५)।

परन्तु सूर के काव्य का सौन्दर्य बहुत कुछ तद्भव शब्दों के ऊपर है। ब्रज-भाषा के स्वाभाविक माधुर्य ने सूर की भाषा को अत्यन्त मधुर बना दिया है। उनके काव्य का ढाँचा तद्भव शब्दों से ही बना हुआ है। विशेषकर भ्रमरगीत में, गोपियों की सहज व्यंग्यात्मक उक्तियों में भाषा की सरलता और सरसता पराकाष्ठा को पहुँच गई है—

तद्भव

अँचरा (६६४) अजमरी (६३२) अनलहते (३२६) अनभावत (६४६) आहि (४८६) उचाढ़ी (१३५४) आखर (६५८) अंटारी (५४४) औसर (४०) उछंग (६०६) काठ (४८६) कुरुखेत (२६) काँदों (६४५) कापरा (६५८) कोखि (६२२) केहरि (५०२) कोरा क्रौड (६७१) कोह (८७१) खंभ (३२) खई (२६८) खिन (५०६) गुसाइँ (३) घरनी (५१७) चबाई (१४०) चकचौंधी (१३६२) छहियाँ (४६३) जुगति (२) जदपि (२१०) जोति (२१०) जीभ (५२३) टूटी (२३६) तिय (२०३) तरुनाई (३२६) तमचुर (८२०) ढीठ (५४०) दूब (६३७) दीठि (८१८) थार (६३६) थनु (६४८) पाइतरी (२६८) परसना (२६५) पनहियाँ (४६३) पयान (४७७) पखारना (४८५) पाँवरी (४९८) तुरत (४४१) बियौ (३८) बूड़त (८२) बीता (२६१) बनिज (३१०) बीनऊँ (६१८) बियाहन (८११) भाँडो (१४६) भौंदू (१८६) भूँजब (४८३) भौन (६६८) भुवाल (६२२) मूठि (४५५) मसान (३७८६) विलम (५५६) बौंडर (६६६) लच्छा (४) रुखा (१८६) साँवरो (५) सियार (४१) सीवाँ (२२६) सराय (२२६) मीत (२५६) बछल (२६७) सेज्या (२६८) सतिभाए (२८४) सजनी (४८८) गीध (५०६) राकस (५२३) सरिस (५२७) साँझ (६१३) सकात (८१४) सिकहरे (६४५) बिज्जु (७००) लिलार (६४२) मोल (२४१०) मूसे (२५४६)।

इनके अतिरिक्त अति-प्रचलित ग्रामीण शब्दों का प्रयोग भी सूरदास ने बहुलता के साथ किया है। कुछ ग्रामीण शब्द ऐसे भी हैं, जिनका प्रयोग अब या तो होता ही नहीं, या विरल रूप में होता है। कुछ प्रचलित शब्द ये हैं :

औचट (६) करतूति (४६४) करनी (२४६८) खुनुस (१६८) ब्याय (२०२) खचरी (२०६) ओघट (२०८०) एँडावत (८६०) घींच (६७८) गोड़ियाँ (७६६) चिरिया (२३४) चुटिया (७८०) चुचकारे (८०१) झुगियाँ (२४४) डहकावै (२३३) डाटे (५८०) ढोरत (२८४) टूकटूक (६०३) टकटोरत (७६२) दूकी (३४६६) तलबेली (२५८३) धुकधुकी (७६२) नेरै (२०६) नीआ=नाई (७६८) बगदाइ (६०) बिरियाँ (१८८) बकोटनि (८५०) बोहनी (२०८२) बिगोवै (२८४६) भभंकत (५७३) मूड़ (७) मोट (१८४) माँडी (२४३४) लटबाँसी (१८६) लाहा (३१०) सासना (३८) सींज (१३०) सठिया (१६२)।

तुक मिलाने के लिए और छन्द के अनुरोध के कारण सूर ने 'निरंकुशाः कवयः' के अनुसार अपने अधिकार का बराबर उपयोग किया है और शब्दों को पर्याप्त रूप में विकृत कर दिया है; यथा—बीकें=बिकें, पक्कौरी=पकौरी (८०१) बघना=बघनखा (७२१) आदि।

कुछ शब्द उन्होंने स्वयं गढ़ भी लिये हैं; यथा—ज्योतिक=ज्योतिषी (३५५५) नीलकण्ठीर=नीलकण्ठ (७७९) अर्थात् मोर, मसानी=मसिपात्र (१८३) उपाधा (२४७७) विचवाना (२४२५) उतजोग=उद्योग (२५४०) आदि।

विदेशी शब्द

जैसा कि ऊपर कहा जा चुका है, राजनीतिक, सामाजिक आदि परिस्थितियों के अनुरोध से सूर के समय में अनेक अरबी, फारसी आदि विदेशी भाषाओं के शब्दों का भी जन-साधारण में खूब प्रचार हो गया था। सूरदास ने इस प्रकार के शब्दों को स्वतन्त्रता पूर्वक ग्रहण किया है, परन्तु उनके मौलिक रूप में नहीं अपितु अपनी भाषा की ध्वनियों के अनुसार समुचित परिवर्तित रूप में। इस सम्बन्ध में निम्नलिखित पद विशेषरूप से द्रष्टव्य हैं :

सांचो सो लिखनहार कहावै।
काया-ग्राम मसाहत करि कै, जमा बाँधि ठहरावै।
मन-महतो करि कैद अपने में, ज्ञान-जहतिया लावै।
माँडि-माँडि खरिहान क्रोध को, पाता भजन भरावै।
बट्टा काटि कसूर भरम को, फरद तने लै डारै।
निहचै एक असल पर राखै, टरै न कबहू टारै।
करि अवारजा प्रेमप्रीति को, असल तहाँ खतियावै।
दूजे करज दूरि करि दैयत, नैंकु न तामैं आवै।
मुजमिल जोरै ध्यान कुल्ल को हरिसों तहँ लै राखै।
निर्भय रूपं लोभ छाँड़ि कै सोई वारिज साखै।
जमा-खरच नीकै करि राखै, लेखा समुझि बतावै।
सूर आप गुजरानि मुहासिन लै जवाब पहुँचावै।[1]

तथा

हरि हों ऐसो अमल कमायो।
साविक जमा हुती जो जोरी, मिनजालिक तल हवायो;
वासिल घाकी स्याहा मुजमिल, सब अधर्म की बाकी।
चित्रगुप्त सु होत मुस्तौकी, सरन गहूँ मैं काकी?
मोहरिल पाँच साक्ष करि दीने, तिनकी बड़ी विपरीति।
जिम्मैं उनके माँगैं मोतैं, यह तौ बड़ी अनीति।
पाँच-पच्चीस साथ अगवानी, सब मिली काज बिगारे।
सुनी तगीरी बिसरि गई सुधि, मो तजि भए नियारे।
ग़ौ तुम्हार बरामद हूँ को, लिखि कीनो है साफ।
सूरदास की यहै बीनती, दस्तक कीजै माफ।[2]

तथा

जनम साहिबी करत गयो।
काया नगर बड़ी गुज्जायश, नाहिन कछु बढ़यो।

१ सूरसागर (सभा) पद १४२
२ वही (,,) पद ६४

हरि को नाम, दाम खोटे लौं, कि झकि-झकि डारि दयो।
विषया-गांव अमल को टोटो हँसि-हँसि कै उमयो।
नैन-अमीन अधर्मिनि कै बस जहँ को तहाँ छयो।
दगाबाज कुतवाल काम रिपु, सरबस लूट लयो।
पाप उजीर कह्यो सोई मानो, धर्म-सधुन लुटयो।
चरनोदक कों छाँड़ि सुधा-रस, सुरा-पान अँचयो।
कुबुधि-कमान चढ़ाइ कोप करि, बुधि-तरकस रितयो।
सदा सिकार करत मृग-मन को, रहत मगन भुरयो।
घेरयो आइ कुटुम-लसकर मैं, जम-अहदीं पठयो।
सूर नगर चौरासी भ्रमि-भ्रमि, घर-घर को जु भयो।[1]

इन पदों से यह स्पष्ट है कि प्रायः राज और राजस्व-सम्बन्धी पारिभाषिक शब्द विदेशी हैं, जो मुसलमानी शासन होने के कारण उस समय अवश्य ही जनता में प्रचलित रहे होंगे। इन शब्दों के अतिरिक्त अन्य भी बहुत से विदेशी शब्दों का प्रयोग मिलता है :

गरीबनि (१६) दरबान (२६) ख्वारी (३४) खाक (८६) अबाज (६६) जहाज (६६) सिरताज (६६) बाज आना (६६) नकीब (१४१) खवास (१४१) नौबत (१४१) जमानति (१६६) सोर (२५३) नफा (२६७) तरवारि (४५५) सहनाई (४७३) पियादे (४८८) दगा (५८८) रुक्का (६१६) वकसीस (६५७) खराद (६५८) रेशम (६५६) गुमान (६१७) गौर (६४१) सिकदार (६४७) सहर (१२२५) बकस्यो (६४७) सिरपाव (१२०४) दर (१२६५) खसम (१३५२) लायक (१३८६) हजूर (१८८७) ज्वाब (२०६०) जुहार (२०६१) फबी (२०७६) बजार (२१८२) हजार (२३६२) साबित (२४४७) दह (२४५६) करमात (२४६४) दिवानी (२५१६) सन्दूक (२५६२) नेजा (२६०४) अपसोस (३८५३) आखिर (२८७०) महल (२१७३) फौज (३२७५) जौहर (३७०१) दागना (३७१५) हद (३८५३) साज (३६६६) खबर (४०७१) जहर (४२३४) गुनहगार (४२४२) सरकार (४५२७) ताख=ताक (४५५५) मुरद=मुर्दा (४६८०)।

इतना ही नहीं लौनहरामी (२८७०) और फौजपति जैसे द्विज शब्दों की सृष्टि भी उदाराशय सूर ने कर ली है। कहीं-कहीं फारसी के समास के ढंग समास भी किए हैं—भूषनसिया=सिया का भूषण, सुकसीपज; अर्थात्—मोतियों की माला। पेला (२५६१) ढोरी (२५५६) आदि गुजराती और झहरना (२५३८) आदि बुन्देली शब्द भी जहाँ-तहाँ मिल जाते हैं। तत्सम, अर्द्ध-तत्सम, विदेशी और ग्राम्य-विशेषण शब्दों का निम्नलिखत पद में एक साथ प्रयोग हुआ है :

प्रभु जु हौं तो महा अधर्मी।
अपत, उतार, अभागो, कामी, विषयी, निपट कुकर्मी।
घाती, कुटिल, ढीठ, अति क्रोधी, कपटी, कुमति, जुलाई।
औगुन की कछु सोच न संका, बड़ो दुष्ट, अन्यायी।
बटमारी, ठग, चोर, उचक्का, गाँठिकटा, लठबाँसी।
चंचल, चपल, चबाइ, चौपटा, लिये मोह की फाँसी।
चुगुल, ज्वारि, निर्दय, अपराधी, झूठो, खोटो-खूटा।
लोभी लौंद, मुकरवा, झगरू, बड़ो पढैलो, लूटा।

1 सूरसागर (सभा) पद १४६

लंपट, धूत; पूत दमरी को कौड़ी कौड़ी जोरें।
कृपन, सूम नहिं खाइ खवावें, खाइ मारि कै औरें।
लंगर ढीठ, गुमानी, टूंडक, महा मसखरा रूखा।
मचला, अकलैं-मूल, पातरो, खाँउ-खाँउ करें भूखा।
निर्धन, नीच, कुलज, दुर्बुद्धी, भौंदू नित को रोऊ।
तृष्णा हाथ पसारे निसदिन, पेट भरे पर सोऊ।
बात बनावन की है नीको, बचन-रचन समुझावें।
खाद-अखाद न छांडें अब लौं सब मैं साधु कहावें।
महा कठोर, सुन्न हिरदे को, दोष देन कौं नीको।
बड़ो कृतघ्नी और निकम्मा वेधन, राँकी फीको।
महामत्त बुद्धि-बल को हीनो, देखि करें अँधेरा।
बमनहि खाइ, खाइ सो डारें, भाषा कहि-कहि टेरा।
मूक, निन्द, निगोड़ा, भौंड़ा, कायर काम बनावें।
कलहा, कुष्टी, मूष रोगी अरु काहूँ नैकु न भावें।
पर-निन्दक, परधन को द्रोही पर संतापनि बोरो।
औगुन और बहुत हैं मोंमैं कह्यो सूर मैं थोरो।[1]

यह जहाँ-तहाँ से एकत्र किये हुए शब्द-सूत्रों का वाग्जाल नहीं है, दैन्य की पुनीत अनुभूति में भक्त-कवि के अन्तःकरण से उमड़कर फूट निकलने वाली भाव-धारा है जिसे किसी एक सँकीर्ण दिङ्मार्ग में आबद्ध होकर प्रवाहित होने के लिये बाध्य नहीं किया जा सकता, अपितु जो अपनी व्यापकता में चारों ओर अपना रास्ता बनाती हुई चलती है। केवल किसी एक ही प्रकार के शब्दों के प्रयोग का आग्रह न कर, सचमुच सूर ने अपनी भाषा को एकदेशीय अथवा पंगु होने से बचा लिया है। हमारे भाव-सम्राट् कवि ने मनोदशा-विशेष के चित्रण में भाषा को भाव के समानान्तर लाने के लिए स्तुत्य प्रयास किया है। भाषा को प्रवाह और प्रभाव प्रदान करने वाली मिली-जुली शब्दावली उसी प्रयास का एक अङ्ग और सूर की उस समन्वयवादी प्रवृत्ति का प्रतीक है, जिसका स्पष्ट प्रस्फुटन 'हरिहर संकर नमोनमः'[2] वाले पद में हुआ है।

मुहावरे और लोकोक्तियाँ

भाषा को प्रौढ़ता प्रदान करने में मुहावरे और लोकोक्तियों का कितना हाथ है, यह बताने की आवश्यकता नहीं। इन सीधी और सरल उक्तियों में मानव-समाज का चिरकाल का अनुभव संचित है, इनका आधार मनोवैज्ञानिक है; अतएव देश और काल की सीमा से वे परे हैं और मानव मात्र के हृदय को समान रूप से स्पर्श करने की क्षमता रखती हैं। आश्चर्य होता है उस अन्धे कवि की सूक्ष्मदर्शिता और विस्तृत निरीक्षण पर, जिसने अपनी शब्दावली में अनेक सूक्ति-रत्नों को गूँथकर वाणी का अपूर्व श्रृङ्गार किया है। सूर द्वारा प्रयुक्त कुछ मुहावरे और लोकोक्तियाँ यहाँ दिये जाते हैं :

---

१ सूरसागर (सभा) पद १८६
२ सूरसागर (सभा) पप ७८१

मुहावरे

अँगुरी गहत गह्यो जिहिं पहुँचो (१९२३) अपने ही सिर लादना (२४४६) अपनी सी करना (२९६८) आंख धुर सी दीन्हीं (१३१२) आँख बरसना (३८२७) आँख बरति है मेरी (४१४६) इतनो कहा गाँठि को लागत (३१८८) उपजे ओछे नछत्र के (३०१४) उनहिं हाथ कर पाऊँ (१५१३) एकहु अंग न काची (१६४८) एक बात की बीस बताई (३२५०) एक डाल के तोते (४२१३) ओछें बासन (२९३०) कर मीड़े सहचरि पछिताई (१३६६) कछू मूँढ़ि पढ़ि परज्यो (२९६५) कैसे मन दै बैसी (१८७७) एक दुःख दूजै हांसी (४६४१)।

गाढ़े दिन के मीत (३१) गंगे गुर की रसा गई ह्वै (३१४७) गगन में कूप खोदना (४२१८) खेरे की दूब होना (४६०७) जाति-पाँति उघटना (१९५३) ज्यों-ज्यों करि (२८७६) जिय में सूल रही (३९१७) जन्म बिगाड़ना (३९५६) जरे पर जारत (४५२१) झखत रहत दिन-राती (४२९९) चाम के दाम चलावत तुम तो (४६५४) घर के चोर (२८८७)।

टाँका न लगना (११३) ठगमूरी खाई (१९१९) ठगौरी लाई (२६८९) कहा ठगी सी ठाढ़ी (३०३३) ढोल बजाइ ठगी (३८८३) ठग मोदक होना (४०१६)।

तारे गिनना (३९२७) तेरो कह्यो पवन को भुस भयो (४१५८) तिनका तोड़कर डालना (२७५२) दई परर्‌यो (१२१३) दई की घाली (१६२१) द्वै कौड़ी के (३८७२) देत जरे पर लौन (४१४०) नाच नचाना (४२) नैन लगना (२०७५) नन्द महर की कानि करत हौं, नतु करती मह-मानी (२०९७) ना जानौं किहि घाट तरे री (२९१२) निपट दई को खोयो (४१५८) धुर ही ते खाटो खायो है (४५८३)।

पाठ पढ़ाना (१६०६) पोच करना (२४४६) पीछे-पीछे फिरना (२९६२) पराए होना (३०११ पलक न पड़ना (३८९५) पँड़े पड़ना (४२३३) फिरत धतूरा खाए (४६५८) फुटि गईं तब चार्‌यों (१०१) बदति नहिं काहू (१८२९) बातें गढ़ि-गढ़ि बानत (२९२८) बोहित के काग (२९३०) बारह बाने (४१३८) भयो हाथ पाथरतर का (२५३४) नैना भये बजाइ गुलाम (२८५७) भाँवरि सी परि फिरै (२९२१) भौंह तानना (२९२८) भुस पर की भीति (३८०२) मनो गढ़े दोउ एकहिं साँचे (४२०७) मनमानी कहना (४१३६) महमानी कछु खाते (४१३४) मूठ मारना (३९५६) मन की मन ही माँझ रही (३८९८) मरत लोचन प्यास (३८४६) मूँछहिं पकरि अकरतो (२०३) मूँछहिं ताव दिखायो (३०१) मीठी-खाठी कहना (८७२) मुँह सम्हार तू बोलत नाहीं (११५५) मूँड़ चढ़ाना (१८८८) मामी पीना (२१०९) मिली दूध ज्यों पानी (२५१६) मन मिलना (२६१८) मधु तोरे की माखी (३७७८) बाल खसना (३७)।

रंग झुलाने (१९२२) लीक खींचकर कहना (२५१५) लेन न देन (२९६८) रतन छोरि दियो माटी (४२१३) सीस चढ़ा लेना (२४८६) हंस काग का संग भयो (४०३६) लाम्बी मेल दई है तुमकों (४१५८) मन तौ रह्यो पंषि सूरज प्रभु माटी रही धरी (३८९८) कौ द्वै नाव चढ़त हैं (१९०५) मुरी डोर ज्यों तोरी (३९७९)।

लोकोक्तियाँ

अपने स्वारथ के सब कोऊ (४५९३) अपनो दूध छाँड़ि को पीवै, खार कूप को वारी (४५८३) इतकी भई न उतकी सजनी (२९३५) एक आँधरो हिय की फूटी दौरत पहिरि खराऊँ ४७४४) ओछोई इतरात (१८८९) कंचन खोइ, काँच लै आए (३१२९) काटहु अम्ब बबूर लगावहु,

चन्दन की करि बारि (४५२७) कहा कथत मौसी के आगे, जानत नानी नानन (४५६४) गढ़ी जारी विधना की, जैसी-तैसी ताहि (१८९७) खाटी मही कहा रुचि मानै, सूर खवैया खी की (४४७६) काकी भूख गई मन लाडू (४४७९)।

जाके हाथ पेड़ फल ताको (१६५१) जाको मन मानत है जासों, सो तहँ ही सुख मानै (१९२२) जो बुनिये, सोई पुनि लुनिये (२४०३) जो छोटी तेई है खोटी (२६५९) जोइ लीजै सोई है अपनी (२८९३) जाकी बान परी सखि जैसी सो तहि टेक रह्यौ (२९३२) जूठे खैये मीठै कारन (२९५९) जोबन रूप दिवस दस ही के (३२१०) जाहि लगै सोई पै जानै (३९५५) ज्यों ऊजर खेरे की पुतरी को पूजै को मानै (४६६२) जैसे बास बसत है कोऊ तैसो होत सयानों (४६४५) जे भयभीत होंहि मृग देखे क्योऽव छुवहि अहि कारो (४३६०) जल बूड़त अबलम्ब फेन को (४२३९) ताको कहा परेखो कीजै जानै छाछ न दूधो (४५०८) तुमसों प्रेमकथा का कहिबो मनों काटिबो घास (४५७८) दियो अपनो लहै सोहि (२४४९) धान का गाँव पयार तें जानो (४२१८) धोखे ही बिरवा लगाइ कै काटत नाहि बहोरी (४५९२) नीर नारी नीचे ही कौं चलें जैसे धाय (१८८६)।

मोरे कौं मारत हैं बढे लोग भाई (२९२१) बाजी ताँति राग हम बूझों (४२६७) बंद आगें भेद कैसे (४४८३) लौडी की डौंडी जगबाजी (४२७०) लेवा देई धराधरि में है कौन रंग को भूप (४३८७) मूरी के पातन के बदलें को मुक्ताहल दैहै (४२८२) प्रेमकथा सोई पे जानैं जापैं बीती होई (४१६०) कही कौन पैं कहै कनूका जिन हठि भुसी पछोरी (४१७१)।

सूर सुकत हठि नाव चलावत ये सरिता हैं सूखी (४१७५) सूर सु वद कहा लै कीजै कहै न जानै रोग (४२०८) सूरदास गय खोटो, काहैं पारखि दोष धरै? (२९५८) स्वान पूँछ कोउ कोटिक लागै, सूधी कहुँ न करी (४१४४) सूर सु बहुत कहे न रहै रस, गूलर को फल फोरे (४२१६) सूर परेखो काको कीजे, बाप कियो जिन दूजी (४२६८) सूरदास जे मन के खोटे, अवसर परैं जाहि पहचाने (४३६९) सूर स्वभाव तजै नहिं कारो, कीजै कोटि उपाय (४६१७) राजपंथ तें टारि बतावत, ऊजर कुचल कुपैंडो (४५४३) सूरदास प्रभु सीख बतावें, सहद लाइ कै चाटो (४५४०) सूरदास सो समाइ कहाँ लौं छेरी बदन कुम्हैंडो (४५४३) सूरदास जिहि सब जग डहक्यो, ते उनको डहँकात (४६७०)।

लोक-प्रचलित उपमाओं, मुहावरों और लोकोक्तियों का आश्रय लेकर सूर ने अपनी भाषा को अभीष्ट भावों की अभिव्यक्ति के लिये कितनी उपयुक्त बना लिया है, यह निम्नलिखित पद से स्पष्ट हो जायेगा, जिसमें प्रेम-विह्वला-ब्रजबालाएँ असदृश उपदेश देने वाले उद्धव पर सीधी-सादी भाषा में ऐसा चुटीला व्यंग्य करती हैं कि वे अवाक् रह जाते हैं—

आए जोग सिखावन पाँड़े।
परमारथी पुराननि लादे ज्यों बनजारे टाँड़े।
हमरे गति-पति कमल-नयन की, जोग सिखैं ते राँड़े।
कहो मधुप कैसे समाहिंगे, एक म्यान दो खाँड़े।
कहु षट्पद कैसें खैयतु है, हाथिनि के सँग गाँड़े।
काकी भूख गई बयारि भषि, बिना दूध घृत माँड़े।
काहे कौं झाला लै मिलवत, कौन चार तुम डाँड़े।
सूरदास तीनो नहिं उपजत, धनिया, धान, कुम्हाँड़े।[1]

---

१ सूरसागर (सभा) पद ४२२२

भाव और रस

मानव-मन की यह स्वाभाविक प्रवृत्ति है कि वह अपनी अनुभूतियों को व्यक्त करने के लिये आकुल रहता है। दूसरे को सुनने और अपनी कहने की इस चाट के कारण ही मनुष्य को सामाजिक प्राणी कहा जाता है। अभिव्यक्ति की अदम्यता के साथ ही साथ उसमें सौन्दर्य के प्रति आकर्षण भी स्वाभाविक रूप से विद्यमान रहता है, जिसके कारण वह अपनी प्रत्येक वस्तु को सौन्दर्य-समन्वित देखना चाहता है, अतएव वह अपने भावों को सुन्दरतम रूप में प्रकट करने को उत्सुक होता है। इसी आधार पर काव्य के दो पक्ष हो जाते हैं—भाव-पक्ष और कला-पक्ष। इन दोनों में घनिष्ट सम्बन्ध है। यों तो आचार्यों ने प्रायः भाव-पक्ष को ही प्रमुखता दी है, परन्तु वास्तविक बात यह है कि दोनों के सन्तुलित सामंजस्य में ही कला का उत्कर्ष है।

भाव-पक्ष पर विचार करना सरल कार्य नहीं है, क्योंकि मानव-मन की वृत्तियाँ बड़ी जटिल और अगम्य हैं, जिससे उनकी विचित्रता और विविधता में एक-रूपता का अन्वेषण बड़ा दुष्कर कार्य है। ये भाव हमारे मानसिक जीवन के अभेद्य अंग बनकर उसमें तिलों में तेल की भाँति व्याप्त रहते हैं तथा प्रत्येक प्रकार के ज्ञान के मूल कारण होते हैं। भाव प्रत्येक व्यक्ति अन्तस् का एक धर्म है, इसलिये वर्णनातीत हैं और केवल अनुभवगम्य हैं।

इन भावों की संख्या भी अनन्त है, फिर भी विशिष्ट-विशिष्ट लक्ष्यों को दृष्टिकोण में रखकर विचार करने से हम उन्हें तीन श्रेणियों में विभाजित कर सकते हैं—इन्द्रिय-जन्य, प्रज्ञात्मक और गुणात्मक। इन्द्रिय-जन्य भाव—इन्द्रियों द्वारा प्राप्त ज्ञान से उत्पन्न होते हैं। किसी मधुर फल के आस्वादन से हमें सुख की उपलब्धि होती है और कटुफल-भक्षण से दुःख की। प्रज्ञात्मक भाव—वर्तमान, भूत या भविष्यत् के अनुभव के आधार पर इन्द्रिय-जन्य भावों को उद्दीप्त करते हैं। हमारे हाथ के कटने से उत्पन्न हुआ शारीरिक दुःख भावी कार्यों के अवरोध-विषयक निश्चय से उद्भूत मानसिक दुःख से युक्त होकर और भी अधिक हो जाता है। भाव किसी स्थूल वस्तु के सम्बन्ध से प्रकट होते हैं। जिस वस्तु से वे अभिव्यक्त होते हैं, उसे विभाव कहते हैं, जो दो प्रकार के होते हैं—आलम्बन और उद्दीपन। आलम्बन-विभाव वे होते हैं, जो मन में किसी चित्र का उदय करते हैं तथा कल्पना की सहायता से उपस्थित होते हैं। उद्बुद्ध भावों को उद्दीप्त करने वाले विभाव उद्दीपन-विभाव कहलाते हैं।

गम्भीरता की मात्रा की दृष्टि से भाव दो प्रकार के होते हैं—संचारी-भाव और स्थायी-भाव। संचारी-भाव वे होते हैं जो तरङ्गों के सदृश उठ-उठकर तनिक-सी देर में विलीन हो जाते हैं, परन्तु जो भाव रसास्वादन पर्यन्त मन में ठहरते हैं, उन्हें स्थायी-भाव कहा जाता है। संचारी-भाव स्थायी-भाव के पोषक के रूप में ही आ सकते हैं, उससे बढ़कर नहीं हो सकते। वे स्थायी-भाव के रूप में ही मिल जाते हैं और इस तादूप्य के लिये स्थायी-भाव ही मूल सामग्री उपस्थित करता है।

संचारी-भावों की संख्या संस्कृत आचार्यों ने ३३ मानी है। देव ने 'छल' को भी संचारियों में गिनकर यह संख्या ३४ तक बढ़ाई। स्थायी-भावों की संख्या भरत ने ८ मानी है जिनका उल्लेख मम्मट ने अपने 'काव्य-प्रकाश' में इस प्रकार किया है:

रतिर्हासश्च शोकश्च क्रोधोत्साहो भयं तथा।
जुगुप्सा विस्मयश्चेति स्थायिभावाः प्रकीर्तिता।[1]

---

1 काव्य-प्रकाश, चतुर्थ समुल्लास

अर्थात्—रति, हास, शोक, क्रोध, उत्साह, भय, जुगुप्सा और विस्मय; स्थायी-भाव बताये गये हैं।

[१] रति—स्त्री-पुरुष के पारस्परिक दाम्पत्य प्रेम को 'रति' कहते हैं।

[२] हास—किसी की वाणी, अंग आदि की विकृति से जनित मानसिक उत्फुल्लता को 'हास' कहते हैं।

[३] शोक—किसी प्रियजन के अनन्त वियोग के कारण उत्पन्न व्याकुलता ही 'शोक' है।

[४] क्रोध—बहुत बड़ा अहित करने वाले दोषी को दण्ड देने के हेतु उत्तेजना देने वाला मनोवेग 'क्रोध' कहलाता है।

[५] उत्साह—दान, वीरता आदि के प्रसंग से उसमें प्रवृत्त होने की प्रेरणा देने वाली उत्तरोत्तर उन्नतिशील मनोवृत्ति 'उत्साह' है।

[६] भय—प्रबल अनिष्ट के कारणों को देखकर मन में उत्पन्न हुई व्याकुलता 'भय' है।

[७] जुगुप्सा—घृणोत्पादक वस्तुओं का अवलोकन कर, उनसे दूर रहने के लिये बाध्य करने वाली वृत्ति 'जुगुप्सा' है।

[८] विस्मय—असाधारण वस्तु के अवलोकन से उत्पन्न आश्चर्य ही 'विस्मय' कहलाता है।

'काव्य-प्रकाशकार' ने निर्वेद को स्थायी-भाव मानकर नवम शांत नामक रस को मानने वाले आचार्यों का समर्थन किया है।

निर्वेदस्थायिभावोऽस्ति शान्तोऽपि नवमो रसः[1]

सूर का भाव-पक्ष

विभावों द्वारा स्थायी-भाव के उद्दीप्त होने पर आन्तरिक भावों के जो चिह्न वाह्य आकृति और चेष्टाओं के रूप में दीख पड़ते हैं, वे अनुभाव कहलाते हैं। इन स्थायी भाव, अनुभाव, विभाव और संचारी भावों के योग से रस की निष्पत्ति होती है। किस प्रकार होती है? इस प्रकार का उत्तर विभिन्न आचार्यों ने अपने-अपने शास्त्र के ढंग पर दिया है। हमारा उद्देश्य यहाँ रस-विवेचन नहीं है। हमें तो यह कहना है कि हमारे चरित नायक सूर आचार्यों द्वारा गिनाये हुए इन भावों और अनुभावों में ही बँधकर नहीं चले। उन्होंने दाम्पत्य-रति के अतिरिक्त भगवद्विषयक रति और वात्सल्य रति को भी रस की कोटि तक पहुँचाया है और आचार्यों द्वारा प्रतिपादित शृङ्गार रस-सम्बद्ध सञ्चारियों के अतिरिक्त अन्य कितनी ही मनोदशाओं की अभिव्यक्ति कर शृङ्गार को रस-राजत्व प्रदान किया है। यही तो सूर का सूरत्व है। यों तो कृष्ण-कथा पाँच सहस्र से भी अधिक वर्षों से अनेक वक्ताओं के मुख से कही जाती रही है और इस कारण पिष्टपेषित-सी प्रतीत होती है; किन्तु सूर ने उसमें अपने भावरस का सम्मिश्रण कर कल्पना के दिव्य साँचे में ढालकर उसे इतने सुन्दर रूप में जनता के सम्मुख रखा कि वह उनके आराध्य युगल की दिव्य सौन्दर्यमयी सफल प्रतिकृति प्रतीत होती है, जिसके हृदय में प्रेम की अनन्त उत्ताल तरंगें उठती हैं, पर कोलाहल नहीं होता; परन्तु ओठों में स्पन्दन नहीं होता। जहाँ आग्रह के साथ संकोच, औत्सुक्य के साथ सन्तोष, किशोर चपलता के साथ यौवन की गम्भीरता, और साधना के साथ साध का असाध्य सामंजस्य है।

---

१ काव्य-प्रकाश, चतुर्थ समुल्लास

भगवान् की शील, शक्ति और सौन्दर्य-विभूतियों से सूर ने केशव सौन्दर्य का ही चित्रण किया है. उन्होंने केवल बाल्य और यौवन से सम्बद्ध जीवन-झाँकियाँ ही दिखाई हैं, तुलसी की भाँति समस्त जीवन का, विविध अवस्थाओं का और विभिन्न परिस्थितियों का चित्रण उन्होंने नहीं किया। यही कारण है कि सूर का वर्ण्य-विषय सीमित है; क्योंकि इन्हीं दोनों अवस्थाओं से सम्बद्ध वात्सल्य और शृंगार रसों की अभिव्यक्ति—बाल्य और यौवन अवस्थाओं के भावों और व्यापारों के चित्रण से ही उन्होंने सरोकार रखा है। उन्हें न समाज से कुछ मतलब था, न लोक-मर्यादा का ध्यान। जनता को उपदेश देने की सन्त कवियों वाली प्रवृत्ति भी नहीं थी। वे तो ऐकान्तिक साधक थे। उनकी मथुरा तीन लोक से न्यारी थी; जिसमें कृष्ण, गोपियाँ, उनकी क्रीड़ाएँ, बाल-सुलभ चापल्य, नन्द और यशोदा का वात्सल्य, मुरली, रास, यमुना, वृन्दावन, कालिन्दी-तट के निकुञ्ज आदि ही सम्मिलित थे। प्रेम की साँकरी गली में सूर और उनके ब्रज-भाषा-वल्लभ श्याम के अतिरिक्त कोई अन्य समा ही कैसे सकता था। उन्होंने सखा बन कर कृष्ण की लीलाओं को साक्षात् देखा। संसार से सम्बन्ध त्याग कर ही वे प्रभु के इतने विश्वासपात्र बन सकते थे। उनके आराध्य का जीवन भी उतना सामाजिक नहीं था, जितना तुलसी के राम का। आचार्य रामचन्द शुक्ल का इस विषय में यह कथन है—

"पारिवारिक और सामाजिक जीवन के बीच हम सूर के बालकृष्ण को ही थोड़ा बहुत देखते हैं। कृष्ण के केवल बालचरित का प्रभाव नन्द, यशोदा आदि परिवार के लोगों और पड़ोसियों पर पड़ता दिखाई देता है। इसी बाललीला के भीतर कृष्ण का लोकपक्ष अधिकतर आया है; जैसे—कंस के भेजे हुए असुरों के उत्पात से गोपों को बचाना, काली नाग को नाथकर लोगों का भय छुड़ाना। कृष्ण के चरित में जो यह थोड़ा बहुत लोकसंग्रह दिखाई पड़ता है, उसके स्वरूप में सूर वृत्ति लीन नहीं हुई है। जिस शक्ति से बाल्यावस्था में ऐसे प्रबल शत्रुओं का दमन किया गया, उसके उत्कर्ष का अनुरंजनकारी और विस्तृत वर्णन उन्होंने नहीं किया, जिस ओज और उत्साह से तुलसीदास जी ने मारीच, ताड़का, खरदूषण आदि के निपात का वर्णन किया है, उस ओज और उत्साह से सूरदास जी ने बकासुर, अघासुर और कंस आदि के बध और इन्द्र के गर्व-मोचन का वर्णन नहीं किया है। कंस और उसके साथी असुर भी कृष्ण के शत्रु के रूप में ही सामने आते हैं, लोक-शत्रु या लोक पीड़क के रूप में नहीं"[1]

बात यह है कि शुक्ल जी तुलसी को आदर्श मानकर काव्य को लोक-मर्यादा और लोक-मंगल भी दृष्टि से ही देखते थे। उनका अपना निजी दृष्टिकोण था, परन्तु जैसा कि हम निवेदन कर चुके हैं, सूर व्यक्तिगत साधना के कायल थे। उन्हें शहर के अन्देशे से दुबला होना इष्ट नहीं था। इसके अतिरिक्त सूर का काव्य मुक्तक प्रगीत-काव्य है, जिसमें प्रबन्ध-काव्य के महान् कान्तार में उन्मुक्त रूप से विकसित होती हुई घटना-वल्लरियों और व्यापार-पादपों की शाखाओं के प्रसार का आतङ्कमय स्वरूप नहीं मिलता, पर नियमित भावसुमन-वाटिका के मनोहारी दृश्य की रमणीयता अवश्य मिलती है। अपने सीमित क्षेत्र में ही सूर की कला ने ऐसी कमनीय 'कला' का प्रदर्शन किया है कि अन्य कलाकार हेच हैं। उनकी कल्पना को उड़ने के लिये भले ही लम्बा क्षेत्र नहीं मिला है, पर वह पाठक को अपने साथ इतना ऊँचा उड़ा ले जाती है जहाँ पहुँचकर उसे अन्य कवियों की कल्पनाएं अत्यन्त क्षुद्र दीख पड़ती हैं। वात्सल्य और शृंगार के रस की जो धारा उन्होंने बहाई उसका प्रसार जितना कम है, गम्भीरता उतनी ही अधिक है। स्वयं आचार्य शुक्ल का मत यहाँ उल्लेखनीय है—

१ सूरदास, (आचार्य शुक्ल) पृष्ठ १७२-१७३

"वात्सल्य और शृंगार के क्षेत्रों का जितना अधिक उद्घाटन सूर ने अपनी बन्द आँखों से किया, उतना किसी अन्य कवि ने नहीं। इन क्षेत्रों का कोना-कोना वे झांक आए। उक्त दोनों के प्रवर्त्तक रति-भाव के भीतर की जितनी मानसिक वृत्तियों और दशाओं का अनुभव और प्रत्यक्षीकरण सूर कर सके, उतनी का और कोई नहीं। हिन्दी-साहित्य में शृङ्गार का रस-राजत्व यदि किसी ने पूर्णरूप से दिखाया है—तो सूर ने।"[1]

वल्लभ-सम्प्रदाय में वात्सल्यासक्ति और दाम्पत्यासक्ति को बड़ा महत्व दिया गया है। नन्द, यशोदा और राधा के साथ अपने हृदय का तादात्म्य स्थापित कर कृष्णभक्त कवि प्रेममस्त रहते थे और फिर भला उनके हृदय के भावों को वे कैसे न निकाल लाते ? सूर ने वात्सल्य और दाम्पत्य—दोनों प्रकार की रति का बड़ा ही मर्मस्पर्शी अभिव्यंजन किया है, जिनमें संयोग और वियोग—दोनों पक्षों के अनेक हृदयग्राही चित्र हैं। नन्द के घर खेलते, डोलते, नाचते कृष्ण का एक चित्र देखिये :

बलि गइ बाल-रूप मुरारि।
पाइ पैंजनि रटति रुन-झुन, नचावति नन्द नारि।
कबहुं हरि कौं लाइ अँगुरी, चलन सिखवति ग्वारि।
कबहुं हृदय लगाइ हित करि, लेत अञ्चल डारि।
कबहुं हरि कौं चितै चूमति, कबहुँ गावति गारि।
कबहुं ले पाछे दुरावति ह्यां नहिं बनवारि।
कबहुं अंग भूषनि बतावति, राइ-लोन उतारि।
सूर सुर-नर सबै मोहे, निरखि यह अनुहारि।[2]

वात्सल्य रस के समस्त तत्व इस पद में मिल सकते हैं। कृष्ण आलम्बन हैं; यशोदा आश्रय; कृष्ण की अनुपम छवि, रुनक-झुनक पैंजनियां बजाते हुए चलना, नाचना आदि उद्दीपन हैं। यशोदा का हरि को देखना, चूमना, आंचर में छुपाना, पीछे की ओर दुराना आदि अनुभव हैं, और हर्ष संचारी-भाव।

एक उदाहरण और लीजिये। बालक कृष्ण मणिमय आँगन में अपने प्रतिबिम्ब को पकड़ने की कोशिश में हैं। कभी वे अपनी छाँह को पकड़ना चाहते हैं और कभी किलक-किलक कर अपनी दँतुलियों का सौन्दर्य दिखाते हैं। यशोदा सुत की क्रीड़ाओं को देखकर फूली नहीं समाती। वह बार-बार नन्द को इस सुख में शामिल होने के लिए बुलाती हैं। नारी की मातृत्व-भावना स्वयं अकेले ही वात्सल्य का अनुभव कर संतुष्ट नहीं होती, उसकी पूर्ण संतुष्टि—वात्सल्य का पूर्ण आस्वादन—यहां भी पति का योग चाहती है। मातृत्व के साथ दाम्पत्य की यह संयोग-कामना नारी हृदय का गूढ़ रहस्य है, जिसका उद्घाटन सूक्ष्म निरीक्षण करने वाले सुकवि ही कर सकते हैं। क्षणिक हवाइयां छोड़ने वाले कविम्मन्यों के बस की यह बात कहां :

किलकत कान्ह घुटुरुवनि आवत।
मनिमय कनक नन्द कैं आंगन बिम्ब पकरिबैं धावत।
कबहुँ निरखि हरि आपु छांह कौं कर सौं पकरन चाहत।
किलकि हँसत राजत द्वै दँतियाँ, पुनि-पुनि तिहिं अवगाहत।

---

१ सूरदास (आचार्य शुक्ल) पृष्ठ १६७
२ सूरदास (सभा) पद ७१६

कनक भूमि पर कर-पग-छाया, यह उपमा इक राजति।
करि-करि प्रतिपद प्रतिमनि बसुधा, कमल बैठकी साजति।
बालदसा सुख निरखि जसोदा, पुनि-पुनि नन्द बुलावति।
अँचरा तर लै ढाँकि, सूर के प्रभु कौं दूध पियावति।[१]

सांसारिक अनुभवों से दूर रहते हुए भी सूर ने सांसारिक सम्बन्धों का अप्रतिम वर्णन किया है। पुरुष होकर भी वे माता के हृदय से विभूषित थे और अन्धे होते हुए भी सूक्ष्मदर्शी और दूरदृष्टा थे। माँ के हृदय दी कोमल कामनाओं का निम्नलिखित पद में कितना सुन्दर स्फुरण हुआ है :

जसुमति मन अभिलाष करै।
कब मेरौ लाल घुटुरुनि रेंगै, कब धरनी पगु द्वैक धरै।
कब द्वै दाँत दूध के देखौं, कब तोतरे मुख बचन भरै।
कब नन्दहिं बाबा कहि बोलै, कब जननी कहि मोहिं ररै।
कब मेरौ अँचरा गहि मोहन जोइ सोइ कहि मोसौं झगरै।
कब धौं तनक-तनक कछु खैहै, अपने करसौं मुखहिं भरै।
कब हँसि बात कहैगो मोसौं, जा छवि तै दुःख दूरि हरै।[२]

बच्चे के विकास के प्रति माँ के हृदय में अदम्य उत्सुकता रहती है। उसकी समस्त क्रियाएँ और भावनाएँ उसी में केन्द्रित हो जाती हैं। वह उस दिन को देखने के लिए लालायित रहती है, जब उसका लाल घुटनों चलकर उसके पास तक आने लगेगा, प्रथम बार तोतली वाणी से निकले हुए 'माँ' शब्द के माधुर्य पर वह संसार की समस्त विभूति को न्यौछावर कर सकती है। त्याग की यह भावना मातृत्व की देन है, स्वार्थ का तकाजा नहीं। वह अपने पुत्र को इसलिए प्यार करती कि वह उसका पुत्र है, इन्हीं भावनाओं की सुन्दर अभिव्यक्ति इस पद में हुई है। माँ का भीरु हृदय पुत्र की अनिष्ट की आशंका से विचलित हो उठता है, वह ऐसी नौबत ही क्यों आने दे कि उसके बच्चे को किसी की नजर भी लग सके ? तभी तो वह भौंह पर दिठौना लगा देती है (यदि मैथिलीशरण जी की "हेतु बन रहा था आप दीठ का दिठौना ही", उक्ति के अनुसार उसको नजर लगने की सम्भावना बढ़ ही जाय, तो माँ का क्या कसूर है ?). वह तो अपना सर्वस्व बच्चे के ऊपर वार देती है :

लालन, बारी या मुख ऊपर।
माई मोरिहि दीठि न लागै तातैं मसि-बिन्दा दियौ भ्रूपर।
सरबस मैं पहले हौं वार्‌यो, नान्हीं-नान्हीं दँतुली दू पर।
अब कहा करौं निछावरि सूरज, सोचति अपने लालन जू पर।[३]

बच्चे को दूध न पीता हुआ देखकर समवयस्कों के प्रति उसके 'स्पर्धा' के भाव को उद्बुद्ध कर दूध पिलाती हुई माता का चित्र देखिये :

कजरी कौ पय पियहु लाल, जासौं तेरी बेनि बढ़ै।
जैसैं देखि और ब्रज-बालक, त्यौं बल-बैस बढ़ै।

---

१ सूरसागर (सभा) पद ७२८

२ सूरसागर (सभा) पद ६६४

३ वही („) पद ७१०

यह सुनि कै हरि पीवन लागे, ज्यौं त्यौं लयौं लई ।[1]

बच्चे के नामकरण और अन्नप्राशन आदि संस्कारों के अवसर पर माता का हृदय फूला नहीं समाता। कनछेदन में उसके हृदय में मोद के साथ धुक-धुक भी होती रहती है, उसके बच्चे को कान छिदाने में कष्ट भी तो होगा! और जब कान छिदे गये तो यशोदा की क्या दशा थी :

'लोचन दोऊ भरि-भरि माता कनछेदन देखत जिय मुरकी' ।[2]

माँ का हृदय बड़ा ही शङ्कालु होता है। घर से निकलते ही उसके बच्चे पर न जाने क्या आपत्ति आ जाय ? छोटा-सा बालक खेलने के लिये दूर चला जाय, तो न जाने कहाँ बहक जाय ? पर बच्चे तो बच्चे होते हैं। उनकी जिद का क्या कहना ? मजबूर होकर माँ को साम छोड़कर दाम नीति का आश्रय लेना पड़ता है। देखिये, कल्पित 'हाऊ' का कृष्ण को कैसा भय दिखाया जा रहा है :

खेलत दूर जात कत कान्हा।
आजु सुन्यौ मैं हाऊ आयौ, तुम नहिं जानत नान्हा।
इक लरिका अबहीं भजि आयौ, रोवत देख्यौ ताहि।
कान तोरि वह लेत सबनि के, लरिका जानत जाहि।[3]

घर में मङ्गल करने वाले बच्चों को खेलते देखकर जब माता-पिता का वात्सल्य उमड़ता है तो वे तन्मय हो जाते हैं, उनका बचपन लौट आता है और वे अपने आप भी बच्चे के साथ में बालक की भाँति खेलने लगते हैं, वही हार-जीत की सम्भावना से प्रेरित स्पर्धा का भाव माधुर्य का आवरण धारण करके उनके हृदय में आ बैठता है। देखिये, नन्द और यशोदा की प्रतियोगिता के कारण बेचारे कृष्ण की स्थिति 'नट के बटा' की सी हो रही है, उन्हें खिलौना ही बना लिया गया :

कबहुँक दौरि घुटुरुवनि लपकत, गिरत उठत पुनि धावै री।
इततैं नन्द बुलाइ लेत हैं, उततैं जननि बुलावै री।
दम्पति होड़ करत आपुस में, श्याम खिलौना कीन्हौ री।[4]

कृष्ण कुछ बड़े होते हैं, माखन-चोरी की आदत पड़ गई, नित घर-घर कमोरी साफ होने लगी, अकेले ही नहीं, सखाओं का गिरोह भी बना लिया, खाते तो कम थे, पर बिखेरते बहुत थे। जब 'नित-प्रति हानि होति गोरस की' तो ब्रजनारियों के नाकों दम आ गया। यशोदा से शिकायत करनी पड़ी, पर क्या यशोदा का मातृ-हृदय कृष्ण के विरुद्ध इस अभियोग को आँख मूँद कर मान लेता ? उसे यकीन आ सकता है, विशेषकर यौवन मदमाती ग्वालिनों का :

मेरो गोपाल तनक सौ, कहा करि जानै दधि की चोरी।
हाथ नचावति आवति ग्वारिनि, जीभ करै किन थोरी।
कब सीकैं चढ़ि माखन खायौ, कब दधि-मटुकी फोरी।
अँगुरी करि कबहूँ नहिं चाखत, घर ही भरी कमोरी।[5]

× × ×

---

१ सूरसागर (सभा) पद ७१२
२ वही ,, पद ७९८
३ वही ,, पद ८३८
४ वही ,, पद ७१६
५ वही ,, पद ९११

कहै जनि ग्वारिन झूठी बात।
कबहुं नहि मनमोहन मेरी, धेनु चरावन जात।
बोलत है बतियाँ तुतरोरी, चलि चरननि न सकात।
कैसे करै माखन की चोरी, कत चोरी दधि खात।
देहीं लाइ तिलक केसरि कौ, जोवन-मद इतराति।
सूरज दोष देति गोविन्द कौं, गुर लोगनि न लजाति।[१]

कृष्ण का उत्साह और भी बढ़ जाता है, वे पक्के चोर बन गये। माखन के साथ उन्हें रस भी तो मिलता था। अब चोरी के साथ उत्पात भी चला, जिससे ग्वालिनों की चूड़ियाँ और चोलियाँ भी तहस-नहस होने लगीं। वे आतीं और यशोदा को अपनी खाली मटकी दिखातीं, यशोदा उन्हें मक्खन से भर देती, इस डर से कि कहीं कोई उसके लाल को कोसे नहीं। अपने बच्चे के अनिष्ट के विषय में किसी के द्वारा कुछ शब्दों के प्रयोग की आशङ्का-मात माता के हृदय को कँपा देने के लिये पर्याप्त है, तभी तो :

करि मनुहर कोसबे डर भरि-भरि देति जसोदा मात।[२]

एक दिन यशोदा को क्रोध आ ही गया। एक गोपी शिकायत कर ही रही थी कि दूसरी चोरी करते कृष्ण का हाथ पकड़ कर ही ले आई। यशोदा खीझ उठी, कृष्ण को ऊखल से जकड़ दिया और हाथ में साँटी लेकर सजा देना प्रारम्भ किया, पर क्या ग्वालिनें वास्तव में कृष्ण को सजा दिलाने आई थीं ? वे यशोदा को बुरा-भला कहने लगीं। यह भी खूब रही, उन्होंने शिकायत की और वे ही अब उसे बेवकूफ बना रही हैं। यशोदा खीझ उठी, पर इस खीझ में गोपियों के प्रति अमर्ष का मूल कारण कृष्ण-विषयक वात्सल्य ही है, और साथ ही यशोदा का पश्चात्ताप और व्याकुलता भी झलक पड़ रहे हैं। सुनिये, वह क्या कह रही है :

कहन लगी अब बढ़ि-बढ़ि बात।
ढोटा मेरो तुमहिं बँधायो, तनकहि माखन खात।[३]

सीधी-सादी डेढ़ पंक्ति है, न कोई वक्रोक्ति है और न अलंकार, पर एक-एक शब्द यशोदा के मातृ-हृदय का पूरा चित्र खींचने के लिये पर्याप्त है। 'कहन लगीं अब बढ़ि-बढ़ि बात' से गोपियों की (यशोदा के अनुसार) झूठी सहानुभूति और यशोदा का उनके प्रति अमर्ष व्यञ्जित है। 'ढोटा' शब्द से कृष्ण की अबोधता और उसके प्रति यशोदा की ममता फूटी पड़ती है।

कृष्ण को गोचारण के लिए यशोदा इसलिये भेजती है कि उनका मन बहल जाय, पर जब सभी ग्वाल-बाल अपनी गायें उन्हीं से घिरवाते हैं, कृष्ण थक जाते हैं, और यशोदा को बताते हैं, उसकी ममता जाग्रत हो जाती है, वह ग्वालों को गाली तक दे बैठती है। वास्तव में उसका हृदय इतना कठोर नहीं कि वह किसी का अनिष्ट चाहे। यह तो पुत्र की ममता के— उसके प्रति असीम वात्सल्य के—उफान का स्वाभाविक विकास है। वह कहती है :

मैं पठवति अपने लरिका कौं, आवै मन बहराइ।
सूर स्याम मेरो अति बालक, मारत ताहि रिंगाइ।[४]

---

१ सूरसागर (सभा) पद ९१२
२ वही ,, पद ९५०
३ वही ,, पद ९७३
४ वही ,, पद ११२८

बाल्यावस्था का बड़ा ही सुन्दर और स्वाभाविक वर्णन सूर ने किया है। बच्चों की मनोवृत्तियों, व्यापारों और चेष्टाओं का साकार और सजीव चित्रण सूरसागर में मिलता है। सूर की अन्तर्दृष्टि मानव-मानस की तह में गोता लगाकर भावरत्न लाने मे बेजोड़ है। बालकों की दैनिक चर्या के सूक्ष्म भेद को, छोटे से छोटे व्यापार को और गूढ़ से गूढ़ अनुभूति को चित्रित करना कवि भूला नहीं। एक के बाद दूसरा चित्र इस सफाई से कवि ने दिया है कि उसकी चित्रपटी का सौन्दर्य देखते ही बन पड़ता है। माखन खाते हुए कृष्ण का एक धूलिधूसर चित्र देखिये :

सोभित कर नवनीत लिए।
घुटुरुनि चलत रेनु-तन-मंडित, मुख दधि लेप किए।

यह तो हुआ कृष्ण का वह स्वाभाविक रूप, जो उन्होंने स्वयं अपनी हरकतों से बनाया है; इससे बिलकुल सटा हुआ उनका अलंकृत रूप भी देखिये—

चारु कपोल; लोल लोचन, गोरोचन-तिलक दिए।
लट-लटकनि मनु मत्तु मधुप-गन, मादक मधुहिं पिए।
कठुला-कंठ, बज्र केहरि-नख, राजत रुचिर हिए।[1]

इन दोनों स्वरूपों के समन्वय की गंगा-जमुनी आभा से शाब्दिक चित्रकार सूर का वह चित्र कितना मनोहर हो उठा है? यह सहृदय विद्वान स्वयं अनुभव कर सकते हैं, पर यह लीजिये, ये माखन खाते हुए खीझने क्यों लगे? शायद मन के मुआफिक माखन नहीं मिला :

खीझत जात माखन खात।
अरुन लोचन, भौंहें टेढ़ी, बार-बार जँभात।
कबहुँ झुकि कैं अलक खैंचत, नैन जल भरि जात।[2]

पैरों चलने के प्रयत्न में डगमगाकर गिरते हुए कृष्ण का चित्र देखना हो, तो इधर आइये :

चलत चहत पाइन गोपाल।
लए लाइ अँगुरी नँदरानी, सुन्दर स्याम तमाल।
डगमगात गिरि परत पानि पर, भुज भ्राजत नँदलाल।[3]

मथानी के घमरके साथ कृष्ण का नृत्य प्रदर्शनीय है। बाजे के साथ बच्चों का मन और तन दोनों नाच ही उठते हैं। सूर का यह शब्द-चित्र नृत्य की गति का भी स्पष्ट अनुभव कराता है :

आनन्द सों दधि मथति जसोदा, घमकि मथनियाँ घूमै।
निरतत लाल ललित मोहन, पग परत अटपटे भू में।[4]

तथा

त्यौं-त्यौं मोहन नाचै ज्यौं-ज्यौं रई घमरकौ होइ री।[5]

बच्चों में स्पर्धा का भाव बड़ा तीव्र होता है। वे किसी चीज में अपने हमजोलियों से पीछे नहीं रहना चाहते। एडलर के अनुसार बच्चों की यही भावना उन्हें उन्नत बनने में सहायता देती है। कृष्ण की चोटी से बलराम की चोटी बड़ी है, वे अपनी चोटी को बढ़ाना चाहते हैं। यशोदा

---

१ सूरसागर (सभा) पद ७१७
२ वही ,, पद ७१८
३ वही ,, पद ७३२
४ वही ,, पद ७६५
५ वही ,, पद ७६६

उनकी इस प्रवृत्ति का लाभ उठाकर उन्हें चोटी बढ़ने का लोभ देकर दूध पिलाती है, क्योंकि वे वैसे दूध पीते नहीं, पर जब फिर भी चोटी न बढ़ी तो वे यशोदा से शिकायत करते हैं :

मैया कबहिं बढ़ैगी चोटी।
किती बार मोहिं दूध पियत भई, यह अजहूँ है छोटी।
तू जो कहत बल की बेनी, ज्यौं ह्वै है लाँबी-मोटी।
काढ़त-गुहत-न्हवावत जै है, नागिन सी भुईं लोटी।
काचौ दूध पियावति पचि-पचि, देति न माखन रोटी।[1]

और न्हाने से गुरेज करना बच्चों की कितनी स्वाभाविक मनोवृत्ति है :

जसुमति जबहिं कह्यौ अन्हवावत, रोइ गए हरि लोटत री।
तेल उबटनो लै आगैं धरि, लालहिं चोटत-पोटत री।
मैं बलि जाऊँ न्हाउ जनि मोहन, कत रोवत बिनु काजैं री।[2]

कभी-कभी बच्चा इतना मचलता है कि मानता ही नहीं। बाल-हठ तो प्रसिद्ध ही है न, क्षोभ में वह अपने वस्त्रों को भी बकोटने लगता है। यदि कोई उसे हाथ भी लगाता है तो वह और भी मचल कर अपनी रोदन-क्रिया को जारी रखता है, प्रसन्न होता है तो स्वयं ही अपनी मौज में आकर। बच्चे की इस मनोवैज्ञानिक दशा का सूर ने सुन्दर चित्रण किया है :

चंचल अधर, चरन-कर चंचल, मंचल अँचल गहत बकोटनि।
लेति छुड़ाइ महरि कर सौं कर, दूरि भई देखति दुरि ओटनि।[3]

समवयस्कों द्वारा—विशेषतः अपने ही बड़े भाई द्वारा—चिढ़ाये जाने पर बच्चों के हृदय में जो आत्म-गौरव की भावना जागरित होती है, वह उन्हें शिकायत करने के लिये उत्तेजित करती है। बच्चे अपनी सुख-दुःख की बात सबसे अधिक अपनी माता से ही कहना चाहते हैं, क्योंकि उन के लिये वही सबसे अधिक निश्छल स्नेह रखती है। यही कारण है कि जब खेल ही खेल में बलराम ने कृष्ण को मोल लिया हुआ बताया, तो कृष्ण ने भी घर आकर शिकायत की—

मैया मोहिं दाऊ बहुत खिझायौ।
मोसौं कहत मोल कौ लीन्हौं, तू जसुमति कब जायौ।
गोरे नन्द जसोदा गोरी, तू कत स्यामल गात।
चुटकी दै दै ग्वाल नचावत, हँसत सबै मुसकात।[4]

ऐसे बच्चों के साथ न खेलना, और उनसे दूर रहने की चेष्टा करना, बाल-हृदय का स्वभाव है। बालक-हृदय स्नेह का भूखा होता है, वह उनके साथ क्यों खेले, जिनसे उसे खीझ और झुंझलाहट के अतिरिक्त और कुछ नहीं मिलता—

खेलत अब मेरी जाइ बलैया।
जबहिं मोहिं देखत लरिकनि-संग तबही खिझत बल भैया।[5]

खेलने में झगड़ते हुए बालकों के 'क्षोभ' का कितना सुन्दर उदाहरण निम्नलिखित पद में मिलता है—

१ सूरसागर (सभा) पद ७९३
२ वही ,, पद ८०४
३ वही ,, पद ८०५
४ वही ,, पद ८३२
५ वही ,, पद ८३५

खेलन में को काको गुसैयाँ।

हरि हारे जीते श्रीदामा, बरबस ही कत करत रिसैयाँ।

जाति-पाँति हमते बड़ नाहीं, नाहीं बसत तुम्हारी छैयाँ।[1]

बलराम तथा अन्य ग्वाल-बालों को गोचारण के हेतु जाते देखकर कृष्ण की बाल-स्वभाव-सुलभ अनुकरण की प्रवृत्ति जाग उठती है। वे स्वयं भी गोचारण के लिये जाना चाहते हैं, क्योंकि अब वे बड़े हो गये हैं—

मैया हौं गाइ चरावन जैहौं।

तू कहि महर नन्द बाबा सौं, बड़ो भयो न डरैहौं।[2]

प्रकृति की सुरम्य पृष्ठ-भूमि पर गोचारण के अत्यन्त सुन्दर दृश्य सूरदास जी ने चित्रित किये हैं। ग्वाल-बालों की स्वाभाविक सरल चित्त-वृत्तियों के साथ उनके क्रिया-कलापों के भी क्रमबद्ध अनेक चित्र आपको सूरसागर में दीख पड़ेंगे। बलराम कृष्ण की गैया खुद घेरते हैं और उन्हें बन के फल तोड़-तोड़ कर देते हैं—

मैया री मोहिं दाऊ टेरत।

मोकों बन-फल तोरि देत हैं, आपुन गैयन घेरत।

और ग्वाल संग कबहुँ न जैहौं, वे सब मोहिं खिझावत।

मैं अपने दाऊ संग जैहौं, बन देखें सुख पावत।[3]

खिझाने वालों के साथ न जाकर वनफल तोड़कर देने वाले दाऊ के साथ जाने का आग्रह कृष्ण की बाल-प्रवृत्ति का द्योतक है, जिसके अनुसार बालक स्नेह का व्यवहार ही पसन्द करता है। बालकों को अपने से बड़ों के कार्य करने में आत्मा के प्रसार से उद्भूत आनन्द का आस्वादन होता है, अतएव उस मार्ग के लिये उनके हृदय में बहुत ही अधिक उत्साह और चाव रहता है। कृष्ण के हृदय में गोचारण की इतनी उत्सुकता है कि वे कलेऊ करते-करते ही भाग खड़े होते हैं, किन्तु जब भूख सहन नहीं होती तो घर जाने वाले ग्वालों से यशोदा के पास खबर भेजते हैं। यशोदा घर की ही एक ग्वालिन को छाक लेकर भेजती है। भूख में चाहे भजन न हो, परन्तु मनोविनोदी व्यक्ति तो विनोद किये बिना नहीं चूकता। कृष्ण और बलराम—दोनों छिप जाते हैं, बेचारी ग्वालिन सारे वृन्दावन को छानती फिरती है, बार-बार टेर लगाने पर हजरत निकल कर आते हैं—

वृन्दा आदि सकल बन ढूंढ्यो, जहँ गाइन की टेर।

सूरदास प्रभु दुरत दुराए, डुंगरनि ओटि सुमेर।[4]

तथा

बहुत फिरी तुम काज कन्हाई।

टेरि-टेरि हौं भई बावरी, दोउ भैया तुम रहे लुकाई।[5]

कृष्ण पहाड़ी पर चढ़कर सखाओं को टेरते हैं और छाक-जेंवन के लिए बैठते हैं। ग्वाल-बालों के प्रति कृष्ण की ममता इतनी है कि वे सब का जूंठन लेकर खाते हैं—

---

१ सूरसागर (सभा) पद ८६१
२ वही (,,) पद १०३०
३ वही (,,) पद १०४२
४ वही (,,) पद १०८०
५ वही (,,) पद १०८७

ग्वालनि कर तें कौर छुड़ावत।
जूठौ लेति सबनि के मुख कौ, अपने मुख लै नावत।
षट्रस के पकवान धरे सब, तिनमें रुचि नहिं लावत।
हा-हा करि-करि माँग लेत हैं, कहत मोहिं अति भावत।[1]

'सह नौ भुनक्तु' का यह आचरण, गोपालों का यह पारस्परिक स्नेह, सहभोज का यह प्रभावशाली दृश्य भी वस्तुतः दृष्टव्य है, जिसमें आधुनिक सभ्य मित्रों की तकल्लुफ और फार्मेलिटी से पूर्ण पार्टी का मजा चाहे न हो, पर सरल हृदय से उमड़ती हुई प्रेमरस धारा का माधुर्य बरस रहा है।

कभी-कभी बच्चों में खेल-खेल में ही एक-दूसरे को डराने की भावना भी आ जाती है, इसी के कारण कभी-कभी ऐसी घटनाएँ भी घटती थीं, जिनके कारण कृष्ण को शिकायत भी करनी पड़ जाती थी :

मैया बहुत बुरौ बलदाऊ।
कहन लग्यौ बन बड़ौ तमासौ सब मोड़ा मिलि आऊ।
मोहूं कौ चुचकारि गयौ लै, जहाँ सघन बन झाऊ।
भागि चलो, कहि गयौ उहाँते, काटि खाइ रे हाऊ।[2]

इस प्रकार के न जाने बाल्यावस्था के कितने स्वाभाविक चित्र सूरसागर में भरे पड़े हैं, विस्तार-भय से हम अधिक चर्चा नहीं करते।

कृष्ण और गोपियों के प्रेम का विकास प्रकृति के सुन्दर वातावरण में हुआ है, बाल्यावस्था में साथ-साथ खेलने वाले सरल प्रकृति वाले सखा और सखी, किशोरावस्था के आकर्षण, कौतूहल, जिज्ञासा आदि भावों से गुजरते हुए यौवन काल के प्रिय और प्रिया बन गये। उनके प्रणय की निष्पत्ति में साहचर्य और सौन्दर्य-प्रियता; दोनों का ही योग है। यह प्रेम अचानक ही बैठे-बिठाये गैब से टूट पड़ने वाली चीज नहीं है, जो अपनी आकस्मिक चमक से मनुष्य को हक्का-बक्का बनादे और आँखों देखकर भी जिस पर मनुष्य विश्वास न कर सके। यह तो उस प्रथम स्वाभाविक आकर्षण का परिपाक है जो दो हृदयों को चंचल बनाकर स्वाभाविक गति से एक दूसरे की ओर चलने के लिए प्रेरित करता है और स्वयं सघन होता हुआ उन्हें परिवेष्टित कर अन्त में एक दूसरे से दृढ़ता के साथ जकड़ देता है, जो साथ-साथ हँसने-खेलने, उठने-बैठने हौर चलने-फिरने में स्वाभाविक हँसी-मजाक और छेड़-छाड़ के साथ परिपुष्ट हुआ है और जिसका स्फुरण मन्द, किन्तु निश्चित और नियमित गति से हुआ है। यह वह लोभ नहीं है, जो वासन्ती उषा में अँगड़ाई लेकर चटकती हुई कलियों के अन्तराल से उड़ते हुए सौरभ का समीरण से परिचय पाकर रसपान लिप्सु मधुपों को एक के अनन्तर दूसरी की ओर अग्रसर होने की प्रेरणा देता है। गोपियों के प्रेम का अंकुर बरसाती घास-फूँस नहीं है। इसकी जड़ इतनी गहरी है कि उसे वाह्य सिञ्चन की आवश्यकता ही नहीं पड़ती, केवल आन्तरिक रस से ही हरा-भरा रहता है। इस विषय में आचार्य रामचन्द्र शुक्ल का मत उल्लेखनीय हैं। वे लिखते हैं :

"इस प्रेम को हम जीवनोत्सव के रूप में पाते हैं, सहसा उठ खड़े हुए तूफान या मानसिक विप्लव के रूप में नहीं, जिसमें अनेक प्रकार के प्रतिबन्धों और विघ्न-बाधाओं को पार करने की

1 सूरसागर (सभा) पद १०८६
2 सूरसागर (सभा) पद १०९६

लम्बी-चौड़ी कथा खड़ी होती है।"[१] बाल्यावस्था से ही पली हुई यह प्रेम-लतिका क्या परित्याग का निष्ठुर झटका देकर तोड़ी जा सकती है? सूर की गोपियाँ साफ कहती हैं—"लरिकाई का प्रेम कहो अलि कैसे छूटे।" साहचर्य तो पशु-पक्षी, वन-उपवन, वृक्ष-लता, यहाँ तक कि ईंट-पत्थरों के साथ भी हमारे हृदय में अनुराग उत्पन्न कर देता है। आज भी हमारे बचपन का क्रीड़ाओं के स्थल और साधन-भूत वृक्ष-लताओं आदि के दर्शन हमारी स्मृति को जाग्रत करके भाव विभोर कर देते हैं। किराये के मकान को छोड़कर जाते समय, जिसका वास्तव में हमारे जीवन में सराय से अधिक महत्व नहीं, हमारे हृदय पर उन्यमनस्कता क्यों छा जाती है? इस सब का कारण खोजने के प्रयत्न में हमारे अन्तःकरण के किसी कोने में साहचर्य-जन्य अनुराग ही झाँकता दीख पड़ेगा।

कृष्ण का सौन्दर्य वैसे ही ब्रज में सर्वजनीन चर्चा का विषय था, फिर उनकी कैशोर्य जन्य चपलता और वेणु-वादन-निपुणता ने मिलकर गोपियों पर टोना ही कर दिया। कृष्ण के सौन्दर्य का प्रभाव बड़ा ही व्यापक है। उनके शरीर के प्रत्येक अङ्ग से छवि फूटी पड़ती है। गोपियाँ उनके सौन्दर्य पर अपना सर्वस्व वारने को प्रस्तुत हैं:

तरुनी निरखि हरि-प्रतिअङ्ग।
कोउ निरखि नख-इन्दु भूली, कोउ चरन-जुग-रंग।
कोउ निरखि नूपुर रही थकि कोउ निरखि जुग जानु।
कोउ निरखि जुगजंघ-सोभा करति मन-अनमानु।
कोउ निरखि कटि पीत कछनी मेखला रुचिकारि।
कोउ निरखि हृदयनाभि की छवि डारयो तन-मन वारि।[२]

श्याम के जिस सौन्दर्य ने 'वन उपवन सरिता सब मोहे', वह यदि गोपियों को इस स्थिति पर पहुँचा दे कि—'सूर स्याम बिनु और न भाव, कोउ कितनो समुझावें' तो क्या आश्चर्य? कृष्ण के विशाल लोचन, चारु कपोलों पर डोलते हुए चंचल कुण्डल, अरुण अधरों पर थिरकती हुई माधुर्य-वाहिनी मुरलिका, नीले मेघ और धूम्रपटल-सी रोमराजि, कमल-कोमल चरण, सब कुछ इतने मादक हैं कि इनकी सौन्दर्य-सुरा के खुमार में ब्रजनारियाँ मत्त हैं।

तरुनी स्याम रस मत वारि।
प्रथम जोवन-रस चढ़ायो, अतिहि भई खुमारि।
दूध नहिं, दधि नहीं, माखन नहीं, रीतो माट।
महारस अंग-अंग पूरन, कहाँ घर कहँ बाट।
मातु-पितु गुरुजन कहाँ के, कौन पति, को नारि।
सूर प्रभु कैं प्रेम-पूरन छकि रही ब्रजनारि।[३]

माखन-चोर कृष्ण का सौन्दर्य गोपियों का चित्तचोर बन गया तो फिर भोली राधिका उसकी चपेट से कैसे बच सकती थी? एक दिन कृष्ण खेलने के लिये निकले और यमुना-तट पर जा पहुँचे, वहीं राधा का प्रथम दर्शन हुआ:

खेलन हरि निकसे ब्रजखोरी।
गये स्याम रवि तनया के तट, अङ्ग लसति चन्दन की खोरी।

१ सूरदास (आ० शुक्ल)
२ सूरसागर (सभा) पद १२५२
३ वही ,, पद २४४२

औचक ही देखी तहँ राधा, नैन बिसाल भाल दिये रोरी।
नील बसन-फरिया कटि पहिरे, बेनी पीठि रुलित झकझोरी।
संग लरिकिनी चलि इत आवति, दिन थोरी अति छबि तन गोरी।
सूर स्याम देखत ही रीझे, नैन-नैन मिलि परी ठगोरी।[1]

राधा भी कुछ कम सुन्दर नहीं थी। उसके सौन्दर्य ने कृष्ण को आकृष्ट किया और :

बूझत स्याम कौन तू गोरी।
कहाँ रहति, काकी तू बेटी, देखी नाहिं कबहूँ ब्रज-खोरी।
काहे को हम ब्रजतन आवति, खेलति रहति आपनी पौरी।
सुनत रहति स्रवनिन नँद-ढोटा करत रहत माखन दधि चोरी।
तुम्हरो कहा चोरि हम लैहैं, खेलन चलौ संग मिलि जोरी।
सूरदास प्रभु रसिक सिरोमनि बातनि भुरइ राधिका भोरी।[2]

प्रथम परिचय के पश्चात् ही साथ-साथ खेलना, एक-दूसरे के घर आना-जाना और परस्पर कार्य में हाथ बँटाना आदि बातें उस परिचय को प्रेम के रूप में परिणत करने लगीं। बीच-बीच में हास-परिहास, मनोविनोद और नोंक-झोंक के मन्द-तेज, शीत-उष्ण वातावरण में प्रेमरस के मधुर और चरपरे अनुभव होते रहे—साहचर्य रस पाकर प्रेम का अंकुर लहलहाने लगा। एक दिन राधा ने कृष्ण से दूध दुहने की प्रार्थना की, क्योंकि उसकी चूनरी का रंग दूध की बूँदों से फीका हो जाता। कृष्ण गाय दुहने लगे परन्तु :

हाथ धेनु-थन, बदन तिया-तन छीर छींटि छल छोरे।

राधा को भी मजाक सूझी। वह बिगड़ गई, कृत्रिम मान धारण किया और बोली :

तुम पै कौन दुहावै गैया।
इत चितवत उत धार चलावत, यहै सिखायी मैया।[3]

इतना ही नहीं, और भी दो-चार खरी-खोटी सुनाई और अन्त में 'अल्टीमेटम' दे दिया :

करि न्यारी हरि आपुनि गैयाँ।
नहीं अधीन तेरे बाबा के, नहिं तुम हमरे नाथ-गुसैयाँ।
हम तुम जाति-पाँति के एकै, कहा भयो अधिकी द्वै गैयाँ।
जा दिन तैं सबरे गोपिन में, ताहि दिन तें करत लँगरैयाँ।

बेचारा कृष्ण का मुँह फक पड़ गया और उन्हें हार माननी पड़ी :—

मानी हार सूर के प्रभु तब, बहुरि न करिहौं नन्द दुहैया।[4]

पर कृष्ण की हार में भी जीत ही रही। उन्हें भुला देना हँसी-खेल नहीं, गोपियाँ कितना ही मान करें, रूठने का अभिनय करें, पर उनके लोभी नयन धोखा देते ही हैं। अपना ही लोहा खोटा हो, तो लोहार का क्या कसूर? और कृष्ण का रूप ही ऐसा है कि वे अजनबी ही बने रहते हैं। तभी तो राधा कहती हैं :—

स्याम सौं काहे की पहिचानि।
निमिष निमिष वह रूप, न वह छवि रति कीजै जेहि।

× × ×

---

१ सूरसागर (सभा) पद, १६१०
२ वही ,, पद १६६१
३ वही ,, पद १३५२
४ वही ,, पद २३५३

इत लोभी, उत रूप परमनिधि कोउ न रहत मिति मानि ।[१]

"क्षणे-क्षणे यन्नवतामुपैति तदेव रूपं रमणीयतया:" को चारतार्थ करने वाले सौन्दर्य के समक्ष तो 'मान उड़ि जात ज्यों कपूर उड़ि जात है ।'

इसी प्रकार प्रतिदिन पनघट-प्रस्ताव, यमुना-विहार, भरे घर में संकेतों द्वारा वार्तालाप, हिंडोला, रास आदि की लीलाएँ होती रहीं, जिसके द्वारा विकसित होता हुआ वह प्रेम स्वच्छन्द रमण के साम्राज्य में जा उतरा । राधा और कृष्ण के स्वच्छन्द-विहार का एक दृश्य देखिये :

नवल किशोर नवल नागरिया ।
अपनी भुजा स्याम-भुज ऊपर, श्याम-भुजा अपने उर धरिया ।
क्रीड़ा करत तमाल-तरुन-तर, स्यामा स्याम उमँगि रस भरिया ।
यों लपटाइ रहे उर-उर ज्यौं, मरकत मनि कंचन मैं जरिया ।
उपमा काहि देउँ, को लायक, मन्मथ कोटि वारने करिया ।
सूरदास बलि-बलि जोरी पर, नन्द-कुँवर वृषभानु-कुँवरिया ।[२]

इस प्रकार राधाकृष्ण की क्रीड़ाओं के वर्णन में सूर ने न जाने कितने भावों की कल्पना की है ? उनकी संयोग-वर्णन रीतिकालीन कवियों की भाँति गुलगुली गिलमों और गलीचों तक ही नहीं रह गया है, उसमें प्रकृति का अनन्त प्रसार है, सीमित संचारियों की कृत्रिम धारा के स्थान पर सरस हृदय का उन्मुक्त भाव-वर्षण है । आचार्य शुक्ल का यह कथन कितना सत्य है :

"उनकी उमड़ती हुई वाग्धारा उदाहरण रचने वाले कवियों के समान गिनाये हुए संचारियों से बँध कर चलने वाली न थी ।"[३] तथा "सूर का संयोग-वर्णन एक क्षणिक घटना नहीं है, प्रेम-संगीतमय जीवन की एक गहरी धारा है, जिसमें अवगाहन करने वाले को दिव्य माधुर्य के अतिरिक्त और कहीं कुछ नहीं दिखाई पड़ता ।"[४]

सूरदास के शृङ्गार का वर्णन करते समय हमें यह नहीं भूल जाना चाहिए कि वे पहले भक्त थे, और बाद में कुछ और । उन्होंने जो कुछ कहा है, माधुर्य-भक्ति के आवेश में । उनकी रचनाएं शृङ्गार-रस से सम्बद्ध उदाहरणों के उद्देश्य से नहीं लिखी गईं । सूर को तो बस इतना ध्यान था कि वे अपने प्रभु के सौन्दर्य का गान कर रहे हैं । उन्होंने यह कभी न सोचा होगा कि आगे चलकर उनके साहित्य का क्या प्रभाव पड़ेगा अथवा उनकी रचनाओं में काव्य-शास्त्र के लक्षणों के उदाहरण भी आये हैं ? इतना जरूर मानना पड़ेगा कि वे जयदेव, विद्यापति आदि भक्त शृङ्गारी कवियों से प्रभावित अवश्य थे, अतः अनायास ही उनके मुँह से जो शृङ्गारमयी उक्तियाँ निकलीं, उनमें काव्य-शास्त्र के अनेक लक्षणों का समन्वय हुआ है । 'साहित्य-लहरी' में तो नायिका-भेद के अनेक उदाहरण प्राप्त होते ही हैं, किन्तु उसे नायिका-भेद का ग्रन्थ नहीं माना जा सकता, क्योंकि उसमें लक्षणों का अभाव है । 'सूरसागर' में भी ऐसे बहुत से पद मिल जाते हैं । आगे चलकर रीति-कालीन आचार्यों ने नायिका-भेद का अलग ही सांगोपांग विवेचन किया, जिससे वह काव्य-शास्त्र का एक स्वतन्त्र ही विषय बन गया, उनसे पहले यह रस का ही एक अंग माना जाता था ।

---

१ सूरसागर (सभा) पद, २४७०
२ वही ,, पद, २३०६
३ सूरदास (आचार्य शुक्ल) पृष्ठ १६७
४ वही (,, ,,) पृष्ठ १८२

यद्यपि प्रेममार्गी कवियों ने परकीया के प्रेम की बाधाओं के वर्णन द्वारा प्रेम-मार्ग की कठिनाइयों का वर्णन किया, किन्तु पुष्टि-सम्प्रदाय में स्वकीया के प्रेम को ही प्रश्रय दिया गया है। वल्लभ-सम्प्रदाय के अनुसार राधा स्वकीया और चन्द्रावली परकीया है। सम्प्रदाय की मान्यता के अनुसार सूरदास ने भी स्वकीया का ही अधिक वर्णन किया है, परन्तु परकीया भक्ति के भी अनेक उदाहरण उनकी रचनाओं में मिल जाते हैं। विस्तार भय से हम नायिका भेद के थोड़े से ही उदाहरण यहाँ दे सकेंगे :

गोपियों के यौवन-विकसित अंगों की ओर कृष्ण उपमानों द्वारा संकेत करते हैं, पर उन्हें अभी अपने अन्दर इस परिवर्तन की मानसिक अनुभूति नहीं हुई। अतः वे कृष्ण की टेढ़ी बात को नहीं समझ पाती हैं। उनकी उक्ति 'अज्ञात यौवन' की उक्ति प्रतीत होती है :

यह सुनि चकित भई ब्रज-बाला।
तरुनी सब आपुस में बूझति, कहा कहत गोपाला।
कहाँ तुरंग, कहाँ गज केहरि, हँस सरोवर सुनियै।
कंचन-कलस गढ़ाये कब हम, देखौ धौं यह गुनियै।[1]

बचन-विदग्धा—

तब राधा इक भाव बतावत।
मुख मुसकाइ सकुचि पुनि सहजहिं, चली अलक सुरझावति।
एक सखी आवति जल लीहें, तासों कहति सुनावति।
टेरि कह्यौ मेरें घर जैहौ, मैं जसुना तें आवति।
तब सुख पाइ चले हरि घर कौं हरि प्रियतमहिं मनावति।
सूरज-प्रभु बितपन्न-कोक-गुन, तातें हरि-हरि ध्यावति।[2]

क्रिया-विदग्धा—

स्याम को भाव दै गई राधा।
नारि नागरिनि काहूँ लाख्यौ, कोउ नहीं, कान्ह कछु करत हैं बहुनु राधा।
चितै हरि-बदन याकौं हँसत मैं लखी, वै उतहिं गए कछु हरिष कीन्हें।
भावते भाव के संग नाहीं सुने, ये महाचतुर चतुराई लीन्हें।
आजुहीं रैनि दोउ संग ये मिलैंगे, हरें कहि परस्पर मनहिं जानी।
सूर ब्रजनागरी नारि नागरिनि संग, फिरी ब्रज तुरत लै जमुन पानी।[3]

बासकसज्जा—

राधा रुचि-रुचि सेज सँवारति।
तापर सुमन सुगन्ध बिछावति, बारम्बार निहारति।
भवन गवन करिहैं हरि मेरैं, हरषि दुःखहिं निरुवारति।
आवैं कबहुँ अचानक ही कहि, सुभग पाँवड़े डारति।
ईहि अभिलाखहिं मैं हरि प्रगटे, निरखि भवन सकुचानी।
वह सुख श्री राधा माधो को, सूर उनहिं जिय जानी।[4]

---

१ सूरसागर (सभा) पद २१६८
२ वही (,,) पद २६४२
३ वही ,, पद २६४३
४ वही ,, पद २६४७

खण्डिता—

प्यारी चितै रही मुख पिय को।
अंजन अधर, कपोलनि चन्दन, लाग्यो काहू तिय को।
तुरत उठी दर्पन कर लीन्हें, देखो बदन सुधारो।
अपनो मुख उठि प्रात देखिकै, तब तुम कहूँ सिधारो।
काजर चंदन, अधर कपोलनि, सकुचे देखि कन्हाई।
सूर स्याम नागरि-मुख जोवत, वचन कह्यो नहिं जाई।[1]

मानवती (सखी की शिक्षा)—

मन-मन पछितायो रहि जैहै।
सुनि सुन्दरि यह समो गए तैं, पुनि न सूल सहि जैहै।
मनहु मैन-मजीठ प्रेम-रंग, तैसे ही गहि जैहै।
काम हरष, हरेरे हरि अम्बर, देखत ही बहि जैहै।
इते भेद की बात सखी री, कत कोऊ कहि जैहै।
बरत भवन खनि कूप सूर त्यों, मदन-अगिनि दहि जैहै।[2]

उत्कण्डिता—

ललिता कौं सुख दै गए स्याम।
आजु बसैंगे रैनि तिहारैं, प्रान-पियारी हौ तुम बाम।
यह कहिकै अनर्तहि पगु धारे, बहु नायक के भेद अपार।
साँझ समय आवन कहि आए, सौहैं बहुत करि नंदकुमार।
वह बैठी हरि-मारग जोवति, इकइक पल बीतत इक जाम।
सूर स्याम आवन की आसा, सेज संवारति व्याकुल काम[3]

प्रोषित पतिका—

बिछुरे री मेरे बाल-सँघाती।
निकसि न जात प्रान ये पापी, फाटति नाहिन छाती।
हौं अपराधिनि दही मथति ही, भरि जोबन मदमाती।
जो हौं जानति हरि को चलिबो, लाज छाँड़ि सँग जाती।
ढरकत नीर नैन भरि सुन्दर, कछु न सोह दिन-राती।[4]

विप्रलब्ध—

राधा चकृत भई मनमाहीं।
अबही स्याम द्वार ह्वै झांके, ह्यां आये क्यों नाहीं।
आपु न आइ तहाँ जो देखैं, मिले न नन्द-कुमार।
आवत ही फिरि गए स्याम-घन अति भयो विचार।
सूनें भवन अकेली मैं ही, नीके उझकि निहार्‌यो।
मोते चूकि परी मैं जानी, तातें मोहि बिसार्‌यो।

---

१ सूरसागर (सभा) पद ३१००
२ वही ,, पद ३१९८
३ वही ,, पद ३०९६
४ वही ,, पद ३९९९

इक अभिमान हृदय करि बैठी, एते पर झहरानी।
सूरदास प्रभु गए द्वार ह्वै, तब व्याकुल पछितानी।[1]

कलहान्तरिता—

सखि मिलि करौ कछुक उपाउ।
मार मारन चढ्यौ बिरहिनि, निदिरि पायौं दाउ।
हुतासन-धुज जात उन्नत, चल्यौ हरिदिसि बाउ।
कुसुम-सर-रिपु-नंद-वाहन, हरषि हरषित गाउ।
बार अबकी प्रानप्रीतम, विजय सखा मिलाउ।
रति विचारि जु मान कीन्हौं, सोउ बहि किन जाउ।
सूर सखि सुभाउ रहिहौं, संग सिरोमनि-राउ।[2]

प्रेम के उद्भव और विकास में अन्य इन्द्रियों की अपेछा नेत्रों का ही अधिक हाथ रहता है। प्रेमी युगल के हृदयों को जोड़ने में वे माध्यम का कार्य करते हैं, परस्पर उलझ कर, लगकर या लड़कर वे हृदय को अटूट प्रेम-पाश में जकड़ देते हैं और बेचारा हृदय 'ज्यों-ज्यों सुरिझि चहत, भज्यो त्यों-त्यों उरझ्यो जात।' नेत्रों के कारनामे का खमियाजा बेचारे हृदय को उठाना पड़ रहा है। उधर स्वयं कृष्ण (आलम्बन) के नेत्र ही ऐसे गजब के हैं कि खोजने पर भी कोई उपमा मिलती ही नहीं—

देखि हरि जु के नैननि की छबि।
इहै जानि दुःख मानि जु अनुदिन, मानहुँ अम्बुज सेवत है रबि।
खंजरीट अति वृथा चपल भये, गए बन मृग जलमीन रहे दबि।
तहँउ जानि तनु तजत, जबहिं कछु पटतर देवैं कहत कबहुं कबि।
इनसे येई, पचि हारि रही हौं, आवे नहीं कहत कछु वह फबि।[3]

अनन्वय अलंकार द्वारा नयनों के लोकोत्तर सौन्दर्य की अभिव्यंजना की गई है, ऐसे नेत्रों का वार क्या खाली जा सकता है? पर दोष तो सब अपने ही नेत्रों का है, अपना ही लोहा खोटा हो, तो लुहार का क्या दोष! तभी तो एक ब्रज-युवती कहती है—

नैन आपने घर के री।
लूटन देहु स्याम-अंग-सोभा, जो हम पर वै तरके री।
यह जानी नीकैं करि सजनी, नहीं हमारे डरके री।[4]

अफसोस, 'इस घर को आग लग गई, घर के चिराग से।' इन नैनों ने मुझे बड़ा सताया है। कहना न मानकर सौन्दर्य-सलिल के भँवर में पड़ ही गये, उन्होंने लोक-लाज को खो दिया है और श्याम के रंग में ही वे रँग गये हैं। इन नैनों का विश्वास ही क्या? ये चोर हैं, पर चोरी करना जानते नहीं। श्याम के सौन्दर्य को चुराने गये थे, परन्तु हृदय को बन्दी करा आये। सारा अपराध इन्हीं का है। ये धृष्ट नयन घर की ही चोरी करते हैं, इनकी बानि छूट थोड़े ही सकती है। ये तो बचपन से ही चपल रहे हैं—

---

१ सूरसागर सभा पद २६९३
२ वही पद २७०३
३ वही पद १८२१
४ वही पद २८१६२

जाकी जैसी बानि परी री।
कोऊ कोटि करै नहीं छूटै, जो जिहि धरनि धरी री।
बारे ही तैं इनके ये ढंग, चञ्चल चपल अनेरे
बरजत हीं बरजत उठि दौरे, भये स्याम के चेरे।
ये उपजे ओछे नक्षत्र के, लंपट भये बजाइ।
सूर कहा तिनकी संगति, जे रहे पराएँ जाइ।[1]

'ये उपजे ओछे नक्षत्र के' में गोपियों की खीझ और अमर्ष के साथ रमणी-हृदय की पीर भी फूटी पड़ती है। इन भावों की अभिव्यक्ति के लिये, नारी-हृदय से निकली हुई परम्परा-प्राप्त इस सीधी-सादी उक्ति के अतिरिक्त और कोई चमत्कारपूर्ण कथन उपयुक्त होता, इसमें सन्देह है।

प्रिय की समस्त वस्तुएँ और क्रियाएँ प्रेमी को आकृष्ट करती हैं, उनसे उसे 'अपनापन' अनुभव होता है, इसलिए उससे चुटकी लेना प्रायः स्वाभाविक ही है। तभी तो गोपियाँ कृष्ण की मुरली-से भी ठठोली करने में नहीं चूकतीं। वे उसके भाग्य की सराहना करती हैं। पर नारी-हृदय की इस उदारता की भी सीमाएँ हैं। वह प्रिय की वस्तु को प्यार करता है, परन्तु जब प्रिय किसी वस्तु से इतना लगाव रखने लगता है कि आठों पहर उसी के रंग में मस्त रहकर अपने प्रेमी की ओर से उदासीन हो जाय, तो उस वस्तु से (प्रेमी को) ईर्ष्या भी हो जाती है जो स्त्रियों में सौतिया डाह की सीमा तक पहुंच जाती है। अहर्निश कविता-कामिनी के स्वागत में आँखें बिछाकर एकाग्रचित्त से उसकी साधना करने वाले कवि के हाथ से उसकी प्रेमिका द्वारा कागज पेंसिल का छीना जाना सुना है;[2] पुस्तकों से फुरसत न पाने वाले अध्ययन-व्यसनी विद्वान् की अर्धाङ्गिनी पुस्तकों को कोसती हुई देखी गई है, फिर यदि दिन-रात गोपीवल्लभ के अधरों पर गर्व और शान से थिरकती हुई मुरलिका गोपियों की ईर्ष्या-भाजन बन जाय, तो गोपियों से 'आरज-पथ' का त्याग कराकर कृष्ण से नाता जुड़वाया था, और इसी ने "अङ्गीकृतं सुकृतिनः परिपालयन्ति" की उपेक्षा करके तुड़वा भी दिया। यदि इसे चुरा लिया जाय तो कैसा रहे? न रहे बाँस, और न बजे बाँसुरी।

सखी री मुरली लीजै चोरि।
जिन गुपाल कीन्हें अपनैं बस, प्रीति सबन की तोरि।
कबहूँ कर, कबहूँ अधरनि, कटि कबहूँ खोंसति जोरि।
ना जानौ कछु मेलि मोहिनी, राखे अंग अंग मोरि।
सूरदास प्रभु कौ मन सजनी, बाँध्यौ राग की डोरि।[3]

पति प्रेम-गर्विता नायिका की भाँति मुरली किसी को बदती ही नहीं—

(माई री) मुरली अति गर्व, काहूँ बदति नाहिं आजु।
ि र कैं मुख कमल-देस, पायौ सुख राजु।[4]

वियोग-वर्णन (वात्सल्य-वियोग)

संयोग की भाँति वियोग का वर्णन भी सूर ने वात्सल्य से ही प्रारम्भ किया है। कृष्ण की लीलाओं से ब्रज-भूमि का चप्पा-चप्पा मुखरित हो रहा था। चारों ओर सुख और सन्तोष का राज्य

---

१ सूरसागर सभा पद ३०१४
२ देखिये सुदर्शन की कहानी "कवि की स्त्री"
३ सूरसागर सभा पद १२७५
४ वही ,, पद १२७१

था। यशोदा, नन्द, गोप, गोपियाँ सब प्रसन्न थे, पर एक दिन रंग में भंग हुआ। अक्रूर जी कंस का निमन्त्रण लेकर आये और कृष्ण-बलराम को ले आने का प्रस्ताव रखा। यशोदा पुत्र-वियोग की आशंका से सिहर उठी, पुत्र की सुकुमारता और कंस की दुष्टता को देखकर उसका वियोग और भी तीव्र हो उठा :

देखि अक्रूर नरि-नारि बिलखे।
धनुभँजन जस हेतु बोले इन्हें, और डर नहीं सब कहि संतोष।
महिर व्याकुल दौरि पांइ गहि लै परी, नंद-उपनंद संग जाहु लैके।
कहति ब्रज-नारि नैननि नीर ढारि कैं, इन्हनि कौ काज मथुरा कहा है?
सूर नृप क्रूर अक्रूर क्रूरै भए, धनुष देखन कह्यौ कपटी महा है।[1]

लाड़-प्यार में पले हुए जो कृष्ण गुरुजनों को भी प्रणाम करना नहीं जानते, वे राजसभा नियमों को क्या जानें? मथुरा के हत्यारे असिधारी असुर क्या इन बातों को सह सकेंगे? यशोदा का मातृ-हृदय यह सोचकर व्याकुल हो उठता है :

ये कहा जानैं राज-सभा कौं, ये गुरुजन बिप्रहुँ न जुहारे।
मथुरा असुर-समूह बसत है, कर-कृपान जोधा हत्यारे।[2]

कृष्ण के बिना घर-आँगन, गोकुल सब कुछ सूना है। जिस कृष्ण के बिना यशोदा पलभर भी नहीं रह सकती थी, उसे वह कैसे वियुक्त कर दे? चाहे कंस बन्दी बना ले, उसे पर्वाह नहीं, पर वह अपनी आँखों के तारे कृष्ण को अलग नहीं करना चाहती। चाहे प्राण ही क्यों न देने पड़ें :

मेरी माई निधनी कौ धन माधौ।
बारम्बार निरखि सुख मानति, तजति नहीं पल आधौ।
छिनु-छिनु परसति अङ्कम लावति, प्रेम प्रकृत ह्वै बाँधौ।
करिहै कहा अक्रूर हमारौ, दैहैं प्रान अबाधौ।
सूर स्यामघन हौं नहि पठवौं, अबहि कंस किन बाँधौ।[3]

'निधनी कौ धन' में कितनी निरीहता और विवशता है? सन्तोप के शान्त-सागर में पुत्र वियोग के विक्षोभ से जनित कितनी तरंगें हैं? शायद आप गिन नहीं सकते। यह कृष्ण के लिए यशोदा का स्नेह नहीं है? पुत्र के प्रति माता की ममता है, जिसकी गम्भीर धारा में संसार के सारे सम्बन्ध और स्वार्थ डूब जाते हैं; माँ के हृदय से निकला हुआ वह निःश्वास है, जो समस्त विश्व को प्राणवान् बनाता है, मातृत्व का अदम्य त्याग है, जिसमें स्वयं मिटकर भी पुत्र की कल्याण-कामना की पावन भावना अन्तर्हित है। आज यशोदा को गोकुल में कोई ऐसा हितैषी नहीं दीख पड़ता, जो कृष्ण को मथुरा जाने से रोक दे :

जसोदा बार-बार यों भाषै।
है कोउ व्रज में हितू हमारौ, चलत गुपालहिं राखै।[4]

---

१ सूरसागर सभा पद ३५८५
२ वही ,, पद ३५८६
३ वही ,, पद ३५९१
४ वही ,, पद ३५९२

वियोग की सम्भावना ही संयोग के सुखों की स्मृति द्वारा हृदय की व्याकुलता को बढ़ाने के लिए पर्याप्त है। यशोदा के मुख से निकले हुए ये शब्द कितने मर्मस्पर्शी हैं?

जिहि मुख तात कहत ब्रजपति सौं, मोहि कहत है माइ।
तेहि मुख चलन सुनत जीवति हौं, विधि सौं कहा बसाइ।
को कर-कमल मथानी धरि है, को माखन अरि खैहै।
बरसत मेघ बहुरि ब्रज ऊपर, को गिरि बल कर लैहै।[1]

नन्द के मुख से यद्यपि इतनी विह्वलता-पूर्ण उक्तियाँ नहीं निकलतीं, तो क्या उनके हृदय में वियोग का सागर नहीं उमड़ रहा? उनकी वियोगजन्य अधीरता फूटती नहीं, है, क्योंकि पुरुषत्व का बाँध उसे रोके हुए है। हृदय पर पत्थर रख कर वे यशोदा को समझाते हैं। उनके भाव बुद्धि और तर्क से संयत है, इसलिये अबाध रूप से उबल नहीं पड़ते।

भरोसौ कान्ह का है मोहि।
सुनहि जसोदा कंस नृपति-भय तू जनि व्याकुल होहि।[2]

परन्तु माता का हृदय क्या इस प्रकार के आश्वासनों से आश्वस्त हो सकता है? एक ओर तो यशोदा बेहाल हो रही है और दूसरी ओर रोहिणी का यह चित्र कितना मार्मिक है:

'ये दोउ भैया जीवन हमरे, कहति रोहिणी रोइ।
धरनी गिरति उठति अति व्याकुल, कहि राखत नहिं कोइ।[3]

और जब पुत्र ही माता को संसार की निःसारता चार दिन फूलने वाली सायन की बेल का उदाहरण देकर समझाता है, तो उसका हृदय ही टूट जाता है:

यह सुनि गिरी धरनि झुकि माता।
कहा अक्रूर ठगौरी लाई, लिये जात दोउ भ्राता।
विरध समय की हरत लकुटिया, पाप पुण्य डर नाहीं।
कछू नफा है तुमको यामें, सोचौ धौं मन माहीं।
नाम सुनत अक्रूर तुम्हारो, क्रूर भए हो आइ।
सूर नन्द-घरनी अति व्याकुल, ऐसहि रैन बिहाइ।[4]

यशोदा की इच्छा तो यही रहती है कि उसका कृष्ण उससे जननी का नाता रखे। चलते-चलते वह फिर पुत्र का मुख देखना चाहती है और 'जनम के खेरे' को निरखने को कहती है—

मोहन नैकु बदन तन हेरौ।
राखौं मोहिं नात जननी कौ, मदनगुपाल लाल मुख फेरौ।
बिछुरन भैंट देहु ठाढ़े ह्वै, निरखौ घोष जनम कौ खेरौ।[5]

सुख-दुख की अनुभूति में एक दशा वह भी आती है, जब हृदय इतना भर आता है कि वाणी भावों को अभिव्यक्ति करने में असमर्थ होकर मूक हो जाती है, कण्ठ गद्गद् हो जाता है

१ सूरसागर सभा पद ३५९५
२ वही ,, पद ३५९६
३ वही ,, पद ३५९६
४ वही ,, पद ३५९८
५ वही ,, पद ३६०८

और टूटे-फूटे शब्द ही मुख से निकल पाते हैं। इस दशा में वाणी का काम आँखें करती हैं। सूर की विरह की चरम अनुभूति का यह चित्रण देखिये :

जबहीं रथ अक्रूर चढ़े।
तब रसना हरि नाम भाषिकै, लोचन नीर बढ़े।
महरि पुत्र कहि सोर लगायौ, तरु ज्यौं धरनि लुटाइ।
देखति नारि चित्रसी ठाढ़ीं, चितये कुंवर कन्हाइ।[1]

कृष्ण चले गये, यशोदा की आशा थी कि नन्द के साथ ही कृष्ण भी लौट आयेंगे। परन्तु कृष्ण ने मथुरा से नन्द को जब यह कहकर विदा कर दिया :

पुत्र-हेत प्रतिपार कियौ तुम, जैसैं जननी तात।
गोकुल बसत, हँसत, खेलत मोहि, द्यौस न जान्यौ जात।
होहु विदा, घर जाहु गुसाँई, माने रहियौ नात।[2]

और नन्द असह्य व्यथा को हृदय में लिये हुए अकेले आते दीख पड़ते हैं, तो यशोदा पुत्र-वियोग की तीव्रता के कारण आपे में नहीं रहती। वेदना के आधिक्य के कारण वह इस बात को भूल जाती हैं कि स्वयं नन्द भी विवश हैं और उनकी भी उसी जैसी दशा है। वह उन्हें भी जी भरकर बुरा-भला कहती है :

जसुदा कान्ह-कान्ह कै बूझै।
फूटि न गईं तुम्हारी चारौं, कैसे मारग सूझै।
इक तौ जरी जात बिनु देखें, अब तुम दीन्ही फूँकि।
यह छतिया मेरे कान्ह कुँवर बिनु, फटि न भई द्वै टूकि।
धिक् तुम धिक् ये चरन अहो पति, अध-बोलत उठि धाए।
सूर स्याम बिछरन की हम पै, दैन बधाई आए।[3]

यशोदा के ये कटुवचन पति के प्रति पत्नी की धृष्टता नहीं, अपितु पुत्र वियोगिनी माता के हृदय को उस गहरी व्यथा को सूचित करते हैं, जिसमें प्रिय वस्तुएँ भी अप्रिय-सी लगती हैं। ये उसकी विक्षिप्त-मनोदशा के ध्वनिमय चित्र हैं, जिनमें एक-दूसरी से मिलती हुई अनेक भाव-रेखाएँ दीख पड़ती हैं, जिनका विश्लेषण करना किसी के वश की बात नहीं।

नन्द को दशरथ के समान पुत्र-वियोग के कारण प्राण-त्याग न करने पर यशोदा जो उलाहना देती हैं, उसी के सदृश उसको सखी का यह उलाहना कितना मनोवैज्ञानिक और स्वाभाविक है :

सब तू मारित्रोई करति।
रिसनि आगैं कहि जु आवति, अब लै भाँड़े भरति।
रोस कै कर दाँवरी लै, फिरति घर घर धरति।[4]

यशोदा को पुत्र-वियोग इतना अखर रहा है कि वह ब्रज छोड़कर मथुरा में देवकी और वसुदेव की दासी बनकर रहने को तैयार है। प्रेम में आत्म-विस्मृति की भावना गहरी हो जाती है और मिलन की उत्सुकता का उद्रेक समस्त भावों को तिरोभूत कर देता है :

---

१ सूरसागर (सभा) पद ३६१०
२ वही ,, पद ३७४२
३ वही ,, पद ३७५१
४ वही ,, पद ३७५६

हौं तौ माई मथुरा ही पै जैहौं ।
दासी ह्वै बसुदेव राइ की, दरसन देखत रैहौं ।
मोहि देखि के लोग हँसेंगे, अरु किन कान्ह हँसे ।
सूर असीस जाइ दहौं, जनि न्हातहु बस खसै ।[1]

अन्तिम शब्दों में मातृ-हृदय का समूचा वात्सल्य मानो एक बारगी उमड़ पड़ा है, पुत्र कहीं भी हो, सकुशल रहे, यही माता की कामना होती है । "जनि न्हातहु बार खसै" का आशीर्वाद सुत के प्रति माता के निःस्वार्थ प्रेम-भाव का सन्देश-वाहक है ।

पुत्र के प्रिय खाद्य पदार्थों को देखते ही उसकी याद आ जाना स्वाभाविक ही है । माता को यह भी विश्वास नहीं होता कि उसके बिना अन्य कोई उसके पुत्र के खाने-पीने आदि की समुचित व्यवस्था कर सकता है । यह अविश्वास वात्सल्य-जनित ही है । कृष्ण राजा हो गये हैं, फिर भी यशोदा को चिन्ता है कि उन्हें प्रातःकाल ही कौन बिना माँगे माखन रोटी देता होगा :

जद्यपि मन समुझावत लोग ।
सूल होत नवनीत देखि मेरे मोहन के सुख जोग ।
प्रातःकाल उठि माखन-रोटी को बिनु माँगे दैहै ।
को मेरे वा कान्ह कुँवर कौं छिनु-छिनु अंकम लैहै ।[2]

विप्रलम्भ

संयोग की अपेक्षा वियोग-शृङ्गार को साहित्यकों ने अधिक उच्च स्थान दिया है, क्योंकि जहाँ संयोग में प्रिय-सान्निध्य से प्राप्त सुख हृदय की अनेक सात्विक वृत्तियों को तिरोहित किये रहता है, वहाँ वियोग उन्हें उद्‌बुद्ध कर भावों के प्रसार के लिए समस्त विश्व का क्षेत्र खोल देता है । संयोग में प्रेमी-युगल एकान्त चाहते हैं, उन्हें अन्य की सहानुभूति की आवश्यकता नहीं रहती, पर वियोग में उनकी आत्मा का प्रसार हो जाता है और वे प्राणिमात्र के साथ ही नहीं, जड़ पदार्थों के साथ भी तादात्म्य स्थापित करते हैं । वियोगी व्यक्ति अपनी स्थिति को भूलकर अपनी सामान्य भाव-भूमि पर आ जाता है, जहाँ से उसकी दृष्टि प्रत्येक छोटी-मोटी वस्तु की सत्ता पर पड़ती है । उसके हृदय की अनुभूति रेचन का साधन न मिलने के कारण घनीभूत और तीव्र होती चली जाती है । समस्त संसार में उसे उसका प्रिय ही दीख पड़ता है, इसी कारण से सहृदय कवियों ने संयोग की अपेक्षा वियोग को ही अधिक पसन्द किया है ।

संगम-विरहविकल्पे वरमिह विरहो न संगमस्तस्याः ।
संगे सैव तथैका त्रिभुवनमपि तन्मयं विरहे ।

अर्थात्—संगम और विरह में प्रियतमा का विरह ही श्रेष्ठ है, क्योंकि मिलन में तो वह एक रहती है, पर विरह में त्रिभुवन ही तन्मय हो जाता है । शृङ्गार-रस के सिद्ध कवि अमरुक ने विरहावस्था में समस्त विश्व में अपनी प्रेयसी के स्वरूप का दर्शन करते हुए अद्‌भुत अद्वैत का प्रतिपादन किया है—

सा-सा-सा-सा जगति सकले कोऽयमद्वैतवादः ।

यह वह सात्विक अवस्था है, जिनमें मानव-हृदय से दुराव का आवरण हट जाता है और वह अपने स्वाभाविक निर्मल रूप में उक्तियों के साथ लिपटा चला आता है । पशु-पक्षियों और

१ सूरसागर (सभा) पद ३७८८
२ सूरसागर (सभा) पद ३७६१

लता-पादपों के साथ भी सम्बन्ध जोड़ने की प्रेरणा देने वाला यह भाव धन्य है। इसी दशा में कालिदास के यक्ष ने अपनी प्रियतमा को सन्देश भेजने के हेतु आषाढ़ के प्रथम मेघ को रोक लिया, जायसी की रूप-गर्विता नागमती ने भौंरे और काम के हाथों प्रिय को 'संदेसड़ा' भेजने का विचार किया और तुलसी के राम 'खगमृग' और मधुकर श्रेणी' से सीता का पता पूछते फिरे। श्रृङ्गार को रस-राजत्व प्रदान करने वाला तत्व वियोग ही है, क्योंकि इसमें संयोग-जन्य सुख के सदृश उथलापन नहीं रहता, अपितु अनुभूति की गहनता रहती है।

संयोग-श्रृंगार के समान वियोग का भी सूर ने व्यापक वर्णन किया है। कृष्ण के चलने के समय ब्रज-युवतियों को वियोग-जन्य जड़ता घेर लेती है—

> चलत जानि चितवति ब्रज-जुवती, मानहु लिखीं चितेरें।
> जहाँ सु तहाँ एक टक रहि गईं, फिरति न लोचन फेरें।
> बिसरि गईं गति भाँति देह की, सुनति न स्त्रवनन टेरें।
> मिलि जु गईं मानौ पै पानी, निबरति नहीं निबेरें।[1]

गोपियों की आँखों से आँसू बह निकलते हैं। उन्हें रह-रहकर ख्याल आता है—'अब देखि ले री स्याम कौ मिलनौ बड़ी दूरि।' विरहानल की जलन से वे तड़प उठती हैं, उनकी दृष्टि में अनल से विरहाग्नि अधिक दाहक है—

> अनल ते विरह अगिनि अति ताती।
> माधव चलन कहत मधुबन कौं, सुने तपति अति छाती।
> न्याइँहि नागरि नारि बिरह-बस, जरति दिया ज्यौं बाती।
> जे जरि मरीं प्रगट पावक परि, ते तिय अधिक सुहातीं।[2]

'नैषधकार' श्रीहर्ष की दमयन्ती ने भी विरहाग्नि के विषय में ऐसे ही विचार प्रकट किये हैं।[3] कृष्ण का रथ चला गया और गोपियाँ लौटकर घर की ओर चलीं, परन्तु पैर आगे को नहीं पड़ते और आँखे, जिनके रूप-लोभ ने यह गति बनादी, अब भी पीछे की ओर ही लगी थीं। उनके मन की मन में रह गई। यदि ईश्वर ने उन्हे पवन, पताका या धूलि बना दिया होता तो वे श्याम के साथ ही चली जातीं—

> पाछैं ही चितवत मेरे लोचन, आगे परत न पाँय।
> मन लै चली माधुरी मूरति, कहा करौ ब्रज जाय।
> पवन न भई पताका अम्बर, भई न रथ के अंग।
> धूरि न भई चरन लपटाती, जाती उहँ लौं संग।
> ठाढ़ी कहा करौ मेरी सजनी, जिंहि विधि मिलहिं गुपाल।
> सूरदास प्रभु पठै मधुपुरी, मुरझि परी ब्रजबाल।

'मुरझि परी ब्रजबाल' से कृश, विषण्णा और विवर्ण गोपियों का सजीव चित्र सामने आ जाता है। गोपियों के विरह का वर्णन करते हुए स्व० आचार्य रामचन्द्र शुक्ल ने लिखा है—

---

१ सूरसागर (सभा) पद १५७८

२ वही (सभा) पद ३५८१

३ दहनजा न पृथुर्दवथुर्व्यथा विरहजैव पुनर्यदि नेदृशम्।
दहनमाशु विशन्ति कथं स्त्रियः प्रियमपासुमुपासितुमुद्धुराः।

नैषध, चतुर्थ सर्गः

'परिस्थिति की गम्भीरता के अभाव से गोपियों के वियोग में भी वह गम्भीरता नहीं दिखाई पड़ती, जो सीता के वियोग में है। उनका वियोग खाली बैठे का काम-सा दिखाई पड़ता है। सीता अपने प्रिय से वियुक्त होकर कई सौ कोस दूर दूसरे द्वीप में राक्षसों के बीच पड़ी हुई थी गोपियों के गोपाल केवल दो-चार कोस के एक नगर में राज-सुख भोग रहे थे। सूर का वियोग-वर्णन 'वियोग वर्णन' के लिए ही है, परिस्थिति के अनुरोध में नहीं। कृष्ण गोपियों के साथ क्रीड़ा करते-करते कुंज या झाड़ी में जा छिपते हैं, या यों कहिए कि थोड़ी देर के लिये अन्तर्धान हो जाते हैं। बस, गोपियां मूर्च्छित होकर गिर पड़ती हैं।'[1]

आचार्य शुक्ल जी के इस कथन की आलोचना हमारा ध्येय नहीं : हमारा तो यही निवेदन है कि वियोग—वियोग ही है, चाहे वह क्षणिक हो या अनन्त, प्रियतम कहीं समीप ही छिपा हो या दूर। प्रेमाप्लावित हृदय में विरह के तूफान से विक्षोभ उत्पन्न होना स्वाभाविक ही है। विरह की गम्भीरता की माप क्या प्रिय के निवास की दूरी ही पर आधारित है? हमारी समझ में तो प्रिय के चले जाने पर यह निश्चय कि न जाने अब कभी मिलन होगा या नहीं, विरह की पूर्ण अनुभूति के लिए पर्याप्त है, उसमें काल या देश का हस्तक्षेप हमें उपयुक्त नहीं जँचता। रास की चरमावस्था और संयोग की मधुरतम अनुभूति में वियोग—क्षण भर के लिए ही सही—क्या असह्य नहीं होगा?

कृष्ण के वियोग में गोपियों की दशा दयनीय हो गई। उनके दिन कृष्ण की क्रीड़ाओं के वर्णन में ही व्यतीत होते हैं। व्रज में सब कुछ पहले की ही चीजें हैं, परन्तु फिर भी वह पहले का व्रज नहीं। जब व्रजपति ही नहीं, तो व्रजबालाओं का व्रज भी सूना है। उन बेचारियों के औसान ही नहीं लगते :

बिचारत ही लागे दिन जान।
तुम बिनु नन्द-सुवन इहिं गोकुल, निसि भइ कल्प समान।
मुरलि सब्द, कल धुनि की गुँजनि, सुनियत नाहीं कान।
चलत न रथ गहि रही स्याम, को अब लागी पछितान।
है कोउ जाय कहे माधो सौं, धीरज धरहिं न प्रान।
सूरदास प्रभु तुम्हरे दरस बिनु फुरत नाहिं औसान॥[2]

गोपियां अपना सर्वस्व कृष्ण पर वार बैठी थीं। उनके वियोग में उनका तन, मन, यौवन—सब विषधर की फूंकार के समान है। कालिदास के "प्रियेषु सौभाग्यफला ही चारुता" के अनुसार रमणी का सौन्दर्य और शृङ्गार प्रिय को लुभाने के लिए ही होता है। जब प्रिय ही नहीं तो शृङ्गार ही कैसा :

मुख तमोर नैंननि नहिं अंजन, तिलक ललाट न दीन।
कुचिल वस्त्र, अलकें अति रूखी, दिखियत है तन छीन।
प्रेम-तृषा तीनौं जन जानैं; बिरही, चातक, मीन।
सूरदास बीतति जु हृदय में, जिन जिय परबस कीन।[3]

---

१ सूरदास (आचार्य शुक्ल) पृष्ठ १७२

२ सूरसागर (सभा) पद ३८३१

३ वही „ पद ३८८५

अपने प्रियतम का स्वप्न में दर्शन करने वाली नारियाँ धन्य हैं, परन्तु बेचारी गोपियों के लिए यह भी सम्भव नहीं; क्योंकि प्रियतम के जाने से भी चार दिन पहले उनकी निद्रा जा चुकी थी :

सुनहु सखि धन्य ते नारि।
जो आपने प्रान-बल्लभ की, सपनैं हूँ देखति अनुहारि।
कहा करौं री चलत श्याम के पहिलैंहि नींद गई दिन चारि।[1]

दिलवर को दिल नजर करने के बाद बहुत से उर्दू शायर भी 'करवटें लेते ही लेते साफ उड़ जाती है नींद' कहते हुए नींद का रोना रोते देखे गये हैं, परन्तु गोपियों की नींद तो कृष्ण के जाने से भी चार दिन पूर्व जा चुकी हैं, मानो वह स्वयं इस भावी विपत्ति को अपनी आँखों देखना नहीं चाहती थीं। गोपियों के विरह का अन्त नहीं, मिलन की आशा में विरह कम हो जाता है, पर यहाँ तो वह भी नहीं :

उदित सूर चकई मिलाप निसि अलि जु मिलैं अरबिन्दहिं।
सूर हमें दिन राति दुसह दुःख कहा कहैं गोविन्दहिं।[2]

कृष्ण के बिना मुरली कौन सुनावै। उनके बिना ब्रज का सब कुछ सूना है। कृष्ण की मुरली फिर बजी ही नहीं :

माई बहुरि न बाजी बेन।
को जैहै खरिक दुहावन, गाइनि रहीं फिरि ऐन।
सूनो घर सूनौं सुख सेज्या, जहाँ करत सुख सैन।
सूने ग्वाल-बाल सब गोपी, नहीं कहूँ उन चैन।[3]

मानव-हृदय के भावों का प्रकृति के साथ सभी भारतीय कवियों ने सामञ्जस्य स्थापित किया है। वह मनुष्य के सुख-दुःख में हँसती और रोती है। पाश्चात्य आलोचक चाहे इसे (Pathetic fallacy) कहकर अनुपयुक्त भी मानें, परन्तु जड़ और चेतन जगत की एक ही ब्रह्म से उत्पत्ति मानने वाले भारतीय मनीषी तो उनमें अभेद देखते ही हैं। यही कारण है कि वियोगिनी गोपियों को यमुना नदी भी कृष्ण के वियोग-ज्वर से काली पड़ी हुई दीख पड़ती है :

देखियति कालिन्दी अति कारी।
अहो पथिक कहियो उन हरिसौं, भई बिरह जुर जारी।
गिरि-प्रजंक तैं गिरति धरनि धँसि, तरंग तरफ तन भारी।
तट बारू उपचार चूर जलपूर प्रस्वेद प्रनारी।
निसि दिन चकई पियजु रटति है, भई मनौ अनुहारी।
सूरदास प्रभु जो जमुना गति, सो गति भई हमारी।[4]

परन्तु मधुवन अब भी हरा-भरा खड़ा है। वही मधुवन, जिसने गोपी-वल्लभ की अगणित क्रीडाओं का साक्षात्कार किया था, जिसके निकुञ्ज कृष्ण की वंशी के मधुर स्वर के साथ कामिनी कलकण्ठों में निर्गत कोमल ध्वनियों से गूँजते रहे थे, जिसके हृदय में रासकर्त्ता मोहन के पदचिन्ह

१ सूरसागर (सभा) पद ३८८८
२ वही ,, पद ३८८८
३ वही ,, पद ३९६८
४ वही ,, पद ३८०९

आज भी बने हुए हैं, कृष्ण के वियोग में गोपियों का साथी न बना। साथी वही है, जो दुःख में साथ दे, सुख में तो कोई भी साथ दे सकता है। मधुवन की यही विषमता गोपियों को क्षुब्ध कर देती है और कोसने लगती हैं :

मधुवन तुम क्यों रहे हरे ?
बिरह वियोग स्यामसुन्दर के ठाढ़े क्यों न जरे।
मोहन बेनु बजावत तरु तर, साखा टेकि खरे।
मोहे थावर अरु जड़ जंगम, मुनि-जन ध्यान टरे।
वह चितवनि तू मन न धरत है, फिर-फिर पुहुपु धरे।
सूरदास प्रभु बिरह दवानल, नख सिखलौं न जरे।[1]

विरह की अवस्था में चित्त स्थिर नहीं रहता। अतः एक ही वस्तु कभी अनुकूल और कभी प्रतिकूल दीख पड़ने लगती है। अभी-अभी जो यमुना गोपियों को अपने ही समान विरह जुर-जारी लग रही थी, अब यम के समान लगने लगी—क्योंकि वह गोपियों और कृष्ण के बीच में बाधा बनकर बह रही है। विरह-जन्य-चित्त-विभ्रम के अभिव्यञ्जन में कवियों ने प्रायः ऐसी ही उक्तियों का आश्रय लिया है :

मोकौं माई जमुना जम ह्वै रही।
कैसें मिलौ स्यामसुन्दर कौं, बैरिनि बीच बही।[2]

इसी प्रकार चातक भी कभी तो उन्हें जीवन दाता और कभी विरहिणी नारी के रूप में दीख पड़ता है, तो कभी जली हुई को और जलाता हुआ ज्ञात होता है। पी-पी रटने वाला बेचारा चातक स्वयं विरह से काला पड़ गया है। समान दुःख वालों में पारस्परिक समवेदना का होना स्वाभाविक ही है। तभी तो गोपियाँ चातक के प्रति स्नेह प्रदर्शित करती हैं :

बहुत दिन जीवौ पपिहा प्यारौ।
बासर रैनि नाम लै बोलत, भयौ बिरह जुर कारौ।
आपु दुखित पर दुःखित जानि जिय, चातक नाम तुम्हारौ।
सूरदास-प्रभु स्वाति बूंद लगि, तज्यौ सिंधु करि खारौ।[3]

और कभी-कभी उसकी उद्दीपक 'पी-पी' की वाणी को सुनकर वे तिलमिला जाती हैं और उसकी अदूरदर्शिता पर उसे खोटी-खरी सुनाती है :

(हौं तौ मोहन के) विरह जरी, रे तू कत जारत।
रे पापी तू पंखि पपीहा, पिय पिय करि अधराति पुकारत।
करी न कछु करतूति सुभट की, मूठि मृतक अबलनि सर मारत।
रे सठ तू जु सतावत औरनि, जानत नहिं अपने जिय आरत।
सब जग-सुखी दुखी तू जल बिनु, तऊ न उर की व्यथा बिचारत।
सूर श्याम बिनु ब्रज पर बोलत, काहैं अगिलौ जनम बिगारत।[4]

जो नैन प्रेम के प्रवर्त्तक थे, जिनके उत्पात के कारण गोपियाँ कृष्ण के प्रेम-पाश में बद्ध हुईं, उनकी भी वियोग में सावन-भादों की मेघ-घटाओं के समान दशा हो गई। मेघ तो कुछ देर के लिये रुक भी जाते हैं, पर गोपियों के नैन निश-दिन बरसते हैं।

---

१ सूरसागर (सभा) पद ३८२८
२ वही ,, पद ३८६२
३ वही ,, पद ३६५५
४ वही ,, पद ३६५६

निसि दिन बरसत नैन हमारे।
सदा रहति बरषा रितु हम पर, जब ते स्याम सिधारे।[१]

तभी तो इन नैनों से बादल भी हार गये—

सखी इन नैननि तैं घन हारे।
बिनहीं रितु बरसत निसि बासर, सदा मलिन दोउ तारे।[२]

सूर का विरह-वर्णन हिन्दी-साहित्य में बेजोड़ है, 'भ्रमर-गीत' में गोपियों के तर्क के सामने उद्धव भले ही कुछ उत्तर दे सके, पर उनके प्रेम विह्वल अटपटे वचनों से उन्हें भी हार माननी पड़ी। उनकी प्रेम-रसधारा में उद्धव के ज्ञान की गुरु गठरी न जाने कहाँ बह गई? इस प्रसङ्ग में गोपियों की अन्तर्दशा का जैसा वर्णन सूर ने किया है, अन्यत्र दुर्लभ है।

सूर का भ्रमर-गीत

'भ्रमर' शब्द अत्यन्त प्राचीन काल से ही साहित्य में रस लोलुप पुरुष का प्रतीक बनकर प्रयुक्त हुआ है। कली-कली का रसपान करने वाले भ्रमर के समान नित्य नवीन मुग्धा से अठखेलियाँ करने वाला पुरुष भ्रमर के नाम से उपालम्भ का आस्पद बनाया जाता रहा है।

अभिव्यक्ति को सशक्त बनाने के लिये ही मानव-मस्तिष्क प्रतीकात्मक भाषा का सहारा लेता है, इसलिये प्रतीकात्मक अभिव्यक्ति के मूल में एक महत्वपूर्ण मनोवैज्ञानिक प्रतिक्रिया कार्य करती है। ह्वाइट हैड ने अपनी पुस्तक 'सिम्बलिज्म' में प्रतीक की चर्चा करते हुए कहा है कि—'मानव-अनुभवों के आधार पर जब उन विश्वासों, भावनाओं और व्यापारों का उद्‌भव होता है, जिनका सम्बन्ध इन अनुभवों के अन्य उपाङ्गों से होता है तो मानव-मस्तिष्क प्रतीकात्मकता की ओर झुक जाता है।[३] बेवेन का कथन है कि—मेरे विचार से प्रतीक मुख्य रूप से इन्द्रिय अथवा कल्पना के सम्मुख प्रस्तुत कोई वस्तु है, जिसका प्रयोग किसी अन्य वस्तु के लिये होता है।"[४]

बेवेन की परिभाषा के अन्तर्गत सभी सादृश्य मूलक अलङ्कार आ जाते हैं, किन्तु प्रतीक की अभिव्यंजना शक्ति किसी भी अलङ्कार में आये हुए अप्रस्तुत से अधिक होती है। श्री परशुराम चतुर्वेदी ने अपने कबीर साहब की 'प्रतीक-योजना' शीर्षक निबन्ध में लिखा है—

"प्रतीक से अभिप्राय किसी वस्तु की ओर इंगित करने वाला न तो संकेत-मात्र है और न ही उसका स्मरण दिलाने वाला कोई चित्र या प्रतिरूप है। यह उसका एक जीता-जागता एवं पूर्णतः क्रियाशील प्रतिनिधि है, जिस कारण इसे प्रयोग में लाने वाले को इसके ब्याज से उसके उपयुक्त सभी प्रकार के भावों को सरलता पूर्वक व्यक्त करने का पूरा अवसर मिल जाया करता है। प्रतीकों का प्रयोग अपनी भाषा में केवल किन्हीं चमत्कारों द्वारा अधिक क्षमता लाने के उद्‌देश्य से भी नहीं किया जाता, और न इससे उसमें उक्ति-वैचित्र्य का ही समावेश कराया जाता

---

१ सूरसागर (सभा) पद ४१०३

२ वही (,,) पद ३८५४

३ "The human mind is functioning symbolically when some components of its experience elicit consciousness, beliefs, emotions and usages respecting other components of its experience."
(बेवेन द्वारा अपने 'सिम्बलिज्म' एण्ड बिलीफ ग्रन्थ के ११ वें पृ० पर उद्‌धृत)

४ A symbol certainly, I think, means something presented to the senses or the imagination—usually to the sense which stands for something else. (वही पृ० ११)

है। सादृश्य मूलक दिखाने के कारण इसे कभी उपमानों का स्थान दे दिया जाता है जो उचित नहीं है। यह उससे कहीं अधिक व्यापक है। इसकी सहायता बहुधा ऐसे अवसरों पर ली जाती है, जब हमारी भाषा पंगु और अशक्त-सी बनकर मौन धारण करने लगती है और जब अनुभवकर्ता के विविध भाव पत्थरों से चतुर्दिक् टकराने वाले स्रोतों की भाँति फूट निकलने के लिए मचलने से लग जाते हैं। ऐसी दशा में हम उनकी यथेष्ट अभिव्यक्ति के लिए उनके साम्य की खोज करके अपने जीवन के विभिन्न अनुभवों में करने लगते हैं और जिस किसी को उपयुक्त पाते हैं, उसका प्रयोग कर उसके मार्ग द्वारा अपनी भाव-धारा को प्रवाहित कर देते हैं।[1]

प्रतीक-परिभाषा के वाद-विवाद में पड़ना हमारा उद्देश्य नहीं है। उपर्युक्त उद्धरणों से हमारा तात्पर्य केवल इतना ही है कि प्रतीकात्मक अभिव्यक्ति का आधार मनोवैज्ञानिक है, चमत्कार सृष्टि नहीं। पुरुष के लिए 'भ्रमर' शब्द के प्रयोग का आधार भी इससे भिन्न नहीं है।

पुरुष की बेवफाई के प्रति नारी की शिकायत का इतिहास बहुत पुराना है। इस शिकायत के अवसर बहुत कुछ तो वाह्य परिस्थितियों के कारण और कुछ नारी के असमान विनिमय-जनित असन्तोष के कारण आते रहे हैं। सब कुछ मिलाकर नारी ने पुरुष को जितना दिया, उतना पाया नहीं। उसकी आन्तरिक एवं वाह्य सुकुमारता का लाभ उठा कर पुरुष ने उसे अपनी चल सम्पत्ति ही बना लिया। वैदिक काल में जो समानता-अधिकार नारी को प्राप्त थे, उनका पुरुष द्वारा उत्तरोत्तर अपहरण होता गया। उसका स्वयंवर का अधिकार पिता की प्रतिज्ञा की वेदी पर बलिदान हो गया। सावित्री ने अपनी इच्छा के अनुसार वर चुना था, तो सीता को अपने पिता के प्रणानुसार शिव-धनुष को तोड़ने वाले के ही साथ विवाह करना था और द्रौपदी तो इसके अतिरिक्त पैतृक सम्पत्ति के समान पाँच भाइयों की उपभोग्या बनी, तथा चल सम्पत्ति के सदृश जुए में भी दाव पर लगा दी गई। इससे आगे चलकर सामन्ती युग में तो नारी की दशा और भी करुण हो गई। पुरुष प्रणय की आकांक्षिणी नारी ने अपना सर्वस्व देकर भी प्रणय नहीं पाया। सपत्नी और उपपत्नी की मार्मिक कथा भी उसे झेलनी पड़ी तो उसकी अधिकार-अपहरण-जन्य कुण्ठा पुरुष के प्रति उपालम्भ के रूप में फूट पड़ी। प्रकृति के आँगन में भी उसने पुरुष-नारी के प्रणय क्षेत्र में असमान विनिमय का प्रतिबिम्ब देखा; और देखा क्षण-क्षण में एक के बाद दूसरी कली का रसपान करके छोड़ देने वाले अपनी धुन में मत्त भ्रमर को जिसके रूप में उसके उपालम्भ का माध्यम पाया। पुरुष की रसलोलुपता की अभिव्यक्ति हेतु भ्रमर और कली का प्रतीकात्मक रूप साहित्यिक क्षेत्र में भले ही पुरुष द्वारा ही अवतरित किया गया हो, परन्तु लोक में उसकी अवतारणा नारी द्वारा ही हुई होगी। नारी की इस देन को पाकर भावुक कवियों की अभिव्यक्ति खिल उठी और उसकी मूक पीड़ा मुखरित होकर समाज का सर्वश्रेष्ठ काव्य बन गई, दुनिया के रवैये के अनुसार एक का रुदन दूसरे का गीत बन गया।

सबसे पहले शायद महाकवि कालिदास ने दुष्यन्त की पहली रानी हंसपदिका द्वारा शकुन्तला के प्रेम में डूबे हुए दुष्यन्त को लक्ष्य कर भ्रमर-विषयक उक्ति द्वारा उपालम्भ दिलाकर साहित्य में एक नई रूढ़ि का बीजवपन किया और इसके बाद विकटनितम्बा, गोवर्धन आदि संस्कृत कवियों की रचनाओं और अपभ्रंश के दूहों में से गुजरती हुई यह परम्परा हिन्दी साहित्य में पहुँची। कृष्ण भक्ति का विकास और उसमें माधुर्य भाव की प्रतिष्ठा हो जाने पर तो इस धारा को एक नई दिशा ही मिल गई, जिसका संकेत भागवत के उद्धव-गोपी-संवाद के प्रसंग में मिलता

---

१ अवन्तिका वर्ष २, अङ्क १, १९५४ पृ० ५१

है। यहाँ आकर भ्रमरोपालम्भ, जो अब तक भौतिक प्रेम के क्षेत्र में ही सीमित रहा था, आध्यात्मिक क्षेत्र में भी अवतीर्ण हुआ। धीरे-धीरे इसमें अनेक तत्वों का समावेश होता गया और एक ओर तो एक विशिष्ट दार्शनिक पृष्ठ-भूमि में इसकी जड़ जमी, और कई दार्शनिक विचारधाराओं से इसका संघर्ष भी हुआ। अनेक शताब्दियों की दीर्घ अवधि में बदलती हुई परिस्थितियों और विकसित होती हुई भक्ति-साधना के साथ कवित्व का मणिकाञ्चन योग हो जाने के कारण इस परम्परा ने जो रूप धारण किया, वह हिन्दी साहित्य में 'भ्रमर-गीत साहित्य' के नाम से प्रसिद्ध है। यह श्रेय हिन्दी के ही भाग्य में बदा था। वस्तुतः कवित्व और भक्ति का जैसा सुन्दर समन्वय पूर्व मध्य-कालीन हिन्दी साहित्य में हुआ, वैसा अन्यत्र दुर्लभ है।

भागवत के दशम स्कन्ध पूर्वार्द्ध में ४६ वें और ४७ वें अध्यायों में भ्रमर-प्रसंग आया है। कृष्ण अपने प्रियसखा उद्धव को यह कहकर कि—"तुम ब्रज में जाकर मेरे माता-पिता और गोपियों को, जिनका मन मुझ में रमा रहता है, मेरा सन्देश देकर वेदनामुक्त करो" उन्हें ब्रज भेजते हैं। उद्धव ब्रज जाते हैं और नन्द तथा यशोदा को समझाते हैं। यशोदा मूक होकर अश्रु बरसाती हुई उनके ज्ञान की बातें सुनती हैं और उससे प्रभावित तो नहीं होती—हाँ, हत-प्रभ-सी अवश्य हो जाती हैं।

सूर्योदय के समय गोपियाँ नन्द के द्वार पर खड़े रथ को देखकर अटकलें लगाने लगीं कि रथ किसका है? इस प्रसंग में उनका वार्तालाप अक्रूर के प्रति घृणा और तीखे व्यंग्यों से भरा पड़ा है। जब उन्हें पता चलता है कि कृष्ण के समान रूप-रंग और वेष-भूषा वाले अभ्यागत उनका सन्देश लेकर आये हुए उनके सखा हैं तो वे उनका सत्कार करती हैं और उनसे जो कुछ कहती हैं, उसका सार यह है—

"उद्धव जी! आप ब्रजनाथ, नहीं-नहीं, यदुनाथ जी के पार्षद हैं। उन्होंने अपने माता-पिता को सुख देने के लिये आपको यहाँ भेजा है और उनका यहाँ है भी कौन? अपने माता-पिता के अतिरिक्त दूसरों के साथ जो प्रेम-सम्बन्ध किया जाता है, वह स्वार्थवश होता है। मतलब निकल जाने पर प्रेम का स्वांग समाप्त हो जाता है। भौंरे का पुष्प से और पुरुष का स्त्री से ऐसा ही प्रेम होता है। यहाँ सब प्रेम-सम्बन्ध स्वार्थ पर आधृत हैं। धन न रहने पर वेश्या अपने कामुक को धता बता देती है; अध्ययन समाप्त होने पर कितने शिष्य अपने आचार्यों की सेवा करते हैं? वृक्ष पर फल नहीं रहते तो पक्षी भी उड़ जाते हैं। वन में आग लगी कि पशु भाग खड़े हुए। स्त्री के हृदय में कितनी ही आसक्ति हो, व्यभिचारी पुरुष मतलब निकल जाने पर उलट कर भी नहीं देखता। संसार के प्रेम-सम्बन्ध ऐसे ही होते हैं।"

गोपियों के कथन में उनकी मनोदशा का चित्रण है। वैभव की खाई के कारण वे कृष्ण को अपने से कितना दूर समझती हैं? इसलिए तो ब्रजनाथ कहते ही यदुनाथ कह उठती हैं। वे सोचने लगीं कि जब उनमें प्रेम की पवित्रता ही नहीं, तो वे हमारे हृदय की व्यथा को क्या समझें। भ्रमर क्या कभी पुनः कली के पास लौटता है? स्वार्थ, आनन्द और उपभोग में लिप्त अवसरवादी दूसरे का ध्यान कब करता है? और कृष्ण भी इनके अपवाद नहीं, अपितु प्रमाण ही हैं।

यद्यपि इस कथन में कहीं कृष्ण का नाम नहीं आया है, तथापि अप्रत्यक्ष रूप से कृष्ण पर ही सब व्यंग्य किये गये हैं। प्रेम का प्रतिपादन न पाकर ही गोपियों ने उद्धव के समक्ष व्यंग्य किये, क्योंकि वे समझती थीं कि उनके द्वारा कृष्ण तक उनकी भावाभिव्यक्ति पहुँच जायेगी। कृष्ण की सब लीलाएँ उनकी आँखों में छा जाती हैं और वे फूट-फूट कर रो पड़ती हैं। नारी के दो ही

अस्त्र हैं—व्यंग्य और रुदन। एक गोपी को कृष्ण-मिलन की लीलाओं का स्मरण हो रहा था कि एक भ्रमर गुनगुनाता हुआ उधर आ निकला। गोपी ने उसे कृष्ण-सखा का प्रतीक मानकर कहना आरम्भ किया :

"कपटी के सखा भ्रमर। सपत्नी के कुचों से मसली हुई माला के कुंकुम में सनी हुई अपनी मूंछों से हमारा स्पर्श न कर। तुम जिनके दूत हो—वे कृष्ण ही मथुरा में अपनी मानिनी नायिकाओं को मनावें। केवल एक बार अपनी अधर सुधा की मोहिनी पिलाकर वे हमें ऐसे ही छोड़कर चले गये, जैसे तुम फूलों को छोड़कर चले जाते हो; पता नहीं लक्ष्मी उनकी चरण सेवा क्यों करती है ? शायद उनकी चिकनी-चुपड़ी बातों में आ गई हैं। तू हमारे सामने कृष्ण का गान क्यों कर रहा है ? हमें मनाने के लिए हो तो ! पर वे तो हमारे जाने-पहचाने हैं। जा उनकी मथुरावासिनी सखियों के सामने ही उनका गुणगान करना; हम जानती हैं—वे कितने निर्मम हैं। काम-संतप्ता शरणागता सूर्पणखा को उन्होंने विरूप कर दिया, वामन रूप में बलि से मुँह माँगी वस्तु पाकर भी उसके साथ क्या किया ?" वरुणापाश से बाँधकर पाताल में डाल दिया। तू मेरे पैरों में सिर मत टेक ! क्या तू भी श्रीकृष्ण से चाटुकारिता सीख आया है! हम कालों की मित्रता से बाज आईं। किन्तु क्या करें, कृष्ण की याद आती ही है। हम चाहने पर भी उनकी चर्चा नहीं छोड़ सकतीं। जैसे हरिणी व्याध के सुमधुर गान के चसके में मारी जाती है, वैसे ही हम भोली-भाली गोपियाँ कृष्ण के प्रेमजाल में फँस गईं। तू इस विषय में कुछ न कह। यदि तुझे कुछ कहना ही है, तो कुछ अन्य बात कर। इतने में ही भौंरा कुछ दूर उड़कर फिर लौट आता है, तब गोपियाँ कुछ आदर के साथ कहना प्रारम्भ करती हैं :

प्रियतम के प्यारे सखा ! तुम हमारे माननीय हो। कहो तुम्हारी क्या इच्छा है ! सच कहो, क्या हमें वहाँ ले जाना चाहते हो। पर उनके पास जाकर लौटना कठिन है। हम तो उनकी हो चुकी हैं पर हमें वहाँ ले जाकर क्या करोगे ? उनके हृदय में तो उनकी प्यारी पत्नी लक्ष्मी रहती है न। अच्छा, प्रियतम के प्रियदूत मधुकर ! बताओ तो कि कृष्ण मधुपुरी में सुख से तो है। क्या वे कभी नन्द बाबा, यशोदा और ग्वाल-बालों की भी याद कर लेते हैं ? क्या हम दासियों का भी कभी जिक्र करते हैं ? बताओ, वे कब अगर के समान दिव्य सुगन्ध से युक्त अपनी भुजा हमारे सिर पर रखेंगे ? क्या हमारे जीवन में ऐसा शुभ अवसर आयेगा ?

भागवत के इस प्रसंग में भ्रमर-गीत के सभी तत्वों का मूलरूप विद्यमान है। 'भ्रमर-गीत' अन्योक्ति के उपकरण—गोपी, कृष्ण, उद्धव, भ्रमर, उपालम्भ—सभी इनमें आ गये हैं। भ्रमर को कितवबन्धु कहा गया है, जो एक अप्रस्तुत व्यंग्य है, जिसका लक्ष्य कृष्ण ही नहीं, उद्धव भी हैं। कृष्ण की चाटुकारिता और कपट के वश में होकर गोपियाँ अपने मन को खो बैठती हैं। उनके अलौकिक प्रभाव के कारण उनकी ओर से ध्यान हटाने में असमर्थ हैं। अपनी इस परवशता के कारण वे विवश हैं, कृष्ण के विरह में व्याकुल हैं। उनका नारी हृदय काम के वाणों से पीड़ित है। मधुपुर की चतुर नागरिकाओं से कृष्ण के प्रणय सम्बन्ध का अनुमान ही उनके मर्मवेध के लिए पर्याप्त है। सौतों के आलिंगन से मलिन माला में कुंकुम की कल्पना उनके हृदय से सपत्नी भाव-जन्य ईर्ष्या को भी जन्म देती है। इस प्रकार गोपियों को साधारण मानवी रूप भी प्रदान कर दिया गया है।

भागवत के इन प्रसंगों में हृदय और बुद्धि का समानान्तर प्रभाव लक्षित होता ह। गोपियाँ, नन्द और यशोदा कृष्ण-लीलाओं की स्मृति सँजोये उनका चिन्तन करते रहते हैं और उद्धव

उनके निराकार परब्रह्म रूप का प्रतिपादन करते हैं। अन्त में भागवत की गोपियाँ उद्धव की ज्ञान चर्चा से संतुष्ट हो जाती हैं। इस प्रकार भागवत में निराकार उपासना का ही स्तर प्रबल सुनाई पड़ता है, फिर भी इसमें सन्देह नहीं कि भागवतकार ने कृष्ण के जीवन को एक नवीन भावात्मक रूप प्रदान किया।

भागवत के अतिरिक्त संस्कृत साहित्य में अन्यत्र कहीं भ्रमर-गीत की रचना उपलब्ध नहीं होती। भ्रमर-दूत और भ्रमर-सन्देश नामक दो दूत-काव्य अवश्य मिलते हैं जो कथानक, विषय और शैली—सब की दृष्टि से बिलकुल भिन्न वस्तुएँ हैं। इनमें कृष्ण-कथा के स्थान पर राम कथा की घटनाओं का वर्णन है। अपभ्रंश में कृष्ण-लीला गान की परम्परा तो चली आ रही थी, पुष्पदत्त के महापुराण में एतद्विषयक कई गीत मिलते हैं। भ्रमर-विषयक अन्योक्ति द्वारा उपालम्भ देने की परम्परा भी अक्षुण थी, किन्तु इन तत्वों का एकीकरण कर भ्रमर-गीत जैसी रचना की सृष्टि करने का प्रयास अपभ्रंश साहित्य में नहीं हुआ।

भागवत के पश्चात् विद्यापति मैथिल कोकिल के कतिपय पद ऐसे मिलते हैं, जो भ्रमर-गीत परम्परा में स्थान पाने के अधिकारी हैं। वे पद ये हैं :

(१)

कत दिन माधव रहब मधुरपुर विहि बाम।
दिवस लिखि-लिखि नखा खो आयनु बिछुरत गोकुल नाम।
हरि-हरि काह कहब सम्बाद !
सुमरि-सुमरि नेह खिन मेला मोर देह, जिवनक अब कौन साथ।
पूरब पियारि नारि हम अछून, अब दासनहु संदेह।
भ्रमर भ्रमरी भ्रमि सबहु कुसुम रमि, नहि तजे कमलनि नेह।
आस निगड़ करि, जिउ कत राखब अबहि ज करत परान।
विद्यापति कह आसहीन नह अबउ सो कर कान।[1]

(२)

ऊधव कब हमसो ब्रज जाइब।
कब प्रिय छबलि सरमि स्यामलि, तेइ सखन से दूध दुहाइब।
कब श्रीदामा सुचल प्रिय मित, मिलि कानन धेनु चराइब।
कब जमुना तिर नीप तरुतर मोहन बेनु बजाइब।
कब वृष भानु किशोरि गोरि सौं, कुंजहि रास रचाइब।
कब ललितादि सखी सुन्दरि कहँ, सादर अँक लगाइब।
विद्यापति कह अइसन सुभ दिन राइक मान मनाइब।[2]

(३)

प्रेम अँकुर जात आत मेल न मेल जुवल पलाशा।
प्रतिपद चांद उदय जैसे भामिनी सुख लव मैं गैल निराशा।
सखि हे अब मोहे निठुर मधाई अवधि रहलि बिसराई।
के जाने चांद चकोरिणी वंचब माधव मधुप सुजान।

---

१ मैथिल कोकिल विद्यापति (बाबू ब्रजनन्दन सहाय) पद ३८
२ मैथिल कोकिल विद्यापति (बाबू ब्रजनन्दन सहाय) पद ६८

अनुभवि कानु पिरीति अनुभामिये विघटित विहि निरभान।
पाप पराण आन नहि जानत कान्ह कान्ह करि भूरत।
विद्यापति कह निकरुण माधव गोविन्ददास रस पूरन।[1]

इन स्फुट पदों के अतिरिक्त भ्रमर-गीत का व्यवस्थित कथात्मक स्वरूप विद्यापति की पदावली में प्राप्त नहीं होता। विद्यापति हिन्दी के पहले कवि हैं, जिन्होंने भागवत के इस प्रसंग की अवतारणा हिन्दी में की। परिणाम की दृष्टि से उनकी यह रचना नगण्य है। परम्परा का विकसित रूप भी उसमें नहीं मिलता, किन्तु इससे उनके मूलसूत्र उद्घाटन का महत्व कम नहीं हो जाता। यदि सांख्य शास्त्र की शब्दावली प्रयोग करने की छूट हो तो हम कह सकते हैं कि भ्रमर-गीत की पुष्टि परम्परा इसी मूल प्रकृति की विकृति है। भ्रमर-गीत प्रसंग को व्यापक-विकसित और व्यवस्थित रूप देने का श्रेय सूरदास जी को ही है। सूर-सारावली और सूरसागर दोनों में ही यह प्रसंग पाया जाता है। सूर सारावली का कथानक श्रीमद्भागवत पर ही आधृत है, किन्तु उद्धव को ब्रज भेजने के कारण में भेद है। भागवत में कृष्ण गोपियों पर अनुग्रह करके उन्हें सुख देने के लिए उद्धव को वहाँ भेजते हैं, किन्तु सारावली में गोपियों की चरण रेनु सिर पर धर उद्धव को अभय पद प्राप्त करने के लिए वे ऐसा करते हैं। काव्य-सौष्ठव की दृष्टि से सारावली के इस प्रसंग का अधिक महत्व नहीं है।

सूरसागर में तीन भ्रमर-गीत मिलते हैं। एक तो लगभग ३०० पदों में हैं, जिसमें नन्द, यशोदा और गोपियों का विरह वर्णन है। इसकी समता हिन्दी साहित्य का कोई भी शब्द नहीं कर सकता। इस विस्तृत भ्रमर-गीत के अतिरिक्त एक भ्रमर-गीत की रचना केवल दो पदों में की गई है। प्रथम पद उद्धव ब्रजागमन, गोपियों की आशा-निराशा, कुब्जा पर व्यंग्य, और कृष्ण के पुर्नमिलन की आशा का वर्णन है; और दूसरे में उद्धव द्वारा ज्ञानोपदेश, गोपियों का प्रतिवाद और उद्धव के भक्त बनकर लौटने का वर्णन है। अन्त में भ्रमर-गीत के सुनने सुनाने का महत्व है।[2] उद्धव का मथुरा-गमन प्रसंग और उससे पहले ब्रज की दशा का चित्रण इसमें नहीं है। निर्गुण-सगुण चर्चा इसका प्रमुख विषय है और अन्त में उद्धव गोपियों को गुरु मान लेते हैं। तीसरा भ्रमर-गीत केवल एक ही पद में है, जो सत्तर पंक्तियों का है। कथानक की दृष्टि से दूसरे संक्षिप्त भ्रमर-गीत से इसमें अन्तर है, क्योंकि इसका प्रारम्भ उद्धव के उपदेश से ही होता है; जैसे—नन्ददास के भ्रमर-गीत का। इसके अन्तर्गत गोपियाँ अधिक व्यवहार कुशल प्रतीत होती हैं। गोपियों की तल्लीनता देखकर उद्धव के संकोच, पाती-सन्देश और ज्ञान-चर्चा का उल्लेख इसमें भी है। उद्धव कुछ दिन प्रेममग्न होकर ब्रज में रहते हैं और जब कृष्ण के पास जाते हैं, तब कृष्ण अपने प्रेम व्यवहार से उन्हें शान्त करते हैं।[3] दोनों ही संक्षिप्त भ्रमर-गीतों में भ्रमर के आने का उल्लेख नहीं है। हाँ, 'अलि' और 'मधुप' शब्दों का प्रयोग अवश्य मिलता है।

सूर का विस्तृत भ्रमर-गीत बड़ा ही महत्वपूर्ण है। इसके अन्तर्गत विभिन्न घटनाओं और पात्रों के व्यापारों का विकास बड़े ही मनोवैज्ञानिक ढंग से हुआ है। स्थूल रूप से इसका विभाजन दो भागों में किया जा सकता है। प्रथम भाग में कृष्ण के वियोग में ब्रजवासियों की दशा और कृष्ण के प्रति यशोदा, नन्द आदि के द्वारा भेजे गये सन्देशों से लेकर उद्धव के ब्रज-आगमन तक के पद रखे जा सकते हैं और दूसरे में उद्धव-गोपि-संवाद से लेकर उद्धव के प्रेमाभक्ति से प्रभावित

---

१ विद्यापति (नगेन्द्र नाथ गुप्त) पद ६७०

२ सूरसागर पद ४७११-४७१२

३ वही पद ४०९५

होकर ब्रज लौटने तक के। प्रथम भाग को पुनः दो अंशों में विभाजित किया जा सकता है—१ ब्रज की दशा और ब्रजवासियों के सन्देश। २—मधुपुर वासियों के सन्देश से उद्धव के आगमन तक के पद जिन्हें हम भ्रमर-गीत की क्रमशः पूर्वपीठिका और उत्तरपीठिका कह सकते हैं।

समूचा भ्रमर-गीत उपालम्भ जिस भावना से ओत-प्रोत है, उसकी कुञ्जी ब्रज-वर्णन-प्रसंग में वह पद है, जिसमें एक ग्वाला मधुपुरवासी कृष्ण के सम्बन्ध में कहता है कि—'मधुपुरी जाकर कृष्ण अब बड़े वंश वाले बन गए हैं, राजा हो गए हैं, सूतजन उनका गान करते हैं। उनके माता-पिता यशोदा और नन्द नहीं, देवकी और वसुदेव हो गए हैं। कुब्जा उनकी अर्धाङ्गिनी बन गई है, जिसके वशीभूत होकर वे विभिन्न प्रकार के रास-रंग में लीन हैं।'[1] गोप द्वारा दी गई इस सूचना की गोपियों पर भारी प्रतिक्रिया होती है। कृष्ण पर अपना एकाधिकार रखने वाली गोपियों को यह कैसे सह्य होता कि वे किसी और के होकर रहें? उनका भावुक, शङ्कालु नारी-हृदय कृष्ण के मथुरावास के अन्य कारणों को बहानामात्र तथा कुब्जा के प्रणय को मूल कारण मान बैठता है, और उनकी विचार धारा कुब्जा पर ही केन्द्रित हो जाती है। वे उस पर व्यंग्य करती हैं, उसके कारण कृष्ण को भी अधिकाधिक उपालम्भ देती हैं और फिर अपनी परवशता पर रोती-बिसूरती हुई कुब्जा के कूबड़ का मजाक उड़ाकर ही मन को शान्त करना चाहती हैं; पर व्यर्थ, घूम-फिर कर उनका ध्यान कृष्ण पर पहुँचता है और वे खीझ कह उठती हैं—"सखी री काके मीत अहीर!" अपना ही लोहा खोटा है, तो लुहार का क्या दोष? निरीह गोपियाँ कभी अपने रूप-रस लोभी नेत्रों को कोसती हैं, तो कभी कपटी हृदय को। ऐसी मनःस्थिति में प्राकृतिक-सौंदर्य भी उन्हें काटने दौड़ता है। अतः चन्द्रोपालम्भ और उद्दीपन रूप में प्रकृति-वर्णन के भी बहुत से पद मिलते हैं।

विरह वेदना से पीड़ित गोपियाँ कृष्ण को सन्देश भेजती हैं। भिन्न-भिन्न प्रकार से अपनी दशा प्रकट करती हैं। इतने सन्देश भेजे कि मधुपुरी के कूप भर गए, पर कृष्ण का प्रति-सन्देश नहीं मिला। ऐसी स्थिति में कुब्जा और कृष्ण के प्रति उनके हृदय में उपालम्भ की भावना का और भी उद्दीप्त हो जाना स्वाभाविक ही है। यशोदा भी सन्देश भेजती है कि—यद्यपि लोग मेरे हृदय को समझाते है, फिर भी मक्खन देकर मेरे हृदय में पीड़ा होती है। पथिक! कृष्ण से कहना कि मेरे जैसी माँ के होते हुए वे क्यों दुःख पा रहे हैं।[2] तभी यशोदा को गोप की बात याद आ जाती है। ध्यान आता है—कृष्ण की माँ तो देवकी है। तब वे कहती हैं कि—यदि कृष्ण माँ का नाता नहीं मानते, तो धाय समझ कर ही दर्शन दे जायें। फिर वे सोचती हैं, क्यों न देवकी के पास ही कृष्ण के भेजने के लिये सन्देश भेजा जाये। यही तो उचित है, इसी बीच में यशोदा का वात्सल्य फिर उसे आत्म-विस्मृत कर देता है और वह यह भूल कर कि—कृष्ण देवकी के पुत्र हैं,[3] देवकी को सन्देश भेजती हैं:

तुम रानी हो और मैं अहीर। मुझे ऐसी हँसी अच्छी नहीं लगती. यहाँ मेरी गायें कौन चराये। मेरे पुत्र को भेज दो! वहाँ उसे चाहे जितना ऐश्वर्य प्राप्त हो, पर उसे तो मक्खन भाता है न?[4] इस प्रकार गोपियाँ और यशोदा के हृदय में जो विचार उठते हैं, वे परस्पर सम्बद्ध

---

१ सूरसागर पद ३७५६

२ वही पद ३७९०

३ वही पद ३७९१

४ वही पद ३७९७

और मनोवैज्ञानिक हैं । गोप द्वारा ब्रज-कृष्ण के ऐश्वर्य की सूचना देना, कुब्जा का प्रेम यशोदा और गोपियों के सन्देश—सूर की अपनी कल्पना की उपज है । भागवत में ये प्रसंग नहीं हैं ।

इसी प्रकार भागवत में उद्धव को ब्रज भेजने का उद्देश्य बिल्कुल दूसरा है । वहाँ वे गोपियों को ज्ञानोपदेश देने के लिए भेजे जाते हैं, पर सूर के कृष्ण उन्हें प्रेम-भक्ति का उपदेश ग्रहण करने के लिए भेजते हैं, ज्ञान के घमंड में फूले उद्धव की वे प्रेम-भजन की प्राप्ति के लिए ब्रज भेजना उचित समझते थे ।[1] स्वयं कृष्ण को उनके योग की बात अच्छी नहीं लगती थी । वे कहते हैं:—

संग मिलि कहौं कासौं बात ।
यह तो करत जोग की बातें, जामें रस जरि जात ।[2]

उद्धव को ब्रज भेजने का कारण सूर के चतुर कृष्ण संकेतित भी कर देते हैं, किन्तु ज्ञान-मद में मत्त उद्धव—उसे समझ भी नहीं पाते :

सूर स्याम इहि कारन पठवत, ह्वै आवैगो संत ।

इस प्रकार उद्धव को ब्रज भेजने का कारण उनके योग-नीरस-हृदय को भक्ति-रस से पूरित करना (योग के ऊपर भक्ति का महत्व प्रतिपादन करना) तथा ब्रजवासियों की दशा जानना है । गोकुल से आये हुए सन्देशों के उत्तर रूप में सूरदास-देवकी, कुब्जा और कृष्ण द्वारा प्रतिसन्देश भिजवाना नहीं भूले हैं । कृष्ण मौखिक रूप में तथा पत्र के रूप में भी सन्देश देते हैं । यशोदा ने धाय बन कर दर्शन की कामना की थी, जिसके उत्तर में कृष्ण ने सन्देश भेजा कि—हम उन्हीं के पुत्र हैं ।[3] यहाँ के अवशिष्ट कार्य को पूरा कर हम वहीं लौटेंगे, अन्यत्र हमें कहाँ सुख मिल सकता है । धाय कहला भेजना हमें अच्छा नहीं लगा ।[4] जब से तुमसे वियुक्त हुए हैं, कोई कन्हैया कहने वाला नहीं मिला और न ही सवेरे उठकर कलेवा किया, और न घैया ही चाखी ।[5] नन्द बाबा को उपालम्भ पूर्ण सन्देश यह भेजा कि—मथुरा पहुँचाकर उन्होंने फिर सुधि ही नहीं ली ।[6] गोपियों के लिये केवल जोग का ही सन्देश भेजा, क्योंकि इसी के द्वारा उनका अभीष्ट (उद्धव के ज्ञान का गर्व दूर होना) सिद्ध हो सकता था । जोग के सन्देश द्वारा उन्होंने गोपियों के हृदय को उद्दीप्त करना चाहा ।

शिष्टता और स्नेह के नाते वसुदेव-देवकी भी यशोदा के सन्देश का उत्तर लिखकर देते है कि—नन्द और यशोदा ! तुम धन्य हो, हमारे पुत्र का पालन कर तुमने हमें उपकृत किया; यहाँ आकर उनसे क्यों नहीं मिल जाते ? उन्हें मैं भेज तो दूँगी ही, बाल-लीला का आनन्द तो तुम्हें ही मिला मुझे तो वे कुमार मिले हैं ।[7]

इसके बाद सूर ने कुब्जा द्वारा गोपियों को पत्र लिखाया है । वह स्वयं गोपियों के आक्रोश, उपालम्भ और व्यंग्य का आस्पद रही थी । शिष्टता के नाते ही सही, उसे अपनी सफाई में कुछ कहना ही चाहिए था । उसने लिखा—"मुझ पर तो कृष्ण की अकस्मात् कृपा हो गई; मुझ पर क्रोध क्यों करती हो । कड़वी तुम्बी को तो घूरे पर स्थान मिलता है, पर जब वह वाद्य-निर्माता के हाथ पड़ जाती है तो सुन्दर राग उत्पन्न करने लगती है । यही दशा मेरी थी । मैं त्रिभंगी

१ सूरसागर पद ४०३१
२ वही पद ४०३३
३ सूरसागर ४०५३
४ वही ४०५६
५ सूरसागर ४०५७
६ वही ४०५७
७ वही ४०६०

शरीर ! कंस की दासी ! करुणाकर ने कृपा कर दी । अपने हाथ से मुझे सँवार दिया ।[1] उसने मौखिक सन्देश देते हुए उद्धव से कहा—उद्धव राधा से कहना, मैं तो इनकी सेविका हूँ; मुझ पर क्रोध न करो । जैसे कृष्ण ने मुझ पर कृपा की है वैसे ही वे भी करती रहें । तुम तो श्याम की अर्धाङ्गिनी हो । मैं तुम्हारे समान कहाँ,[2] इतनी नम्रता दिखाने के पश्चात् कुब्जा का अभिमान जाग उठा और वह उपालम्भ के बदले में उपालम्भ देती हुई बोली—

सुनियत ऊधौ लए सँदेसो, तुम गोकुल कौं जात ।
पाछैं करि गोपिन सौं कहियौ, एक हमारी बात ।।
मातु पिता कौ नेह समुझि कै, स्याम मधुपुरी आए ।
नाहिन कान्ह तुम्हारे प्रीतम, ना जसुदा के जाए ।।
देखौ बूझि आपने जिय मैं तुम धौं कौन सुख दीन्हे ।
ये बालक तुम-मत्त ग्वालिनी, सब मूँड़ करि लीन्हे ।।
तनक दही माखन के कारन, जसुदा त्रास दिखावै ।
तुम हँसि सब बाँधन कौं दौरीं, काहू दया न आवै ।।
जो वृषभान-सुता उत कीन्ही, सो सब तुम जिय जानौ ।
ताहीं लाल तज्यौ ब्रजमोहन, अब काहैं दुःख मानौ ।।[3]

भागवत में केवल कृष्ण का मौखिक सन्देश है । वसुदेव, देवकी और कुब्जा के सन्देश कवि की मौखिक प्रतिभा के परिणाम हैं । भागवत में राधा का नाम नहीं मिलता, किन्तु सूर ने राधा को प्रधानता दी है । कुब्जा और कृष्ण राधा को ही सन्देश भेजते हैं । गोपियों का विरह राधा के विरह की धुरी पर घूमता है और अन्त में उद्धव भी उसी की 'अति मलीन' दशा से प्रभावित होकर कृष्ण से कहते हैं कि—"अति मलीन वृषभानु कुमारी" । सन्देश-प्रतिसन्देश की यह कल्पना पूर्णतया घटनाओं के मनोवैज्ञानिक विकास के ऊपर आधारित है ।

मधुपुरियों के सन्देश गाँठ में बाँधकर ऊधो चल दिये । इसके बाद सूर ने ब्रज में होने वाले शुभ शकुनों और गोपियों के उत्कण्ठित हृदयों का सुन्दर चित्रण किया है । एक भारतीय संस्कृति और आचारों का प्रतीक है; तो दूसरा सञ्चारियों के अभिव्यञ्जन की दृष्टि से उच्च-साहित्यिक आदर्श का प्रतिबिम्ब है । शुभ-शकुन तो हो ही रहे थे; मथुरा की ओर से आता हुआ कृष्ण का रथ भी दूर से दीखने लगा । गोपियों के हृदय में कृष्ण-मिलन की आशा दृढ़ हो गई । रथ कुछ पास आया तो उसमें एक व्यक्ति दीख पड़ा । कृष्ण अकेले नहीं आ सकते थे, वे तो बलराम के साथ होते । आशा निराशा में परिणत हो गई । लगा, जैसे कृष्ण मिलकर बिछुड़ गए हों । नवीन विरह जग गया और गोपियों के हृदय से खीझभरा उपालम्भ निकल पड़ा—

सूरदास यहाँ कत आवें, बँधे कुबिजा रस-दाम ।[4]

यशोदा तो मूर्च्छित होकर ही गिर पड़ीं । गोपियाँ अपना दुःख भूल गईं और यशोदा को सान्त्वना देने लगीं :

---

१ सूरसागर ४०६२

२ वही ४०६४

३ सूरसागर (सभा) पद ४०६५

४ वही ,, पद ४०८५

भूल भई हरि सुरति करी।

उठो महरि कुशलात बूझिए, आनन्द उमंग भरी।[1]

इस प्रकार आत्म-विस्मृत विरह-विधुरा ग्रामीण गोपियों में भी सूर ने कर्त्तव्य, बुद्धि और सहानुभूति की प्रतिष्ठा की है, जो उनके सरल स्वभाव को और भी आकर्षक बना देती है।

सूरसागर में उद्धव के ब्रजागमन का प्रसंग विभिन्न पदों में भिन्न-भिन्न प्रकार से मिलता है।

एक अन्य स्थान पर उद्धव-गोपी-मिलन का प्रसङ्ग भागवत के समान दिया है। नन्द के द्वार पर खड़े रथ को देखकर गोपियाँ शंकित होती हैं कि—कहीं फिर अक्रूर आ गए। जब उन्हें उद्धव के दर्शन होते हैं, तो वे उन्हें कृष्ण का सखा समझ कर प्रणाम करती हैं। कहती हैं—'तुम्हारे दर्शन पाकर हम धन्य हुई, तुमसे मिलकर वैसा ही सुख हुआ, जैसे मछली को पानी मिलने पर होता है।'

स्वभावतः गोपियाँ उद्धव से एकदम प्रश्न करती हैं कि—'कृष्ण कुशलपूर्वक तो हैं! उन्होंने यहाँ आने के लिये कहा है या नहीं!' सब गोपियाँ सन्देश सुनने के लिए दौड़ आईं, उद्धव ने कृष्ण की पाती उन्हें दी।

कह्यौ तुमकौं ब्रह्म ध्यावन, छाँड़ि विषय विकार।

सूर पाती दई लिखि मोहिं, पढ़ौ गोप कुमारि।[2]

इस प्रकार सूर उद्धव के योग का कटु सन्देश विस्तार पूर्वक न कहकर पाती से ही परिस्थिति स्पष्ट कर देते हैं। पत्रिका प्राप्त कर गोपियाँ प्रेम-विभोर हो जाती हैं। यहाँ सूर ने सम्बन्ध-भावना का उत्तम निदर्शन प्रस्तुत किया है। गोपियाँ कृष्ण की पाती को कभी नेत्रों पर धरती हैं और कभी छाती से लगाती हैं। पर इससे कृष्ण का विरह और भी अधिक अखरने लगता है, और वे कह उठती हैं कि—इस पाती का हम क्या करें? वे सोचती हैं कि कृष्ण हमसे रुष्ठ हैं; तभी तो इस प्रकार स्वयं न आकर 'मधुप' के हाथों सन्देश और पाती भेज दिये हैं। उद्धव की योग-चर्चा उन्हें तनिक नहीं सुहाती। वे व्याकुल हो जाती हैं और—

इहि अन्तर मधुकर इक आयो।

निज स्वभाव अनुमार निकट ह्वै सुन्दर शब्द सुनायो।

पूछनि लागीं ताहि गोपिका कुबिजा तोहि पठायो।

को धौं सूर स्याममुन्दर को हमें सन्देसो लायो।[3]

यहीं से मूल भ्रमर-गीत का प्रारम्भ होता है। भ्रमरागमन के पूर्व के दो पदों में गोपियों ने भी उद्धव को ही 'मधुप' और 'अलि' नाम से संबोधित किया है:

'कहियौ मधुप संदेश सुचित दै, मधुवन स्याम उजागर'।[4]

'याहीं तें लिखि पठवत अलिकर बातें प्रेम छकौंही'।[5]

---

१ सूरसागर (सभा) पद ४०८८

२ वही ,, पद ४१०३

३ वही ,, पद ४११५

४ वही ,, पद ४०१३

५ वही ,, पद ४०१४

वस्तुतः यहाँ उन्होंने कृष्ण के सखा उद्धव को कृष्ण का ही प्रतिनिधि समझकर ऐसा किया है। गोपियों के प्रेम प्रवाह में उद्धव का ज्ञान बह जाता है और उनका कहना 'पवन का भुस' हो जाता है। अन्त में वे प्रेमा-भक्ति से ओत-प्रोत हृदय होकर लौटने लगते हैं, तो यशोदा और गोपियाँ पुनः भावपूर्ण सन्देश देती हैं।

भागवत और सूर के भ्रमर-गीत की तुलना से स्पष्ट हो जाता है कि यद्यपि सूर ने भागवत का आश्रय लिया है, तथापि अपनी प्रतिभा से ऐसी-ऐसी घटनाओं की उद्‌भावना की है, जिनसे मानव हृदय की शाश्वत वृत्तियों की अनुभूति होती है। उनके कृष्ण भागवत के कृष्ण के समान केवल कर्तव्य निष्ठता के आग्रह से ही गोपियों को संदेश भेजने में प्रवृत्त नहीं होते, अपितु भावुक हृदय होने के कारण विरह की कसक का अनुभव भी करते हैं। उनका प्रेम मानवीय धरातल पर ही पल्लवित हुआ है। सूर ने उद्धव को भागवत के उद्धव के समान मुखरता भी प्रदान नहीं की; वे बहुत कम बोलते हैं। कारण यही है कि गोपियों के रूप में स्वयं सूरदास अपनी प्रेमाभक्ति का प्रतिपादन करते हुए ज्ञानी उद्धव को बोलने का अवसर ही नहीं देते। उन्हें वे मुखरता प्रदान करते हैं, जब ये स्वयं सूर के भक्ति सम्प्रदाय में दीक्षित हो जाते हैं और मस्तिष्क की अपेक्षा हृदय को प्रमुखता देने लगते हैं।

भ्रमर का अवतरण होने के पश्चात् मूल भ्रमर-गीत का प्रारम्भ होता है। गोपी-उद्धव के इस संवाद में गोपियाँ उद्धव को बोलने का बहुत ही कम अवसर देती हैं। योग की बात सुनकर वे उद्धव से ताबड़तोड़ प्रश्न करती चली जाती हैं, उस पर व्यंग्य कसती हैं। उसकी बुद्धि पर तरस खाती हैं, कभी उसे मतवाला कहती हैं, तो कभी उस पर अहसान जताती हैं कि हमसे तुमने योग की कहनी-अनकहनी बात कहली, चलो कोई बात नहीं; यदि किसी स्त्री को अपना पति छोड़कर अन्य को कर लेने का उपदेश देते तो कुछ महमानी खाते। वस्तुतः गोपियों की स्वतः प्रेरित भावपूर्ण उक्तियों के आगे उद्धव की बोलती बन्द हो जाती है। गोपी-उद्धव संवाद के इन पदों में अनायास ही अनेक प्रकार के तत्व—दार्शनिक, साहित्यिक, सांस्कृतिक, सामाजिक आदि प्रविष्ट हो गये हैं।

भ्रमर-गीत का दार्शनिक दृष्टिकोण

हम पहले कह आये हैं कि सूरदास का उद्‌देश्य किसी दार्शनिक वाद-विवाद के झमेले में पड़ना नहीं था। वे भक्त थे और भगवान् की प्रेमा-भक्ति की महिमा की अनुभूति को ही अपनी रचनाओं में व्यक्त किया करते थे। यद्यपि वह पुष्टि-सम्प्रदाय में दीक्षित थे, तथापि उनका उद्‌देश्य उनके सिद्धान्तों का प्रतिपादन करना नहीं था। फिर भी सामयिक वातावरण और अभिव्यक्ति की सहज लपेट में कुछ सामान्य दार्शनिक बातें भी आ गई हैं; जिनका सम्बन्ध पुष्टि-सम्प्रदाय से ही अधिक है।

सूर के समय में ज्ञान-योग और भक्ति का त्रिकोण संघर्ष चल रहा था। वेदान्ती लोग अन्तःकरण की शुद्धि, जप, तप, आदि को प्रमुखता देते थे और नाथ-पन्थी योग को। इधर सन्त-मत, जिसने उक्त दोनों ही सम्प्रदायों से कुछ न कुछ लिया था, निराकार निर्गुण की उपासना का प्रचार कर रहा था; साथ ही साकार की उपासना और भक्ति का आन्दोलन भी जोर पकड़ चुका था। इस प्रकार भ्रमर-गीत में निवृत्ति और प्रवृत्ति दोनों मार्गों का संघर्ष है।

उद्धव गोपियों की विरह-व्यथा का कारण अज्ञान ही मानते हैं। अतः वे गोपियों से कहते हैं—"ज्ञान बिना कहुँवे मुख नाहीं।[१]" वे परब्रह्म का ध्यान करने का उपदेश देते हैं[२]; जिसे जीव अज्ञानवश नहीं देख पाता।[३] तत्व ज्ञान प्राप्त करके ही गोपियां सोना बन सकती हैं :

तत्व भजैं वैसी ह्वै जैहौं, पारस परसैं लोहु।
मेरो बचन सत्य करि मानो, छांड़ो सबको मोहु।[४]

क्योंकि—

जब लगि ज्ञान हृदै नहिं आवै।
तब लगि कोटि जतन कर कोऊ, बिन विवेक नहिं पावै।[५]

किन्तु प्रेम-रस से मस्त भक्ति की प्रतीक गोपियां ज्ञान के पारस को अपने लिये व्यर्थ समझती हैं; वे तो स्वयं कृष्ण के प्रेम में सुवर्णमयी हो गई हैं। पारस का महत्व लोहे के नजदीक कुछ भी हो, सोने को उसकी क्या जरूरत ?

सोहत लौह परसि पारसि कौ, ज्यों सुवरन बरवानि।
पुनि वह कहा चारु चुम्बक सौं, लटपटाइ लपटानि।[६]

भगवान् के वियोग में तड़पने वाले भक्त के नयनों के लिए तो उनके दर्शन ही पथ्य हैं, ज्ञान की बात तो शलाका का ही काम करती है।[७] जिनके कान कृष्ण की वेणु का रस पिये हुए हों, उन्हें ज्ञान की कथा ?[८]

उद्धव समझे कि ज्ञान की बात घनी बारीक है और गोपियों की बुद्धि मोटी। इसलिए पहले ज्ञान के स्थूल पक्ष 'साधना' को ही इनके गले से उतारा जाये। इसलिए वे योग के साधना-पक्ष की मानसिक और शारीरिक—दोनों प्रकार की क्रियाओं को अपनाने के लिये कहते हैं, और फुनगी छोड़कर जड़ पकड़ लेते हैं :

कर समाधि अन्तरगति ध्यावहु, यह उनको उपदेश।[९]
यह सन्देश कह्यौ है माधौ, करि विचार जिय साधन साधौ।
इडा पिंगला सुषमन नारी, सुन्य सहच में बसत मुरारी।[१०]

अब तो गोपियों को—हरि के प्रेम का आस्वादन करने वाली गोपियों को—सन्देह हो ही गया। वे समझने लगीं कि उद्धव को कृष्ण ने नहीं भेजा; क्योंकि जिस कृष्ण ने—

अंग-अंग आभूषन अपने, कर करि हमहिं बनाए।
सूरदास प्रभु कैसें तुम कर, कंथा जोरि पठाए।[११]

जरूर कुछ दाल में काला है। कहीं उद्धव परिहास ही तो नहीं कर रहे ?

सूरदास योग की अपेक्षा भक्ति के महत्व का अधिक प्रतिपादन करते हैं, किन्तु वे योग को सर्वथा हीन-दृष्टि से नहीं देखते। योग का मजाक उड़ाने से उनका तात्पर्य यही है कि भक्ति—योग की अपेक्षा सहज साध्य है। योग की साधना कठिन है; अतः सुकुमार नारियों को योग-साधन की सलाह देना एक विषमता मात्र है। उनके भावुक हृदय के लिये तो प्रेम-मार्ग का अनुकरण ही श्रेयस्कर है—

---

१ सूरसागर ४२२४
२ वही ४३०१
३ वही ४७१३
४ वही ४१५७
५ वही ४४०६
६ वही ४१५९
७ सूरसागर ४१९८
८ वही ४५५५
९ वही ४१२०
१० वही ४६६७
११ वही ४४६०

आए हैं ब्रज के हित ऊधो, जुवतिनि को लै जोग।
आसन, ध्यान, नैन मूँदे सखि, कैसे कढ़ै वियोग ॥[1]

सच्चे भक्त का लक्ष्य तो एक ही है—भगवत्प्राप्ति। भगवान जिस मार्ग से सहज ही मिल जायँ, वही ग्राह्य है। अगर योग द्वारा फौरन ही हरि के मिलने की गारंटी हो, तो गोपियाँ उसे भी ग्रहण करने के लिये तैयार हैं—

ऊधो तो हम जोग करैं।
जो हरि बेगि मिलैं अब हमकों, वैसे वेष धरैं।[2]

'योगश्चित्तवृत्तिनिरोधः' के अनुसार चित्त की वृत्तियों को रोकना ही योग है, किन्तु गोपियों का चित्त तो कृष्ण ने चुरा लिया, फिर योग-साधन कैसा ? कौनसे मन से योग-साधना की जाय ?

ऊधो मन नाहीं दस बीस।
एक हुतो सो गयो स्याम संग, को अवराधै ईस।[3]

यदि वे अपना मन वापिस पा लें, तो इतनी रुचि के साथ लाये हुए योग को अवश्य स्वीकार करलें।[4] वास्तविक बात तो यह है कि वेदों और उपनिषदों के इस तत्व में (योग) को बेचारी अबला कैसे साध सकती है ? समाधि लगाना साधारण मानव के बस की बात नहीं !

यह तो वेद उपनिषद मत है, महापुरुष व्रतधारी।
हम अबला अहीर ब्रज-वासिन नाहीं परत सँभारी।[5]

भला निर्गुण ब्रह्म से कैसे प्रेम किया जावे ?

अति अगाध श्रुति वचन अगोचर, मनसा तहाँ न जाई।
जाकें रूप न रेख बरन बपु, संग न सखा सहाई।
ता निरगुन सौ नेह निरन्तर, क्यों निबहै री माई।[6]

इसलिए सूर की गोपियाँ सगुन को ही पसन्द करती हैं—

ऊधो निरगुनहि कहत, तुमहीं सो लेहु।
सगुन मूरति नन्दनन्दन, हमहिं आनि देहु।
अगम पंथ परम कठिन, गौन तहाँ नाहिं।
सनकादिक भूले फिरे, अबला कहँ जाहिं ॥[7]

उस निर्गुण के सगुण रूप को प्राप्त कर गोपियों का हृदय स्थिर हो गया। अब उन्हें अन्य किसी की आवश्यकता नहीं। चित्त की यह स्थिरता योग से क्या कम है ? उन्होंने सगुण के प्रकाश को पा लिया है, जिसके अभाव में उद्धव का जीवन स्वयं ज्ञान के अन्धकार में डूबा हुआ है :

इहिं ब्रज सरगुन दीप प्रकास्यो।
सुनि ऊधो त्रिकुटी त्रिवेद पर, निसदिन प्रकट अभास्यो।
सब के उर सरवास नेह भरि, सुमन तिली को बास्यो।

१ सूरसागर (सभा) ४४०८
२ वही ४४१३
३ वही ४३४४
४ वही ४३३७
५ सूरसागर (सभा) पद ४५१६
६ वही ४५४६
७ वही ४५१७

गुन अनेक ते गुनि कपूर सम, परिमल बारह मास्यो।
साधन भोग निरंजन तेरे, अन्धकार तम नास्यो।
वा दिन भयो तिहारो आवन, बोलत हो उपहास्यो।
रहि न सके तुम सींक रूप ह्वै, निरगुन काज उकास्यो।
बाढ़ी जोति सुकेस देस लौं, टूट्यो ज्ञान मवास्यो।
दुर्वासना सलभ सब जारे जे—छै रह्यो अकास्यो।

गोपियों के इस कथन से सूरदास के मत का स्पष्टीकरण हो जाता है। उन्होंने ज्ञान और योग की अपेक्षा भक्ति को प्रधानता दी है, और भक्ति के क्षेत्र में भी निर्गुण के स्थान में सगुण की उपासना का प्रतिपादन किया है। किन्तु सूर के भ्रमर-गीत का यह पक्ष सर्वथा गौण है। अपने दार्शनिक विचारों को ही व्यक्त करने के लिए उन्होंने भ्रमर-गीत की रचना नहीं की। उनका प्रमुख लक्ष्य है—प्रेम की पीर को अभिव्यक्ति करना; जिसके साथ-साथ तत्कालीन समाज में प्रचलित अन्य धार्मिक विचार धाराओं का भी उद्‌घाटन स्वतः ही हो गया है। हिन्दी के विद्यार्थी के लिए भ्रमर-गीत का साहित्यिक महत्व ही अधिक आकर्षक है। विप्रलम्भ शृङ्गार का इतना उत्कृष्ट उदाहरण अन्यत्र दुर्लभ है।

उद्धव ने यह कह कर कृष्ण का सन्देश और पाती गोपियों को दीं; कि—

"कह्यो तुमकौं ब्रह्म ध्यावन, छाँड़ि विषय विकार।
सूर पाती दई लिखि मोहि, पढ़ो गोप कुमारि।"[1]

प्रिय-प्रेषित वस्तु के दर्शन से प्रेमी के हृदय में प्रेम का अन्तःस्रोत फूट पड़ता है और वियोगावस्था में घनीभूत अनुभूति सात्विक भावों के रूप में विकास पाती है। कृष्ण की पत्रिका को प्राप्त कर गोपियाँ निहाल हो जाती हैं और प्रेम से अतिशय संचार के कारण उद्धव की पहली बात (कह्यो तुम कौ ब्रह्म ध्यावन) को भूल ही जाती हैं। कृष्ण की पाती उनके लिये अपूर्व सम्पत्ति है, जिसे प्राप्त कर वे फूली नहीं समातीं। भवसागर का मन्थन करने वाले सूर ने गोपियों की इस मानसिक दशा की अभिव्यक्ति के लिये कैसे प्रभावपूर्ण अनुभवों की कल्पना की है:

निरखति अङ्क स्याम सुन्दर के, बार-बार लावति छाती।
लोचन-जल कागद-मसि मिलि कै, ह्वै गई स्याम की पाती।[2]

प्रिय-रूप-रस-पिपासु नेत्रों से निर्गत सात्विक वाष्प के मसि-मिश्रित हो जाने से तो श्याम की पाती चक्षु इन्द्रिय से देखने में श्याम (काली) दीख पड़ी थी, परन्तु वियोगावस्था में प्रिय द्वारा प्रेषित होने के कारण वह प्रेम-जागृति का साधन होकर भी गोपियों की मानसिक एकाग्रता के फलस्वरूप भावात्मक दृष्टि से उससे भी पहले श्याम (कृष्णमय) हो चुकी है; तभी तो वे उसे बार-बार छाती से लगा कर प्रिय के अङ्क के आश्लेष का आनन्द प्राप्त करती हैं। वियोगानल-संतप्त मानस में प्रिय-प्रेषित वस्तु अपूर्व शीतलता और शान्ति का संचार करती है, परन्तु सच तो यह है कि इस शान्ति के क्षणिक संचार की परिणति प्रिय-मिलन अभिलाष की तीव्रता में होती है। यही कारण है कि कृष्ण की याद में विह्वल गोपियों के कण्ठ से अनायास ही निकल पड़ता है:

---

१ सूरसागर (सभा) पद ४१०३
२ वही ,, पद ४१०५

प्राननाथ तुम कबहिं मिलोगे, सूरदास प्रभु बाल-संघाती।[1]

गोपियों ने इतने सन्देशे भेजे कि मथुरा के कूप सन्देशों से भर गये। जिस पथिक को वे उधर जाता देखतीं, उसी के द्वारा सन्देश भी भेजतीं। सन्देश ले जाने के डर से पथिकों ने उस मार्ग से जाना ही छोड़ दिया। इतने पर भी जब कृष्ण को उनकी याद आई तो उन्होंने स्वयं आने का कष्ट-वहन न कर पत्रिका भेज दी, जिसने वियोग में योग का सन्देश देकर संयोग की आशा पर ही पानी फेर दिया। ऐसी पत्रिका का क्या किया जाय :

ऊधौ कहा करैं लै पाती।
जौ लौं मदनगुपाल न देखें, बिरह जरावत छाती।[2]

योग के उपदेश द्वारा उद्धव गोपियों के हृदय से कृष्ण की स्मृति को भी निकालना चाहते हैं। प्रिय से सम्बन्ध-विच्छेद कराने की चेष्टा करने वाले व्यक्ति के प्रति झल्लाहट उत्पन्न होना स्वाभाविक ही है; चाहे वह प्रिय का कितना ही प्रिय क्यों न हो? उद्धव के कृष्ण का त्याग और निर्गुण की उपासना वाले उपदेश को सुनकर गोपियाँ झुंझला उठीं। इस झुंझलाहट को व्यक्त करने के लिए सूरदास ने एक भ्रमर की कल्पना की, जो उड़ता हुआ गोपियों और उद्धव के निकट जा निकला। फिर तो गोपियों ने भ्रमर के बहाने उद्धव पर खूब व्यंग्य-वाणों की वर्षा की। भला उन्हें निर्गुण से क्या लेना? उनके कृष्ण सलामत चाहिये :

रहु रे मधुकर, रहु मतवारे!
कौन काज या निरगुन सौं, चिर जीवहु कान्ह हमारे।[3]

अन्तिम शब्दों में मानो गोपियों का चिरसञ्चित प्रेम मुखरित हो उठा है। प्रेम की उच्च अनुभूति में स्वार्थ, वासना आदि की गन्ध तक नहीं रहती, केवल प्रिय के हित की ही कामना होती है। वह चाहे जितना निष्ठुर हो, चाहे जितना अन्याय करे, चाहे सुधि तक भी न ले; परन्तु प्रेमी यही चाहता है :-

जहाँ रहौ तहँ कोटि बरष लगि, जियौ स्याम सुख सौं ही।

वियोग की अनुभूति भी विचित्र होती है। जहाँ एक ओर गोपियों का नारी-हृदय सोतिया डाहवश मुरली और कुब्जा को उपालम्भ देता हुआ नहीं थकता, वहाँ प्रिय की ममता उनसे यह भी कहला लेती है :

ब्याहौ लाख धरौ दस कुबरी, अन्तहि कान्ह हमारौ?[4]

प्रेम के घनत्व में अन्तर्हित यह प्रसार, वियोग की रसात्मक अनुभूति में हृदय की उदारता के साथ साफ प्रकट हो जाता है, प्रिय के समस्त दोष दृष्टि से ओझल हो जाते हैं; उसके अपराधों से मान के स्थान में दीनता-मिश्रित सहिष्णुता, निष्ठुरता से विरति के स्थान में अनिर्वचनीय रत्युकर्ष और शठता से अविश्वास के स्थान में विश्वास ही का उदय होता है, यह वस्तुतः आश्चर्य की बात है। प्रेम की सीख देने वाले रासविहारी श्याम स्वयं कुब्जा के रंग में रंगकर गोपियों को योग का सन्देश भेज सकते हैं, यह बात उनके गले ही नहीं उतरती। उनकी उक्तियों में इस अविश्वास की साफ अभिव्यक्ति हुई है :

---

१ सूरसागर (सभा) पद ४१०५
२ वही „ पद ४११२
३ वही „ पद ४१२२
४ वही „ पद ४११३

ऊधौ स्याम-सखा तुम साँचे ?
की करि लियौ स्वाँग बीचहिं तैं वैसहिं लागत काँचे ।[1]

तथा

ऊधौ जाहु तुमहिं हम जाने ।
स्याम तुम्हें ह्याँ नहिं पठायौ, तुम हौ बीच भुलाने ।[2]

उद्धव कृष्ण के मित्र हैं, यह सम्बन्ध-भावना गोपियों को उनसे चुटकी लेने और उन्हें सतान के लिये मुखरित कर देती है । कृष्ण को छोड़कर निर्गुण को भजने का उपदेश देने वाले उद्धव पर परिहासपूर्ण डाँट डालती हुई ये कहती हैं :

जैसी कही हमहिं आवत ही, औरनि कहि पछिताते ।
अपनो पति तजि और बतावत, मेहमानी कछु खाते ।

अपने पति को त्याग कर और का उपदेश देने वाले व्यक्ति को क्या नारी सहन कर सकती है ? ऐसे व्यक्ति की पूजा हो जाना कोई आश्चर्य की बात नहीं । परन्तु कृष्ण से सम्बन्ध होने के कारण उद्धव को यह कहकर भी पछताना नहीं पड़ा और इसी के कारण उन्हें 'कपट चतुरई साने', 'धूत' और 'बे सरम' जैसे स्नेह भरे हुए खिताब मिल सके ।[3] सूर के प्रेम-परिहास के विषय में स्व० आचार्य रामचन्द्र शुक्ल लिखते हैं :

"प्रेम के जिस हास-क्रीडामय स्वरूप को सूर ने लिया है, विप्रलम्भ दशा के अश्रु और दीर्घ निःश्वास के बीच-बीच में भी बराबर उसकी क्षणिक और क्षीण रेखा झलक जाती है ।"[4]

गोपियों के द्वारा प्रेम-मार्ग को ही अपनाये रहने का आग्रह पाकर भी उद्धव योग-योग ही गाये चले जाते हैं, तो उन्हें कुछ और झुंझलाहट आ जाती हैं । वे उद्धव को सलाह देती हैं कि कदाचित् तुम्हें सन्निपात हो गया है । पहले इसका उपाय तो कर लो, पीछे ही किसी को उपदेश देने का कष्ट करना :

समुझि न परति तिहारी ऊधौ ।
ज्यौं त्रिदोष उपजैं जक लागत, बोलत बचन न सूधौ ।
आपुन कौ उपचार करौ अति, तब औरनि सिख देहु ।
बड़ौ रोग उपज्यौ है तुमकौं, भवन सबारें लेहु ।[5]

शुष्क योग की बातें सुनते-सुनते और उद्धव को बनाते-बनाते कृष्ण की स्मृति पुनः उनके प्रेम को उद्बुद्ध कर देती है और वे कृष्ण दर्शन के लिए भटकती हुई आँखों की दयनीय दशा का मर्मस्पर्शी चित्रण करती हैं । कृष्ण ने उन्हें भुला दिया, यह कितनी विडम्बना है—

वे हरि बातें क्यों बिसरीं ?
आवत राधा पंथ चरन-रज हित सौं अङ्क भरीं ।
भाँति-भाँति किसलय कुसुमावलि, सेज्या सोभ करी ।

---

१ सूरसागर (सभा) पद ४११४
२ वही ,, पद ४१३६
३ वही ,, पद ४१३८-४२ तथा ४१३३
४ सूरदास (आचार्य शुक्ल) पृष्ठ २२१-२२२
५ सूरसागर (सभा) पद ४१४७

मुरति स्रमित स्यामा रस-रंजित, सोवित रंग भरी।
आपुन कुसुम-व्यंजन कर लीन्हे, करत मरुत लहरी।
गोचारण मिस जात सघन बन, मुरली अधर धरी।
नाद-प्रनालि प्रवेश घोष में, रिझवत तिय सिगरी।[1]

अभी-अभी जो गोपियाँ कृष्ण और उद्धव को खरी-खोटी सुना रही थीं, संयोग-घटनाओं की स्मृति में तथा उद्दीप्त-संताप में उनकी दशा कितनी शोचनीय हो गई है? वे दीनता पूर्वक कृष्ण के दर्शन की याचना करती हैं। उन्हें और कुछ अभीष्ट नहीं।

ऊधौ हमरो दोष नहिं कछु, वै प्रभु निपट कठोर।
हम हरि-नाम जपति हैं निसदिन, जैसे चंद चकोर।
हम दासी बिन मोल की ऊधौ, ज्यों गुड़िया बिनु डोर।
सूरदास प्रभु दरसन दीजैं, नाहीं मनसा और।[2]

अतीत की मधुर स्मृति से विह्वल गोपिकाओं के मानस से विप्रलम्भ-रस की जो निर्मल धारा बही, उसमें उद्धव के ज्ञान का अहंकार-मैल धुल गया। गोपियों को कुछ नहीं सुहाता। जिसे प्रेम-बाण की कठिन चोट लगी ही नहीं, वह उनका दुख-दर्द क्या जाने? अन्धे के आगे रोने से क्या लाभ? उद्धव से प्रेम-कथा का कहना घास काटना है, फिर भी उनका हृदय अपनी व्यथा को उँडेल कर हलका होना चाहता है। वे अनेक प्रकार से अपनी दीन दशा का वर्णन करती हैं और अन्त में उद्धव के हाथ कृष्ण को अपनी पत्रिका और सन्देश भेजती हैं।

ऊधौ इक पतिया हमारी लीजै।
चरनि लागि गोविन्द सौं कहियौ, लिखौ हमारौ दीजै।
हम तौ कौन रूप गुन आगरि, जिहिं गुपाल जू रीझै।
निरखत नैन नीर भरि आये, अरु कंचुकि पट भीजै।
तलफत रहति मीन चातक, ज्यौं जल बिनु तृषा न छीजै।
अति व्याकुल अकुलाति बिरहिनी, सुरति हमारी कीजै।
अँखियाँ खरी निहारति मधुवन, हरि बिनु ब्रज विष पीजै।
सूरदास प्रभु कबहिं मिलेंगे, देखि-देखि मुख जीजै।[3]

उनकी अभिलाषा यही है कि कृष्ण उन्हें याद करते रहें। नैराश्य पूर्ण प्रेमी हृदय के संतोष का यह कितना सूक्ष्म और दृढ़ आधार है:

नंदनंदन सौं इतनी कहियो।
जद्यपि ब्रज अनाथ करि डार्‌यौ, तद्यपि सुरति फिरउ चित रहियो।
तिनका तोर करहु जनि हमसौं, एक बास की लाज निबहियो।[4]

"एक बास की लाज निबहियो' शब्द में गोपियों की निरीहता और दीनता की चरमकाष्ठा है, कृष्ण के स्नेह और सहानुभूति को जागरित करने के लिए साहचर्य की स्मृति दिलाने के

---

१ सूरसागर (सभा) पद ४२५१
२ वही पद ४२५३
३ वही पद ४६८२
४ वही पद ४६८४

अतिरिक्त उनके पास उपाय ही क्या है ? वे कृष्ण के साथ हँसी-खेली और उठी-बैठी हैं। अब कृष्ण बड़े हो गये हैं, वे राजा हैं, उन पर कुछ जोर नहीं चल सकता। बस एक बात का ध्यान ही उन्हें गोपियों की सुधि लेने को प्रेरित कर सकता है। इतने पर भी जब उन्हें सन्तोष नहीं होता तो वे नन्द, यशोदा और गायों की दयनीय दशा सुनने को कहती हैं। उनका एकमात्र उद्देश्य है—कृष्ण-दर्शन। वे जैसे भी आवें, उद्धव को अपनी समझ से वैसे ही कहना चाहिए।

तुम कहियौ जैसे गोकुल आवैं।
दिन दस रहे भली सो कीन्ही, अब जनि गहरु लगावैं।
नहिं न सुहात कछू हरि तुम बिनु, कानन भवन न भावैं।
धेनु विकल अति चरित नहीं तृन, बच्छ न पींवन धावैं।
देखत अपनी आँखिनि तुमहीं हम कहि कहा जनावैं।
सूरदास प्रभु कठिन होत कत, वै ब्रजनाथ कहावैं।[1]

परन्तु उनके प्रभु ऐसे कठोर तो नहीं हैं। उन पर कुब्जा ने ही कुछ जादू कर दिया है। गोपियाँ झुंझला उठती हैं और कुब्जा को भला-बुरा कह कर अपनी मनोगत स्त्री-सुलभ सापत्न्य-जनित ईर्ष्या व्यक्त करती हैं। उनकी उक्तियाँ पारदर्शी हैं, जिनके बीच से उनका वियोग-व्यथित हृदय स्पष्ट झलक रहा है :

ऊधो अब कछु कहत न आवै।
सिर पर सौति हमारैं कुबिजा, चाम के दाम चलावै।
कछु इक मंत्र कर्‌यो चंदन में, तातैं स्यामहि भावै।
अपनैं ही रंग रचे साँवरे, सुक ज्यौं बैठि पढावै।
तब जो कहत असुर की दासी, अब कुल-बधू कहावै।
नटिनी लौं कर लिये लकुटिया, कपि ज्यौं नाच नचावै।
टूट्यौ नातौ या गोकुल कौ, लिखि-लिखि जोग पठावै।
सूरदास प्रभु हमहिं निदरि, दाढ़े पर लोन लगावै।[2]

यद्यपि प्रेमी के लिये प्रिय का वियोग असह्य होता है और वह सर्वदा उसे अपने साथ देखना चाहता है, परन्तु स्वयं दुःख झेलकर भी वह प्रिय को दुःखी देखना नहीं चाहता। यदि कहीं दुःखमय स्थान पर उसे रहना पड़े, तो वह अकेला रहकर वियोग के असह्य संताप को सहने के लिए तैयार हो जाता है, किन्तु, अपने प्रिय को उस स्थान के दुःखों में डालना नहीं चाहता। गोपियाँ कृष्ण के दर्शन के लिए तड़पती हैं, परन्तु फिर भी यह नहीं चाहतीं कि वे वियोगी ब्रज की विषम परिस्थिति से उद्भूत दुःख में पड़ें :

ऊधो इतनी जाइ कहो।
सबै बिरहिनी पा लागति है, मथुरा कान्ह रहौ।
भूलिहुँ जनि आवहु इहिं गोकुल, तपति तरनि ज्यौं चन्द।
सुन्दर बदन स्याम कोमल तन, क्यौं सहिहैं नँद-नँद।[3]

---

१ सूरसागर (सभा) पद ४८८६
२ वही ,, पद ४२५७
३ वही ,, पद ४६८५

सूर के वियोग वर्णन की पूर्णता देखे ही बन पड़ती है। आचार्य रामचन्द्र शुक्ल की सम्मति है—'वियोग की जितनी अन्तर्दशाएँ हो सकती हैं, जितने ढंगों से उन दशाओं का साहित्य में वर्णन हुआ है और सामान्यतः हो सकता है, वे सब उनके भीतर मोजूद हैं।'[1] रीति-आचार्यों ने विरह की ग्यारह अवस्थाओं का उल्लेख किया है—

(१) अभिलाषा, (२) चिन्ता, (३) स्मरण, (४) गुण-कथन, (५) उद्वेग, (६) प्रलाप, (७) उन्माद, (८) व्याधि, (९) जड़ता, (१०) मूर्च्छा, और (११) मरण।

सूर के अनेक पदों में इन अवस्थाओं का वर्णन हुआ है। यहाँ संक्षेप में इनके उदाहरण दिये जाते हैं :

(अभिलाषा)

ऐसे समय जो हरि जू आवहिं।
निरखि-निरखि वह रूप मनोहर, नैन बहुत सुख पावहिं।
कबहुंक संग जु हिलि खेलहिं, कबहुंक कुंज बुलावहिं।
बिछुरे प्रान रहत नहिं घट में, सो पुनि आनि जियावहिं।
अबकें चलत जानि सूरज-प्रभु, सब पहलें उठि धावहिं।[2]

(चिन्ता)

ऊधौ अँखियाँ अति अनुरागी।
इक टक मग जोवति अरु रोवति, भूलेहुँ पलक न लागी।
बिनु पावस—पावस करि राखी, देखत हौ विदमान।
अब धौं कहा कियौ चाहत हौ, छांडौ निरगुन ज्ञान।[3]

(स्मृति)

मेरे मन इतनी सूल रही।
वे बतियाँ छतियाँ लिखि राखीं, जे नँदलाल कहीं।[4]

(गुण-कथन)

एक द्यौस कुञ्जनि में माई।
नाना कुसुम लेइ अपनैं कर, दिये मोहिं सौं सुरति न जाई।
इतने मैं घन गरजि वृष्टि करी, तनु भीज्यौ मो भई जुड़ाई।
कंपत देखि उढ़ाइ पीट-पट, लै करुनामय कंठ लगाई।
कहँ वह प्रीति रीति मोहन की, कहँ अब धौं ऐती निठुराई।
अब बलबीर सूर-प्रभु सखि री, मधुबन बसि सब प्रीति भुलाई।[5]

---

१ सूरदास (आ० शुक्ल) पृष्ठ १८७
२ सूरदास (सभा) पद ४००
३ वही ,, पद ४१९१
४ वही ,, पद ४०१३
५ वही ,, पद ४००२

(उद्वेग)

तुम्हारी प्रति किधौं तरवारि ।
दृष्टि-धार धरि हती जु पहिलैं, घायल सब ब्रजनारि ।
गिरी सुमार खेत वृन्दावन, रन मानी नहिं हारि ।
विह्वल विकल सँभारति छिनु-छिनु, बदन-सुधा-निधि बारि ।[१]

(प्रलाप)

सखि मिलि करौ कछुक उपाउ ।
मार मारन चढ्यौ विरहिनि, निदरि पायौ दाउ ।
हुतासन-धुज जात उन्नत, चल्यौ हरि-दिस बाउ ।[२]

(व्याधि)

बिनु गुपाल बैंरिन भइ कुंजैं ।
तब वैं लता लगति तन सीतल, अब भईं विषम ज्वाल की पुंजैं ।
वृथा बहति जमुना खग बोलत, वृथा कमल-फूलनि अति गुंजैं ।
पवन, पान, घनसार, सजीवन, दधिसुत किरनि भानु भई भुंजैं ।[३]

(उन्माद)

ऊधो इतनी कहियो जाय ।
अति कृस गात भई ये तुम बिनु, परम दुखारी गाइ ।
जल-समूह बरषति दोउ अँखियाँ, हूँकति लीन्हें नाउँ ।
जहाँ जहाँ गोदोहन कीन्हौं, सूंघति सोई ठाउँ ।[४]

(जड़ता)

देखी मैं लोचन चुवत अचेत ।
मनहुं कमल ससि त्रास ईस को, मुक्ता गनि गनि देत ।
कहुँ कंकन कहुं गिरी मुद्रिका, कहुँ टाड़ कहुं नेत ।
चेतति नहीं चित्र की पुतरी, समुझाई सोचेत ।[५]

(मूर्च्छा)

तब तैं इन सबहिनि सचु पायो ।
जब तैं हरि संदेस तुम्हारो, सुनत तांवरो आयो ।
फूले ब्याल दुरे ते प्रगटे, पवन पेट भरि खायो ।[६]

(मरण)

अति मलीन वृषभानु कुमारी ।
हरिश्रम-जल भीज्यो उर-अञ्चल, तिहिं लालच न धुवावति सारी ।

---

१ सूरसागर (सभा) पद ४२८०
२ वही ,, पद २७०३
३ वही ,, पद ४६८६
४ वही ,, पद ४६८८
५ वही ,, पद ४७३३
६ वही ,, पद ४७५६

अधमुख रहति अनत नहिं चितवति, ज्यौं गथ हारे थकित जुवारी।
छूटे चिकुर बदन कुम्हिलाने, ज्यौं नलिनी हिमकर की मारी।
हरि संदेस सुनि सहज मृतक भई, इक विरहिनि दूजे अलिजारी।[1]

'भ्रमर-गीत' सूर की सर्वश्रेष्ठ रचना है, इसमें एक ओर विप्रलम्भ-शृङ्गार की उद्दाम सरिता का अबाध प्रवाह ब्रज-नारियों के नयनाम्बु से पूरित होकर उमड़ता हुआ पाठक की मनोभूमि को आप्लावित करता चलता है, और दूसरी ओर सगुण भक्ति का निर्झर ऊँची-नीची और समतल भाव-भूमि में योग-मार्ग की कठोर प्रस्तर-शिलाओं को तोड़ता और निर्गुण उपासना के घास-फूंस को आत्मसात् करता हुआ प्रवाहित होता है। गोपियों के भक्ति-भाव एवं विश्वास से पुष्ट सरस तर्कों की झञ्झा में उद्धव की निर्गुण-साधना का शुष्क भुस कहीं का कहीं उड़ गया।[2] यद्यपि भ्रमर-गीत का दार्शनिक पहलू भी है। विरह-विधुरा गोपियाँ परमात्मा से वियुक्त आत्मा की प्रतीक कही जा सकती हैं, तथापि प्रेम का लौकिक पक्ष ही उसमें अधिक उभरा हुआ प्रतीत होता है। सूर की गोपियाँ मिलन ही नहीं, उसका उपभोगमय उपयोग भी चाहती हैं।

अन्य रस

यद्यपि मुख्य रूप से सूर वात्सल्य और शृङ्गार के ही कवि हैं तथापि उनकी रचनाओं में अन्य रसों का आस्वादन भी किया जा सकता है। उक्त दोनों रसों के बीचों-बीच कभी-कभी अन्य रस की धारा भी 'सूरसागर' को तीर्थराज बनाती हुई दीख पड़ती है। प्रसंग के अनुसार हास्य, करुण, वीर आदि रसों का परिपाक भी उनकी रचना में मिलता है।

हास्य

सूरदास जी की शैली से ही उनकी विनोद-प्रियता टपकती है। प्रारम्भ से अन्त तक उनके सुख और उल्लास, अश्रु और निःश्वास—सभी में हास्य का पुट मिलता है। बाल-लीला वर्णन में कृष्ण की चेष्टाएँ, बहाने और, राधा की सरल उक्तियाँ हास्य की सृष्टि करते हैं। संयोग में राधा या अन्य गोपी की साड़ी और आभूषण धारण कर लेना और फिर भेद खुलने पर चातुर्यपूर्ण उत्तर बनाना आदि तथा विप्रलम्भ में गोपियों द्वारा उद्धव के निर्गुण की धज्जियाँ उड़ाकर उन्हें बनाना, हास्य का सञ्चार करने वाली घटनायें हैं। वात्सल्य-वर्णन के अनेक उदाहरण, जिसमें हास्य का पुट है, हम पीछे दे चुके हैं। ऐसे स्थानों पर हास्य रस की कोटि तक प्रायः नहीं पहुँचा है। यहाँ एक-दो उदाहरण दिये जाते हैं।

एक ग्वालिन ने कृष्ण को दही की चोरी करते हुए ऐन मौके पर पकड़ लिया। मुद्दा पूरा था, कृष्ण इन्कार नहीं कर सकते, क्योंकि उनका हाथ दधि-भाजन में था। अब किया क्या जाय? उन्होंने फौरन ही बात बनाई—

मैं जान्यौ यह मेरौ घर है, तो धोखे में आयौ।
देखत ही गोरस में चींटी, काढ़न कौं करि नायौ।[3]

उनकी बात पर विश्वास हो या न हो, पर चतुरता-पूर्ण उत्तर सुनने वाले के अधरों पर हास्य थिरक ही उठेगा।

---

1 सूरसागर (सभा) पद ४६६१
2 देखिये इसी ग्रन्थ का परिशिष्ट
3 सूरसागर (सभा) पद ८६७

कभी-कभी किसी व्यक्ति को झूंठ-मूंठ बनाया जाता है, वह हैरान होता है और देखने वाले हँसते हैं, परन्तु सूर के माखन-चोर इस आर्ट का प्रयोग अपनी चोरी छिपाने के लिए सफलता-पूर्वक करते हैं, जिससे हास्य-भाव और भी उद्दीप्त हो जाता है।

माखन चोआइ बैठ्यो, तौलौं गोपी आई।
देखे तब बोल्यो कान्ह, ऊतर यौं बनाई।
आँखें भर लीनी उराहनो देन लाग्यो।
तेरी री सुवन मेरी मुरली लै भाग्यो।

इतना ही नहीं जनाब ने आंसू भी निकाल लिये :

देरी मोकों ल्याइ बेनु, कहि, कर गहि रोवैं।
ग्वालिनी डराति जियहिं, सुनै जनि जसोदैं।
तू जो कह्यौ ऐसौ बेनु, इहाँ नाहिं तेरौ।
मुरली में जीवन-प्रान बसत अहै मेरौ।
मेवा मिष्टान और बंसी इक दीनी।
लागी तिय चरन औ बलैया झुकि लीनी।[1]

यदि चोर उलटे कोतवाल को डाँटता हुआ न देखा हो, तो यहाँ देख लीजिये। जब उपालम्भ देने वाली गोपियों का ताँता ही लग गया तो यशोदा ने अपने कुल की मर्यादा की दुहाई देकर कृष्ण को माखन-चोरी से विरत करना चाहा। परन्तु चोर पक्का है, वह स्वीकार ही नहीं करता कि उसने चोरी की है। यद्यपि चोरी का माल उसके हाथ में है, किन्तु तर्क ऐसा देता है कि आश्चर्य होता है। 'नान्हें कर वाले' हाजिर जबाब इस चोर की बातों पर जब दण्डनायक को ही हंसी आ जाती है, तो औरों का तो कहना ही क्या।

मैया मैं नहिं माखन खायो।
ख्याल परैं ये सखा सबै मिलि, मेरैं मुख लपटायो।
देखि तुही छीकें पर भाजन, ऊंचे धरि लटकायो।
हौं जु कहत नान्हें कर अपने, मैं कैसें करि पायो।
मुख दधि पोंछि, बुद्धि इक कीन्हीं, दोना पीठि दुरायो।
डारि साँटि, मुसुकाइ जसोदा, स्यामहिं कण्ठ लगायो।[2]

इस पद में हास्य रस की कोटि तक पहुँच जाता है। कृष्ण आलम्बन हैं यशोदा आश्रय। कृष्ण की बातें बनाना तथा दोना छिपाना आदि उद्दीपन विभाव हैं और यशोदा का हर्षित होना मुस्काना आदि अनुभाव।

करुण

दावानल के प्रसंग में करुणरस की व्यंजना हुई है :

अब कै राखि लेहु गोपाल।
दसहूं दिसा दुसह दवागिनि, उपजी है इहि काल।

---

१ सूरसागर सभा पद ६०२
२ वही सभा पद ६५१

पटकत बाँस-कांस कुस चटकत, लटकत ताल तमाल।
उचटत अति अंगार फुटत पर, झपटत लपट कराल।
धूम धूँधि बाढ़ी उर अम्बर, चमकत बिच-बिच ज्वाल।
हरिन-वराह-मोर-चातक-पिक जरन जीव बेहाल।[1]

इस पद में दुःख एवं शोक स्थायी-भाव हैं। अङ्गारों का उचटना, बाँसों का पटकना, कराल लपटों का झपटना और बेहाल जीवों का जलना—उद्दीपन एवं आलम्बन विभाव, तथा कृष्ण को रक्षा के लिए पुकारना—'स्मरण' संचारी-भाव है।

रौद्र

ब्रजवासियों द्वारा कृष्ण के कहने पर, इन्द्र की पूजा त्याग कर गोवर्द्धन पर्वत का पूजन होने पर इन्द्र का कोप 'रौद्र रस' की कोटि तक पहुँच गया है:

प्रथमहिं देऊँ गिरिहिं बहाइ।
बज्रधातनि करौ चुरकुट, देउँ धरनि मिलाइ।
मेरी इन महिमा न जानी, प्रगट देउँ दिखाइ।
बरसि जल ब्रज धोइ डारौं लोग देउँ बहाइ।
खात-खेलत रहे नीकें, करी उपाधि बनाइ।
बरस दिन मोहिं देत पूजा, दई सोउ मिटाइ।
रिसि सहित सुरराज लीन्हें, प्रलय मेघ बुलाइ।
सूर सुरपति कहत पुनि-पुनि, परौ ब्रज पर धाइ।[2]

इस पद में क्रोध स्थायी-भाव, इन्द्र आश्रय, ब्रजवासी आलम्बन, पूजा को मिटा देना उद्दीपन विभाव, पर्वत को धूल में मिलाना, मेघों को बुलाकर ब्रज को बहाने के लिये आदेश देना आदि अनुभाव और खोई हुई पूजा की स्मृति—संचारी-भाव है।

वीर

आजु जो हरिहिं न सस्त्र गहाऊँ।
तौ लाजौं गंगा जननी कौं, सांतनु-सुत न कहाऊँ।
स्यन्दन खण्डि महारथि खंडौं, कपिध्वज सहित गिराऊँ।
पाण्डव-दल-सम्मुख ह्वै धाऊँ, सरिता रुधिर बहाऊँ।
इती न करौं सपथ तौ हरि की, छत्रिय-गतिहिं न पाऊँ।
सूरदास रन-भूमि विजय-बिनु, जियत न पीठि दिखाऊँ।[3]

इस पद में भीष्म नायक (आश्रय), कृष्ण प्रतिनायक (आलम्बन), कृष्ण की शस्त्र ग्रहण न करने की प्रतिज्ञा उद्दीपन और उसकी स्मृति संचारी तथा स्यन्दन और महारथों को खण्डित करने, खून की नदी बहाने आदि की प्रतिज्ञा अनुभाव हैं।

मथुरा में कंस के मल्लों और कंस के वध वर्णन वाले पदों में भी वीर-रस ही है।[4]

सूर ने शृङ्गार के अंग-रूप में भी वीर-रस का चित्रण किया है। शृङ्गारान्तर्गत वीर-रस का एक उदाहरण देखिये:

---

१ सूरसागर (सभा) पद १२३३
२ वही ,, पद १४७०
३ वही ,, पद २७०
४ वही ,, पद ३६६१ और ३६६६

रुपे संग्राम रति-खेल नीके।

एक तैं एक रनबीर जोधा प्रबल, मुरत नहिं नैंकु अति सबल जीके।
भौंह कोदण्ड, सर नैन, धनुषि काम, छुटनि मानौ कटाच्छनि निहारैं।
हँसन दुज-चमक करतरनि लौंहै झलक, नख निछत घात नेजा सम्हारैं।
पीत पट डारि कंचुकी मोचित करज, कंबच सन्नाह सो छुटै तन तैं।
भुजा-भुज धरत, मनु द्विरद सुँडनि लरत, उर उरनि भिरे दोउ जुरे मन तैं।
लटकि लपटानि मानौ सुभट लरि परे खेत, रति सेज रुचि ताम कीन्हें।
सूर प्रभु रसिक प्रिय राधिका रसिकिनी, कोक-गुन सहित सुख लूटि लीन्हें।[1]

भयानक

भहरात झहरात दवानल आयौ।
घेरि चहुँ ओर, करि सोर अन्दोर बन, धरनि आकास चहूँ पास छायौ।
बरत बनबाँस, थरहरत कुसकांस, जरि उड़त है भाँस, अति प्रबल धायौ।
झपटि झपटति लपट फूल-फल चट-चटकि फटत, लटलटकि द्रुम-द्रुम नवायौ।
अति अगिनि-क्षार भंभार धुंधार करि, उचटि अंगार झंझार छायौ।
बरव बनपात, भहरात झहरात अररात, तरु महा धरनि गिरायौ।
भए बेहाल सब ग्वाल ब्रजबाल तब, सरन गोपाल कहिकैं पुकार्‌यौ।
तृनावर्त, केसी सकट, बकीबक अघासुर, बामकर राखि गिरिज्यौं उबार्‌यौ।[2]

यहाँ पर भयंकर दावानल को देखकर उद्‌भुत भय स्थायी-भाव हैं। बावानल आलम्बन और ग्वाल-जन आश्रय हैं। वृक्षों का भहराकर गिरना, लपटों का झपटना आदि उद्‌दीपन, ग्वालों का बेहाल होना, कृष्ण को पुकारना आदि अनुभाव तथा केशी, अघासुर आदि का वध कर उनकी रक्षा करने की पूर्व स्मृति सञ्चारी भाव है।

वीभत्स

सूर कोमल-भावों के कवि थे। उनकी रचनाओं में पलायन के स्थान में 'प्रवृत्ति' और संकुचन के स्थान में 'प्रसारण' ही अधिक लक्षित होता है। यही कारण है कि किसी वीभत्स-रस की रचना को उनके काव्य में से खोज निकालना दुस्तर कार्य है।

अद्‌भुत

बालक कृष्ण मिट्टी खा रहे थे। यशोदा को पता चला, मुँह खुलवा कर देखा तो देखती ही रह गई। कृष्ण के नन्हे-से मुख में पूर्ण ब्रह्माण्ड देखकर चकित हो गई :

नन्दहि कहत जसोदा रानी।
‑‑टी कैं मिस मुख दिखरायौ, तिहूँ लोक रजधानी।
स्वर्ग, पताल, धरनि, बन, पर्वत, बदन माँझ रहे आनी।
नदी, सुमेर देखि चकित भई, याकी अकथ कहानी।
चितै रहे तब नन्द जुवति-मुख, मन-मन करत बिनानी।
सूरदास तब कहति जसोदा, गर्ग कही यह बानी।[3]

---

१ सूरसागर (सभा) पद २४५७
२ वही ,, पद १२१४
३ वही ,, पद ८७४

शान्त

सूर के विनय के पदों में शान्त-रस की प्रचुरता है। इस रस का स्थायी-भाव निर्वेद है, जिसके मूल में संसार से विरक्ति की भावना कार्य करती है। संसार की निःसारता अपने पापों की गणना और किये पर पश्चात्ताप आदि अनुभाव तथा हर्ष, आत्म-ग्लानि आदि संचारी-भाव हैं :

थोरे जीवन भयो तन भारो।
कियो न संत समागम कबहूँ, लियो न नाम तुम्हारो।
अति उन्मत्त मोह माया बस, नहिं कछु बात बिचारो।
करत उपाव न पूछत काहूँ, गनत न खाटो-खारो।
इन्द्री-स्वाद-बिबस निसि-बासर, आप अपुनपो हारो।
जल औंड़े में चहुँ दिसि पैर्‌यो, पाउँ कुल्हारो मारो।
बाँधी मोट पसारि त्रिबिधि गुन, नहिं कहुँ बाच उतारो।
देख्यो सूर बिचारि सीस परी, तब तुम सरन पुकारो।[1]

अपने भावों की ईप्सित अभिव्यक्ति के लिए प्रत्येक कवि प्रकृति का भी आश्रय लेता है; क्योंकि भावों के उद्‌भव, विकास और उद्दीपन में प्रकृति का बहुत घना योग रहता है। इसलिए किसी कवि के प्रकृति-चित्रण पर प्रकाश डाले बिना भाव-पक्ष का निरूपण अधूरा ही रह जाता है, अतएव हम संक्षेप में सूर के प्रकृति-वर्णन का विवेचन करेंगे।

प्रकृति चित्रण

प्रकृति और मानव का सम्बन्ध अनादिकाल से है। जन्म से मरण तक फैले हुए जीवन के विस्तृत क्षेत्र में प्रकृति सदा उसके साथ रह कर भाव-विकास और आनन्द-प्रसार में योग देती रही है। इस अनादि साहचर्य के कारण प्रकृति की ओर मानव की रागात्मिका वृत्ति सदैव सजग रही है, परन्तु ज्यों-ज्यों सभ्यता की शृंखलाओं से जकड़ा हुआ मनुष्य उससे दूर होता गया, त्यों-त्यों उसकी आनन्दानुभूति भी निष्प्राण होती गई। यही कारण है कि प्रकृति के निरीक्षण से वंचित रहने वाले कवियों की रचनाओं में भावों की व्यापकता की कसक बनी ही रही। आचार्य रामचन्द्र शुक्ल के अनुसार—'मनुष्य शेष प्रकृति के साथ अपने रागात्मक सम्बन्ध का विच्छेद करने से अपने आनन्द की व्यापकता को नष्ट करता है। बुद्धि की व्याप्ति के लिए मनुष्य को जिस प्रकार विस्तृत और अनेक रूपात्मक क्षेत्र मिला है, उसी प्रकार भावों की व्याप्ति के लिए भी।'[2]

कविता की आत्मा भाव है और भावों का परिष्कार प्रकृति के विविध रूपों तथा व्यापारों के साथ सामञ्जस्य होने पर ही सम्भव है। इसलिए काव्य में प्रकृति-चित्रण का समावेश स्वतः ही हो गया। विभिन्न कवियों की प्रवृत्ति, निरीक्षण और अनुभूति के अनुसार प्रकृति का चित्रण कई ढंगों से हुआ है।

१—आलम्बन रूप में :—

(क) जब कवि किसी प्राकृतिक दृश्य अथवा व्यापार का सूक्ष्म एवं संश्लिष्ट चित्रण करता है, तथा उसके रूप-रंग, अङ्ग-प्रत्यंग, परिस्थिति आदि का सम्यक् विवरण देता है तो पाठक के

---

१ सूरसागर (सभा) पद १५२

२ चिन्तामणि, दूसरा भाग, पृष्ठ ५

हृदय में अन्तर्हित प्रकृति-साहचर्य-जनित अनुराग उद्‌बुद्ध होकर आनन्दानुभूति में परिणत हो जाता है। ऐसे स्थलों पर प्रकृति का चित्रण आलम्बन रूप में माना जाता है। अतः कुछ आचार्यों का यह मत है कि—अचेतन होने के कारण प्रकृति की ओर से कवि के अनुराग की समुचित प्रतिक्रिया दीख नहीं पड़ती। अतएव वह रसानुभव की कोटि तक नहीं पहुँच सकता, निर्भ्रान्त नहीं कहा जा सकता। आचार्य शुक्ल ने तो स्पष्ट ही कहा है—"मैं आलम्बन मात्र के विशद वर्णन को श्रोता में रसानुभव करने में पूर्ण समर्थ मानता हूँ।"[1]

(ख) जब कवि प्रकृति के विभिन्न व्यापारों में व्यक्तिगत जीवन का आरोप कर लेता है तो पशु-पक्षी, वृक्ष लता—सभी में उसे मानव-क्रिया-कलाप की झलक दीख पड़ती है। प्रकृति का यह चित्रण मानवीकरण के नाम से प्रचलित है।

(ग) जब प्रकृति का सौन्दर्य कवि के हृदय में रम जाता है और वह प्रकृति-सौन्दर्य की चेतना से ऊपर उठ जाता है, तो प्रकृति का सौन्दर्य स्वयं आनन्द रूप होकर अभिव्यक्ति की प्रेरणा बन जाता है। इसी आत्म-तल्लीनता की दशा में प्रकृतिवादी रहस्यानुभूति होती है।

२—उद्दीपन रूप में :—

जब प्रकृति से इतर आलम्बन को लेकर कोई भाव आश्रय के मन में अन्तर्हित रहता है और प्रकृति स्वयं उस भाव द्वारा विहित आश्रय की मनोदशा की सतह पर आकर उसका उद्‌घाटन करती है या व्यक्ति भाव को उद्‌दीप्त करती है, तो उसका चित्रण उद्‌दीपन रूप में माना जाता है।

(क) प्रकृति का आलंकारिक वर्णन—जब कवि प्रकृति से अनेक उपमान लेकर साम्य या वैषम्य का संयोग उपस्थित कर अलंकारों द्वारा अभीष्ट रूप का चित्रण और भाव का अभिव्यंजन करता है तो प्रकृति का चित्रण आलंकारिक माना जाता है। इस रूप में प्रकृति का सबसे अधिक वर्णन हुआ है। इस प्रकार का चित्रण जब लक्ष्य-च्युत होकर और साधन न रह कर साध्य बन जाता है, तो उपहासास्पद हो जाता है।

(ख) प्रकृति—भावों अथवा मानव-क्रिया-कलाप की पृष्ठ-भूमि के रूप में—

कभी-कभी कवि कथानकों की साधारण परिस्थितियों एवं घटना-स्थितियों को उपस्थित करने के लिए भी प्रकृति का वर्णन करता है। इस प्रकार के चित्रण का ध्येय केवल वस्तु स्थिति को ही समक्ष रखना नहीं होता, अपितु भाव-ग्रहण योग्य वातावरण भी उपस्थित करना होता है। प्रकृति का व्यंजनात्मक वर्णन एक ओर तो भावात्मक वातावरण का निर्माण करता है, और दूसरी ओर आगामी भावों को उद्‌बुद्ध करके सामने लाता है। इस रूप में प्रकृति अनुकूल या प्रतिकूल होकर घटनाओं के लिये वातावरण या मानवीय क्रिया कलाप के लिये पृष्ठ-भूमि उपस्थित करती है।

कभी-कभी कवि प्रकृति के स्वतःसम्भवी उपमानों से अभीष्ट सिद्धि न देखकर उनके सौन्दर्य में घटा-बढ़ी करके अथवा अनेक उपमानों के विशेष-विशेष गुणों को एकत्र कर कल्पित उपमान बनाकर प्रयोग करता है। ऐसी स्थिति में यदि कल्पना अस्वाभाविकता और असम्भवता लिये हुए होती है तो काव्य में चमत्कार या वैचित्र्य भले ही आ जाय, उसके स्वाभाविक रस में विरसता आ जाती है।

(३) कवि-समय :—

कविगण कुछ प्राकृतिक पदार्थों का ऐसे रूप में भी वर्णन करते आए हैं, जो वस्तुतः प्रकृति के क्षेत्र में दीख नहीं पड़ता; जैसे—नदियों में कमल का खिलना, चकोर का चिनगारियाँ चुनना,

---

१ चिन्तामणि, दूसरा भाग, पृष्ठ ३७

चकवा-चकवी का रात्रि में वियुक्त होना आदि। इस रूप में केवल निश्चित पदार्थों का ही वर्णन किया जा सकता है, जिनके विषय में कवियों का समझौता-सा हो गया है। इसलिए इन्हें 'कवि-समय-सिद्ध' कहा जाता है।

संस्कृत के कवियों ने प्रकृति का आलम्बन और उद्दीपन—दोनों रूपों में समान रूप से चित्रण किया है। कालिदास के 'रघुवंश' और 'कुमार-सम्भव' में बीच-बीच में प्रकृति के सुन्दर और संश्लिष्ट वर्णन हैं। 'मेघदूत' का 'पूर्वमेघ' तो उत्तरी भारत का सजीव प्राकृतिक चित्र ही है। भवभूति के 'उत्तर रामचरित' में भी प्रकृति के सुन्दर संश्लिष्ट चित्रों की कमी नहीं है। उत्तरकालीन संस्कृत-साहित्य में प्रकृति का उद्दीपन रूप में अधिक चित्रण हुआ है। हिन्दी साहित्य ने अन्यान्य प्रवृत्तियों के साथ यह प्रवृत्ति भी उससे ग्रहण की।

मध्ययुगीन हिन्दी साहित्य में निर्गुण और सगुण नाम से दो काव्य धाराएँ प्रवृत्त हुईं, जिनके प्रवर्त्तकों की भावनाओं के अनुसार प्रकृति-चित्रण भिन्न-भिन्न रूप में हुआ। सन्त कवियों ने जहाँ प्रेम की महत्ता स्वीकार की है और परमात्मा को पति-रूप में माना है, वहाँ उनका प्रकृति-वर्णन प्रेम-भाव को उद्दीप्त करने का कार्य करता है। आध्यात्मिक तथ्यों की व्यंजना में उन्होंने अतिप्राकृत पदार्थों का आश्रय लिया है और उनकी उलट-बाँसियों के विचित्र उपमान मन में आश्चर्य ही उत्पन्न करते हैं। प्रेम-मार्गी कवियों ने जहाँ प्रकृति में परमात्मा की रहस्यमय सत्ता का दर्शन किया है, वहाँ भौतिक रूप-वर्णन में प्रकृति के पदार्थों को उद्दीपन रूप में भी संजोया है और भक्त कवियों के आराध्य के सम्पर्क ने तो प्रकृति में चिरन्तन सौन्दर्य और सजीवता ही फूंक दी है। उसमें परिवर्तन और क्षणिकता के लिए स्थान ही नहीं रहा। सच्चिदानन्द के साहचर्य से वह आनन्दमयी ही हो उठी है।

सूरदास के उपास्य कृष्ण ब्रज-भूमि में अवतरित हुए थे। उनका व्यक्तित्व प्रकृति की ही गोद में विकसित हुआ और प्रकृति का उन्मुक्त क्षेत्र ही उनकी बाल-लीलाओं और किशोरकेलियों का रंग-स्थल बना। उनके लोकोपकारी कार्यों की कर्म-भूमि भी प्रकृति ही रही। वन में गोचारण करते हुए गिरिधर ने यहीं विकट असुरों का वध करके जनता के आतङ्क को दूर किया। राधा और कृष्ण के प्रथम मिलन का दृश्य आज भी यमुना की आँखों में घूम रहा है। प्रेमालाप और रति-क्रीड़ाओं से मुखरित कुंज अब भी रासलीला की अपूर्वता की गवाही दे रहे हैं और कृष्ण के स्पर्श से पुलकित, और संकेत से पूजित गोवर्द्धन आज भी पूजा जा रहा है। यमुना का पवित्र प्रवाह, कदम्ब वृक्षों का कमनीय कानन, करील के कल निकुंज और कालिन्दी-कछार में फैले हुए लता-पादप अपनी मनोमुग्धकारी छटा से आकृष्ट कर ही लेते हैं। फिर कृष्ण की सम्बन्ध-भावना के कारण तो उनमें लोकोत्तर सौन्दर्य और चेतना का भी समावेश हो गया है, जिससे नटनागर की लीलाओं का गानकर वे हमारे हृदय को भक्ति-विभोर कर देते हैं। इसी भावना के वशीभूत होकर करील की कुंजों के ऊपर 'कोटिनहू कलधौत के धाम' वारने वाले रसखान तो पक्षी, पशु और पत्थर तक बनने के लिए तैयार थे। यदि उन्हें कालिन्दी-कूल-कदम्ब की डालियों पर, नन्द की धेनुओं के मध्य में और गोवर्द्धन पर्वत के अंचल में बसेरा लेने, चरने और पड़े रहने की छूट दे दी जाती; फिर ब्रज-भूमि तो सूर की अपनी ही जन्म-भूमि थी। उनके शरीर के एक-एक परमाणु में यहीं के तत्व व्याप्त थे। इस 'स्वर्गादपि गरीयसी' भूमि के प्रति सूर का अनन्य प्रेम स्वाभाविक ही है:

कहाँ सुख ब्रज कौ सौ संसार।
कहाँ सुखद बंसी बट जमुना, यह मन सदा विचार।

कहँ बनधाम कहाँ राधा संग, कहाँ संग ब्रज बाम।
कहँ रस रास बीच अन्तर सुख, कहाँ नारि तन ताम।
कहाँ लता तरु-तरु प्रति बूझनि, कुँज-कुंज नव धाम।
कहाँ बिरह सुख बिन गोपिन संग, सूर स्याम मन काम।[1]

सूर ने प्रकृति के क्षेत्र में विचरण करने वाले गोपाल कृष्ण को ही अपने काव्य का नायक बनाया है, गीता के योगिराज कृष्ण अथवा महाभारत के राजनीति-विशारद कृष्ण को नहीं। वस्तुतः ब्रज की प्राकृतिक लीलाओं और राधा-कृष्ण की प्रेम-लीलाओं में इतना घनिष्ठ सम्बन्ध है कि प्रकृति-वर्णन के बिना राधा-कृष्ण के प्रेम व्यापारों का वर्णन किया ही नहीं जा सकता। इस लीला-क्षेत्र में कृष्ण की लीला के साथ-साथ प्रकृति की जो लीला चला करती है, उसे छोड़कर कोई भी कवि कृष्ण-काव्य की चर्चा नहीं कर सकता था। इसीलिये सूरदास को अपने नायक कृष्ण के जीवन के साथ यमुना, कदम्ब कुंज, ऋतु-परिवर्तन, दावानल और न जाने प्रकृति के कितने अंग गूँथ देने पड़े ?[2] कृष्ण का विकास जैसे ब्रज की प्रकृति में होता है, उसी प्रकार सूर-साहित्य का विकास भी ब्रज-प्रकृति की छाया में ही होता है। ब्रज की प्रकृति ने उन्हें केवल उपमाओं और उत्प्रेक्षाओं के लिये ही सामग्री नहीं दी है, वह उनके काव्य के केन्द्र में प्रतिष्ठित हुई है।[3]

यहाँ पर इस बात का उल्लेख असंगत न होगा कि कृष्ण के लीलाधाम वृन्दावन को वल्लभ-सम्प्रदाय में आचार्य वल्लभ के दर्शन-पक्ष के गोलोक का छायारूप तथा शाश्वत माना गया है। इसी धाम में आचार्य वल्लभ ने अपने इष्टदेव श्रीनाथ जी के मन्दिर की प्रतिष्ठा की।

सूर ने जहाँ अपने प्रान्त के ब्रज-प्रदेश की परिवर्तनशील प्रकृति का वर्णन किया है, वहाँ इस शाश्वत ब्रज की ओर संकेत करना भी वे नहीं भूले हैं।

नित्य धाम वृन्दावन स्याम। नित्य रूप राधा ब्रजबाम॥
नित्य रास जल नित्य बिहार। नित्य मान खण्डिताऽभिसार॥
नित्य कुंज सुख नित्य हिंडोर। नित्यहि त्रिविध समीर झकोर॥
सदा बसन्त रहत जहँ बास। सदा हर्ष जहँ नहीं उदास॥
कोकिल कीर सदा तहँ रोर। सदा रूप मन्मथ चित चोर॥
बिबिध सुमन बन फूले डार। उन्मत मधुकर भ्रमत अपार॥[4]

सूर के पात्र प्रकृतिमय हैं। उनके हृदय का अध्ययन सूर द्वारा उपस्थित प्रकृति-चित्र-पटी के सहारे भली-भाँति किया जा सकता है। साहचर्य के कारण उनका प्रकृति के साथ ऐसा तादात्म्य हो गया है कि किसी भी घटना-व्यापार की प्रतिक्रिया पहले किस पर हुई और बाद में किस पर, यह बताना बड़ा ही कठिन है। कृष्ण के वियोग में गोपियों की भाँति प्रकृति भी पूर्ण वियोग का अनुभव करती है और संयोग में पूर्णसंयोग का। ऐसी स्थिति में सूर-काव्य में असम्बद्ध प्रकृति-चित्रण की खोज करना मानव और प्रकृति के भावात्मक मिलन को चुनौती देना ही है। उनके पात्रों की मनोदशाओं के वर्णन में प्रकृति के विभिन्न रूपों और व्यापारों का अनायास ही समावेश हो गया है। हाँ, बीच-बीच में आलम्बन रूपों में भी प्रकृति-चित्रण की झलक दिखाई दे जाती है। प्रातःकाल का स्वाभाविक वर्णन देखिए :

---

१ सूरसागर (सभा) पद ४०३४

२ रामरतन भटनागर 'सूर साहित्य की भूमिका' पृष्ठ २१०

३ वही पृष्ठ २११

४ सूरसागर (सभा) पद ३४६२

बोले तमचुर, चार्‌यौ जाम कौ गजर मार्‌यौ;
पौन भयौ सीतल तमि तैं तमता गई।
प्राची अरुनानी, भानु किरनि उज्यारी नभ छाई;
उडुगन चन्द्रमा मलीनता लई।
मुकले कमल, बच्छबंधन बिछोह्‌यौ ग्वाल;
चरैं चली गाइ, द्विज तैंती कर कौं दई।
सूरदास राधिका सरस बानी बोलि कहै;
जागो प्रान प्यारे जू सबारे की समै भई।[1]
चिरई चुहचुहानी, चाँद की ज्योति परानी;
रजनी बिहानी, प्राची पियरी प्रबान की।
नारिका दुरानी, तम घट्‌यौ, तमचुर बोले;
स्रवन भनक परी ललिता के तान की।
भृङ्ग मिले भारुता, बिछुरी जोरी कोक मिले;
उतरी पनच अब काम के कमान की।
अथवत आए गृह, बहुरि उवत भानु;
उठो प्राननाथ महा जान मनि जानकी।[2]

रात्रि भर कुंज-सुखानुभव करने के पश्चात् प्रातःकाल होता हुआ देखकर गुरुजन-भय से घर जाने के लिए संकेत करती हुई राधा की कृष्ण के प्रति उस उक्ति का किसी न किसी रूप में शृङ्गार से ही सम्बन्ध है, परन्तु निम्नलिखित पद में प्रातःकाल का वर्णन बिलकुल शुद्ध रूप में हुआ है।

जागिए ब्रजराज कुँवर कमल-कुसुम फूले।
कुमुद-वृन्द सकुचित भए, भृङ्ग लता भूले।
तमचुर खग-रोर सुनहु, बोलत बबराई।
राँभति गो खिरकनि में, बछरा हित धाई।
बिधु मलीन, रबि प्रकास, गावत नर-नारी।
सूर स्याम प्रातः उठो, अम्बुज कर धारी।[3]

मेघों के उमड़-उमड़ कर गिरने का वर्णन निम्नलिखित पद में हुआ है :

माधौ महा मेघ घिरि आयौ।
घर कौ गाइ बहोरी मोहन, ग्वालनि टेरि सुनायौ।
कारी घटा सुधूम देखियत, अति गति पवन चलायौ।
चारौं दिशा चितैं किन देखहु, दामिनि कौंधा लायौ।
अति घनस्याम सुदेस सूर-प्रभु, कर गहि सैल उठायौ।
राखे सुखी सकल ब्रजवासी, सुरपति गरब नबायौ।[4]

---

१ सूरसागर (सभा) पद २६५६
२ वही ,, पद २६५७
३ वही ,, पद ८२०
४ वही ,, पद १४८३

किन्तु ध्यान से देखने पर कवि ने इस वर्णन का उद्देश्य गोवर्द्धन-धारण करने की घटना के लिये उचित परिस्थिति उपस्थित करके, 'कर गहि सैल उठायो' और 'सुरपति गरब नबायो' के द्वारा अपने आराध्य की अलौकिक शक्ति की ओर इंगित करना ही लक्षित होता है, जो १४८८वें पद में आये हुए 'नाम गिरिधर पर्‌यो भक्त काजें' से स्पष्ट हो जाता है। सूरदास जी ने अपने भावों के अनुकूल प्रकृति के कोमल रूपों को ही प्रायः ग्रहण किया है। लीला-पुरुषोत्तम की प्रणय-लीलाओं का साक्षात्कार करने वाले नेत्र प्रकृति के रौद्र-रूप के दर्शन करना कैसे पसन्द करें? फिर भी अवसर के अनुकूल जहाँ कहीं उन्होंने प्रकृति के उग्र-रूप का चित्रण किया है, वहाँ वे पूरी तरह सफल हुए हैं, और अपने काव्य में आलम्बन रूप में प्रकृति-वर्णन के अभाव की शिकायत को दूर कर सके हैं। दावानल के चित्रण का एक ही उदाहरण इस तथ्य की पुष्टि कर देगा :

भहरात झहरात दवा (नल) आयो।
घेरि चहुँ ओर करि सोर अन्दोर बन, धरनि आकास चहुँ पास छायो।
बरत बनबाँस, थरहरत कुसकाँस जरि, उड़त है भाँस अति प्रबल धायो।
झपटि झपटत लपटे, फूल-फल चटचटकि, फटत लटलटकि द्रुम-द्रुम नबायो।
अति अगिनि-झार भंभार-धुँधार करि, उचटि अंगार झंझार छायो।
बरत बनपात, भहरात झहरात अररात तरु महा, धरती गिरायो।[1]

वन के बाँसों के जलने, कुश और काँस के जल कर क्षार होकर उड़ने, लपटों के झपटने, फूल-फलों के चटक-चटक कर फटने, वृक्षों के झुलस कर लटक जाने, ज्वाला के फैलने, अँगारों को उचटने और धुँआ छा जाने के व्यापारों के वर्णन ने दावानल का साक्षात् चित्र उपस्थित कर दिया है, जिनसे विभिन्न वर्णों का अनुप्रास वन-दहन-क्रिया में होने वाले वास्तविक घोष का अनुकरण करता हुआ तादात्मक सौन्दर्य द्वारा गति और सजीवता भर रहा है।

रहस्यानुभूति-विषयक प्रकृति-चित्रण भी सूर के कुछ पदों में मिल जाता है :

चलि सखि, तेहिं सरोवर जाहिं।
जिहिं सरोवर कमल कमाल, रवि बिना बिकसाहिं।
हंस उज्ज्वल पंख निर्मल, अंग मलि मलि न्हाहिं।
मुक्ति-मुक्ता अनगिने फल, तहाँ चुनि-चुनि खाहिं।
अतिहिं मगन महा मधुर रस, रस न मध्य समाहिं।
पदुम-वास सुगन्ध-सीतल, लेत पाप नसाहिं।
सदा प्रफुलित रहैं जल बिनु, निमिष नहिं कुम्हिलाहिं।
सघन गुंजत बैठि उन पर, भौंरहू बिरमाहिं।[2]

वस्तुतः सूर के प्रकृति-वर्णन का महत्व उद्दीपन रूप में ही सर्वाधिक हैं। ब्रज-भूमि की मोदमयी गोद में खेलते हुए राधा और कृष्ण के हृदय में जो पारस्परिक स्नेह का अंकुर फूटा, उसे ब्रज की प्रकृति ने अपनी सरसता से पल्लवित और पुष्पित किया। फिर उससे जो आनन्दमय प्रेम-भक्ति-सौरभ उड़ा, वह सांसारिक विषयों के कटु-रस में बहते हुए जनमन-मधुपों को प्रेरणा देकर सच्चे आनन्द-रस का आस्वादन करा सका। चतुर-सखी की भाँति प्रकृति राधा और कृष्ण के

१ सूरसागर १२१४
२ सूरदास पद ३३८

मिलन के लिए उनके प्रेम-भाव को उद्दीप्त करने के लिये अनुकूल वातावरण उपस्थित करती है। शरद् ऋतु की चांदनी वृन्दावन के श्री कुंज में छिटक कर रास का निमन्त्रण दे रही है :

सरद चांदनी रजनी सोहै, वृन्दावन श्री कुंज।
प्रफुलित सुमन बिबिध-रंग जहँ-तहँ, कूजत कोकिल पुंज।
जमुना पुलिन स्याम घन सुन्दर, अद्‌भुत रास उपायौ।[1]

× × ×

आजु निसि सोभित सरद सुहाई।
सीतल मन्द सुगन्ध पवन बहै, रोम-रोम सुखदाई।
जमुना पुलिन पुनीत परम रुचि, रचि मंडली बनाई।[2]

राधा और कृष्ण के प्रथम मिलन के समय ही प्रकृति अपने कामोद्दीपन कर्तव्य को उचित रूप से पूरा करती है और देखते ही देखते गगन घहरा उठता है, काली घटाएँ छा गईं, पवन झकोरे लेने लगा, चपला चमकने लगी, आकाश श्याम-वर्ण हो गया, दोनों रोमाञ्चित हो गये, काम जाग उठा;[3] और फिर तो—

नयौ नेह, नयौ गेह, नयौ रस, नवल कुँवरि वृषभानु-किशोरी।
नयौ पीताम्बर, नई चूनरी, नई-नई बूँदनि भीजति गोरी।
नयौ कुंज, अति पुंज नये द्रुम, सुभग जमुन जल पवन हिलोरी।
सूरदास प्रभु नव रस बिलसत, नवल राधिका जोवन भोरी।[4]

नवल वृषभानु किशोरी ही नहीं—नई-नई बूँदों, नवीन कुँजों और नये द्रुम-पुंजों से सजी हुई प्रकृति रस-विलास कर रही है।

संयोग की भाँति वियोग में भी प्रकृति भावोद्दीपन का कार्य करती है। प्रिय के साथ में उद्दीपन पदार्थ भावों का उत्कर्ष कर सुखदायी बनते हैं, किन्तु वियोग में उनके द्वारा उद्दीपन हुए भावों का आलम्बन प्रिय के समक्ष न होने के कारण प्रणय-चेष्टाओं द्वारा रेचन संभव नहीं होता। अतएव वियोगी हृदय भार का अनुभव करता हुआ व्यग्र हो उठता है और उसे वे ही सुखदायी पदार्थ दाहक प्रतीत होने लगते हैं। वही वर्षा ऋतु, जो संयोग केलियों में चक्षुओं में रस उँड़ेल देती थीं, कृष्ण के वियोग में गोपियों के नयनों से झर लगा देती है।[5] बादल क्या हैं? मानो मदन के हाथी हैं, जिन्होंने बन्धनों की अवहेलना कर विरहिणी बालाओं पर चढ़ाई ही कर दी है :

देखियत चहुँ दिसि तँ घन घोरे।
मानो मत्त मदन के हथियनि बल करि बंधन तोरे।
स्याम सुभग तन चुवत गंडमद, बरषत थोरे थोरे॥
रुकत न पवन महाबत हू पै, मुरत न अंकुस मोरे।
मानो निकसि बग-पंक्ति दंत, उर-अवधि-सरोवर फोरे।
बिनु बेला बल निकसि नयन जल, कुच कंचुकि बंद बोरे।

---

१ सूरसागर (सभा) पद १७६६
२ वही „ पद १७५६
३ वही „ पद १३०२
४ वही „ पद १३०३
५ वही „ पद ३६१७

तब तिहिं समय आनि ऐरापति, ब्रजपति सौं कर जोरे।
अब सुनि सूर कान्ह-केहरि बिनु, गरत गात जस ओरे।[1]

कामदेव के इन भयानक हाथियों के आक्रमण को देखकर प्रलय-मेघों से रक्षा करने वाले ब्रजपति गिरिधर की याद आना स्वाभाविक ही है। दादुर, मोर और कोकिल बोलते हैं, सघन बादल छा गए हैं, दामिनी और इन्द्र-धनुष काम का शृंगार कर रहे हैं; ऐसे में हरि को यह संदेश कौन सुनावे ? 'यदि कृपा करके वे दर्शन दें, तो गोपियों को सुख मिले।'[2] सावन का महीना आ गया, सरोवर जल से भर गये और मोहन के आने का मार्ग बन्द हो गया। सावन के दिन कैसे कटें, वे तो रावण के सिर ही हो गए हैं।

कैसे कैं भरिहैं री दिन सावन के।
हरित भूमि भरे सलिल सरोवर, मिटे मग मोहन आवन के।
दादुर मोर सोर चातक पिक, सूही निसा सिरावन के।
गरज चहूँ धन घुमड़ि दामिनी, मदन धनुष धर धावन के।
पहिरि कुसुम सारी कंचुकि तन, झुंडनि झुंडनि गावन के।
सूरदास-प्रभु दुसह घटत क्यों, सोक त्रिगुन सिर रावन के।[3]

शरद की पीयूष-वर्षिणी निशा, जो कभी रास-रस-आस्वादन कराती थी, आज आग ही बन गई है, जो आँसुओं की अविरल धारा से शान्त ही नहीं होती, और भी भड़क उठती है। इधर श्याम रासलीला को भूल गए, यह बात ब्रज-युवतियों को बहुत ही चुभ रही है :

गोविन्द बिनु कौन हरै नैननि की जरनि।
सरद निसा अनल भई, चन्द भयौ तरनि।
तन में संताप भयौ, दुर्‌यौ आनन्द धरनि।
प्रेम पुलक बार-बार, अँसुअन की ढरनि।
वै दिन जौ सुरति करौं, पाइनि की परनि।
सूर स्याम क्यों बिसारी, लीला बन करनि।[4]

वर्षा और शरद ही नहीं, सभी ऋतु ब्रज में कुछ और ही बन गई हैं :

सबै रितु और लागति आहि।
सुनि सखि वा ब्रजराज बिना, सब फीकौ लागत चाहि।
वै घन देखि नैन बरसत है, पावस गए सिरात।
सरद सनेह संचै सरिता उर, मारग ह्वै जल जात।
हिम हिमकर देखे उपजत अति, निसा रहति इहिं जोग।
सिसिर विकल काँपत जु कमल उर, सुमिर स्याम रस भोग।
निरखि बसन्त बिरह बेली तन, वे सुख-दुख ह्वै फूलत।
ग्रीषम काम निमिष छांडत नहिं, देह दसा सब भूलत।

---

१ सूरसागर (सभा) ५ ३९२१
२ वही ,, पद ३९३०
३ वही ,, पद ३९३४
४ वही ,, पद ३९६३

षट् ऋतु ह्वै इक ठाम कियो तनु, उठे त्रिदोष जुरे।
सूर अवधि उपचार आजु लौं राखे प्रान जुरे।[1]

सूर का यह प्रकृति-वर्णन उद्दीपन रूप में होता हुआ भी बड़ा महत्वपूर्ण है। यह किसी दिलजले रूप-लिप्सु के शोर करते हुए दिल की दास्तान नहीं, घनश्याम के रस से वञ्चित आधार-हीन ब्रजबाला-बल्लरियों के मुरझा कर गिरने का इतिहास है; कलेजे में सैंकड़ों घावों को लिये हुए फिरने वालों का असम्बद्ध प्रलाप नहीं, बचपन से ही प्रेम-पयोधि में गहरा गोता लगाने वाले हृदय के वियोग की तपती हुई मरु-भूमि में निर्वासित किये जाने पर फूट निकलने वाले उद्गार हैं।

यह वह मनोदशा है, जो मानव को अहं की संकुचित परिधि से निकाल कर विश्व के पदार्थ-मात्र से तादात्म्य स्थापित करने के योग्य बनाती है और प्रकृति के विभिन्न पदार्थों में प्राण-प्रतिष्ठा कर उन्हें मानव का अनुभूतिशील हृदय प्रदान करती है। तभी तो कृष्ण के वियोग में कालिन्दी की ऐसी दशा हो जाती है कि वह विरहिणी गोपियों की उपमान बन जाती है :

देखियति कालिन्दी अति कारी।
अहो पथिक कहियो उन हरि सौं, भई बिरह जुर जारी।
गिरि-प्रजंक तैं गिरति धरनि धँसि, तरंग तरफ तन भारी।
तट बारू उपचार चूर, जलपूर प्रस्वेद पनारी।
बिगलित कच कुस काँस कूल पर, पंक जु काजल सारी।
भौंर भ्रमत अति फिरति भ्रमित गति, दिसि-दिसि दीन दुःखारी।
निसि दिन चकई पिय जु रटति है, भई मनौ अनुहारी।
सूरदास प्रभु जो जमुना गति, सो गति भई हमारी।[2]

सूरदास ने अलङ्कारों के रूप में प्रकृति का बहुत ही अधिक प्रयोग किया है। उनकी उपमाएँ और उत्प्रेक्षाएँ बड़ी सुन्दर बन पड़ी हैं और 'अद्भुत एक अनुपम बाग' वाला उनका पद तो अतिशयोक्ति-जगत् में अपना सानी ही नहीं रखता। परन्तु उनके अधिकांश उपमान परम्परा-प्राप्त एवं कवि-समय-सिद्ध हैं। प्रकृति के गिने-चुने स्वरूपों का ही उन्होंने बार-बार वर्णन किया है। कहीं-कहीं तो उपमा पर उपमा और उत्प्रेक्षा पर उत्प्रेक्षा लादने की धुन में सूर की कल्पना हास्यास्पद ही हो गई है। 'हरि-कर राजत माखन-रोटी' के प्रसंग में 'मनो बराह भूधर-राह पृथिवी धरी दसनन की कोटी' कहकर छोटी-सी रोटी पर पहाड़ सहित पृथ्वी का बोझ लाद देना ऐसी ही बात है। किन्तु सूर के विशाल 'सागर' में विलीन हुआ यह दोष महाकवि कालिदास के "एकोहि दोषो गुणसन्निपाते निमज्जतीन्दोः किरणेष्विवाङ्कः" कथन की स्मृति दिलाता है।

सूर का प्रादुर्भाव हिन्दी-साहित्य में एक चमत्कार है, उनकी अकल्पनीय शिल्प का नमूना है तथा उनके चरित्र सुचारु चातुर्य और अप्रतिम प्रतिभा के प्रदर्शक हैं।

———

१ सूरसागर (सभा) पद ३९६३

२ सूरसागर (सभा) पद ३८०९

परिशिष्ट १

सूर-साहित्य की कुछ ज्ञातव्य बातें

सूरदास जी पुष्टि-सम्प्रदाय में दीक्षित थे। उनका सारा जीवन सम्प्रदाय की सेवा-प्रणाली में ही व्यतीत हुआ। अपने इष्टदेव परब्रह्म स्वरूप श्रीकृष्ण का कीर्तन ही उनकी नित्य-जीवन-चर्या थी, परन्तु वे कोरे कीर्तनकार ही नहीं, उच्चकोटि के साहित्य-मर्मज्ञ और भावुक कवि भी थे। युग-द्रष्टा की भांति उन्होंने सच्चे अर्थ में अपने युग का प्रतिनिधित्व किया है। पुष्टि-मार्ग में दीक्षित होने से पहले ही वे संसार को अपनी बन्द आंखों से पूर्णतया देखकर व्यापक अनुभव कर चुके थे, विभिन्न मत-मतान्तर और सम्प्रदायों की मर्यादाओं का उन्हें ज्ञान था। आज का आलोचक उनकी कविता को अश्लील और मर्यादा-रहित कह उड़ाने की चेष्टा कर सकता है, परन्तु यदि निष्पक्ष और सूक्ष्म दृष्टि से देखा जाय तो उसमें ऐसी विशेषताएं परिलक्षित होंगी, जो सूर को सार्वभौम और सार्वजनीन बनाने के लिये पर्याप्त है। सूर सामञ्जस्यवादी कवि थे। साम्प्रदायिकता की दृष्टि से उनकी कविता में चाहे कोई कितनी ही त्रुटियां क्यों न निकाले, परन्तु शुद्ध काव्य की दृष्टि से हिन्दी-साहित्य में उनके जोड़ का कवि नहीं है। उनका आविर्भाव हिन्दी-जगत के लिये एक विशेष चमत्कार ही समझना चाहिये। उनके काव्य-पक्ष का विवेचन हम पहले कर चुके हैं। यहां हम कुछ ऐसी वार्ता की ओर संकेत करते हैं, जो हमारे चरितनायक कवि को सार्वकालिक सिद्ध करने के लिये पर्याप्त हैं। सूर की कविता का मुख्य प्रेरक तत्व तो उनकी भक्ति-भावना ही थी, चाहे वह सम्प्रदाय में दीक्षित होने से पहले की हो या वाद की। सम्प्रदाय में दीक्षित होने के पश्चात् उनकी भक्ति-भावना का प्राण अवश्य बदल गया था। इस भक्ति-भावना के साथ उनके साहित्य की सृष्टि में तत्कालीन परिस्थितियों का भी योग है। वे परिस्थितियां सामाजिक, धार्मिक, सांस्कृतिक और राजनीतिक—सभी प्रकार की थीं। अप्रत्यक्ष रूप से ही सही, उनके काव्य में इन परिस्थितियों का प्रभाव लक्षित होता है। काव्य-कला के लिये शैली का अपना अलग महत्व है। भाषा और शैली की दृष्टि से सूरदास जी ने ब्रजभाषा-साहित्य की समृद्धि में जो योग दिया है, उसका उल्लेख भी हम पहले कर चुके हैं। पुष्टि-सम्प्रदाय के भक्ति-पक्ष को जन-साधारण के लिये सुलभ और सुबोध बनाने का कार्य सूरदास जी ने ही किया है। इनकी भक्ति-भावना वास्तव में साम्प्रदायिक संकीर्णता से बहुत ऊपर उठ चुकी थी; और यही कारण है कि सारे वैष्णव सम्प्रदाय सूर को अपना-अपना बताने में गौरव का अनुभव करते हैं। हम पीछे दिखा चुके हैं कि किस प्रकार सूर ने सम-सामयिक प्रचलित वैष्णव-सम्प्रदायों की भक्ति-भावना का सामञ्जस्य प्रस्तुत किया है। विशेष लक्ष्य करने की बात तो यह है कि उनके साहित्य में तत्कालीन प्रचलित वैष्णवेतर सम्प्रदायों का भी उचित प्रतिनिधित्व हुआ है। सूफियों की प्रेमाश्रयी शाखा के व्यापक प्रभाव का उल्लेख हम पहले ही कर चुके हैं, इसके अतिरिक्त दूसरे उल्लेखनीय सम्प्रदाय पश्चिमी भारत में नाथ-पंथ और कबीर-पंथ थे। बंगाल के सहजिया सम्प्रदाय की भक्ति-भावना को तो चैतन्य-सम्प्रदाय आत्मसात् कर चुका था और उसका प्रभाव स्पष्ट रूप से पुष्टि-

सम्प्रदाय पर पर्याप्त मात्रा में पड़ा था, जिसका संकेत हम पीछे कई बार कर चुके हैं। सूर की रचना में नाथ-योगियों के सिद्धान्तों का इतना उल्लेख है कि कभी-कभी तो यह धारणा होने लगती है कि सम्प्रदाय में दीक्षित होने से पहले सूर का नाथ-सम्प्रदाय से विशेष सम्पर्क रहा होगा। उस समय के उत्तर भारत में नाथ-योगियों का काफी प्रभाव था।

भक्ति-आन्दोलन की पृष्ठ-भूमि का विवेचन करते हुए हमने यह बताया है कि नाथ-पंथ बौद्धों और शैवों के मतों से प्रभावित था और एक योग-सम्प्रदाय के रूप में था। बौद्धों की वज्रयान शाखा के—जो तन्त्रवाद को लेकर चली थी—चौरासी सिद्ध भी नाथ-पंथियों के समान हठ-योग में विश्वास रखते थे। सूर के काव्य में स्थान-स्थान पर हठ-योग के पारिभाषिक शब्दों का प्रयोग हुआ है। ऐसा प्रतीत होता है कि भक्त सूरदास नाथ-पंथ की तुलना में भक्ति-योग को श्रेष्ठ सिद्ध करने में बड़े प्रयत्नशील हैं। जहाँ कहीं उन्होंने भक्ति-योग के महत्व का प्रतिपादन किया है, वहाँ अनिवार्य रूप से दो बातों का उल्लेख करना वे नहीं भूले हैं—एक तो शिव और विरञ्चि की भक्ति को कृष्ण-भक्ति से निम्नकोटि की बताना और दूसरे अष्टांग योग और उसकी क्रियाओं को जन-साधारण के लिए अगम्य दिखाकर उनकी अनुपयोगिता को प्रमाणित करना।

सूरदास निराकार ब्रह्म की उपासना को मन और वाणी से अगम, अगोचर मानकर सगुणोपासना को ही श्रेयस्कर मानते हैं :

मन-बानी कौं अगम-अगोचर, सो जानै जो पावै।
रूप-रेख-गुन-जाति-जुगति-बिनु, निरालम्ब मन चक्रत धावै।
सब विधि अगम बिचारहिं तातैं, सूर सगुन लीलापद गावै।[1]

सम्प्रदाय में दीक्षित होने से पहले सूर की उपासना का रूप निश्चित नहीं था, क्योंकि उन्होंने बार-बार अनेक पदों में अपने अतीत पर खेद प्रकट किया है :

जनम तौ बादहिं गयौ सिराइ।
हरि सुमिरन नहिं गुरु की सेवा, मधुवन बस्यौ न जाइ।
अब की बार मनुष्य-देह धरि कियो न कछू उपाइ।[2]

उन्होंने स्पष्टतः स्वीकार किया है कि यदि भगवान् कृष्ण की कृपा उन पर नहीं होती, तो वे :

"औघड़ असत कुचीलनि सौं मिलि मायाजल में तरतो।"[3]

बिना गोविन्द-भक्ति के और सब साधनाओं को तो वे बादल की छाँह के समान मानते थे।

और सकल मैं देखे-ढूँढ़े, बादल की सी छाहीं।[4]

गोविन्द-भक्ति के सम्मुख और सब भावों को वे हेय समझने लगे थे। उन्होंने स्पष्ट लिखा है।

भक्ति पंथ कौं जो अनुसरै। सो अष्टांग जोग कौं करै।
यम, नियमासन, प्रानायाम। करि अभ्यास होइ निष्काम।

---

१ सूरसागर (सभा) पद १
२ वही ,, पद १५५
३ वही ,, पद २०३
४ वही ,, पद ३२३

प्रत्याहार-धारना-ध्यान। करै जु छाँड़ि वासना आन।
क्रम-क्रम सों पुनि करै समाधि। सूर स्याम भजि मिटै उपाधि।[1]

इन छुट-पुट पदों के द्वारा भक्ति के महत्व का प्रतिपादन करने-मात्र से सूरदास जी को संतोष नहीं हुआ। जब वे नन्दालय की लीला गा चुके, कृष्ण-लीलाओं का विस्तार से गान कर चुके और उनका मानस भक्ति के निर्मल सलिल से परिपूर्ण हो गया, तब उन्हें अभिनयात्मक ढंग से अष्टांग-योग की हीनता और भक्ति की महत्ता प्रतिपादित करने की सूझी, और यह सुयोग उन्हें 'भ्रमर-गीत' के प्रसंग में मिल गया। साहित्यिक दृष्टि से 'भ्रमर-गीत' का चाहे जो कुछ महत्व हो, किन्तु जैसा कि हम कह आए हैं, धार्मिक और दार्शनिक दृष्टिकोण से तो उसका सार केवल इतना ही है कि उसमें निराकार की उपासना के ऊपर साकार-साधना की विजय के गीत गाये गए हैं। निराकारपरक योग-साधना और साकारपरक भक्ति-साधना ही 'भ्रमर-गीत' की आधार-भूमि हैं। हरि का संदेश सुनाते हुए उद्धव जी गोपियों से कहते हैं :

सुनो गोपी हरि को संदेस।
करि समाधि अन्तर गति ध्यावहु, यह उनको उपदेस।[2]

इस संदेश को सुनकर गोपियाँ उद्धव पर बिखर पड़ती हैं और अनेक प्रकार से अष्टांग-योग की अनुपयोगिता सिद्ध करती हैं। उनकी व्यङ्ग्योक्तियाँ सूर की अपनी भावना की प्रतीक हैं। इस प्रकार के कुछ पदों के नमूने नीचे दिये जाते हैं :

मधुकर कौन देश तें आए।
आसन ध्यान, वायु-आराधन, अलि मन-चित तुम ताए।
अतिहिं विचित्र बुद्धि सुलच्छन, गुनी जोग मत गाये।
मुद्रा, भस्म, विषान, त्वचा-मृग, ब्रज-जुबतिनि नहिं भाए।
अतिसी-कुसुम-बरन मुख मुरली, सूरज-प्रभु किन लाए।[3]

सूर की गोपियाँ गोकुलनाथ की आराधना करती हैं। माता-पिता हित, निगम-पंथ आदि का त्याग कर सुख-दुःख को भ्रम समझकर, मानापमान में संतोष रखकर, गुरुजन-मर्यादा की अग्नि चारों ओर रखकर उपहास का धूम पीती हुई ब्रज युवतियाँ प्रेम-योग की कठिन साधना करती हैं :

हम अलि गोकुलनाथ अराध्यौ।
मन, क्रम, बचन हरि सौं धरि पतिव्रत, प्रेम-जोग तप साध्यौ।
मातु-पिता हित, प्रीति निगम-पथ, तजि दुःख-सुख भ्रम नाख्यौ।
मानऽपमान परम परितोषी, सुस्थल थिति मन राख्यौ।
सकुचासन कुल सील करषि कर, जगत बंद्य करि बन्दन।
मौनऽपवाद पवन आरोधन, हित-क्रम काम-निकन्दन।
गुरुजनि कानि अगिनि चहूँदिसि, नभ तरनि ताय बिनु देखे।
पिवत धूम उपहास जहाँ तहँ, अपजस सबन अलेखे।
सहज समाधि सारि बपु बानक, निरखि निमेष न लागति।
परम ज्योति प्रति अंग माधुरी, धरति यहै निसि जागति।

---

१ सूरसागर (सभा) पद ३६४
२ वही ,, पद ४११०
३ वही ,, पद ४१२३

त्रिकुटि संग भ्रूभंग तराटक, नैन-नैन लगि लागैं।
हँसनि प्रकास सुमुख कुण्डल मिलि, चन्द सूर अनुरागैं।
मुरली अधर स्रवन धुनि सो सुनि, सबद अनाहद कानैं।
बरषत रस रुचि बचन संग सुख, पद आनन्द समानैं।
मंत्र दियौ मन जात भजन लगि, ज्ञान ध्यान हर्ष ही कौ।
सूर कहौ गुरु कौन करैं अलि, कौन सुनै मत फीको।[1]

योग की कथा का उत्पात ब्रज जैसी सीधी-सादी नगरी में कोई क्या समझे ? अबलाओं को योग का उपदेश देना वस्तुतः शठ का ही काम है :

फिरि फिरि कहा सिखावत मौन।
बचन दुसह लागत अलि तेरे, ज्यौं पजरे पर लौन।
शृङ्गी, मुद्रा, भसम त्वचा-मृग, अरु अवराधन पौन।
हम अबला अहीरि सठ मधुकर, धरि जानहिं कहि कौन।
यह मत जाइ तिन्हिं तुम सिखवहु, जिन्हिं आजु सब सोहत।
सूरदास कहुँ सुनी न देखी, पोत सूतरी पोहत।[2]

बेचारी गोपियाँ वियोग में भी योग कर ही रही हैं; यदि किसी मोटी बुद्धि वाले को सूझे ही नहीं, तो उनका क्या दोष ? कृष्ण को मथुरा जाते ही गोपियों ने योग ले लिया है :

हम तो तबहिं तैं जोग लियौ।
जब ही तैं मधुकर मधुबन कौं मोहन गौन कियौ।
रहित सनेह सिरोरुह सब तन, श्रीखंड भसम चढ़ाए।
पहिरि मेखला चीर पुरातन, फिरि-फिरि फेरि सियाए।
स्रुति ताटंक मेलि मुद्रावलि, अवधि अधार अधारी।
दरसन भिच्छा माँगति डोलति, लोचन पात्र पसारी।
बांधे बेनु कंठ सिंगी, पिय सुमिरि सुमिरि गुन गावत।
करतल बेंत दंड डरत, न सुनत स्वान दुःख धावत।
रहत जु चित्त उदास फिरति, बन बीथिनि दिन अरु राति।
बारक आवत कुटुम्ब जातरा, सोऊ अब न सुहाति।
भोग भुगति भूलैं नहिं भावत, भरीं बिरह बैराग।
गोरख सब्द पुकारत आरत, रस रसना अनुराग।
भोगी को देखत इहिं ब्रज में, जोग देन जिहि आए।
जानी सिद्धि तुम्हारे सिध की, जिन तुम इहाँ पठाए।
परम गुरू रतिनाथ हाथ सिर, दियौ मंत्र उपदेस।
चतुर चेटकी मथुरानाथ सौं, जाइ करौं आदेस।

---

१ सूरसागर (सभा) पद ४१४८
२ वही " पद ४३०८

सूर सुमति प्रभु तुमहीं लखायो, सोई हमरें ध्यान।
अलि चलि औरै ठौर दिखावहु, अपनो फोकट ज्ञान।[1]

कहीं-कहीं तो सूरदास ने योगमत के आचार्य का नामोल्लेख कर अपने मन्तव्य को और भी स्पष्ट कर दिया है, उक्त पद की रेखाङ्कित पंक्ति में उन्होंने गोरख का नाम स्पष्ट लेकर योग का खण्डन किया है। जैसा कि ऊपर प्रतिपादित किया गया है, गोपियों का योग तो दूसरा ही है :

ऊधौ करि रहीं हम जोग।
कहा एतो बाद ठान्यौ, देखि गोपी भोग।
सीस सेली केस मुद्रा, कान बीरी बीर।
बिरह भस्म चढ़ाइ बैठीं, सहज कंथा चीर।
हृदय सिंगी टेर मुरली, नैन खप्पर हाथ।
चाहतीं हरि दरस, भिच्छा देहिं दीननाथ।[2]

बिना गुरु के योग सिखायेगा कौन ? गोपियाँ उद्धव से मथुरा ले जाने के लिए कहती हैं, जहाँ जाकर वे अपने गुरु श्याम से योग सीख लें। केवल संदेश से तो सीखा जा नहीं सकता :

जोग विधि मधुवन सिखिहैं जाइ।
मन-बच-कर्म सपथ सुनि ऊधौ, संगहि चलौ लिवाइ।
सब आसन, रेचक अरु पूरक, कुम्भक सीखहिं भाइ।
बिनु गुरु निकट संदेसनि कैसें, अवगाह्यौ जाइ।
हम जो करत देखि हैं कुबिजहिं, तेई करब उपाइ।
स्रद्धा-सहित ध्यान एकहिं संग, कहत जाहिं जदुराइ।
सूर-सुप्रभु की जा पर रुचि है, सो हम करिहैं आइ।
आग्या-भंग करैं हम क्यों करि, जो पतिव्रत बिनसाइ।[3]

और असल बात तो यह है कि अगम-अगाध की उपासना कैसे की जाय ? जिसने प्रेम का पूर्ण सुख प्राप्त किया हो, वह योग का अपूर्ण सुख क्यों ले ? माणिक्य को त्याग कर राख को पल्ले बाँधना कहाँ की बुद्धिमानी है—

हमरें कौन जोग व्रत साधै।
बटुआ, झोरी, दंड, अधारी, इतननि को अवराधै।
जाको कहूँ थाह नहिं पैयै, अगम अधार अगाध।
गिरिधरलाल छबीले मुख पर, इसे बाँध को बाँधै।
सुन मधुकर जिन सरबस चाख्यौ, क्यों सचु पावत आधै।
सूरदास मानिक परिहरि कै, छार गाँठि को बाँधै।[4]

गोपियाँ ही नहीं, ब्रज-भूमि ही योग के अनुपयुक्त है, क्योंकि उसका कण-कण भक्ति-भाव से अनुप्राणित है—

---

१ सूरसागर (सभा) पद ४३११
२ वही „ पद ४३१२
३ वही „ पद ४३२८
४ वही „ पद ४५१३

यह गोकुल गोपाल-उपासी।
जे गाहक निरगुन के ऊधौ, ते सब बसत ईसपुर कासी।
जद्यपि हरि हम तजी अनाथ करि, तदपि रहति चरननि रस-रासी।
अपनी सीतलता नहिं छाँड़त, जद्यपि बिधु भयौ राहु-गरासी।
किहिं अपराध जोग लिखि पठवत, प्रेम-भगति तैं करत उदासी।
सूरदास ऐसी को बिरहिन, माँगि मुक्ति छाड़ै गुन-रासी।[1]

इन पदों से सिद्ध होता है कि सूर के समय में नाथ-सम्प्रदाग का पर्याप्त प्रभाव था, और सूर का इस सम्प्रदाय से घनिष्ठ परिचय था। उनके शिव विषयक पद इस बात के भी परिचायक हैं कि उनकी शैव-भक्ति में निष्ठा थी। इसका उल्लेख हम पीछे भी कर चुके हैं।

सन्तों की परम्परा में कबीर के महत्व का उल्लेख हम पहले कर आये है। वे एक निर्भीक सन्त थे और उन्होंने सभी सम्प्रदायों की अच्छी-अच्छी बातों को ग्रहण करके अपने मत का प्रतिपादन किया था। वज्रयानी सिद्धों के उत्तराधिकारी 'सहजिया' और 'बाउल' सम्प्रदायों का उल्लेख भी हम पहले कर चुके हैं।

गोरखनाथ के हठ-योग का प्रभाव प्रायः सभी सम्प्रदायों पर पड़ रहा था। इसके अतिरिक्त उदासी, निरंजनी, मुड़िया आदि अन्य सम्प्रदाय भी प्रचलित थे। उधर रामानन्द जी अपनी भक्ति का प्रचार कर रहे थे। कबीर ने अपने पंथ में इन सभी सम्प्रदायों का समन्वित रूप रखा और सूफी-सम्प्रदाय के प्रेम का पुट लगाकर उसका जनता में प्रचार किया। इसलिये उनके पदों में हमें प्रेम की वही पुकार मिलती है, जो प्रायः सभी सन्त-भक्तों के अन्तःकरण की ध्वनि थी। नाथ-पंथ में हठ-योग के अतिरिक्त पाण्डित्य-प्रदर्शन, जाति-पाँति का भेद और पूजा के बाह्य आडम्बरों की भी निन्दा की गई थी। कबीर ने भी उन्हीं के स्वर में स्वर मिलाकर कहा था—

पोथी पढ़ि-पढ़ि जग मुआ, पण्डित भया न कोय।
एकै आखर पीव का, पढ़ै सो पण्डित होय।
कबीर पढ़िबो दूरि करि, पुस्तक देइ बहाय।
बामन आखर सोधि करि, रटै ममै चित लाय।

कबीर की रचनाओं में योग-मार्ग की कुण्डलिनी, सुषुम्ना, शून्य, सहस्त्रार आदि को भी महत्व दिया गया है, परन्तु सबसे बढ़कर उन्होंने प्रेम को ही माना है। बाह्याडम्बर और पूजोपचार को वे व्यर्थ समझते थे। आत्मा की खोज के लिए बाहर जाने को उन्होंने भटकना बताया है, भगवान् की भक्ति में जाति-पाँति का कोई विचार नहीं। कबीर ने अपने मन का वैराग्य अन्योक्तियों और उलटबाँसियों द्वारा प्रकट किया है। कहना न होगा कि सूरदास की रचना में कबीर के अधिकांश भाव लक्षित होते हैं। कुछ पदों में तो इतनी समानता है कि यह सन्देह होने लगता है कि यह रचना कबीर की है, या सूर की। सूर ने भगवत्कृपा को वेद से भी बढ़कर माना है, और भगवत्प्रीति के सम्मुख राव-रंक और नर-नारी के भेद को तुच्छ बताया है।

निगम तें अगम हरि-कृपा न्यारी।
प्रीति बस स्याम हैं राव कै रंक कोउ, पुरुष कै नारि नहिं भेद कारी।
प्रीति-बस देवकी गर्भ लीन्हौ बास, प्रीति कैं हेतु ब्रज-वेष कीन्हौ।
प्रीति कैं हेतु जसुमति पयपान कियौ, प्रीति कैं हेतु अवतार लीन्हौ।

---

१ सूरसागर (सभा) पद ४५४६

प्रीति कैं हेतु बन धेनु चारत कान्ह, प्रीति कैं हेतु नँद-सुवन नामा ।
प्रीति कैं हेतु सूरज-प्रभुहिं पाइये, प्रीति कैं हेतु दोउ स्याम स्यामा ।[1]

तथा—

ऊधौ वेद वचन प्रमान ।
कमल मुख पर नैन-खंजन, निरखि हैं क्यों आन ।
श्रीनिकेत, समेत सब गुन, सकल रूप निधान ।
अधर-सुधा पियाइ बिछुरे, पठैं दीन्हौ ज्ञान ।
दूरि नहीं कृपाल केसौ, ये जु हिये समान ।
निकरि क्यों न गोपाल बोलत, दुखिन के दुःख जान ।
रूप-रेख न देखिए तहँ, स्वाद सब्द भुलान ।
इच्छु-दंड अडारि हरिगुन, गहत पानि विषान ।
बीतराग सुजान जोगिन, भक्त जननि निवास ।
निगम बानी मेटि कहि, क्यों सकैं सूरजदास ।[2]

'सूर की प्रेमा-भक्ति का विवेचन हम पीछे कर चुके हैं। इस भक्ति में विरह का अपना अलग महत्व है । सूर की गोपियाँ कहती हैं—

ऊधौं बिरहौ प्रेम करै ।
ज्यौं बिनु पुट पट गहत न रंग कौं, रंग न रसै परै ।
ज्यौं घर दहै बीज अँकुर गिरि, तौ सत फरनि फरै ।
ज्यौं घट अनल दहत तन अपनौ, पुनि पय अमी भरै ।
ज्यौं रन सूर सहै सर सम्मुख, तौ रवि रथहूँ अरै ।
सूर गुपाल प्रेम-पथ चलि करि, क्यों दुःख-सुखनि डरै ।[3]

इसी की तुलना में कबीर का यह दोहा भी उपलब्ध है—

बिरहा बुरहा जिनि कहौ, बिरहा है सुलतान ।
जिस घट बिरह न संचरै, सो घट सदा मसान ।

जाति-पाँति की निन्दा करने वाले पदों की कबीर में तो भरमार है ही, सूर में भी कमी नहीं है—

'जात, गोत कुल नाम गनै नहिं, रंक होइ कै रानो ।'[4]
'काहु के कुल तन न विचारत ।'[5]
की और कौन पति राखै ।'
'जाति-पाँति कुल-कानि न मानत, वेद पुराननि साखै ।'[6]

---

१ सूरसागर (सभा) पद २६३५
२ वही ,, पद ४६५३
३ वही ,, पद ४६०४
४ वही ,, पद ११
५ वही ,, पद १२
६ वही ,, पद १५

श्रीभागवत सुनै जो कोई, ताको हरि-पद प्रापति होई।
ऊँच-नीच ब्यौरो न बढ़ाई, बाकी सखी मं सुनि भाई।[1]
कह्यौ एक श्रीभागवत विचार।
जाति-पाँति कोई पूछत नाहीं, श्रीपति के दरबार।[2]

इस प्रकार के अनेक पद सूरसागर में प्राप्त होते हैं।

सूर के विनय के पदों में ऐसे अनेक पद हैं, जो कबीर के पदों की तुलना में रखे जा सकते हैं।

'सूर' के 'अपुनपौ आपुन ही में बिसर्‌यौ।'[3]
तथा 'अपुनपौ आपुन ही में पायौ'[4]

पदों का उल्लेख हम पीछे कर चुके हैं। इन भावों को व्यक्त करने वाले कबीर के अनेक पद हैं; जैसे—'मुझको क्या ढूंढ़ै बन्दे, मैं तो तेरे पास में' तथा 'कस्तूरी मस्तक बसै, मृग ढूंढ़े बन माँहि' आदि। इस प्रकार के सूरदास के अन्तःसाधना-परक और भी पद हैं, जो कबीर के पदों की तुलना में रखे जा सकते हैं। कबीर के—'काहे री नलिनी तू कुम्हलानी' तथा 'पानी में मीन प्यासी, मोहि देखत लागै हाँसी' वाले पद को सूर के निम्नलिखित पद से मिलाइये—

धोखैं ही धोखैं डहकायौ।
समुझि न परी विषय-रस गीध्यौ, हरि हीरा घर माँझ गँवायौ।
ज्यौं कुरंग जल देखि अवनि कौ, प्यास न गई चहूँ दिस धायौ।
जनम-जनम बहु करम किये हैं, तिनमें आपुन आपु बँधायौ।
ज्यौं सुक सेमर सेब आस लगि, निसि-बासर हठि चित्त-लगायौ।
रीतौ पर्‌यौ जब फल चाख्यौ, उड़ि गयौ तूल तांबरो आयौ।
ज्यौं कपि डोरि बाँधि बाजीगर, कन-कन कौं चौहटें नचायौ।
सूरदास भगवन्त भजन बिनु, काल-ब्याल पै आपु डसायौ।[5]

ऐसा प्रतीत होता है कि बल्लभ-सम्प्रदाय में दीक्षित होने से पहले सूरदास जी इसी संत परम्परा के भक्त थे, इसका विशद विवेचन हम पीछे कर चुके हैं। यद्यपि सूर ने उलट बाँसियाँ नहीं लिखीं, तथापि उनके दो-एक पद ऐसे अवश्य मिल जाते हैं, जिनसे उनकी इस प्रवृत्ति का पता चलता है। एक उदाहरण देखिये :

अब मेरी राखौ लाज मुरारी।
संकट मैं एक संकट उपज्यौ, कहै मिरग सौं नारी।
और कछू हम जानत नाहीं, आई सरन तिहारी।
उलटि पवन जब बाबर जरियौ, स्वान चल्यौ सिर झारी।

---

१ सूरसागर (सभा) पद २३०
२ वही ,, पद २३१
३ वही ,, पद ३६९
४ वही ,, पद ४००
५ वही ,, पद ३२६

नाचन-कूदन मृगिनी लागी, चरन कमल पर वारी।
सूर स्याम प्रभु अविगत-लीला, आपुहि आपु सँवारी।[१]

संत कवि अनेक प्रकार के रूपक और अन्योक्तियों द्वारा एक मनःकल्पित परम-धाम की ओर संकेत करते रहे हैं। अनूठी अन्योक्तियों द्वारा ईश्वर-प्रेम की व्यंजना सूफियों में भी प्रचलित थी। कबीर ने अपने कई पदों में उस स्थान की ओर संकेत किया है—'जहाँ उदय न अस्त सूर्य नहीं ससहर ताको भाव भजन करि लीजै।' सिद्धों की रचनाओं में भी ऐसे स्थानों का उल्लेख मिलता है :

जहि मन पवन न संचरहि, रवि शशि नाहि पवेश।
तहि वट चित्त विषाण कर, सरहहि कहिए कुवेश।

संत समाज में दीर्घ काल से चली आती हुई इस प्रवृत्ति के दर्शन सूरदास जी के भी अनेक पदों में होते हैं।

चकई री चलि चरन-सरोवर, जहाँ न प्रेम-वियोग।
जहँ भ्रम-निसा होत नहिं कबहूँ, सोइ सायर सुख जोग।
जहाँ सनक-सिव हंस; मीन मुनि नख रवि प्रभा प्रकास।
प्रफुलित कमल, निमिष नहिं ससि-डर, गुञ्जत निगम सुबास।
जिहिं सर सुभग मुक्ताफल, सुकृत अमृत रस पीजै।
सो सर छाँड़ि कुबुद्धि विहंगम, इहाँ कहा रहि कीजै।
लक्ष्मी सहित होत नित क्रीड़ा, सोभित सूरजदास।
अब न सुहात विषय-रस छीलर, वा समुद्र की आस।[२]
× × × ×
चलि सखि तिहिं सरोवर जाहिं।
जिहिं सरोवर कमल कमला, रवि बिना विकसाहिं।
हंस उज्जल पंख निर्मल, अंग मलि-मलि न्याहिं।
मुक्ति-मुक्ता अनगिने फल, तहाँ चुनि-चुनि खाहिं।
अतिहिं मगन महा मधुर रस, रसन मध्य समाहिं।[३]

'भृङ्गी री भजि स्याम-कमल-पद 'जहाँ न निस को त्रास',[४] तथा 'सुवा चलि ता बन को रस पीजै'[५] भी ऐसे ही पद हैं। इस प्रकार हम देखते हैं कि जहाँ एक ओर सूरदास जी ने सभी सम-सामयिक वैष्णव, सम्प्रदायों के सिद्धान्तों को अपनाया है, वहाँ वे अवैष्णव सम्प्रदायों के प्रभाव से भी अछूते नहीं रहे हैं।

सूर-साहित्य के विषय में दूसरी ज्ञातव्य बात यह है कि उन्होंने अपने काव्य में प्रत्यक्ष रूप से तो सामाजिक परिस्थितियों का वर्णन नहीं किया है, परन्तु अपने इष्ट-देव के माध्यम से अपने समय के प्रचलित सभी संस्कारों, सामाजिक व्यवस्थाओं और मनोविनोद के साधनों का वर्णन

---

१ सूरसागर (सभा) पद २२१
२ वही ,, पद ३३७
३ वही ,, पद ३३८
४ वही ,, पद ३३९
५ वही ,, पद ३४०

किया है। ब्रज-प्रान्त की सामाजिक परिस्थितियों का जितना विस्तृत वर्णन हमें सूर के काव्य में मिलता है, उतना किसी भी इतिहास-ग्रन्थ में नहीं मिलता। इस दृष्टि से भी सूर के साहित्य का बड़ा महत्व है। जैसा कि पहले कहा जा चुका है, विनय के पदों में तो उनकी ज्ञान वैराग्य की वे ही उक्तियाँ हैं, जो उन्हें परम्परा से प्राप्त थीं और जिनका अनुसरण शंकर के माया मिथ्यात्ववाद को मानने वाले करते चले आ रहे थे, परन्तु लीला के पदों में सूरदास जी ने सामाजिक परिस्थितियों के वास्तविक चित्र प्रस्तुत किये हैं। हम पहले कह चुके हैं कि पुष्टि-सम्प्रदाय में मानवीय वासनाओं को कृष्णाभिमुख करने का सफल प्रयत्न किया गया था और इनके कृष्ण राजसी ठाट-बाट के प्रतीक थे। कृष्ण के जन्म से लेकर मथुरा-गमन की दिनचर्या का सूरदास जी ने बड़े विस्तार के साथ वर्णन किया है। यह ठीक है कि भक्ति के आवेश में इस वर्णन में उन्होंने अतिशयोक्ति का आश्रय लिया है, जो स्वाभाविक ही है, परन्तु ये अतिशयोक्तियाँ तत्कालीन रीति-रिवाजों की अनुमिति में बाधक नहीं है 'गोकुल प्रगट भये हरि राई' वाले पद से ही ब्रज के रीति-रिवाज का प्रारम्भ हो जाता है। वृद्धावस्था में नन्द यशोदा की पुत्रोत्पत्ति बड़े सौभाग्य की सूचक थी, इसलिए नेवगियों का अपने-अपने नेग के लिए झगड़ना स्वाभाविक ही था। प्रत्येक प्रसंग का सूर ने विस्तृत वर्णन किया है। कृष्ण-जन्म के अवसर पर ब्रजवासियों के हर्ष का पारावार उमड़ा पड़ता है :

> ब्रज भयो महर कैं पूत, जब यह बात सुनी।
> सुनि आनन्दे सब लोक, गोकुल गनक-गुनी।[1]

सूरसागर के ६३२ से ६६० तक के पदों में सूरदास जी ने जन्मोत्सव की बधाइयों, मंगल-गानों आदि का वर्णन किया है। ६५८ संख्या वाले पद में छठी का; और फिर नामकरण, अन्नप्राशन, वर्षगाँठ, कनछेदन आदि का बड़े विस्तार से वर्णन किया गया है। ये संस्कार उत्तरी भारत में आज भी प्रचलित हैं और अपने-अपने सामर्थ्य के अनुकूल सभी द्विजों के यहाँ इनकी मान्यता है। संस्कारों के विषय में सूर ने मर्यादा का निर्वाह बड़ी कुशलता के साथ किया है। वे कृष्ण का उपनयन-संस्कार गोकुल में नहीं कराते, क्योंकि शास्त्रीय परम्परा के अनुसार यह संस्कार द्विज बालकों के लिये ही विहित है। अतएव कृष्ण का उपनयन सूर ने मथुरा में कराया है, जिसका उन्होंने सांगोपांग वर्णन किया है[2]। कृष्ण का विवाह-संस्कार रास-लीला के अन्तर्गत आता है, जिसमें सभी प्रचलित परम्पराओं—जैसे—निमंत्रण, मण्डप, गान, गालियाँ देना आदि का पालन हुआ है।[3] कृष्ण और रुक्मिणी के विवाह का वर्णन भी सूर ने उसी शान-शौकत से कराया है।

इन संस्कारों के अतिरिक्त भोजनादि की व्यवस्था का भी विस्तृत वर्णन सूर ने किया है। कृष्ण की दिनचर्या के साथ-साथ कलेऊ, भोजन और ब्यालू—सभी का वर्णन हुआ है। भोज्य सामग्रियों की लम्बी-लम्बी सूचियाँ भी इन वर्णनों में मिलती हैं,[4] जिनका उल्लेख पुष्टि-सम्प्रदाय के प्रभाव का परिचायक है; क्योंकि इस सम्प्रदाय की सेवा-पद्धति में भोग-पद्धति को विशेष महत्व दिया गया है। अन्नकूट के दिन श्रीनाथ जी को छप्पन प्रकार के भोग लगाने की प्रथा है।

कृष्ण की दिनचर्या के प्रसंग में ही पूजा के विधि-विधानों, व्रतों और उत्सवों का भी वर्णन है, जिसका उल्लेख हम पुष्टि-सम्प्रदाय की सेवा-प्रणाली में कर चुके हैं।

---

१ सूरसागर (सभा) पद, ६४२

२ सूरसागर (वेंकटेश्वर प्रेस) पृ० ४७३ पद ३९

३ देखिये, सूरसागर (सभा) पद १६८९ से १७०१

४ वही ,, पद १०१४ तथ, १८३१

रासलीला और होली-धमार ब्रज की अपनी विशेषता है। सूर ने इनका भी सविस्तार वर्णन किया है, जिसका उल्लेख हम पीछे कर आये हैं। इस प्रकार सूरदास जी ने उन सभी संस्कारों और उत्सवों को, जो उस समय ब्रज-प्रान्त में प्रचलित थे, कृष्ण के सम्पर्क से अमर बना दिया। उनके वर्णन इतिहास-पूरक होते हुए भी प्रभु के सम्पर्क से अलौकिक हो गए। परिशिष्ट २ में हमने 'सूर-साहित्य में ब्रज-संस्कृति' पर कुछ विस्तार से विचार किया है।

सूर-साहित्य की एक और विशेष बात का उल्लेख करके हम इस प्रकरण का समाप्त करेंगे। सूर के चरित्र-चित्रण में यह दिखाया जा चुका है कि सूर के राधा-कृष्ण और गोपियाँ अति-प्राकृत की अपेक्षा प्राकृत अधिक हैं। उनके चरित्र अलौकिक होते हुए भी मानव-भूमि पर खड़े हुए हैं। सूर के युग में माधुर्य-भाव की प्रेमा-भक्ति का ही अधिक प्रचार था और उसको जन-साधारण तक पहुँचाने का श्रेय सूर को ही था। राधा और कृष्ण का प्रेम-वर्णन तथा गोपिका-विहार यद्यपि अश्लीलता की कोटि तक पहुँचे दिखलाई पड़ते हैं, तथापि यह निर्विवाद है कि वे सूर की सच्ची भक्ति-भावना के उद्गार हैं। उन्होंने लौकिक रस की गीति-परम्परा को रागात्मिका भक्ति के सांचे में ढाला था। भक्ति-भाव को रस की कोटि तक पहुँचाना सूर का ही काम था, परन्तु आगे चलकर भक्ति-भावना के इस प्रवाह का रीतिकालीन कवियों ने दुरुपयोग किया और राधा-कृष्ण की प्रेम-लीलाओं को लेकर अनेक प्रकार की कुरुचिपूर्ण कल्पनाएँ कीं, जिनसे वे उपास्य के स्थान में उपहास ही बन गये। 'उज्ज्वल नीलमणि' ग्रन्थ का उल्लेख हम पीछे कर चुके हैं, जिसमें 'रूप गोस्वामी' ने भगवान् कृष्ण की प्रेयसियों और मित्रों के विस्तार के साथ भेद-प्रभेद किये हैं। सूर-साहित्य का सहारा पाकर दबी हुई लौकिक-रस की काव्य-धारा फिर उभर आई और रीति-कालीन कवियों ने बात का बतंगड़ ही बना दिया। सूर ने शृङ्गार-भाव को भक्ति का पोषक मानकर ही लिया था, परन्तु आगे के कवियों ने तो भक्ति के बहाने शृङ्गार का खुल्लम-खुल्ला नग्न नृत्य कराया :

'आगे के सुकवि रीझि हैं तौ सुकविताई,
न तु राधा-गोविन्द सुमिरन को बहानो है।'

यह कहना अनुचित न होगा कि आगे के कवियों की भाव-सृष्टि का मूल स्रोत इन कृष्ण-भक्त कवियों का साहित्य ही था। इस दृष्टि से सूर-साहित्य का परवर्ती हिन्दी-साहित्य पर बड़ा बुरा प्रभाव पड़ा। इसके साथ-साथ यह भी नहीं भूलना चाहिये कि रीति-काल के अनेक कवि प्रेम-पंथ के सच्चे पथिक भी थे। घनानन्द और देव की कविता में सच्ची भक्ति-भावना की झलक मिल ही जाती है। महाकवि देव के तो बहुत से पद सूर के पदों के ही परिवर्तित रूप से दिखाई पड़ते हैं। रीति-कालीन कवियों के अधिकांश उपमान भी सूर-साहित्य के ही हैं।

भाव-पक्ष के अतिरिक्त कला-पक्ष में भी सूर-साहित्य ने परवर्ती साहित्य को पर्याप्त प्रभावित किया है। सूर ने स्वयं तो नायिका-भेद पर कोई ग्रन्थ नहीं लिखा, परन्तु उनके साहित्य में वे संकेत अवश्य आ गये हैं, जो नायिका-भेद की धारा के मूल स्रोत कहे जा सकते हैं। उन्होंने 'साहित्य-लहरी' की रचना नन्ददास के लिये की थी, इसका उल्लेख हम पहले कर चुके हैं। नन्ददास की 'रस-मञ्जरी' हिन्दी में नायिका-भेद की प्रथम पुस्तक मानी जाती है, जिसकी रचना भानुदत्त की 'संस्कृत-रस-मञ्जरी' के आधार पर हुई थी। आगे चलकर तो रीति-कालीन हिन्दी-कवियों ने संस्कृत-काव्य-शास्त्र के अनुकरण पर अनेक ग्रन्थों की रचना की। कला-पक्ष में चाहे हिन्दी के परवर्ती साहित्य पर सूर-साहित्य का प्रभाव न रहा हो; परन्तु यह तो मानना ही पड़ेगा कि आज तक जितने भी कृष्ण-काव्य रचे गए हैं, उन पर सूर का प्रभाव अवश्य लक्षित किया जा सकता है।

———

परिशिष्ट २

सूर—साहित्य और ब्रज-संस्कृति

संस्कृति की व्याख्या और उसका सभ्यता से भेद

आजकल 'संस्कृति' और 'सभ्यता' शब्दों का प्रयोग प्रायः एक ही अर्थ में किया जाने लगा है। इसमें सन्देह नहीं कि सभ्यता और संस्कृति एक ही वस्तु के दो पहलू हैं। सभ्यता उसका बाह्य रूप है, और संस्कृति आन्तरिक। यह इन दोनों शब्दों की व्युत्पत्ति से ही स्पष्ट हो जाता है। सभ्यता शब्द का सम्बन्ध सभा से है। पाणिनि के अनुसार सभा में साधु आचरण करने वाले को सभ्य कहा जाता है।[1] सभ्य से ही भाव-वाचक संज्ञा सभ्यता का जन्म हुआ। संस्कृति का अर्थ है—सम्यक् करने का भाव अथवा क्रिया। अतः स्पष्ट है कि सभ्यता का क्षेत्र संकीर्ण है, और संस्कृति का व्यापक। सभा में ठीक ढंग से उठने-बैठने, बात-चीत और व्यवहार करने मात्र से ही किसी को सभ्य कहा जा सकता है, किन्तु संस्कृत बनने के लिए इतना ही काफी नहीं है। संस्कृति न केवल सभा में; अपितु सर्वत्र ही साधु आचरण की गारण्टी देती है। किसी विशिष्ट समाज द्वारा दीर्घ सामाजिक अनुभवों के आधार पर साधु आचरण के जो मापदण्ड स्थिर कर दिए जाते हैं, वे जब सूक्ष्म भावात्मक रूप में परिणत होकर समाज के दैनिक जीवन में अनायास ही व्यवहृत होने लगते हैं, तो संस्कृति का नाम पाते हैं। सभ्यता संस्कृति के वस्त्र का कार्य करती है; इसीलिए उसकी नकल आसानी से की जा सकती है, परन्तु संस्कृति की नहीं। सच तो यह है कि आधुनिक युग में बनावट का ही दूसरा नाम सभ्यता हो गया है। इसलिए सभ्यता का आवरण जितना सघन होता जाता है,संस्कृति उतनी ही अलक्ष्य होती जाती है। यही कारण है कि भारतीय संस्कृति का अधिक स्पष्ट स्वरूप नई रोशनी से जगमगाते हुए शहरों में नहीं, चाँद सूरज के नैसर्गिक प्रकाश से प्रकाशित ग्रामों में दीख पड़ता है। विद्युद्व्य जनों के वायुमण्डल में नहीं—जंगल मे अमराइयों, खलिहानों, देवालयों और पीरों के मजारों के स्वस्थ वातावरण में भारतीय संस्कृति के श्वासों की आहट सुन पड़ेगी, भुमिया के मठ, शिव के मन्दिर और जाहरपीर के मजार के निकट से गुजरता हुआ ग्रामीण भारतीय हाथ जोड़कर अपनी श्रद्धा प्रकट करना नहीं भूलेगा। खलियान में रास (अन्न-राशि) उठाने से पहले किसान पुजारी जी के भाग को मन्दिर पर पहुँचा देगा। जन्म-मरण, विवाह-शादी और इसी प्रकार के अन्य अवसरों पर जिन नेग-जोग और टेहलों का परम्परागत विधान चला आया है, वे हिन्दू-संस्कृति की सुन्दर झांकी प्रस्तुत करते हैं। इनको व्यवहार में लाने वाले लोग चाहे पढ़े-लिखे न हों, तकल्लुफ, नजाकत और नफरत की शिष्ट भाषा से परिचित न हों, उनके तन पर सूट-बूट और नैकटाई के स्थान पर चाहे हाथ के कते-बुने गाढ़े के मलिन फटे हुए ही वस्त्र क्यों न हों; और एक शब्द में, आधुनिक शिष्ट-जन की दृष्टि में चाहे वे असभ्य ही क्यों न सही, संस्कृति के सच्चे पोषक और उज्जीवक हैं। सारांश यह है कि संस्कृति वह सूक्ष्म भावात्मक तत्व है, जो हृदय की प्रेरणा से वाह्य आचारों में प्रस्फुटित होकर भी सूक्ष्मता के निकट ही अधिक

1 'तत्र साधुः' के अधिकार में 'सभाया यः सभा शब्द से य प्रत्यय करता है।

रहता है; और सभ्यता वह तत्व है, जो हृदय की अपेक्षा बुद्धि से अधिक सम्बन्ध रखता है। उसकी जड़ें सूक्ष्म की अपेक्षा स्थूल में अधिक गहरी उतरी हुई होती हैं; अर्थात्—वह भौतिकता की ओर अधिक झुकी होती हैं; इसीलिए संस्कृति की अपेक्षा सभ्यता अधिक परिवर्तनशील भी है।

लोक-जीवन और संस्कृति

जैसा कि कहा जा चुका है, यदि किसी देश की संस्कृति का वास्तविक रूप देखना हो, तो वहाँ के लोक-जीवन को देखना चाहिए। जन-जीवन में प्रचलित रूढ़ियों को 'अन्ध-विश्वास' की फूंक से उड़ा देना श्रेयस्कर नहीं। इन्हीं रूढ़ियों पर संस्कृति के विशाल प्रासाद का ढांचा खड़ा है। उनका सावधान अध्ययन संस्कृति के विकास में महत्वपूर्ण शृङ्खला जोड़ सकता है। विविध पर्वों और उत्सवों के अवसर पर विशेष आचरणों का पालन आज भले ही रूढ़ि बन कर रह गया हो; किन्तु वह अतीत की किसी गौरवमयी वास्तविकता की ओर संकेत अवश्य करता है। उदाहरणार्थ—'अहोई अष्टमी' और 'करवा चौथ' के पर्वों पर स्त्रियों द्वारा विशिष्ट देवियों की आकृतियाँ गृह-भित्ति पर चित्रित करने की प्रथा उत्तरी भारत में सर्वत्र पाई जाती है। इसका धार्मिक और पौराणिक महत्व चाहे कुछ भी हो, किन्तु ललित कलाओं के प्रति भारतीय अभिरुचि के औत्सुक्य का यह स्पष्ट निदर्शन है। यहाँ चित्रकला का चौंसठ कलाओं में एक विशिष्ट स्थान रहा है, और प्रत्येक किशोरी के लिए इसमें दक्षता प्राप्त करना आवश्यक समझा जाता था। उपर्युक्त प्रथा भारतीय जीवन की इस वास्तविकता का उद्घाटन करती है। इसी प्रकार साँझी रखने की प्रथा मूर्तिकला के प्रति सम्मान की परिचायिका है। निःसन्देह हमारे गाँव किसी समय अत्यन्त स्वस्थ और संस्कृत थे। गाँवों की स्थापत्य-कला, स्त्रियों द्वारा बनाई गई चित्रकला, मूर्ति तथा देवताओं की मूर्तियों से जान पड़ता है कि यथार्थ संस्कृति हमारे ग्रामीण जीवन में ही थी।

लोक-साहित्य और संस्कृति

यह कहा जाता है कि साहित्य जीवन की अभिव्यक्ति है। शिष्ट साहित्य के विषय में यह उक्ति कुछ अंशों में लागू भी नहीं हो सकती, क्योंकि शिष्ट-जीवन कृत्रिम जीवन होता है और सभ्यता के फेर में वह बहुत-सी बातों पर पर्दा डाल देता है। यह कृत्रिमता इतनी बढ़ चुकी है कि इसके अभाव के कारण प्राकृतिक जीवन को 'ग्राम्य' कह कर तिरस्कृत किया जाता है। ग्राम्य और गँवार शब्द असभ्य और हेय के पर्यायवाची बन गए हैं। काव्य-शास्त्रियों के फतवे के अनुसार 'ग्राम्यत्व' एक दोष ही मान लिया गया है। वस्तुतः लोक-साहित्य ही जीवन के अधिक निकट पाया जाता है, क्योंकि वह शिष्ट-साहित्य की भाँति सधे-बँधे रूप और पूर्व निर्मित साँचे में न ढाला जाकर वन्य निर्झर के समान स्वतन्त्र गति में चलता है। शिष्ट-साहित्य में भाव, बुद्धि, तर्क, युक्ति—सभी का संस्कृत रूप रहता है। प्राकृतिक सामग्री को कलात्मक रूप देने के लिए शिष्ट कवि कल्पना का गहरा रंग चढ़ा देता है। वह जीवन की वास्तविकताओं की चोटी पकड़ता है; जबकि लोक-साहित्य उनके मौलिक स्वरूप को अभिव्यक्त करता है। इसलिये लोक-साहित्य में चाहे कलात्मक सौन्दर्य का अभाव दीख पड़े, किन्तु सत्य और शिव का सच्चा स्वरूप उसके प्रकृत सौन्दर्य का हृदयहारी स्वरूप प्रस्तुत करता है। नरसी का चरित, जाहरपीर के झूलने, ढोलामारू का कथानक तथा भर्तृहरि और गोपीचन्द के गीत महाकाव्य के लक्षणों से कोसों दूर भले ही पड़ते हों, किन्तु सम-सामयिक जीवन के विविध पक्षों का चित्रण करने में उनसे बहुत आगे दिखाई देते हैं। तत्कालीन सामाजिक और धार्मिक विचार धाराओं का जैसा सङ्गम इनमें प्रस्तुत हुआ है, वैसा आधुनिक

महाकाव्यों में कहाँ ? इसी प्रकार डुकरिया पुराण का कहानी-साहित्य और गीत-साहित्य भी बड़ा ही समृद्ध है—आकार की दृष्टि से ही नहीं, अभिव्यक्ति की दृष्टि से भी। उदाहरण के लिये विवाह के अवसर पर आँधी-पानी को बाँधने वाले गीत भारतीय जीवन पर तान्त्रिक प्रभाव के सूचक हैं। रोग दूर करने के लिए झाड़-फूँक और टोने का प्रचलन भी इसी की ओर संकेत करता है।

भारतीय संस्कृति में ब्रज का महत्व

संस्कृति वास्तव में एक व्यापक और गतिमान् वस्तु है, जिसे किसी प्रकार की परिभाषा अथवा सीमा में नहीं बांधा जा सकता। अनादिकाल से मानव-संस्कृति में विकास होता रहा है। इसलिए संस्कृति से उस स्थिति का बोध होता है, जो समाज के विकास-क्रम की निर्देशिका है, यह एक प्रकार से प्रकृति-सिद्ध है। मानव की सम्पूर्ण जीवन शक्तियों और प्रगतिशील साधनाओं का सामूहिक रूप संस्कृति कहलाता है। इसलिये किसी देश या क्षेत्र विशेष की संस्कृति उस महान् संस्कृति का एक अंग ही ठहरती है। प्रत्येक देश प्रत्येक काल में अपनी-अपनी परिस्थितियों और साधनों के अनुसार इस व्यापक संस्कृति में योगदान देता रहा है, और देता रहेगा। देशिक या प्रादेशिक संस्कृतियाँ अंगभूत हो सकती हैं। हाँ, योगदान की मात्रा में अन्तर अवश्य होता है। जब हम भारतीय संस्कृति का नाम लेते हैं, उस समय इस संस्कृति के उन व्यापक तत्वों और मानव के विकास क्रम में योग देने वाले शाश्वत सिद्धान्तों की ओर हमारा ध्यान जाता है, जो व्यापक संस्कृति के वृक्षों को पल्लवित एवं पुष्पित करने में सहायक रहे हैं। इस प्रकार संस्कृति समाज की उपज है, जिसमें मानव-समाज के लौकिक, पारलौकिक, धार्मिक, राजनीतिक तथा सामाजिक अभ्युदय के उपयुक्त मन बुद्धि, अहंकार आदि चेष्टाएँ और संस्कार सम्मिलित हैं। जीवन का कोई अंग इससे अछूता नहीं है। साहित्य, संगीत, कला, दर्शन, धर्म, विज्ञान आदि सभी तक संस्कृति का विस्तार है। संस्कृति की इस व्यापक परिभाषा में संस्कृति और सभ्यता दोनों का समावेश हो जाता है। हम पहले कह आये हैं कि संस्कृति का साक्षात् सम्बन्ध आत्मा के अभ्युत्थान से है, और सभ्यता का शरीर की साज-सज्जा और मनो-विकारों से; पर सामाजिक जीवन में दोनों अन्योन्याश्रित हैं। अन्तर केवल पारिभाषिक है, क्योंकि दोनों ही मानव-विकास से सम्बन्ध रखती हैं। एक का क्षेत्र मानसिक एवं पारमार्थिक विकास है, तो दूसरी का पार्थिव।

भारतीय संस्कृति के अध्येताओं ने उसे कई कालों में विभाजित किया है, परन्तु वह विभाजन हमारी दृष्टि से काल्पनिक ही है। संस्कृति स्वयं अविभाज्य है। उसके उदय, विकास और अभ्युदय का कोई निश्चित काल नहीं है। फिर भी विषय-विवेचन के सौन्दर्य के लिए भारतीय संस्कृति को विभिन्न कालों में विभाजित किया जा सकता है। सामूहिक रूप से भारतीय संस्कृति की कुछ ऐसी विशेषताएँ हैं, जो सर्वकालावच्छिन्न कही जा सकती हैं। भारतीय संस्कृति की प्राचीनता में अब किसी को सन्देह नहीं है। साथ ही साथ उसकी समन्वय-भावना, विकास-शीलता, सर्वाङ्गीणता और उदारता भी उसके सर्वमान्य गुण हैं। अध्यात्मपरता भारतीय संस्कृति का मूल तत्व है। यह अध्यात्मपरता और समन्वय की भावना भारतीय संस्कृति के ऐसे गुण हैं, जिनकी अभिव्यक्ति समाज के प्रत्येक क्षेत्र में हुई है। सम्पूर्ण वाङ्मय, कला और साहित्य, शासन और समाज, लोक और परलोक; इन दोनों तत्वों से ओत-प्रोत हैं। दूसरे देशों की संस्कृतियों को आत्मसात् अथवा समन्वित करने की अपूर्व शक्ति भारतीय संस्कृति में है। यह शक्ति ही वास्तव में भारतीय संस्कृति की जीवनदायिनी अमोघ शक्ति है।

भारतीय संस्कृति की कुछ देवगत विशेषताएँ भी रही हैं, और कुछ क्षेत्रीय विशेषताएँ भी। सामूहिक रूप से भारतीय संस्कृति आर्य संस्कृति के नाम से अभिहित होती रही है। आधुनिक इतिहासकारों ने आर्येतर संस्कृति के तत्वों की भी खोज की है और यह सिद्ध करने का प्रयास किया गया है कि भारतवर्ष में प्राचीन काल से ही कई संस्कृतियों का संगम रहा है। आधुनिक आलोचकों ने संस्कृति को और भी कई रूपों में बाँटा है; जैसे—राष्ट्रीय संस्कृति, प्रादेशिक संस्कृति, क्षेत्रीय संस्कृति, ग्रामीण संस्कृति, नागरिक संस्कृति; आदि। भारतीय संस्कृति के सम्बन्ध में जब हम ब्रज संस्कृति का नाम लेते हैं, तो हमें एक क्षेत्रीय संस्कृति का बोध होता है; अर्थात्—उस क्षेत्र के विभिन्न संस्कार, रीति-रिवाज, वेष-भूषा, परम्पराएँ, कर्म-काण्ड, पर्व, उत्सव और खान-पान आदि कैसे रहे हैं, तथा मानव के विकास में इन सब का क्या योगदान रहा है।

ब्रज शब्द भारतीय वाङ्मय में बड़ा पुराना है; पर इसका प्रयोग क्षेत्र अथवा प्रदेश विशेष के लिए अपेक्षाकृत बाद में हुआ है। ऋग्वेद में ब्रज शब्द का प्रयोग 'गोष्ठ' अथवा 'गोशाला' के अर्थ में हुआ है। महाभारत में भी इसका प्रयोग देश अर्थ में न होकर, बड़े-बड़े सींगों वाली गायों के निवास-स्थान के अर्थ में हुआ है। पुराणों में अवश्य ही यह शब्द देश-वाचक मिलता है। हरिवंश पुराण, वायु-पुराण, श्रीमद्भागवत-पुराण, वाराह-पुराण, पद्म-पुराण आदि में ब्रज की चर्चा की है। ब्रज की सीमा के सम्बन्ध में भी कुछ मत-भेद के साथ पुराणों में उल्लेख हुआ है। सम्भवतः प्रदेश के अर्थ में ब्रज का प्रयोग १२वीं शताब्दी के पश्चात् ही हुआ, और उसी समय यहाँ की भाषा का नाम भी 'ब्रज-भाषा' हुआ। श्रीकृष्णदत्त वाजपेयी ने बड़े सुन्दर ढंग से ब्रज का इतिहास प्रस्तुत किया है;[1] जिससे ब्रज के महत्व पर अच्छा प्रकाश पड़ता है।

भारतीय इतिहास में ब्रज के पुनीत क्षेत्र का महत्वपूर्ण स्थान है। इस क्षेत्र में विकसित संस्कृति की छाप समूचे उत्तर भारत की संस्कृति पर आज भी देखी जा सकती है। सांस्कृतिक और राजनीतिक—दोनों ही दृष्टियों से इसका अमिट प्रभाव पड़ा। प्राचीन काल में यह भू-भाग शूरसेन जनपद के नाम से प्रसिद्ध, और भारत के जनपदों में विशेष रूप से समादृत था। जिसका राजनीतिक प्रभाव से भी अधिक महत्वपूर्ण प्रभाव भाषा, धर्म और कला के क्षेत्र में पड़ा; और यह कहने की आवश्यकता नहीं कि ये तीनों ही वस्तुएँ संस्कृति के आधारभूत तत्व माने जाते हैं।

इस प्रदेश की भाषा किसी समय शौरसेनी के नाम से संकेतित होती थी। शौरसेनी प्राकृत को संस्कृत साहित्य में एक महत्वपूर्ण स्थान प्राप्त है, और यह दावे के साथ कहा जा सकता है कि अन्य प्राकृतों की अपेक्षा इसमें माधुर्य-गुण की अधिकता थी। यही कारण है कि कुछ ऐतिहासिक कारणों और साहित्यक परम्पराओं के प्रभाव से कविता की भाषा के रूप में महाराष्ट्री के प्रतिष्ठित हो जाने पर भी उच्च वर्ग के स्त्री पात्रों की भाषा के रूप में शौरसेनी ही संस्कृत नाटककारों को अधिक आकृष्ट कर सकी। इसी से उद्भूत ब्रज-भाषा का साहित्य के क्षेत्र में शताब्दियों तक अटल साम्राज्य रहा और आधुनिक हिन्दी के ढाँचे में भी बहुत कुछ शौरसेनी की ही सामग्री लगी हुई है। आज भी यदि ब्रज-भाषा के साहित्य को अलग करके देखा जाये, तो हिन्दी साहित्य पूर्णतया निःश्रीक दीख पड़ेगा। पिछली शताब्दियों में रचित वैष्णव साहित्य पर—चाहे वह बँगला में लिखा गया हो या गुजराती में—ब्रज-भाषा के वैष्णव साहित्य का पर्याप्त प्रभाव है। धर्म के क्षेत्र में भी इस जनपद की प्रगति अद्वितीय रही। भारत के प्रमुख धर्म—वैष्णव-धर्म का आविर्भाव इसी जनपद के मूल धार्मिक तत्वों के आधार पर हुआ और उसके विकास में भी इसका योग सबसे अधिक है।

---

१ ब्रज का इतिहास, श्रीकृष्णदत्त वाजपेयी, प्रकाशक—ब्रज-साहित्य-मण्डल, मथुरा।

किन्तु हमारी दृष्टि से इस जनपद की इससे भी कहीं अधिक गौरवशाली देन है—समन्वयात्मक दृष्टिकोण। वासुदेव कृष्ण को विष्णु का अवतार मानकर अन्य देवी-देवताओं में भी इन्हीं के अंश की कल्पना कर सभी के साथ उनका तादात्म्य स्थापित किया गया। प्राचीन काल में यक्ष, नाग और मातृ-देवों की पूजा शूरसेन जनपद में प्रचलित थी। इनको भी विष्णु की सी विभूति स्वीकार कर मान्यता प्रदान की गई। गिरिमह, इन्द्रमह और नदीमह नामक प्राचीन उत्सवों को गोवर्धन-पूजा, इन्द्र-पूजा और यमुना-पूजा के रूप में अंगीकार किया गया, जिनका सूरसागर में स्पष्ट वर्णन हुआ है। हिन्दू, बौद्ध और जैन धर्म यहाँ शताब्दियों तक साथ-साथ फलते-फूलते रहे और यहाँ की संस्कृति को कुछ न कुछ तत्व प्रदान करते रहे। इन तीनों ही धर्मों ने कला के विकास में भी महत्वपूर्ण योग दिया। मथुरा में प्राप्त मूर्तियाँ इस बात की साक्षी हैं कि उदात्त धार्मिक भावना और मानवीय सौन्दर्य में पूर्ण समन्वय एतत्प्रदेशीय शिल्पियों का मौलिक लक्ष्य रहा। यही नहीं, विदेशी आक्रान्ताओं के अभियान भी प्रायः मथुरा तक होते थे और मध्य-देश के इस द्वार पर अधिकार करके वे अपनी स्थिति सुदृढ़ समझते थे। उनके सम्पर्क के कारण यूनानी और ईरानी आदि कलाओं का प्रभाव भी यहाँ की कला पर पड़ा। पह्लवों और शकों ने भी इसमें महत्वपूर्ण योग दिया।

ब्रजक्षेत्र के इस सांस्कृतिक विकास में वहाँ के जीवन-साधनों की सुगमता का भी योग कुछ कम नहीं था। यहाँ की भूमि सोना उगलती थी और गोपालन इतने उच्च स्तर पर पहुँच चुका था कि—'घी-दूध की नदियाँ बहती थीं।' वाणिज्य की दृष्टि से भी मथुरा एक महत्वपूर्ण केन्द्र था। जहाँ कौशाम्बी, साकेत और पाटिलपुत्र से आने वाले सार्थवाह कपिशा, तक्षशिला और शाकल से आने वाले सार्थवाहों के साथ अपने पुण्यों का विनिमय करते थे। इन सब साधनों से सम्पन्न प्रदेश में आध्यात्मिक चिन्तन के साथ-साथ सांसारिक आमोद-प्रमोद और हास-उल्लास की अभिव्यक्ति के स्रोतों का स्फुटन भी स्वाभाविक ही था। यही कारण है कि सामूहिक रास-नृत्य, वंशी-वादन और नारायण-गीतों की परम्परा यहाँ अत्यन्त प्राचीन काल से चली आ रही थी—जिसका प्रभाव आज भी ब्रज के जन-जीवन पर स्पष्टतया लक्षित होता है। मध्य-काल में इस परम्परा की सुन्दर अभिव्यक्ति हुई। सूरदास के अमर पद नारायण-गीतों की ही परम्परा में आते हैं, जिनमें वंशी-वादन और मण्डलीकृत रास-नृत्य की परम्पराएँ भी पूर्णतया प्रतिबिम्बित हुई हैं।

पुष्टि-सम्प्रदाय का पूर्ण विकास ब्रज-क्षेत्र में हुआ। यह आनुषंगिक थी कि इस सम्प्रदाय के पल्लवित और पुष्पित होने के लिए वह क्षेत्र मिला जो इस सम्प्रदाय के उपास्य की जन्म-भूमि और लीला-भूमि भी थी। पर इस सम्बन्ध में यह बात नहीं भुलाई जा सकती कि इस क्षेत्र की परम्परायें और वातावरण सोलहों आने इस सम्प्रदाय की आचरण-पद्धति से मेल खाने वाली थीं। साथ ही साथ यह भी एक दैविक घटना थी कि सम्प्रदाय के प्रचार और प्रसार का कार्य ऐसे भावुक भक्तों के द्वारा सम्पन्न हुआ जो प्राय इसी क्षेत्र के रहने वाले थे और यहाँ की प्राचीन परमपराओं से परिचित थे। सांस्कृतिक दृष्टि से चाहे जितने परिवर्तन इस क्षेत्र में हुए हैं, किन्तु परम्पराओंओं की दृष्टि से यह क्षेत्र एक सीमा तक अक्षुण्ण ही बना हुआ था। शैव-धर्म और बौद्ध-धर्म भी अपने-अपने ढंग से इन्हीं परम्पराओं को लेकर प्रसृत हुए थे। अष्ट-छाप के कवि सामाजिक होते हुए भी सामाजिकता से दूर रहे। राजनीतिक और धार्मिक परिस्थितियाँ उन्हें बहुत अधिक प्रभावित न कर सकीं। उनका ब्रज-लोक लौकिक होते हुए

भी अलौकिक था, और आमुष्मिक होते हुए भी पारलौकिक था। भौतिक जीवन में ही उन्हें आध्यात्मिक जीवन का संबल था। ब्रज की संस्कृति का चित्रण जिस सहज भाव से उन्होंने किया है, उसमें स्वाभाविकता है और अतिशयोक्ति भी यथार्थ पर आधृत है। भारतीय वाङ्मय में जो अब तक कृष्ण-चरित गाया गया था, वह प्रायः परम्पराओं में अथवा रूढियों से बँधा हुआ था। कृष्ण की जन्म-भूमि में, उनकी केलि-स्थली में, आज तक कृष्ण-चरित का इतना व्यापक चित्रण नहीं हुआ था जयदेव, विद्यापति और चण्डीदास—तीनों ने ही ब्रज से दूर रहकर कृष्ण-चरितामृत का स्रोत बहाया था, पर अष्ट-छाप के कवियों को ब्रज-भूमि की पावन रज से अपने मन-मुकुर को पवित्र और शुद्ध करने का अवसर मिला था। सम्प्रदाय में दीक्षित होने के कारण कुछ धार्मिक भावनाओं और परम्पराओं का समावेश अवश्य उनके काव्य में हो गया है, पर प्रधानता ब्रज की परम्पराओं की ही रही है। इतना अवश्य है कि साम्प्रदायिक भावनाओं ने इन कवियों के वर्णनों को कलात्मक रूप देने में सहायता की है। पुष्टि-सम्प्रदाय में सेवाभावना का बड़ा महत्व है। इसका विस्तार से वर्णन हम पुष्टि-सम्प्रदाय वाले अध्याय में कर चुके हैं। अष्ट-छाप के सभी कवियों की भक्ति का स्वरूप आत्म-निवेदन है, उनकी जीवन-चर्चा ही भक्ति के विविध अंगों का क्रियात्मक रूप है। ब्रज-लोक उनके के लिए नित्य-लोक है। भगवान् कृष्ण की सब लीलाएँ भी उनके लिये नित्य हैं। इस गोलोक में यमुना, वृन्दावन, निकुंज इत्यादि नित्य रूप में ही विराजते हैं। भगवान् की नित्य लीला-सृष्टि में प्रवेश करना ही इन भक्तों का साध्य रहा है। इस अनित्य में नित्य की, और लोकक में अलौकिक की कल्पना इन कवियों ने इतने स्वाभाविक ढंग से की है कि वह कल्पना—कल्पना-सी प्रतीत न होकर सत्य ही प्रतीत होती है। इस कल्पना में भी भौतिक दृष्टि से तो सभी कुछ लौकिक और ऐहिक है, किन्तु भक्त की दृष्टि में वह सब कुछ व्यापी वैकुण्ठ से सम्बन्ध रखने वाला है। इसलिए प्रवाही जीवों को उनकी कल्पना में कुछ अतिशयोक्ति दीखना स्वाभाविक ही है। हमारा उद्देश्य यहाँ इस विवाद को उठाकर नीर-क्षीर विवेक नहीं है। हम तो केवल यह देखना चाहते हैं कि सूरदास ने जिन आधारों पर कल्पना के इस सुन्दर प्रासाद का निर्माण किया था, वे आधार कौन से हैं।

सूरदास जी श्रीनाथ जी के मन्दिर में ठाकुर जी के नित्य और नमित्तिक उत्सवों, भोगों तथा शृङ्गारों का कीर्तन स्वनिर्मित पदों द्वारा किया करते थे। इस गायन-पद्धति में अनेक राग-रागनियों तथा ताल-स्वर का समावेश था। भगवान् कृष्ण के सभी उत्सव, भोग तथा शृङ्गार ब्रज-भूमि में हुए। इसलिये इन सब के लिये ब्रज के ही पदार्थों, ब्रज की ही कथाओं और ब्रज के ही साधनों का उपयोग हो सकता था। यही कारण है कि सूर-साहित्य में ब्रज-भूमि के अनेक संस्कारों, प्रथाओं, व्यञ्जनों, वेष-भूषा, विश्वास, पर्व, उत्सव आदिकों का समावेश अपने आप हो गया। यहाँ हमें यह बात नहीं भूल जानी चाहिये कि पुष्टि सम्प्रदाय का मूल आधार श्रीमद्भागवत रहा है। श्रीमद्भागवत के रचना-काल तथा रचना-स्थल के सम्बन्ध में अभी तक कोई निर्विवाद निर्णय नहीं हुआ है पर उसके अन्तःसाक्ष्य के आधार पर यह अवश्य कहा जा सकता है कि इसका रचना-स्थल दक्षिण भारत में कोई स्थान रहा होगा। इसके वर्णन दक्षिण भारत के नैसर्गिक रूप से ही अधिक मेल खाते हैं। उत्तर भारत का वर्णन प्रत्यक्ष-दर्शन की अपेक्षा श्रुत और परम्परागत ज्ञात होता है। इसमें ब्रज का जो वर्णन है, वह भी श्रुति एवं परम्परा से ही आया हुआ प्रतीत होता है। उदाहरण के लिए दशम-स्कन्ध के श्लोकों को ही ले लीजिए—

बनौकसः प्रमुदिता वनराजामंधुच्युतः।
जलधारा गिरेर्नादानासन्ना ददृशे गुहाः।

क्वचिद्वनस्पति क्रोडे गुहायाँ चाभिवर्षति।
निर्विश्य भगवान् रेमे कन्दमूलफलाशनः।। श्रीमद्भागवत ।। १०।२०।२७-२८

भील, किरात आदि जातियों का निवास-स्थान तथा गिरि, कन्दराओं आदि का बाहुल्य ब्रज-भूमि की अपेक्षा दक्षिण भारत में ही अधिक है। पुष्पों के वर्णन से भी ऐसा ही प्रतीत होता है, जैसे—

कच्चित्कुरबकाशोकनागपुन्नागचम्पकाः।
शामानुजो मानिनीनामितो दर्पहरः स्मृतः।।
मालत्यादर्शि वः कच्चिन्मल्लिके जातियूथिके।
प्रीतिं वो जनयन् यातः करस्पर्शेण माधवः।।

इसी प्रकार भागवत में जिन सांस्कृतिक परम्पराओं का वर्णन हुआ है, वे दक्षिण भारत की परम्पराओं से ही अधिक मेल खाती हैं। इसलिए पुष्टि-सम्प्रदाय के कवियों के काव्य में अनजाने ही इन वर्णनों और परम्पराओं का पुट आ गया है, परन्तु यह पुट इतना सूक्ष्म और अल्प-मात्रा में है कि ब्रज की सांस्कृतिक परम्पराएँ उनके साहित्य में स्पष्ट रूप से झलकती हैं। सूर-साहित्य में ब्रज की सांस्कृतिक परम्पराओं की श्रृङ्खला जोड़ते समय हमें इस बात का भी ध्यान रखना चाहिए कि सूर एक उच्चकोटि के कवि और सिद्ध गायक थे। अनेक कवि प्रसिद्धियाँ, संगीत-परम्पराएँ और परम्परागत प्रतीक एवं उपमान उनके सामने रहे होंगे। उन सभी का समुचित उपयोग उन्होंने अपने साहित्य में किया है। इन सभी साधनों को उन्होंने ब्रज-संस्कृति का जामा पहनाया है, इसमें कोई सन्देह नहीं। एक बात और लक्ष्य करने की यह भी है कि सूर कम से कम पुष्टि-सम्प्रदाय में दीक्षित होने के समय नेत्रहीन अवश्य थे। इसलिए सम्भव है कि उनके वर्णन में यथार्थ की अपेक्षा कल्पना का योग पर्याप्त मात्रा में रहा हो फिर भी सूर-साहित्य के पीछे ब्रज की सांस्कृतिक परम्पराओं की एक सुदृढ़ और व्यवस्थित श्रृङ्खला है। उसमें ब्रज-साहित्य ब्रज-लोक-जीवन और ब्रज लोक परम्पराओं से गुँथा हुआ है। लोकसाहित्य का जैसा निखरा हुआ रूप हमें ब्रज प्रान्त में मिलता है, वैसा अन्य किसी क्षेत्र में दुर्लभ है। हो सकता है कि संस्कृति की प्राचीन परम्पराएँ मौखिक रूप में अथवा लोक-साहित्य के रूप में चली आ रही हों, पर सांस्कृतिक अध्ययन की दृष्टि से उन सभी का महत्व है।

किसी विशिष्ट समाज अथवा प्रदेश की जब हम चर्चा करते हैं, तो उसके आचार-विचार, रीत-रिवाज, पर्व-उत्सव, कला-कौशल, उपासना-पद्धति, विविध विश्वास, विविध प्रथाओं आदि सभी अंगों पर दृष्टिपात करते हैं। इन्हीं सब अंगों द्वारा किसी जाति-विशेष अथवा प्रदेश की संस्कृति का ज्ञान प्राप्त किया जा सकता है। इसमें कोई सन्देह नहीं कि सूरदास जी ने ब्रज-संस्कृति का उल्लेख बड़ा अतिशयोक्ति-पूर्ण किया है। सूरदास जी के काव्य में अनेक प्रकार के भोजन का उल्लेख है। छप्पन प्रकार के भोजन तो साधारण रूप से उल्लिखित हैं, पर किसी-किसी अवसर पर उन्होंने १६०० प्रकार के भोजनों का भी उल्लेख किया है।[1] जहाँ तक अनुमान है, सूरदास जी ने भक्ति-भाव विभोर होकर श्रीकृष्ण चरित्र की अलौकिकता दिखाने के लिए ही ऐसा अतिशयोक्ति-पूर्ण वर्णन किया है।

---

१ सूरसागर (ना० प्र० सभा) पद ८०१, १०१४, १८३१ आदि।

निम्नलिखित रूपों में सूर-साहित्य में ब्रज-संस्कृति का वर्णन मिलता है—

१—पौराणिक कथाएँ

पौराणिक कथाओं का संस्कृति में अति महत्वपूर्ण स्थान है। सूरदास जी ने अपने समय में प्रचलित अनेक पौराणिक कथाओं की चर्चा की है, पर अधिकांश की तो केवल नाम लेकर ही समाप्ति कर दी है। यदि वास्तव में देखा जाय तो कुछ गिनी-चुनी कथाओं की पुनरावृत्ति ही अधिक की गई है। इन सब बातों की आवश्यकता उन्हें भगवान् के साकार रूप की पुष्टि के लिए पड़ी। सूरदास जी ने लगभग १२५ कथाओं का उल्लेख अपनी रचनाओं में किया है। अधिकांश कथाएँ ईश्वर के विविध अवतारों—शिव, राम, कृष्ण, आदि से सम्बन्धित हैं। प्रमुख कथाएं निम्नलिखित हैं—

(अ) जरासंध तथा राजाओं को छुड़ाने की कथा।[1]

(ब) गौतम-तिय अहिल्या के उद्धार की कथा।[2]

(स) गज और ग्राह की कथा।[3]

(द) प्रह्लाद की कथा।[4]

(य) द्रौपदी की लाज-रक्षा की कथा।[5]

(र) सुदामा और कृष्ण की कथा।[6]

(ल) अजामिल और व्याध के उद्धार की कथा।[7]

(व) गोवर्धन धारण की कथा।[8]

(स) विभिन्न राम कथाएँ।[9]—इत्यादि।

इससे यह भी स्पष्ट हो जाता है कि तत्कालीन समाज में सगुण-भक्ति का स्वर प्रधान था तथा पौराणिक कथाओं का अच्छा प्रचार था। सूरदास जी ने भगवान् के अनेक अवतारों में नाम के अतिरिक्त और कोई विशेष अन्तर नहीं रखा है।

विभिन्न उत्सव एवं त्यौहार

सूरदास जी पुष्टि-सम्प्रदाय में दीक्षित थे, अतः जो उत्सव एवं त्यौहार आदि उक्त सम्प्रदाय में मनाये जाते थे, उनका ही उल्लेख सूरदास जी ने विशेष रूप से किया है। दधिकांधा, होली एवं गोवर्धन पूजा का उल्लेख सूर ने विशेष रूप से किया है।

---

१ सूरसागर (ना० प्र० सभा) पद ४, १७, ३१, १०९, ११३, १२१, १७१, ११८७।
२ वही ,, ,, पद ४, २६, २८, ३४, ९४, ११९, १२३, १५८, ३०८, ४१९, ९२०, ३६९९।
३ वही ,, ,, पद ५, ७, ९, १४, २८, १९०, ३२६, ११८५, ३६९९।
४ वही ,, ,, पद ६, ११, २६, ३०, १०९, ११३, १७२, ३०६, ११८५, ३६९९
५ वही ,, ,, पद ५, १६, ३२, ३६, १३३, १७२ २५५, ३०६, ११८५, ३६९९
६ वही ,, ,, पद ५, ७, ९, २०, २७, ३५, ९५, १३३, १७६, ४८४२
७ वही ,, ,, पद १२, २७, ३५, १०४, १२०, १४५, २३४, ३०६, ४१५
८ वही ,, ,, पद ५, १४, ३०, ३७, १२१, ३१६, १४४०, १५९४, आदि।
९ वही ,, ,, पद ४६०, ४६५, ४७०, ४७४, ५००, ५१४, ५९४, ६०६ इत्यादि।

दधिकांधा उत्सव

यह उत्सव आज भी ब्रज के मन्दिरों में श्री कृष्ण-जन्म अवसर पर होता है। सूरकाल में यह उत्सव कई-कई दिन तक बड़े समारोह पूर्वक मनाया जाता था। कलशों में दही और हल्दी मिलाकर आगन्तुकों पर छिड़का जाता था। शकुन के लिए स्त्रियाँ सिर पर दधि, दूब आदि रखकर गाती हुई आती थीं। ब्राह्मणों को गौ आदि का दान दिया जाता था।

आजु हो बधायो बाजे नन्द गोप राइ के।
जदुकुल जादौराइ जनमे हैं आइ के।

× × ×

सिर पर दूब धरि, बैठे नन्द सभा मधि,
द्विजनि कौं गाइ दीनी, बहुत मँगाइ कै,
कनक को माट लाइ, हरद-दही मिलाइ,
छिरकै परसपर छल-बल धाइ कै।

× × ×

जोइ-जोइ माँग्यौ जिनि, सोइ-सोइ पायो तिनि।
दीजै-सूरदास दर्स, भक्तनि बुलाइ कै॥[1]

दीपावली

सूरदास जी ने दीपावली का उल्लेख केवल एक ही स्थान पर किया है। इस दिन सर्वत्र दीप जलाये जाते थे। समस्त ग्रामवासी ग्राम-मुखिया के यहाँ एकत्र होकर धूम-धाम से उत्सव मनाते थे। चौक आदि पूरे जाते थे तथा उन पर पुष्प, अक्षत, रोली आदि चढ़ाकर पूजा की जाती थी।

आजु दीपति दिव्य दीप मालिका।

× × ×

गज मोतिन के चौक पुराये, बिच-बिच लाल प्रवालिका।

× × ×

झलमल दीप समीप सौज भरि, लेकर कंचन थालिका।
नन्दद्वार आनन्द बढ्यो अति, दिखियत पड़न रसालिका।[2]
सूरदास कुसुमन नर बरषत, कर संपुट करि मालिका॥

अन्नकूटोत्सव

यह पकवानों का त्योहार होता था, अनेक प्रकार के षट्रस व्यंजन आदि बनाकर भगवान् को अर्पित कर ब्रजवासी खुशियाँ मनाते थे। महत्वपूर्ण वार्षिक पर्व के रूप में इसे बड़े उत्साह-पूर्वक मनाया जाता था। इस दिन इन्द्र की पूजा का विशेष विधान था।

हँसत गोप कहि नन्द महर सौं, भली भई यह बात सुनाई।

---

१ सूरसागर (ना० प्र० सभा) पद ६४६।
२ वही " पद ८०६, १४२७

× × ×

बरष दिवस को दिवस हमारो, घर-घर नेवज करो चड़ाई।
अन्नकूट-विधि करत लोग सब, नेम सहित कर-कर पकवान।
महरि बिनै करि जोरि इन्द्र सौं, सूर अमर कर दीजै कान्ह ॥[1]

गोवर्धन पूजा

गोवर्धन पूजा के अवसर पर गिरिराज गोवर्धन की आराधना की जाती थी। आराधना के समय घर-घर से पकवान, मिष्ठान्न एवं दूध-दहि आदि आता था। दूर-दूर के ग्रामों से भी गाड़ियों में भर-भर कर यह सब सामग्री गोवर्धन की तलहटी में एकत्र की जाती थी। सूर ने पूजा-विधि का उल्लेख करते हुए कहा है कि—वेद, पाठों की मधुर ध्वनि के मध्य ग्राम-मुखिया सर्व प्रथम गिरिराज की स्तुति कर उनकी आराधना करता था। वही उसके शिखर पर सर्व प्रथम दूध से भरे कलशों को डालकर गिरिराज को नहलाता था। उस काल में यह पूजा एक सामूहिक पर्व के रूप में सम्पन्न होती थी।

गोवर्धन पूजहु जाइ।
मधु मेवा, पकवान, मिठाई, व्यंजन बहुत बनाइ।[2]

तथा—

ब्रज घर-घर अति होत कुलाहल।
जहँ, तहँ ग्वाल फिरत उमगे सब, अति आनन्द उमाहल।
दधि, लवनी, मधु माट धरत लै, राम-स्याम संग राजत।
सहस सकट मिष्टान्न अन्न बहु, नन्द महर घर ही के।
सूर चले सब लैं घर-घर तें, संग सुवन नन्द जी के ॥[3]

तथा—

सकट साजि सब ग्वाल चले मिलि, गिरि पूजा कैं काज।
घर-घर तें मिष्टान चले बहु, भाँति-भाँति के बाज ॥[4] —इत्यादि।

फाग-(होली)

फाग एक ऐसा पर्व है, जिसे समस्त ब्रजवासी चाहे वह पुरुष हो या स्त्री, बच्चा हो या बूढ़ा; सभी उत्साह और आनन्द-पूर्वक मनाते हैं। यह वहाँ का बड़ा आकर्षक और महत्वपूर्ण त्योहार है। सूर ने अनेक स्थानों पर इसका बड़े विस्तार से उल्लेख किया है। उन्होंने अन्य त्योहारों की अपेक्षा फाग-सम्बन्धी पद ही अधिक संख्या में लिखे हैं। सूर-काल में स्त्री-पुरुष सभी बड़ी स्वच्छन्दता-पूर्वक फाग खेलते थे। दोनों ही एक-दूसरे पर रंग, गुलाल, अबीर, चन्दन, चोवा, अरगजा इत्यादि डालते थे। समाज के समस्त बन्धन इस अवसर पर ढीले हो जाते थे। ढोल, मृदंग, झाँझ, ढप आदि अनेक वाद्य-यंत्र लोगों को उत्साहित करने के लिए निरन्तर बजाये जाते थे।

गोकुल सकल गुवालिनी, घर-घर खेलत फाग।

× × × ×

---

१ सूरसागर (ना० प्र० सभा) पद ८१६, १४३४
२ वही ,, पद ८२५ ॥ १४४३ ॥
३ वही ,, पद ८२६ ॥ १४४४ ॥
४ वही ,, पद ८२८ ॥ १४४६ ॥

चोवा, चन्दन, अरगजा, उड़त अबीर गुलाल।
कर-करताल बजावहीं, छिरकत सब ब्रजनारि ॥[1]

तथा—

हरि सँग खेलत हैं सब फाग।
× × × ×
ढप, बाँसुरी, रुंज अरु महुअरि, बाजत ताल मृदंग।
अलि आनन्द मनोहर बानी, गावत उठति तरंग ॥[2]

तथा—

हो हो हो हो हो हो होरी।
खेलत आत सुख प्रीति प्रगट भई, उत हरि इतहि राधिका गोरी।
बाजत ताल, मृदंग, झांझ, ढप, बीच-बीच बांसुरि धुनि थोरी।
गावत दै-दै गारि परसपर, उत हरि इत वृषभानु किसोरी।
मृगमद साख जवादि कुमकुमा, केसरि मिलै-मिलै मथि घोरी ॥[3]

ब्रज के कुंज-कुंज में फाग की धूम मची हुई है। गोपाङ्गनाओं को कितना आनन्द आ रहा है—फाग खेलने में—लाज, पर्दा आदि सबको त्याग दिया है—

होरी खेलत ब्रज खोरिन में, ब्रजबाला बनि-बनि बनवारी।
ढप की धुनि सुनि विकल भई सब, कोउ न रहत घर घूंघटवारी ॥
जाहिं अबीर देत आँखिनि में, ताही कों छिरकत पिचकारी।
सोधैं तेल अबीर अरगजा, तैसी जरद केसरि चटकारी ॥[4]

सूरदास जी ने अपने सूरसागर में नन्दगांव-बरसाने की प्रसिद्ध लट्ठमार होली की ओर भी संकेत किया है, जिसका रूप आज भी हम वहाँ देख सकते हैं—

खेलत फागु कुंवर गिरिधारी।
अग्रह, अनुज, सुबाहु श्रीदामा, ग्वाल-बाल सब सखाऽनुसारी।
इत नागरि निकसीं घर-घर तें, दै आगै वृषभानु दुलारी।
दुंदुभि, ढोल, पखावज, आवझ, बाजत, डफ, मुरली रुचिकारी।
मारति बाँस लिये उन्नत कर, भाजत गोप त्रियनि सों हारी ॥[5]—इत्यादि

फूलडोल

होली का उत्सव समाप्त होते-होते ही ब्रज में फूलडोलोत्सव प्रारम्भ हो जाता था। इसमें लोग संध्या समय एक निश्चित स्थान पर एकत्र होकर गले मिलते थे। इस उत्सव में पुष्पों की ही बहुलता होती थी। पुष्पों से ही शृङ्गार कर और पुष्पों से ही सुसज्जित झूला पर नर-नारी झूलते थे—

---

१ सूरसागर (ना० प्र० सभा) पद ३४८२
२ वही ,, पद ३४७८
३ वही ,, पद ३४८६
४ वही ,, पद ३४८९
५ वही ,, पद ३५११

गोकुलनाथ विराजत डोल।
कंचन खचित लाल मनि मोती, हीरा जटित अमोल।
झुलवहिं जूथ मिलै ब्रज सुन्दरि, हरषित करत किलोल ॥[1]

विभिन्न संस्कार

उत्सवों और पर्वों ही की भाँति सूरदास जी ने संस्कार आदि की ओर भी कम ही ध्यान दिया है। वास्तव में सूर भक्ति कवि थे। उनका मुख्य उद्देश्य भक्ति-भावना का प्रतिपादन करना ही था। संस्कृति के अंगों, उत्सव-पर्वों, संस्कारों आदि का वर्णन करना नहीं। उनकी रचनाओं में जो कुछ ऐसी बातें मिलती हैं, वे केवल स्वाभाविक रूप में ही आई हुई हैं। फिर भी सूर ने जन्म-जातकर्म—नारछेदन, छटी-पूजन, नामकरण, अन्न-प्राशन, कर्णछेदन, घुटरुअन चलना, प्रथम गोचारण, यज्ञोपवीत, विवाह आदि अनेक संस्कारों की चर्चा की है। इन सभी संस्कारों पर बाजे बजाना, गाना, बन्दनवार बाँधना, दधि-हल्दी का छिड़काव, वेदपाठ, मुहूर्त-शोधन, विप्र-पूजा, याचकों को दान, नगर और ग्रामवासियों का भेंट लेकर जाना, बधाई गाना, सतिये, चौक आदि पूरना, दूब, रोली, अक्षत, फल, मिठाई, आदि का आना, अनेक प्रकार के पकवानों का बनना, पूजन, आशीर्वाद आदि विभिन्न प्रसंगों का उल्लेख किया है।

जन्म संस्कार

जन्मोत्सव आज ही की भाँति बड़ी धूम-धाम और उल्लास से मनाया जाता था, पर आज की भाँति पुत्र और पुत्री के जन्म में कोई भेद नहीं रखा जाता था। जिस उल्लास और आनन्द के साथ पुत्र-जन्मोत्सव होता था, उसी आनन्द के साथ पुत्री का जन्मोत्सव भी सम्पन्न होता था। पितरों, ब्राह्मणों, देवताओं आदि का पूजन कराया जाता था। द्वार पर बन्दनवार बाँधे जाते थे, तथा शुभ के लिए मंगल-घट रखे जाते थे। बड़े-बूढ़े, लोग शुभ के लिए ही कानों में और सिर पर दूब और अक्षत आदि रखकर संस्कार में बैठते थे। वाद्य तो निरन्तर बजते ही रहते थे।

नन्दराइ के नवनिधि आई।

× × ×

बाजत ताल, मृदंग, जंत्र, गति चरचि, अरगजा अंग चढ़ाई।
अच्छत, दूब लिए रिषि ठाढ़े, बारनि बन्दनवार बँधाई ॥[2]

तथा—

आजि ही बधायौ बाजे नन्द गोप-राइ कैं।
सिर पर दूब धरि बैठे नन्द सभा मधि, द्विजनि कौं गाइ दीनी बहुत मँगाइ कै।
ढाढी और ढाढिनि गावैं, ठाढ़े हुरके बजावैं, हरषि असीस देत मस्तक नवाइ कै।
जोइ-जोइ माँग्यौ, सोइ-सोइ पायौ तिनि, दीजै सूरदास दर्श भक्तनि बुलाइ कै ॥[3]

सतिये रखना

जन्म के कुछ समय पश्चात् सतिये रखे जाते हैं। गाय के गोबर से द्वार के दोनों ओर,

---

१ सूरसागर (ना० प्र० सभा) पद ३५३७
२ वही ,, पद ३६७
३ वही ,, पद ६४९

तथा माँ की चारपाई के पायों पर सतिये रखे जाते थे। शिशु का रोली, अक्षत, चन्दन आदि से पूजा कर तिलक किया जाता था।

नन्द द्वारें भेंट लै-लै, उमह्यो गोकुल गाँव।
चौक चन्दन लीपि कै, धरि आरती संजोइ।

× × ×

द्वार सतिया देति स्यासा, सात सींक बनाइ।
नव किसोरी मुदित ह्वै-ह्वै, गहति जसुदा पाइ।

× × ×

गाइ बच्छ सँवारि ल्याए, भई ग्वारनि भीर।
मुदित मंगल सहित लीला, करैं गोपी ग्वाल।
हरद, अच्छत, दूब, दधि लै, तिलक करैं ब्रजबाल ।।—इत्यादि ।।[1]

नामकरण संस्कार

इस संस्कार को वंश परम्परा से चला आता हुआ परिवार का ज्योतिषी ही सम्पन्न कराता था। ज्योतिष के अनुसार आज ही की भाँति नक्षत्र, ग्रह आदि देखकर शिशु का नामकरण किया जाता था—

आदि ज्योतिषी तुम्हरे घर को, पुत्र जन्म सुनि आयौ।
लगन सोधि सब जोतिष गनिकै, चाहत तुमहिं सुनायौ ।।[2]

अन्न-प्राशन संस्कार

सूर ने अन्न-प्राशन का विस्तृत वर्णन किया है। शिशु के खाने-पीने योग्य हो जाने पर ही यह संस्कार होता था। इस अवसर पर ग्राम-बधुएँ, अपनी श्रद्धानुसार अनेक प्रकार की वस्तुएँ भेंट स्वरूप लाती थीं। शुभ मुहूर्त पर पिता उस शिशु को गोद में लेकर बैठता था, तथा अपने सम्मुख रखे अनेक प्रकार के व्यंजनों में से कुछ को शिशु के होठों से स्पर्श करा जूठा कराते थे। फिर इस जूठन में से सब लोग प्रसाद ग्रहण करते थे—

आजु कान्ह करिहैं अनप्रासन।

× × ×

कनक थार भरि खीर धरी लै, तापर घृत-मधु नाइ।
नन्द लै-लै हरि मुख जुठरावत, नारि उठी सब गाइ।
षट्‌रस के परकार जहाँ लगि, लै-लै अधर छुवावत।
विस्वंभर जगदीश जगत गुरु, परसत मुख करुवावत ।।—इत्यादि ।।[3]

बाल्यावस्था के इन संस्कारों के अतिरिक्त वर्षगाँठ, कर्णछेदन, विद्यारंभ आदि संस्कार भी वैदिक रीति से होते थे। इन सभी संस्कारों में प्रायः भोज, नाच-गान आदि का ही बाहुल्य होता था। इन्हीं शुभावसरों पर गौ, वस्त्र, धनादि देकर बदले में याचकों से आशीर्वाद प्राप्त करने का प्रयत्न किया जाता था।

---

१ सूरसागर (ना० प्र० सभा) पद ६४४
२ वही ,, पद ७०४
३ वही ,, पद ७०६

यज्ञोपवीत संस्कार

यज्ञोपवीत संस्कार कहीं तो विवाह के पूर्व, और कहीं विवाह के पश्चात् सम्पन्न होता था। इसमें युवक को दण्ड-कमंडलु हाथ में लेकर तथा मृगछाला ओढ़कर और खड़ाऊँ धारण कर (ब्रह्मचारी का-सा वेष रखकर) भिक्षा माँगनी पड़ती थी, तथा गायत्री मंत्र के उच्चारण सहित विविध अलंकारों से सज्जित गायों का दान किया जाता था। तत्पश्चात् संस्कार कर सहभोज और ज्यौनार आदि का आयोजन किया जाता था।

वसुद्यौ कुल ब्यौहार बिचारि।
हरि-हलधर कौं दियौ जनेऊ, करि षट्रस ज्यौनारि।
× × ×
विधि सों धेनु दई बहु विप्रनि, संहति सर्व अलंकार।
जदुकुल भयौ परम कौतूहल, जहँ-तहँ गावति नार॥—इत्यादि॥[1]

विवाह संस्कार

विवाह के समय जो-जो कर्म और क्रियाएँ होती थीं, उन सब का नामोल्लेख सूर ने किया है। कंकण, बारात, ग्रन्थि-बन्धन आदि किसी को भी सूरदास जी भूले नहीं हैं। उन्होंने सामान्य बातों का भी उल्लेख किया है यथा—लड़के की लग्न आना, भाँवरे पड़ना, ज्यौनार आदि का होना इत्यादि। वेद-शास्त्रों के अनुसार ही विवाह की समस्त विधियाँ सम्पन्न होती थीं।[2] कुछ पदों से ऐसा भी ज्ञात होता है कि दहेज प्रथा सूर-काल में भी प्रचलित थी—

दसरथ चले अवध अनंदत।
जनकराइ बहु दायज दें, करि बार-बार पद बंदत॥[3]

अन्त्येष्टि संस्कार

सूर ने मानव के अन्तिम कर्मों को भी अपने काव्य में स्थान देने से नहीं छोड़ा है। दीप-दान, तेरहीं आदि सभी का उल्लेख किया है—

गुरु वसिष्ठ भरतहिं समुझावा।
× × ×
चन्दन अगर सुगन्ध और घृत, विधि करि चिता बनायौ।
चले बिमान संग गुरु पुरुजन, तापर नृप पौढ़ायौ।
भस्म, अन्त तिल अंजलि दीन्ही, देव विमान चढ़ायौ।
दिन दस लौं जल कुम्भ-साजि, सुचि दीप दान करवायौ।
जानि एकादस विप्र बुलाये, भोजन बहुत करायौ।
दीन्हों दान बहुत नाना विधि, इँहि बिधि कर्म पुजायौ।[4]

इस भाँति सूर-काल में मानव संस्कारों को पूर्ण किया जाता था।

---

१ सूरसागर (ना० प्र० सभा) पद ७११
२ वही ,, पद १६६१ इत्यादि
३ वही ,, पद ४७१
४ वही ,, पद ४६४

विविध देवी-देवता

ब्रज-भूमि अति विस्तृत है। यहाँ आज अनेक देवी-देवताओं की पूजा एवं उपासना होती है। सूर-काल में भी श्री कृष्ण के अतिरिक्त शिव, राम, सूर्य, चन्द्र, पार्वती, शक्ति, इन्द्र, गोवर्धन, गंगा, यमुना, विष्णु, ब्रह्मा, गणेश, कुबेर आदि अनेक देवी-देवताओं की पूजा-उपासना समय-समय पर होती थी। इनमें से अनेक का जन्म, विवाह आदि विविध संस्कारों पर विधि-पूर्वक आह्वान किया जाता था।

राम

राम-भक्ति की चर्चा सूरदास जी ने कई स्थानों पर की है। उनके सूरसागर में 'रामचरित' नाम से एक पृथक् अंश भी है, जिसमें रामावतार से लेकर अन्त तक की सम्पूर्ण कथा वर्णित है। इससे तो यही प्रमाणित होता है कि उस समय राम की उपासना का ब्रज में यथेष्ट प्रचार था।

कहा कभी जोग रामधनी।

× × × ×

सूर कहत जे भजत राम कौ, तिजसौं हरि सौं सदा बनी।[1]

तथा—

अब कैसे पैयत सुख माँगै।

× × × ×

सूरदास तुम राम न भजि कै, फिरत काल संग लागै॥[2]

शिव-पार्वती

भक्ति-कालीन कवि सूर, तुलसी आदि की यह प्रमुख विशेषता रही है कि उन्होंने अपने समय में प्रचलित राम, शिव, कृष्ण—इन तीनों प्रमुख शक्तियों को एक ही ईश्वर का रूप और एक-दूसरे का पूरक वताकर बहुत समय से चले आते हुए इन देवताओं के उपासकों; विशेष रूप से वैष्णवों और शैवों के झगड़ों का अन्त कर दिया था।

दूसरे कर बान न लैहों।

× × × ×

सिव-पूजा, जिहि भाँति करी है; सोइ पद्धति परतच्छ दिखैहों।[3]

तथा—

नन्द सब गोपा-ग्वाल समेत।
गए सरस्वति तट इक दिन, सिव अम्बिका पूजा हेत॥[4]

सूर्य

सूर्य भी ब्रज के प्रमुख देवताओं में से थे। कुमारियाँ इनसे सुन्दर पति की प्राप्ति के लिए मनौती मनाती थीं।

---

१ सूरसागर (ना० प्र० सभा) पद ३६
२ वही ,, पद ६१
३ वही ,, पद ६०२
४ वही ,, पद १८०२

रवि सों विनय करति कर जोरे।
प्रभु अन्तर जामी यह जानी, हम कारन जल खोरे ॥[1]

तथा—
आपु कदम चढ़ि देखत स्याम।
× × ×
बार-बार सविता सौं माँगति, हम पावें पति स्याम सुजान ॥[2]

इन्द्र

दन्द्र की पूजा वर्षा के देवता के रूप में की जाती थी—

करौ विचार इन्द्र पूजा कौ, जो चाहौ सो लेहु मँगाई।
बरष दिवस कौ दिवस हमारौ, घर-घर नेवज करौ चड़ाई ॥
× × ×
महरि बिनै कर जोरि इन्द्र सौं, सूर अमर कर दीजै कान्ह ॥[3]

श्रृंगार तथा वेष-भूषा

सूरदास जी ने श्रृंगार और वेष-भूषा का चित्रण भली-भाँति किया है। इस प्रज्ञा-चक्षु से श्रृंगार का कोई भी अंग छूट नहीं पाया है। स्त्री-श्रृंगार, पुरुष-श्रृंगार, बाल-श्रृंगार साधुओं का श्रृंगार, केश-कलाप आदि; सभी की ओर उनकी समान दृष्टि गई है।

स्त्री-श्रृंगार तथा वेष-भूषा

ब्रज की स्त्रियों का रंग-बिरंगे वस्त्र धारण करने का बड़ा शौक था। घर से बाहर निकलते समय विशेष रूप से किसी मंगल-कार्य को जाते समय वे पूर्णतः सुसुज्जित होकर ही निकलती थीं। मस्तक पर तिलक, नेत्रों में काजल, हाथों में चूड़ियाँ एवं अन्य आभूषण तथा लहँगा अथवा साड़ी पहनने का विशेष प्रचलन था।

ब्रज भयौ महर कैं पूत, जब यह बात सुनी।
सुन धाई सब ब्रजनारि, सहज सिंगार किये।
तन पहनें नूतन चीर, काजर नैन दिये।
कारी कंचुकि तिलक लिलार, सोभित हार हिये ॥[4]

तथा—
फूटी, चुरी गाद भरि ल्यावै, फाटै चीर दिखावै गात।
सूरदास स्वामी की जननी, उर लगाइ हँसि पूछत बात ॥[5]

विविध अवसरों पर स्त्रियाँ अपने शरीर को अधिक सुन्दर बनाने के लिए विविध रंगों का प्रयोग करती थीं। शरीर पर कभी-कभी चन्दन का लेप भी कर लेती थीं। आभूषण पहनने

---

१ सूरसागर (ना० प्र० सभा) पद १३८६
२ वही ,, पद १३८७
३ वही ,, पद १४३४
४ वही ,, पद ६६२
५ वही ,, पद ६५०

का विशेष शौक था। पैरों में जेहरि, कमर में करधनी, हाथों में चूड़ियाँ और कड़े, कानों में तर्की और कर्णफूल, नाक में बेसरि और नथ, गले में कठुला, हमेल, कंठ श्री, हार आदि, तथा मस्तक पर शीशफूल ही उन दिनों विशेष प्रिय आभूषण थे। ठोड़ी पर काले या नीले रंग का बिन्दु लगा लेना या गुदना गुदवा लेना शृङ्गार का ही एक अंग था।

बनी ब्रजनारि सोभा भारि।
पगनि जेहरि, लहँगा, अंग पंचरंग सारि।
किंकिनी कटि, कनित कंकन, कर चुरी झनकार।
हृदय चौकी चमकि बैठी, सुभग मोतिनि हार।
कंठ श्री, दुलरी विराजति, चिबुक स्यामल बिन्दु।
सुभग बेसरि ललित नासा, रीझि रहे नंद-नंद।[1]

तथा—

ससि मुख तिलक दियौ मृगमद कौ, खुंभी जराइ जरी है।
नासा तिल-प्रसून बेसरि छवि, मोतिनि माँग भरी है।
× × ×
सकरी कनक रतन मुक्तामय, लटकन चितहि चुरावै।
कंबु कंठ नाना मनि भूषन, उर मुकता की माल।
कनक किंकिनी-नूपुर कलरव, कूजत बाल मराल॥[2]—इत्यादि॥

केश-कलाप

स्त्री-पुरुष दोनों ही सुन्दर से सुन्दर ढंग से बालों को आकर्षक बनाने का प्रयत्न करते थे। स्त्रियाँ कभी माँग को मोतियों से, तथा कभी पुष्पों से सज्जित कर लेती थीं।

जसुमति राधा कुँवरि संवारति।
माँग पारि बेनी जु संवारत, गूँथी सुन्दर भाँति॥[3]

तथा—

राजति राधे अलक भली री।
मुकुता माँग, तिलक, पन्नगि सिरसुत समेत भष लेन चली री।[4]

तथा—

बड़े-बड़े बार जु एँड़िनि परसत, स्यामा अपने अंचल में लिएँ।
बेनी गूँथनि फूल सुगंध भरे, डोलत हरि बोलत न सकुच हिएँ।[5]

पुरुष तथा बाल-शृंगार

स्त्रियों की ही भाँति पुरुष भी आभूषण-प्रिय थे। वे भी अपने शरीर को विविध आभूषणों से सज्जित करते थे। कटि में मेखला, हाथों में कड़े, अँगुलियों में मुद्रिकाएँ आदि पहनने का

---

१ सूरसागर (ना० प्र० सभा) पद १६६१
२ वही ,, पद १६७३
३ वही ,, पद १३२२
४ वही ,, पद २३२१
५ वही ,, पद ३२३५

प्रचलन था। उन्हें भी रंगीन वस्त्र ही अधिक प्रिय थे। शरीर पर चन्दन का लेप भी किया जाता था, जो सम्भवतः शीतलता के लिए होता होगा। सिर पर रंग-बिरंगी पाग बाँधने का भी प्रचलन था।

कटि-तट पीत बसन सुदेस।
× × ×
कनक मान मेखला राजत, सुभग स्यामल अंग॥[1]

तथा—

कुंडल श्रवन कनक मनि भूषित, जटिल लाल अति लोल मीन तन।
चन्दन चित्र-विचित्र अंग पर, कुसुम सुबास धरे नँद-नंदन॥[2]

तथा—

ऐसे सुन्दर साँवरे तैं चित लियौ चुराइ।
पाग ऊपर गोसमावल, रंग-रंग की बनाइ।
× × ×
कटि तट काछनि राजई, पीताम्बर छबि देत। —इत्यादि॥[3]

विविध विश्वास

ब्रजवासियों का पुनर्जन्म, जादू-टोना, आदि अनेक बातों में विश्वास था। अपने दैनिक कार्यों में वे उन बातों का ध्यान रखते थे।

पुनर्जन्म

ब्रजवासियों का विश्वास था कि मनुष्य एक बार मर कर बार-बार जन्म लेता है। सूर ने स्थान-स्थान पर इस ओर संकेत किया है। उन्होंने पौराणिक कथाओं का भी आश्रय इसकी पुष्टि के लिए लिया है। उनका वह विश्वास था कि नवीन जन्म पिछले जन्म के कर्मानुसार ही मिलता है।

हरिहि मिलत काहें कौं घेरी।
× × × ×
पालागौं छाँडहु अब अँचल, बार-बार बिनती करौं तेरी।
तिरछौ करम भयौ पूरब कौ, प्रीतम भयौ पाइ की बेरी॥[4]

तथा—

कंस हेतु हरि जनम लियौ।
× × × ×
पूरब तप बहु कियौ कष्ट करि, इनकौ बहुत रिनी हौं॥[5]

---

१ सूरसागर (ना० प्र० सभा) पद १२५१
२ वही ,, पद १६५४
३ वही ,, पद १९६०
४ वही ,, पद १४२५
५ वही ,, पद २११२

जादू-टोना तथा जन्त्र-मन्त्र

ब्रजवासियों में जादू-टोना आदि का भी भारी प्रचलन था। समाज में भी कुछ लोग ऐसे थे, जो जादू-टोना या जन्त्र-मन्त्र आदि का कार्य करते थे। स्त्रियों का तो ऐसी बातों पर इतना प्रगाढ़ विश्वास था कि वे अपने मरते हुए बच्चों तक को जादू-टोना आदि से भी बचाने का प्रयत्न करती थीं।

टोना-टामनि, जंत्र-मंत्र करि ध्यावौ-देव दुआरौ री।
सासु-ननद, घर घर लिए डोलति, याकौ रोग विचारौ री॥[1]

तथा—

प्रात गई नीकें उठि घर तैं।
× × × ×
सूर गारुड़ी गुन करि थाके, मंत्र न लागत थर तें॥[2]

नजर लगना

सूर की व्यापक दृष्टि ने इस विषय को भी नहीं छोड़ा। माताएँ जैसा कि आज भी प्रचलन है, अपने बच्चों को दूसरों की कुदृष्टि से बचाने के लिए अपने बच्चों के मस्तक पर 'डिठौना' देती थीं। कभी-कभी 'बघनखे' का प्रयोग करती थीं।

जननी बलि जाइ हालरु हालरौ गोपाल।
कठुला-कंठ वज्र केहरि नख, मसि बिन्दुका सुमृग मद भाल॥[3]

शिशु को नजर से बचाने के लिए सभी सम्भव उपाय कर लिए जाते थे। यदि तब भी किसी की कुदृष्टि लग ही जाती थी, तो उसे राई-लौन द्वारा उतारने का प्रयत्न किया जाता था।

बलि गई बाल रूप मुरारि।
× × ×
कबहुँ अंग भूषनि बनावति, राई लौन उतारि॥[4]

तथा—

जब दधि बेचन जाहिं, मारग रोकि रहे।
× × ×
दीठि लगावति कान्ह कौ जरै-बरै वे आँखि॥[5]

शकुन-अपशकुन आदि

शकुनों तथा अपशकुनों पर भी लोगों का विश्वास था। छींक आना अथवा बिल्ली द्वारा मार्ग काटना, अंगों का फड़कना, कुत्ते द्वारा कान फटफटाना आदि बातें अपशकुन की प्रतीक मानी जाती थीं।

---

१ सूरसागर (ना० प्र० सभा) पद ३८९०
२ वही ,, पद १३६२
३ वही ,, पद ७०२
४ वही ,, पद ७३६
५ वही ,, पद २१०९

खेलत चलें नन्दकुमार ।

× × × ×

महर पैठत सदन भीतर, छींक बाँईं धार ।

सूर नंद कहत महरि सौं, आजु कहा विचार ॥[1]

तथा—

हाय-हाय करि सखनि पुकार्यौ ।

× × × ×

बाँए काग, दाहिने खर-स्वर, व्याकुल घर फिरि आई ॥[2]

तथा—

देखे नन्द चल घर आवत ।

पैठत पौरि छींक भई बाँए, दाहिने धाह सुनावत ।

फटकत स्रवन स्वान द्वारे पर, गररी करत लराई ।

माथे पर ह्वै काग उड़ान्यौ, कुसुगुन बहुतक पाई ॥[3]

तथा—

भुज फरकत अंगिया तरकति, कोउ मीठी बात सुनावै ।

स्याम सुन्दर कौ आगम जानिय, वै निश्चय घर आवै ।

इमि सगुननि कौ यहै भरोसौ, नैननि दरस दिखावै ।[4]

पर्दा प्रथा

सूर ने अनेक स्थानों पर घूंघट, लाज और संकोच आदि की चर्चा की है । इसका कारण यही था कि वे मुसलमानी युग में उत्पन्न हुए थे । वैसे इन्होंने कहीं भी पर्दा-प्रथा का खण्डन करने का प्रयत्न नहीं किया है ।

मोहनि कर तैं दोहनि लीन्हीं, गोपद बछरा जोरे ।

× × × ×

दै घूंघट-पट ओट नील हँसि, कुँवरि मुदित मुख मोरे ।

मनहु सदय-ससि कौ मिलि दामिन, घेर लियौ घन घोरे ॥[5]

तथा—

स्यामा कनक-लकुट कर लीन्हे, पीताम्बर उर धारै ।

उत गिरिबर नीलाम्बर-सारी, घूंघट-ओट निहारै ॥[6]

नारी का स्थान

सूरदास ने तत्कालीन समाज में नारी का स्थान भी बता दिया है । समाज में; विशेषतः ग्रामीण समाज में, स्त्रियाँ स्वच्छन्द रूप से विचरण करती थां । वही विशेष रूप से दूध-दही आदि बेचने नगरों में जाया करती थीं । सम्भवतः पुरुष-वर्ग यह कार्य न करता हो ।

---

१ सूरसागर (ना० प्र० सभा) पद ११४२
२ वही ,, पद ११५८
३ वही ,, पद ११५६
४ वही ,, पद ४०७२
५ वही ,, पद १३५०
६ वही ,, पद २७७०

बूझत स्याम कौन तू गोरी।
× × × ×
तुम्हरौ कहा चोरि हम लैहैं, खेलन चलौ संग मिलि जोरी ॥[1]

तथा—

निसि काहैं बन कौं उठि धाईं।
हँसि-हँसि स्याम कहत हैं सुन्दरि, की तुम ब्रज मारगहिं भुलाई।
गई रह्यौ दधि बेचन मथुरा, तहाँ आजु अवसेर लगाई ॥[2]

तथा—

निकसि कुवर खेलन चले रंग होरी।
गए वृषभानु की पौरि लाल रंग होरी।
ते सब आई दौरि लाल रंग होरी।—इत्यादि ॥[3]

विविध वाद्य एवं नृत्य-गान आदि

विवाह, जन्म, रास, पर्व, त्यौहार, उत्सव आदि पर अथवा अन्य मंगल के अवसरों पर प्रसन्नता प्रकट करने के लिए ब्रजवासी विविध प्रकार के वाद्य-यंत्र बजाते थे। उस समय जिन थोड़े से वाद्य-यन्त्रों का प्रचलन था, उन्हीं की सूरदास जी ने अनेक स्थानों पर पुनावृत्ति की है।

ताल मृदंग, झांझ इन्द्रिनि मिलि, बीना, बेनु बजायौ।
मन मेरैं नट के नायक ज्यौं, तिनही नाच नचायौ ॥[4]

नृत्य, गान और वाद्य-वादन का चोली-दामन का-सा साथ रहा है। एक के बिना दूसरा अधूरा माना जाता है। सूरदास जी संगीत विद्या के भी आचार्य थे। उनके प्रत्येक पद में उनके संगीतज्ञ होने की झलक झलकती है। अनेक ताल, लय, स्वर आदि का उनके पदों में समावेश है। नृत्य के समय ध्वनि करने के लिए कमर में किंकिणी तथा चरणों में नूपुर बांध लिए जाते थे, जिसमें नृत्य की ताल और लय ठीक बनी रहे।

नृत्यत स्याम नाना रंग।
× × ×
चलत गति करि कुनित किंकिनि, घुंघरु झनकार।
मनौ हँस रसाल बानी, अरस-परस बिहार।[5]

तथा—

राग रागिनी प्रकट दिखायौ, गायौ जो जिहिं रूप।
सप्त सुरनि के भेद बतावति, नागरि रूप अनूप ॥—इत्यादि ॥[6]

पाक विज्ञान

सूर ने ब्रज में प्रचलित विविध प्रकार के खाद्य पदार्थों का नामोल्लेख मात्र किया है। विभिन्न संस्कारों तथा अन्य अवसरों पर अनेक प्रकार के व्यंजन एंवं खाद्य पदार्थ बनते थे। प्रतिदिन के भोजन में भी दूध तथा दूध से बने पदार्थों का ही आधिक्य होता था। मीठी, खट्टी, चरपरी, नमकीन आदि सभी रसों के व्यंजनों से लोग भली-भाँति परिचित थे।

---

1 सूरसागर (ना० प्र० सभा) पद १२६१
2 वही ,, पद १६९६
3 वही ,, पद ३४८४
4 वही ,, पद २०५
5 वही ,, पद १६७४
6 वही ,, पद १७६२

कान्हर वलि आरि न कीजै, जोइ-जोइ भावै सोइ लीजै।
खोवामय मधुर मिठाई, सो देखत अति रुचि उपजाई।
सुठि सरस जलेबी बोरी, जिहिं जेंवत रुचि नहिं थोरी।
अरु खुरमा सरस सँवारे, ते परसि धरे हैं न्यारे।
सक्करपारे सद पागे, तें जेंवत परम सभागे।
सेव, लाड़ू रुचिर सँवारे, जे मुख मेलत सुकमारे।
सुठि मोती लाड़ू मीठे, खात न कबहूँ उबीठे।
गूझा बहु पूरन पूजे, भरि-भरि कपूर रस चूरे।
× × ×
मृदु मालपूआ मधु साने, जो तुरत लपकत करि आने।
घेवर अति घिरत चभोरे, लै खांड सरस रस बोरे।
मधुरी अति सरस खजूरी, सद परसि धरी घृत पूरी।
षटरस परकार मँगाए, जे बरनि जसोदा गाए ॥—इत्यादि ॥[1]

तथा—
खार-खाँड़ खीचरी सँवारी, मधुर महेरी गोपनि प्यारी।
राइ गोग लियौ भात पसाई, मूँग ढरहरी हींग लगाई।
पापर, बरी, अचार, परम रुचि, अदरक अरु निबुअनि ह्वै है रुचि।
सरन करितरि सरस तोरई, सेम, सींगरी झाँकि झोरई ॥[2]

मनोरंजन के साधन

सूरदास जी के समय में मनोरंजन के लिए जल-क्रीड़ा, रस, खेल, हिंडोले, आखट, चौपड़, चौगान आदि का प्रयोग होता था। चौपड़ का नाम अनेक स्थान पर आया है। इससे ऐसा प्रतीत होता है कि चौपड़ जन-साधारण में प्रचलित थी—

चौपरि जगत मड़े जुग बीते।
गुन पाँसे क्रम अंक चारि गति, सारि न कबहूँ जीजै ॥[3]

तथा—
खेलन जाहु बाल सब टेरत।
× × ×
ले चौगान-बटा अपने कर, प्रभु आये घर बाहर।
सूर-स्याम पूछत सब ग्वालिनि, खेलौगे किहीं ठाहर ॥[4]

तथा—
बहुरि रच्यौ सुख रास कियौ।
भुज-भुज जोरि जुरीं ब्रजबाला, वैसेई रस उमँगि हियो ॥[5]

ब्राह्मण, ऋषि, मुनि आदि

ब्रज-समाज में ब्राह्मण, ऋषि, मुनि आदि का बड़ा सम्मान तथा आदर होता था। यहाँ तक कि राजा और बड़े-बड़े सरदार भी उन्हें देखकर सिंहासन छोड़ उठ खड़े होते थे। वास्तव में

---

१ सूरसागर (ना० प्र० सभा) पद ८०१
२ वही ,, पद १८३१
३ वही ,, पद ६०
४ वही ,, पद ८६१
५ वही ,, पद १७५०

ये लोग अपनी विद्वता एवं योग्यता के कारण ही इतने सम्मानित होते थे। सूर ने स्थान-स्थान पर साधु-संतों के सत्संग की महिमा गाई है। उनके आगमन मात्र से ही वहाँ करोड़ों तीर्थों की उत्पत्ति हो जाती है—

जादिन संत पाहुने आवत।
तीरथ कोटि सनान करै फल, जैसे दरसन पावत।
नयो नेह दिन-दिन अति उनके, चरन कमल चित लावत।
सूरदास संगति करि तिनकी, जे हरि सुरति करावत ॥[1]

आतिथ्य सत्कार, शिष्टाचार एवं अभिवादन

उस समय ब्रज में अतिथि-सत्कार की विभिन्न प्रथाएँ प्रचलित थीं। सूरदास जी ने अपनी रचनाओं में विभिन्न प्रकार और विभिन्न श्रेणी के व्यक्तियों के लिए विभिन्न प्रकार से सत्कार एवं स्वागत की व्यवस्था की है।

महाराज दसरथ तहँ आए।
बैठे जाइ जनक मन्दिर मँह, मोतिन चौक पुराए।
विप्र लगे धुनि बेद उचारन, जुवतिनि मंगल गाए ॥[2]

तथा—

पहुँचौ आइ नन्द कै द्वारे, जसुमति देख अनन्द बढ़ायौ।
पाइ धोइ भीतर बैठायौ, भोजन कों निज भवन लिपायौ ॥[3]

तथा—

पाटम्बर पाँवड़े बिछाए, महलनि बंदनवार बँधाए।
महर लिवाइ गए निज मन्दिर, हरषित लियो उतारी।
अरघ देत भीतर तिहिं लीन्हौ, धनि-धनि दिन कहि आज॥ इत्यादि ॥[4]

सूर-साहित्य में वर्णित ब्रज-संस्कृति का यह दिग्दर्शन-मात्र है। जैसा कि पहले कहा जा चुका है, सूर के वर्णनों में से कई तत्वों का समावेश है, इसलिए इनसे यह निष्कर्ष निकालना कि —ये सभी वर्णन सूर के समय में प्रचलित प्रथाओं का यथार्थ चित्रण करते हैं, कुछ भूल होगी। परन्तु जब हम ब्रज के आज के ग्रामीण-समाज की प्रचलित प्रथाओं और रिवाजों का अध्ययन करते हैं, तो बहुत कुछ यथार्थ चित्र सूर के समय का भी हमारे सामने आ जाता है। अब धीरे-धीरे बहुत-सी प्रथाओं का लोप होता जा रहा है और बहुत-सी नवीन प्रथाओं का प्रचलन हो रहा है। वास्तव में ये सब प्रथाएँ और प्रचलन संस्कृति के वाह्य रूप हैं, इन्हीं के पीछे संस्कृति के मूल रूप की झाँकियाँ मिलती हैं। आज की सभ्यता के आवरण में वे झाँकियाँ कुछ मलिन-सी होती जा रही हैं। इस विज्ञान के भौतिकवादी युग में जब मानव और मानवता के आदर्श और मान-दण्ड बदल रहे हैं, तब इन झाँकियों के दर्शन और भी दुर्लभ हो जावेंगे। इसलिए शीघ्र ही इनका संकलन और मूल्यांकन हो जावे, तो ये राष्ट्र की अपूर्व-निधि होंगी।

---

१ सूरसागर (ना० प्र० सभा) पद ३६०
२ वही ,, पद ४६८
३ वही ,, पद ८६६
४ वही ,, पद १६०२

नामानुक्रमणिका

(अ)

(आ)

(ओ)

(क)

(ख)

(ग)

(घ)

(च)

(छ)

(ज)

(ड)

(त)

(द)

(ध)

(न)

(प)

(फ)

(ब)

(भ)

(म)

(य)

(र)

(ल)

(व)

(ह)

(क्ष)

(त्र)

(ज्ञ)

परिशिष्ट

सहायक ग्रन्थों की सूची

(अ) वेद, उपनिषद्, ब्राह्मण, और पुराण-साहित्य

१ ऋग्वेद, यजुः, साम
२ ईशावास्योपनिषद्
३ तैत्तिरीयोपनिषद्
४ बृहदारण्यक
५ श्वेताश्वतरीपनिषद्
६ शतपथ ब्राह्मण
७ अग्नि पुराण
८ गरुण पुराण
९ देवी भागवत
१० पद्म पुराण
११ ब्रह्म पुराण
१२ ब्राह्मण पुराण
१३ ब्रह्म वैवर्त्त पुराण
१४ भविष्य पुराण
१५ (श्रीमद्) भागवत महापुराण
१६ मार्कण्डेय पुराण
१७ वामनपुराण
१८ वायु पुराण
१९ विष्णु पुराण
२० शिव पुराण
२१ स्कन्ध पुराण
२२ हरिवंश पुराण

(आ) सूत्र ग्रन्थ

२३ नारद भक्ति-सूत्र—हनुमानप्रसाद पोद्दार, गीता प्रेस गोरखपुर, संस्करण सं० २००८

२४ शांडिल्य भक्ति-सूत्र व्याख्या—सम्पादक म० म० पं० गोपीनाथ कविराज, मुद्रक जैकृष्ण दास हरिदास गुप्त, काशी।

(इ) साम्प्रदायिक साहित्य

२५ आणु-भाष्य—बनारस संस्कृत सीरीज, १९०७ ई०; प्रकाशक—ब्रजवासीदास एण्ड कम्पनी बनारस।

२६ अष्ट सखामृत।

२७ उज्ज्वल नीलमणि किरण—सं० प्राणगोपाल गोस्वामी नवद्वीप, संस्करण सन् १९२७ ई०।

२८ जमुनादास कृत—धौल।

२९ तत्वदीप निबन्ध—शास्त्रार्थ व भागवतार्थ प्रकरण, ले० श्री वल्लभाचार्य, सं० नन्दकिशोर भट्ट, प्रकाशक—निर्णय सागर प्रेस, बम्बई।

३० तत्वार्थदीप निवन्ध—शास्त्रार्थ प्रकरण, ले० श्री वल्लभाचार्य, प्रकाशक—पं० श्रीधर शिवलाल जी, ज्ञानसागर प्रेस, बम्बई, संस्करण सं० १९६१।

३१ नागर सुमच्चय—(नागरीदास)।

३२ भक्तिमाल भक्ति-सुधा—(नाभादास) नवलकिशोर प्रेस, लखनऊ, संस्करण १९२२ ई०।

३३ भक्तिमाल की टीका (प्रियादास)।

३४ भक्त विनोद—(कवि मियाँ सिंह)।

३५ भाव संग्रह।

३६ वल्लभ दिग्वजय—ले० गोस्वामी यदुनाथ जी, प्रकाशक—नाथद्वारा विद्या-विभाग, सं० १९७५ वि०।

३७ वल्लभ पुष्टि-प्रकाश।

३८ वृत्रासुर चतुःश्लोकी—श्री गोस्वामी पुरुषोत्तम जी के प्रकाश सहित, प्रकाशक—सेठ जेठानन्द आसामल, कालिवादेवी रोड, बम्बई; सन् १९३७।

३९ वैष्णवाह्निक पद।

४० षोडश ग्रन्थ—लेखक० श्री वल्लभाचार्य, सम्पादक—भट्ट रमानाथ शर्मा, १९३८ ई०।

४१ सम्प्रदाय कल्पद्रुम।

४२ संस्कृति वार्त्ता मणिमाला।

४३ सप्रकाश तत्वदीप निबन्ध—ज्ञानसार यन्त्रालय, बम्बई; सम्वत् १९६४ वि०।

४४ सिद्धान्त रहस्य विवृति—ले० श्री हरिराय जी, अनुवाद देवर्षि भट्ट, श्री रमानाथ जी, संस्करण सम्वत् १९८४ वि०।

४५ स्वरूप-निर्णय—ले० श्री हरिराय जी सम्पादक—द्वारकादास परीख, प्र०—सत्संग कार्यालय, संस्करण सं० २००७ वि०।

४६ स्वामिनी स्तोत्र और स्वामिन्यष्टक—ले० गोस्वामी विट्ठलनाथ, वृहत्स्तोत्र सरित्सागर भाग २, निर्णय-सागर प्रेस, बम्बई।

४७ सुबोधिनी—ले० वल्लभाचार्य, भाषान्तर कर्त्ता—देवर्षि रमानाथ शास्त्री, प्रकाशक-विद्या-विभाग श्रीनाथ द्वारा।

४८ हरि भक्त-रसामृत सिन्धु—ले० श्री रूपगोस्वामी, प्रकाशक—अच्युत ग्रन्थमाला, काशी।

४९ श्री वल्लभ जी महाराज के वचनासृत—प्रकाशक—लल्लूभाई छगनलाल देसाई, अहमदाबाद, सं० १९८० वि०।

५० श्री हरिराय वाङ् मुक्तावली—प्रकाशक—पुष्टिमार्गीय पुस्तकालय, नडियाड, १९९३ वि०।

५१ श्री हरिराय जी कृत बड़े शिक्षापात्र—प्रकाशक—श्री सुबोधिनी सभा, जगदीश्वर प्रिंटिंग प्रेस, बम्बई—संस्करण सं० २००१ वि०।

५२ श्री भागवत निबन्धानुसारी—गोकुलराय कृतोऽध्यायार्थः, प्रकाशक—जेठानन्द आप्तनमल, १९९६ वि०।

(ई) जीवन-चरित और वार्त्ता-साहित्य

५३ चरितावली—(भारतेन्दु) सं० १९१७

५४ मूल गुसांई चरित।

५५ श्री चैतन्य चरितावली—प्रभुदत्त (ब्रह्मचारी)।

५६ श्री महाराज सूरदास जी का जीवन-चरित—भारत जीवन प्रेस, काशी, सं० १९९३ वि०।

५७ प्राचीन वार्त्ता रहस्य—विद्या-विभाग, कांकरौली सं० १९९८ वि०।

५८ गोस्वामी श्री हरिराय जी कृत सूरदास की वार्त्ता—सम्पादक—श्री प्रभुदयाल मीतल, अग्रवाल प्रेस मथुरा, संस्करण सं० २००८ वि०।

५९ चौरासी वैष्णवन की वार्त्ता—प्रकाशक—वेंकटेश्वर प्रेस, बम्बई; सम्वत् १९८५।

६० ए शॉर्ट बायोग्राफिकल स्केच ऑव श्री वल्लभाचार्य जीज़ लाइफ, लेखक—नटवरलाल, गोकुलदास शाह, प्रकाशक-लल्लूभाई छगनलाल देसाई, अहमदाबाद।

६१ हित हरिवंश चरित (भगवन्मुदित), मालवीय पुस्तकालय, अलीगढ़।

(उ) दार्शनिक

६२ गीता रहस्य—ले० लोकमान्य तिलक, अनु० माधवराव प्रेस, सन् १९२४ ई०।

६३ श्रीमद्भागवद्गीता—गीता प्रेस गोरखपुर, संस्करण सं० २०७८ वि०।

६४ ब्रह्मवादसंग्रहः शुद्धाद्वैतपरिष्कारश्च—प्रकाशक—जयकृष्णदास हरिदास गुप्त काशी, सं० १९८५ वि०।

६५ ब्रह्मवाद—ले० रमानाथ शास्त्री, प्रकाशक—पुष्टि-मार्गीय पुस्तकालय, नाथ द्वारा संस्करण सं० १९९२ वि०।

६६ शुद्धाद्वैतदर्शन—भाग १, २, ३—ले० भट्ट रमानाथ शास्त्री, बड़ा मन्दिर भुईवाड़ा, बम्बई।

६७ शुद्धाद्वैत मार्तण्ड—ले० गोस्वामी गिरधर जी, प्रकाशक—रत्न गोपाल भट्ट, बनारस।

(ऊ) ऐतिहासिक तथा सांस्कृतिक

६८ अकबर दी ग्रेट मुगल—विसेण्ट स्मिथ १९१७ ई०।

६९ अकबर नामा—भाग ३।
७० आयने-अकबरी—अनु० ब्लाक मैन।
७१ इम्पीरियल फर्मान—झावेरी।
७२ केम्ब्रिज हिस्ट्री ऑव इण्डिया—भाग ४
७३ मुन्तखिब-उल-तवारीख।
७४ मुंशियात अबुलफजल—अब्दुलसमद द्वारा संकलित सं० १६६३ वि०
७५ हिस्ट्री ऑव मैडिविल इण्डिया (डा० ईश्वरी प्रसाद)।
७६ पुष्टि मार्ग नो इतिहास—प्रकाशक—बसन्तराम हरिकृष्ण शास्त्री, अहमदाबाद, संस्करण १९३३ ई०।
७७ हिन्दुत्व—(रामदास गौड़)।
७८ Influence of Islam on Indian Culture—(ले० डा० ताराचन्द)।
७९ The Coming of the Brahmanism and the South of India J. R. A. S. 1912 (Govindacharya).
८० Historical sketches of Daccan, Book II and III (K. V. Subrahmanya Aiyer).
८१ South Indian History (S. K. Ayangar).
८२ History of Indian Philosophy (Surendra Nath Gupta).
८३ Material for the study of Pushthimarga (Guru Prasad Tandan).
८४ Vaishnavism, Shavism and Minor Religious systems (Sir R. G. Bhandarkar).

(ए) साहित्यिक एवं समीक्षात्मक

८५ अष्टछाप—ले० गोकुलनाथ कृत, सम्पादक डा० धीरेन्द्र वर्मा, प्रकाशक—रामनारायणलाल प्रयाग, संस्करण १९२९ ई०।
८६ अष्टछाप परिचय—ले० प्रभुदयाल मीतल, प्रकाशक—अग्रवाल प्रेस, मथुरा।
८७ अष्टछाप और वल्लभ सम्प्रदाय, भाग १, २—ले० डा० दीनदयालु गुप्त, प्रकाशक—हिन्दी साहित्य सम्मेलन, प्रयाग, सं० २००४ वि०।
८८ भारतीय साधना और सूर साहित्य—(डा० मुन्शीराम शर्मा)
८९ भक्त शिरोमणि महाकवि सूरदास—(नलिनी मोहन सान्याल)।
९० महाकवि सूरदास—नन्ददुलारे बाजपेयी।
९१ सूरसागर हस्तलिखित प्रतियाँ (जिनका उल्लेख द्वितीय अध्याय में हुआ है)
९२ सूरदास मुद्रित प्रतियाँ ,, ,, ,,
९३ सूरदास के अन्य ग्रन्थ ,, ,, ,,
९४ सूरदास जी के दृष्टिकूट—नवलकिशोर प्रेस, सं० १९०४ वि०।
९५ सूरदास—ले० आचार्य रामचन्द्र शुक्ल, सरस्वती मंदिर बनारस, संस्करण सं० २००६।
९६ सूरदास—ले० जनार्दन मिश्र।
९७ सूरदास—डा० ब्रजेश्वर वर्मा, हिन्दी परिषद् विश्वविद्यालय प्रयाग, संस्करण, सन् १९५०।
९८ सूरदास—डा० पीताम्बरदत्त बड़थ्वाल, सम्पादक डा० भागीरथ मिश्र, लखनऊ।
९९ सूर निर्णय—द्वारकादास परीख व प्रभुदयाल मीतल, अग्रवाल प्रेस मथुरा, संस्करण सम्वत् २००६।
१०० सूर साहित्य—डा० हजारीप्रसाद द्विवेदी, प्रकाशक—मध्यभारत हिन्दी साहित्य समिति, संस्करण सं० १९९३ वि०।
१०१ सूर साहित्य की भूमिका—रामरतन भटनागर, वाचस्पति त्रिपाठी।
१०२ सूर सौरभ भाग १, २—(प्रो० मुन्शीराम शर्मा) संस्करण २००२ वि०।